刘 芳◎主 编
刘 翀◎副主编

安徽省十三五省级规划教材

企业管理

（第2版）

QIYE GUANLI

合肥工業大學出版社

图书在版编目(CIP)数据

企业管理/刘芳主编．2 版．—合肥：合肥工业大学出版社，2018. 9
(2024. 1 重印)
ISBN 978－7－5650－4158－7

Ⅰ. ①企…　Ⅱ. ①刘…　Ⅲ. ①企业管理　Ⅳ. ①F272.

中国版本图书馆 CIP 数据核字(2018)第 207364 号

企业管理(第 2 版)

刘　芳　主编　　　　　　　　责任编辑　朱移山　张　慧

出　版	合肥工业大学出版社	版　次	2010 年 12 月第 1 版
地　址	合肥市屯溪路 193 号		2018 年 9 月第 2 版
邮　编	230009	印　次	2024 年 1 月第 11 次印刷
电　话	人文社科出版中心：0551－62903205	开　本	710 毫米×1010 毫米　1/16
	营销与储运管理中心：0551－62903198	印　张	34. 5　　字　数　619 千字
网　址	press. hfut. edu. cn	印　刷	安徽昶颉包装印务有限责任公司
E-mail	hfutpress@ 163. com	发　行	全国新华书店

ISBN 978－7－5650－4158－7　　　　　　定价：49. 50 元

如果有影响阅读的印装质量问题，请与出版社营销与储运管理中心联系调换

前 言

世界工业革命自18世纪60年代以来经历了工业1.0、工业2.0、工业3.0、工业4.0四个发展阶段，工业经济的发展也从最初的人工化到第一次工业革命的机械化、第二次工业革命电气化、第三次工业革命的自动化运作模式，随着2013年“工业4.0”的正式提出，以“智能化”为引领的第四代工业革命宣告正式到来。

党的十九大报告明确指出，要建设知识型、技能型、创新型劳动者大军。工业4.0时代，企业需要有系统思维和创新思维的两类管理型人才，要求管理者本身具有较强的专业能力，同时能够管理新时期下的高端人才。伴随着新的工业革命，数字化、智能化等高新技术不断推广和运用，企业对具有专业技能、管理技能“T”型人才需求大幅增加。

企业发展需要两大类专业人才：管理类和技术类。没有专业人才，工业4.0的实现无从谈起。工业4.0时代需要企业培养适应时代发展、技术创新的高端人才，企业需要培养新的人才库作为人才梯队的补充。据麦肯锡调查报告显示，到2020年，中国将需要1.42亿高技能人才，若劳动者的技能不提升，中国将面临2400万的人才缺口。新型专业人才培养和转型已经迫在眉睫。

企业管理作为一门集全面综合性、系统分析性、操作实践性为一体的横跨经、管、文、理、工等多门学科的基础性课程，它在我国转型发展中承担了非常重要的人才培养职责，为实现我国“十三五”发展的人才战略、更为我国从制造大国向制造强国转变提供永续动力。

本次教材修订是以工业4.0为背景、以我国经济转型发展管理人才需求为根本，在原有版本基础上融入了大量新思想、新观点、新案例，更新量约占60%。

本书从企业管理的一般原理、理论、特征的角度出发，从不同方面对现代企业管理系统进行了描述。全书用简洁、精练的语言，介绍了现代企业管理的基本理论与方法，并尝试尽可能地涵盖当前有关企业管理最新发展的理论观点，以便于阅读者对现代企业管理的理论和实践有全面系统的了解。全书内容编排上分为三篇，共十一章：第一篇，基础篇（1～2章）是学习管理及企业管理的入门篇，系统阐述了管理的基本原理与理论、企业及企业管理的基础知识，目的是帮助读者掌握现代企业管理的基础理论与知识，建立起现代企业的管理理念；第二篇，应用篇（3～8章）是系统学习企业主要专业职能管理的实践与应用。本篇是本书的核心重点，按照企业的主要专业职能管理，着重介绍了企业战略管理、企业营销管理、企业人力资源管理、企业财务管理、企业生产运作管理及物流供应链管理，目的是帮助读者全面地了解和认识现代企业最主要的部门职能管理，以及其具体的实践运用；第三篇，专项篇（9～11章）是企业管理学习的延伸篇，主要介绍了企业管理信息系统、项目管理以及企业危机管理，目的是使读者对企业管理的相关理论实践的开拓发展有初步的认识。本书每章开头附有本章学习目标和要点提示，每章结尾附有本章精要、推荐阅读、思考题及综合案例。

本书内容编写的主要特色如下：

1. 从企业管理的基本理论原理出发，按照企业管理的系统重点介绍企业的专业职能管理，并附加有关企业管理的专项内容简述，适合高等院校对普及非管理专业类学生的企业管理教学。

2. 为了便于学生更好掌握学习本书内容以及教师组织课堂教学，本书每章开头附有本章学习目标和要点提示，每章结尾附有本章精要总结、复习思考题，便于读者更好掌握学习的要点并更好理解本章内容。

3. 为了突出对学生应用实践能力的培养，本书在基本理论原理阐述的基础上，各章都增添了4～5个小型阅读思考材料、大量形象化的图表以及综合案例思考，着重培养学生活学活用的实践应用能力，增强了本书的应用性与可读性。

4. 为了拓展思路、拓宽知识面，增强内容的新颖性，本书尽可能收集企业管理各领域发展前沿的相关理论与实践热点，各章分别在文中给予了简要介绍，并且每章还推荐了一些经典的阅读书籍。

5. 为了最大可能满足当前社会对学生职业素质能力的要求，本书尽量参考了如注册会计师、注册管理咨询师、注册项目管理师、注册咨询工程师（投资）等大纲要求，增添了相关学习内容。

本书在系统阐述企业管理原理的基础上，也着力突出了企业管理的应用性与实践性。本书主要面向全日制普通高等院校非管理类专业学生、特别是理工科类专业本科生的管理技能培养的教学、自学用书，也可作为各类成人高校的教学用书以及社会经济管理工作者学习参考用书。

为了便于广大高校教师更好地使用本教材授课，本书在课时分配上提供如下建议，供各位老师参考。基础篇：第一章 管理概论（6课时），第二章 企业与企业管理（4课时）；应用篇：第三章 企业战略与经营决策（6课时），第四章 企业营销管理（6课时），第五章 人力资源管理（6课时），第六章 企业财务管理（6课时），第七章 企业生产运作管理（9课时），第八章 物流与供应链管理（6课时）；专项篇：第九章 信息管理（3课时），第十章 项目管理（2课时），第十一章 企业危机管理（2课时）。总计56课时。

本书由安徽工业大学商学院副院长刘芳教授担任主编、商学院相关老师倾力合作完成。刘芳负责了全书总体框架编制和最终审核。本次修订工作如下：第一章由刘芳修订；第八章、第九章由吴金南修订；第二章、第七章由柏明国修订；第三章、第十章由刘翀修订；第五章、第十一章由黄存权修订；第六章由王锴修订；第四章由吕自豪修订。全书由工商系副主任刘翀统稿。本书在修订过程中还得到了合肥工业大学出版社编辑、安徽工业大学商学院各位同仁的大力支持和帮助，在此一并表示衷心的感谢。

由于编写人员水平有限，书中欠缺及错误在所难免，恳请广大读者对本书提出宝贵的批评和改进建议。

编著者

2018年8月

目录 MULU

第一章 管理概论

引言：真知灼见

能用他人智慧去完成自己工作的人是伟大的。

——旦恩·皮阿特

没有什么比忙忙碌碌更容易，没有什么比事半功倍更困难。

——亚历克·马肯策

管理就是沟通、沟通、再沟通。

——杰克·韦尔奇

本章学习目标

管理是人们在一定组织环境下所从事的一种智力活动。各个领域、各类组织的管理活动各有其特殊性，但这些特殊的管理活动中都蕴涵着共性的管理规律。作为一名管理者，必须了解什么是管理？管理作为一种行为主要表现为哪些职能？管理者是些什么样的人？管理的基本原理有哪些？等。本章是全书的基础，主要介绍管理的基本概念，管理的性质、职能、基本原理及管理理论的形成与发展等。

通过本章的学习，你应该能够：

★ 理解管理的内涵及本质
★ 掌握管理系统的要素构成及管理的职能
★ 了解管理者的角色定位与技能构成
★ 领悟管理基本原理
★ 了解管理理论的发展路径及未来趋势

第一节　管理与管理系统

人类的任何活动都是为了改善自己的生存和发展条件，在资源有限的客观条件下，人类活动不得不需要对可用的资源进行合理地配置，以确保自身的生存乃至发展。管理是自有了人类以来就存在的、且必不可少的产物。

一、管理的概念

人类出现以后，面对最原始的来自自然界的各种环境的生存压力，在经过多次的、反复的活动之后，人们逐渐明白了，相互协作、共同应对各种困难是最好选择。于是，组织便自然而然地产生了。任何组织的存在和发展，都需要管理的功能来对成员的活动加以协调。明确管理的概念，首先需要理解组织。

（一）理解组织

要理解组织，首先要知晓“群体”这一概念。一群人的集合，即为群体。为了实现一个既定的目标，这群人组织在一起，通过集成个人的力量来发挥出 1+1>2 的作用，这种群体就是组织。组织无处不在，社会团体、政府、军队等都是组织；企业也是组织，是一个既要满足社会发展需要又要获取利润促进自身发展的组织。

何谓组织？组织就是由两个或两个以上的人为了实现共同的目标组合而成、协同活动的有机整体。组织含有如下要素：

1. 组织目标

目标是个人、部门或整个组织所期望的成果。组织目标是组织存在的理由，是组织成员的黏合剂。组织成员按照一定方式进行相互间的合作，形成一种整体力量，共同努力来实现既定的目标。企业的目标如：进入世界 500 强、盈利 5000 万、生产效率提高 3 成、在行业中排名前 2 等。

2. 组织成员

组织是由人组成的一个集合体。人们只有具备了组织所要求的素质，并愿意接受组织约束、遵守组织制度，为组织提供所需要的贡献，才能成为一个真正的组织成员。

3. 组织活动

组织必须从事某种活动，以完成组织任务，实现组织目标。组织的活动一般有作业活动和管理活动。作业活动是直接从事的具体操作性业务、直接面向生产对象或服务对象的工作。如：企业的生产和服务过程，公共组织的公共事务处理和服务过程。组织就是直接通过作业活动来达成组织目标。组织为了确保作业过程顺利而有效地进行，还需要开展管理活动。管理活动是在组织中行使管理职能、指挥或协调他人完成具体任务的活动。所以，作业活动是达成组织目标的直接手段，管理活动是促进作业活动顺利实现组织目标的手段和保证。

4. 组织资源

组织活动的进行需要组织筹措一定种类和数量的资源并加以科学转换。组织资源包括人力资源、物力资源、财力资源、信息资源等。

5. 组织环境

环境是围绕着人群的空间及其中可以直接、间接影响人类生活和发展的各种自然因素和社会因素的总体。组织在进行组织活动时必然与外部的其他单位发生着各种联系。如企业要向其供应链上的供应商购买原材料，向批发商、零售商销售产品等。组织环境就是存在于组织边界之外，对于组织运作可能产生影响的一组力量和条件。

阅读与思考

用智慧取得胜利

1984 年，在东京国际马拉松邀请赛中，名不见经传的日本选手山田本一出人意料地夺得了世界冠军。全世界人都好奇他凭什么取得如此惊人的成绩，当记者问他是怎样取得这么好的成绩时，他只回答了记者一句话："比赛需要智慧，我用智慧战胜了对手。"

大家都知道，马拉松考验的是人的体力和耐力，而山田本一却说要用智慧，这未免有些牵强。因此很多人认为山田本一实力并不强，他能获得冠军完全是侥幸。

两年后，山田本一再次代表日本参加在意大利米兰举行的马拉松邀请赛，这一次山田本一又轻松地赢得了冠军。记者在采访他时又问他："上次你在自己的国家获得冠军以后说是靠智慧赢得胜利的；现在在米兰获得冠军，又凭的是什么呢?"

山田本一回答记者道："这一次也是用智慧取得胜利。"所有的人都对他的话感到不解。

几年后，山田本一在自己的自传中写道："以前我参加比赛，目标就是最后的终点，但是每次都会觉得非常累。后来，我把几十千米的路程分成了很多小目标，跑起来就会很轻松。所以在比赛之前，我都会仔细地看一遍比赛路线，记下几个明显的标志。"

人们终于明白山田本一"用智慧取得胜利"的含义了。

思考：

什么是目标？目标为什么重要？怎样才能实现目标？

（资料来源：https：//www.51test.net/show/6539621.html）

（二）管理概念的思辨

管理的功能在于通过科学方法提供资源的有效使用，尽可能以有限的资源更好地实现目标。

泰罗（Taylor）认为，管理是一门怎样建立目标、然后用最好的方法经过他人的努力来达到目标的艺术。泰罗还将管理看作是通过明确的规定提高生产率的过程，认为管理的目的应是实现富裕，并提出了一系列提高效率的方法。

法约尔（Fayol）认为，企业的全部活动可分为技术活动、商业活动、财务活动、安全活动、会计活动和管理活动。管理就是实行计划、组织、指挥、协调和控制。法约尔还提出了管理的14条原则。

梅奥（Mayo）认为，管理就是做人的工作，研究人的心理、生理和社会环境的相互影响，激励员工的行为动机，调动人的积极性。梅奥进一步指出"只有把自己投入到集体中才能实现自由"，认为管理是将组织需要和成员需要相协调一致的活动。

西蒙（Simon）认为，管理就是决策，决策贯穿于管理的全过程和管理的所有方面，任何组织都离不开对目标的选择，任何工作都必须经过一系列的比较、评价、确定后才能开始。如果决策错了，执行得越好，所造成的损失就越大。管理就是决策这一说法，真正地反映出了管理的真谛。

孔茨（Koontz）认为，管理就是通过别人来使事情做成的一种职能。为了达成管理的目的，要进行计划、组织、人事、指挥、控制，管理就是由这几项工作所组成的。

众多的管理学者也从不同的研究立场、方法、角度等，对管理这一概念进行了描述。有的认为，管理是一个由计划、组织、领导、控制所组成的过程；有的认为，管理是管理者组织他人工作的一项活动；有的认为，管理就是用数学方法来表示计划、组织、控制、决策等合乎逻辑的程序，并求出最优答案的一项工作。等等。

上述定义虽不尽相同，但体现的是各学者分别从不同角度来对管理活动进行深刻的剖析，以便于更好地理解，也反映出管理学界各学派的研究重点和特色。

在任何组织中，管理都是一种管理者利用组织资源，通过管理过程去完成某个目标并取得一定绩效的活动。由此，我们沿用周三多先生对管理的定义：在特定的环境下，组织中的管理者通过计划、组织、领导、控制等职能来协调组织资源与职能活动，有效地实现组织目标的活动过程。管理的这一概念包含着以下几个方面的内容：

第一，管理的目的是实现目标。任何组织的管理都是一种有意识、有目的的活动过程，是围绕组织目标来进行的。选择“做正确的事”、去“正确地做事”是管理活动的效益和效率问题。只有确定正确的目标，才可能有效益，有效率就是最优化利用组织的各种资源。有效的管理是效益和效率的统一。

第二，管理的本质是协调。资源是有限的，而人类所要实现的目标是无极的。有限的资源和无极的目标这对永远存在的矛盾就决定了需要无时不在，管理的本质就是协调。所谓协调，就是使多个看上去似乎是相互矛盾的事物（如长期目标与短期目标、有限资源与宏大目标、个人利益与组织利益等）之间的有机结合。

管理就是对人力、物力、财力、时间和信息等各种资源进行合理的配置来实现组织的目标。

第三，管理的过程由计划、组织、领导、控制构成。管理者制定活动计划和决策，接着组织计划的实施并激发成员的工作热情，对计划的执行情况进行检查和监督，保证计划的偏差最小化并消除偏差。管理的这些活动缺一不可，它们使管理工作有别于作业活动，同时又使管理工作成为一个有机整体。

第四，管理的主体是管理者。管理者是指在组织中指挥他人完成具体任务的人。各种组织都需要管理者来组织管理活动，因为组织需要发挥群体的力量，需要有人来提出共同的目标、制定相应的行动方案，需要有人来分配各项工作和协调工作中可能出现的各种问题，需要有人来检查各项工作进展、预防和纠正偏差等。

一个组织中的管理者，若按其在组织中的地位或管理层次可分为高层管理者、中层管理者、基层管理者。若按所从事的工作领域可分为技术管理者、财务管理者、人事管理者、行政管理者及其他管理者等。明确管理者的类型，有助于确定管理者职责，提高管理者素养。

第五，管理活动离不开管理环境。任何一个组织都是一个社会实体，它的运行不可能脱离整个社会而独立进行，总与社会方方面面有着千丝万缕的联系。政治、经济等宏观会对存在于其中的各种组织的运行产生影响。同时，任何一个组织也离不开资源供应者和服务对象，它的运行结果必然受到资源供应者、服务对象、竞争者、政府及其他组织的影响。

存在于一个组织的内外部的、影响组织运行绩效的各种因素总和，我们称为管理环境。鉴于存在于组织内部或组织外部，管理环境划分为组织内部环境因素和组织外部环境因素两种形式，即组织内部环境、组织外部环境。

管理活动是在一定的环境中进行的，环境为组织提供了机会，也构成了威胁。管理者必须正视环境对组织的这两方面影响，正确地分析环境机会、威胁，并依据组织的优势、劣势而制定出科学的组织战略。同时，组织要为创造优良的社会物质环境和文化环境尽社会责任。组织的经营模式、管理者的管理方法与技巧必须因环境条件的不同而相应变化。审时度势、因势利导、灵活应变，对管理的成功至关重要。

阅读与思考

古木与雁

一天，庄子和他的学生在山上看见山中有一棵参天古木因为高大无用而免遭于砍伐，于是庄子感叹说：“这棵树恰好因为它不成材而能享有天年。”

晚上，庄子和他的学生又到他的一位朋友的家中做客。主人殷勤好客，便吩咐家里的仆人说：“家里有两只雁，一只会叫，一只不会叫，将那一只不会叫的雁杀了来招待我们的客人。”

庄子的学生听了很疑惑，向庄子问道：“老师，山里的巨木因为无用而保存了下来，家里养的雁却因不会叫而丧失性命，我们该采取什么样的态度来对待这繁杂无序的社会呢？”

庄子回答说：“还是选择有用和无用之间吧，虽然这之间的分寸太难掌握了，而且也不符合人生的规律，但已经可以避免许多争端而足以应付人世了。”

思考：

这个故事能给你带来什么样的启发？

（资料来源：孙通海译注．庄子．中华书局，2007）

二、管理的有效性

管理之所以无处不在，是因为通过管理活动来将有限的资源充分地利用起来以更好地实现目标。但是，有了管理并不意味着就一定能实现目标。资源的匮乏性与目标的无极性这对永远存在的矛盾，需要管理来进行协调。那么，怎样评判管理达到了预期的目标？衡量管理的好坏标准是什么？管理理论认为，可用管理的有效性来衡量管理工作的好坏。有效性包括两个方面：效率和效益。

阅读与思考

寓言故事

“请你告诉我，我该走哪条路？”爱丽丝说。

“那要看你想去哪里？”猫说。

“去哪儿无所谓。”爱丽丝说。

“那么走哪条路也就无所谓了。”猫说。

思考：

这段对话对你有什么启发？

（资料来源：【英】刘易斯·卡罗尔．爱丽丝漫游奇境记．*Dynamite Entertainment*，2005）

效率是指产出与投入之比。一定的投入能取得多大的产出，这取决于所采用的管理方式和方法。资源是稀缺的，资源利用效率必然成为管理的重点。

效益是指目标的达成度。管理的目的是实现既定的目标，如果提高管理所获得的产出并不是既定目标所需要的，这种产出再多也毫无意义，甚至是浪费资源。这种管理就是无效的管理。

效率与效益是相互联系的。效益是指要做对的事情，效率是指如何把事情做好。效益是解决做什么的问题，要求管理者确定正确的目标，做有助于实现目标的事情。效率是解决怎样做事的问题，要求管理者选择合适的方法和路径，以求比较经济的达成既定的目标。

相对于效率来说，效益更加重要，它决定了该做什么事情，有管理者的目标定位和价值取向所决定。有效的管理要求管理者首先做对的事情，其次才是把事情做好。既要讲求效益，又要讲求效率。

阅读与思考

有效管理是可以学会的

管理大师德鲁克（Drucker）说道，有效性是一种后天的习惯，是一种实践的综合，是可以学会的。他指出，要成为一个卓有成效的管理者，必须要养成五个习惯：

知道自己的时间用在了什么地方。要会系统地工作，善于使用有限的时间。

重视对外界的贡献。并非为工作而工作，而是为成果而工作。接到工作首先要问自己：别人期待我做出什么成果？

善于利用自己的、上司的、同事的和下属的长处，不要把工作建立在自己的短处上，不要做自己做不了的事情。

集中精力于少数重要的领域。按照工作的轻重缓急设定优先次序。而且坚守次序。坚持要事第一。

善于做有效的决策。要知道一项有效的决策总是在不同意见讨论中做出的判断，它绝不会是意见一致的产物。要知道快速的决策多为错误的决策，真正不可或缺的决策数量并不多见，但一定是根本性的决策。

思考：

德鲁克提出的这五个习惯对你有什么启发？

（资料来源：德鲁克．卓有成效的管理者．北京：机械工业出版社，2005）

三、管理的二重性

属性是事物或对象自身具有的、通过其存在和运行所呈现出来的一切规定性。马克思指出：凡是直接生产过程具有社会结合过程的形态，而不是表现为独立生产者的孤立劳动的地方，都必然会产生指挥劳动和监督劳动。管理具有二重属性。即凡是有许多人进行协作的劳动，就必然存在着管理，管理具有一般性。任何管理都是在特定环境下，对特定组织进行的，它要服从和服务于所管理的组织的特定目标，并要适应特定的内外环境条件。因此，管理又具有特殊性和差异性。

（一）管理的自然属性和社会属性

1. 管理的自然属性

管理是人类共同劳动的产物，任何管理过程都是对人、财、物、时间和信息等资源进行合理配置和协调利用的过程。管理过程中包含着许多客观的、不因社会制度和文化的不同而变化的规律。管理活动只有遵循这些规律，利用人类创造出的相适应的管理手段、方法，才能有效地保证各种组织活动顺利进行。因此，管理是社会劳动过程的一般要求，是社会化生产得以顺利进行的必要条件。管理的这种属性就是管理的自然属性，与生产力、社会化大生产相联系，是有效组织共同劳动所必需的。所以，管理的自然属性反映了管理的一般性，对任何社会组织都一样。

2. 管理的社会属性

管理是人类共有的活动，而人类是生活在一定的社会历史条件下、一定的生产关系和社会文化中，必然要受到生产关系的制约和社会文化的影响。不同的生产关系、不同的社会文化会使管理思想、管理目的及管理方式、方法呈现出差别，从而使管理具有特殊性和个性，这就是管理的社会属性。因此，管理的社会属性同生产关系、社会制度相联系，体现了生产资料占有者指挥劳动、监督劳动的意志。

管理的二重性是相互联系、相互制约的。管理的自然属性总是在一定的社会形式、社会生产关系下发挥作用，不能孤立存在。管理的社会属性也不能脱离管理的自然属性而存在。管理的自然属性要求具有一定社会属性的组织形式和生产关系与其相适应。管理的社会属性也必然对管理的方法和技术产生影响。管理的自然属性表明了管理存在共性，管理的社会属性说明管理具有差别性。

（二）管理的科学性与艺术性

经过众多学者、实业家的探索、总结，管理已形成反映管理过程客观规律的理论体系，并在管理实践中应用管理原理、管理原则指导管理活动，使管理行为理性化。管理工作是科学性和艺术性的统一体。

1. 管理的科学性

科学是经过整理的知识。管理以反映客观规律的管理理论和方法为指导，建立起一套分析问题、解决问题的科学的方法论，已经形成了比较系统的理论体系。管理规律和原则是理论与实践高度凝结的产物，不因地域、文化及社会制度的差异而不同。所以，管理是一门科学。管理又是一门发展中的科学、不精确的科学，因而，指导管理的科学又是粗糙的，还处于完善之中。孔茨在其名著《管理学精华》中指出："管理作为一门科学尽管是粗糙的，但毕竟已有了它自己不同于其他学科的独特的学科知识体系。"因此，管理者要成为一个有效的管理者，必须具备系统化的科学管理知识，才有可能准确地把握管理环境的变化，对管理实践中存在的问题找出可行的、正确的解决办法。不承认管理的科学性，违反管理的原理与原则，随心所欲地进行管理，最终会导致管理的失败。

2. 管理的艺术性

管理是一门科学，但管理原理和管理基本知识并不能为管理者提供一切问题的标准答案。管理工作所处的环境、要处理的许多事物复杂多变。管理者仅凭书本上的管理理论和公式进行管理活动，不重视积累实践经验及培养灵活运用理论的能力，就难以达到预期效果。因此，管理不仅是一种知识，更是一种实践。管理的艺术性要求管理者在实践中要创造性地应用管理方式、管理方法，采取适宜措施，求得问题的解决，高效地实现目标。

管理的科学性来自管理实践，管理的艺术性要结合具体情况并在管理实践中体现出来。管理的科学性和艺术性并不互相排斥，而是相互补充。管理对象的复杂性和管理环境的多变性，决定了管理知识在实践中具有很强的技巧性和灵活性。但仅强调管理工作的艺术性，忽视管理工作的科学性，就会使管理工作表现为随意性；而完全按管理原理与原则解决管理问题，管理科学就成为僵硬的教条。管理是科学性与艺术性的统一，在管理的实践共同发挥管理的功能，促进目标的实现。

四、管理职能

管理职能是指组织管理者为了实行有效管理所必备的基本功能。管理由一系列相互关联、连续进行的活动构成。管理者所开展的这一系列活动，就构成管理的职能。管理职能包括计划、组织、领导和控制。

（一）计划

计划是管理者谋划组织未来行动目标以及提出实现目标途径、措施的过程，是对组织未来活动所进行的一种预先筹划。任何有组织的集体活动，都需要在一定的计划指引下进行。管理者通过制定计划，有助于认清组织所处的环境和形势，指明活动的目标，实现目标的途径及相应措施。计划包括三个步骤：

1. 研究组织活动条件

组织活动条件研究包括组织内部资源能力的研究和外部环境研究。外部环境研究是通过分析组织活动的外部环境要素、环境特征及其变化趋势，找出环境变化的规律，并预测环境未来可能的状态，以识别组织外部环境机会和环境威胁。组织内部条件研究，主要分析组织内部所拥有的各种资源的状况及组织对这些资源的利用能力，以识别出组织的优势、劣势。活动条件研究是组织抓住环境所赋予的有利机会，规避环境威胁，发挥组织内部优势条件，克服内部劣势条件的前提。

2. 制定组织决策

决策是为了到达一定目标，采用一定的科学方法和手段，从两个以上的可行方案中选择一个满意方案的分析判断过程。组织的活动条件是组织决策的制定依据。组织在活动条件研究的基础上，根据条件研究所识别出的环境机会和威胁，以及组织在资源拥有和利用上的优势和劣势，确定组织在未来某个时期内的总体目标和方案。

3. 编制行动计划

组织决策所确定的总体目标必须进行分解，目标分解就是将总体目标在纵向、横向或时序上分解到各层次、各部门以至具体人，形成目标体系的过程。通过目标分解，将计划落实到组织的各相关部门、各环节，并对每个部门和每个成员的工作提出具体要求，以保证组织未来的目标和方案得以实现和有效实施。

（二）组织

为确保制定出来的计划能够顺利得到实现，管理者需要对组织中每个部门、每个成员在工作执行中的分工协作关系做出合理安排。组织就是要设计和维持一整套职位系统，使人们在从事集体活动中合理分工合作，以完成共同目标。组织工作包括：为达成组织目标，对所需进行的各种业务活动进行分类组合；授予相关人员监督业务活动所必需的职权；规定组织活动中个人之间、部门之间的协作关系；配备人员使组织进入运行状态并随着环境变化等进行组织变革。

具体来说，管理者围绕组织职能要完成以下几方面工作：

1. 设计组织结构，建立组织系统

组织结构是指为实现组织目标，由组织要素与组织单元，按照一定组织原则与组织联系模式，构建起来的组织框架体系。组织结构反映了组织活动的分工和协作关系状况。设计组织结构，建立组织系统包括确定组织任务，分解目标，明确设计原则，进行工作职能分析和职能设计，决定组织内部联系方式，使部门能够密切配合，协调行动，使个体或局部的力量整合成为组织整体的力量。

2. 配备人员

人员配备是指通过对工作要求和人员素质的分析，为每一个岗位配备合适的人员以完成实现组织目标所需开展的各项工作的过程。人员配备就是使适当的人员安置在适当的岗位上，从事适当的工作。

3. 运行组织

向配备在各岗位上的工作人员发布工作指令，提供必要的物质和信息条件，使组织按设计的方案进行运作。

4. 变革组织

对组织运行的过程进行监视，根据组织活动开展及内外环境变化的情况，研究和推行必要的组织变革。组织变革是指运用行为科学和相关管理方法，对组织的权利结构、沟通渠道、角色设定以及对组织成员的观念、态度和行为、成员之间的合作精神等进行有目的的、系统的调整和革新，以适应组织所处的内外环境、技术特征和组织任务等方面的变化，提高组织效能。不同的组织变革内容所采取的变革对策、措施不同，各种变革对策又是相互依赖、相互影响、相互促进的，组织变革的对策必须构成一个完整的变革规划体系。

（三）领导

要实现计划目标，管理者不仅需要设计出合理的组织结构并为组织配备合适的人员，还需要进行领导。所谓领导，是指管理者利用组织所赋予的职权和自身拥有的权力去指挥、影响和激励组织成员为实现组织目标而努力工作的一种具有艺术性的管理活动过程。

领导者要实现有效领导，必须正确认识权力的性质和作用，不断提高自身素质，改进领导作风，选择适宜的领导方式，并充分发挥领导集体的作用。

激励和沟通是领导工作的主要内容。激励是领导者针对员工的行为产生变化的内在规律，利用能够激发、引导、强化和修正人的行为的各种力量，对员工的行为施加影响。组织成员对组织目标及其实施方式的理解，并在多大的程度上达成一致影响着管理的领导职能的发挥，沟通和管理绩效密切相关。沟通就是领导者与同事或下属交流思想、互通信息，求同存异，协调关系。沟通是消除隔阂、解决矛盾和冲突的有效途径。

（四）控制

控制是指管理者为了保证实际工作与计划的要求相一致，按照既定的标准，对组织的各部门、各环节的工作进行检查、监督和调节的管理活动。控制是管理工作必不可少的环节。控制工作主要包括：制定控制标准；根据计划、标准检查各部门、各环节的工作情况，判断其工作结果是否与计划要求相吻合以及存在偏差的程度。对存在的较大偏差，分析其产生的具体原因及产生后对组织业务活动的影响程度。在必要的情况下，针对所发现的问题，制定并实施纠正偏差的措施。

管理的上述四个职能是相互联系的，计划是管理的首要职能，是组织、领导和控制职能的基础和依据；组织、领导和控制职能是有效管理的重要环节和必不可少环节。管理是通过计划、组织、领导和控制四个职能过程来展开和实施的一个系统的过程。但是管理实践中管理职能可能并列发生或相互换位。并且，不同的业务领域在具体管理职能内容上有所差别。同一管理职能，不同层次管理者所从事的具体管理工作的内涵也不完全相同。如计划职能，高层管理者为战略筹划，基本管理者主要是制定作业性计划。同时，管理工作与作业工作的密切程度与组织层次相关，组织层次越高，管理工作同作业工作的具体联系越少。管理职能重点同组织层次也存在相关性。高层管理者更多的是行使计划、组织、控制职能，而基层管理者则在领导职能用时更多。

五、管理者

（一）管理者的概念及分类

1. 什么是管理者

管理者是指在正式组织内拥有正式职位，运用组织授予的制度权力做出决策，负责指挥别人的活动并承担对组织实现预期目的做出贡献的责任的各类主管人员。

2. 管理者的分类

（1）管理者的层次分类

组织的管理人员按其所处的管理层次，可分为高层管理者、中层管理者和基层管理者。高层管理人员是指对整个组织的管理负有全面责任的人。他们的主要职责是代表组织，并以“官方”的身份出现，保持与外部的联系，创造良好的环境。高层管理者面向未来，统筹谋划，负责制定组织的总目标、总战略等。就企业而言，高层管理者包括董事长、总裁、首席执行官、副总裁。中层管理者位于组织的中间层次，负责承上启下，将高层管理者确定的目标、制定的战略分解为可操作的具体任务并监督和协调基层管理者的工作。部门主管、分部经理等都是中层管理者。基层管理者处于组织最低管理层次，凭借丰富的生产、销售或研究工作经验以及熟练的技术才能，直接负责产品与服务的管理工作，主要任务是提高生产效率，提供技术援助，指挥和监督现场作业人员，促成日常目标的实现。

（2）管理者的领域分类

管理者按其所从事管理工作的领域宽窄及专业性质不同，可划分为综合管理者和专业管理者两大类。综合管理者负责管理整个组织或组织中某个事业部的全部活动。专业管理者仅负责管理组织中某一类活动、或职能，如业务部门管理者、人力资源部门管理者、财务部门管理者等。

（二）管理者的工作

1. 管理者的角色

原蒙牛集团董事会主席牛根生对自己的定位是：能不做的就不做，只解决总裁与书记不能解决的问题。有效的管理者必须注意自己的角色定位和角色转换。

管理者在一个组织中应充当什么样的角色？明茨伯格（Mintzbery）在《经理工作的性质》一书中有着详细的描述，他将管理者在通过计划、组织、领导和控制有效利用组织资源以实现组织目标的过程中所要履行的职责简化为人际关系、信息传递、决策活动这三个方面共十种角色，即人际关系方面的形象代言人、领导者、联络者三个角色；信息传递方面的组织发言人、信息监督着、信息传递者三个角色；决策活动方面的企业家、资源分配者、矛盾排除者、谈判者四个角色。

2. 管理者的素养

为了履行好管理者的职责，管理者必须具有相应的素养。一个人的素养主要包括品德、知识水平和能力三大方面。品德是推动个人行为的内在力量，决定着一个人的工作意愿和动力。知识和能力反映了个体的智力水平，决定了一个人实际的工作水平和发展潜力。素养是决定一个人为何做事、能做什么事的内在基础。

管理者应具有什么样的素养一直是众多管理学家们关注的问题。结合理论研究及实践经验，我们认为管理者应具备如下素养：

（1）品德

作为一名管理着，从其所应履行的职责出发，应具有强烈的管理意愿和良好的精神素养。管理意愿决定了管理者能否学会并运用管理基本技能的主要因素，拥有强烈的管理意愿，则有了强烈的事业心和责任感，才会充满干劲，勇挑重担，渴望在管理岗位上有所作为、有所贡献。

由于管理的特殊性，作为一名管理者，除了要有强烈的管理意愿外，还要有良好的精神素养，要具有创新精神、实干精神、合作精神和奉献精神。管理者要有一种服务于社会、造福于人民的奉献精神，对事业执着追求，愿意为此牺牲个人利益。

（2）知识

知识是提高管理水平和管理艺术的基础和源泉，管理是一门综合学科，需要多方面知识，如政治及法律、经济学和管理学、科学技术、人文社科等方面知识。管理环境的复杂性，管理对象的多样性，都需要管理者不断学习，提高自己的知识水平，才能更好地应对管理的要求。

（3）能力

管理的能力是指管理者把各种管理知识与业务知识相结合并更好地应用于实践，进行具体管理活动、解决实际问题的本领。能力与知识是相互联系、相互依赖的。基本理论和专业知识的不断积累与完善，有利于帮助管理者提高管理水平、激发管理潜能；实际能力的提升又促进管理者不断学习理论知识，重注知识结构更新和完善。

由于管理者角色多样、类型不同，工作内容也相差甚远。管理者要行之有效地开展管理工作，就必须要具备相应的能力。卡兹（Katz）认为，管理者应具备三种基本的管理能力：技术技能、人际技能和概念技能。

技术技能是指管理者从事自己管理范围内的工作时，能够运用特定的程序、方法、技巧去处理和解决实际问题的能力。如财务科长必须熟悉会计、财务制度和法则；车间主任需要熟悉生产设备性能、生产工艺流程等。技术技能与管理层次呈反向关系。基层管理者需要较深的技术技能，而高层管理者只需一般性了解。

人际技能是指管理者能够以小组成员的身份有效地工作，并能够在所领导的小组中建立起合作的能力，具体包括理解、激励他人并与他人共事的能力以及联络、处理和协调组织内外人际关系的能力。管理者要会与下级打交道，还要同上级和同级同事打交道，有时还要与外界打交道。人际技能对各层管理者都具有同等重要意义，是一种重要技能。

概念技能是指管理者洞察事物、提出新想法和新思想、分析、判断、抽象和概括的能力。在任何既定的环境中，有众多的影响因素，要了解某一事物是如何影响和怎样受到其他因素的影响，需要很强的概念技能。作为一名管理者，需要快速敏捷地从混乱而复杂的环境中辨析出各种因素对管理活动的影响，要能够根据形势和问题快速做出正确的决策。概念技能是最重要的也是最难的。

管理者要能把一个组织看成是一个整体，看到组织全貌。管理者应了解组织与环境的相互影响关系，并能从混乱复杂的事物中找出相互关联性，从而找出关键影响因素，要能识别某一个领域的决策对其他领域的影响等。管理者所处的层次越高，其面临问题的复杂性越大，因而越需要概念技能。

卡兹（Katz）还指出，成功的管理者应具备较高的技术、人际、概念技能，任何一项管理技能的缺失都会导致管理失败。由于各层次管理者所承担的主要职责不同，因而对这三种技能的反映形式及重要程度也不尽相同。高层管理者因为负责公司的重大决策制定，因此概念技能尤为重要；基层管理者因为最贴近作业现场，技术技能格外重要。管理者的工作对象是人，人际技能对于各层次管理者来说都非常重要。

六、管理系统

（一）管理系统的概念

现代管理最重要的特征是管理组织和管理过程的系统化。管理者必须从系统的观点出发，整体地、联系地观察、分析和解决管理问题。所谓管理系统就是由相互联系、相互作用的若干要素或子系统按照管理的整体功能和目标结合而成的有机整体。

（二）管理系统的构成要素

我们考察管理活动，不难发现管理系统由管理目标、管理主体、管理客体、管理环境、管理媒介等要素构成。

1. 管理目标

任何一个管理系统都不是盲目地建立起来的，而是从属于一定的目的。管理目标是管理目的的具体化，是管理功能的集中体现。组织的管理目标就是要有效利用资源和创新成果，谋取产出大于投入的那部分剩余。因此，为有效实现管理目标，必须根据管理目标建立与运行管理系统，即设置管理系统的各个子系统，并建立起各子系统之间的联系网络。管理目标不明确或混淆，必然导致管理的紊乱。目标正确，管理系统活动效率越高，效果越好。

2. 管理主体

管理者的管理行为包括：配置资源、组织活动、推动组织系统运行。管理主体就是管理者，他们是发挥系统功能、促进目标实现的最关键力量，因而是管理系统的最核心要素，对管理的运行起着主导作用。管理主体包括单个的领导者、管理者，领导者、管理者群体及其所构成的层次有序的管理机构。管理主体的任务是负责对组织活动的决策、计划、组织、指挥、协调、控制和激励，努力实现组织目标。

3. 管理客体

管理客体就是管理的对象，离开管理客体，管理就无从谈起。因此，管理客体作为管理者实施管理行为的受作用的一方，对管理成效及组织目标的实现具有重要影响，是管理系统的重要因素。管理客体包括组织的一切可利用资源及组织的职能活动。

4. 管理中介

管理中介是管理过程中，管理主体作用于管理客体的方式、手段，是管理主体与客体按照系统要求而形成的一系列联系。管理主体通过实施管理中介，保持组织的正常运行并实现组织的目标。管理中介主要包括：各种管理规章、制度、措施、生产中的工艺流程等。管理中介直接决定着管理功效，在管理系统中具有极为关键的作用，因此，是管理系统最核心的要素。

5. 管理环境

管理环境是指存在于组织内部和外部，对组织的运营方式和业绩具有现实及潜在影响的一系列因素和条件的集合。管理环境具体包括组织外部环境和组织内部环境。组织外部环境是指宏观环境和任务环境；组织内部环境一般包括组织文化和组织经营条件。管理者的管理行为依一定的环境而存在，因而，受到环境的重要影响。

组织是管理系统的物质基础和组成方式，人类一切活动都是在组织中进行的，是一种组织活动。现代组织管理系统就是通过运用各种管理方法和技术，发挥组织系统中各种人员的作用，把投入现代组织中的有限资金、物资和信息资源转化为可供出售的有形或无形的产品，以达到组织管理的目的。但在构成管理系统的诸要素中，人是最重要的，是决定组织活动成效的最重要的因素。管理主体在任何组织中处于中心地位，作为管理客体的一部分，被管理者也在很大程度上影响着管理行为的绩效。管理客体中的各种资源要素由人来加以推动和使用，管理中介是由人来制定并由人操作和掌握，其效用也取决于人。因此，人是最根本性因素。

（三）组织管理系统的结构

现代组织管理系统从结构上可细分为决策系统、执行系统、监督系统和反馈系统。其中，决策系统是组织管理系统的核心，其主要任务是对各种预选方案进行比较、鉴别、分析，选定最满意的决策方案。执行系统负责实施决策方案，其工作成效决定着正确的决策能否变成现实。而任何决策或具体计划在执行过程中，执行情况与原定的管理目标有无偏差，执行中遇到什么问题等，必须要依靠监督系统的监督以及通过灵敏、准确、迅速的反馈系统及时进行信息反馈，把决策执行的效果与反应报告给决策系统、监督系统，以便决策和执行部门及时做出修正，保证正确的决策得到积极贯彻，错误的决策能够及时纠正。只有通过决策、执行、反馈、再决策、再反馈的一系列过程，才能不断避免偏差、完善决策，最终实现预定目标。因此，决策系统、执行系统、监督系统和反馈系统这些部门在组织中相互联系，从而使组织管理过程成为一个的完整过程。

第二节 管理的基本原理

管理原理是指管理领域普遍适用的基本规律，它是对各具体领域管理活动的实质内容进行科学分析、高度综合和概括得出的结果。因此，管理原理不是管理的具体方法、措施和制度，而是管理者进行管理活动的指南。

一、系统原理

任何管理对象都是特定的系统。任何系统既在自己的系统之内，又与其他系统发生各种形式的“输入”和“输出”关系，处于一个更大系统之中。管理的系统原理是指人们在管理工作中，要用系统论的原理和方法来认识和处理管理中出现的问题。涌现性是由低层的物质通过一定的结构构成而产生的新物质，新特性。涌现性是系统的重要功能。系统原理就是着眼于考察系统的整体性，追求系统的涌现性即整体大于部分或部分之和。

（一）系统的基本概念

1. 系统

系统是“相互作用的多元素的复合体”。这一定义表明系统是多样性的、差异性的统一，由多个元素组成，各元素互不相同。同时，系统的元素不是孤立无关的，所有元素都按该系统特有的、能与其他系统相区别的方式彼此关联在一起，相互依存，相互作用，相互制约，相互补充。

2. 系统结构

任何系统都具有特定的结构。所谓结构是指系统内各组成部分、元素和子系统之间相互联系、相互作用的框架。系统结构就是系统把其元素整合为统一整体模式的总和。系统的结构揭示了系统内各元素、各组成部分之间的关联方式。因此，系统的结构性，要求管理者必须按照系统规律对系统结构进行合理设计，而结构分析的重要内容就是划分子系统并研究各子系统的结构以及各子系统之间的相互关系。

3. 系统层次

系统的组成具有层次性。如国家由省、区组成，省由市、县组成。系统间的有效运动决定于系统层次。因此，层次是系统科学的重要概念，是认识系统结构、划分系统结构的一个重要工具，也是结构分析的主要方式。所谓层次就是系统由元素整合为整体过程中的涌现等级。不同性质的涌现形成不同的层次，不同的层次表现不同质的涌现性。层次分析的主要任务有系统是否划分层次、划分了哪些层次及各层次的内容、层次间的关系等。

4. 系统行为

系统行为是系统相对于系统的环境所表现出来的任何变化。不同的系统在同一环境下有不同的行为，同一系统在不同环境下有不同的行为。

5. 系统功能

系统具有特定的功能，系统功能有利于环境中某些事物乃至整个环境存续与发展。系统功能由系统行为引起，而系统行为受系统自身和环境影响，因此，系统功能由结构和环境共同决定的。

（二）管理中应用系统原理的基本途径

1. 进行系统分析与系统综合

结构因素及环境提供的条件、氛围决定了系统功能的发挥。系统分析是应用系统原理的重要内容，包括系统外部环境分析和系统内部结构分析。环境分析就是确定系统所处的环境，了解系统与环境间的相互影响及环境的特点和未来变化趋势。结构分析的核心是把握系统的组成，划分子系统；分析子系统的结构即子系统的组成元素及其关联方式以及不同子系统之间的衔接、过渡等问题。

系统由局部构成，系统综合的任务就是通过对系统局部的认识、低层次的认识来把握系统的整体性。在管理过程中，我们首先要对管理系统进行系统分析，弄清管理的组成部分、各子系统之间的关联形式、管理所处的内外环境以及环境的变化情况等，从整体上把握整个管理系统，并且在管理进程中，将对部分或子系统的认识综合整合为系统的整体性认识。

2. 建立系统模式

建立系统管理模式是实行系统管理、提高管理效益的根本保证。系统模式就是应用系统思想解决实际问题的典型形式。管理对象不同，管理的系统化模式不同，应根据管理对象的系统特征，建立相应的系统管理模式。

人类运用系统思想解决政治、经济、军事、技术方面的问题已有上千年的历史。系统论的建立和发展使系统思想在管理当中也得到了更广泛的应用，并形成了一些可加仿效和推广的典型模式。如美国管理学家彼得·杜拉克倡导的目标管理、美国工程师费根堡姆和质量管理专家朱兰提出的全面质量管理等，都是风靡全球的典型的系统管理模式。

二、人本原理

一切科学技术的进步、一切物质财富的创造以及社会系统的运行，都离不开人的活动和对人的管理。人的价值以及人在管理实践活动中所起的作用越来越明显。

（一）人本原理的含义

人本原理，即以人为中心的管理思想。人本原理认为，管理活动中的一切工作都离不开人，人在管理中居于核心的地位，做好人的工作是管理的根本。所以，人本原理要求管理者在一切管理活动中，要充分调动人的主动性和创造性，处理好人与人之间的关系，使管理对象人尽其才，明确组织的整体目标、自己所担负的责任，自觉、主动地为实现整体目标努力工作。

（二）实行人本管理的关键

合理配备人员，人尽其才、才尽其用是人本管理的关键。因此，组织在工作分解、配备人员时，要根据每个人的工作能力和兴趣爱好分配恰当的工作，并使工作的要求和目标具有一定的挑战性，以激发成员的工作兴趣和积极向上的精神。同时，组织还需要对人员进行考核、评价，使每个人的知识和能力得到承认、运用并不断发展。用好每一个人，充分挖掘每一个人的潜能，使每一个员工的价值都能最大限度地得到实现，以提高人才资源的效率，降低组织的成本，提升成员对组织的忠诚度，确保组织目标的实现。

（三）人本管理的根本目的

组织目标最终能否实现，关键在于组织成员的努力，管理要为组织成员服务。为此，组织要为组织成员创造良好的工作环境和条件，鼓励、吸收成员参与组织的管理，尊重员工的劳动，恰当地评价每一个成员的工作并给以合理的报酬，搞好员工培训，提高员工素质。

管理也要为组织的用户服务，为广大社会成员服务。用户是组织存在的社会土壤，是组织利润的来源。为用户服务、为广大社会成员服务，满足用户和广大社会成员的需要，是组织生存发展的基本条件。

阅读与思考

玛丽·凯的奇迹

中年起步，被冠以“祖母级女企业家”之称的玛丽·凯是国际化妆品界的一位传奇式人物。在20多年的时间里，玛丽·凯把仅拥有9名雇员的小公司发展成拥有5000多名雇员、年销售额超过3亿美元的国际性大企业——玛丽·凯化妆品公司。

玛丽·凯的秘诀是什么？

玛丽·凯化妆品公司总部设在达拉斯。走入总部大楼，赫然入目的是比真人还要大的该公司全国销售主任的照片。

玛丽·凯认为，任何一家大型企业之所以能够发展、兴盛，完全是靠公司里的人才，首屈一指的公司必有首屈一指的人才。因此，玛丽·凯视公司里的人才为她最宝贵的财富，并为拥有一支有知识、有能力、有胆量、善于领会公司经营思想、长于经营管理、勇于接受挑战的人才队伍而骄傲。总部大楼悬挂巨幅照片的设计，就充分体现了玛丽·凯视人才为公司最宝贵财产的思想。而许多公司的经理们却常以企业雄厚的资金、先进的生产线以及所拥有的设备与建筑物而炫耀。

一个公司只有把商品卖出去，才能实现其经济效益，才能奠定事业成功的基础，而化妆品的推销在当时并非易事。为此，玛丽·凯特特别重视那些在业务上“挑大梁”的人才，对这些几乎决定企业前途和命运的“关键人物”给予特别关注，为他们创造和谐、舒畅的工作环境。她时常提醒办公室职员，无论如何也不能得罪美容师和推销指导员，并发给办公室工作人员每人一张 4×6 英寸的粉红色卡片，上面写着：

“我们提供服务，并不是施惠于人。”

玛丽·凯曾指出：美容师和推销指导员不是一串冷冷的统计数字，而是有血有肉、有感情的人。他们不是我们争强斗智的对象，而是我们这个行业中的生命与鲜血。

不仅仅是美容师和推销指导员被视作“掌上明珠”，实际上，玛丽·凯把公司里的每一位员工都看作是重要人物，是值得尊敬和倍加爱护的对象。公司员工过生日，都会收到一份生日贺卡和两份免费午餐的招待券；所有秘书在“秘书周”都会获得一束鲜花和一个咖啡杯；新的员工进入公司，玛丽·凯在第一个月会亲切接见，并询问是否适应所担任的工作；公司的员工有什么委屈、困难，都可以直接找玛丽·凯申诉、反映。平易近人的玛丽·凯会设身处地地为员工着想，帮助他们解决问题。

玛丽·凯如此关怀备至和细心安排，使员工们从感情上依赖于玛丽·凯化妆品公司，从行动上努力地服务于玛丽·凯化妆品公司，促使公司向前发展。玛丽·凯化妆品公司的快速成长大概就是玛丽·凯重视人才、视每一位员工为重要人物所取得的精神效益吧。

思考：

（1）玛丽·凯靠什么创造的这一奇迹？

（2）以上案例充分体现了哪一种或哪几种管理原理？

（资料来源：王波涛．管理学概论［M］．北京：对外经贸大学出版社，2007）

三、责任原理

（一）责任原理的含义

实现管理高效益要求充分挖掘和利用人的各种潜能。合理分工，明确规定各人职责，在明确职责基础上明确相应的权力和利益，并据绩效给予公正的奖惩构成了管理的责任原理。

（二）贯彻责任原理的途径

1. 职责明确，责任到人

组织应根据组织设计确定的责任，分配到人并做出明确规定。责任就是对工作数量、质量、时间、消耗、协作等方面的具体要求。组织在明确责任时，应注意责任的专业性，责任的内容要具体并有明文规定，以便于执行、检查和考核：同时在规定岗位职责时，还应规定同其他人和其他部门协同配合的要求，明确谁为主、谁为辅、谁负主要责任等内容。

个人责任、部门的责任最终都应由具体的人来承担。只有落实到人，才真正能做到事事有人负责。

2. 合理授权和明确利益

责任落实到具体的人，必须同时为之提供履行责任的条件：授予与责任相适应的权力、给予与责任相适应的利益、提供履行责任所必要的物质条件等。

（1）合理授权

管理者因能力、精力、时间有限，许多工作要授给下级去做。因此，管理者要善于授权、授权适度。责小权大，则导致滥用权力；责大权小，遇事过多请示上级，下级就会丧失负全责的积极性和主动性。所以，上级应把下级完成全责应有的权力全部下放并在必要时给予适当的帮助和支持。离开了管理的人权、财权和物权，任何人对任何工作都不可能实行真正地管理。

（2）利益

个人对某项工作完全负责意味着责任者要承担全部风险。利益是风险的补偿，责任者在承担风险时，都自觉不自觉地进行风险与利益的权衡。若利益小于风险，则管理者难以积极主动去承担风险、完成责任。所以，必须根据各人所负的责任和承担的风险给予相对等的利益，从而保证其尽职尽责。

（3）能力

管理者要具备管理科学知识，还应具备实践经验、创造力、判断力甚至直觉。人的能力各不相同，因此，每个人所能承担的职责也应不一样。如果一个人的职责大大超出其能力范围，就会导致依靠上级或主要依赖助手而不可能做到完全负责。反之，会使其认为大材小用，失去工作热情。因而，必须按各人能力及其能力变化给予相应的不同的职位和责任。

3. 检查和监督、公正考核、奖惩及时

履行责任主要靠成员的责任感。因此，由于组织环境的变化与组织成员的个别差异的存在，在责任确定之后，还必须进行检查、监督和考核。

考核是实现闭环管理的必不可少的环节，是对工作人员进行奖罚的前提。考核不准确、细致，甚至良莠颠倒，则必然导致奖惩难以公正合理。因而，必须要明确绩效的考核标准，采用科学的考核方法，做到考核准确。

奖惩是对组织成员工作成效的一种评价。因此，奖罚必须公正、及时。及时公正的奖惩，有助于提高人的积极性、挖掘每个人的潜能，从而提高管理成效。

四、效益原理

管理活动中，重视和追求效益，谋求用最少的投入得到最多的产出，以最小的消耗换取最大的效益，为社会提供有价值的贡献，是管理的效益原理的基本要求。

（一）效益的概念及其评价

1. 效益、效果、效率的概念及关系

效益、效果和效率既相区别又相联系。效益是指有效产出与投入之间的一种比例关系。效果是指单位时间经过转换而产出的有用成果。效率是单位时间内所取得的效果的数量。

因此，效益是一个相对化概念，而效果和效率为绝对量概念。效益反映有效产出与投入间的一种对比关系。有效产出多，投入少，则效益高；有效产出少，投入多，则效益低。效果是有用成果，其中有的有效益，有的无效益。只有被社会所接受的效果才是有效产出，才有效益。所以，效益又是一个社会化概念。

效率与效益也相联系，一般情况下，有效益，必有效率。但实践中有效率并非就有效益。如企业进行技术改造，提高技术水平，提高了效率，但若使单位产品生产的物质劳动消耗的增量超过了活劳动的减量，导致生产成本增加，就是效率提高而效益降低现象。

因此，管理应注意效益、效果和效率的相互关系，追求效率、效果和效益的综合。

2. 效益的评价

评价主体、评价标准和评价方法等是效益评价的基本要素之一。不同的评价主体，如领导、公众、专家等，从多个不同角度采用不同的评价标准和评价方法对效益进行评价，会得出不同的评价结果，甚至是相反的评价结论。

评价标准没有绝对性，而评价的结果将直接影响组织对效益的追求和获得。因此，有效的管理要求尽可能公正和客观地对效益进行评价。评价结果越公正、客观，组织对效益追求的积极性就越高，动力也越大，客观上产生的效益也越多。因此，组织在效益评价前，应全面分析各种条件，制定出科学、合理、公正的评价标准，并根据评价要求选择评价主体。

一般来说，领导评价有一定的权威性，能较好把握全局，其评价结果对组织的影响也较大，但可能不够细致和具体；公众评价比较公正和客观，但可能要花费较多的时间和费用，才能获得最后的评价结果；而专家评价技术性强，比较细致，但容易忽视间接效益。因此，应发挥各种评价的长处，配合使用各种评价，以获得客观公正的评价结果。

（二）管理效益的实现途径

1. 科学预测，正确决策

实现管理效益的前提和基础是组织决策的正确性。正确的决策源于科学的预测。预测是指根据过去和现在的已知因素，运用人们的知识、经验和科学方法，估计未来并推测事物未来的发展趋势。通过预测，就能比较准确地把握环境因素及其变化趋势，为组织制定战略、确定经营方针等重大决策提供可靠依据，从而提高决策的准确性和经营管理活动的预见性。

2. 优化组织结构，改进组织运作

组织结构是为实现组织目标，由组织要素与组织单元，按照一定组织原则与组织联系模式，构建起来的组织框架体系。组织结构是组织正常运营和提高效益的支撑和载体。现代组织如果分工不明、权责不清、缺乏协作配合等，管理效能和效益将会低下。组织如果不能根据外部环境变化，及时调整、创新和优化组织结构，就会影响管理效能和组织效益的提高。因此，组织必须建立合理高效的组织结构，增强组织的运作效率和适应性。

3. 有效控制，充分实现组织目标

控制就是按照既定目标和标准，对组织活动进行监督、测量，发现偏差并分析原因，采取措施使组织活动符合既定要求的过程。组织要实现理想的管理效益，就必须对组织的活动进行有效的控制，使组织的各项活动按照预定的计划运作。只有通过控制才能有效地监督组织各项计划的落实与正确执行，才能发现计划与实际之间的差距，找出原因，及时采取补救措施，使计划不断地完善。失去有效的控制，组织计划就难以落实，组织的管理效效益就不可能实现。

（三）实现管理效益应注意的问题

1. 树立全局效益观，局部效益与全局效益协调一致

组织是由若干个要素组成的系统，系统内的每一个要素都有自己的局部利益。局部效益与全局效益相统一，有时又相矛盾。全局效益比局部效益更为重要，全局效益差，局部效益提高难以持久。但局部效益是全局效

益的基础，没有局部效益的提高，全局效益的提高难以实现。因此，在组织的管理活动中，要正确处理好局部效益与全局效益的关系，一方面要从全局着眼，部分入手，统筹考虑，各方协调；另一方面，要树立全局观点，局部要服从全局。

2. 以长期稳定的高效益为中心，兼顾短期效益

组织要持续、高效的发展，就要高瞻远瞩、开拓进取、积极创新，善于追求长期稳定的高效益。如果组织仅满足于眼前的经济效益水平，不能根据市场需求的变化，开发生产出各种新产品，随时都有被淘汰的危险。

3. 正确处理管理的经济效益和社会效益的关系

效益是经济效益和社会效益相结合的整体。经济效益一般指人们在消费了一定量的活劳动和物化劳动后所能实际取得的产品量的大小；社会效益则指人们在消耗了一定量的活劳动和物化劳动后实现社会目标的程度。经济效益是社会效益的基础，社会效益是促进经济效益提高的重要条件。经济效益可用若干个经济指标来计算和考核，较社会效益直接、显见，而社会效益则难以计量，必须借助于其他形式来间接考核。因此，在管理活动中，我们要坚持两种效益的统一观点。

总之，管理的局部效益与全局效益、短期效益与长远效益、经济效益与社会效益是客观存在的。正确处理好它们之间的矛盾关系，管理效益才能得到充分、全面的实现。

五、创新原理

1912 年，熊彼特（Schumpeter）在《经济发展理论》一书中率先提出了创新（innovate）一词，指出创新就是“新的组合”这一含义。

创新是一种思想及在这种思想指导下的实践，是一种原则及在这种原则指导下的具体活动。它是对原有事物的改变或新事物的引入，是创造新的理念并将其付诸实践的过程。管理创新就是指为了更有效地运用资源以实现目标而进行的创新活动或过程。

一般的创新只强调创造和新颖，而管理创新不仅强调新，更强调成功的实际应用，即管理创新的目的并不在于推动管理学进步，更主要的在于通过管理创新促进组织的发展，进一步提高组织的效率与效益，以更有效地实现组织目标。衡量管理创新成功的标准不只在于其内容的新颖性，而更着重于它是否能在实践中取得比以前更高的效率和效益。

（一）管理创新的过程

一项管理创新从提出到取得效果，一般要经历四个阶段：提出创新目标阶段、创意产生阶段、创意评估筛选阶段、创意实施与修正阶段。

1. 提出创新目标阶段。没有目标的行动是盲目的行动。正如其他活动的管理一样，进行管理创新活动，也必须首先明确创新目标，而且管理创新目标必须与组织目标保持一致，才能保证管理创新工作的有效性。

2. 创意产生阶段。创新建立在新观念、新思想、新方法等创意基础之上的，能否产生创意是关系到能否进行管理创新的关键。

3. 创意评估筛选阶段。组织需根据内外环境因素对创意进行评估与筛选，评价其是否具有目标达极性和可操作性。

4. 创意实施与修正阶段。创意的实施是整个管理创新过程中一个极为重要的阶段。许多好的创意往往由于找不到合适的具体操作方式而导致这一创意最终无法成为创新成果。实施与修正过程中的管理艺术性则尤为重要。

（二）管理创新的特点

1. 管理创新过程是和外界环境相互作用的社会过程。管理创新过程中创新目标的确立、创意的形成、创意的评估和实施，每一步都会受到人们原有的价值观念和行为习惯的重大影响，并会不可避免地受到各种外部环境的影响。必须正确处理好创新与环境之间的关系。

2. 管理创新过程是随机性与逻辑性统一的过程。创新来源于创造性思维，但是管理创新过程是不断迸发“灵感”的过程，又是有组织的系统过程，只有通过系统化的管理才能使创造性设想变成实用性的成果。真正有效的创新是那种致力于建立一个新的体系的过程。

3. 管理创新过程是充满风险和不确定性的过程。在创新过程中，创新思想本身以及创新者在行为目标、判断准则和期望预期等方面缺乏相关参照系以及环境的复杂变化都会带来一定的不确定性。管理创新需要胆识和努力减少创新过程中的风险的能力。

阅读与思考

海尔创新的基本走向

人们对创新的理解和实践有千差万别。世界管理大师彼德·德鲁克认为：无论大企业还是小企业，都应当把创新当作一项基本功能。因为各种生产要素的简单组合是不能创造价值的，只有依靠企业的创新，才能创造价值。比如，由铁矿石变成各种性能的钢材，通过加工、生产、技术创新等才能将资源变为产品，所以，创新就是改变资源的产出。企业改变资源产出的本质是什么呢？如果我们把企业的目的看作是创造顾客，那么，就企业而言，创新也就是为顾客提供更好更多的产品（商品）和服务。创新就是通过改变产品和服务，为客户提供价值和满意度。企业处处都有创新的机会，创新是管理者的一项重要职责，是企业家的工具。张瑞敏对德鲁克的创新理论吃得很透，他认为“创新是企业永恒的主题”，海尔把创新敲定为企业的核心价值观。有人说：创新是海尔的精髓。中小企业要成长、要发展，离不开创新。一个企业的发展离不开人、资本、技术、市场、环境。一个企业的成长必须有目标、战略、理念、制度、组织、文化等。创新就是变革，创新就是越变越好。海尔的创新具有全方位、全要素、全过程、全员、全速、全社会创新的特点。这些显著特点，一般企业不易做到，中小企业学用海尔创新经验，关键是学海尔创新的理念、方法。

一、战略创新是方向

面对一个亏损企业，谁当“带头人”也不会马上制定一个宏伟的战略构想。海尔是在充满变化、风险与竞争的时代起步的，在创业期，奋发向上，谋求长远发展；在成长期，追求卓越，力求进入世界500强。在分析国内外经济、科技发展现状与趋势、剖析自身优势和劣势的基础上，海尔确定了三个经营战略。

名牌战略。1984—1991年，海尔实行名牌战略。计划经济造成的短缺，使电冰箱供不应求，许多企业拼命上规模，电冰箱产量之大前所未有。海尔砸掉76台不合格冰箱，向世人宣告：海尔要坚持高起点、高质量、高水平。当冰箱市场出现滞销人们热衷于打价格战的时候，海尔冰箱提价12%，崭露头角，获得中国冰箱史上第一枚金牌，取得了良好的经济、社会效益。

多元化战略。很多企业搞多元化，失败者也很多。海尔多元化坚持三个层面：做强、做优核心业务，建立新业务，选择新生业务。海尔实现了发展方向的三个转移：一是以利润最大化为目的向以用户满意的最大化的方向转移；二是从国内市场向国外市场转移；三是从制造业向服务业转移。海尔兼并扩张吃“休克鱼”，不注入资金，而是注入文化，激活了被兼并企业。海尔涉足金融保险业，使产业和金融资本有机结合，形成产业多元化，夯实了发展基础。

国际化战略。与多数企业“先易后难”“出口创汇”的经营方针相反，海尔提出“先难后易”“出口创牌”的发展方针。先进入欧美市场，然后进入其他市场，使海尔品牌成为世界名牌。海尔的国际化战略是名牌战略、多元化战略的延伸和发展，是三者的有机结合。

战略创新的原则是问题管理。张瑞敏说：如何进行战略创新？战略管理的关键是问题管理。企业管理方向有两种思路，一是危机管理，对可能产生问题的苗头在萌芽阶段没有被发现，任其发展，到了危机阶段再来处理，这对企业有百害而无一利。把问题考虑到前面，把问题消灭在萌芽当中，使企业能够良性地发展，这是问题管理。管理大师德鲁克认为：好的企业和差的企业区别在于，好的企业永远没有激动人心的事情发生，表面看这个企业平淡无奇，实际上很多可能出现的问题已经消灭在萌芽当中，这样的企业才能真正得到发展。海尔在各个战略阶段中，更多的是坚持问题管理的原则。

二、观念创新是先导

思路决定出路，思路的核心就是经营管理理念。海尔经营理念体现了创新这个灵魂，每个经营理念都是对传统的不适应新时代、新体制要求的经营理念的变革。观念既是制定战略的基础，又是执行战略的保障。张瑞敏说："改革开放为海尔带来最本质、最核心、最打动人的东西是观念改革。海尔最大的收获不是销售收入、利税、出口创汇翻了多少番以及产品品种增加了多少个，而是改革开放改变了我们对整个外部世界的看法和思维方式，海尔最主要的成就在于观念、思维方式的全新的变革。"

改变思维定式，更新观念，对中小企业并不是一件易事。企业家、管理者有必要对照海尔找到自己观念创新的目标、内容、方法和途径，不能年年喊"解放思想，创新观念"，可年年还是固守旧的思维方式。时代变了，体制、环境、政策都在变，观念创新是先导，中小企业走向成功的第一个突破口就是观念创新。

三、制度和组织创新是保证

海尔从无序到有序的转变，第一项制度就是约束员工行为的"十三条公告"（包括不许在车间大小便、不许迟到早退、不许化公为私等），管理从有序到科学的转变，先是质量管理制度，后是财务、人事制度、用工制度（优秀员工、合格员工、试用员工三工并存），P（计划）D（实施）C（检查）A（总结）制度，三个基本原则（闭环、分析、优化），80∶20原则（发现问题管理者承担80%的责任），解决问题三步法（紧急措施、过渡措施、根治措施），九个控制要素（目的、方法、标准、数量、地点、成本、责任人、安全、进度），6S管理法（整理、整顿、清扫、清洁、素养、安全），SST制度（索酬、索赔、跳闸）等；在组织结构上实行以市场链为核心的企业流程再造。这些都是海尔自主创新、全方位创新的载体。制度创新能给企业生成动力、激发活力的机制，并使决策、执行、监督相得益彰。海尔从直线式职能组织结构变为事业部制的矩阵式结构，再变为自主创新的市场链组织结构，建立高效能的组织体系，提高了组织效率。

有些中小企业的制度和组织构架仍然倾向于管束、奖惩、规范，多是站在管理者的角度定规章、设机构，是以管理者为核心的变革，这不是创新。制度和组织创新的目的是激发活力，激发活力的核心是激发市场活力，进而提升企业创造顾客、创造新价值、创造新财富的能力。我们与海尔的差距，就是创新的目标和资源。

四、市场创新是目标

市场是企业的生命线。开拓市场是企业经营管理的出发点和归宿。企业所有创新都应当围绕市场转。海尔确立了“市场第一”“消费者第一”的经营方针，从传统的市场驱动变为驱动市场，从被动适应市场到以创新引导消费、开拓市场，努力扩大客户资源；海尔的市场原则是：紧盯市场创美誉，绝不对市场说“不”；海尔市场营销已从传统推销、技巧营销、组合营销、服务营销发展到价值营销、理念营销、文化营销；海尔坚持“先卖信誉，后卖产品”，努力为顾客创造价值，对消费者“真诚到永远”，在消费者心目中树立了良好的企业形象；海尔人坚持“只有淡季思想，没有淡季市场，只有疲软的思想，没有疲软的市场”；海尔市场创新的核心是建立人单合一的市场链，以满足客户需要为立足点，做到“按订单生产，现款现货，零距离、零库存、零逾期”；海尔把客户作为衣食父母，以客户规模、增长速度和忠诚度为企业的生命线。

《海尔企业文化手册》明确：市场链是“每个人都有一个市场，每个人都是一个市场；你有代表市场索赔的和对市场负责的责任。实行市场链的三个转化：把外部市场目标转化成企业内部目标。把企业内部目标转化为每个人的工作目标。把市场链完成的效果转化为个人的收入。市场链的目标：创市场美誉，赢得用户的心。”

中小企业实施市场创新，不是照抄海尔“人单合一”模式，应学思路、理念。再小的企业，订单也是最大的事，拿订单也不是老板一个人的事。开拓市场、对市场和用户负责的人，也是越多越好。

五、技术创新是手段

海尔技术创新的主体模式是面向市场、面向需求的产品创新和技术创新。比如，早期满足农民需求，使洗衣机能洗地瓜；近期满足伊斯兰顾客需求，使洗衣机能打黄油；为美国“量身定做”的“手搓式”小小神童洗衣机；为欧洲客户设计的“大容量”波轮洗衣机；为中东客户研制开发“节水型”波轮洗衣机；都是鲜活的例证。海尔技术创新的第一个层次是引进先进技术，注重原汁原味的学习；第二个层次是消化吸收再创新，开始要原封不动地吸收消化，搞清楚之后，在这个基础上发展创新；第三个层次就是整合国内外的资源进行技术创新。

海尔创新的三个原则是：(1) 创新的唯一目标是创造有价值的订单；(2) 创新的本质意味着创造性的破坏；(3) 创新的途径就是创造性的借鉴和模仿。海尔技术创新要围绕市场真正的需求转，海尔专利产品都要能创造新市场，海尔的技术创新是把一切可能的市场需求以技术创新的方式挖掘出来。海尔已申报专利6189项，居中国家电行业榜首。海尔已开始主导世界洗衣机标准的制订，如热水器的防电墙标准和双动力洗衣机标准。

许多产品市场多年处于供大于求的状况，顾客选择的余地大，谁能满足顾客个性化需求，顾客就选择谁。海尔创新的目标是创造有价值的订单，不断创造新市场。“创造新市场”的内涵是：不局限于现有的市场份额，是以自己的优势，开拓新市场，重做“一块蛋糕”自己享用，通过创新市场来引导消费市场。比如，海尔银色变频系列冰箱上市，在北京、上海、武汉等各大城市，创造了淡季热销的奇迹。海尔MRV中央空调，集智能控制技术、多重健康技术、节能技术、网络控制技术等多种高新技术于一身，能够满足消费者对舒适性、方便性等多方面需求，在国内外市场上需求旺盛。

六、管理创新是主线

创新管理模式，已列入国民经济和天津中小企业“十一五”发展规划，已成为各类企业成长发展的重要课题。

海尔发明的斜坡球体论是海尔创新理论的形象写照。企业在市场上的地位犹如斜面上的小球，需要有上升力（目标的提升），使其不断向上发展；还需要有止动力（基础管理），防止下滑。创新是推动这个小球正常运行并达到预期目标的动力与源泉。

管理创新原指企业各项管理制度的创新。新时期，企业管理制度创新的指导思想是树立科学发展观，促进和谐发展、永续发展，要履行社会责任，并由此引申管理模式或发展模式的创新。管理模式或发展模式的创新，是综合性的创新实践，涉及多项制度联体创新。海尔管理创新有三个典型模式，一是OEC管理模式，主要解决从无序到有序、从有序到体系管理中的激励机制和发展动力问题。二是SBU管理模式，主要解决市场竞争主体问题，把“让我干改成我要干”，把内部产供销衔接服务关系变成市场关系，让每个组织、每个员工都成为一个市场竞争主体，人们从发工资转变为挣工资，明明白白地拿工资，这是历史的突破。三是“人单合一”的竞争模式，解决企业对市场的反应速度和准确度问题，这是世界管理创新的前沿。如果海尔不能与时俱进地创新发展模式，海尔也难有今天的辉煌。许多企业困惑很多，成长较慢，原因是什么？一个重要原因是，企业管理者不能超越自我，对创新不够执着。中小企业要借鉴正反两方面的经验，勇于探索，扎扎实实地学习管理创新经验，从实际出发，关键在实践。

七、全员创新是突破口

海尔的全员创新是指，企业的每个员工都要根据市场需要，自觉进行创新，千方百计提高工作质量和工作效率，最大限度地满足市场要求。海尔让员工们成为创新主体和市场竞争主体，没效益的只发生活费，负有责任的还要索赔，这需要高素质的员工队伍相适应。假如不这样探索，企业创新的人只是少数，担责任的是极少数，而多数人是吃喝的、执行的，缺乏责任意识、风险意识。这样的企业能够持续地把产品和服务做优吗？很难！日本企业大都讲团队精神，多数实行“年功序列制”（靠资历决定地位与收入）。现日本几家著名企业已开始反思“年功序列制”的弊端，表示要学习海尔在这方面的经验。

创造是人类的本性，是人类社会发展最基本的动因。马斯洛认为，每个人天生都有潜在的创造性本能。海尔推行全员创新，正是基于对人性的深刻理解，适应了人性的创造特点，因而具有群众基础。

要满足员工的创造欲望，信任员工，让员工主宰自己的命运，与企业共同发展。张瑞敏认为：企业是领导者为企业发展和员工发展搭建的平台，领导者和员工是合作、服务和互补的关系。信任员工、支持员工、为员工发展创造条件是领导者应尽的职责，也是企业发展的根基。信任是一种减少摩擦的润滑油，信任是把不同部件组合到一起的连接剂，是有利于行动的催化剂。信任产生奇迹，使海尔高效运转。

在海尔，每个员工都有自己的市场，同时又是海尔市场的一部分；人与人之间是市场关系、服务关系；一个有能力的员工可以不断突破市场，从而不断提高自己的地位和待遇，比如有一个负责钢材业务的员工，业绩非常突出，就自然而然地成了“钢材业务经理”。许多员工因为自己能主宰自己的命运而高兴。海尔基本上做到了“企业的事就是员工自己的事，企业发展和员工发展良性互动”。

在海尔，全员创新并不是每一个员工都得事事面向社会走向市场，每个人是在自己的业务范围内成为相对独立的市场竞争主体，实质上，海尔仍然是把企业家、专家和员工创新融为一体。由于每个员工对自己的工作最了解，都有一些他人所不知道的信息和创意，而且改进没有止境。因此，充分发挥企业家、专家和广大员工创新的积极性，成为企业管理创新的重要内容。

海尔确立的发展目标是创世界名牌，为员工发展提供了与世界大企业同台竞技的平台，使员工们感到自豪和骄傲。加上海尔的人本管理、能力管理，这使海尔具有很强的凝聚力。有人问“海尔的优势是什么？”张瑞敏说：“资金、设备、技术都不是，成功的道理只有一条，把每个员工的积极性都调动起来，使集团产生一种强大的凝聚力，这种凝聚力令公司在许多场合化险为夷。凝聚力体现一种精神，或者是一种企业文化。危机转化、市场资源整合等都是凝聚力的具体体现。”

如今，海尔的广大员工像行驶在高速公路上的汽车，一刻也不能懈怠，必须时时、处处动脑筋，自发地行动，要么创新，要么出局，别无选择。海尔成了一座创新的熔炉和海洋，创新已融入员工的血液之中。

（资料来源：http：//blog. sina. com. cn/s/blog_ 13a2aab8c0102vwa4. html）

第三节 管理理论的发展

管理的历史可以分成传统管理、科学管理、行为科学和现代管理四大阶段，形成了古典管理理论、行为科学理论和现代管理理论。本节我们研究历史上的管理，并从管理的思想、理论和方法的演变中去把握管理的本质和一般规律。

一、古典管理理论

古典管理理论形成于19世纪末20世纪初的欧美，主要包括“科学管理理论”和“古典组织理论”两大部分。代表人物有美国的泰罗、法国的法约尔和德国的韦伯等人。

（一）泰罗的科学管理理论

泰罗（Taylor，1856—1915，誉称为“科学管理之父”），出生于美国费城的一个律师家庭，辍学于哈佛大学，年幼时就很爱好科学研究和实验，做任何事情都想寻求“一种最好的办法”。1875 年，泰罗进入费城的一小机械厂做学徒工，1878 年转米德瓦尔钢铁厂当机械工人，从一般工人、工长、车间管理员、设计室主任，到 1884 年被提升为总工程师。1891 年泰罗离开米德瓦尔钢铁厂，从事工厂管理咨询和宣传活动。1898—1901 年，他受雇于伯利恒钢铁公司做咨询工作，并继续进行操作方法和动作时间实验。泰罗从工人到管理者的亲身经历，使他非常熟悉管理者和工人的实践。

1. 磨洋工现象及其解决逻辑

泰罗在米德瓦尔钢铁厂当工长时，就发现工人中“磨洋工”现象很普遍以及多劳不能多得之类的不合理管理制度。泰罗认为制度分配不公，工人担心加码、害怕失业，作业方法有标准，工人和企业主间的利益冲突等造成磨洋工，使劳动生产率低下。泰罗决心改变现状，提出用工作定额来解决效率低下问题，而工作定额受工人自身能力、培训程度、经验技巧、使用的工具等多种因素的影响，必须采用具体的方法来制定科学的定额。1880 年，泰罗在车间开始了时间研究、金属切削实验等。1899 年他又在伯利恒钢铁厂进行了搬运生铁、铲铁等试验。泰罗磨洋工现象及其解决逻辑如图 1-1 所示。在长期的研究中，泰罗先后撰写了《计件工资制》《工厂管理》《科学管理原理》等。

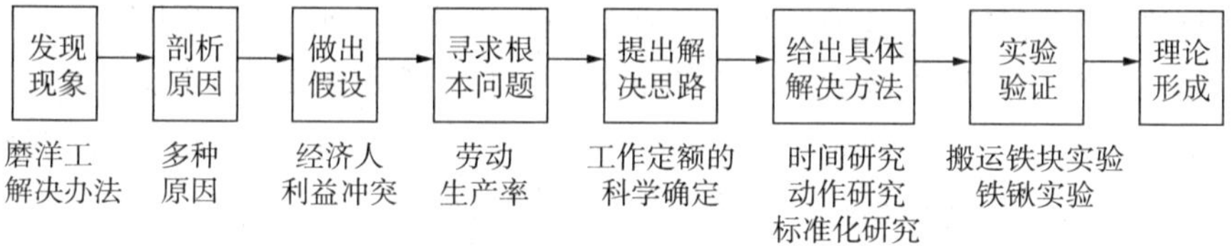

图 1-1　磨洋工现象的解决逻辑

2. 泰罗科学管理的主要内容

科学管理的核心是工人和雇主双方的一次完全的“精神革命”。泰罗认为，工人和雇主间存在某种利益的一致性，劳资双方应将对盈余分配份额的关注转到互相协作、共同努力增加盈余上。盈余增加，即使分配份额不变，双方都可以获得比以前更大的收益。

科学管理的中心问题是提高劳动生产率。泰罗说：“科学管理如同节省劳动的机器一样，其目的正在于提高每一单位劳动力的产量”，“科学管理只是能使工人取得比现在高得多的效率的一种适当的、正确的手段而已”。

科学管理的手段是用科学的管理方法来代替旧的经验管理方法，通过改进方法以提高劳动生产率。

3. 科学管理原则

根据以上思想，泰罗提出了如下科学管理原则：

（1）工作定额

泰罗认为要挖掘工人劳动生产率的潜力，制定出有科学依据的工人的“合理的日工作量”，就必须要进行动作和工时研究。“动作研究”是研究工人干活时动作的合理性，即研究生产过程工人操作的各动作要素的合理性和必要性，去掉不必要的动作要素并对必要的动作要素进行改进与组合，形成标准的作业方法，降低工人的疲劳程度，提高劳动生产率。以搬动生铁实验为例，原来每个工人每天搬运量为12T，在动作分析实验后每个工人每天搬运量为47.5T，劳动生产率大为提高。“工时研究”就是研究人们在工作期间各种活动的时间构成。方法是观测和分析尽可能多的工人完成作业方法所需要的时间，考虑各种宽放时间，包括必要的生理时间和不可避免的耽搁时间，得到完成标准作业时间。

（2）标准化原理

当时的伯利恒钢铁公司装卸工人拿着自家的铁锹装卸堆料场物料。由于铁锹式样、大小各异，不同物料密度不同，因而，一铁锹物料负重不同。泰罗认为应该有一个效率最高的重量。因此，泰罗主张要使工人以标准的方法操作，完成较高的劳动定额，必须按作业方法的要求，让工人使用标准化的工具、设备等，并使作业环境标准化。为此，泰罗进行了著名的铁锹实验，解决铁锹效率最高的重量。实验发现每锹22磅可以使工人一天的劳动总量最高。同时根据实验，泰罗为工人设计了8~10种不同规格的铁锹，要求工人根据物料的不同使用不同的铁锹。

（3）能力与工作相适应

泰勒认为，人具有不同的天赋和才能，只有工作对他合适，才能成为第一流的工人。因此，泰罗提出要根据工作要求、不同工人的不同特长来分配工作，并且工人自己摸索或师傅传授徒弟工作技术的传统方法效率不高，可能把不科学的东西传下来。所以，正确地选择工人承担适当的工作后，还要根据标准的作业方法集中培训工人，使他们成为第一流的工人。

（4）实行刺激性的工资报酬制度（计件工资制）

泰勒认为一笔酬金，如果确要它有效地刺激工人尽力工作，那么就必须及时地在工作完成后立即发放。泰罗认为计时工资不能体现劳动数量，报酬制度不合理是工人磨洋工的一个重要原因。实行计件工资的企业，工人产量增加，资本家可能会降低工资标准，而工人则会压低产量对付资本家，造成劳动生产率低下。因此，泰罗认为要在科学地制定劳动定额的前提下，采取差别的工资率，对未完成定额的以较低的工资率支付，完成并超定额的按较高的工资率支付，刺激工人创造更多的产量。

（5）管理控制上的例外原则

泰罗认为企业的高级管理人员应把例行的一般日常事务授权给下级管理人员去处理，自己留出时间处理例外事项，决定重大事项并进行监督。“例外原则”思想为后来的管理分权化及事业部制管理体制提供了理论依据。

（6）计划职能与执行职能分开

泰罗主张设立计划部门，专门从事调查研究，制定科学的定额、标准化的操作方法与工具，制定并发布计划指令，对照“标准”与“实际情况”进行有效控制。工人则依据计划部门制定的操作方法，使用标准化的工具，从事执行职能，变原来的经验工作方法为科学工作方法。

（7）实行职能工长制

泰罗对工长的管理工作进行细分，设计出八个职能工长代替原来的一个工长。职能工长负责“职能管理”工作，在其职能范围对工人行使指挥权。但“职能工长制”下，工人要同时接受几个职能工长的多头领导，容易引起混乱，因而，没有得到推广。但泰罗的职能管理思想为以后职能部门的建立和管理的专业化推广提供了借鉴。

4. 泰罗科学管理理论的评价

“科学管理迈出的每一步都是一个演变，而不是一种理论，在任何时候都是实践先于理论……”泰罗基于个人的经历，在管理实践中长期摸索，将其管理思想升华为理论，从而又指导管理实践，其科学管理思想是第一次对人类历史上管理知识进行的科学总结。其理论贡献与不足表现在：

（1）冲破传统的落后经验管理办法，将科学引进了管理领域，并且创立了一套具体的科学管理方法来代替单凭个人经验进行作业和管理的旧方法。

（2）科学的管理方法和科学的操作程序，使生产效率成倍提高，推动了生产的发展，适应了资本主义经济发展的需要。

（3）管理职能与执行职能的分离，企业中开始有一些人专门从事管理工作，使管理理论的创立和发展有了实践基础。

（4）泰罗把工人看成是会说话的机器，只能按照管理人员的决定、指示、命令进行劳动，使工人在体力和技能上受到最大限度的压榨。

阅读与思考

美国联合邮包公司的科学管理

美国联合邮包公司（Unitied Parcel Service，UPS）雇用了15万员工，平均每天将900万个包裹发送到美国各地和180个国家。为了实现他们的宗旨，“在邮运业中办理最快捷的运送”，UPS的管理当局系统地培训他们的员工，使他们以尽可能高的效率从事工作。

UPS的工业工程师们对每一位司机的行驶路线都进行了时间研究，并对每种送货、暂停和取货活动都设立了标准。这些工程师们记录了红灯、通行、按门铃、穿过院子、上楼梯、中间休息喝咖啡的时间，甚至上厕所的时间，将这些数据输入计算机中，从而给出每一位司机每天中工作的详细时间表。每个员工必须严格遵循工程师设定的程序工作，才能完成每天的定额任务。

这种刻板的时间表是不是有效呢？毫无疑问！生产率专家公认，UPS是世界上效率最高的公司之一。比如，联邦捷运公司（Federal Express）平均每人每天不过取送80件包裹，而UPS却是130件！

思考：

UPS运用了什么样的管理理论？它取得如此高的效率的原因是什么？

（资料来源：http：//www. tceic. com/5l9934ikjg38376hgl1lgkl9. html）

（二）法约尔的管理过程理论

法约尔出生于法国一个中产阶级家庭，1860年从圣艾帝安国立矿业学院毕业，进入康门塔里-福尔香堡采矿冶金公司工作，1888年升任该公司总经理。法约尔根据30多年的管理经验，视企业为一个整体来研究其管理问题，于1916年发表了《工业管理和一般管理》，分析了企业的基本活动，提出了适用于一切组织的管理五大职能和有效管理的十四条原则。因此，被公认为第一位概括和阐述一般管理理论的管理学家，是管理过程的创始人，被尊称为“经营管理理论之父”。

1. 法约尔思想的主要观点

（1）经营和管理

法约尔将企业全部活动和职能划分成六类：技术活动（生产、制造和加工）、商业活动（采购、销售和交换）、财务活动（筹资、投资）、会计活动（货物盘点、记账和成本核算）、安全活动（设备维护、人员保护）

和管理活动（计划、组织、指挥、协调和控制）。管理是六种活动中的一种，而经营是努力确保六种固有活动的顺利运转，以便把事业拥有的资源变成最大的成果，从而导致事业实现它的目标。并且，法约尔认为基层工人主要要求技术能力，随着职位的提升，人员技术能力的相对重要性下降，管理能力的要求加大。

（2）管理的要素

法约尔认为管理就是计划、组织、指挥、协调和控制。

① 计划。计划就是预测未来并制定行动计划。法约尔认为，管理意味着要考虑未来，预测和计划过程是主要的经营管理活动。

② 组织。组织是为完成已确定的目标，对各种资源的有效配置和组合。包括组织结构、组织活动和相互关系的规章制度，以及员工招募、评价和训练。法约尔认为，确立企业的组织结构是管理部门所要解决的中心问题。

③ 指挥。指挥是发挥领导艺术，使成员增进工作责任感，有上乘的工作表现，并使整个组织活动最有效。

④ 协调。保证组织中各部门的努力相互一致，并使组织中所要进行的一切活动与组织的总目标相统一。

⑤ 控制。检验每一件事情是否同所拟订的计划、发出的指示和确定的原则相符合。

（3）管理的十四条原则

法约尔认为，管理的成功不完全取决于个人的管理能力，更重要的是管理者要能灵活地贯彻管理的十四条原则：

分工。专业化分工可以提高效率，但分工存在合理的限度，超出限度就会造成报酬递减。

权力与责任。权力是管理者指挥他人以及促使他人服从的力量。责任是使用权力的回报或滥用权力的惩罚。权力与责任要平衡。

纪律。纪律由组织与雇员间达成的协议来规定和约束，目的是服从、专心、干劲和尊重人的仪表。

统一指挥。一个下属只应接受一个上级的命令。双重命令威胁到权威、纪律和稳定性，经常是冲突的根源。

统一领导。一个组织内部目标相同的全部活动只能有一个领导者、一套计划以统一行动和协调力量。

个人利益服从整体利益。集体目标应高于个人和小集体的利益。当两者矛盾时，主管者应使其一致。

人员报酬。对雇员应按劳付酬、公平合理，对工作成绩与工作效率优良者给予奖励，但奖励要有度。

集中。集中指权力的集中或分散化程度。集权程度由组织的性质、条件和环境及人员素质确定，集权化程度是一个变量。

等级链与跳板。管理机构中从最高管理层到最低管理层应建立关系明确的职权等级系列即等级链，以保证命令的统一和信息沟通的正式渠道。等级链不能轻易违背，但在特殊情况下，为克服由于统一指挥而产生的传递延误，可以按照法约尔设计的“跳板”，进行同级之间的横向沟通，但在横向沟通前要征求各自上级意见，沟通后要立即向各自的上级汇报。

秩序。物资资源要排列有序，人员要有确定的位置。

公平。每个人都有平等的愿望，希望领导者能公平地对待他及他的工作。主管人员对下属要善意和公道。

保持人员稳定。一个人需要相当长的时间才能胜任某项工作，人员不断变动，就不能为组织提供良好的服务。

首创精神。提高组织全体人员的工作热情，使全体成员发挥首创精神，提高敏感性和能力，敢于想并能付诸实施。

团结精神。组织全体成员的和谐和团结是组织发展的巨大力量。领导者要保持和维护集体中的团结、协作、融洽的关系。

比较泰罗的科学管理原理与法约尔的一般管理理论，我们可以看到他们的差别，见表1－1科学管理原理与一般管理理论的比较。

表1－1　科学管理原理与一般管理理论的比较

序号	项目	泰勒	法约尔
1	个人背景	从工人到顾问	从领导到顾问
2	研究范围	个人	整个企业
3	关注点	作业阶层和技术能力	一般性的管理工作和职能
4	研究重点	作业效率	一般管理原则

（三）韦伯的行政组织理论

组织理论之父韦伯（Weber，1864—1920），出身于德国资产阶级政治家家庭，是德国的社会学家、经济学家和管理学家。先后三次参加军事训练，因而对德国军事生活和组织制度有相当的了解，这对其以后创立组织理论多有裨益。韦伯在管理思想上的最主要贡献是提出了所谓“理想的行政组织体系”理论。这个理论力图为19世纪末德国新兴资本主义企业提供一种稳定、严格、高效、精确的管理体系。他的著作主要有：《新教伦理和资本主义精神》（1905年）、《一般经济史》《社会和经济组织的理论》《社会学论文集》《经济和社会》等。

韦伯认为，人们要做出有社会意义的行动，必须加入一个大规模组织，被分配具体工作，牺牲个人志向与兴趣，按照组织规定的程序工作，全心致力于整个组织目标。教会、国家、军队、政党、企业及各种社会活动领域大规模组织迅速增多，大型组织要求管理合理化。资本主义的发展需要有稳定、严格、精细和可靠的管理。所以，组织的体制和支配人们行为的力量是否合乎理性是组织以合理方式运转的基础。韦伯对行政组织实行最有效率的管理研究是其对组织理论的最大贡献。因此，韦伯也被称为古典组织理论的创始人。

1. 韦伯的理想行政组织理论的主要内容

（1）理想的行政组织

韦伯在《社会和经济组织的理论》一书中提出了“理想的”行政组织。行政组织是指一种通过职务或职位而不是通过个人或“世袭”地位来进行管理的组织制度。“理想的”是指一种“纯粹的”“在现实中没有实际例证”的组织形态，是韦伯从实际存在的各种特殊形态的组织中抽象出来的一种标准模式。韦伯认为，理想的行政组织是一种严密的、合理的、形同机器的社会组织。理想的行政组织具有以下主要特征：

第一，组织具有确定的目标并根据明文规定的规章制度组成。

第二，组织按其目标的需要，划分全部活动、设置各种职位并对每个职位的职责、职权和协作范围、办事程序做出明确规定。

第三，各种职位按等级原则进行划分，形成连续的权力等级链，下级服从其上级，接受上级的控制和监督。每一层次的官员要对自己和下级的行动负责。

第四，除某些公职按法规通过选举产生外，各级官员根据职务要求，通过培训和正式考试挑选，实行委任制。组织内的最高官员具有行使权力的法定手段，凭借法规进行管理，但并不是所辖组织的所有者，不得利用官位谋取私利。

第五，行政人员有固定的薪金，按明文规定的升迁制度严格考核，凭年资或功绩由上级决定其升迁，下级不得表示任何意见，以防止破坏上下级的指挥系统。行政人员有权自动离职，但不能随意被免职。

第六，行政人员必须严格遵守组织中的法规和纪律。组织内的人员关系以理性准则为指导，由不同的职位和职位的高低决定，是一种指挥和服从的关系，一种非人格化的关系，完全不受个人感情影响，个人间的关系不能影响工作关系。

由于具有上述优点，行政组织可保证像一架机器灵活地运转。韦伯认为，这种理想的行政组织体制最符合理性原则，效率最高，适用于各种管理工作及各种组织，是对工业社会中大型而复杂的组织进行行政管理的最有效的手段。

（2）权力理论

权力表现为人们对于组织规范的认同和遵循，或者说权力是组织规范发挥作用的保证。韦伯认为任何一种组织都是以某种形式的权力为基础。没有权力，组织就不能实现目标，权力能消除混乱，带来秩序。社会与其组成部分是通过行使权力而聚在一起，在和谐与秩序占上风的地方，运用权力的威慑性从未彻底消失过。人类社会行为的一切领域都受到权力的影响。韦伯指出存在着三种被社会所接受的纯粹形态的合法权力，即被社会接受的权力：传统权力、超凡权力和理性-法律的权力。

传统权力。传统权力是以对传统习惯的信仰、尊重和行使权力者的地位的正统性为依据。族长制和世袭制是传统权力的重要表现形式。在传统权力型组织中，领导人因袭既往传统进行管理，对其选拔不是凭管理能力。因而，依据传统权力进行的管理低效率，这种权力不能作为行政组织体系的基础。

超凡权力。超凡权力是以对个人神圣、英雄主义或模范品质的忠诚、热爱与卓越非凡特质的崇拜为基础。人们服从超凡权力，不是依靠强制力量，而是基于对领袖人物的盖世神力和启示的信仰与信任。如对宗教先知、军事和政治领袖的崇拜。超凡权力依靠感情、信仰而非理性、依靠神秘或神圣的启示而非法定的规章制度行事。所以，韦伯认为其不宜作为理想行政组织体系的基础。

理性-法律的权力。理性-法律的权力是由社会公认的法律规定的，或以组织内部的各种规则以及被提升到有权指挥的权力者的合法地位为基础。人们基于依法建立的一套等级制度规定服从这种权力，是对确认的职务或职位权力的服从。领导者和被领导者都受到组织规范的约束。如企业、国家机构、军事单位等。理性-法律的权力最根本的特征是慎重与公正，是法律的体现，不是族长、君主、救世主或革命领袖的个人体现。行使权力的人经过挑选并拥有行使权力的合法手段。他们是法规的执行者，不允许带有任何偏见或感情行事，对所有人不论其社会等级和身份的差别实行同样的法规。因此，韦伯指出理性-法律的权力是最合乎理性的，它为管理的连续性和稳定性提供了基础，使管理活动能够有序进行并认为只有这种权力才能成为理想的行政组织体系的基础。

韦伯提倡以法管理，使组织合理化，以提高效率，适应当时资本主义经济、政治发展需要。但韦伯的组织理论对组织与环境间的关系缺乏探讨，设计的组织体制在实践中会过分强调规范、程序和非人格化关系，扼杀行政人员个性，限制了主动性，可能会助长独裁式领导，使组织机能失调、丧失活力。所以，韦伯的组织模式最适合于以生产率为主要目标的常规的组织活动，而不适合于从事以创造和革新为重点的非常规的异常灵活的组织活动。但为建立正式组织提供了指导原则。

二、行为科学管理理论

泰勒科学管理的推行使劳动生产率和工作效率有了明显的提高，但是劳资双方的矛盾和纠纷此起彼伏。“人性是管理的出发点，是管理互动的核心。”因此，迫切要求有更符合人性的管理理论，行为科学理论应运而生。行为管理理论始于20世纪20年代，早期行为科学理论实为人群关系理论，产生于著名的“霍桑实验”，后发展为行为科学即组织行为理论。

（一）霍桑试验

美国西方电器公司的霍桑工厂位于芝加哥郊外，拥有员工2.5万人，专营电话机和其他电器设备。该厂各项设施完备，医疗养老制度良好，但工人依然不满，生产效率很低。为了探究各种有关因素对生产效率的影响，1924—1932年，美国国家研究委员会和西方电器公司合作，由美籍澳大利亚专家梅奥（Elton Mayo，1880—1949年）等负责，采用提出假说，设计一些方法证明或反驳的研究管理问题的方法，进行了著名的霍桑试验。试验分为四个阶段：

1. 工厂照明试验

目的是测定照明强度对生产率的影响，找出照明度与作业效率的关系。试验方法是将工人分成实验组和控制组，实验组的照明度做试验性增减，控制组照明始终不变，对两组生产量进行比较。结果发现两组产量几乎等值上升。因此，照明度的改变对生产率变化几乎没有什么影响，生产效率与某种未知因素有关。

2. 继电器装配室试验

旨在试验休息时间、作业时间、工资制度等工作条件的变动对小组生产率的影响。研究人员选定5名女装配工和1名画线工，让她们在单独的一间工作室内工作。试验中分期改善工作条件，如增加和延长休息时间、供应午餐和茶点、缩短工作日、实行集体计件工资制、星期六放假等。工人们在工作时间可以自由交谈，监督员态度和蔼。试验发现这些条件的变化使产量上升。一年半后，优待措施取消，产量仍维持在高水平上。经过研究，发现其他因素的变化对产量无多大影响，而监督和指导方式的改善能促使工人改变工作态度、增加产量，生产效率的决定因素是员工的情绪。于是决定进一步研究工人的工作态度和可能影响工人工作态度的其他因素，这成为霍桑试验的一个转折点。

3. 访谈试验

研究人员在上述试验的基础上在全公司范围内进行访问和调查，访谈对象达2万多人次。目的是要了解如何获取员工内心真正的感受，帮助解决问题，进而提高生产效率。试验开始先设计好问卷，后来变为自由式交谈，个别谈心，了解员工心态。结果发现，员工的感情容易伪装，感情与员工个人和车间环境有关，离开感情就不能理解员工的意见和不满，解决员工不满的问题将有助于生产效率的提高。因此，影响生产力的最重要因素是工作中建立起来的人群关系。任何一个人的工作效率都要受到其他人的影响。

4. 接线板接线工作室试验

接线工作室有9名接线工、3名焊接工和2名检查员，工作内容是接线和焊接。试验发现：1）工人集体限制产量。公司定额为每天每人焊7312个接点，为保护工作速度较慢的同事，担心公司会提高定额，造成部分人员失业，因而工人一般生产量为6000~6600个。2）工人对上级的态度与级别相关。工人把小组长看作小组成员，对小组长以上的上级，级别越高，对其顾忌心理越强，越受工人的尊敬。3）成员中存在小派系。派系有自己的一套行为规范，派系的领袖人员对内控制成员行为，对外保护成员，设法不受管理者干预。谁要加入派系，必须遵守派系规范，派系中的成员如果违反规范，就要受到惩罚。

霍桑试验情况见表1－2。

表1－2　霍桑试验概览

实验名称	实验假定	实验内容	实验发现	实验结论
照明实验（1924.11—1927.4）	适当的照明能使生产效率上升	变化照明度	照明对产量影响甚微； 霍桑秘密的关键在小组精神状态的一种巨大改变	照明度与生产效率间并不存在线性因果关系
继电器装配实验（1927.8—1928.4）	工作条件、时间等影响工作效率	改变工资制度、工作时间、监督等	产量变化不大，效率提高在于人的因素	增产的重要原因是心理因素和社会因素而非作业条件
访谈活动（1928.9—1931）	存在其他因素影响工作效率	“泄发气愤”“诉苦”	士气改善；产量上升	人际关系影响绩效；个人问题影响生产率

（续表）

实验名称	实验假定	实验内容	实验发现	实验结论
绕线室试验（1931. 11—1932. 5）	人群关系影响工作效率	集体刺激工资制、强调互相协作	自动限产；小组行为规范	存在非正式组织

（二）行为科学的主要观点

梅奥对其领导的霍桑试验进行了总结，于 1933 年出版了《工业文明中人的问题》，提出了与古典管理理论不同的新观点，奠定了人际关系理论的基础。主要归纳为以下几个方面：

1. “社会人”假设

古典管理理论基本上把人视为“经济人”，认为金钱是刺激人们工作积极性的唯一动力，生产效率主要受工作方法和工作条件的制约。霍桑实验证明人是“社会人”，是复杂的社会关系的成员。“社会人”以人类的社会需要（安全需要、归属需要、友谊、关心、尊重等）为动机，作为集团的一员不仅有经济需要，而且有更为重要的社会需要。工作效率主要取决于员工的积极性。

2. 非正式组织的地位和作用

古典管理理论只注意组织机构、职权划分、规章制度等。霍桑实验发现除正式组织以外，企业中还存在着非正式组织。正式组织遵循效率逻辑和合理化准则，依据权力把各种成员之间关系安排得合理而有序。非正式组织遵循感性逻辑，非合理化的组织准则，是员工在共同的工作中，由于共同的爱好、情感、价值观念而形成的小团体，有它特殊的感情和倾向，左右着成员的行为。因而，对生产率的提高有举足轻重的影响。非正式组织和正式组织是相互依存的，非正式组织只要利用得当，则利多弊少，会促进劳动生产率的提高。

3. 新型的领导者重在提供员工的满足度

霍桑实验认为工作方法和经济刺激对促进劳动生产率只起第二位的作用，起重要作用的是工人的积极性。积极性由情绪和态度即士气决定。士气的高低取决于社会因素特别是人际关系对工人的满足度，即工人感情上的慰藉、安全感、和谐和归属感的满足程度。工人的满足度主要取决于工人个人情况和工作场所情况，包括个人的经历、家庭生活和社会生活所形成的态度及工作场所中员工相互之间、员工与领导者之间、正式组织的经济需求和工人的非正式组织的社会需求之间的平衡。因此，新型的领导者不能单凭自己个人的经验和嗜好进行工作，必须从社会、心理方面去努力满足员工的归属、交往和友谊的需要，重视人际关系，设身处地地关心下属，善于倾听员工的意见，提高员工的满足感。这样就可以解决劳资之间乃至整个“工业文明社会”的矛盾和冲突，提高效率。

（三）对人际关系理论的评价

霍桑实验及梅奥的见解开辟了管理中人际关系理论研究新领域，导致了管理上的一系列变革。人际关系理论提出改进管理，员工参与决策，协商处理与员工的相关问题，建立面谈制度，重视、利用和倡导各种非正式组织，设法促进良好的人际关系等一系列合理的管理措施，克服了古典管理理论的不足。同时人际关系理论强调以“人”为中心进行管理，着眼于满足人的社会需要，改纪律强制、监督管理转向引导等。

但是，人际关系理论过分强调非正式组织的作用、过多地强调情感的作用，过分否定经济报酬、工作环境、外部监督的作用。而实践证明多数情况下起作用的依然是正式组织，员工的行动也不仅受感情和关系的支配。因而，缺陷是十分明显的。

三、现代管理理论丛林

20世纪60年代后，生产社会化程度日益提高，对管理的研究也日益深入。从事实际管理工作的人、管理学家在研究管理理论，一些心理学家、社会学家、经济学家、数学家等也都从各自不同的背景、用不同的方法对管理问题进行研究，提出各自的理论和学说，并形成各种不同的学派。各种新兴学派大致由基于泰勒科学管理、法约尔的职能管理，运用现代自然科学、技术学科的新成就而形成的学派和以梅奥的人际关系为基础，以“人”为主要研究对象，结合现代社会科学而形成的行为学学派两大主流派别延伸而来。美国著名管理学教授哈罗德·孔茨分别于20世纪60年代、80年代在《管理理论的丛林》《再论管理理论丛林》中，针对管理理论学派林立、观点丛生现象，对现代管理理论中的各种学派加以分类并形象地称之为“管理理论的丛林”。他把当时管理思想的不同观点以及这些观点对管理的性质、内容所作的不同解释，概括成十一个有代表性的学派，下面仅介绍几个主要学派。

（一）管理过程学派

管理过程学派的早期代表人物是法约尔，代表著作是《工业管理与一般管理》，战后的代表人物是孔茨，代表作是孔茨和奥唐奈合著的《管理学》。管理过程学派认为，管理是个过程，由五个职能组成，即计划、组织、指挥、协调和控制。该学派主要致力于研究和说明“管理人员做些什么和如何做好这些工作”，侧重说明管理工作实务。

（二）社会系统学派

社会系统学派从社会学的观点来研究管理，把企业组织中人们的相互关系看成是一种协作的社会系统。美国高级经理人员和管理学家巴纳德（Barnard，1886—1961 年）为主要代表人物。

巴纳德认为梅奥等的人际关系学说并没有研究行为个体与组织间关系的协调问题。而组织是一个复杂的社会系统，要运转有效，则必然涉及到组织中个人与组织间的协调问题。正是基于这样的背景，社会系统学派得以产生并将协调组织中个人与集体间的关系作为其研究的主导方向。巴纳德的主要观点集中反映在他的《经理的职能》（1938 年）一书中，主要观点如下：

（1）社会的各种组织都是一个协作系统，由有意识进行相互协调的各个个人组成。

（2）成员协作的意愿、组织的共同目标及组织内的信息交流是正式组织存在的基本要素，是协作的基础。巴纳德认为成员没有协作意愿，就没有自我控制，就不会交付出个人行为的控制权；组织没有共同目标或目标没和成员个人动机结合起来，组织就失去前进的力量；而信息交流能沟通贡献与报偿、组织目标与个人目的，使组织和个人紧密结合起来。

（3）权威接受论。巴纳德认为权威的存在，必以下级的接受为前提。

（4）经理职能的概括。巴纳德认为经理的职能有三项：提供一个信息交流系统、获得必要的个人努力、制定和规定目的。经理是协作系统因素中的关键因素，是组织信息交流系统的联系中心，经理应致力于实现协作努力工作。

（三）决策理论学派

决策理论学派的代表人物是美国经济学家和社会科学家西蒙。

20 世纪 30 年代巴纳德等最早将决策概念引入管理理论。巴纳德对“增长”的决策的认识，因信息有限，管理者运用“机会主义”方法及决策过程中直觉的作用和理性思考等对后来的管理学者启迪很大，受到广泛赏识。西蒙发展了巴纳德的社会系统理论，其主要研究生产者的行为，特别是当代公司中决策的组织基础和心理依据，对决策程序进行了开创性的研究。正是西蒙在管理决策理论系统化思想的形成上的杰出贡献，于 1978 年被授予诺贝尔经济学奖。西蒙的《管理行为：管理组织的决策过程研究》《组织理论》《管理决策的新科学》是决策理论学派的几部代表作。决策理论学派对管理科学的思想贡献主要体现在以下几个方面：

1. 管理就是决策

决策理论学派认为“管理”实际上就等于“决策”。制定计划的过程是决策；在两个以上的备择方案选择一个是决策。组织的设计、部门化方案的比较、决策权限的分配等是组织上的决策问题。实际成绩与计划目标的比较、控制手段的选择等是控制上的决策问题，决策贯穿于管理的全过程。组织中最高管理层、中层管理、基层作业都要有决策。经理本人要制定决策，要负责使他所领导的组织或组织某个部门能有效地制定决策，决策贯穿于组织的各个层次和各个方面。

2. 以理性为依据的决策过程

决策理论学派认为决策是一个过程，包括找出决策的理由、找到可能的行动方案、在诸行动方案中进行抉择、对已进行的抉择进行评价四个阶段。找出决策的理由就是要搜集组织所处环境中有关经济、技术、社会等方面的情报、组织内部的详细情报并对这些情报进行分析，确定决策目标，以便为行动方案的拟订和选择提供依据。找到可能的行动方案是以组织要解决的问题为目标，根据搜集的情报，拟订几种方案，然后对它们进行预测分析、可行性分析和数理论证。方案抉择是根据当时的情况和对未来的预测，分析、对比各备选方案，在综合评价的基础上，选出最满意方案。决策过程中，“情报活动”先于“设计活动”，“设计活动”先于“抉择活动”。

决策过程中如何提高有效性，在这个问题上，西蒙着重从决策制定技能的开发，程序化决策和非程序化决策方法、技术运用这两个内容做出令人耳目一新的讨论。西蒙对程序化决策和非程序化决策所可运用的技术及决策的思维过程的讨论，成为决策理论学派对管理理论建设的一个特有贡献。

3. 决策的满意准则

西蒙认为，在现实中要找到最优的决策方案是非常困难的，甚至是不可能的。组织决策是一个寻求足以解决问题的方案的“满意过程”。因而，西蒙提出按满意准则和相关准则来进行决策，即被采纳的决策不一定是最优，但却是各方面满意的；决策时不考虑一切可能发生的情况，只考虑与问题有关的特定情况，核心是“令人满意准则”。

4. 有限理性

由于受到认知上的局限和组织生活中实际条件的限制，组织决策者具有有限理性，不可能制定最佳方案。所以，西蒙建议组织决策者运用逻辑的概念，采用满意的决策原则，在个人和组织的有关条件约束下进行决策。

5. 程序化决策和非程序化决策

决策理论学派认为，从决策的形式看，决策分程序化决策和非程序化决策。程序化决策（常规决策、例行活动决策）是一些经常重复发生的，决策目标非常明确，而且判断目标是否达到的标准也非常明确的决策。因此，这种决策可通过制定例行的程序来加以处理。非程序化决策（非常规决策、非例行活动决策）是指牵涉面广、问题复杂、不经常出现也不能用对待例行公事的办法来处理的决策。一般来说，组织最高管理层主要关注的是非程序化决策，而基层管理通常关注的是程序化决策。

（四）经验管理学派

经验管理学派又称案例学派，以向大企业的经理人员提供管理企业的成功经验与科学方法为目标。代表人物有美国的管理学家彼得·德鲁克（Peter F. Drucker，1909—2005）和戴尔。德鲁克的《管理的实践》《有效的管理者》等，戴尔的《伟大的组织者》《企业管理的理论与实践》等为该学派的经典著作。

经验管理学派的基本观点是，企业管理的科学应从企业管理实际出发，研究大企业的管理经验，分析经理人员的各种成功与失败的管理案例和他们解决特殊问题的方法并加以概括和理论化，向企业管理人员提供实际建议。主张从“实例研究”“比较研究”中导出通用规范，由经验研究来分析管理，不必企图去确定一些原则。经验管理学派特别重视关于某个公司组织结构、管理职能和程序等方面的研究。

（五）管理科学学派

管理科学学派又被称为管理数量学派或运筹学派，始于二战期间的军队后勤供应、调度。二战后，大规模的经济增长使工业企业认识到运筹学可用于生产管理领域，定量研究方法也因此在企业管理中得到推广应用。

管理科学的代表人物是布莱克特、丘奇曼、伯法等人。他们认为“管理”就是用数学模型及其符号来表示计划、组织、控制、决策等合乎逻辑的程序，求出最优解，以达到企业目标。因此，运用系统的观点，建立如规划论、排队论、对策论、库存论和决策论等运筹学模型，借助电子计算机来解决管理决策，力求减少决策中个人主观判断成分是其主要特点。

基本步骤包括观察和分析、确定问题、建立模型、求解、对模型及解进行验证、建立对解决问题方案的控制和将解决方案付诸实施。

管理科学是探求管理的科学，是努力把科学应用于管理之中，但它并不是管理科学的全部。许多批评者认为，数学和数学模型只是管理者从事分析的一种工具，管理科学学派狭隘地注重数学，够不上一个完整的真正的管理学派。

（六）权变管理理论

权变管理理论（又称情景管理论、形势管理论）是 20 世纪 70 年代在美国形成的一种管理理论。卢桑斯1976年在《管理导论：一种权变学》一书中系统地概括了权变管理理论。他认为：过去的管理理论没有把管理和环境很好地联系起来，造成管理观念、技术与实际的脱节，使管理不能有效地进行。卢桑斯的“如果-就要”关系理论是权变理论的思想基础。美国的菲德勒、英国的伍德沃德等为权变理论学派的代表人物。

权变管理理论的核心是：在管理中要根据组织所处的内外部环境随机应变，针对不同的具体条件寻求不同的最合适的管理模式、方案或方法。因此，环境变量与管理变量之间的函数关系就是权变关系，是权变管理理论的核心内容。

权变理论学派的思路是：明确情境中的各种变数，了解这些变数之间的关系及其相互作用，确定环境变数与相应的管理观念、技术之间的复杂关系，从而针对不同情况作出灵活应变。管理学者的任务是归纳出管理中的情境因素及其存在状态和不同的管理方法。

四、管理理论的新发展

随着环境的快速变化，管理思想和管理实践也在发生变化。20世纪80年代以来，西方管理学界出现了许多新型的管理理论，这些理论代表了管理理论的新发展。

（一）学习型组织理论

1990年，美国学者彼得·圣吉（Peter M. Senge）在《第五项修炼——学习型组织的艺术与实务》一书中提出了学习型组织（Learning Organization）这一概念，指出企业应建立学习型组织，要在剧烈变化的内外环境中，组织要力求精简、扁平化、弹性因应、终生学习、不断自我组织再造，以维持竞争力。

彼得·圣吉指出现代企业所欠缺的就是系统思考的能力。它是一种整体动态的搭配能力，因为缺乏它而使得许多组织无法有效学习。之所以会如此，正是因为现代组织分工、负责的方式将组织切割，而使人们的行动与其时空上相距较远。当不需要为自己的行动的结果负责时，人们就不会去修正其行为，也就是无法有效地学习。

《第五项修炼》出版后，彼得·圣吉又随后出版了《第五项修炼·实践篇》《变革之舞》。这三本书的问世，标志着学习型组织理论框架的基本形成。

学习型组织理论的基本内容有：

1. 培养组织成员的自我超越意识。“自我超越”主要是：一是建立愿景（指一种愿望、理想、远景或目标）；二是看清现状；三是实现愿景。即组织中的每一成员都要看清现状与自己的愿景间的距离，从而产生出创造性张力，进而能动地改变现状而达到愿景。原先的愿景实现后，又培养起新的愿景。随着愿景的不断提升，又产生出新的创造性张力。可见，组织成员的自我超越能力是组织生命力的源泉。

2. 改善心智模式。心智模式是人们的思想方法、思维习惯、思维风格和心理素质的反映。一个人的心智模式与其个人成长经历、所受教育、生活环境等因素密码有关，因此并非每个人的心智模式都很完美。人们通过不断地学习就能弥补自己心智模式的缺陷。

3. 建立共同愿景。共同愿景是相对于个人愿景的，它是经过各成员相互沟通而形成的组织成员都真心追求的愿景，它为组织的学习提供了焦点和能量。企业只有有了共同愿景，才能形成强大的凝聚力，推进企业不断地发展。

4. 加强团体学习。组织由很多目标一致的团队构成。团体学习指每一团体中各成员通过深度会谈与讨论，产生相互影响，以实现团体智商远大于成员智商之和的效果。它建立在发展“自我超越”及“共同愿景”的工作上。团体是企业的基础，每个团体的团体学习都搞好了，企业才更有竞争力。因此，团体学习比个人学习更重要。

5. 发挥系统思考。系统思考指以系统思考观点来研究问题、解决问题。其核心就是从整体出发来分析问题，分析关键问题，透过现象分析问题背后的原因，从而从根本上解决问题。系统思考是见识，也是综合能力。这种见识和能力只有通过不断学习才能逐渐形成。

学习型组织理论，不仅有助于企业的改革和发展，而且它对其他组织的创新与发展也有启示。人们可以运用学习型组织的基本理念，去开发各自所置身的组织创造未来的潜能，反省当前存在于整个社会的种种学习障碍，思考如何使整个社会早日向学习型社会迈进。或许，这才是学习型组织所产生的更深远的影响。

（二）企业文化理论

威廉·大内（William Ouchi）通过调查比较日、美两国企业的管理差异后，于1981年在美国爱迪生维斯利出版公司出版了《Z理论——美国企业界怎样迎接日本的挑战》（Z Theory）一书，提出了Z理论，由此提出了企业文化这一概念，该理论主要研究了人与企业、人与工作的关系。随后，理查德·帕斯卡尔和安东尼·阿索斯的《日本企业管理艺术》、特伦斯·迪尔和艾伦·肯尼迪的《公司文化——现代企业的精神支柱》（又译《企业文化》）、托马斯·彼得斯和小罗伯特·沃特曼的《寻求优势——美国最成功公司的优势》（又译《成功之路》）以及劳伦斯·米勒的《美国企业精神——未来企业经营的八大原则》等著作的问世，标志着企业文化理论的框架已经形成。

企业文化理论认为，企业管理的基本原则是以人为本，即以尊重人的人格、促进人的发展为中心，成功企业之所以取得成功，不在于它们的资金、技术、设备、建筑物、销售网络等硬件，而在于有致力于人的发展的企业文化。

企业文化是一个全新的企业管理理论，它发祥于日本，形成于美国，是继古典管理理论（又称科学管理）、行为科学管理理论、丛林学派管理理论（又称管理科学）之后，管理史上出现的第四个管理阶段的理论。企业文化理论的出现，有人称之为第四次管理革命。

（三）企业流程再造

企业再造也译为“公司再造”“再造工程”。它是1993年开始在美国出现的关于企业经营管理方式的一种新的理论和方法。所谓“再造工程”，简单地说就是以工作流程为中心，重新设计企业的经营、管理及运作方式。按照该理论的创始人原美国麻省理工学院教授迈克·哈默与詹姆斯·钱皮的定义，是指“为了飞越性地改善成本、质量、服务、速度等重大的现代企业的经营基准，对工作流程进行根本性重新思考并彻底改革”，也就是说，“从头改变，重新设计”。为了能够适应新的世界竞争环境，企业必须摈弃已成惯例的运营模式和工作方法，以工作流程为中心，重新设计企业的经营、管理及运营方式。

1. 企业“再造工程”产生的背景

企业再造理论的产生有深刻的背景。20世纪六七十年代以来，信息技术革命使企业的经营环境和运行方式发生很大的变化，而西方国家经济的长期低增长又使得市场竞争日益激烈，企业面临着严峻挑战。有些管理专家用3C理论阐述了这种全新的挑战。

（1）顾客——买卖双方关系中的主导权转到了顾客一方。竞争使顾客对商品有了更大的选择余地；随着生活水平的不断提高，顾客对各种产品和服务也有了更高的要求。

（2）竞争——技术进步使竞争的方式和手段不断发展，发生了根本性的变化。越来越多的跨国公司越出国界，在逐渐走向一体化的全球市场上展开各种形式的竞争，美国企业面临日本、欧洲企业的竞争威胁。

（3）变化——市场需求日益多变，产品寿命周期的单位已由“年”趋于“月”。技术进步使企业的生产、服务系统经常变化，这种变化已经成为持续不断的事情。因此在大量生产、大量消费的环境下发展起来的企业经营管理模式已无法适应快速变化的市场。

面对这些挑战，企业只有在更高水平上进行一场根本性的改革与创新，才能在低速增长时代增强自身的竞争力。

在这种背景下，结合美国企业为挑战日本、欧洲的威胁而展开的实际探索，1993 年哈默和钱皮出版了《再造企业》一书，书中认为："20 年来，没有一个管理思潮能将美国的竞争力倒转过来，如目标管理、多样化、Z 理论、零基础预算、价值分析、分权、质量圈、追求卓越、结构重整、文件管理、走动管理、矩阵管理、内部创新及一分钟决策等。"1995 年，钱皮又出版了《再造管理》。哈默与钱皮提出应在心得企业运行空间条件下，改造原来的工作流程，以使企业更适应未来的发展空间。这一全新的思想震动了管理学界，一时间"企业再造""流程再造"成为大家谈论的话题，哈默和钱皮的著作以极快的速度被大量翻译、传播。与此有关部门的各种刊物、演讲会也盛行一时，在短短的时间里该理论便成为全公司企业以及学术界研究的热点。IBM 信用公司通过流程改造，实行一个通才信贷员代替过去多位专才并减少了九成作业时间的故事更是广为流传。

"再造工程"在欧美的企业中受到了高度的重视，因而得到迅速推广，带来了显著的经济效益，涌现出大批成功的范例。1994 年的早期，由 CSC Index 公司（战略管理咨询公司）对北美和欧洲 6000 家大公司进行了 621 家抽样问卷调查。调查的结果是：北美 497 家的 69%、欧洲 124 家的 75% 已经进行了一个或多个再造项目，余下的公司一半也在考虑这样的项目。公司的半导体部门，通过再造，对集成电路的订货处理程序的周期时间减少了一半还多，改变了顾客的满意度，由最坏变为最好，并使企业达到了前所未有的收入。

在企业再造取得成功同时，另一部分学者也在严肃地探讨其在企业实施中高失败率的原因。大家认为，企业再造理论在实施中易出现的问题在于：流程再造未考虑企业的总体经营战略思想；忽略作业流程之间的联结作用；未考虑经营流程的设计与管理流程的相互关系。

总体来说，企业再造理论顺应了通过变革创造企业新活力的需要，这种越来越多的学者加入到流程再造的研究中来。有些管理学者通过大量研究流程重建的实例，针对再造工程的理论缺陷，发展出一种被称为"MTP"即流程管理的新方法。其内容是以流程为基本的控制单元，按照企业经营战略的要求，对流程的规划、设计、构造、运转及调控等所有环节实行系统管理，全面考虑各种作业流程之间的相互配置关系，以及与管理流程的适应问题。可以说，"MTP"是再造工程的扩展和深化，它使企业经营活动的所有流程实行统一指挥，综合协调。因此，作为一个新的管理理论与方法，企业再造仍在继续发展。

本章精要

集合体活动的管理是计划、组织、领导和控制的综合过程。管理的本质是有效实现组织目标的一种手段。管理具有两重性，是科学又是一项艺术。组织成员分为管理者和操作者，管理者是组织中的角色，其主要任务是指挥他人开展工作。要进行有效管理，管理者必须在管理工作中，遵循系统原理、人本原理、责任原理、效益原理和创新原理，依据系统思想等采用科学的管理方法。泰罗着眼于作业方法的改进和生产的组织；法约尔从企业整体和一般组织出发，研究管理的要素、原则及其与经营的关系。梅奥的“工人是社会人”观点改变了把工人看作经济人的观点，并指出了新型领导者的能力要求。现代管理理论的丛林从思想、方法和手段上推动着管理的现代化。

推荐阅读材料

[1] 泰罗．科学管理原理［M］．北京：中国社会科学出版社，2006

[2] 郭咸纲．西方管理思想（第三版）［M］．北京：经济管理出版社，2004

[3] 邢以群著．管理学（第四版）［M］．杭州：浙江大学出版社，2016

[4] 斯蒂芬·P·罗宾斯．管理学（第11版）北京：中国人民大学出版社，2012

本章参考文献

[1] 周三多．管理学（第3版）［M］．北京：高等教育出版社，2014

[2] 杨文士等编著．管理学原理（第二版）［M］．北京：中国人民大学出版社，2004

[3] 王凤彬，李东．管理学（第五版）［M］．北京：高等教育出版社，2016

[3] 孙耀君．西方管理学名著提要［M］．南昌：江西人民出版社，2005

[4]［美］W·J·邓肯．伟大的管理思想——管理学奠基理论与实践［M］．贵阳：贵州人民出版社，1999

[5] 邢以群．管理学（第4版）［M］．北京：高等教育出版社，2016

[6] 王素梅．企业管理概论［M］．北京：机械工业出版社，2007

[8] 陈传明，周小虎．管理学原理（第2版）[M]．北京：机械工业出版社，2012

[9] 泰罗．科学管理原理 [M]．北京：中国社会科学出版社，2006

[10] 梅奥．工业文明的社会问题 [M]．北京：商务印书馆，2000

[11] 苗东升．系统科学大学讲稿 [M]．北京：中国人民大学出版社，2007

[12] 周三多．管理学——原理与方法（第6版）[M]．上海：复旦大学出版社，2014

[13] 弗雷德里克·W·泰勒著．蔡上国译．科学管理原理 [M]．上海：科学技术出版社，1992年

[14] 郭咸纲．西方管理思想史 [M]．北京：经济管理出版社，2004

[15] 张守纪．开创社会人时代的霍桑试验 [J]．企业改革与管理，1998

本章思考与讨论

1. 如何正确理解管理的科学性和艺术性？
2. 管理的基本职能有哪些，它们相互之间的关系是什么？
3. 怎样把握管理者的角色和技能？
4. 泰罗“科学管理”的主要内容及其对管理理论发展的贡献有哪些？
5. 如何理解法约尔的管理原则？
6. 韦伯“理想的行政组织体系”具有哪些特点？
7. 霍桑实验与梅奥教授的新见解是什么？
8. 系统管理理论的主要内容是什么？
9. 管理实践中如何实施人本管理？
10. 责任原理和效益原理的主要观点有哪些？

本章案例

马云在阿里巴巴十八周年会上的讲话

2017年9月8日晚，阿里巴巴18周年会在杭州黄龙体育馆进行。4万名从全球各地赶来的阿里员工和一部分客户代表参加，还有近2万名阿里员工因场地所限通过直播观看年会。马云在年会上的演讲全文如下：

谈感谢员工

我们要感谢这个时代、感谢互联网、感谢中国、感谢所有的同事，包括那些曾经在阿里巴巴工作过哪怕半个小时的人。

18年来变化最大的，是我们从18个人变成了54421名员工，来自70

个不同的国家，我们在21个国家和地区有自己的办事处。18年以来我们最大的成就是拥有了大家，从18个人到了5.4万多人，我们最大的财富也是因为有了你们，我们最大的资产就是因为有了5.4万多名员工。

我去年一年在空中飞了870个小时，但是去年一年，阿里人在空中总共飞了68万个小时，相当于77年的时间在空中，谢谢大家的付出。

谈阿里巴巴经济体

今天的阿里巴巴已经不是一家普通的公司，已经是一个经济体，一个新型的经济体。以前的经济体以地理位置界定：长三角经济体、珠三角经济体、加州经济体。但是今天新的经济体诞生在互联网上。我们希望通过这个新的经济体，及其搭建的基础设施，让全世界的年轻人、中小企业能够做到全球买、全球卖、全球付、全球运和全球邮。我们希望能够让更多的发展中国家、中小企业和年轻人都能够分享自由贸易和全球化的快乐，尝试创业创新的快乐，享受技术进步的好处。

今天从规模来讲，它已经是全世界第21大经济体。再过19年，我们希望能够建设全世界第5大经济体。而第5大经济体，不是因为规模，而是责任，更是担当。我们希望为全世界解决1亿的就业机会，我们希望能够服务20亿的消费者，我们更希望能够为1000万家中小企业创造盈利的平台。

这个经济体创造的价值就是能够让世界更加普惠、共享，让世界经济更加可持续发展，更加健康和快乐地成长。经济体和普通公司有差别，公司以考虑自己利益为主，而经济体是要担当社会的责任。它不是规模的差别、不是利润的差别，而是担当和责任的差别。

谈理想主义、责任、家国情怀

18年以前，我们看到的是机会；而18年后，我们看到的是巨大的挑战。一直让我担心的是环境问题、贫困问题、疾病问题、不公平问题。

而阿里巴巴今天拥有了5万多名员工、2.5万名工程师和科学家，我们拥有强大的技术能力，巨大的技术资源、客户以及一定的影响力。我们要思考，面对未来的问题，我们应该做一些什么。因为我们拥有了别人没有的东西，这不仅仅是财富，更是责任。

让阿里巴巴坚持18年的是因为我们有理想主义，坚持理想主义使阿里巴巴走到了今天。我最担心的是我们的员工，看到自己拥有这一切的时候，忘却了理想主义。如果人没有了理想，这个人会活得非常无趣。而由人组成的组织失去了理想，一个公司失去了理想，就只是一部赚钱的机器。

这个世界上永远会有公司比我们更赚钱，但是这个世界需要每一个人都非常明确知道自己有什么、要什么和想做什么。所以阿里巴巴可以失去一切，但是不能失去理想主义。

18 年以前，我们的理想就是做一家让世界尊重的中国公司。我们未来必须要有“家国情怀”和“世界担当”，必须考虑自己的家、考虑每个人的家，考虑这个社会，考虑这个国家，考虑世界的担当，阿里才会赢得尊重。

未来 5 到 10 年，我们不是要超越谁，也不是要当世界前三，而是要为未来解决问题，要为中小企业、为年轻人、为我们当年让天下没有难做的生意这个承诺去付诸行动。

谈阿里业务方向

未来阿里巴巴将全力投入全球化、积极推进全球化。我们必须用全球的眼光看问题，必须用全球的能力、整合各方资源，解决社会、世界未来的问题。全球化势不可挡，我们不应该阻碍全球化，阿里巴巴有责任去完善全球化。

我们也会全力以赴、不惜一切代价地投入到农村发展之中，技术不应该成为贫富差距拉开的驱动剂，技术是一种完全的、彻底的、更普惠共享的东西，必须让全人类能够共享这样的技术。所以我们今天必须参加到中国的脱贫之中去，我们必须参与到全球的脱贫之中，我相信只要能够解决掉贫困的问题，我相信阿里巴巴会骄傲的不是我们的利润、不是我们的收入、不是我们的规模，而是我们担当的责任以及巨大的福报。

我们将更进一步的加大技术的投入和技术的创新。今天阿里为之骄傲，2.5 万名工程师和科学家加入阿里，感谢你们为阿里巴巴创造了无数技术的奇迹，你们未来要为世界创造奇迹。技术的投入不仅仅是资金的问题，而是我们的承诺，技术的发展不仅仅是要把“不作恶”作为底线，而是应该为社会、为世界作出贡献，才是我们技术的使命。

谈快乐工作、认真生活

我们永远客户第一，没有客户的支持和信任，不会有阿里巴巴。这世界上最珍贵的就是客户的信任，信任是最昂贵，又是最脆弱的产品，只有对得起这些信任，阿里才会走得更远、走得更好。关心中小企业、关心年轻人、关心妇女，才是真正关心未来和我们自己的未来。

我希望我们的员工记住，今天阿里巴巴大了，但跟未来相比，我们真是一个孩子。我们值得骄傲，但是我们不能骄横，我们不能自以为是，离开了平台、离开了合作伙伴，离开我们拥有的信任，我们什么都不是。

我最难过的是在外面听见阿里人现在骄横了，阿里人现在自大了，阿里人认为自己无所不能了。我们必须明白，也必须拥有一颗谦卑的心。阿里巴巴要成为一家了不起的企业，我们员工必须是谦卑的。阿里巴巴要成为一家担当世界未来、解决问题的公司，我们的员工首先是担当自己、担当家庭、担当团队、担当社区的责任。

认真生活、快乐工作、保持理想。我们跟别人的差别，在于我们比谁都要认真对待我们的生活。生活只有一次，它没有 Rehearse（排练），所以你不认真对待，生活是不会真正对待你。

思考：

（1）阿里巴巴的 18 年发展，你认为成功的影响因素有哪些？

（2）阿里巴巴的成功给企业经营管理者有哪些启发？

第二章 企业与企业管理

引言：真知灼见

企业的经营，不能只站在单纯的一个角度去看，而要从各个角度分析、观察才行。

——藤田田

管理就是把复杂的问题简单化，混乱的事情规范化。

——杰克·韦尔奇

本章学习目标

企业是国民经济的细胞，是人们作为从事生产、交换、分配等经济活动的基本单位。企业管理是对企业的生产经营活动进行组织、计划、指挥、监督和调节等一系列职能的总称。本章主要是对企业和企业管理的基本问题进行简单介绍。

通过本章的学习，你应该能够：

★ 理解企业的含义
★ 掌握企业的法律形式
★ 掌握企业的组织结构类型
★ 掌握组织结构设计的原则
★ 掌握组织变革的含义
★ 理解企业管理的概念
★ 掌握企业管理的职能
★ 了解企业管理的发展趋势

第一节　企　业

一、企业的含义

企业是指从事生产、流通或服务等经济活动，以产品或劳务满足社会需要并获取盈利，实行独立经济核算、自主经营、自负盈亏、承担风险、依法设立并具有法人资格的经济组织。

作为一个企业，必须具备以下一些基本的要素：

（1）拥有一定数量、一定技术水平的生产设备和资金；

（2）具有开展一定生产规模和经营活动的场所；

（3）具有一定数量、具备一定技能的生产者和经营管理者；

（4）从事社会商品的生产、流通等经济活动；

（5）进行自主经营，独立核算，并具有法人地位；

（6）生产经营活动的目的是获取利润。

任何企业都应具备这些基本要素，其中最本质的要素是企业的生产经营活动要获取利润。然而追求利润不是企业的唯一目的，企业需要利润，同时又必须承担某些社会责任，为社会提供服务，否则企业就不可能取得生存和发展，利润只是为社会提供服务的合理报酬，是服务的结果，因此，企业要把为社会提供服务作为自己的宗旨。

二、企业的产生与发展

企业是社会生产力发展到一定程度的结果，是商品生产和商品交换的产物。在资本主义社会之前，虽然出现了手工作坊，甚至一些手工作坊具有一定的生产规模和一定量的劳动者，但生产的目的主要是为了满足自身的需要，没有多余产品用于商品交换，没有发生经营活动，还不是严格意义上的企业。只是到了资本主义社会，随着社会生产力的提高和商品生产的发展，社会的生产者才发生了根本的变化，才产生了严格意义上的企业。纵观企业的发展历史，大致经历了以下几个时期。

（一）手工业生产时期

手工业生产时期主要是指从封建社会的家庭手工业到资本主义初期的

工场手工业时期。从 16 世纪到 17 世纪，西方一些国家的封建社会制度向资本主义制度转变，资本主义原始积累加快，向海外殖民扩张，大规模地剥夺农民土地，从而使家庭手工业急剧瓦解，向资本主义工场手工业过渡。此时的生产者已不同于封建社会的简单劳动者，都是具有一技之长的专业劳动者，即掌握了一定科学知识和专业技能的劳动者。

工场手工业比起家庭手工业，有以下一些特点：一是规模扩大，到 17 世纪时，美国有的工场手工业已雇佣数百人，成为大型工场；二是产业结构发生了变化，资本主义工业工场涉及许多家庭手工业无法进入的行业，如采矿、冶金、金属加工、制盐、造纸等；三是采用机器，资本主义工场普遍使用新机器替代部分手工作业；四是工场内部形成分工，即按某一产品生产要求，将生产过程分解成若干个作业阶段。此时的工场手工业实际上已经具有了企业的雏形。

（二）工厂生产时期

随着资本主义制度的发展，西方各国相继进入工业革命时期，工场手工业生产逐步发展到建立工厂制度，作为真正意义上的企业到此时才诞生。

18 世纪 60 年代，英国出现圈地运动，进一步加强了殖民扩张，积累了大量的原始资本，这些为工业革命做好了准备。在工业革命过程中，一系列新技术的出现，大机器的普遍采用，特别是动力机的使用，为工厂制度的建立奠定了基础。19 世纪 30 年代，工厂制度在英国普遍建立。而在德国，直到 19 世纪三四十年代，才初步建立了工厂制度。到了 19 世纪五六十年代，由于资产阶级革命的完成，出现了工业化高潮，工厂制度在采掘、煤炭、机器制造、运输、冶金等行业相继建立。工厂制度的建立，是工场手工业发展的质的飞跃，它标志着企业的真正形成。这一时期工厂的特征主要有：

（1）工厂资本雄厚，小型生产者不易与之抗争。

（2）机械生产，节省人力，生产效率与效益显著提高。

（3）手工业者失业或沦为雇工，形成了一批掌握生产技术和工艺的产业队伍。

（4）工厂内部劳动分工深化，生产走向社会化。

（三）企业生产时期

从工厂生产时期过渡到企业生产时期，乃是企业作为一个基本经济单位的最后确立和形成。在资本主义经济发展中，工厂制度的建立，促进了生产力的大发展。特别是 19 世纪末至 20 世纪初期，随着自由资本主义向垄断资本主义过渡，工厂生产和管理思想发生很大变化，这一系列变化正是工厂生产时期过渡到企业生产时期的主要特征，其主要表现如下：

（1）企业生产规模空前扩大，产生了垄断企业组织，如托拉斯、辛迪加、康采思等。

（2）企业不断采用新技术、新设备，不断进行技术革新，使生产技术有了迅速发展。

（3）企业内部建立了一系列科学管理制度，并产生了一系列科学管理理论。

（4）管理权和所有权分离，企业里形成了一支专门的管理队伍。

（5）企业经营环境发生了很大变化，企业之间的竞争日益激烈，加速了企业之间的兼并与重组，使生产进一步集中。同时，企业向国外发展，跨国公司开始出现，并且不断发展。

（6）企业的社会责任发生变化，已经渗透到经济、政治、军事、文化等各个方面，并对各个方面产生很大影响。

企业发展虽然受社会文化、观念、道德等多种因素的制约和推动，但是，影响企业发展的根本因素是技术革命。随着新技术革命的发展，科学技术成果应用到社会和经济发展的各个方面，产生出一系列全新的市场需求，开拓出一系列全新的经济领域，产生了一大批现代新兴企业，这代表着现代企业发展的方向，显示出无穷的生命力。

三、企业法律形式

在现实的经济生活中，企业有着多重属性与复杂形态，我们可以按照不同的划分标准，把企业划分为多种不同的类型。按照企业的生产资料所有制性质可将企业分为全民所有制企业、集体所有制企业、私营企业和混合所有制企业。根据企业生产规模的大小，可将企业划分为大型企业、中型企业和小型企业。根据企业所属行业，可将企业分为工业企业、农业企业、商业企业、建筑安装企业、运输企业、邮电企业、金融企业、咨询企业等。按照占用资源的集约程度不同，可将企业分为劳动密集型企业、资金密集型企业、技术密集型企业和知识密集型企业。

根据企业的法律形态对企业进行分类是划分企业类型的主要标准。该划分办法是根据企业财产的组织形式及其承担的法律责任来划分企业形式。我国企业的法律形式主要有个人独资企业、合伙企业和公司制企业三种。

（一）个人独资企业

1. 个人独资企业的含义

个人独资企业是指依照法律在中国境内设立的，由一个自然人投资，财产为投资人个人所有，投资人以其个人财产对企业债务承担无限责任的经营实体。个人独资企业是企业形式中最原始、最基本的企业形式。个人独资企业不具有法人资格，属于自然人企业。业主个人享有企业的全部经营所得，同时对企业债务承担无限责任，也就是说，当企业的资产不足以清偿到期债务时，企业主应以个人全部财产用于清偿。由于个人独资企业是非法人企业，所以无独立承担民事责任的能力，但却是独立的民事主体，可以以自己的名义从事民事活动。

1999 年 8 月 30 日，中华人民共和国第九届全国人民代表大会常务委员会第十一次会议通过了《中华人民共和国个人独资企业法》。该法自 2000 年 1 月 1 日起开始实施，进一步规范了个人独资企业的行为，对保护个人独资企业投资人和债权人的合法权益，维护社会经济秩序，促进社会主义市场经济的发展有着深远的意义。

2. 个人独资企业的优点

个人独资企业一般规模较小，内部管理结构简单，具有以下一些优点。

（1）企业的建立、转让与歇业的手续十分简单易行，产权能够比较自由地转让。

（2）企业经营者与所有者合一，经营方式灵活，处理问题机动敏捷，决策迅速，企业的技术、工艺等信息保密性强。

（3）企业在缴纳所得税后，利润归业主个人，无须与别人分享。

（4）企业的成败由业主个人承担，如果获得成功，业主不但可以获取利润，而且可以获得个人成就感和满足感。

3. 个人独资企业的缺点

（1）企业存在一定的风险。这种风险主要指业主对企业债务承担无限责任，这使得业主的所有财产都具有风险。一旦企业经营失败，有可能导致业主倾家荡产。

（2）企业规模有限。由于企业由业主个人出资兴办，一般个人的资金有限，信用有限，偿债能力差，获贷能力差，企业资本的扩张主要依靠利润的再投资，即自身的积累。

（3）企业寿命有限。由于企业的经营完全依赖于业主个人的素质，企业通常与业主共存亡。业主的死亡、破产、犯罪或转业都可能使企业不复存在，这样就使企业的员工和债权人不得不承担较大的风险。

个人独资企业主要适用于零售业、服务业、手工业、家庭农场等小型企业。

（二）合伙企业

1. 合伙企业的含义

合伙企业是指依照法律在中国境内设立的，由两个或两个以上的合伙人订立合伙协议，为经营共同事业，共同出资、合伙经营、共享收益、共担风险，并对合伙企业债务承担无限连带责任的营利性组织。

1997年2月23日，第八届全国人民代表大会常务委员会第二十四次会议通过了《中华人民共和国合伙企业法》，2006年8月27日，第十届全国人民代表大会常务委员会第二十三次会议对该法进行了修订，修订后的《中华人民共和国合伙企业法》自2007年6月1日起施行。修订后的《中华人民共和国合伙企业法》，增加了特殊的普通合伙企业和有限合伙企业，对合伙企业的设立及相关业务进行了新的确定。

2. 合伙企业的主要优点

合伙企业与个人独资企业相比具有以下主要优点。

（1）筹资能力增强。企业可以从合伙人处筹集资金，由于共同承担偿还债务的责任，资信能力增强，通过银行贷款等方式的筹资能力增强。

（2）竞争能力增强。由于企业集合了合伙人共同的才智、经验和专长，竞争能力有所提升；同时合伙人对企业的经营活动一般会非常关心，并且大家对企业债务都承担责任，企业的信誉较高。

（3）扩张能力增强。由于企业资金筹措能力和管理能力的增强，给企业带来了进一步扩大和发展的可能性，能从事一些资产规模需求较大的生产和经营活动。

3. 合伙企业的主要缺点

（1）产权转让困难。出于企业是根据合伙人之间的协议或合同建立的，所以产权的转让必须经过所有合伙人同意方可进行。当某一合伙人离开或企业接纳了一位新的合伙人时，都必须建立一种新的合伙关系，从而造成法律上的复杂性，于是企业通过接纳新的合伙人增加资金的能力受到了制约，甚至有时会影响到企业是否能继续存在。

（2）承担无限责任。与个人独资企业一样，合伙制企业的合伙人对企业债务要承担无限责任，即如果经营失败，企业倒闭破产资不抵债时，每个合伙人要以自己的家庭财产首先按照入股比例进行清偿。若有的合伙人家庭财产不够清偿，其他合伙人要代为清偿，负无限责任，这样就增加了合伙人的投资风险。

（3）统一决策困难而缓慢。由于所有合伙人都有权代表企业从事经济活动，重大决策需要得到所有合伙人的同意，因而很容易产生分歧，难以协调，造成决策上的延误和差错。

（三）公司制企业

1. 公司的含义

公司制企业又称为公司，是指由一个及以上的出资者（称为股东）出资兴办并组成一个法人，能够独立自主经营、自负盈亏，对共同出资经营的财产享有民事权利、承担民事责任的经济实体。公司是法人，在法律上具有独立的法人资格，这是公司与个人独资企业及合伙企业的重要区别，后两者都是自然人企业。公司以“合资”为特征，特别是在负担有限责任方面与后两者明显不同。

1993 年 12 月 29 日，第八届全国人民代表大会常务委员会第五次会议通过了《中华人民共和国公司法》（简称《公司法》）；1999 年 12 月 25 日，第九届全国人民代表大会常务委员会第十三次会议对《公司法》进行第一次修正；2004 年 8 月 28 日，第十届全国人民代表大会常务委员会第十一次会议对《公司法》进行了第二次修正。2005 年 10 月 27 日，第十届全国人民代表大会常务委员会第十八次会议修订并颁布了新《公司法》。新《公司法》于 2006 年 1 月 1 日正式开始实施，成为公司制企业新的法律准则。与老《公司法》相比，新《公司法》共 13 章 219 条，调整了公司设立和公司资本制度，完善了公司法人治理结构，充实了职工民主管理和保护职工权益的内容，健全了对股东尤其是中小股东的保护机制，严格了公司股东的责任。

2. 公司的优点

（1）实行有限责任制度

对股东而言，以其出资额为限对公司的债务承担有限责任；对公司法人而言，以其全部法人财产为限对公司的债务承担有限责任。相对前两种企业而言，公司的出资者的风险要小。

（2）筹资能力强

公司可以通过发行有价证券（如股票）的方式来筹集资金，容易筹集到大额资金，满足公司大规模扩张的需要。

（3）具有独立寿命

公司作为法人，除非法律和公司章程规定事项出现时，公司可无限存续下去，个别股东或高级职员的死亡、转业等不会影响公司的存亡。同时，公司的法人财产是不可分割的，投资者投入公司的资本不可抽回，只能转让，因此公司的法人财产不会因股东的变动而变动，保持了一定的整体性、稳定性和连续性。

（4）管理效率高

公司实行股东所有权与法人财产权分离，股东资金投入到企业后，其所有权通过股权证书或股票等体现出来，公司对所有股东投入的资产拥有法人财产权。这样使得公司的所有权与经营权相分离，公司各项经营管理工作由各方面的专业人员负责，他们能够比股东更有效地管理企业，更能适应市场变化剧烈的经营环境。

3. 公司的主要缺点

（1）创办公司的手续比较复杂，组建费用高昂。

（2）政府对公司制企业有较多的限制。为了保证投资者（尤其是上市公司的中、小投资者）及相关权益人的合法利益，政府对公司的设立和运作一般监管非常严格，这在一定程度上会给企业的运作带来障碍和困难。

（3）保密性差。特别是股份有限公司中的上市公司，按照有关法律法规，政府要求其财务报表定期向公众公开，这样就导致了企业一些商业秘密的泄露。

（4）税务负担较重。公司须双重缴纳所得税，公司的利润先要缴纳法人所得税。公司用税后利润向股东分配股利时，股东还要缴纳一次个人所得税。

4. 公司的形式

公司的种类十分繁杂，依据不同的标准，可以有不同的分类，按照股东所承担的责任不同，可分为无限公司、有限责任公司、股份有限公司和两合公司等。我国《公司法》所指的公司仅指依法在中国境内设立的有限责任公司和股份有限公司。

（1）有限责任公司

有限责任公司又称为有限公司，是指由50个以下股东共同出资，每个股东以其认缴的出资额对公司行为承担有限责任，公司以其全部资产对其债务承担责任的企业法人。

按照我国《公司法》的规定，有限责任公司的设立需要满足如下条件：

一是股东符合法定人数。我国《公司法》规定，有限责任公司由50个以下股东共同出资设立。二是股东出资达到法定资本最低限额。有限责任公司的注册资本为在公司登记机关登记的全体股东认缴的出资额，最低限额为人民币3万元（法律、行政法规对有限责任公司注册资本的最低限额有较高规定的，从其规定）。公司全体股东的首次出资额不得低于注册资本的20%，也不得低于法定的注册资本最低限额，其余部分由股东自公司成立之日起2年内缴足；其中，投资公司可以在5年内缴足。三是股东共同制定公司章程。四是具有公司名称，建立符合有限责任公司要求的组织机构。五是有公司住所。

有限责任公司不对外公开发行股票，股东的出资额由股东协商后确定，并不要求等额。股东交付股本金后，公司出具股权证书，作为股东在公司中所拥有的权益凭证，同时，这种凭证不同于股票，不能自由流通。

另外，股东之间可以相互转让其全部出资或部分出资。股东向股东以外的其他人转让其出资时，必须经全体股东过半数同意；不同意转让的股东应当购买该转让的出资，如果不购买该转让的出资，视为同意转让。经股东同意转让的出资，在同等条件下，其他股东对该出资有优先购买权。股东依法转让其出资后，由公司将受让人的姓名或者名称、住所以及受让的出资额等信息资料记载于股东名册。

有限责任公司的优点是设立程序比较简单，不必发布公告，也不必公开账目，尤其是公司的资产负债表一般不予公开，公司内部机构设置灵活。其缺点是由于不能公开发行股票，筹集资金的范围和规模一般都较小，难以适应大规模生产经营活动的需要。因此，有限责任公司这种形式一般适合于中小企业。

《公司法》新增了一人有限公司，具体规定为：一个自然人股东或一个法人股东可设立一人有限公司；注册资本最低限额为人民币 10 万元，股东应当一次足额缴纳公司章程规定的出资额；不能再投资设立新的一人有限公司；不用成立股东会；在每一会计年度终了时编制财务会计报告，并经会计师事务所审计；股东不能证明公司财产独立于股东自己的财产的，应当对公司债务承担连带责任。

（2）股份有限公司

股份有限公司又称为股份公司，在英国和美国又被称为公开公司或公众公司，是指注册资本由等额股份构成，并通过发行股票或股权证等筹集资本，公司以其全部资产对公司债务承担有限责任的企业法人。在市场经济国家，股份有限公司是大、中型企业通常采用的组织形式。

按照我国《公司法》的规定，股份有限公司的设立需要满足以下条件：

一是发起人符合法定人数。应当有 2 人以上 200 人以下的发起人，其中必须有半数以上的发起人在中国境内有住所。二是发起人认购和募集的股本达到法定资本最低限额。股份公司的注册资本为在公司登记机关登记的全体发起人认购的股本总额，公司全体发起人的首次出资额不得低于注册资本的 20%，其余部分由发起人自公司成立之日起 2 年内缴足；其中，投资公司可以在 5 年内缴足。在缴足前，不得向他人募集股份。股份有限公司采取募集方式设立的，注册资本为在公司登记机关登记的实收股本总额。股份有限公司注册资本的最低限额为人民币 500 万元（法律、行政法规定股份有限公司注册资本的最低限额有较高规定的，从其规定）。三是股份发行、筹办事项符合法律规定。四是发起人制定公司章程，采用募集方式设立的经创立大会通过。五是有公司名称，建立符合股份有限公司要求的组织机构。六是有公司住所。另外，股份有限公司的设立，必须经过国务院授权的部门或者省级人民政府批准。

与其他类型的公司比较起来，股份有限公司是典型的合资公司，各国法律都把它视为独立的法人。公司股东的身份、地位、荣誉不再具有重要意义，任何愿意出资的人都可以成为股东，不受资格限制。股东成为单纯的股票持有者，他们的权益主要体现在股票上，并随着股票的转移而转移。

股份有限公司的资本总额均分为每股金额相等的股份，以便于根据股票数量计算每个股东所拥有的权益。出资多的股东占有股份多，而不能单独增加每股的金额。股东不论大小，只以其认购的股份对公司承担责任，一旦公司破产或解散而进行清盘，公司债权人只能对公司的资产提出还债要求，而无权直接向股东讨债。

为了保护股东和债权人的利益，各国法律都要求股份有限公司的账目必须公开。在每个财政年度终了时要公布公司的年度报告和资产负债表，以供众多的股东和债权人查询。

股份有限公司的所有权与经营权分离。公司的最高权力机构是股东大会，由股东大会委托董事会负责处理公司重大经营管理事宜。董事会聘任总经理，负责公司的日常经营。此外，公司往往还设立监事会，对董事会和经理的工作情况进行监督。现代的公司制有利于在所有者、经商者和劳动者之间建立起互相激励、互相制衡的机制。

股份有限公司有许多突出的优点。除了股东承担有限责任，从而减小了股东投资风险外，最显著的一个优点是有可能获准在交易所上市。当股份有限公司具备了一定条件后，依据国家有关法律、法规，报经有关部门批准，可在国家认可的证券交易所面向社会公众发行股票，募集资金，其股票便可上市交易。这类股份有限公司被称为上市公司。股份有限公司上市后，由于面向社会发行股票，具有大规模的筹资能力，能迅速扩展企业规模，增强企业在市场上的竞争力。此外，由于股票易于迅速转让，提高了资本的流动性。当股东认为公司经营不善时，会在证券市场上抛售股票，把资金转而投向其他公司，即所谓的“用脚投票”。这能对公司经理人员形成强大的压力，鞭策他们努力提高企业的经济效益。

股份有限公司的缺点主要有：公司设立程序复杂，组建和歇业不像其他类型公司那样方便；公司营业情况和财务状况向社会公开，保密性不强；股东购买股票，主要是为取得股利和从股票升值中取利，缺少对企业长远发展的关心；所有权与经营权的分离，会产生复杂的委托—代理关系等。

尽管如此，股份有限公司仍然是现代市场经济中最适合大中型企业的组织形式。在市场经济国家，大中型企业通常都采取股份有限公司形式。这些公司在企业总数中的比例并不大，但它们的营业额、利润和使用的劳动力都占有很大比例，从而在国民经济中占据主导地位。

四、企业组织结构

（一）组织结构与设计概述

1. 组织结构的含义

组织结构是组织内的全体成员为实现组织目标，按照一定的组织原则和组织模式，在管理工作中进行分工协作，通过职务、职责、职权及相互关系构成的结构体系。组织结构的本质是组织成员间的分工协作关系。组织结构的内涵是人们的职、责、权的关系，因此，我们也可以将组织结构称之为权责结构。

2. 组织结构的内容

组织结构的内容包括：职能结构、层次结构、部门结构、职权结构。

（1）职能结构

即完成组织目标所需的各项业务及其比例和关系，如一个企业有经营、生产、技术、后勤、管理等不同的业务职能，企业各项工作任务都为实现企业的总体目标服务，但各部分的权责关系又不相同，这是我们组织结构设计的首要任务。

（2）层次结构

即管理层次的构成，又称组织的纵向结构。如公司机构的纵向层次从上到下可以分为股东大会、董事会、总经理、各职能部门、基层部门、班组等，这样就形成了一个组织完整的纵向结构。企业可以根据自身的规模、选择的企业类型等因素来确定组织的层次结构。

（3）部门结构

即各管理部门和业务部门的构成，也称为组织的横向结构。如企业可以根据自身的规模和类型有选择地设置财务部、人事部、营销部、研发部、生产部等。

（4）职权结构

即各职能层次、各部门在权力和责任方面的分工，各职能层次、部门之间的协作关系、监督与被监督的关系。如公司中股东大会是全体股东组成的公司最高权力机关，董事会是股东会选举产生的、行使公司经营管理权的执行机关，经理是公司的辅助业务执行机关和日常管理工作的负责人，监事会是对公司生产经营业务活动进行监督和检查的常设机构。

3. 管理幅度与管理层次

组织结构设计很大程度上其实是对管理幅度的确定和管理层次的划分，这二者决定了组织的基本形态。

（1）管理幅度与管理层次之间的关系

组织的最高主管因受到时间和精力的限制，需委托一定数量的人分担其管理工作。委托的结果是减少了他必须直接从事的业务工作量，但增加了他协调受托人之间关系的工作量。因此，任何主管能够直接有效地指挥和监督下属的数量是有限的。这个有限的直接领导的下属数量就是管理幅度。

同样由于受到时间和精力的限制，最高主管的受托人也需要将受托担任的部分管理工作再委托给另一些人来协助执行，并以此类推，直至受托人能直接安排和协调组织成员的具体业务活动。由此形成组织中最高主管到具体工作人员之间的不同层次，即管理层次。

一个组织管理层次的多少受到组织规模和管理幅度的影响。在管理幅度给定的条件下，管理层次与组织的规模大小成正比：组织规模越大，包括的成员越多，管理层次也就越多。在组织规模既定的条件下，管理层次与管理幅度成反比：每个主管能直接控制的下属的人数越多，所属的管理层次就越少；相反，管理幅度减小，则管理层次增加。其中，起主导作用的是管理幅度，即管理幅度决定管理层次，这是由管理幅度的有限性决定的。同时，管理层次也对管理幅度起着一定的制约作用，这是因为管理层次具有较高的稳定性，这就要求管理幅度在一定程度上要服从既定的管理层次。

（2）管理幅度的确定

出于有效管理幅度是决定组织层次的基本因素，因此，确定合理的管理幅度是我们在进行组织设计时的关键步骤。影响管理幅度的因素主要有：

① 工作能力

主管人员的综合能力、理解能力和表达能力强，则可以迅速把握问题的关键，就下属的请示提出恰当的指导建议，并使下属明确地理解，缩短与每一位下属在接触中占用的时间。同样，如果下属具备符合要求的能力，受过良好的系统培训，则可以在很多问题上根据符合组织要求的自己的想法去解决，从而可以减少向上级请示、占用上级时间的频率。这样的情况下，管理幅度可以适当放宽。

② 工作的内容和性质

主要有：主管所处的层次、下属工作的相似性、计划的完善程度、非管理事务的多少等。

③ 工作条件

工作条件主要包括：助手的配备情况、信息手段的运用、工作地点的相似性等。

④ 工作环境

组织环境稳定与否，会在很大程度上影响组织活动的内容和政策调整的频率与幅度。环境变化越快、变化程度越大，组织遇到的问题就越多，下属向上级请示就越经常和越必要；同时，上级因为要花更多的时间在关注环境变化的问题上，对下属的指导工作的时间和精力也就越少。因此，环境越不稳定，各层次主管人员的管理幅度就越受到限制。

4. 组织结构设计的任务

组织结构设计处于组织工作的中心环节。所谓组织结构设计是指一个组织把为实现组织目标所需完成的工作任务，按专业化分工协作原则，划分成若干性质不同的业务工作，形成一系列工作职位；然后再将这些工作职位按其内在的联系组合成若干管理层次和部门，确定各职位、各层次、各部门的职责和职权，最终连接形成一个相互联系的组织结构体系。

组织结构设计包括横向设计和纵向设计。组织横向设计主要解决管理与业务部门的划分问题，反映了组织中的分工合作关系；组织纵向设计主要解决管理层次的划分与职权分配问题，反映了组织中的领导隶属关系。设计组织的结构是执行组织职能的基础工作，组织设计的任务是提供组织结构系统图和编制职务说明书。组织结构设计要解决管理层次或管理幅度的划分、部门的划分、职权的划分三个有相互联系的问题。为了达到组织结构设计的理想效果，组织设计者需要完成如下几项工作：

（1）职务分析与设计

组织系统图是自上而下绘制的，我们在研究现有组织的改进时，也往往从上而下的重新划分各个部门的职责来着手进行。但是如果我们要设计一个全新的组织结构，却需要从最基层开始，是从下而上的。

职务的分析与设计是组织设计的最基础的工作，职务设计是在目标活动逐步分解的基础上，设计和确定组织内从事具体管理工作所需的职务类别与数量，分析担任每个职务的人员应负的责任、应具备的素质要求。

（2）部门划分

根据各个职务所从事的工作内容的性质以及职务间的相互关系，依照一定的原则，可以将各个职务组合成被称为“部门”的管理单位。组织活动的特点、环境和条件不同，划分部门所依据的标准也是不一样的。对同一组织而言，在不同时期的背景中，划分部门的标准也可能会不断调整。

（3）组织结构的形成

职务设计和部门划分是根据工作要求来进行的。在此基础上，还要根据组织内外能够获取的现有人力资源，对初步设计的部门和职务进行调整，并平衡各部门、各职务的工作量，以使组织结构合理。如果再次分析的结果证明初步设计是合理的，那么剩下的任务便是根据各自工作的性质和内容，规定各管理机构之间的职责、权限以及义务关系，使各管理部门和职务形成一个严密的网络。

5. 组织结构设计的原则

现代的管理者通过对组织所处环境、采用的技术、制定的战略、发展的规模等方面进行的大量的理论研究和实践探索，总结出了组织在进行结构设计时需遵循的一些共同的原则。

（1）目标任务原则。组织结构的设计和组织形式的选择必须有利于组织目标与任务的实现。组织结构设计要服从每一项工作的任务和目标，尤其是价值链上的目标，体现一切设计为目标服务的宗旨。

（2）分工协作原则。按照专业化分工划分部门和确定归属，但随着分工的深入，同时又要有组织单元之间的协作与配合，在合理分工的基础上加强协作有利于提高组织工作的效率。

（3）统一指挥原则。统一指挥是组织工作的一条重要原则，甚至是一项基本原则。组织内部的分工越细、越深入，统一指挥原则对于保证组织目标实现的作用越重要。只有实行这条原则，才能防止政出多门，遇事互相扯皮、推诿，才能保证有效地统一与协调各方面的力量和各单位的活动。为确保统一指挥，应当注意三点：指挥链不能中断、切忌多头领导和不能越级指挥。

（4）合理管理幅度原则。由于任何管理者的时间和精力都是有限的，管理能力也因知识、经验、个性、年龄等不同而不同。所以管理幅度原则是指应根据管理者的具体情况设计管理幅度的大小，确保能够实现有效控制。

（5）权责对等原则。组织中的每个部门和部门中的每个人员都有责任按照工作目标的要求保质保量地完成工作任务，同时，组织也必须委之以自主完成任务所必需的权力。职权与职责要对等。如果有责无权，或者权力范围过于狭小，责任方就有可能会因缺乏主动性、积极性而导致无法履行责任，甚至无法完成任务；如果有权无责，或者权力不明确，权力人就有可能不负责任地滥用权力，甚至助长官僚主义的习气，这势必会影响到整个组织系统的健康运行。

（6）集权和分权原则

集权是指决策指挥权在组织层级系统中较高层次上的集中。分权是指决策指挥权在组织层级系统中较低管理层次上的分散。在整个组织结构设计的时候，权力的集中与分散应该适度。集权与分权应该控制在合适的水平上，既不影响工作效率，又不影响积极性。

（7）柔性经济原则。所谓组织的柔性，是指组织的各个部门、各个人员都是可以根据组织内外环境的变化而进行灵活调整和变动的。组织的结构应当保持一定的柔性以减小组织变革所造成的冲击和震荡。组织的经济是指组织的管理层次与幅度、人员结构以及部门工作流程必须设计合理，以达到管理的高效率。组织的柔性与经济是相辅相成的，一个柔性的组织必须符合经济的原则，而一个经济的组织又必须使组织保持柔性。只有这样，才能保证组织机构既精简又高效，避免形式主义和官僚主义作风的滋长和蔓延。

6. 组织结构设计的影响因素

组织内外的各种变化因素，都会对组织结构产生重要的影响。概括起来。影响组织结构的因素主要包括以下几点。

（1）环境

任何组织都是在一定的环境下生存和发展的。一个组织要持续发展，就必须要适应其周围环境。环境总是处于变化之中，有时变化剧烈，有时变化缓慢。当环境变到足以阻碍组织的发展时，就必须对组织进行调整和改革，以适应环境的变化。组织外部经营环境对组织的影响主要表现在以下三个方面：对职务和部门设计的影响；对各部门关系的影响；对组织结构总体特征的影响。

（2）战略

组织结构只是实现组织目标的手段，因此组织结构的设计和调整必须服从组织战略的需要。适应战略要求的组织结构为战略的实施、组织目标的实现提供了必要的前提。

战略是实现组织目标的各种行动方案、方针和方向选择的总称。为实现同一目标，组织可在多种战略中进行挑选。战略选择的不同在两个层次上影响组织结构：不同的战略要求不同的业务活动，从而影响管理职务的设计；战略重点的改变会引起组织的工作重点和各部门与职务在组织中重要程度的改变，因此要求对各管理职能部门之间的关系做相应的调整。

（3）技术

任何组织的生存与发展都离不开一定的技术。因为组织总是需要将某些投入转变为产出，该过程需要一定的技术。这一点在企业中表现得十分典型。技术以及技术设备的水平不仅影响组织活动的效果和效率，而且会作用于组织活动的内容划分、职务设置和工作人员的素质要求。比如信息处理的计算机化必将改变组织中的会计、文书、档案等部门的工作形式和性质。

（4）组织规模与组织所处的发展阶段

组织的规模对其结构的影响是明显的：规模小，组织结构可以简单；规模大，则结构复杂得多。组织的规模往往与组织的发展阶段相联系。有学者指出：在发展的不同阶段，要求有与之相适应的组织结构形态。

（二）企业组织结构的形式

企业组织结构主要的形式有：直线制、职能制、直线—职能制、事业部制、模拟分权制和矩阵制。

1. 直线制组织结构

直线制组织结构是最早出现的也是最简单的企业组织结构形式。它的特点是企业的各级行政单位从上到下实行垂直领导，下属部门只接受一个上级的指令，各级主管对所属单位的一切问题负责。厂部不再另设职能机构（但可设职能人员协助工作），一切管理职能基本上都由各级主管自己执行。直线制组织结构简图如图2－1所示。

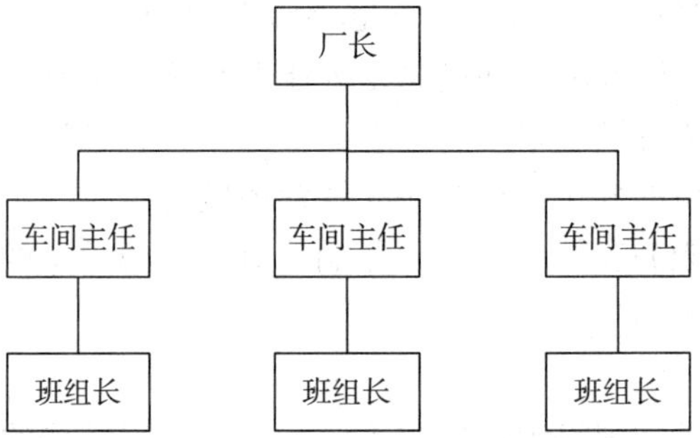

图2－1　直线制组织结构简图

直线制组织结构的优点是：结构比较简单，责任分明，命令统一。

因为多个下属直接受一个上级的领导，这就要求各级主管通晓多种知识和技能，亲自处理各种业务，这在业务比较复杂、企业规模较大的情况下，把所有的管理职能都集中到最高主管一个人身上，显然对其而言是很难胜任的。因此，直线制组织结构适用于规模较小、生产技术比较简单的企业。

2. 职能制组织结构

为了缓解直线制组织结构中各级主管的工作压力，出现了职能制组织结构，即各级行政单位除了主管外，还相应地设立一些由专业人员组成的职能机构，协助厂长等各级主管从事各种职能管职工作。这种组织结构要求行政主管把相应的管理职责和权力交给相关的职能机构，各职能机构有权在自己的权力范围内向下级行政单位发号施令。因此，下级行政负责人除了接受上级的行政主管人指挥之外，还必须接受上级各职能机构的领导。职能制组织结构简图如图 2－2 所示。

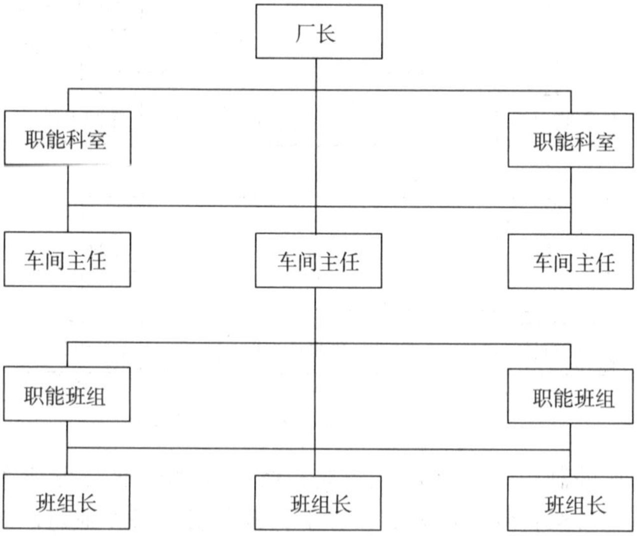

图 2－2　职能制组织结构简图

职能制组织结构的优点是：能适应现代化工业企业生产比较复杂、管理工作分工比较精细的特点，能充分发挥职能机构的专业管理作用，减轻直线领导人员的工作负担。

职能制组织结构的缺点是：妨碍了必要的集中领导和统一指挥，形成了多头领导，不利于明确各级行政负责人和职能科室的责任。

由于这种组织结构形式的明显缺陷，现代企业一般都不采用职能制。

3. 直线—职能制组织结构

直线—职能制组织结构也叫生产区域制组织结构或直线参谋制组织结构。它是在直线制组织结构和职能制组织结构的基础上，取长补短而建立起来的。目前，我国大多数企业都采用这种组织结构形式。这种组织结构形式把企业管理机构和人员分为两大类：一类是直线领导机构和人员，按命令统一原则对下级行使指挥权；另一类是职能机构和人员，按照专业化原则，从事组织的各项职能管理工作。直线领导机构和人员在自己的职责范围内有一定的决定权和对所属下级的指挥权，并对自己部门的工作负全部责任。而职能机构和人员，则是直线指挥人员的参谋，不能直接对部门发号施令，只能进行业务指导。直线—职能制组织结构简图如图2－3所示。

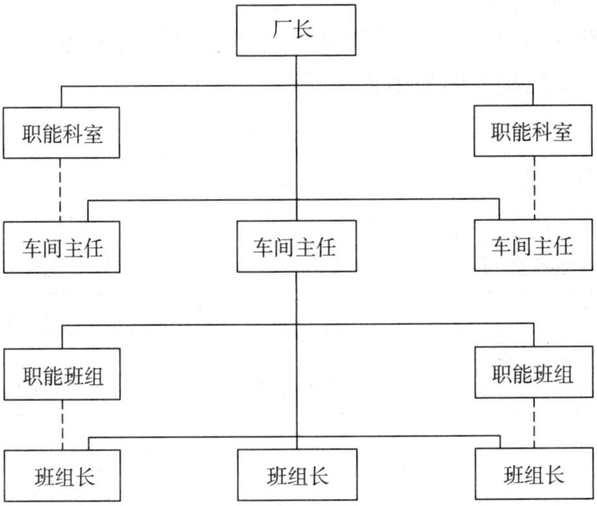

图2－3　直线—职能制组织结构简图

直线—职能制组织结构的优点是：既能保证企业管理体系的集中统一，又可以在各级行政负责人的领导下，充分发挥各专业管理机构和人员的作用。

直线—职能制组织结构的缺点表现在两个方面：一方面，职能部门之间的协作和配合性较差，职能部门的许多工作要直接向上层领导请示，加重了上层领导的工作负担；另一方面，也造成办事效率低下。为了克服这些缺点，可以设立各种综合委员会或建立各级会议制度，以协调各方面的工作，减轻上层领导的负担，提高工作效率。

4. 事业部制组织结构

事业部制组织结构最早由美国通用汽车公司总裁斯隆提出，他将全公司按产品划分为21个事业部（自动生产部、雪佛莱部、卡迪拉克部等），分属4个副总经理领导，有关大政方针如财务控制、重要领导任免、长期计划、科技发展等重要决策由总公司掌控，而其他具体业务则完全由各个事业部负责。

事业部制组织结构的基本做法是：把一个企业的生产经营活动按产品类别或按地区分成不同的组成部分，每一部分就是一个事业部。从产品的设计、原材料采购、成本核算、产品制造，一直到产品销售，均由事业部及所属工厂负责。各事业部实行独立经营，单独核算。一般企业总部只保留人事政策、预算控制和监督权。企业总部通过利润等指标对各个事业部进行控制。

不论按产品划分事业部，还是按区域划分事业部，事业部都应具有三个基本要素，即相对独立的市场、相对独立的利益和相对独立的自主权。事业部制组织结构简图如图 2－4 所示。

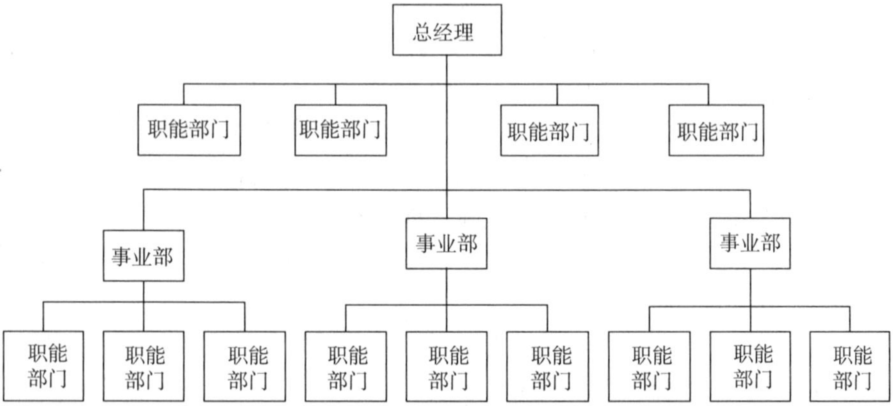

图 2－4　事业部制组织结构简图

事业部制组织结构的主要优点如下：

（1）事业部制组织结构是一种高度集权下的分权管理，通过集权，企业总部的高层管理者和经营者负担减轻，可以集中精力进行长期战略目标的研究，对企业整体战略性问题进行迅速、准确决策；通过分权，各个事业部的主管，都能在自己的权力范围内对相应市场做出快速反应，决策迅速。

（2）各事业部独立经营，实行独立核算，在一定程度上分散了公司整体的经营风险，各个事业部经营成果也一目了然，便于总部对其进行考核；同时，各个事业部内部的供、产、销之间不像直线—职能制下需要高层管理人员的参与和管理，更容易协调，更便于组织专业化生产和实现企业内部协作。

（3）总部往往主要通过各个事业部的业绩来对其进行考核和评价，所以这在一定程度上会促进各个事业部之间的相互竞争，容易形成竞争氛围，更能发挥各个事业部的积极性，也行利于促进企业的发展。

（4）各个事业部的经理要从事业部的整体来考虑解决各种问题，这有利于公司不断培养和训练管理人才。

事业部制组织结构的主要缺点如下：

（1）公司与事业部的职能机构部分重叠，会出现管理人员和其他非生产性人员增加的倾向，造成管理人员及相关费用的浪费。

（2）事业部实行独立核算，各个事业部通常只考虑自身的利益，这在一定程度上或在某些特殊的市场环境下会影响事业部之间的协作，同时也会造成事业部之间不易交流，不利于相互取长补短。

（3）事业部之间、事业部与总部之间的一些业务联系与沟通往往被经济关系所取代，甚至总部的职能机构为事业部提供决策咨询服务时，事业部也要支付咨询服务费用，这使总部与各个事业部之间的关系变得松散，不利于总部对各个事业部的控制与协调。

针对事业部制的缺点，20 世纪 70 年代美国和日本的大公司又出现了一种基于事业部制而产生的超事业部制（或称为执行部制）。它是在事业部制组织结构的基础上，在组织最高管理层和各个事业部之间增加了一级管理机构，负责管辖和协调所属各个事业部的活动，使领导方式在分权的基础上又适当的集中。

事业部制是一种适用于规模庞大、产品品种繁多、技术复杂的大型企业的高度集权下的分权管理体制。

5. 模拟分权制组织结构

模拟分权制组织结构是一种介于直线—职能制组织结构与事业部制组织结构之间的一种企业组织结构形式。它适用于钢铁、化工、原料、医药等连续生产的大型企业。这类企业受产品生产工艺过程所限，生产经营整体性强，各生产单位生产的产品没有真正的外部市场，难以分解成为几个独立的事业部，因此不宜分权；同时又由于企业的规模庞大，高层管理者不容易有效地控制管理，因此不宜集权。例如，在钢铁企业内部，炼铁分厂与炼钢分厂之间很难分成相互独立的事业部。这是因为炼铁分厂为炼钢分厂提供的铁水，在市场上是很难买到的，如果炼钢分厂不使用炼铁分厂的铁水，就只能在市场上购进炼钢生铁，但这无疑会增加炼钢分厂的生产成本。这对企业而言也是不利的。模拟分权制组织结构就适用于这种情况的企业。

所谓模拟，就是模拟事业部制的独立经营、单独核算，但实际是一个个“生产单位”，而不是真正的事业部。这些生产单位有自己的职能部门，享有较大的自主权，各个生产单位之间按内部的“转移价格”进行产品交换并计算利润，进行“模拟性”的独立核算，负有“模拟性”的盈亏责任。这样做的目的是要调动各生产单位的生产积极性，达到改善企业生产经营管理的目的。模拟分权制的关键是准确确定各生产单位生产的中间产品的价格。模拟分权制组织结构简图如图 2－5 所示。

模拟分权制组织结构的主要优点如下：

（1）通过模拟分权可以减轻高层领导管理者处理日常事务的负担，把精力更多地投入到企业战略研究上。

（2）企业内部通过模拟形成生产单位后，各单位相对独立，可调动其积极性，也便于考核各单位成绩。

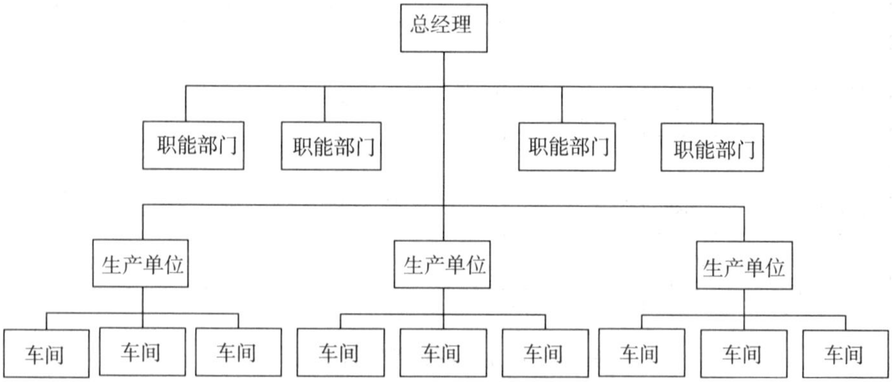

图 2－5　模拟分权制组织结构简图

模拟分权制组织结构的主要缺点如下：

（1）正因为是模拟分权，缺乏明确的标准，所以关于分权大小、幅度以及各个单位之间的统一管理和协调不易量化和明确。

（2）各个生产单位因为没有自己独立的外部市场，而在工序上或流程上又是相互衔接的，所以产品在内部转移时实行的是内部价格，确定该价格时也缺乏明确的标准，造成效益核算的不准确。

6. 矩阵制组织结构

矩阵制组织结构是从专门从事某项工作的工作小组形式发展而来的一种组织结构，是一种既保持了直线—职能制组织形式（垂直领导系统），又成立了按规划目标划分的横向领导系统（可以加强横向部门之间的沟通协调）的企业组织结构，因此又可称为目标规划管理制组织结构。

矩阵制组织结构形式是改进了直线—职能制组织结构的横向联系差、缺乏灵活性的缺点而设计的一种企业组织结构形式。它的特点是围绕某项专门任务成立跨职能部门的专门机构。例如，企业进行新产品开发工作，则组成一个专门的产品（项目）小组，在研究、设计、实验、制造等各个不同阶段，由相关部门的相关人员参加，做到纵横结合，通过协调各个职能部门的关系，保证任务的顺利完成。这种组织结构的形式是固定的，而人员却是变动的，项目小组的负责人和组织内的人员是为了完成任务临时任命和组织的，完成任务后就退出组织，各自回到原来的职能部门，因此，矩阵制组织结构具有一定的临时性。矩阵制组织结构简图如图 2－6 所示。

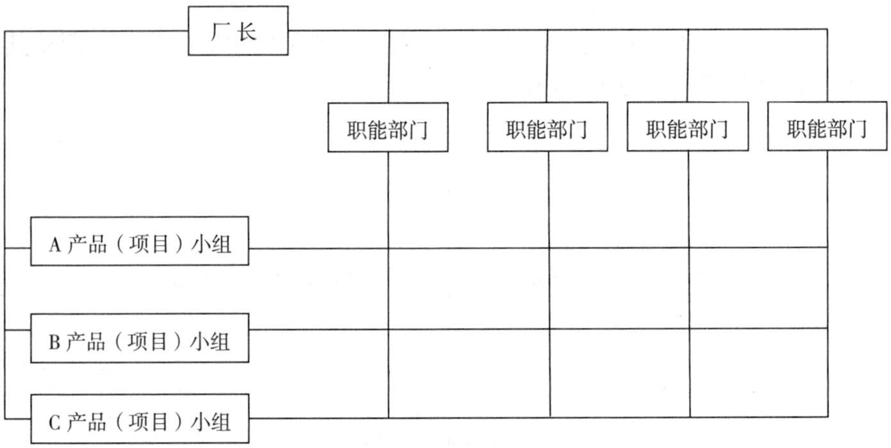

图 2－6　矩阵制组织结构简图

矩阵制组织结构的主要优点如下：

（1）矩阵制组织结构灵活、机动，可随着项目的开发与结束而组合和解散。由于是根据项目来进行组织的，因此任务清晰，目标明确；而且各职能部门有专长的人员都是有备而来的，对于人员融入工作、加强组织纵向联系和横向联系很有益。

（2）将各个职能部门的专业人员集中在一个项目小组进行工作，比分散在各个部门更容易协调和管理。

（3）参加项目攻关小组可增强参与人员的荣誉感，激发其工作积极性。

矩阵制组织结构的主要缺点如下：

（1）一般在这种组织结构下，项目负责人的责任大于权力，使得其在某些特殊情况下开展工作时力不从心。

（2）由于矩阵制组织结构是为了某种临时性的目的而形成的，项目小组成员仍隶属于原部门，成员存在受到项目负责人和原部门负责人双重领导的问题。另外，项目负责人缺乏足够的激励与约束手段来对成员进行管理，也是矩阵制组织结构的先天缺陷。

（3）在矩阵制组织结构中，因项目小组多为攻关需要而成立，任务完成后各成员仍要回到原来的部门，因而容易产生一些临时心理，特别是在项目遇到挫折或重大困难时，成员心理不稳定，不利工作。

矩阵制组织结构适用于产品多且变化大、单件或极小批量生产的大型产品或工程项目，特别适用于以开发与实验项目为主的企业或单位，如应用研究单位。在传统的工业企业中，主要适用于企业中涉及面广、多个部门参与的、临时性的、复杂的重大工程项目，如企业新产品开发、技术项目攻关等。

阅读与思考

建立什么样的组织结构形式

卢经理一手创办起一个小型生产企业。由于本人是一个有能力的工程师，产品生产搞得很好，市场销路也不错。他全身心投入到企业的经营管理中，企业越办越红火，正在逐步发展壮大。企业现在已形成了三种较为稳定的产品，员工发展到60多人。在一片大厂房中，设了两个小车间。设有一个综合办公室，有两个会计和两个供销人员。企业的所有经营管理问题完全由他一个人说了算。前几年只生产单一产品，再加上管理机构简单与人员精干，企业的决策效率高，管理费用低，所以运作得一直较好。但是近两年，由于企业规模的扩大，市场的日趋复杂，经营管理工作猛增。为了找准产品定位，他要亲自搞市场调研；由于他是全厂唯一的有工程师职称的人，从产品设计、生产设计到技术指导都得由他来做；为了保障产品质量，他必须保证相当的时间深入车间，直接领导车间的生产；他还要安排原材料的采购、运输与保管；为了保住市场，他要亲自同客户打交道；财务上的事更得由他亲自处理……卢经理已经忙得不可开交，明显地感到体力不支。而且他的工作也漏洞百出，管理正在走向混乱……

卢经理心急如焚。

思考：

该企业现在实行的是何种组织结构形式？如果要改变，你建议改成什么形式？

（资料来源：卢海涛，陈宝财．企业管理学［M］．北京：清华大学出版社，2008）

五、企业组织变革

企业的发展离不开组织变革，内外部环境的变化，企业资源的不断整合与变动，都给企业带来了机遇与挑战，这就要求企业关注组织变革。组织变革就是组织根据其外部环境的变化和内部情况的变动，及时地调整自己的内在结构，以适应客观发展的需要。

（一）组织变革的动因

推动组织变革的因素可以分为外部环境因素和内部环境因素两个

部分。

1. 外部环境因素

外部环境因素主要是：

（1）整个宏观社会经济环境的变化。诸如政治、经济政策的调整，经济体制的改变以及市场需求的变化等等，都会引起组织内部深层次的调整和变革。

（2）科技进步的影响。知识经济的社会，科技的发展日新月异，新产品、新工艺、新技术、新方法层出不穷，对组织的固有运行机制构成了强有力的挑战。

（3）资源变化的影响。组织发展所依赖的环境资源对组织具有重要的支持作用，如原材料、资金、能源、人力资源、专利使用权等。组织必须要能克服对环境资源的过度依赖，同时要及时根据资源的变化而顺势变革组织。

（4）竞争观念的改变。基于全球化的市场竞争将会越来越激烈，竞争的方式也将会多种多样，组织若要想适应未来竞争的要求，就必须在竞争观念上顺势调整，争得主动，才能在竞争中立于不败之地。

2. 内部环境因素

推动组织变革的内部环境因素主要是：

（1）组织机构适时调整的要求。组织机构的设置必须与组织的阶段性战略目标相一致，组织一旦需要根据环境的变化调整机构，新的组织职能必须得以充分的保障和体现。

（2）保障信息畅通的要求。随着外部不确定性因素的增多，组织决策对信息的依赖性增强，为了提高决策的效率，必须通过变革保障信息沟通渠道的畅通。

（3）克服组织低效率的要求。组织长期一贯运行极可能会出现某些低效率现象，其原因既可能是由于机构重叠、权责不明，也有可能是人浮于事、目标分歧。组织只有及时变革才能进一步制止组织效率的下降。

（4）快速决策的要求。决策的形成如果过于缓慢，组织常常会因决策的滞后或执行中的偏差而坐失良机。为了提高决策效率，组织必须通过变革对决策过程中的各个环节进行梳理，以保证决策信息的真实、完整和迅速。

（5）提高组织整体管理水平的要求。组织整体管理水平的高低是竞争力的重要体现。组织在成长的每一个阶段都会出现新的发展矛盾，为了达到新的战略目标，组织必须在人员素质、技术水平、价值观念、人际关系等各个方面都做出进一步的改善和提高。

（二）组织变革的征兆和类型

1. 组织变革的征兆

一般来说，企业中的组织变革是一项“软任务”，即有时候组织结构不改变，企业仿佛也能运转下去，但如果要等到企业无法运转时再进行组织结构的变革就为时已晚了。因此，企业管理者必须抓住组织变革的征兆，及时进行组织变革。组织结构需要变革的征兆有：

（1）企业经营成绩的下降，如市场占有率下降，产品质量下降，消耗和浪费严重，企业资金周转不灵等。

（2）企业生产经营缺乏创新，如企业缺乏新的战略和适应性措施，缺乏新的产品和技术更新，没有新的管理办法或新的管理办法推行起来困难等。

（3）组织机构本身病症的显露，如决策迟缓，指挥不灵，信息交流不畅，机构臃肿，职责重叠，管理幅度过大，扯皮增多，人事纠纷增多，管理效率下降等。

（4）职工士气低落，不满情绪增加，如管理人员离职率增加，员工旷工率，病、事假率增加等。

当一个企业出现以上征兆时，应及时进行组织诊断，用以判定企业组织结构是否有加以变革的必要。

2. 组织变革的类型

依据不同的划分标准，组织变革可以有不同的类型。如按照变革的程度与速度不同，可以分为渐进式变革和激进式变革；按照工作的对象不同，可以分为以组织为重点的变革、以人为重点的变革和以技术为重点的变革；按照组织所处的经营环境状况不同，可以分为主动性变革和被动性变革。按照组织变革的不同侧重，将其分为战略性变革、结构性变革、流程主导性变革和以人为中心的变革四种类型。

（三）组织变革的目标和内容

1. 组织变革的目标

组织变革应该有其基本的目标，总的来看，应包括以下三个方面：

（1）使组织更具环境适应性

环境因素具有不可控性，组织要想阻止或控制环境的变化可能只是自己的一厢情愿。组织要想在动荡的环境中生存并得以发展，就必须顺势变革自己的任务目标、组织结构、决策程序、人员配备、管理制度等等，只有如此，组织才能有效地把握各种机会，识别并应对各种威胁，使组织更具环境适应性。

（2）使管理者更具环境适应性

一个组织中，管理者是决策的制定者和组织资源的分配人。在组织变革中，管理者必须要能清醒地认识到自己是否具备足够的决策、组织和领导能力来应对未来的挑战。因此，管理者一方面需要调整过去的领导风格和决策程序，使组织更具灵活性和柔性；另一方面，管理者要能根据环境的变化要求重构层级之间、工作团队之间的各种关系，使组织变革的实施更具针对性和可操作性。

（3）使员工更具环境适应性

组织变革的最直接感受者就是组织的员工。组织如若不能使员工充分认识到变革的重要性，顺势改变员工对变革的观念、态度、行为方式等，就可能无法使组织变革措施得到员工的认同、支持和贯彻执行。需要进一步认识到的是，改变员工的固有观念、态度和行为是一件非常困难的事，组织要使人员更具环境适应性，就必须不断地进行再教育和再培训，决策中要更多地重视员工的参与和授权，要能根据环境的变化改造和更新整个组织文化。

2. 组织变革的内容

组织变革具有互动性和系统性，组织中任何一个因素的改变，都会带来其他因素的变化。然而，就某一阶段而言，由于环境情况各不相同，变革的内容和侧重点也有所不同。综合而言，组织变革过程的主要变量因素包括人员、结构、任务与技术，具体内容如下：

（1）对人员的变革

人员的变革是指员工在态度、技能、期望、认知和行为上的改变。组织发展虽然包括各种变革，但是人是最主要的因素，人既可能是推动变革的力量也可能是反对变革的力量。变革的主要任务是组织成员之间在权力和利益等资源方面的重新分配。要想顺利实现这种分配，组织必须注重员工的参与，注重改善人际关系并提高实际沟通的质量。

（2）对结构的变革

结构的变革包括权力关系、协调机制、集权程度、职务与工作再设计等其他结构参数的变化。管理者的任务就是要对如何选择组织设计模式，如何制定工作计划，如何授予权力以及授权程度等一系列行动做出决策。现实中，固化式的结构设计往往不具有可操作性，需要随着环境条件的变化而改变，管理者应该根据实际情况灵活改变其中的某些组成要素。

（3）对技术与任务的变革

技术与任务的改变包括对作业流程与方法的重新设计、修正和组合，包括更换机器设备，采用新工艺、新技术和新方法等等。由于产业竞争的加剧和科技的不断创新，管理者应能与当今的信息革命相联系，注重在流程再造中利用最先进的计算机技术进行一系列的技术改造；同时，组织还需要对组织中各个部门或各个层级的工作任务进行重新组合，如工作任务的丰富化、工作范围的扩大化等。

（四）组织变革的过程及程序

1. 组织变革的过程

为使组织变革顺利进行，并能达到预期效果，必须先对组织变革的过程有一个全面的认识，然后按照科学的程序组织实施。组织变革的过程包括解冻、变革和再冻结三个阶段。

（1）解冻阶段

这是改革前的心理准备阶段。一般来讲，成功的变革必须对组织的现状进行解冻，然后通过变革使组织进入一个新阶段，同时对新的变革予以再冻结。组织在解冻期间的中心任务是改变员工原有的观念和态度，组织必须通过积极的引导，激励员工更新观念、接受改革并参与其中。

（2）变革阶段

这是变革过程中的行为转换阶段。进入这一阶段，组织上下已对变革做好了充分的准备，变革措施就此开始。组织要把激发起来的改革热情转化为改革的行为，关键是要能运用一些策略和技巧减少对变革的抵制，进一步调动员工参与变革的积极性，使变革成为全体员工的共同事业。

（3）再冻结阶段

这是变革后的行为强化阶段，其目的是要通过对变革驱动力和约束力的平衡，使新的组织状态保持相对的稳定。由于人们的传统习惯、价值观念、行为模式、心理特征等都是在长期的社会生活中逐渐形成的，并非一次变革所能彻底改变的，因此，改革措施顺利实施后，还应采取种种手段对员工的心理状态、行为规范和行为方式等进行不断地巩固和强化。否则，稍遇挫折，便会反复，使改革的成果无法巩固。

2. 组织变革的程序

组织变革程序可以分为以下几个步骤：

（1）通过组织诊断，发现变革征兆

组织变革的第一步就是要对现有的组织进行全面的诊断。这种诊断必须要有针对性，要通过搜集资料的方式，对组织的职能系统、工作流程系统、决策系统以及内在关系等进行全面的诊断。组织除了要从外部信息中发现对自己有利或不利的因素之外，更主要的是能够从各种内在征兆中找出导致组织或部门绩效差的具体原因，并确立需要进行整改的具体部门和人员。

（2）分析变革因素，制定改革方案

组织诊断任务完成之后，就要对组织变革的具体因素进行分析，如职能设置是否合理、决策中的分权程度如何、员工参与改革的积极性怎样、流程中的业务衔接是否紧密、各管理层级间或职能机构间的关系是否易于协调等等。在此基础上制定几个可行的改革方案，以供选择。

（3）选择正确方案，实施变革计划

制定改革方案的任务完成之后，组织需要选择正确的实施方案，然后制定具体的改革计划并贯彻实施。推进改革的方式有多种，组织在选择具体方案时要充分考虑到改革的深度和难度、改革的影响程度、变革速度以及员工的可接受程度和参与程度等等，做到有计划、有步骤、有控制地进行。当改革出现某些偏差时，要有备用的纠偏措施及时纠正。

（4）评价变革效果，及时进行反馈

组织变革是一个包括众多复杂变量的转换过程，再好的改革计划也不能保证完全取得理想的效果。因此，变革结束之后，管理者必须对改革的结果进行总结和评价，及时反馈新的信息。对于没有取得理想效果的改革措施，应当给予必要的分析和评价，然后再做取舍。

（五）组织变革的阻力及管理

1. 组织变革的阻力

组织变革是一种对现有状况进行改变的努力，任何变革都常常会遇到来自各种变革对象的阻力和反抗。产生这种阻力的原因可能是传统的价值观念和组织惯性，也有一部分来自于对变革不确定后果的担忧，这集中表现为来自个人的阻力和来自团体的阻力两种。

（1）个人阻力

个人的阻力包括：

① 利益上的影响。变革从结果上看可能会威胁到某些人的利益，如机构的撤并、管理层级的扁平化等都会给组织成员造成压力和紧张感。过去熟悉的职业环境已经形成，而变革要求人们调整不合理的或落后的知识结构，更新过去的管理观念、工作方式等，这些新要求都可能会使员工面临着失去权力的威胁。

② 心理上的影响。变革意味着原有的平衡系统被打破，要求成员调整已经习惯了的工作方式，而且变革意味着要承担一定的风险。对未来不确定性的担忧、对失败风险的惧怕、对绩效差距拉大的恐慌以及对公平竞争环境的担忧，都可能造成人们心理上的倾斜，进而产生心理上的变革阻力。另外，平均主义思想、厌恶风险的保守心理、因循守旧的习惯心理等也都会阻碍或抵制变革。

（2）团体阻力

团体对变革的阻力包括：

① 组织结构变动的影响。组织结构变革可能会打破过去固有的管理层级和职能机构，并采取新的措施对责权利重新做出调整和安排，这就必然要触及某些团体的利益和权力。如果变革与这些团体的目标不一致，团体就会采取抵制和不合作的态度，以维持原状。

② 人际关系调整的影响。组织变革意味着组织固有的关系结构的改变，组织成员之间的关系也随之需要调整。非正式团体的存在使得这种新旧关系的调整需要有一个较长过程。在这种新的关系结构未被确立之前，组织成员之间很难磨合一致，一旦发生利益冲突就会对变革的目标和结果产生怀疑和动摇，特别是一部分能力有限的员工将在变革中处于相对不利的地位。随着利益差距的拉大，这些人必然会对组织的变革产生抵触情绪。

2. 消除组织变革阻力的管理对策

为了确保组织变革的顺利进行，必须要事先针对变革中的种种阻力进行充分的研究，并要采取一些具体的管理对策。

（1）客观分析变革的推力和阻力的强弱

勒温曾提出运用力场分析的方法研究变革的阻力。其要点是：把组织中支持变革和反对变革的所有因素分为推力和阻力两种力量，前者发动并维持变革，后者反对和阻碍变革。当两力均衡时，组织维持原状，当推力大于阻力时，变革向前发展，反之变革受到阻碍。管理层应当分析推力和阻力的强弱，采取有效措施，增强支持因素，削弱反对因素，进而推动变革的深入进行。

（2）创新组织文化

冰山理论认为，假如把水面之上冰山比作组织结构、规章制度、任务技术、生产发展等要素的话，那么，水面之下的冰体便是由组织的价值观体系、组织成员的态度体系、组织行为体系等组成的组织文化。只有创新组织文化并渗透到每个成员的行为之中，才能使露出水面的改革行为变得更为坚定，也才能够使变革具有稳固的发展基础。

（3）创新策略方法和手段

为了避免组织变革中可能会造成的重大失误，使人们坚定变革成功的信心，变革者必须采用比较周密可行的变革方案，并从小范围逐渐延伸扩大。特别是要注意调动管理层变革的积极性，尽可能削减团体对组织变革的抵触情绪，力争使变革的目标与团体的目标相一致，提高员工的参与程度。

总之，无论是个人还是组织都有可能对变革形成阻力，变革成功的关键在于尽可能消除阻碍变革的各种因素，缩小反对变革的力量，使变革的阻力尽可能降低，必要时还应该运用行政的力量保证组织变革的顺利进行。

（六）企业组织结构发展的趋势

1. 扁平化趋势

经过长期的演变过程，企业逐渐形成了一套等级森严的金字塔型的层级组织体系，层级层次越来越多，信息处理和传递要经过若干环节，致使整个组织对外部环境变化的反应迟钝，内部管理难度加大，工作效率低下。20 世纪 80 年代以来，西方不少企业开始对这种传统模式进行大胆改革，减少管理层次，扩大管理幅度，组织结构虽现出扁平化的发展趋势。组织结构的扁平化的顺畅运作需要具备两个重要条件：一是现代信息处理和传输技术的巨大进步，能够对大量复杂信息进行快捷而及时的处理和传输，致使多数中间组织失去存在的必要；二是组织成员的独立工作能力大大提高，管理者向员工大量授权，组建各种工作团队承担较大的责任，普通员工与管理者、下级管理者和上级管理者之间的关系由传统的被动执行者和发号施令者的关系转变为一种新型的团队成员之间的关系。

2. 柔性化趋势

组织结构柔性化的目的是使一个组织的资源得到充分利用，增强组织对环境动态变化的适应能力。组织结构柔性化表现为集权和分权的统一。与一味强调分权的做法不同，集权和分权的统一的关键是上级和下级之间通过一些直接和间接的交流渠道及时进行信息的沟通，适当地调整权限结构，保证组织的战略发展目标和组织的各项具体活动之间形成有机的联结关系。组织结构柔性化还表现为稳定性和变革性的统一。适应组织结构不断变革的需要，组织结构分为两个组成部分：一部分是为了完成组织的一些经常性任务而建立的组织结构，这部分比较稳定，是组织结构的基本组成部分；另一部分是为了完成一些临时性任务而建立的组织结构，是组织结构的补充部分。

3. 分立化趋势

分立化是指从一个公司里再分离出几个公司，把公司总部与下属单位之间的内部性的上下级关系变成外部性的公司与公司之间的关系。它是以一种市场平等关系来联结公司总部与下属各个分公司和子公司之间的关系，是在产权关系上进行的变革，公司总部对所分立的分公司和子公司只通过股权渗透进行控制，所分立的分公司和子公司是独立的法人实体，拥有完全独立的经营地位。

分立化有两种方式：一种是横向分立，按照产品的不同种类进行分立。另一种是纵向分立，按照同一类别产品的不同生产阶段进行上下游分立，通过纵向分立，可以进一步集中企业的力量，提高企业的专业化生产水平。

4. 网络虚拟化趋势

随着市场竞争的日益加剧和经济全球化、信息化和知识化，越来越多的大公司认识到庞大的规模和臃肿的机构设置不利于企业竞争力的提高。因此，许多大企业在内部组织结构上进行重大调整，将传统企业固定的、封闭的集权式结构改变为开放式网络结构，形象地说，就是由“集权制”转变为“联邦制”。虚拟企业的产生就是企业组织结构整体形态变化的一个最典型的例子。具体来说，虚拟企业是一个外部化的网络组织。核心企业是这个网络的中心，在满足市场需求的要求方面，它与网络中的其他企业紧密合作，因为它自身仅仅保留了部分关键功能。

虚拟企业也是在市场变化快、技术进步快、产品研制开发难度加大的形式下企业生存发展的一种模式。它的最大优势是具有灵活性，可以最大限度地利用市场的资源和协作的效率最快地满足市场的需要，因为它不是一个固定的组织，而是一个在一定的利益条件下结合成的松散组织，在这个组织中，各部分的调整容易而且快捷。

5. 学习型组织

学习型组织的最早提出可以追溯到20世纪70年代美国哈佛大学的阿吉瑞斯（Chris Argyris）和舍恩（Donald A. Schon）。20世纪80年代开始，在企业界和管理思想界，出现了推广和研究学习型组织的热潮，并逐渐风靡全球。1994年，美国麻省理工学院斯隆管理学院的彼德·圣吉出版的《第五项修炼》是学习型组织发展的一个新高度，该书的出版引起了对学习型组织更为广泛的兴趣、研究与实践。圣吉提出的五项修炼组织模型的开创性工作，为学习型组织的研究提供了一个坚实的基础，并在实践中不断发展和深入人心。

要理解学习型组织，我们首先要对学习的方式有一定的认识。学习一般有三种类型：个人学习、组织学习和学习型组织，这三种方式是不断深入的，个人学习是基础，而学习型组织是最终要实现的目标。另外，学习型组织对人性的假设是“自我超越人”，有别于以往的人性假设（经济人、社会人、复杂人等），其最大的特点是把组织成员看作不断成长的、可以通过学习而不断提高的人。圣吉认为学习型组织必须具备五项技能，即自我超越、改变心智模式、建立共同愿景、团队学习和系统思考。

6. 企业再造

1993年，美国管理学家迈克尔·哈默和詹姆斯·钱皮以《再造企业——工商业革命宣言》一书，在美国和西方发达国家中掀起了一场企业管理革命。企业再造理论以一种全新的思想重新审视企业，并对传统管理学赖以存在的基础——分工理论提出了质疑，是管理学发展史中的一次巨大变革。企业再造理论首要的内容就是提出了对企业业务流程的不同理解。哈默和钱皮将流程再造定义为“针对企业业务流程的基本问题进行反思，并对它进行彻底的重新设计，以便在衡量绩效的重要指标上，如成本、质量、服务和效率等方面，取得显著的进展”；并强调要打破原有分工理论的束缚，更新树立“以流程为导向”的思想。企业再造直接针对的就是被分工割裂得支离破碎的业务流程，其目的就是要重建完整和高效率的新流程。

企业再造理论认为，企业再造活动绝不是一次改良运动，而是重大的突变式改革。首先，企业再造对固有的基本信念提出挑战。企业在经营过程中会遵循一些事先假定的基本信念，这些信念往往会深深植根于企业内部，影响企业各种经营活动的展开，也影响企业业务流程的设计和执行，有长期历史的企业尤其如此。其次，企业再造需要对原有的事物进行彻底的改造，不是仅仅满足于对组织的修修补补，而是努力开辟完成工作的崭新途径，即重建企业的业务流程，使企业产生脱胎换骨一样的巨大变化。最后，企业再造要在经营业绩上取得显著的改进，而不是在业绩上取得点滴的改善或逐渐提高。

阅读与思考

IBM漫长艰辛的组织变革

IBM向来以组织结构的优质著称，并且从中获益匪浅。但曾经，在其各组织内部，IBM在各地区与国家采取矩阵式管理组织为架构，除地区有主管人员负责产品业务外，在国家之上的区域主管单位中，则设有针对各行业与各类区域产品解决方案的高级主管人员，提供支持给地区团队，而行业与产品主管亦负责该行业或产品（区域内各国总和的）的市场占有率、营收与利润指针。最终，形成了层层叠叠的管理体系，并在结果上体现为官僚主义和行动缓慢。当时的CEO郭士纳通过对其组织结构变革的推动，挽救了IBM。

郭士纳采用休克疗法，大幅消减成本，并成功地说服董事会进行结构重组。他决定首先改变IBM内部的基本权力结构，向IBM的地域分割和各自为政宣战，决定组建拥有全球性行业团队的全球公司。首先，由IBM当时所有非美国区销售机构的总负责人内德·劳腾巴赫建立一个以客户为导向的机构。随后，IBM以客户为基础，将公司划分成12个集团——11个行业集团（例如银行、政府、保险、物流配送以及制造等行业）和一个涵盖中小型商业企业的行业集团。原本在IBM的组织内，并没有营销部门的编制，于是郭士纳任命科思塔曼（曾经成功地替美国运通推动白金卡业务）成立营销部门，统筹IBM对外品牌形象及沟通管道的建立。

制定一个机构规划是容易的，但执行并且执行好一个计划却花了郭士纳三年的艰苦努力。以他曾与IBM欧洲区负责人发生过的一次冲突为例：在去欧洲访问的过程中，郭士纳发现，欧洲区的员工收不到他定期寄发给IBM全球员工的电子邮件。经过调查，他发现欧洲区的总负责人中途拦截了发送的信息。对于他的质询，该负责人认为：这些信息对他的员工不适合，还说，“这些语言也很难翻译。”第二天，郭士纳把该负责人召集到总部，向他解释，他本人并没有什么员工，所有的员工都属于IBM。没有几个月这位负责人就离开了公司。

思考：

郭士纳是如何对IBM公司进行组织变革的？

（资料来源：著名跨国企业管理鲜活镜鉴——80案例透析［M］．北京：石油工业出版社，2008）

第二节　企业管理

一、企业管理的概念和任务

（一）企业管理的概念

企业管理就是由企业管理人员或管理机构对企业的经营活动过程进行计划、组织、指挥、协调、控制，以提高经济效益，实现赢利这一目的的活动的总称。

现代企业管理就是在企业采用先进的生产技术条件下，把管理看成一个过程体系，以电子计算机为手段，与现代通信技术、管理信息技术相结合，把系统工程学、工业工程学、控制论、运筹学、数理统计以及社会学、行为科学、管理心理学等，应用于生产经营的研究和管理，按照自然规律、技术规律、经济规律等，正确处理人与人、人与物、物与物的关系的科学，它是一门多学科的综合性学科。

（二）企业管理的任务

企业的生产经营活动包括两大部分。一部分是属于企业内部的活动，即以生产为中心的基本生产过程、辅助生产过程以及生产前的技术准备过程和生产后的服务过程，对这些过程的管理统称为生产管理。另一部分是属于企业外部的活动，即联系到社会经济的流通、分配、消费等过程，包括物资供应、产品销售、市场预测与市场调查、对用户进行服务等，对这些过程的管理统称为经营管理，它是生产管理的延伸。企业管理的任务是，不仅要合理地组织企业内部的全部生产活动，而且还必须把企业作为整个社会经济系统的一个要素，按照客观经济规律，科学地组织企业的全部经营活动。

1. 合理组织生产力

合理地组织生产力是企业管理最基本的任务。合理组织生产力有以下几方面的含义：第一，使企业现有的生产要素得到合理配置与有效利用，不断开发新的生产力。第二，不断改进劳动资料。第三，不断改进生产技术，并不断地采用新的技术来改造生产工艺、流程。第四，不断发现新的原材料或原有材料的新用途。第五，不断对职工进行技术培训，并不断引进优秀科技人员与管理人员。

2. 维护并不断改善生产关系

企业管理总是在某种特定的社会生产关系下进行的，一定的社会生产关系是企业管理的基础，它从根本上决定着企业管理的社会属性，从全局上制约着企业管理的基本过程。因此，企业管理的重要任务之一就是维护其赖以生产、存在的社会生产关系。另外，由于生产关系只有相对的稳定性，在相当长的一个历史阶段内，其基本性质可以保持不变，而生产力却是非常活跃、不断变革的因素，必然会与原有的生产关系在某些环节、某些方面发生矛盾。这时，为了保证生产力的发展，完全有必要在保持现有生产关系基本不变的前提下，通过改进企业的管理手段、方法的途径对生产关系的某些环节、某些方面进行调整、改善，以适应生产力不断发展的需要。

二、企业管理的特征

企业管理作为一种实践活动主要具有以下特征。

1. 企业管理的目的性

企业是一个以不断创造社会所需要的产品和服务为生存价值的经济组织，经营是企业一切活动的中心，管理是为经营服务的。因此，企业管理的目的就是不断提高劳动生产率，争取最佳的经济效益，保证企业的稳定和发展。管理者的职责就是不断通过管理活动引导和激励组织成员为企业目标的实现而努力。

2. 企业管理的组织性

企业是为了实现一定的经济目标和其他目标而将人、财、物等要素融合为一体的一个人造组织。为了保证企业组织中各种要素的合理配置和使企业协调运转，以实现企业的目标，就需要在企业中实施管理。企业管理的载体是企业的组织构架，有效的管理活动必须通过高效率的组织来实现。

3. 企业管理的人本性

所谓“人本性”是指以人为本。企业管理的人本性是指在企业管理过程中应当以人为中心，把理解人、尊重人、调动人的积极性放在首位，把人作为管理的重要对象及企业最重要的资源。这样才能协调好其他要素，实现高水平的管理。

4. 企业管理的创新性

管理的创新性，是指管理本身是一种不断变革、不断创新的社会活动。在当今经济全球化与竞争越来越激烈的条件下，面临着动态变化的环境，企业更是要在管理中不断寻求创新，以适应快速变化的环境，在激烈的竞争中获得生存。

5. 企业管理的艺术性

影响企业管理效率的因素是复杂多变的。企业管理的艺术性是指在掌握一定的企业管理理论和方法的基础上，灵活应用这些知识和技能的技巧和诀窍，以提高企业管理的效率。企业管理的艺术性强调的是管理人员必须在管理实践中发挥积极性、主动性和创造性，因地制宜地将企业管理知识与具体管理活动相结合，才能进行有效的管理。

三、企业管理的基本职能

企业管理职能是指企业管理者为了实行有效管理所必须具备的基本功能。实行有效管理，就是企业管理者通过合理选择和配备人员，采取正确的领导方法，运用先进可行的计划和健全的组织，实行统一指挥和有效的内部协调，依靠及时而准确的信息系统以及严密合理的控制，使企业的生产经营要素做到最佳的配合，以达到预期的目的。或者说，实行有效管理，就是要正确处理企业内部人与人、人与物和物与物的各种关系，同时还要正确处理与企业外部的关系，例如企业和国家、社会、其他企业及有关单位、消费者及用户等的各种关系，获得尽可能好的经济效益。企业管理的基本职能也具有管理学原理所阐述的计划、组织、领导、控制等功能。

计划就是通过调查研究，预测未来，确定生产经营活动的目标和方针，制订和选择方案，综合平衡，做出决策。计划正确与否，对企业的成败具有决定作用。从这个意义上说，计划是企业管理的首要职能。

组织就是将企业生产经营活动的各要素、各部门、各环节、各方面在空间和时间的联系上，在劳动分工与协作上，在上下左右的相互联系上，在对外往来上合理地组织起来，形成一个有机的整体，充分发挥它们应有的作用。

领导即管理者借助于企业赋予的权力，引导、影响和激励组织成员执行组织任务，以达到特定目标的行为过程。在企业管理中，领导工作的核心是调动组织成员的积极性，带领和引导企业员工去实现共同的组织目标。

控制或称为监督，就是检查企业生产经营活动的实际进行情况，考察实际情况与原定计划的差异，分析其原因，采取必要的对策纠偏。监督与计划的关系非常密切，监督要以计划为依据，而计划要靠监督来保证实现。

企业管理的各项职能不是孤立和割裂的，而是一个相互依存、相互作用的有机整体。计划是前提，提供目标和标准，计划是企业管理的首要职能；组织、领导和控制是企业实施有效管理的重要环节和必要手段，是计划及其目标得以实现的保障。只有统一协调企业管理的各个职能，使它们前后关联、连续一致地形成整体管理活动过程，才能保证企业管理工作的顺利进行和组织目标的实现。

阅读与思考

中联公司的管理

中联公司成立于1992年，是经国务院批准注册的国有大公司。注册资金6亿元人民币。公司组建伊始，高层领导不是按规律经营，客观地分析主客观环境，慎重地选择主业，制定正确的战略，脚踏实地地打好公司发展的基础，而是四处“招兵买马”，急速扩大规模。他们在全国各地迅速注册公司，短短一年时间之内，注册二级公司20多个，三级公司50多个，四级公司更是遍布全国。在注册资金不到位、资金不足的情况下，本应采取重点战略，以求在部分项目上取得突破，打下基础后再进行扩张。然而，该公司却采取分散兵力、盲目扩张的方式。

几年过去了，偌大的一个公司竟没有像样的主业支撑，没有知名的品牌挑台，再加上内部管理上的混乱，注定难逃失败的厄运。对其下属的子公司，既没有正确有力的经营战略指导，又没有有效的控制机制，结果，这些公司经营不力，与总公司的关系也极为不正常。挣钱的公司失去控制，不挣钱的公司却围着总公司，要贷款，要担保；欠了债，惹了官司的公司，把官司报给总公司，致使总公司的财务部曾在一天之内被法院封了三次。由于盲目扩张，致使公司从1994年开始，资金周转困难，债台高筑，对下属公司的管理失控，陷入了全面危机。于是，国务院及主管部门下令该公司内部整顿，收缩战线，确定主导产业。但是已病入膏肓的中联公司，已无力自救。1997年，国务院不得不派驻工作组，对该公司进行全面清理整顿。一个曾红极一时的国有大公司倒下了。

思考：

中联公司是怎样失败的？

（资料来源：单凤儒．企业管理［M］．北京：高等教育出版社，2004）

四、企业管理发展的主要趋势

现代企业面临着一个复杂多样、变化迅速的外部环境。在日益激烈的市场竞争中，众多的企业管理者通过探索和创新，创造出了许多新的管理观念、原则和方法，使管理世界呈现出一派异彩纷呈的景象，从而在许多方面表现出与传统管理的差异。综观中外企业管理发展的实践，现代企业管理的最新动向和趋势主要表现在以下八个方面：

（1）创新是未来企业管理的主旋律。创新的内容主要有五项：理念创新、管理创新、营销创新、技术创新、培训创新。在未来发展中，企业要么创新前进，要么自取灭亡，创新是企业的必由之路。实践证明，成功的企业，必将是具有个性化、活力化特征的创新型企业，是能够创造出与众不同的产品和独具特色的经营方式的企业。

（2）知识是企业最重要的资源。当今已是知识经济时代，即依靠新知识、新技术、新信息为基础的时代，是“知本”致富的时代。知识，是创造人间奇迹的工具和源泉。知识将成为企业获取效益的主要手段。

（3）学习型组织是未来成功企业的模式。善于不断学习是学习型组织的本质特征，企业未来唯一持久的优势，是有能力比竞争对手学习更快，未来企业的竞争是学习力的竞争。

（4）快速应变能力是时代的新要求。企业的发展道路并不平坦，往往是顺境与逆境并存，机遇与风险并存。由于企业环境存在许多不可控的力量，有天灾又有人祸因素，所以企业必须具备快速的应变能力。快速应变能力乃是时代的新要求，是企业家在变化莫测的市场经济中立足的素质能力，是企业战胜各种危机的“法宝”。

（5）全球战略是未来企业决战成败的关键。所谓全球战略，就是企业的长期的、全局的、根本性的重大决策，必须放眼世界，登高望远，具有全球性的战略眼光。随着时代的跃进，互相封闭的时代已经过去，各种“贸易保护主义”也已经过时。各国的企业要从全球利益的得失上谋划生存与发展，谋划企业的可持续性发展。

（6）跨文化管理是企业组织文化的升华。企业文化是以价值观为核心的全体员工的思想行为规范。它分四个层次：物质文化、制度文化、行为文化、精神文化。它有四个力功能：凝聚力、导向力、激励力、约束力。企业文化是企业的软实力，对企业管理有着全面的影响。企业兴旺关键在管理，科学管理的关键在文化。未来发展趋势，不仅要弘扬本国的文化传统，也要接纳和融合各国的优秀文化，实施跨国文化管理。同时，要关注企业文化的共性，更要重视个性建设。

（7）四满意目标是企业永恒的追求。企业要践行社会经济效益的最大化，有四个满意目标：顾客满意、员工满意、投资者满意和社会满意，其中最首要是顾客满意。个人、集体和社会利益的一致性，是企业的宗旨。四个满意，是一个整体缺一不可。社会越发展，四目标的满意度越会提升，企业才会成为人们向往的“圣地”。

（8）没有管理的管理是管理的最高境界。“无为而治”原是中国老子的思想。企业也应该有所为，有所不为。企业领导应该尽量调动下属的主观能动性，让下属发挥创造力量。不管理或少管理而使企业正常运作，乃是企业成熟的表现。为此，要建立科学可行的企业运作体系；要有强有力的领导班子和先进团队；要有一整套自觉的企业制度等，才能实现“无为而治”的理想。

本章精要

企业是指从事生产、流通或服务等经济活动，以产品或劳务满足社会需要并获取盈利，实行独立经济核算、自主经营、自负盈亏、承担风险、依法设立并具有法人资格的经济组织。

追求利润是企业的目的，但不是唯一的目的，企业需要利润，同时又必须承担某些社会责任，为社会提供服务。企业是社会生产力发展到一定程度的结果，是商品生产和商品交换的产物。综观企业的发展历史，大致经历了手工业生产时期、工厂生产时期和企业生产时期。

在现实的经济生活中，企业有着多重属性与复杂形态，我们可以按照不同的划分标准，把企业划分为多种不同的类型。根据企业的法律形态对企业进行分类是划分企业类型的主要标准。该划分办法是根据企业财产的组织形式及其承担的法律责任来划分企业形式。企业的法律形式主要有个人独资企业、合伙企业和公司制企业三种。个人独资企业是指依照法律在中国境内设立的，由一个自然人投资，财产为投资人个人所有，投资人以其个人财产对企业债务承担无限责任的经营实体。合伙企业是指依照法律在中国境内设立的，由两个或两个以上的合伙人订立合伙协议，为经营共同事业，共同出资、合伙经营、共享收益、共担风险，并对合伙企业债务承担无限连带责任的营利性组织。公司是指由一个及以上的出资者（称为股东）出资兴办并组成一个法人，能够独立自主经营、自负盈亏，对共同出资经营的财产享有民事权利、承担民事责任的经济实体。

组织结构是一个组织实体为实现其特定目标，完成其工作任务，在职责、职权等方面进行划分所形成的分工协作体系，其核心是组织实体通过设计所形成的正式的职务结构及其相互关系，包括正式的上下级报告负责关系，部门组成的方法和各组织成员之间有效沟通、整合、协调的手段等。企业组织结构主要形式有：直线制、职能制、直线—职能制、事业部制、模拟分权制和矩阵制。

企业的发展离不开组织变革，内外部环境的变化，企业资源的不断整合与变动，都给企业带来了机遇与挑战，这就要求企业关注组织变革。组织变革就是组织根据其外部环境的变化和内部情况的变动，及时地调整自己的内在结构，以适应客观发展的需要。推动组织变革的因素可以分为外部环境因素和内部环境因素两个部分。组织变革目标包括三个方面：使组织更具环境适应性、使管理者更具环境适应性、使员工更具环境适应性。组织变革过程的主要变量因素包括人员、结构、任务与技术。组织变革的过程包括解冻、变革和再冻结三个阶段。组织变革程序可以分为以下几个步骤：通过组织诊断，发现变革征兆；分析变革因素，制定改革方案；选择正确方案，实施变革计划；评价变革效果，及时进行反馈。组织变革的阻力主要来自于个人和团体。为了确保组织变革的顺利进行，必须要事先针对变革中的种种阻力进行充分的研究，并要采取一些具体的管理对策。具体包括：客观分析变革的推力和阻力的强弱、创新组织文化和创新策略方法和手段。企业组织结构发展的趋势主要有：扁平化趋势、柔性化趋势、分立化趋势、网络虚拟化趋势、学习型组织和企业再造。

企业管理就是由企业管理人员或管理机构对企业的经营活动过程进行计划、组织、指挥、控制和激励，以提高经济效益，实现赢利这一目的的活动的总称。企业管理的任务是合理组织生产力和维护并不断改善生产关系。企业管理的主要特征有：企业管理的目的性、企业管理的组织性、企业管理的人本性、企业管理的创新性、企业管理的艺术性。企业管理职能是指企业管理者为了实行有效管理所必须具备的基本功能，企业管理的基本职能也具有管理学原理所阐述的计划、组织、领导、控制等功能。

推荐阅读材料

[1]［美］哈罗德·孔茨，海因茨·韦里克著．张晓军等译．管理学（第10版）［M］．北京：经济科学出版社，1998

[2]［美］彼得·圣吉著．郭进隆译．第五项修炼——学习型组织的艺术与实务［M］．上海：上海三联书店，2003

[3]［美］彼得·德鲁克著．余向华，陈小白，刘勃等译．管理——任务、责任、实践（共三部）［M］．北京：华夏出版社，2008

本章参考文献

[1] 周三多，陈传明．管理学（第4版）［M］．北京：高等教育出版社，2014

[2] 李继延，褚福灵．现代工商管理实务［M］．北京：经济科学出版社，2000

[3] 高海晨．现代企业管理（第3版）［M］．北京：机械工业出版社．2018

[4] 李启明．现代企业管理（第4版）［M］．北京：高等教育出版社，2011

[5] 王关义，刘益，刘通，李治堂．现代企业管理（第4版）［M］．北京：清华大学出版社，2015

[6] 刘玉良．把握未来管理变革的十大趋势［N］．中国企业报，2004

[7] 赵钎，宋冀东．现代企业管理（第3版）［M］．北京：电子工业出版社，2013

[8] 王雄伟．现代企业管理［M］．北京：中国广播电视出版社，2006

[9] 汤少梁．现代企业管理（第3版）［M］．南京：南京大学出版社，2015

[10] 辛磊，秦文展．企业管理概论［M］．上海：上海财经大学出版社，2007

[11] 卢海涛，陈宝财．企业管理学［M］．北京：清华大学出版

社，2008

［12］尤建新，邵鲁宁．企业管理概论（第5版）［M］．北京：高等教育出版社，2015

［13］杨善林．企业管理学［M］．北京：高等教育出版社，2009

［14］王素梅，张兴福，王跃国．企业管理概论［M］．北京：机械工业出版社，2013

［15］卢海涛，陈宝财．企业管理学［M］．北京：清华大学出版社，2008

本章思考与讨论

1. 什么是企业？
2. 简述企业的发展历程。
3. 企业的法律形式主要有哪些？各有何特点？
4. 企业的组织结构主要有哪些形式？各有何优缺点？
5. 简述组织变革的动因。
6. 组织变革的阻力是什么？
7. 组织结构的含义是什么？
8. 什么是管理幅度？什么是管理层次？二者之间的关系如何？
9. 组织结构设计的原则是什么？
10. 组织结构设计的影响因素有哪些？
11. 企业组织结构发展的趋势主要有那些？
12. 什么是企业管理？企业管理的职能是什么？
13. 现代企业管理发展的主要趋势是什么？

本章案例

杜邦公司的组织创新

美国杜邦公司（Du Pont Company）是世界上最大的化学公司，建立至今已近200年的历史。200年来，尤其是20世纪以来，为适应企业的经营特点和市场环境的变化，对企业的组织结构进行过多次变革，其目的在于通过不断的组织创新促进企业的发展。杜邦公司所创设的组织结构，不仅反映了企业组织结构发展演变的一般特点，还曾成为美国各公司包括著名大公司效法的模式。

一、成功的单人决策及其局限性

历史上的杜邦家族是法国富埒王室的贵族，1789年在法国大革命中衰败，老杜邦带着两个儿子伊雷内和维克托逃到美国。1802年，儿子们在特拉华州布兰迪瓦因河畔建起了火药厂。由于伊雷内在法国时是一名火药配料师，与他共事的又是法国著名化学家拉瓦锡，加上美国历次战争的需要，工厂很快在美国市场站稳了脚跟并发展起来。

在整个19世纪中，杜邦公司基本上是单人决策式经营，这一点在亨利这一代尤为明显。

亨利是伊雷内的儿子，军人出身，由于接任公司以后完全是一套军人派头，所以人称“亨利将军”。在公司任职的40年中，亨利挥动军人严厉粗暴的铁腕统治着公司。他实行的一套管理方式，被称为“恺撒型经营管理”。这套管理方式实际上是经验式管理。公司的所有主要决策和许多细微决策都要由他亲自制定，所有支票都由他亲自开，所有契约也都得由他签订。他一人决定利润的分配，亲自周游全国，监督公司的好几百家经销商。在每次会议上，总是由他发问，别人回答。他全力加速账款回收，严格支付条件，促进交货流畅，努力降低价格。亨利接任时，公司负债高达50多万，但亨利后来却使公司成为行业的领头羊。

在亨利的时代，这种单人决策式的经营基本上是成功的。这主要是因为：（1）公司规模不大，直到1902年合资时才2400万美元的资产。（2）经营产品比较单一，基本上是火药。（3）公司产品质量占据绝对优势，竞争对手难以超越。（4）市场变化不甚复杂。此外，单人决策之所以取得了较好效果，与“将军”的非凡精力也是分不开的。直到72岁时，亨利仍不要秘书的帮助；在任职期间，他亲自写的信不下25万封。

但是，正因为这样，亨利死后，公司的经营崩溃了。亨利的侄子尤金，是公司的第三代继承人。亨利是与公司一起成长的，而尤金一下子登上舵位，缺乏经验，晕头转向。他试图承袭其伯父的作风经营公司，也采取绝对的控制，亲自处理细枝末节，亲自拆信复函，但他很快就陷入公司的错综复杂的矛盾之中。1902年，尤金去世，合作者也都心力交瘁，两位副董事长和秘书兼财务长终于相继累死。这不仅是由于他们的体力不堪重负，还由于当时的经营方式已与时代不相适应。

二、集团式经营的首创

正当公司濒临危机，无人继任、家族拟将公司出卖之时，尤金的三位堂兄弟出来力挽家危，以廉价买下了公司。尤金的三位堂兄弟不仅具有管理大企业的丰富知识，而且具有在铁路、钢铁、电气和机械行业中采用先进管理方式的实践经验，有的还请泰勒当过顾问。他们果断地抛弃了“亨利将军”的那种单枪匹马的管理方式，精心地设计了一个集团式经营的管理体制。在美国，杜邦公司是第一家把单人决策改为集团式经营的公司。

集团式经营最主要的特点是建立了执行委员会，隶属于最高决策机构董事会之下，是公司的最高管理机构。在董事会闭会期间，大部分权力由执行委员会行使，董事长兼任执行委员会主席。1918 年时，执行委员会有 10 个委员、6 个部门主管、94 个助理，高级经营者年龄大多在 40 岁左右。

公司抛弃了当时美国流行的体制，建立了预测、长期规划、预算编制和资源分配等管理方式。在管理职能分工的基础上，建立了制造、销售、采购、基本建设投资和运输等职能部门。在这些职能部门之上，是一个高度集中的总办事处，控制销售、采购、制造、人事等工作。

执行委员会每周召开一次会议，听取情况汇报，审阅业务报告，审查投资和利润，讨论公司的政策，并就各部门提出的建议进行商讨。对于各种问题的决议，一般采取投票、多数赞成通过的方法，权力高度集中于执行委员会。各单位申请的投资，要经过有关部门专家的审核，对于超过一定数额的投资，各部门主管没有批准权。执行委员会做出的预测与决策，一方面要依据发展部提供的广泛的数据，另一方面要依据来自各部门的详尽报告，各生产部门和职能部门必须按月按年向执委会报告工作。在月度报告中提出产品的销售情况、收益、投资以及发展趋势；年度报告还要论及五年及十年计划，以及所需资金、研究和发展方案。

由于在集团式经营的管理体制下，权力高度集中，实行统一指挥、垂直领导和专业分工的原则，所以秩序井然，职责清楚，效率显著提高，大大促进了杜邦公司的发展。20 世纪初，杜邦公司生产的五种炸药占当时全美总产量的 64% ~74%，生产的无烟军用火药则占 100%。第一次世界大战中，协约国军队 40% 的火药来自杜邦公司，公司的资产到 1918 年增加到 3 亿美元。

三、充分适应市场的多分部体制

可是，杜邦公司在第一次世界大战中的大幅度扩展，以及逐步走向多元化经营，使组织结构遇到了严重问题。每次收购其他公司后，杜邦公司都因多元化经营遭到严重亏损。这种困扰除了由于战后通货从膨胀到紧缩之外，主要是由于公司的原有组织对企业成长缺乏适应力。1919 年，公司的一个小委员会指出：问题在于过去的组织结构没有弹性。尤其是 1920 年夏到 1922 年春，市场需求突然下降，使许多企业出现了所谓存货危机。这使人们认识到：企业需要一种能力，即易于根据市场需求的变化改变商品流量的能力。继续保持那种使高层管理人员陷入日常经营、不去预测需求和适应市场变化的组织结构形式，显然是错误的。一个能够适应大生产的销售系统对于一家大公司来说，已经成为至关重要的问题。

杜邦公司经过周密的分析，提出了一系列组织结构设置的原则，创造了一个多分部的组织结构。

在执行委员会下，除了设立由副董事长领导的财力和咨询两个总部外，还按各产品种类设立分部，而不是采取通常的职能式组织如生产、销售、采购等等。在各分部下，则有会计、供应、生产、销售、运输等职能处。各分部是独立核算单位，分部的经理可以独立自主地统管所属部分的采购、生产和销售。

在这种形式的组织结构中，自治分部在不同的、明确划定的市场中，通过协调从供给者到消费者的流量，使生产和销售一体化，从而使生产和市场需求建立密切联系。这些以中层管理人员为首的分部，通过直线组织管理其职能活动。高层管理人员总部在大量财务和管理人员的帮助下，监督这些多功能的分部，用利润指标加以控制，使他们的产品流量与波动需求相适应。

四、“三头马车式”的体制

杜邦公司的执行委员会和多分部的管理结构，是在不断对集权和分权进行调整的情况下去适应需要的。例如，20世纪60年代后期，公司发现各部门的经理过于独立，以致有些情况连执行委员会都不了解，因此又一次作了改革：一些高级副总经理同各工业部门和职能部门建立了联系，负责将部门的情况汇报给执行委员会，并协助各部门按执行委员会的政策和指令办事。

20世纪60年代以后，杜邦公司的组织结构又发生了一次重大的变更，这就是建立起了“三头马车式”的组织体制。

新的组织体制是为了适应日益严峻的企业竞争需要而产生的。20世纪60年代初，杜邦公司接二连三地遇到了难题：过去许多产品的专利权纷纷期满，在市场上受到日益增多的竞争者的挑战；以至于1960年到1972年，在美国消费物价指数上升4%、批发物价指数上升25%的情况下，杜邦公司的平均价格却降低了24%，使它在竞争中蒙受重大损失。再加上它掌握了多年的通用汽车公司10亿多美元的股票被迫出售，美国橡胶公司转到了洛克菲勒手下，公司又历来没有强大的金融后盾，真可谓四面楚歌，危机重重。

1962年，公司的第十一任总经理科普兰上任，他被称为“危机时代的起跑者”。公司新的经营战略是：运用独特的技术情报，选取最佳销路的商品，强力开拓国际市场；发展传统特长商品，开发新的产品品种，稳住国内势力范围，争取巨额利润。有了新的经营方针，还必须有相应的组织结构作为保证。除了不断地完善和调整公司原设的组织结构外，1967年，科普兰把总经理一职，在杜邦公司史无前例地让给了非杜邦家族的人，公司财务委员会议议长也由别人担任，自己专任董事长一职，从而形成了一个“三头马车式”的体制。1971年，科普兰又让出了董事长的职务。

五、网络化组织结构

在经济全球化条件下，鉴于知识经济网络化、数字化的特点，杜邦公司从“模块”的角度对企业重新审视。模块组合强调各模块相对独立地运作于各自的市场，根据各自市场来自竞争者、顾客等方面的变化进行调整，而企业其他各部分则无须调整，从而具有了灵活、应变、抗风险性等特点。模块组合把企业的营销部门和经营业务部门划分为多个规模较小的经营业务部门并受总部统一管理，其结果是管理组织结构正在变“扁”、变“瘦”，综合性管理部门的地位和作用更加突出，形成网络性的组织结构。

思考：

1. 亨利在早期的杜邦公司中建立了怎样的管理组织？
2. 杜邦公司的早期组织结构为什么是有效的，而后来却不适应了？
3. 尤金的堂兄对公司组织结构进行了哪些改革？改革的效果如何？
4. 从杜邦公司组织机构改革的实践中得到什么启示？

（资料来源：任广新，闫岩主编．企业管理典型案例分析教程［M］．北京：北京大学出版社，2016）

第三章　企业战略与经营决策

引言：真知灼见

孙子曰：兵者，国之大事也，死生之地，存亡之道，不可不察也。故经之以五事，校之以计，而索其情：一曰道，二曰天，三曰地，四曰将，五曰法。

——《孙子兵法·始计篇》

本章学习目标

企业战略管理与决策在企业管理系统中占有极其重要的地位，每项战略决策对企业的生存与发展都会产生深远的影响。随着我国改革开放的日益深化，企业的外部环境和内部条件日益复杂，企业领导仅凭自己的经验，很难为企业制定出正确的战略并成功实施，企业战略管理与决策正日益演变成为一种严密的科学分析与创造性思想相结合的过程。

通过本章的学习，你应该能够：

★ 掌握企业战略管理、企业决策中的基本原理

★ 熟悉基本的企业战略分析、制定、实施等方法

★ 熟悉企业各种不同战略的战略特征、战略利益、战略风险及其适用性

★ 了解企业战略发展的新趋势

★ 熟悉企业经营决策的过程、内容、原则和基本方法

★ 能够利用有关理论和方法，分析企业战略管理及企业决策中的具体问题

第一节 企业战略概述

一、企业战略的内涵及特征

（一）战略的概念

“战略”一词源自军事领域，其本意是指为实现战争目的而对军事力量进行的全局性部署和指挥。《辞海》中对战略一词的解释是：“军事名词，是对战争全局的筹划和指挥。”战略与战术二者具有明显的差别，前者着眼于全局的、整体的行动谋划，而后者则是对更为具体的、局部的行动的策划安排。

（二）企业战略的含义

随着社会的发展，战略的概念逐步被人们应用于军事之外的领域，将战略思想运用于企业经营领域，就产生了企业战略这一概念。对于企业战略含义的理解，西方许多著名的管理学者从不同的研究角度出发提出了对战略内涵的不同理解。著名战略管理学家H·伊戈尔·安索夫认为：企业在制定战略时，有必要先确定自己的经营性质。企业无论怎样确定自己的经营性质，目前的产品和市场与未来的产品和市场之间存在着一种内来联系，安索夫称这种现象为“共同的经营主线”。美国达梯莱斯学院管理学教授魁因认为，战略是一种模式或计划，它将一个组织的主要目的、政策与活动按照一定的顺序结合成一个紧密的整体。

加拿大麦吉尔大学教授亨利·明茨伯格则归纳总结了众多学者的看法，对企业战略的含义提出了比较全面的看法。他认为：企业战略是由五种规范的定义阐明的，即计划（Plan）、计策（Ploy）、模式（Pattern）、定位（Position）和观念（Perspective）。

战略是一种计划——指战略是一种有意识的预先安排的行动，是一种处理某种局势的方针。

战略是一种计策——指在特定环境下，企业把战略作为威慑和击败竞争对手的一种手段。

战略是一种模式——指无论企业是否事先对战略有所考虑，只要有具体的经营行为，就有战略。

战略是一种定位——指企业确定自己在市场中的位置。

战略是一种观念——强调战略是一种抽象的理念，它只存在于需要战略的人的头脑之中。

这五种定义从不同角度对战略的概念进行了阐述，便于我们全面深刻的理解企业战略的含义。

（三）企业战略的特征

根据以上对于企业战略含义的理解，任何企业战略都具有四个最基本的特征：分别是全局性、纲领性、长远性和竞争性。

1. 全局性

企业战略是在研究与把握企业生存与发展的全局性指导规律的基础上，对企业的总体发展进行的谋划，这属于企业的总体战略；或者在照顾各个方面的全局观点的指导下，对企业的某个方面的发展及其相应的目标与对策进行谋划，这相应于企业的分战略。企业战略是协调企业内部各职能部门之间以及各管理层次之间的依据，是促进企业各方面均衡发展的保证。

2. 纲领性

纲领性也称指导性。企业战略规定了企业发展的方向，指导和激励着企业全体职工为实现企业的战略目标而努力。因此，企业战略不仅为企业的经营管理提供了指导原则，而且还可以通过战略目标的设置，激发和调动职工为实现企业目标而工作的积极性。

3. 长远性

企业战略是企业谋求长远发展要求的反映，是关系企业今后在一个较长时期内奋斗目标和前进方向的全盘筹划，注重的是企业长远的根本利益，而不是短期的眼前利益。企业战略通常着眼于未来3～5年甚至更长时间的长远目标。

4. 竞争性

在市场经济中，企业外部环境的根本特征是竞争，企业与直接或间接的竞争对手之间存在着竞争。企业战略是企业在激烈的市场竞争中如何与对手抗衡的行动方案，企业要适应竞争的环境，就必须在这些利害冲突中占据主动，以全面的或局部的优势遏制对方。因而企业战略具有鲜明的竞争性。

二、企业战略的构成要素

关于战略的构成要素不同的学者有不同的见解。一般认为，企业战略的构成要素主要由以下四个方面的要素构成。

（一）经营范围

是指企业从事生产经营活动的领域。它反映企业与其外部环境相互作用的程度，也反映企业计划与外部环境发生作用的要求。企业经营范围的确定，应该着重考虑与企业最密切相关的环境，根据企业所处的宏观环境、产业环境、生产的产品和市场等来确定经营范围。

（二）资源配置

是指企业过去和目前的资源和技能配置的水平和模式。资源是企业一切生产经营活动的基础，资源配置的效率直接影响企业实现自己目标的程度。

（三）竞争优势

指企业通过其资源配置模式与经营范围的决策，在市场上所形成的不同于其他竞争对手的竞争地位。竞争优势既可以来自产品和市场的定位，也可以来自企业对特殊资源的运用。产品和市场的定位对于企业总体战略非常重要，资源配置对企业经营战略发挥着相当重要的作用。

（四）协同作用

指企业从资源配置和经营范围的决策中所能获得的综合效果。既企业总体资源的收益大于各部分资源收益之和。它包括：投资协同作用、作业协同作用、销售协同作用、管理协同作用等。

总之，企业战略的构成要素对企业的生产经营有重要的影响。它们存在于企业各个层次的战略之中。企业战略的层次不同，构成要素的相对重要性程度也不同。

三、企业战略的层次结构

企业战略是为企业目标服务的，而我们清楚企业的目标是多层次的，它包括企业的总体目标和各级分目标，对应的企业多层次的目标体系，企业战略也有不同层次的划分。一般来说，对于一个具有多种经营业务的企业，企业的战略可以划分成三个层次的战略，即公司层战略、经营（事业部）层战略、职能部门层战略（如图3－1）。

（一）公司层战略

公司战略也称总体战略。这是企业总体的、最高层次的战略。它是企业最高管理层指导和控制企业的最高行动纲领，其对象是企业的整体。公司战略着重解决两个方面的问题：一是从公司全局出发，根据外部环境的变化及企业的内部条件，选择企业所从事的经营范围和经营领域；二是在确定所从事的业务领域后，要在各事业部门之间进行资源分配，以实现公司整体的战略意图。公司层战略具体包括三种基本类型的战略，即稳定型

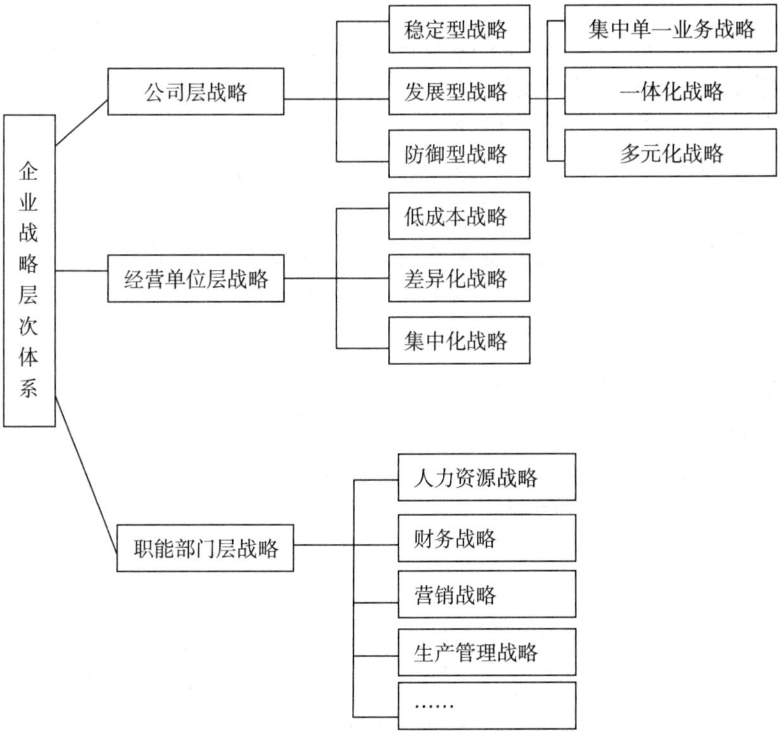

图 3－1　企业战略的层次结构图

战略、发展型战略及防御型战略。

（二）经营（事业部）层战略

经营战略俗称竞争战略，是企业经营单位、事业部的战略，它是在企业总体战略的指导下，经营管理某一个战略经营单位的计划，是企业总体战略之下的子战略。经营战略着重解决的问题是：在确定的某一具体的业务领域内，在总体战略的指导下，事业部门如何有效参与市场竞争并取得竞争优势。它是企业与竞争对手争夺市场的基本战略。因此，事业部门的管理者需要努力争取最有营利性和最有发展前景的市场，实现其竞争优势。常见的基本竞争战略有三种，即低成本战略、差异化战略和集中化战略。

（三）职能部门层战略

职能部门战略是为贯彻、实施和支持总体战略与经营单位战略而在企业特定的职能管理领域制定的战略。职能部门战略是在既定的战略条件下，职能部门根据职能战略采取行动保障公司战略、经营战略的实施，与公司战略和经营战略相比较，职能战略更为详细、具体。它是由一系列详细的方案和计划构成的，涉及经营管理的所有职能领域，包括生产、技术、销售、财务、人事等各个部门。如果说公司战略和经营战略强调做正确的事情的话，那么职能战略则强调将事情做好。常见的职能部门战略有营销战略、人力资源战略、财务战略、生产战略等。

公司战略、经营战略和职能战略是一个企业战略不可或缺的组成部分。它们之间相互联系，相互配合，每一层次的战略构成下一层次的战略环境，同时；低一层次的战略又为高一层次的战略的实现提供保障和支持。需要说明的是：如果企业只从事一项单一业务的话，那么公司战略和事业部战略是一样的，两种战略的决策权都集中于企业最高层管理者手中；反之，如果一个企业有多项经营业务的话，则战略的层次结构如上所述。

第二节　企业战略管理

一、企业战略管理的内涵、特征及过程

（一）企业战略管理的内涵

企业战略管理概念最初是由安索夫提出的，他在 1976 年出版的《从战略规划到战略管理》一书中提道："企业的战略管理是指将企业的日常业务决策同长期计划决策相结合而形成的一系列经营管理业务。"从企业战略管理的过程的角度，我们也可以认为：企业战略管理就是企业在其使命范围内，依据企业外部环境分析和内部环境分析设定战略目标，并为实现目标进行谋划，以及将这种谋划付诸实施和在实施过程中进行控制的一个动态管理的全过程。

由此可以看出：第一，企业战略管理不仅涉及战略的制定和规划，而且也包含着战略实施及控制，它是一个全过程的管理；第二，企业战略管理不是静态的管理，而是一种动态的管理过程。它需要依据企业外部环境的变化、企业内部条件的改变，以及战略执行结果的反馈信息等，而不断修正、调整、完善的动态管理过程。

（二）企业战略管理的特征

企业战略管理是企业最高层次的、综合性的管理，与一般的职能管理相比较，企业战略管理具有如下特点：

1. 企业战略管理具有全局性

企业的战略管理是以企业的全局为对象，根据企业总体的发展需要而制定的，它所管理的是企业的总体活动，追求的是企业总体效果。

2. 企业战略管理的最重要的主体是企业的高层管理者

虽然企业战略决策也需要企业中、基层管理和全体成员的参与与支持，但企业高层管理者却是企业战略制定重要的主体，因为企业高层管理者不仅能够了解企业的全面情况，而且更重要的是他们具有对战略实施所需资源进行分配的权力。

3. 企业战略管理涉及企业各种资源的配置问题

企业战略的实施必须有足够的企业资源做保障，因而在任何情况下，为保证企业战略目标的实现，需要对企业的资源进行统筹规划，合理配置。

4. 企业战略管理需要格外考虑企业外部环境中的复杂因素

环境决定企业的战略，现今的企业处于一个开放的环境系统之中，通常受到诸多无法由企业控制的外部因素的影响，如宏观的政治法律因素、经济因素、社会文化因素、科技因素；微观的顾客、竞争对手、供应商、政府管理机构、社会公众等等。因此，企业要想使自身在未来竞争性的环境中占据有力的地位和竞争优势，必须格外重视这些外部力量对其的作用。

（三）企业战略管理的过程

战略管理是对一个企业的未来发展方向制定决策和实施这些决策的动态管理过程。全面的战略管理过程可大体分解为三个阶段：即战略分析阶段、战略识别与评价选择阶段、战略实施与控制阶段。具体的企业战略管理过程可用图 3－2 来表示。

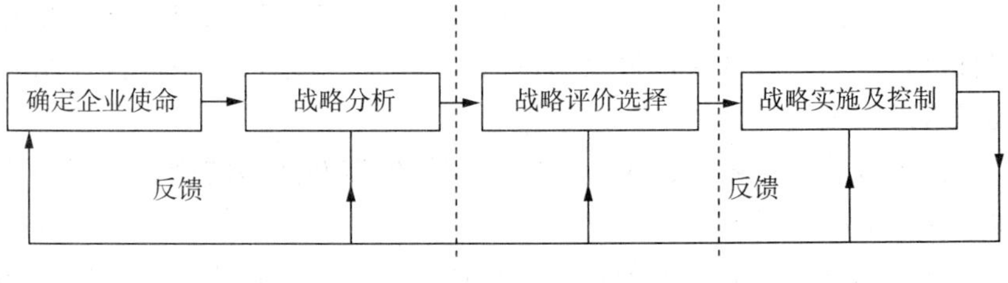

图 3－2　企业战略管理过程图

1. 战略分析阶段

战略分析阶段是战略管理过程中基础的首要的过程阶段。战略分析主要是对企业的战略环境进行分析、评价，并预测这些环境未来发展的趋势，以及这些趋势可能对企业造成的影响及影响方向。具体的阶段任务主要包括：

（1）明确企业当前的使命、宗旨；这是进行企业战略分析的起点。

（2）分析企业外部环境；目的是为了适时地寻找和发现有利于企业发展的机会，以及对企业来说所存在的威胁，以便在制定和选择战略中能够利用外部条件所提供的机会而避开对企业的威胁因素。

（3）分析企业内部环境；企业的内部环境即是企业本身所具备的条件，它包括生产经营活动的各个方面，如生产、技术、市场营销、财务、研究与开发、员工情况、管理能力等。目的是为了发现企业所具备的优势或弱点，以便在制定和实施战略时能扬长避短、发挥优势，有效地利用企业自身的各种资源。

（4）设定企业的战略目标。企业的战略目标的设定必须在企业内外环境分析的基础上，综合考虑外部环境中存在的机会和威胁、企业内部自身的优势和劣势，设定适合企业自身发展的长远战略目标。

2. 战略识别与评价选择阶段

战略识别与评价选择过程实质就是战略决策过程，即对战略进行探索、评价及选择。一般来说，一个多业务经营的企业，其战略选择应当解决两个基本的战略问题：一是企业的战略经营领域，即规定企业从事生产经营活动的行业，明确企业的性质和所从事的事业，确定企业以什么样的产品或服务来满足哪一类顾客的需求；二是企业在某一特定经营领域的竞争优势，即要确定企业提供的产品或服务，要在什么基础上取得超过竞争对手的优势。

具体的阶段任务主要包括：

（1）识别及拟定备选战略方案；

（2）评价备选战略方案；

（3）选择制定满意的战略方案。

3. 战略实施与控制阶段

企业的战略方案确定后，必须通过具体化的实际行动，才能实现战略及战略目标。一般来说可在三个方面来推进一个战略的实施：一是制定职能策略，如生产策略、市场营销策略、财务策略等，保障总体战略和经营战略的具体实施。二是对企业的组织机构进行构建，以使组织结构匹配于所采取的战略，为战略实施提供一个有利的内部环境；三是要使领导者的素质及能力与所执行的战略相匹配，即挑选合适的企业高层管理者来贯彻既定的战略方案。在战略的具体化和实施过程中，还必须进行战略控制。也就是说将经过信息反馈回来的实际成效与预定的战略目标进行比较，如二者有显著的偏差，就应当采取有效的措施进行纠正。当由于原来分析判断有误，或是环境发生了预想不到的变化而引起偏差时，甚至可能会重新审视环境，制定新的战略方案，进行新一轮的战略管理过程。

二、企业战略分析

每个企业作为一个开放系统，在企业内部以及企业和它之外的环境要素之间都发生着物质和信息的交换，通常企业的活动受到它内部和外部环境因素的影响。因此，企业在正确地制定战略目标之前必须对企业的外部环境和内部环境进行分析，做到"知己知彼"。

（一）企业外部环境分析

当前企业受外部环境因素的影响日益加深，企业要进行战略管理，首先必须客观全面地分析了解企业外部环境的变化，发现外部环境中提供给企业的发展机会和存在的威胁因素，以此为基础来设定企业的战略目标。

1. 企业外部环境概述

（1）外部环境的分类

企业与其外部客观的经营条件、经济组织及其他外部经营因素之间处于一个相互作用、相互联系、不断变化的动态过程之中，那些影响企业经营，而又在企业外部非企业所能全部控制的外部因素就构成了企业的外部环境。一般而言，企业外部环境可以分为两大类：即一般宏观环境和任务环境（产业竞争环境）。一般宏观环境是指可能对某组织活动产生影响，但影响的相关性却不清楚的各种外部因素，是一种间接的影响。具体包括：政治法律因素、宏观经济因素、社会人文因素和宏观科学技术因素。任务环境也称产业竞争环境，是指对某一具体组织的目标的实现有直接影响的那些外部环境因素，具体包括：供应商、顾客、竞争者、政府管理机构以及社会公众等。一般宏观环境、产业竞争环境与企业内部的关系如图3－3所示。

（2）外部环境的特征

企业外部环境在与企业自身相互作用的过程中形成了自己的特点，认清企业外部环境的特点有助于企业战略者更好地分析把握企业的外部环境，制定恰当的战略方案。企业外部环境有两个基本的特征：

第一，环境的唯一性。

企业外部环境的唯一性主要是针对某一具体企业组织而言的。每一个企业它面对的外部环境必然是唯一的，即使是处在同行业的两个竞争企业，由于它们本身的特点和眼界的不同，对环境的认识和理解的不同，它们不会具有绝对相同的外部环境。认清环境的这种唯一性，就要求企业战

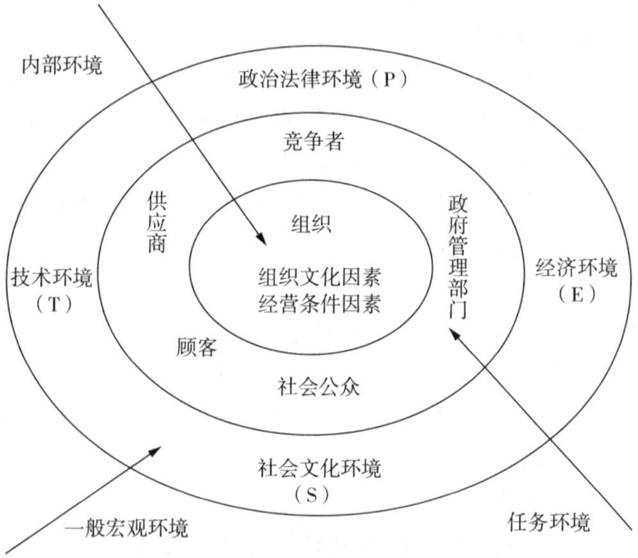

图 3－3　企业管理环境构成图

略管理者在分析企业外部环境时，必须具体情况具体分析，企业的战略选择不能套用别人现成的战略模式，必须突出自己的特点，形成独特的战略风格。

第二，环境的变化性。

企业外部环境的变化性则主要是针对环境本身而言的。企业面临的外部环境总是不断变化的，任何一个企业不可能处于同一个一成不变的环境中。认清环境的这种变化性，就要求企业战略管理者分析外部环境应该是一个与企业环境变化相适应的动态分析过程，战略的制定应随环境的变化而不断修正和调整，以达到企业战略与外部环境新的平衡。

（3）外部环境的衡量

为了使企业战略适应环境的特点，企业必须确认环境的状况。要分析和衡量企业外部环境的状况，可以从两个纬度来进行衡量：一是环境的复杂性纬度；二是环境的稳定性纬度。衡量环境的复杂性程度，主要是看企业面临的外部环境因素的多少，企业受影响的外部环境因素多，面临的是复杂的外部环境；反之，则面临的是简单的外部环境。衡量环境的稳定性程度，主要是看企业面临的外部环境的可预测性程度，企业面对的外部环境未来难以准确预测，面临的是动荡的环境；反之，则面临的是稳定的环境。

根据以上两个纬度，我们可以划分四类不同的环境状况：即简单稳定的环境、简单动荡的环境、复杂稳定的环境和复杂动荡的环境。

2. 一般宏观环境分析

PEST 分析是企业外部一般宏观环境的分析的一种方法。对宏观环境因素做分析，不同行业和企业根据自身特点和经营需要，分析的具体内容会有差异，但一般都应对政治法律环境（Political）、经济环境（Economic）、社会人文环境（Social）和技术环境（Technological）这四大类影响企业的主要外部环境因素进行分析。简单而言，称之为 PEST 分析法。

（1）政治法律环境

政治法律环境包括一个国家的社会制度，执政党的性质，政府的方针、政策、法令等。不同的国家有着不同的社会性质，不同的社会制度对组织活动有着不同的限制和要求。即使社会制度不变的同一国家，在不同时期，由于执政党的不同，其政府的方针特点、政策倾向对组织活动的态度和影响也是不断变化的。

重要的政治法律变量有：执政党性质、政治体制、经济体制、政府的管制、税法的改变、环境保护法、产业政策、投资政策、国防开支水平、政府补贴水平、反垄断法规以及与重要大国关系、地区关系等等。

（2）经济环境

经济环境主要包括宏观和微观两个方面的内容。宏观经济环境主要指一个国家的人口数量及其增长趋势，国民收入、国民生产总值及其变化情况以及通过这些指标能够反映的国民经济发展水平和发展速度。微观经济环境主要指企业所在地区或所服务地区的消费者的收入水平、消费偏好、储蓄情况、就业程度等因素。这些因素直接决定着企业目前及未来的市场大小。

重要的关键经济变量有：GDP 及其增长率、可支配收入水平、居民消费（储蓄）倾向、利率、通货膨胀率、政府预算赤字、失业情况、劳动生产率水平、汇率、证券市场状况、外国经济状况、进出口情况、价格波动、货币与财政政策等。

（3）社会文化环境

社会文化环境包括一个国家或地区的居民教育程度和文化水平、宗教信仰、风俗习惯、审美观点、价值观念等。文化水平会影响居民的需求层次；宗教信仰和风俗习惯会禁止或抵制某些活动的进行；价值观念会影响居民对组织目标、组织活动以及组织存在本身的认可与否；审美观点则会影响人们对组织活动内容、活动方式以及活动成果的态度。

关键的社会文化因素有：人口结构比例、性别比例人口出生、死亡率、人口预期寿命、人均收入、生活方式、平均可支配收入、对政府的态度、对工作的态度、购买习惯、对道德的态度、储蓄倾向性、投资倾向、种族平等状况、平均教育状况、对退休的态度、对质量的态度、对闲暇的态度、对服务的态度、污染控制、对能源的节约、社会责任、对职业的态度、对权威的态度城市、城镇和农村的人口变化、宗教信仰状况等。

（4）技术环境

技术环境是指影响或制约企业的，设计到社会技术总水平及变化趋势、技术变迁、技术突破等的环境因素，以及技术对政治、经济、社会环境之间的相互作用的表现。

企业应重视的技术变量有：社会科技水平、社会科技力量、国家科技体制、国家科技政策、科技立法等。

3. 任务环境分析

任务环境也称产业竞争环境，属于外部环境分析中的微观环境分析，其分析的核心内容主要是分析本行业中的企业竞争格局以及本行业和其他行业的关系。行业的结构及竞争性决定着行业的竞争原则和企业可能采取的战略，是企业制定战略最主要的基础。常见的产业竞争环境分析方法如波特的“五力”分析模型。见下图3－4。

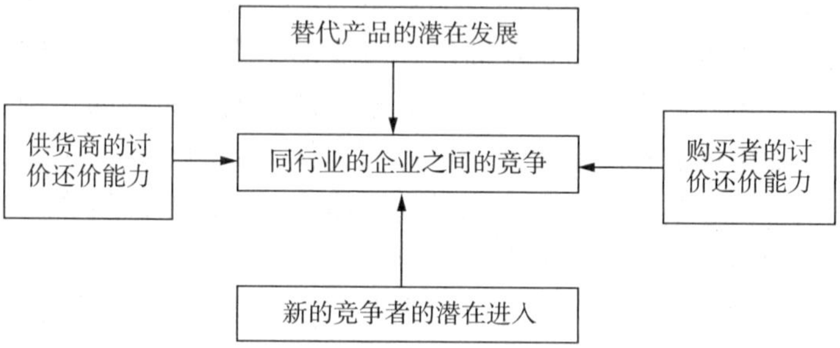

图3－4　波特的“五力”分析模型图

“五力”分析模型是迈克尔·波特（Michael Porter）于20世纪80年代初提出的，对企业战略制定产生了全球性的深远影响。波特认为一个行业中的竞争，存在着五种基本的竞争力量，分别是新加入者的威胁、购买者的讨价还价能力、供应商的讨价还价能力、替代产品的潜在威胁、同行业竞争者的竞争程度。这五种竞争力量的状况及其综合强度，决定着行业的竞争激烈程度，并最终决定了行业获利的能力。

第一种力量：新加入者的威胁。

新加入者在给行业带来新生产能力、新资源的同时，也希望在现有的竞争市场中赢得一席之地，这就有可能会与现有企业发生原材料与市场份额的竞争，最终将导致行业中现有企业盈利能力降低，甚至威胁这些企业的生存。进入威胁的严重程度通常取决于两方面的因素：即进入新领域的障碍大小与预期现有企业对于进入者的反应情况。

进入障碍主要包括规模经济、产品差异、资本需要、转换成本、销售渠道开拓、政府行为与政策等方面。预期现有企业对进入者的反应情况，主要是采取报复行动的可能性大小，这取决于有关厂商的财力情况、报复记录、固定资产规模、行业增长速度等。总之，新企业进入一个行业的可能性大小，取决于进入者主观估计进入所能带来的潜在利益、所需花费的代价与所要承担的风险这三者的相对大小情况。

第二种力量：购买者的讨价还价能力。

购买者主要通过其压价与要求提供较高的产品或服务质量的能力，来影响行业中现有企业的盈利能力。一般来说，购买者讨价还价的能力受到以下因素影响：集体购买、产品的标准化程度、购买者对产品质量的敏感性、大批量购买、替代产品的替代程度、产品者在购买者成本中所占比例以及“购买者后向一体化”的战略意图等。

第三种力量：供应商的讨价还价能力。

供方主要通过其提高投入要素价格与降低单位价值质量的能力，来影响行业中现有企业的盈利能力与产品竞争力。一般来说，供应商讨价还价的能力受到以下因素影响：供应商所在行业的集中化程度、供应商产品的标准化程度、供应商提供的产品在企业整体产品的成本中的比例、供应商的产品对企业生产流程的重要性、供应商提供产品的利润、供应商产品对企业产品质量的影响以及“供应商前向一体化”的战略意图等。

第四种力量：替代产品的潜在威胁。

两个处于同行业或不同行业中的企业，可能会由于所生产的产品是互为替代品，从而在它们之间产生相互竞争行为，这种源自于替代品的竞争会以各种形式影响行业中现有企业的竞争战略。首先，现有企业产品售价以及获利潜力的提高，将由于存在着能被用户方便接受的替代品而受到限制；第二，由于替代品生产者的侵入，使得现有企业必须提高产品质量，或者通过降低成本来降低售价，或者使其产品具有特色，否则其销量与利润增长的目标就有可能受挫；第三，源自替代品生产者的竞争强度，受产品买主转换成本高低的影响。总之，替代品价格越低、质量越好、用户转换成本越低，其所能产生的竞争压力就强。

第五种力量：同业竞争者的竞争程度。

同行业竞争者的竞争程度是五种基本竞争力量中最核心的竞争力量。现有企业之间的竞争常常表现在价格、广告、产品介绍、售后服务等方面，其竞争强度与许多因素有关。一般来说，出现下述情况将意味着行业中现有企业之间竞争的加剧，这就是：行业进入障碍较低，势均力敌竞争对手较多；市场趋于成熟，产品需求增长缓慢；竞争者提供几乎相同的产品或服务，用户转换成本很低；行业退出障碍较高等。

行业中的每一个企业或多或少都必须应付以上各种力量构成的威胁，根据上面对于五种竞争力量的讨论，企业可以采取尽可能地将自身的经营与竞争力量隔绝开来、努力从自身利益需要出发影响行业竞争规则、先占领有利的市场地位再发起进攻性竞争行动等手段来对付这五种竞争力量，以增强自己的市场地位与竞争实力。

（二）企业内部环境分析

企业内部环境是指企业内部的物质、文化环境的总和，包括企业资源、企业能力、企业文化等因素，也称企业内部条件。企业内部环境分析实质上是以资源为基础的企业能力分析。

企业内部环境是企业经营的基础，是制定战略的出发点和依据，是竞争取胜的根本。企业战略目标的制定及战略选择既要知彼又要知己，即认清对手和企业自身内部的优势和劣势。企业内部环境分析目的在于掌握企业历史和目前的状况，明确企业所具有的优势和劣势。它有助于企业制定有针对性的战略，有效地利用自身资源，发挥企业的优势；同时避免企业的劣势。

对企业内部环境的分析主要包括有企业资源分析、企业能力及核心能力分析。

1. 企业资源分析

企业资源分析是指企业为找出具有未来竞争优势的资源，对所拥有的资源进行识别和评价的过程。这一过程包括确定公司所拥有的资源，然后应用资源价值原理来确定哪些资源真正具有价值。企业资源分析内容包括以下四个方面：

（1）分析企业现有资源的状况。企业资源可分为实物资源、人力资源、财务资源、无形资产等。这些资源的辨识、确认是战略能力分析的基础。

（2）分析企业资源的利用状况。主要分析资源投入产出情况，具体可采用一些财务指标进行。

（3）分析企业资源的环境适应能力。分析的目的是要确定一旦战略环境发生变化，企业资源对环境的适应程度，这是建立高度适应环境变化的资源基础的出发点，分析重点要放在那些对环境变化特别敏感的资源上。

（4）分析企业资源平衡性。根据协同理论，资源的合理配置可提供战略能力。可以从产品组合、能力与个人特性、资源柔性等方面分析资源配置的合理性。进行资源的平衡分析应主要做好业务平衡分析、现金平衡分析、高级管理者资源平衡分析以及战略平衡分析这四方面。

2. 企业能力分析

企业能力是指整合企业资源、使价值不断增值的技能。企业能力分析的主要内容包括以下六个方面：

（1）企业财务能力分析

要分析判断一个企业的经营能力，首先必须分析企业的财务状况。分析企业财务状况广泛使用的方法是财务比率分析，主要通过一系列的财务分析指标分析企业财务的收益性、安全性、流动性、成长性等这能够清楚地揭示出企业的财务及经营状况的长处和弱点，这对于制定正确有效的企业战略具有十分重要的意义。

（2）企业研究与开发能力分析

研究与开发能力是企业的一项十分重要的能力，企业研究与开发能力分析主要包括以下几个方面。

企业科研成果与开发成果分析：如技术改造、新技术、新产品、专利以及商品化的程度，给企业带来的经济效益等。

科研与开发组合分析：企业的科研与开发在科学技术水平方面有四个层次：即科学发现、新产品开发、老产品的改进、设备工艺的技术改造。企业应该能够根据企业战略的要求和实力决定选择哪一个或哪几个层次的有效组合。

科研与开发能力分析：分析科研队伍的现状和趋势就是要了解他们是否有能力根据企业的发展需要开发和研制新产品，是否有能力改进生产设备的生产工艺。

科研经费分析：企业的科研设施、科研人才和科研活动要有足够的科研经费予以支持，因而应根据企业的财务实力做出预算。决定科研预算各经费的方法一般有三种：按照总销售收入的百分比；根据竞争对手的状况来制定；根据实际需要来确定。

（3）企业生产管理能力分析

生产是企业进行资源转换的中心环节，它必须在数量、质量、成本和时间等方面符合要求的条件下形成有竞争性的生产能力。生产管理能力的分析主要包括：

生产过程分析：主要考虑生产布局、生产技术选择、生产设备选择、生产工艺流程分析、生产运输分析等；

生产能力分析：主要考虑如何确定企业的最佳生产能力，包括生产计划制定、生产能力计划以及设备计划等；

生产质量分析：主要考虑质量方针、质量策划、质量控制、质量保证、质量改进以及质量管理体系；

员工组织分析：主要考虑人员岗位安排、工作标准、绩效测量等；

生产库存分析：主要考虑原材料、在制品及产成品的库存管理。

（4）企业营销能力分析

企业营销能力分析主要应进行：

产品竞争能力分析：从产品的市场地位、收益性、成长性、竞争性和结构性等方面进行分析；

销售活动能力分析：从销售组织、销售绩效、销售渠道、促销活动等方面进行分析；

新产品开发能力分析：从新产品开发计划、新产品开发组织、新产品开发过程和新产品的开发效果等方面进行分析；

市场决策能力分析：对照企业当前实施的经营方针和经营战略，来发现企业在市场决策中的不当之处，评估判断企业领导者的市场决策能力，并探讨企业中、长期所应采取的经营战略，以提高企业领导者的决策能力和水平，使企业获得持续的成长和发展。

（5）企业组织管理能力分析

分析企业的组织管理能力可以从多方面进行，如：

对企业集权与分权的有效性进行分析；

对企业组织结构进行分析，确定现有组织结构是否匹配于企业战略；

对企业领导能力进行分析；

对企业员工能力分析等等。

（6）企业文化分析

所谓企业文化是指企业在长期的实践活动逐步形成的，被组织成员普遍认可和遵循的具有本企业特色的价值观念、团体意识、行为规范的总和。

对企业文化进行分析主要应进行：

分析现有企业文化状况：包括对企业物质文化、制度文化、核心文化逐层展开分析，了解本企业文化特色；

分析企业文化形成机制：了解企业文化与企业现有战略与未来战略的匹配程度，明确企业今后企业文化建设的方向与思路。

分析企业文化建设过程：如企业领导人是如何塑造企业文化的？企业是如何宣传贯彻现行企业文化的？现行文化是否为广大员工接受并付诸实

践？是否有科学的文化建设目标、计划、工作内容、预算保证等。

3. 企业核心能力

企业核心能力是指企业内部一系列互补的技能和知识的结合，它具有使一项或多项业务达到竞争领域一流水平的能力。企业核心能力是企业的整体资源，它涉及企业的技术、人才、管理、文化和凝聚力等各方面，是企业各部门和全体员工的共同行为。

企业核心能力至少具有四个方面的特征：

（1）核心能力在企业创造价值和降低成本方面具有核心地位，核心能力应当能显著提高企业的运营效率；

（2）核心能力特别有助于实现顾客所看重的价值；

（3）核心能力是竞争对手难以模仿和替代的，故而能取得竞争优势；

（4）核心能力具有持久性，维持企业竞争优势的持续性。

企业核心能力的五种类型认识：

第一类，基于整合和协调观的核心能力。核心能力是组织对企业拥有的资源、技能、知识的整合能力，是一种积累性学识，这种积累过程涉及企业不同生产技巧的协调，不同技术的组合，价值观念的传递，通过核心能力的积累，组织可以很快发现产品和市场的机会，获得更多的超额利润。

第二类，基于文化观的核心能力。巴顿等认为企业中难以完全仿效的有价值的组织文化是公司最为重要的核心竞争力，并强调，核心竞争力蕴含在企业的文化中，表现于企业的诸多方面，包括技巧和知识。技术价值观系统和管理系统。麦肯锡公司的凯文·科因，斯蒂芬·霍尔等也提出，核心能力是某一组织内部一系列互补的技术和知识的组合，它具有使一项或多项关键业务达到业界一流水平的能力。这一提法强调了核心能力是以知识的形式存在于企业的各方面能力中。

第三类，基于资源观的核心能力。杰伊·巴尼强调，获得那些潜在租金价值的资源是企业成功的基础，这些资源是保证企业持续获得超额利润的最基本的条件。奥利维尔认为，不同企业之间在获取战略性资源时，决策和过程上的差异构成了企业的核心竞争力。企业只有获得战略性资源，才能在同行业中拥有独特的地位，这种地位来自其在资源识别、积累、储存和激活过程中独特的能力。

第四类，基于技术观的核心能力。帕特尔和帕维特认为，企业的创新能力和技术水平的差异是企业异质性存在的根本原因。梅耶和厄特巴克（1993）提出，核心竞争力是企业在研究开发、生产制造和市场营销等方面的能力，并且，这种能力的强与弱直接影响企业绩效的好坏。

第五类，基于系统观的核心能力。该学派认为，核心能力是提供企业在特定经营中的竞争能力和竞争优势基础的多方面技能，互补性资产和运行机制的有机结合，它建筑于企业战略和结构之上，以具备特殊技能的人为载体，涉及到众多层次的人员和组织的全部职能，因而，必须有沟通、参与和跨越组织边界的共同视野和认同。企业的真正核心能力是企业的技术核心能力、组织核心能力和文化核心能力的有机结合。

（三）企业使命及战略目标

1. 企业使命及战略目标概念

（1）企业使命概念

所谓企业使命是指企业在社会经济发展中所应担当的角色和责任。是指企业的根本性质和存在的理由，说明企业的经营领域、经营思想，为企业目标的确立与战略的制定提供依据。企业在制定战略之前，必须先确定企业使命。简单地理解，企业使命应该包含以下的含义：

第一，企业的使命实际上就是企业存在的原因或者理由，也就是说，是企业生存的目的定位。

第二，企业使命是企业生产经营的哲学定位，也就是经营理念。企业使命为企业确立了一个经营的基本指导思想、方向、经营哲学，它不是企业具体的战略目标，或者是抽象地存在，不一定表述为文字，但影响经营者的决策和思维。这中间包含了企业经营的哲学定位、价值观凸现以及企业的形象定位：我们经营的指导思想是什么？我们如何认识我们的事业？我们如何看待和评价市场、顾客、员工、伙伴和对手？等等。

第三，企业使命是企业经营的形象定位。它反映了企业试图为自己树立的形象，诸如“我们是一个愿意承担责任的企业”“我们是一个健康成长的企业”“我们是一个在技术上卓有成就的企业”等等。

（2）战略目标概念

战略目标是对企业战略经营活动预期取得的主要成果的期望值。战略目标的设定，应依据企业的使命，在企业内外环境分析的基础上进行。它是企业使命的展开和具体化，是企业使命中确认的企业经营目的、社会使命的进一步阐明和界定，也是企业在既定的战略经营领域展开战略经营活动所要达到的水平的具体规定。战略目标与企业其他目标相比，具有宏观性、长期性、相对稳定性、全面性、可分性、可接受性、可检验性、可挑战性等特征。

2. 战略目标的内容构成

由于战略目标是企业使命和功能的具体化，一方面有关企业生存的各个部门都需要有目标；另一方面，目标还取决于个别企业的不同战略。因此，企业的战略目标是多元化的，既包括经济目标，又包括非经济目标；既包括定性目标，又包括定量目标。德鲁克在《管理实践》一书中提出了八个关键领域的目标：

（1）市场方面目标：应表明本公司希望达到的市场占有率或在竞争中达到的地位；

（2）技术改进和发展方面目标：对改进和发展新产品，提供新型服务内容的认知及措施；

（3）提高生产力方面目标：有效的衡量原材料的利用，最大限度地提高产品的数量和质量。

（4）物资和金融资源方面目标：获得物质和金融资源的渠道及其有效的利用；

（5）利润方面目标：用一个或几个经济目标表明希望达到的利润率。

（6）人力资源方面目标：人力资源的获得、培训和发展，管理人员的培养及其个人才能的发挥。

（7）职工积极性发挥方面目标：对职工激励，报酬等措施。

（8）社会责任方的目标：注意公司对社会产生的影响。

三、企业战略识别与评价选择

企业战略识别与评价选择阶段，主要是识别战略及评价选择战略。

（一）公司战略

公司战略也称总体战略，是企业总体的、最高层次的战略，其研究对象是企业的整体，所要解决的问题是确定企业的整个经营范围和公司资源在不同经营单位之间的分配事项。常见的公司战略有三种类型：稳定型战略、发展型战略及防御型战略。

1. 稳定型战略

稳定型战略是企业非快速的、稳定增长的一种公司战略。实施稳定战略的企业，战略期内的资源分配、经营状况基本保持在目前状况和水平上，经营方向、业务领域、市场规模、市场地位、生产规模等变动不大。

稳定型战略的基本特征是：

第一，企业通常计划每年按一定的较低的比例增长；

第二，企业通常满足于它过去的收益，继续寻求与过去相同或类似的战略目标；

第三，企业通常以基本相同或类似的产品或服务来满足顾客。

稳定型战略的优点是：（1）企业能够保持战略的连续性，不会由于战略的突然改变而引起公司在资源分配、组织机构等方面的大幅度变动；

（2）企业经营风险小，能够保持公司的平稳发展。

稳定型战略的缺点是：（1）企业容易错失外部环境提供的一些可以快速发展的机会，如被竞争对手利用这些机会能加速发展的话，则企业将面临严重竞争威胁；（2）企业管理者习惯于墨守成规、不利于刺激企业创新。

稳定型战略的适用范围：一般来说，稳定型战略适合于稳定增长中的行业或处于稳定环境中的企业（如公用事业型、运输、金融类企业）。

2. 发展型战略

发展型战略也称增长战略，是企业追求快速发展的一种公司战略。实施发展型战略的企业通常表现为较快的增长速度（企业发展速度要比产品的市场需求增长速度要快或者高于同行业的平均发展发展速度），企业的创新较多，企业总是获得高于行业平均水平的利润，企业不是被动去适应环境，而是通过创新来努力改变环境，使外界适应它们自己。发展型战略具有较强的竞争性，是公司战略中最重要的一种子战略类型，常见的发展型战略有三种典型的子战略模式：即集中单一业务战略、一体化战略及多元化战略。

（1）集中单一业务战略

集中单一业务战略是指企业将绝大部分经营业务集中于一个业务或行业，并以快于过去增长速度来增加销售额、利润和市场占有率的一种发展战略。集中单一业务战略的最大益处是可以实现规模经济，即当平均成本或单位产出成本随着生产的产品或服务的数量增加而下降所出现的经济现象。规模经济主要来源于下列几个方面：

第一，固定成本的分摊。即当固定成本一定时，产量越大，分摊到单位产品的固定成本就越少；

第二，采购的经济性。即通过大批量采购而获得单位采购成本的好处；

第三，营销的经济性。如广告费用及其他促销费用能够在更多的产品或服务中分摊；

第四，储备存货规模经济性。即在缺货水平一样时，大业务量公司所必需的存货比例比小业务量公司要小，从而也就减少了大公司的存货成本；

第五，研究开发的经济性。即单位研究开发成本随着规模或销售量的增加而递减。

集中单一业务战略把企业有限的资源集中在同一经营方向上，形成较强的核心竞争力；有助于企业通过专业化的知识和技能提供满意和有效的产品和服务，在产品技术、客户服务、产品创新和整个业务活动的其他领域开辟新的途径；有利于各部门制定简明、精确的发展目标；可以使企业的高层管理人员减少管理工作量，集中精力，掌握该领域的经营知识和有效经验，提高企业的经营能力。

世界上许多企业都是通过集中单一业务战略而成为某一领域的主导者，如可口可乐公司。但是，集中单一业务战略的风险也是显而易见的。它把所有的鸡蛋都放进一个篮子里。当单一经营所在的行业发生衰退、停滞或者缺乏吸引力时，实行集中单一业务战略的企业将难于维持企业的成长。

（2）一体化战略

一体化战略是指企业利用社会化生产链中的直接关系来扩大经营范围和经营规模，在供产、产销方面实行纵向或横向联合的一种发展战略。一体化战略又可分为横向一体化（水平一体化）和纵向一体化（垂直一体化）。

横向一体化战略是指为了扩大生产规模、降低成本、巩固企业的市场地位、提高企业竞争优势、增强企业实力而与同行业企业进行联合的一种战略。其实质是资本在同一产业和部门内的集中，目的是实现扩大规模、降低产品成本、巩固市场地位。企业同行业并购、企业国际化经营是横向一体化的表现形式。采用横向一体化战略，企业可以有效地实现规模经济，快速获得互补性的资源和能力。此外，通过收购或合作的方式，企业可以有效地建立与客户之间的固定关系，遏制竞争对手的扩张意图，维持自身的竞争地位和竞争优势。横向一体化战略也存在一定的风险，如过度扩张所产生的巨大生产能力对市场需求规模和企业销售能力都提出了较高的要求；同时，在某些横向一体化战略如合作战略中，还存在技术扩散的风险；此外，组织上的障碍也是横向一体化战略所面临的风险之一，如“大企业病”、并购中存在的文化不融合现象等。

纵向一体化战略是指企业将生产与原料供应，或者生产与产品销售联合在一起的战略形式，是企业在两个可能的方向上扩展现有经营业务的一种发展战略，也就是将经营领域向深度发展的战略。它包括前向一体化战略和后向一体化战略。

前向一体化战略是企业自行对本公司产品做进一步深加工，或者资源进行综合利用，或公司建立自己的销售组织来销售本公司的产品或服务。如钢铁企业自己轧制各种型材，并将型材制成各种不同的最终产品即属于前向一体化。

后向一体化则是企业自己供应生产现有产品或服务所需要的全部或部

分原材料或半成品，如钢铁公司自己拥有自己的矿山；纺织厂自己纺纱、洗纱即属于后向一体化。

企业实施一体化战略主要的优点在于：

第一，通过横向一体化战略，企业可以快速实现扩张发展，形成较强的规模经济优势；

第二，通过后向一体化，企业能对所用原材料的成本、可获得性以及质量具有更大的控制权，可以分享上游端供应商的利润；

第三，通过前向一体化，企业能够控制销售和分配渠道，有助于消除企业产品库存积压生产下降的局面，还可以分享企业下游端经销商的利润。

企业实施一体化战略主要的缺陷在于：

第一，使企业规模变大，业务拓展需要较多投资，要求公司掌握多方面技术，从而带来管理复杂化，另外日后再想脱离这些行业则较为困难；

第二，由于纵向一体化产品的相互关联和相互牵制，不利于新技术和新产品的开发；

第三，还会导致生产过程中各环节之间的生产能力不平衡问题。

（3）多元化战略

多元化战略是企业发展多品种或多种经营的长期谋划。多元化经营，就是企业尽量增大产品大类和品种，跨行业生产经营多种多样的产品或业务，扩大企业的生产经营范围和市场范围，充分发挥企业特长，充分利用企业的各种资源，提高经营效益。多元化又分为相关多元化和非相关多元化。

相关多元化战略是指公司进入与现有的业务在价值链上拥有战略匹配关系的新业务。非相关多样化战略是指公司增加与现有的产品或服务、技术或市场都没有直接或间接联系的大不相同的新产品或服务。如我国的海尔集团公司的发展走的正是一条从相关多元化到非相关多元化的道路，从早期的冰箱业务，逐步到冰柜、空调、彩电、洗衣机、手机、电脑以及金融、房地产和药业。

企业采用相关多元化战略进入技术、生产、职能活动或销售渠道能够共享的经营领域，可以实现范围经济所带来的益处而使成本降低。所谓范围经济，是指当两种或更多的经营业务在一个公司的集中管理下运作的总成本比作为独立的业务进行运作所发生的成本更低的经济现象。范围经济性主要来源于技术的匹配性、运营的匹配性、与销售和顾客相关的匹配性以及管理的匹配性四个方面。

在当今众多的大型企业中，实行多元化经营已成为一种发展趋势。企业实施多元化战略的优点主要有：

第一，通过多种业务经营，可以分散经营风险，保障收益的稳定性，就好比“不把所以有鸡蛋都放在同一个篮子里”“东方不亮西方亮”；

第二，企业转向具有更优经济特征的行业，可以增加企业利润点，改善公司的整体盈利能力和灵活性；

第三，企业各业务部门可以充分利用公司在统一管理、统一营销、统一采购、统一研究与开发等方面的资源，获得协同收益。

企业实施多元化战略的主要风险在于：

第一，企业规模快速扩大，业务多样化，从而带来管理上的复杂化以及技术困难化，经营风险加大；

第二，企业多元化发展需要大量的投资，需要企业具备较强的资金筹措能力，同时企业的财务风险加大。

由此可见，多元化战略是一把锋利的双刃剑，企业考虑采用多元化战略快速发展，定要“三思而后行”，勿要步入“多元化陷阱”。

3. 防御型战略

防御型战略是企业应付市场可能给企业带来的威胁，采取一些措施企图保护和巩固现有市场的一种战略。常见的防御型战略模式有收缩、调整、放弃及清算策略。

（1）防御型战略的目的

防御型战略的目的恰恰与发展型战略相反，它不寻求企业规模的扩张，而是通过调整来缩减企业的经营规模。

（2）防御型战略的适用条件

第一，宏观经济严重不景气、通胀严重、消费者购买力很弱；

第二，企业的产品已进入衰退期，市场需求大幅度下降，企业没有做好新产品的投入准备；

第三，企业受到强有力的竞争对手的挑战，难以抵挡；

第四，企业的高层领导者缺乏对市场需求变化的敏感性，面对危机束手无策，被动地采取防御战略；企业高层领导者面对困境，主动地选择前景良好的经营领域进行投资，实施有秩序的资源转移。

（3）防御型战略的实施

防御战略的实施通常分三个阶段进行：

紧缩阶段：紧缩开支、节约原材料、缩小经营规模；

巩固阶段：完善管理制度，提高管理水平，检讨市场营销；

复苏阶段：推出新产品，改善企业形象；调整市场营销策略和实施计划；为彻底摆脱困境做好资源和财务上的安排。

（二）基本竞争战略

竞争战略所要解决的问题主要是考虑在一个具体的业务或行业内，经营单位如何参与市场竞争并取得竞争优势的问题，企业某种业务有效地参与市场竞争并取得竞争优势的常见手段是利用价格优势和产品特色优势。常见的基本竞争战略主要要三种典型的子战略模式，即低成本战略、差异化战略和集中化战略。

1. 低成本战略

低成本战略也称总成本领先战略，是指企业通过有效途径降低成本，使企业的全部成本低于竞争对手的成本，甚至是同行业中最低的成本，从而获得竞争优势的一种竞争战略。如我国的格兰仕公司在微波炉业务上成功实施就是低成本战略运用的一个典型例子。

实施低成本战略的企业主要优势在于：

（1）从抵御新进入者的威胁来看，实施低成本战略的企业通常已建立起的巨大的生产规模和成本优势，造成新加入者的较大进入障碍；

（2）从抵御购买者讨价还价能力来看，实施低成本战略的企业握有更大的主动权，可以更好应对购买商的讨价还价；

（3）从抵御供应商讨价还价能力来看，实施低成本战略的企业同样有更大的余地来应对很强有议价能力的供应商；

（4）从抵御替代品威胁来看，实施低成本战略的企业往往比同行业中的其他企业处于更有利的地位；

（5）面对同行业现有企业的激烈竞争，实施低成本战略的企业低成本优势通常是很有效的法宝，可以从容面对残酷的价格战。

实施低成本战略的企业主要面临的风险在于：

（1）具有强大资本实力的潜在竞争者很可能后来居上；

（2）科学技术的发展进步，新工艺、新技术的创新，容易削弱低成本企业的竞争优势；

（3）企业管理者通常缺乏对市场变化的敏锐洞察力，易错失快速发展的机会；

对于现实中企业实施低成本战略的实施，企业尤其需要注意：（1）不能只重视制造活动的成本的降低，而忽视其他活动的成本降低，如采购、销售、物流等；（2）不能盲目过度降价削弱企业的利润率，应“恰如其分”地保持低成本优势，最大限度地获取企业长远收益。

2. 差异化战略

差异化战略也称别具一格战略，是指企业通过提供与众不同的产品和服务，满足目标顾客的特殊需求，从而形成竞争优势的一种竞争战略。这一战略试图使本公司的产品和服务与同行业其他企业的产品和服务有所区别，它强调高超的质量、非凡的服务、新颖的设计、技术性专长，或者不同凡响的品牌形象，而非产品和服务的成本。如一种独特口味的比萨饼、工程设计和性能卓越的奔驰汽车、高质量制造的本田汽车、技术领先地位的索尼公司产品以及海尔公司的星级服务等。这一战略的基本假设是：消费者愿意为差异化的产品付出较高的价格。实施这一战略的企业需要有很强的市场运作能力、创造性的目光以及作为市场领导者的声誉。

实施差异化战略的企业主要优势在于：

（1）容易获取消费者对本企业特色产品或服务的高度忠诚，甚至成为一种消费习惯；

（2）利用本企业独具特色的，深受消费者喜爱的产品，使消费者缺乏与之可以比较的产品参照，降低消费者对价格的敏感度；

（3）企业通常具有较高的边际效益，能更好抵御供应商讨价还价的能力；

（4）利用消费者对本产品的忠诚，使得替代品无法迅速进入消费的内心，即使替代品具有类似的性能，低廉的价格；

（5）同样利用消费者对本产品的忠诚对新加入者形成强有力的进入障碍；

实施差异化战略的企业主要风险在于：

（1）可能丧失部分客户。如果采用成本领先战略的竞争对手压低产品价格，使其与实行差异化战略的厂家的产品价格差距拉得很大，在这种情况下形成威胁；

（2）用户所需的产品差异的因素下降。当用户变得越来越老练时，对产品的特征和差别体会不明显时产生威胁；

（3）大量的模仿缩小了感觉得到的差异产生威胁；

（4）过度差异化导致的管理难度和成本增加产生的威胁。

3. 集中化战略

集中化战略是指将企业的经营活动集中于某一特定细分的市场领域，通过为这个细分市场的购买者提供比竞争对手更好、更有效率的服务来建立竞争优势的一种竞争战略。集中化战略与低成本战略、差别化战略不同，低成本战略、差别化战略面向全行业，在整个行业的范围内进行活动。而集中化战略则是围绕一个特定的目标进行密集型的生产经营活动，要求能够比竞争对手提供更为有效的服务。公司一旦选择了目标市场，便可以通过产品差别化或成本领先的方法，形成集中低成本或集中差异化战略。如我国健力宝公司推出健力宝饮料产品时，面对行业巨头可口可乐公司和百事可乐公司竞争，其首先打开了“运动员专用饮料市场”，利用差异化的特色优势取得了成功，这正是集中化战略（集中差异化）而取得了成功。

实施集中化战略的企业主要优势在于：

集中化战略避开了在大市场内与竞争对手的直接竞争，所以对于一些力量还不足以与实力雄厚的大公司抗衡的中小企业来说，集中化战略可以增强他们相对的竞争优势，因而该战略对中小企业具有重要意义。即使对于大企业来说，采用集中化战略也能避免与竞争对手正面冲突，使企业处于一个竞争的缓冲地带。

实施集中化战略的企业主要战略风险在于：

（1）强大的竞争对手可能会后进入企业选定的细分市场，并采取优于企业的更集中化的战略。

（2）狭窄的小市场中的顾客需求可能会与大市场中一般顾客需求趋同，此时集中化战略的优势就会被削弱或消失。

（3）企业选择的细分市场非常具有吸引力，以至于各个竞争厂商蜂拥而入，瓜分细分市场的利润。

阅读与思考

“互联网+”背景下的家电制造业的工业4.0升级

人类的第四次工业革命正在进行中。前三次工业革命都是随着人类生产力、科技水平以及社会发展需要自然推进产生的变革，在发生的当下人们处于“无意识”，当回头去看才将那些重要的发明、技术打上“革命”的标签，载入史册。然而这一次似乎不太一样，人类在更加主动地寻求变革。

德国提出的以制造业智能化为核心的“工业4.0”计划已经在全球范围内产生了反响，历史告诉我们，先发优势至关重要。今年5月，国务院正式发布《中国制造2025》规划，被称为中国版“工业4.0计划”，是我国实施制造强国战略第一个十年行动纲领。这一次，中国不会再后知后觉了。

李克强总理在政府工作报告中强调，要实施“中国制造2025”，坚持创新驱动、智能转型、强化基础、绿色发展，加快从制造大国转向制造强国。家电行业作为中国制造业的一个典型缩影，经历三十多年发展后，正处于升级转型、重塑竞争力的时期，国内市场趋于饱和，增长放缓，生产结构、消费结构都在发生变化。

基于"互联网+"的高端化、智能化

根据中怡康数据，2014年部分大家电行业深陷负增长泥潭，但是一片疲软态势中，各品类中高端产品的增势却远超市场平均增幅，成为拉动市场增长的力量。多门冰箱零售额同比增幅达到49.4%，滚筒洗衣机和欧式吸油烟机的增长率分别为11%和15.5%。根据《2014高端家电消费者调查分析报告》，在消费升级的大潮下，价格已经不是消费者购买高端家电过程中的决定性因素。最为核心的指标为功能，占比为76.2%，其次是品牌与服务，占比分别达到54.2%、45.5%。而针对产品功能，消费者对高端家电也在不断提出新的使用诉求，比如智能、健康、环保等，并且愿意为此付出更高的价格。在消费升级的带动下，家电行业将迈进由产品升级驱动的产业高端化阶段，产品结构、市场结构、经营模式的调整已成为必然。

中国家电网总编吕盛华表示："我国家电市场已进入以更新换代为主要需求的新消费时期。不再是追求'从无到有'，而是要'从有到好'，消费升级衍生出来的高端家电消费需求正成为家电行业新的红利。"在这样的行业趋势背景下，中国家电网在2009年创办了中国唯一的高端家电奖项——红顶奖，对20余个品类的高端家电产品进行甄选，每个品类仅能有一款产品获此殊荣，并且每年对中国高端家电市场的消费趋势进行分析，发布相关行业报告。区别于偏重于工业设计的IF奖、红点奖，红顶奖是一个更全面的产品奖项。经过6年发展，红顶奖已成为代表中国高端家电领域至高荣誉的权威奖项，不仅为行业企业提供了一个标杆，也为消费者的购买决策提供了一个导向。

从每年红顶奖的获奖产品中也能看出家电行业的发展趋势。吕盛华介绍，红顶奖的评选标准主要包括：技术、设计、节能环保、市场表现四个方面。近两年，家居产品智能化已经成为一种潮流，因而智能化因素也被纳入评选考量中。

去年"红顶奖"专门增设了一个"智能尚品"奖项，获奖产品海尔智能空气魔方，是海尔小微创客团队通过京东众筹这一互联网新模式组织生产的模块化空气解决方案，代表了家电行业在互联网时代对产品研发与生产模式创新进行的积极探索。可见，以"互联网+"为基础的家电智能化，将成为高端化之外的另一个家电行业发展趋势。

2013年，格力董事长董明珠就明确表示"互联网对制造业非常重要"。她说："很多人把互联网概念搞错了，以为线上买卖就是互联网，其实互联网重在提升效率，格力中央空调都已经实现远程监控，如果运行出现故障，远程就能知道，这是否使用了互联网？其实，格力电器早就走入了互联网时代，只是没刻意用互联网概念去包装。”

众所周知，海尔是行业内最早开始进行互联网转型的企业，也是动作最大的。2011 年，张瑞敏就提出“企业平台化”“创客”“小微企业”“人单合一”等概念。海尔的转型路径至今依然争议不断，但也在争议中取得了阶段性的成果。

今年，海尔集团的互联网工厂已经落地，首批由全球 50 万用户参与众创定制的滚筒洗衣机已在海尔洗衣机互联网工厂下线。海尔方面认为，互联网工厂的意义在于做到企业和用户真正的融为一体，创造出用户的最佳生活体验，未来大规模定制化解决方案将真正实现用户和企业的零距离。此外，TCL、美的等家电龙头企业也率先开始对制造环节进行“智造”升级。云计算、物联网、大数据等新的信息技术为家电制造业的智能化提供了支撑点。

与此同时，在智能家居的大潮下，传统家电制造企业与互联网企业的跨界合作成为新的潮流。海尔+魅族、美的+小米+阿里、长虹+腾讯，各种大型家电企业与智能手机厂商、互联网巨头组合的阵营正在形成，强强联手、资源共享、优势互补，共同布局智能家居这个被认为是继智能手机之后又一个将改变人们生活方式的趋势。

创新、融合、品牌、高端、绿色、智能、服务、国际化，这些都是我们能在“中国制造 2025”中找到的关键词，也将成为包括家电行业在内的制造业未来十年发展的关键词。互联网化已经不是目标，而是工具，如何运用好“互联网+”模式，实现家电制造业的升级转型才是目标。

阅读思考问题：

（1）“互联网+”对家电行业产生了哪些影响？

（2）你认为家电企业在互联网转型中需要注意哪些问题？

（资料来源：中华品牌管理网 http：//www. cnbm. net. cn/article/ar756841255. html）

（三）企业战略的选择

制定公司层战略最流行的方法之一就是波士顿矩阵法。该方法是由波士顿咨询集团（Boston Consulting Group，BCG）在上世纪 70 年代初提出的。波士顿咨询公司指出，当一个公司存在两个以上的经营单位时，企业必须为经营组合中的每一独立单位分别地制定战略。

波士顿咨询公司认为，一个经营单位的相对竞争地位和市场增长率是决定整个经营组合中每一个经营单位应当奉行什么样战略的两个基本参数。相对竞争地位用相对市场占有率（即经营单位的产品市场份额与主要竞争对手产品市场份额的比率）来表示，相对竞争地位决定了该经营单位获取现金的能力。市场增长率代表着对一个经营单位来说市场吸引力的大小，它决定着经营单位投资机会的大小，市场增长率可以用当年产品市场需求与去年市场需求的差值占去年市场需求的比值来表示。

一般来说，市场增长率的高低以10%为分界，相对市场占有率的高低以1为分界。然而，这种划分并非绝对，往往要根据不同行业的需要，采用不同的划分界限。根据以上划分，一般可以将一个企业的所有经营业务划分成四类：明星类业务、金牛类业务、问题类业务以及瘦狗类业务。如图3－4所示。

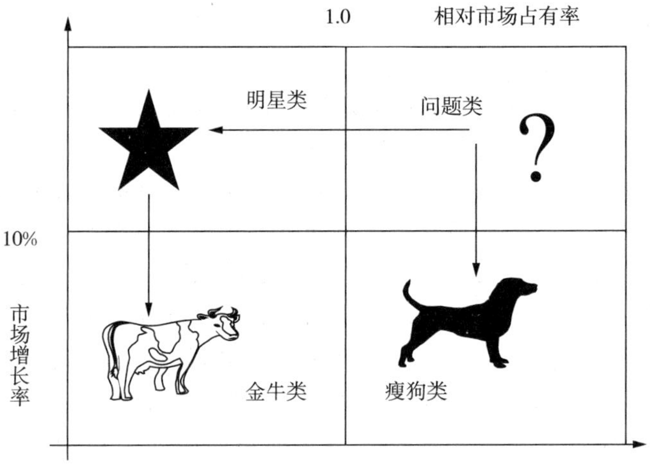

图3－5　波士顿矩阵分析图

（1）明星类业务

明星类业务是指具有高市场增长率和高相对市场占有率的业务。这个领域中的产品处于快速增长的市场中并且占有支配地位的市场份额，但当前也许会或也许不会产生正现金流量，这取决于新工厂、设备和产品开发对投资的需要量。但明星型业务它将成为公司未来的现金牛业务。明星类业务通常代表着最优的利润增长率和最佳的投资机会，其最佳的战略是对其进行必要投资以实现其扩张发展。

（2）金牛类业务

金牛类业务是指具有低市场增长率和高相对市场占有率的业务。这个领域中的产品产生大量的现金，但未来的增长前景是有限的。因为该类业务具有较低市场增长率，投资机会小，企业不必大量投资来扩展市场规模，同时由于具有较高相对市场占有率，该业务享有规模经济和高边际利润的优势，因而给企业带来大量现金流。对金牛类的业务，通常应采取稳定发展维护策略，以获得更多的净现金流入支持明星类业务发展。

（3）问题类业务

问题类业务也称幼童业务，是指具有高市场增长率和低相对市场占有率的业务。这个领域中的产品具有良好的市场前景，但业务本身相对竞争实力较弱。问题类业务的战略选择有两种可能方向，对于自身具有潜力的，未来有可能通过改进增强自身竞争实力的问题业务，应该给予一定的资金支持，扩大其市场占有率成为明星业务；对于自身潜力不大，自身竞争实力很难有多大提高的问题业务，应当及早采取放弃或清算策略，以避免不必要的投入和损失。

阅读与思考

波士顿矩阵（BCG）分析法应用实例

甲公司由三个事业部，分别从事A、B、C三类家电产品的生产和销售，这些产品的有关市场数据见下表，在A、B、C三类产品市场上，甲公司的主要竞争对手分别是乙公司、丙公司和丁公司。

2007年市场销售额数据表（万元）

产品统计对象	A	B	C
甲公司销售额	2600	8800	14500
主要竞争对手销售额	4200	22000	11000
全国市场销售总额	32000	84000	64000
产品的全国市场增长率	13%	6%	1%

思考：

（1）用波士顿矩阵（BCG）法分析甲公司A、B、C三类产品分别属于何种业务？

（说明：相对市场占用率与市场增长率，判断高低的标准分别取1.0和10%）

（2）甲公司对A、C两类产品应分别采取什么样的策略？为什么？

（4）瘦狗类业务

瘦狗类业务是指具有低市场增长率和低相对市场占有率的业务。这个剩下的领域中的产品既不能产生大量的现金，也不需要投入大量现金，这些产品没有希望改进其绩效。瘦狗类业务通常要占用很多资源，如资金、管理部门的时间等，多数时候是得不偿失的。瘦狗类业务应当考虑采用防御型战略的收缩、放弃或清算策略，以便把资源转移到更有利的领域。

四、企业战略实施与控制

（一）企业战略实施

战略实施就是将企业战略付诸实施的过程。企业战略的实施是战略管理过程的行动阶段。战略实施是一个自上而下的动态管理过程。所谓“自上而下”主要是指，战略目标在公司高层达成一致后，再向中下层传达，并在各项工作中得以分解、落实。所谓“动态”主要是指战略实施的过程中，常常需要在“分析—决策—执行—反馈—再分析—再决策—再执行”的不断循环中达成战略目标。

企业战略实施在过程中，有四个相互联系的阶段：

1. 战略发动阶段

在这一阶段上，企业的领导人要研究如何将企业战略的理想变为企业大多数员工的实际行动，调动起大多数员工实现新战略的积极性和主动性，这就要求对企业管理人员和员工进行培训，向他们灌输新的思想、新的观念，提出新的口号和新的概念，消除一些不利于战略实施的旧观念和旧思想，以使大多数人逐步接受一种新的战略。对于一个新的战略，在开始实施时相当多的人会产生各种疑虑，而一个新战略往往要将人们引入一个全新的境界，如果员工们对新战略没有充分的认识和理解，它就不会得到大多数员工的充分拥护和支持。因此，战略的实施是一个发动广大员工的过程，要向广大员工讲清楚企业内外环境的变化给企业带来的机遇和挑战、旧战略存在的各种弊病，新战略的优点以及存在的风险等，使大多数员工能够认清形势，认识到实施战略的必要性和迫切性，树立信心，为实现新战略的美好前途而努力奋斗。在发动员工的过程重要努力争取战略的关键执行人员的理解和支持，企业的领导人要考虑机构和人员的认识调整问题，扫清战略实施的障碍。

2. 战略计划阶段

将经营战略分解为几个战略实施阶段，每个战略实施阶段都有分阶段的目标，相应的有每个阶段的政策措施、部门策略以及相应的方针等。要定出分阶段目标的时间表，要对各分阶段目标进行统筹规划、全面安排，并注意各个阶段之间的衔接，对于远期阶段的目标方针可以概括一些，但是对于近期阶段的目标方针则应该尽量详细一些。为使战略实施的第一阶段新战略与旧战略有很好的衔接，以减少阻力和摩擦，第一阶段的分目标及计划应该更加具体化和操作化；应该制订年度目标、部门策略、方针与沟通等措施，使战略最大限度地具体化，变成企业各个部门可以具体操作的业务。

3. 战略运作阶段

企业战略的实施运作主要与下面六个因素有关，即：各级领导人员的素质和价值观念；企业的组织机构；企业文化；资源结构与分配；信息沟通；控制及激励制度。通过这六项因素使战略真正进入到企业的日常生产经营活动中去，成为制度化的工作内容。

4. 战略的控制与评估阶段

战略是在变化的环境中实践的，企业只有加强对战略执行过程的控制与评价，才能适应环境的变化，完成战略任务。这一阶段主要是建立控制系统、监控绩效和评估偏差、控制及纠正偏差三个方面。

（二）企业战略控制

战略控制是指在企业经营战略的实施过程中，检查企业为达到目标所进行的各项活动的进展情况，评价实施企业战略后的企业绩效，把它与既定的战略目标与绩效标准相比较，发现战略差距，分析产生偏差的原因，纠正偏差，使企业战略的实施更好地与企业当前所处的内外环境、企业目标协调一致，使企业战略得以实现。

1. 战略控制的内容

对企业经营战略的实施进行控制的主要内容有：

（1）设定绩效标准。根据企业战略目标，结合企业内部人力、物力、财力及信息等具体条件，确定企业绩效标准，作为战略控制的参照系。

（2）绩效监控与偏差评估。通过一定的测量方式、手段、方法，监测企业的实际绩效，并将企业的实际绩效与标准绩效对比，进行偏差分析与评估。

（3）设计并采取纠正偏差的措施。以顺应变化着的条件，保证企业战略的圆满实施。

（4）监控外部环境的关键因素。外部环境的关键因素是企业战略赖以存在的基础，这些外部环境关键因素的变化意味着战略前提条件的变动，必须给予充分的注意。

（5）激励战略控制的执行主体，以调动其自控置与自评价的积极性，以保证企业战略实施的切实有效。

2. 战略控制的作用

企业战略的控制在战略管理中的作用主要表现在以下几个方面：

（1）企业经营战略实施的控制是企业战略管理的重要环节，它能保证企业战略的有效实施。战略决策仅能决定哪些事情该做，哪些事情不该做，而战略实施的控制的好坏将直接影响企业战略决策实施的效果好坏与效率高低，因此企业战略实施的控制虽然处于战略决策的执行地位，但对战略管理是十分重要的，必不可少的。

（2）企业经营战略的实施的控制能力与效率的高低又是战略决策的一个重要制约因素，它决定了企业战略行为能力的大小。企业战略实施的控制能力强，控制效率高，则企业高层管理者可以做出较为大胆的、风险较大的战略决策；若相反，则只能做出较为稳妥的战略决策。

（3）企业经营战略实施的控制与评价可为战略决策提供重要的反馈，帮助战略决策者明确决策中哪些内容是符合实际的、正确的，哪些是不正确的、不符合实际的。这对于提高战略决策的适应性和水平具有重要作用。

（4）企业经营战略实施的控制可以促进企业文化等企业基础建设，为战略决策奠定良好的基础。

五、企业战略的新发展

（一）企业战略联盟

战略联盟的概念最早由美国DEC公司总裁简·霍普兰德（J. Hopland）和管理学家罗杰·奈格尔（R. Nigel）提出，他们认为，战略联盟指的是由两个或两个以上有着共同战略利益和对等经营实力的企业，为达到共同拥有市场、共同使用资源等战略目标，通过各种协议、契约而结成的优势互补或优势相长、风险共担、生产要素水平式双向或多向流动的一种松散的合作模式。企业战略联盟具有边界模糊、关系松散、机动灵活、动作高效等特点，常见的企业战略联盟的形式有合资、研发协议、定牌生产、特许经营、相互持股等具体形式。企业战略联盟的类型主要有两类：一是实体联盟，即主要靠股权、合作协议等具有法律效力的契约约束组成的联盟；二是虚拟联盟，即指不涉及所有权的和以法律做约束力的、彼此相互依存的联盟关系。维系虚拟联盟更多的是靠对行业法规的塑造、对知识产权的控制以及对产品或技术标准的掌握和控制实现的，通过这些“软约束”协调联盟各方的产品和服务。

任何企业都有各自的长处和短处，不同的阶段，不同的时间，不同的地点，都应有自己的发展重点，不同的策略。为此，有必要通过开展合作，来达到优势互补的目的，尤其是当自己有着明显劣势，同时又暂时有没有能力或精力来顾及且又不能“熟视无睹”的时候，就非常有必要通过寻找合作伙伴来弥补自身的不足，化劣势为优势。企业战略联盟具有非常显著的优势，比如：快速性、互补性、低成本、成效大等等，是一个相对比较容易实施的策略。企业战略联盟实施成功的关键在于：第一，订立联盟策略，在合适的时候发现自己的企业在哪些方面缺乏竞争优势，在哪些方面有竞争优势，从而制定策略；第二，选择合作伙伴，合作伙伴的选择要适合本公司的情况，有时候并不是越大的伙伴越好，而是适合自己的伙伴越好；第三，建立联盟结构与管理制度，同自己的策略联盟伙伴制定一个相互之间权利和义务的协定以及出现问题的协商制度，这对于战略联盟合约的履行是至关重要的；第四，订立终止联盟计划，在开始的时候就应该考虑善始善终。企业实施战略联盟有助于实现企业的战略目标、提升企业核心竞争力、实现战略多样性、促进研究和开发以及防止过度的竞争。

（二）蓝海战略

蓝海战略（Blue Ocean Strategy）是由W·钱·金（W. Chan Kim）和莫博涅（Mauborgne）提出的。蓝海战略认为，聚焦于红海等于接受了商战的限制性因素，即在有限的土地上求胜，却否认了商业世界开创新市场的可能。运用蓝海战略，视线将超越竞争对手移向买方需求，跨越现有竞争边界，将不同市场的买方价值元素筛选并重新排序，从给定结构下的定位选择向改变市场结构本身转变。

一个典型的蓝海战略例子是太阳马戏团，在传统马戏团受制于“动物保护”“马戏明星供方砍价”和“家庭娱乐竞争买方砍价”而萎缩的马戏业中，从传统马戏的儿童观众转向成年人和商界人士，以马戏的形式来表达戏剧的情节，吸引人们以高于传统马戏数倍的门票来享受这项前所未见的娱乐。

蓝海以战略行动作为分析单位，战略行动包含开辟市场的主要业务项目所涉及的一整套管理动作和决定，价值创新是蓝海战略的基石。价值创新挑战了基于竞争的传统教条即价值和成本的权衡取舍关系，让企业将创新与效用、价格与成本整合一体，不是比照现有产业最佳实践去赶超对手，而是改变产业境况重新设定游戏规则；不是瞄准现有市场“高端”或“低端”顾客，而是面向潜在需求的买方大众；不是一味细分市场满足顾客偏好，而是合并细分市场整合需求。

构思蓝海的战略布局需要回答四个问题：一是哪些被产业认定为理所当然的元素需要剔除？二是哪些元素的含量应该被减少到产业标准之下？三是哪些元素的含量应该被增加到产业标准之上？四是哪些产业从未有过的元素需要创造？蓝海战略共提出六项原则，其中四项战略制定原则：重建市场边界，注重全局而非数字，超越现有需求、遵循合理的战略顺序；两项战略执行原则：克服关键组织障碍，将战略执行建成战略的一部分。

（三）国际化战略

企业国际化战略是企业产品与服务在本土之外的发展战略。随着企业实力的不断壮大以及国内市场的逐渐饱和，有远见的企业家们开始把目光投向本土以外的全球海外市场。企业的国际化战略是公司在国际化经营过程中的发展规划，是跨国公司为了把公司的成长纳入有序轨道，不断增强企业的竞争实力和环境适应性而制定的一系列决策的总称。企业的国际化战略将在很大程度上影响企业国际化进程，决定企业国际化的未来发展态势。

企业的国际化战略可以分为本国中心战略、多国中心战略和全球中心战略三种。本国中心战略是在母公司的利益和价值判断下做出的经营战略，其目的在于以高度一体化的形象和实力在国际竞争中占据主动，获得竞争优势。这一战略的特点是母公司集中进行产品的设计、开发、生产和销售协调，管理模式高度集中，经营决策权由母公司控制。这种战略的优点是集中管理可以节约大量的成本支出，缺点是产品对东道国当地市场的需求适应能力差。多国中心战略是在统一的经营原则和目标的指导下，按照各东道国当地的实际情况组织生产和经营。母公司主要承担总体战略的制定和经营目标分解，对海外子公司实施目标控制和财务监督；海外的子公司拥有较大的经营决策权，可以根据当地的市场变化做出迅速的反应。这种战略的优点是对东道国当地市场的需求适应能力好，市场反应速度快，缺点是增加了子公司和子公司之间的协调难度。全球中心战略是将全球视为一个统一的大市场，在全世界的范围内获取最佳的资源并在全世界销售产品。采用全球中心战略的企业通过全球决策系统把各个子公司连接起来，通过全球商务网络实现资源获取和产品销售。这种战略既考虑到东道国的具体需求差异，又可以顾及跨国公司的整体利益，已经成为企业国际化战略的主要发展趋势。但是这种战略也有缺陷，对企业管理水平的要求高，管理资金投入大。

纵观中国企业的国际化战略，大致可以分为四种类型，第一种是海外设厂，生产本地化，如海尔；第二种是自有产品直接出口，如华为和中兴；第三种是并购国外企业，如联想；第四种是产品贴牌出口，这类企业以浙江温州企业为多。当然，上述分类是按照企业的主导战略类型，企业国际化战略有时会采取多种战略，即组合战略来进军海外。前三种方式是中国企业国际化的方向，也代表了中国公司在国际上的竞争力。

（四）竞合战略

“竞合战略”一词最早出现在1996年，1996年，博弈理论与实务专家布兰登博格（Adam M. Brandenburger）和奈勒波夫（Barry J. Nalebuff）出版《竞合战略》一书，立即在实业界和理论界掀起一股热销和讨论的浪潮。竞合战略是博弈理论的应用，它是关于创造价值与争取价值的理论。创造价值的本质是合作的过程，争取价值的本质是竞争的过程。竞合策略的主要观念是增加互补者，运用互补者的战略可使你的产品和服务变得更有价值。

竞合战略泛指通过与其他企业合作来获得企业竞争优势或战略价值的战略。竞合战略就是竞争中求合作，合作中有竞争。竞争与合作是不可分割的整体，通过合作中的竞争、竞争中的合作，实现共存共荣，一起发展，这是企业竞争所追求的最高境界。竞合的着眼点在于把产业蛋糕做大，在做大蛋糕的基础上大家都有可能比以前得到的更多，从而使企业能在一个较小风险、相对稳定、渐进变化的环境中获得较为稳定的利润。竞合的实质是实现企业优势要素的互补，增强竞争双方的实力，并且将其作为竞争战略之一加以实施，从而促成双方建立和巩固各自的市场竞争地位。

当今的商业运作是战争与和平的综合体。在做蛋糕的时候，商场是合作；在分蛋糕的时候，商场是战争。战争与和平是同时发生的。任何行为的目标都是为了要让自己好，然而“让自己好”不一定要牺牲别人。在既合作又竞争的精神下，有些情况采取“赢输”模式最有效；有些情况采取“双赢”模式才明智。

竞合战略是一种互补性的商业思维模式，它的方法是设法将饼做大一点，而不是和竞争者争夺固定大小的饼。那么在全球的软件产业中，中国与美国、中国与印度既是竞争者，也可以是互补者，我们可以用竞合战略的眼光去看待中国与其他国家的关键。商场非战场，不再崇尚谁吃掉谁的“丛林哲学”，而是在寻求竞合和双赢。不知道怎样与对手合作，就无法参与竞争。中国软件企业要充分认清现实世界产业环境和对手状况，一方面善于向美国学习、争取合作的机会，迅速提升自身服务能力；另一方面得清楚目前和印度合作要提高警惕，小心处理竞合关系，避免被廉价利用。只有修炼好内功，抓住机遇，聪明地选择竞合方式并以不卑不亢的学习态度走进世界，中国软件业迈出的第一步才会坚定而有力。

竞合战略的作用在于，通过竞合这种合作博弈可以使整个供应链减少了因对抗性而产生的资源浪费，企业间可以产生联合的最大化垄断利润，使社会财富增加。同时，竞合企业之间可以形成稳定的供应链，稳定的质量及价格，减少库存、检验、交易成本的发生。而在合作伙伴内部，分工与协作有利于各企业间的优势互补，可以形成更为有效的专业化分工，发挥规模效益，以使产品整体成本降低。相反，如果只有竞争而没有合作，那么整个供应链也就会因此而运转不畅或断裂，大家就会陷入争夺市场、瓜分利益的“红海”中去。

第三节　企业经营决策

一、决策的内涵及理论

（一）决策的含义及依据

决策是指组织或个人为了实现某种目标而对未来一定时期内有关活动内容及方式的选择或调整过程。企业经营决策则是指企业对未来经营发展的目标及实现目标的战略或手段进行最佳选择的过程。企业经营决策是企业管理全部工作的核心内容。在企业的全部经营管理工作中，决策的正确与否，直接关系到企业兴衰成败和生存发展。

决策包含有三层含义：

（1）决策的主体是管理者。管理者既可以单独做出决策，这样的决策称为个体决策；也可以和其他的管理者共同做出决策，这样的决策称为群体决策；

（2）决策的本质是一个过程，这一过程由多个步骤组成；

（3）决策的目的是解决问题或利用机会，这就是说，决策不仅仅是为了解决问题，有时也是为了利用机会。

管理者在决策时离不开信息。信息的数量和质量直接影响决策水平。所以说，适量的信息是决策的依据。信息量过大固然有助于决策水平的提高，但对组织而言可能是不经济的，而信息量过少则使管理者无从决策或导致决策达不到应有的效果。

（二）决策的理论

决策理论是研究决策问题的基本理论。与管理理论的发展历程基本相似，决策理论的发展也经历了三个阶段：古典决策理论阶段、行为决策理论阶段和当代决策理论阶段。

1. 古典决策理论

又称规范决策理论，是基于“经济人”假设提出来的。认为决策的目的在于为组织获取最大的经济利益。

古典决策理论的主要内容可概括为：

（1）决策者必须全面掌握有关决策环境的信息情报；

（2）决策者要充分了解有关备选方案的情况；

（3）决策者应建立一个合理的层级结构，以确保命令的有效执行；

（4）决策者进行决策的目的始终在于使本组织获取最大的经济利益。

古典决策理论假设决策者是完全理性的，决策者在充分了解有关信息情报的情况下，是完全可以做出实现组织目标的最佳决策的。古典决策理论忽视了非经济因素在决策中的作用，这种理论不可能正确指导实际的决策活动，从而逐渐被更为全面的行为决策理论所代替。

2. 行为决策理论

行为决策理论建立于20世纪50年代以后，它以行为科学为基础，遵循“有限理性”假说，追求的是“满意决策”。行为决策理论的主要代表人物是美国管理学家和社会科学家H. A. 西蒙，主要贡献：提出了管理的决策职能；建立了系统的决策理论，并提出了人有限度理性行为的命题和“令人满意的决策”的准则。

行为决策理论的主要内容可概括为：

（1）人的理性介于完全理性和非理性之间，即人是有限理性的；有限理性是指人的知识有限，能力有限，个人价值观，决策环境的不确定性和复杂性等均会使得人难以做到理性的抉择。

（2）决策者在识别和发现问题中容易受知觉上的偏差的影响；而在对未来的状况做出判断时，直觉的运用往往多于逻辑分析方法的运用；

（3）由于受决策时间和可利用资源的限制，决策者即使充分了解和掌握有关环境的信息情报，也只能做到尽量了解各种备选方案的情况，而不可能做到全部了解，决策者选择的理性是相对的；

（4）决策者在决策中往往只求满意的结果，而不愿意费力寻求最佳方案。

3. 当代决策理论

继古典和行为决策理论之后，决策理论有了进一步发展，产生了当代决策理论，其主要内容可概括为：

（1）决策贯穿于整个管理过程，决策程序就是整个管理过程。

（2）决策过程：分析内外环境，识别机会—确定目标—拟定可行方案—评估备选方案—作业决定—选择实施战略—检查、监督评估。

（3）广泛应用教学、系统论、计算机行为科学的有关理论。

二、企业经营决策的原则

（一）整体性原则

也可称为系统性原则，它要求把决策对象看作是一个系统，以系统整体目标的优化为准绳，来协调系统中各分系统的相互关系，从而使系统完整、平衡。

（二）前瞻性原则

预测是经营决策的前提和依据。科学决策就是采取科学的预见来克服没有科学根据的主观臆断，以防止盲目决策。

（三）可行性原则

掌握可行性原则必须认真研究分析制约因素，这些制约因素包括自然条件的制约和决策本身目标系统的制约。可行性原则的具体要求，就是在考虑制约因素的基础上，进行合法性、选优性、全面性的研究分析。

（四）信息性原则

科学决策要求信息必须是准确、适用、及时的。进行决策必须广泛收集与之有关的全面系统的信息资料，然后进行归纳、整理、分析、加工。

（五）满意性原则

满意性原则要求决策最终的结果不是需求问题的最优解，由于人的有限理性，现实中的企业决策应当追求的是既定条件下令人满意的结果。

（六）反馈性原则

反馈的目的在于对决策的后果进行动态的调整，决策只有在不断反馈中及时修正，在反复的修正中才能逐步完善。

阅读与思考

该由谁骑这头骡

一位农民和他的儿子及一头骡到几里外的城镇去赶集。开始时，农民骑骡，儿子走路；没走多远，碰到一位年轻的母亲，她指责农夫虐待他的儿子，于是农民走路，儿子骑骡；走了一里路，遇到一位老和尚，他骂年轻人不孝顺，于是两人都不骑，牵着骡走了四里路；又碰到一位学者，学者笑话他们放着骡不骑，累得气喘吁吁是自找苦吃，于是两人一起骑骡又走了三里路；碰到一位外国人，这位外国人见他们俩骑一头骡，就指责他们虐待牲口。

思考：

（1）从决策的角度来说你领悟到了什么？

（2）如果你是那位农民，你会怎么做？为什么？

（资料来源：邢以群．管理学．浙江大学出版社，2005）

三、企业经营决策的主要内容

企业的经营决策是在经济分析的基础上，依据客观规律和实际情况，对企业总体发展和各种重要经营活动的经营目标、方针和策略，做出正确抉择的过程。经营决策内容主要体现在三个方面：

（一）经营目标的决策

经营目标是指企业在一定时期内经过努力应达到的经营状况和水平。企业确定的经营目标经过分解，可以成为企业各个部门、各个单位、每个岗位的目标，使企业全体员工都能明确自己的工作目标，更好地努力工作，确保公司目标的实现。

（二）经营方针的决策

经营方针是指根据公司的经营思想，为了达到经营目标，所确定的公司总体或某种重要经营活动应遵循的基本原则。企业确定的经营方针，是企业各项管理工作应当贯彻的准则，是全体员工从事各种经营活动应当执行的原则，可以把员工的智慧、行动纳入一个轨道，拧成一股统一的力量。

（三）经营策略的决策

经营策略是指企业实现经营目标、落实经营计划的具体措施、对策、方法和基本步骤。企业确定的经营策略，可以使企业各项工作按照统一的步调有序地进行。

四、企业经营决策的类型

（一）按决策问题在经营中所处的地位分

1. 战略决策

战略决策是解决全局性、长远性、战略性的重大决策问题的决策。一般多由高层次决策者做出。战略决策是企业经营成败的关键，它关系到企业生存和发展。战略决策依据战略分析阶段所提供的决策信息，包括行业机会、竞争格局、企业能力等方面，综合各项信息确定企业战略及相关方案。

2. 战术决策

战术决策是为了实现战略决策、解决某一问题做出的决策，以战略决策规定的目标为决策标准是指企业在实现战略经营目标、经营方向、经营规划等战略决策过程中，对具体经营问题、管理问题、业务、技术问题的决策。如企业原材料和机器设备的采购，生产、销售的计划、商品的进货来源、人员的调配等属此类决策。战术决策一般由企业中层管理人员做出的。战术决策要为战略决策服务。

（二）按决策问题出现的重复程度分

1. 程序化决策

程序化决策就是指那些经常出现的例行问题的决策，有预定的处理程序和处理规则。比如库存决策、生产方案决策、工厂选址、采购运输等决策。

2. 非程序化决策

非程序化决策所赖以进行的信息不完全，变量与变量之间的关系模糊、不确定。通常是指那些对不重复的或很少重复发生的问题所做出的决策，事先难以确定处理程序和处理规则。比如项目投资决策、市场开发决策等。

（三）按决策问题所处条件不同分

1. 确定型决策

确定型决策亦称标准决策或结构化决策。是指决策问题条件完全已知，决策过程的结果完全由决策者所采取的行动决定的一类问题，它可采用最优化、动态规划等方法解决。

2. 风险型决策

风险型决策是指决策问题部分已知，决策者对决策对象的自然状态和客观条件比较清楚，也有比较明确的决策目标，但是实现决策目标必须冒一定风险。

3. 不确定型决策

不确定型决策方法又称非确定型决策，非标准决策或非结构化决策，是指决策问题完全未知，决策人无法确定未来各种自然状态发生的概率的决策。

（四）按决策主体不同分

1. 集体决策

集体决策是指多个人一起共同做出的决策。

2. 个人决策

个人决策是指决策者个人作出的决策。

集体决策与个人决策相比，集体决策能重复发挥集体的才智，更大范围地汇总信息，拟定更多备选方案，做出质量更高的决策，但集体决策通常决策的速度较慢，而且决策者之间协调难度更大。

五、企业经营决策的影响因素

影响企业经营决策的因素较多，但是常见的有如下几种：

（一）环境

不同的环境影响组织活动的选择。比如，在一个相对稳定的市场环境中，企业的决策相对简单，大多数决策都可以在过去决策的基础上做出；如果市场环境复杂，变化频繁，那么企业就可能要经常面对许多非程序性的、过去所没有遇到过的问题。

（二）过去的决策

在大多数情况下，组织决策绝不是在一张白纸上进行初始决策，而是对初始决策的完善、调整或者是改革。组织过去的决策是当前决策的起点；过去选择的方案的实施，不仅伴随着人力、物力、财力等资源的消耗，而且伴随着内部状况的改善，带来了对外部环境的影响。

（三）决策者的风险态度

任何决策都存在一定的风险，风险指的是一种不确定性。人们对待风险的态度是不同的，有人喜欢冒险，在多种选择中趋向于选择风险大的方案；而另一些人则不太愿意冒险，在多种选择中趋向于选择风险小的方案。因此决策者的风险偏好对决策的选择就会产生直接的影响。

（四）组织成员对组织变化所持的态度

任何决策的制定与实施，都会给组织带来某种程度的变化。组织成员对这种可能产生的变化会表现出抵制或者是欢迎两种截然不同的态度。组织成员通常会根据过去的标准来判断现在的决策，总是会担心在变化中会失去什么，对将要发生的变化产生抵御的心理，则可能给任何新决策、特别是创新决策的实施带来灾难性的后果。为了有效实施新的决策，首先必须做好大量的工作来改变组织成员的态度。

六、企业经营决策的过程

企业经营决策过程是指从问题到方案确定所经历的过程。决策是一项复杂的活动，有其自身的工作规律性，需要遵循一定的科学程序。明确和掌握科学的决策过程，是管理者提高企业经营决策正确率的一个重要方面。

一般来说，决策过程大致包括如图 3－6 所示的几个步骤；

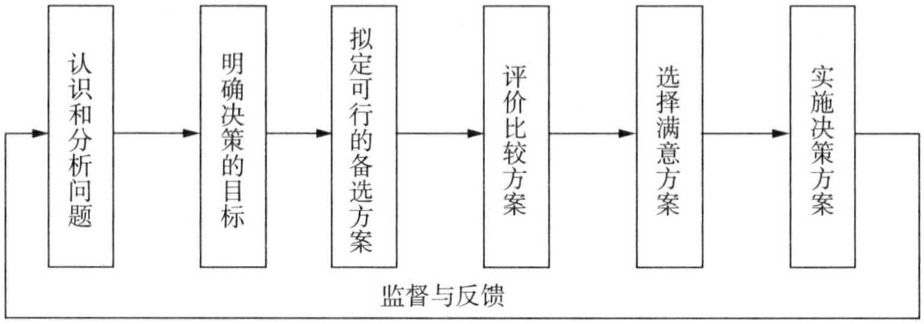

图 3－6　理性决策过程示意图

（一）认识和分析问题

决策是为了达到需要实现的目标，围绕着问题而展开的。决策的正确与否首先取决于判断的准确程度，因此，认识和分析问题是决策过程中最为重要也是最为困难的环节。当然在一个组织中总是存在许许多多的问题，仅仅将问题提出来是不够的，还必须在提出问题的基础上，对众多的问题进行分析，以明确各种问题的性质，弄清楚哪些是涉及组织全局的战略性问题，哪些只是涉及局部问题，哪些是非程序性的问题，哪些是程序性问题，由此确定解决问题的决策层次，避免高层决策者被众多的一般性问题所缠绕而影响对重大问题的决策。

因此决策的第一步就要求决策者必须主动地深入实际调查研究，收集大量有用的信息，及时发现并提出新问题进而解决问题，以保证组织的健康发展。

（二）明确决策的目标

在所要解决的问题及其责任人明确以后，则要确定应当解决到什么程度，明确预期的结果是什么，也就是要明确决策目标。所谓决策目标是指在一定的环境和条件下，根据预测，对这一问题所希望得到的结果。目标的确定十分重要，同样的问题，由于目标不同，可采用的决策方案也会大不相同。目标的确定，要经过调查和研究，掌握系统准确的统计数据和事实，然后进行一定的整理分析，根据对组织总目标及各种目标的综合平衡，结合组织的价值准则和决策者愿意为此付出的努力程度进行确定。

（三）拟订可行的备选方案

决策实际上是对解决问题的种种行动方案进行选择的过程。为解决问题，必须寻找切实可行的各种行动方案。各种行动方案都有其优点和缺陷，决策要求以“满意原则”来确定方案。在制定备选方案既注意科学性，又要注意有创造性。无论哪一种备选方案，都必须运用科学、合理的方法进行定量分析，使各个方案尽可能建立在客观科学的基础上，减少主观性。要充分发挥集体的智慧才能，通过集体充分的讨论，这样制定出来的备选方案往往会更有针对性和创造性。

（四）评价比较方案

决策过程的第四步是对已制定的备选方案逐个地进行评价。为此，首先要建立一套有助于指导和检验判断正确性的决策准则。决策准则表明了决策者关心的主要是哪些方面，其中主要包括目标达成度、成本、可行程度等。然后根据这些方面来衡量每一个方案，并据此列出各方案满足决策准则的程度和限制因素，即确定每一个方案对于解决问题或实现目标所能达到的程度和所需的代价，及采用这些方案后可能带来的后果。然后是分析每一个方案的利弊，比较各方案之间的优劣。最后根据决策者对各决策目标的重视程度和对各种代价的承受程度进行综合评价，结合分析比较结果，提出推荐方案。

（五）选择满意方案并组织实施

在对各方案进行理性分析比较的基础上，决策者最后要从中选择一个满意方案并付诸实施。在决策的时候，要注意不要一味地追求最佳方案。由于环境的不断变化和决策者预测能力的局限性，以及备选方案的数量和质量受到不充分信息的影响，决策者可能期望的结果只能是做出一个相对令人满意的决策。

（六）监督与反馈

这是决策过程中的最后一个步骤。一个决策者应该通过信息的反馈来衡量决策的效果。决策是一种事前的设想，在实际的实施过程中，随着形势的发展，实施决策的条件不可能与设想的条件完全相吻合，况且，在一些不可控因素的作用下，实施条件和环境与决策方案所依据的条件之间可能会有较大的出入，这时，需要改变的不是现实，而是决策方案了。所以，在决策实施过程中，决策者应及时了解、掌握决策实施的各种信息，及时发现各种新问题，并对原来的决策进行必要的修订、补充或完善，使之不断地适应变化了的新形势和条件。

阅读与思考

唐氏玩具公司

“我希望我的部门的所有管理人员都能进行完全合理的决策。”唐氏玩具公司营销副总裁阿瑞夫说，“我们中每个人无论职位高低，被雇用了。我希望所有的人不仅知道自己在做什么和为什么做，而且知道他们的决策是正确的。有人说，一名优秀的管理人员仅仅需要做出一半以上的正确决策。但是，这对于我来说还不够。我同意偶然犯错误是可以原谅的，尤其是当事情超出了你的控制范围时，但我决不会原谅不合理的决策行动。”

广告部经理李韩说：“我同意你的看法，我总是努力实现合理的、合乎逻辑的决策。没有人会同意做出不合理的决策，不是吗？但是，阿瑞夫先生，你能不能向我解释一下，怎么做才能达到你的要求呢？”

思考：

你若是营销副总裁，你将如何回答广告部经理的问题？

（资料来源：管理学案例集锦．中国高等教育资源网）

七、企业经营决策的主要方法

（一）定性决策法

主观决策法是一种定性的方法，是指一种凭借个人经验，充分发挥人的创造力对问题进行分析、做出决策的方法。该方法简单易行、经济方便，在日常生活中大量采用的决策方法都是主观决策方法。主观决策法主要有：

1. 德尔菲法

德尔菲法是由美国兰德公司命名并首先使用的。这种方法也称为专家意见法或函询调查法，它是对传统专家会议法的改进和发展。它采用匿名通信或反复征求意见的形式，使专家们在互不知晓、彼此隔离的情况下交换意见，这些意见经技术处理后会得出预测的结果。

使用德尔菲法要经过几轮调查：

第一轮，把意见征询表寄给专家小组的成员，请他们填写意见。预测小组收回调查表后，进行初步的统计和计算，发现具有共识性的意见和看法。

第二轮，将第一轮得到的相对比较集中的意见再反馈给每位专家，要求他们以此为参考，重新填写意见。如果他做出的第二轮预测仍与多数人的意见不符，则要求他陈述理由，说明为什么他的意见不同于大多数人的意见。预测工作小组收到调查表后，就要根据新的数据重新进行统计和计算。

第三轮，将第二轮统计结果及有些专家的陈述理由告之每位专家，请他们在这个基础上进行新的预测。

一般来讲，经过三轮或四轮调查后，专家意见将会比较集中，再把最后调查所得到的结果作为专家小组的意见。

2. 头脑风暴法

头脑风暴法是由一群人通过相互启发以尽可能地形成多种方案的一种方法。小组一般由5～9人组成，在讨论过程中，鼓励参加者提出各种建议，并禁止对他人想法进行批评，以便各种创新方案不断地被提出。头脑风暴法是激发人们创造性思维的一种行之有效的方法，经常用于决策的方案设计阶段，以获得广泛的、具有创建的新设想。同时，在制定备选方案时还要充分考虑到各方面的制约因素，比如政府法律方面的限制、传统道德观念的限制、管理者本身权力和能力的限制以及技术条件、经济因素等方面的限制。

3. 发散思维法

这是促使人们通过发散思维方式从全新的角度来提出解决问题的方案

的方法。在传统的方法中，人们按照标准化的步骤来解决问题：先判断问题、再明确目标、然后提出方案……而发散思维法则鼓励人们摆脱传统的思维方式，从不同的角度去看待问题，提出解决问题的方案。

（二）定量决策法

定量决策法是利用比较完备的历史资料，运用数学模型和计量方法，来预测未来的市场需求。具体方法有三大类：分别是确定型决策方法、不确定型决策方法和风险型决策方法。

1. 确定型决策方法

确定型决策问题的已知条件是确定的，决策者通常可以做出精确的决策。确定型决策方法很多，常见的确定型决策方法有量本利分析法（盈亏平衡分析法）、差量法、线性规划法等，这里主要介绍量本利法。

量本利分析法是产量—成本—利润分析法的简称，它依据与决策方案相关的产品产（销）量、成本与盈利之间的相互关系，来分析决策方案对企业经营盈亏所产生的影响，从而评价和选择方案的一种决策方法。

量本利分析法的基本原理是：企业的产品从成本的角度看，可划分为固定成本和变动成本两类。虽然固定成本与产量的关系是不变的，如图3－7所示；但摊入单位产品成本中的固定成本却是随着产量的变化而变化的；即产量增大，摊入单位产品成本的固定费用减小；产量越少，摊入单位产品成本中的固定费用增加。因为变动成本是指随产量变化而呈正比例变化的那部分费用；所以，单位产品的变动成本是不变的。产品成本中的原材料费、燃料动力费、计件工资等，均属于变动费用。变动成本与产量的关系如图3－8所示。一般而言，企业的产品销售收入与产品销售量成正比关系。那么，销售收入、固定成本、变动成本、总成本（固定成本与变动成本之和）的关系可用图3－9表示。从图3－9可以看出，销售收入线和总成本线有一个交点，在交点上，销售收入与总成本相等，即此点利润为零。所以将此点称为盈亏平衡点，或称保本点。

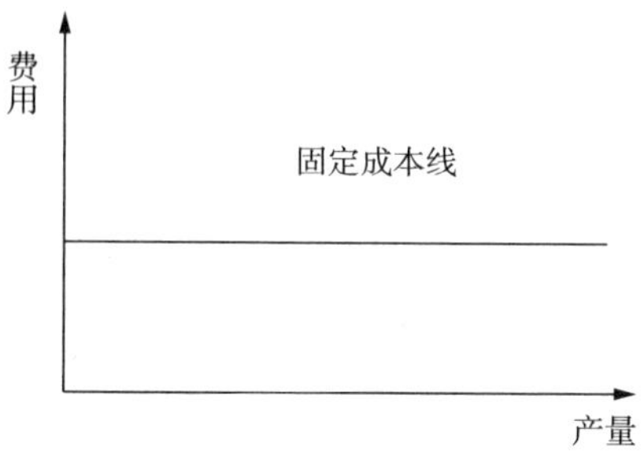

图3－7　固定成本与产量关系图

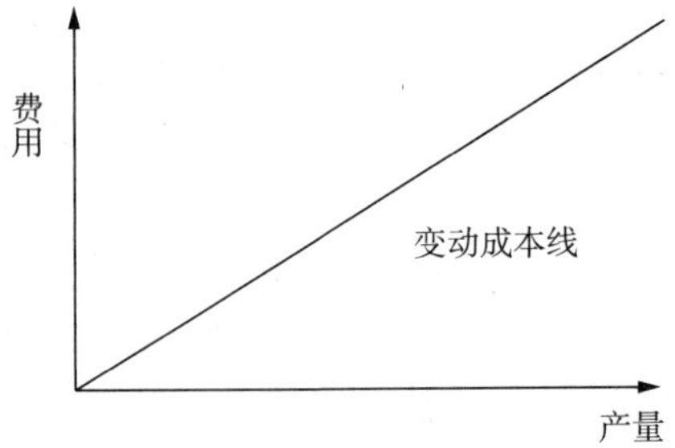

图3－8　变动成本与产量关系图

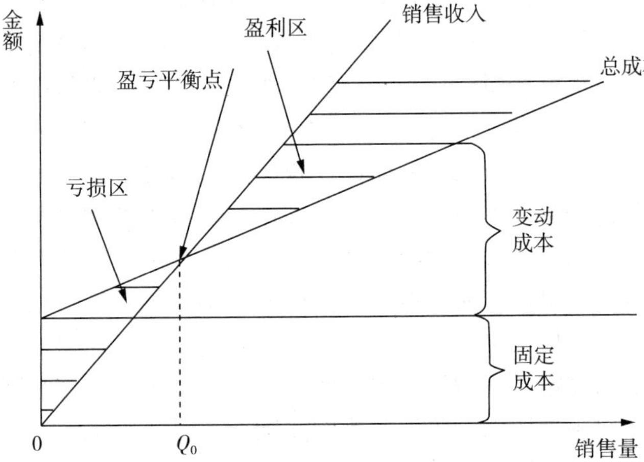

图3－9　量本利关系图

设总成本为C，固定成本为F，变动成本为V，单位产品变动成本为Cv，销售量为Q，销售收入为S，单位产品价格为P，利润为I，那么，则有下面关系式成立：

$$C=F+V=F+C_v \cdot Q$$

$$S=P \cdot Q$$

根据利润公式可知：利润＝收入－成本，则

$$I=S-C$$

$$I=P \cdot Q-(F+C_v \cdot Q)$$

得到量本利关系式为：

$$Q=\frac{F+I}{P-C_V}$$

当利润为零时，就得到盈亏平衡公式：

$$Q_0=\frac{F}{P-C_V}$$

当企业销售量>Q_0时，企业有盈利；当企业销售量<Q_0时，企业则亏损。

运用量本利分析法通常可以从以下几方面进行企业的经营决策：

（1）判明销量一定时的盈亏情况

例3-1：某企业欲新建一条生产线生产一种新产品，每年固定成本需100万元，单位产品变动成本为40元，产品单价预计为80元。该产品市场需求量很大，企业生产多少就可以销售多少，但该生产线的设计能力较低，仅为年产20000台，若按此方案建新生产线，企业是盈利还是亏损？方案是否可取？请决策。

解：首先计算盈亏平衡点产量Q_0

$$Q_0=F/（P-CV）=1000000/（80-40）=25000（台）$$

然后分析判断，由计算可知，企业生产25000台才能保本，因设计生产能力只有20000台/年，小于盈亏平衡产量。显然，如按此方案建生产线，企业是要亏损的，所以此方案不可取。达到设计能力20000台时，企业的亏损额为：

$$销售收入-总成本=80\times20000-（1000000+40\times20000）$$

$$=-200000（元）$$

（2）确定实现某一目标利润时的应达到的产量

例3-2：某企业生产某产品，年固定成本为5万元，单位变动成本为35元，单位产品价格为50元，企业欲实现年利润10万元，试计算该产品应达到的产量。

解：

$$Q=\frac{F+I}{P-C_V}=\frac{100000+50000}{50-35}=10000（件）$$

经计算，企业欲实现10万元的目标利润，需生产该产品10000件。

（3）进行定价决策，即确定实现目标利润时的最低单价

例3-3：某企业通过市场调查和预测，一年可销售某产品10000件，生产该产品年固定费用为20000元，单位产品变动费用15元，企业欲实现年利润10000元，试决策该产品的最低销售单价。

解：

$$P=\frac{I+F+C_V \cdot Q}{Q}=\frac{10000+20000+15\times10000}{10000}=18\text{（元/件）}$$

经计算可知，该企业要实现年利润20000元时，产品最低销售单价应确定为18元。

2. 风险型决策方法

风险型决策也称概率型决策。在风险型决策中，决策者虽不能准确地知道每种决策的后果如何，但可以估计出每一种方案出现的概率。知道了概率及各种条件值，就可以确定每种方案的期望值。概率反映方案成功的可能性，条件值是该方案成功时公司可能获得的利润，期望值是条件值与概率的乘积。决策者可以根据各个方案的最终期望值的大小来决定其方案的选择。风险型决策通常用于新产品研制和投资决策等方面。风险型决策的方法很多，如决策树法、决策表法等。这里主要介绍决策树法。

例3－4：某公司项目投资决策，拟订了三种可行方案：方案A：新建一小厂，需投资180万元；方案B：新建一大厂，需投资360万元；两者的使用期均为10年。各方案的损益值及自然状态的概率如表3－1所示。

表3－1　某公司项目投资决策方案资料表

各方案的损益 / 可能出现的销售状态	方案及收益（万元/年）		概率
	方案A	方案B	
畅销	60	140	0.7
滞销	30	−35	0.3

问：公司如何决策才能获得最大的经济效益？

解：

（1）画决策树

如图3－10所示，图中：□1表示决策点，由决策点画出的若干线条称为方案分枝，每一条线代表一个方案。O叫自由状态点，画在方案枝末端，由自由状态点引出的线段城概率分枝。

（2）计算各点期望值

点②：［（60×0.7）＋（30×0.3）］×10−180＝330（万元）

点③：［（140×0.7）＋（−35×0.3）］×10−360＝515（万元）

通过上述计算可知：建大厂比建小厂好，故应选方案B为决策方案。

3. 非确定型决策方法

非确定型决策是指方案实施可能会出现的自然状态或者所带来的后果

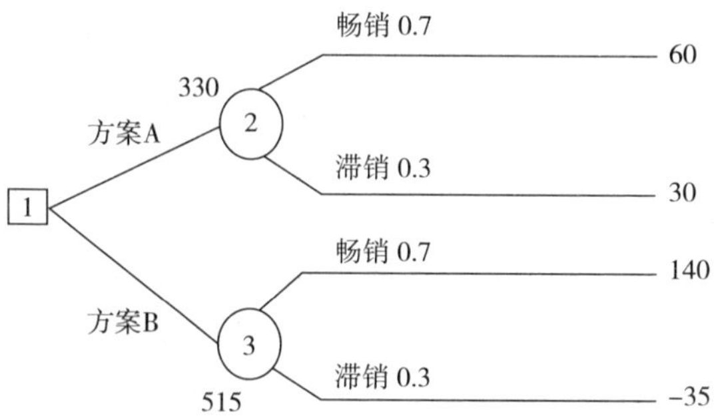

图 3-10 风险型决策示意图

不能做出预计的决策。它通常是凭决策者的主观意志和经验来做决策，因而，不同的决策者，对同一个问题可能有完全不同的方案选择。

例 3-5：某企业生产某产品，需要大量的某种辅助材料，经研究有三种方案可以满足要求：

（1）新建生产线，增加生产能力；

（2）改建原有生产线，提高产量；

（3）辅助材料通过外部购买解决。

虽然该产品的市场需求量无法估计，但对不同情况下的销售收益则可大致估计出，如表 3-2 所示。

表 3-2 三种方案有关数据表 单位：万元

自然状态 / 损益值 / 行动方案	收益值（或后悔值）			最小收益值	最大收益值（或后悔值）
	畅销	一般	滞销		
新建生产线	110（0）	50（0）	-5（25）	-5	110（25）
改建生产线	60（50）	35（15）	10（10）	10	60（50）
外购	40（70）	25（25）	20（0）	20	40（70）

注：表中括号内的数值为后悔值。

这时，决策者可有如下几种不同的选择方法：

（1）小中取大法

小中取大法也叫悲观决策法，这是从最坏的客观状态出发，从各方案的最小收益值中选取其中的最大收益值的方案作为最优方案（如果是损失值，则取损失最小的方案为最优方案）。如表 3-2 中，外购方案所得收益值最大，应为最优方案。

（2）大中取大法

大中取大法也叫乐观决策法，它是在各方案都处于最好结局的情况下，从中选择收益值最大的方案为最优方案，如表3－2所示，选定新建方案为最优方案。这种决策方法是一种比较冒险的方法。

（3）乐观系数法

由于小中取大法过于保守，无进取精神，而大中求大法又过于冒险，风险太大，因此，人们便采取了一个折中的办法，在计算各方案的估计值时引入一个“乐观系数”α，对各方案中的最小收益值和最大收益值进行加权，求出各方案的期望值，然后以期望值最大的方案为最好方案。

采用系数法做决策时，计算期望值的公式为：

$$Ei=\alpha \cdot Qmax+（1-\alpha）\cdot Qmin$$

Ei—第i方案的期望收益值；

Qmax—第i方案的最大收益值；

Qmin—第i方案的最小收益值；

α—乐观系数（$0<\alpha<1$）

乐观系数的大小，由决策者根据具体情况而定。不同类型的决策者，会做出不同的选择。

（4）最大后悔值最小法

后悔值是指当某种自然状态出现时，决策者由于从若干方案中选优时没有采取能获得最大收益的方案，而采取了其他方案，以致在收益上产生了某种损失，这种损失就叫后悔值。用这种方法来做决策，首先要求出各方案在不同情况下的后悔值，然后找出各方案的最大后悔值，最后从各方案的最大后悔值中选取后悔值最小的方案作为最优方案。

如表5－7所列，在滞销的情况下，若采用外购方案，会盈利20万元，若采用建生产线，则亏损5万元，所以采用建生产线的后悔值是25万元；同理，若采用改建生产线，它的收益是10万元，比采用外购的收益20万元少10万元，所以采用改建方案的后悔值为10万元。从表3－2中可以看出，新建生产线的最大后悔值最小，仅为25万元，应作为优选方案。

本章精要

战略本意是指为实现战争目的而对军事力量进行的全局性部署和指挥，而企业战略可以理解成一种计划、计策、模式、定位或观念。企业战略具有全局性、纲领性、长远性，竞争性等基本特征，它是由经营范围、资源配置、竞争优势、协同作用四个方面的要素构成。企业战略可以分为三个层次，即公司层战略、经营单位层（事业部）战略、职能部门战略。

企业战略管理是企业在其使命范围内，根据企业外部环境和内部环境条件设定战略目标，为实现目标进行谋划，并依靠企业自身能力将这种谋划付诸实施，以及在实施过程中进行控制的一个动态管理的全过程。全面的战略管理过程分为三个阶段：战略分析阶段、战略选择及评价阶段、战略实施及控制阶段。战略分析主要是对企业的内外环境进行分析、评价，目的是为了发现外部环境中存在的机会和威胁，了解企业自身内部的优势和劣势。对企业外部环境分析的常见基本方法有 PEST 分析法及波特的“五力”分析法。对于企业内部环境的分析，主要是以企业资源为基础的企业能力分析，包括企业的财务能力分析、营销能力分析、生产管理能力分析、科研与开发能力分析、组织效能分析以及企业文化分析。

企业战略选择与评价阶段，主要是识别战略及评价选择战略。公司战略是企业总体的战略，所要解决的问题是确定企业的整个经营范围和公司资源在不同经营单位之间的分配。公司战略有三种类型：即稳定型战略、发展型战略及防御型战略。其中发展型战略具有较强的竞争性，是公司战略中最重要的一种战略类型，常见的发展型战略有三种典型的子战略模式：分别是集中单一产品（服务）战略、一体化战略及多元化战略。基本竞争战略是经营单位层的战略，它所要解决的问题主要是在一个具体的业务或行业内，经营单位如何参与市场竞争并取得竞争优势的问题。常见的基本竞争战略有三种典型的子战略模式，即低成本战略、差异化战略和集中化战略。关于企业战略的评价选择的方法，波士顿矩阵法是制定公司层战略最流行的方法之一。

企业战略的实施是战略管理过程的行动阶段。战略实施是一个自上而下的动态管理过程。有四个相互联系的阶段，战略发动阶段，战略计划阶段，战略运作阶段，战略的控制与评估阶段。战略控制是指在企业经营战略的实施过程中，检查企业为达到目标所进行的各项活动的进展情况，评价实施企业战略后的企业绩效，把它与既定的战略目标与绩效标准相比较，发现战略差距，分析产生偏差的原因，纠正偏差，使企业战略的实施更好地与企业当前所处的内外环境、企业目标协调一致，使企业战略得以实现。

企业经营决策是指企业对未来经营发展的目标及实现目标的战略或手段进行最佳选择的过程。企业经营决策的原则主要有整体性原则、前瞻性原则、可行性原则、信息性原则、满意性原则以及反馈性原则。企业经营决策的主要内容包括：企业经营目标的决策、企业经营方针的决策以及企业经营策略的决策。常见的影响企业经营决策的因素主要有：环境因素、企业过去的决策、决策者的风险态度、组织成员对组织变化所持的态度等。企业经营决策过程是从问题到方案确定所经历的过程，一般来说，决策过程大致包括，认识和分析问题、明确决策目标、拟订可供选择的行动方案、分析评价方案各行动案、选择满意方案并组织实施以及监督与反馈六个步骤。企业经营决策的主要方法包括：定性决策法（具体有德尔菲法、头脑风暴法、发散思维法）；定量决策法（具体有确定型决策方法，如量本利分析法；风险型决策方法，如决策树法；非确定型决策方法，如小中取大法，大中取大法，乐观系数法及最大后悔值最小法）。

推荐阅读材料

[1]［美］H·伊戈尔·安索夫著．邵冲译．战略管理［M］．北京：机械工业出版社，2013

[2]［美］迈克尔·波特著．陈小悦译．竞争战略［M］．北京：华夏出版社，2000

[3]［美］迈克尔·波特著．陈小悦译．竞争优势［M］．北京：华夏出版社，1997

[4]［美］迈克尔·波特著．陈小悦译．国家竞争优势［M］．北京：华夏出版社，2002

[5] W. 钱·金（W. Chan Kim），勒妮·莫博涅等著．吉宓译．蓝海战略［M］．北京：商务印书馆，2005

本章参考文献

[1] 杨锡怀，王江．企业战略管理：理论与案例（第四版）［M］．北京：高等教育出版社，2017

[2] 蓝海林．企业战略管理［M］．北京：中国人民大学出版社，2015

[3]［美］汤姆森，斯迪克兰德著．战略管理：概念和案例（第十版）［M］．段志华，王智慧主译．北京：北京大学出版社，2000.

[4] 蒋贵凰．企业战略管理教程［M］．北京：清华大学出版社，2013

[5]［美］德鲁克著．齐若兰译．管理的实践［M］．北京：机械工业出版社，2009

[6] 徐大勇．企业战略管理［M］．北京：清华大学出版社，2015

[7] 徐二明．企业战略管理［M］．北京：中国经济出版社，2002

[8] MBA 必修课程编译组．经营战略［M］．北京：中国国际广播出版社，2000

[9] 徐飞，黄丹．企业战略管理［M］．北京：北京大学出版

社，2009

［10］王建民．战略管理学［M］．北京：北京大学出版社，2008

［11］［美］巴尼，赫斯特里著．战略管理［M］．李新春，张书军译．北京：机械工业出版社，2008

［12］陈劲，郑刚．创新管理：赢得持续竞争优势（第2版）［M］．北京：北京大学出版社，2013

［13］黄旭．战略管理：思维与要径［M］．北京：机械工业出版社，2011

［14］孟卫东．战略管理：创建持续竞争优势［M］．北京：科学出版社，2013

［15］王关义，刘益．现代企业管理［M］．北京：清华大学出版社，2007

［16］徐盛华，陈子慧．现代企业管理学［M］．北京：清华大学出版社，2004

［17］高其勋，周荣辅，王玖河．新编现代企业管理［M］．北京：经济科学出版社，2005

［18］熊银解，王晓梅，朱永华．现代企业管理［M］．武汉：武汉理工大学出版社，2006

［19］张健，王晖，陈元凤．管理决策模型与应用［M］．北京：机械工业出版社，2010

［20］周建华，陈晓钢．企业经营决策［M］．广东：广东高等教育出版社，2003

［21］肖刚．现代企业经营决策学［M］．北京：中国经济出版社，2002

本章思考与讨论

1. 战略与战术的区别与联系是什么？如何理解企业战略？

2. 企业战略的分为哪几个层次，各层次战略的区别在哪？

3. 何谓战略管理，战略管理过程分哪几个阶段？

4. 战略管理的主要特征是什么？

5. 企业外部环境的构成如何，其与内部企业关系如何？

6. 以某个钢铁企业为对象，分析其外部环境中哪些是可以利用的机会，哪些是威胁？

7. 试用波特五力分析模型分析我国汽车产业。

8. 如何对企业资源进行分析？以一个实际企业为对象分析其资源，并总结企业资源分析过程。

9. 何谓企业能力？如何对企业能力进行分析？能否以一个实际企业为对象分析其能力？

10. 简述公司战略的三种战略类型。

11. 比较一下企业发展战略的几种子战略模式。

12. 分别说明三种基本竞争战略的战略特征、战略利益及其战略风险。

13. 试用波士顿矩阵分析海尔集团的战略。

14. 决策的主要原则有哪些？其过程步骤是怎样的？

15. 常见的决策方法有哪些？

本章案例

坚果市场，谁能称王？

作为坚果行业的龙头企业，“洽洽”的年度营业额过10亿至少用了5年，而作为新秀的“三只松鼠”，达到同样的高度只用了不到3年的时间。即使在天猫商城，洽洽的销量排名也长期不受人待见。很多人据此推论，“三只松鼠”的玩法，更代表着坚果行业的发展方向：配送物流化、销售平台化、中间去渠道。而稍具质疑精神的销售人员，只要翻翻坚果市场的发展史，就不会如此轻率地得出这个结论。

早年，被邓小平誉为“中国第一商贩”的“傻子瓜子”，因瓜子一个单品而名动全国，而傻子瓜子之所以家喻户晓，离不开对产品“一嗑三开”“鲜美生津”的口耳相传，没见人说傻子瓜子的专卖店如何让人流连忘返；16年后，洽洽不仅在包装上推陈出新，“不脏手”“不上火”的产品特点，也为其在大卖场和小店渠道中实现快速动销，只是在电商的冲击下，衰落得太过迅速；11年之后，一个“三只松鼠”的全新品牌，凭着碧根果单品开路，几乎用如出一辙的手法偷袭了洽洽，只不过人家跳出了瓜子的单品，产品换成了坚果。看得到的是，坚果市场的每次变化，并非简单的渠道调整，更多的是伴随着产品的升级。

后浪拍前浪、新桃换旧符的事儿，在开放的市场经济里，从来就不是什么新鲜事，更何况还是快消品。洽洽十年如一日的渠道调性和业务模式，是发型没有赶上潮流的演变，看起来有些土气，而长期无法推陈出新的产品系统，才是让他在2008年无法弄懂马云设立“淘宝商城”（也就是今天的“天猫商城”）的意图根源，洽洽自然也就无法见招拆招。

当年的淘宝集市还是一个填不满的窟窿，遮遮掩掩的广告收入，还不足以撑起他今天的野心。阿里巴巴需要的是那些有市场口碑积累、有成熟制造体系、有新产品研发升级体系的品牌企业，成为相互背书的兄弟。如果那两年，洽洽能够灵光一闪，看懂电子商务“品牌企业阶段”的到来，凭借十多年来积累的声誉、产品体系以及新品的研发能力，今天的坚果市场格局，很可能是另一番模样。IDG也许不会投三只松鼠，马云也会更倾向推荐有线下积累的洽洽。然而，一切不能重来，洽洽那两年正筹备上市，四处领奖，“最危险的时刻”成为洽洽“最美的时光”。

但是，与其说互联网风口决定了渠道命运，不如说消费者的喜新厌旧才是市场的上帝之手。“傻子瓜子”用个体取代集体，赶上了鼓励个性解放的改革开放；等到“洽洽”横空出世，大商超和小店又分分钟秒杀了专卖店，赶上了消费环境的升级；现在轮到“三只松鼠”，人家压根儿不建实体店了，借着互联网风口，凭着单一的电商渠道，就把行业的龙头老大臊得没脸没皮。如今，消费者玩的是新鲜和体验。线下老说线上服务不好、体验差，你怎么不说，那么多消费者为三只松鼠送个开壳器、垃圾袋、一次性手套乐此不疲地做免费宣传；说人家品类多、产品杂，你怎么不说人家渠道基本零库存。这年头，消费者翻脸比翻书还快，别连题目都没看懂，就满嘴瞎诌答案。

坚果市场在传统消费观念中，属于就近购买，即买即食，三只松鼠反其道而行之，借助电商大获成功，这在创业项目中属于反直觉的经验，现在这一条也被很多投资者归纳到评估项目成功与否的标准之一。既然如此，我这里就再加一句话，当反直觉的经验成为现实经验后，成功的反直觉就会成为我们二次创新的障碍。

三只松鼠之后，坚果市场应该怎么玩，按照上面提到的结论往下走，以下三个方面的创新思路，依然是反直觉经验的。

首先，快消品可以不再是无处不在，而应该设定场景消费和销售场景。场景不同，不仅购买渠道有差异，对产品的包装要求也有明显不同。比如在网上购物的坚果类产品，一般是在家庭场景下食用，如年节消费、朋友聚会、会议食品等，适合分享、消磨时光、易于保存是关键，所以产品带壳销售，量大价优是重点；而对于在剧场环境吃的坚果零食，产品就应该考虑去壳包装，确保食用起来没有声音，产品的包装材料也要考虑低噪音材质；随着环保意识的提高，街头随处可购的零食坚果，得考虑附带垃圾子袋，方便在室外环境下处理果壳。这种以消费场景为原点的产品设计，才能卖得上价格，戳得住痛点。

其次，电商业务的快递模式，割裂了产品温度与消费者的接触点，给创新留下了巨大的市场空白。电商必须借助快递、物流等流转方式，导致生产者到消费者中间插入了快递小哥，以致产品到达消费者手上时，已经沦为了一个“没有温度”的商品。而在某些坚果食材里，刚出锅的口感与置放一段时间后的口感相比，存在着很大的味觉差别。比如板栗，刚出锅时候的口感与凉后的味道，相差实在太大。线下实体店要和线上竞争，就要从这些能够由“温度差”带来“口感差”的产品入手。

最后，是在寸土寸金的黄金位置设立专卖网点，还是在犄角旮旯的日杂小店铺货陈列，考验的不仅是商品的自我营销能力，更考验经营者的经营智慧。从反直觉的角度来讲，低值易耗、客单价低的炒货似乎很难撑得起黄金地段的店租铺面。但是一个耳机只卖15元的“名创优品”，敢于在二三线城市最繁华的街道拿店，并一年内做到10个亿，对想做差异化坚果品牌的企业，难道不是一个很好的启示。坚果不去人流量最大的地方、不做有温度的产品、不提供高盈利的差价，难道还要重新挤到电商平台上，为一个关键字流量5元、10元的斗价；为一个产品价格你敢9块9，我就8块9地赤膊上阵、刺刀见红去吗？

后坚果市场，能够打败“三只松鼠”的，一定是新单品的引领者，新细分市场区隔者，反直觉的营销模式创立者。

问题思考：

（1）谈谈互联网环境对洽洽这些传统坚果企业有什么影响？

（2）结合企业战略管理相关理论谈谈你对洽洽以及三只松鼠战略的认识？

（3）你认为洽洽应该如何与三只松鼠展开竞争？

（资料来源：中华品牌管理网 http：//www. cnbm. net. cn/article/ar770044748. html）

第四章　企业营销管理

引言：真知灼见

一个传统行业在短短的几个月里是如何被一个市场入侵者颠覆的？答案是平台的力量（power of the platform）——一个新兴商业模式利用科技连接起生态系统中的人、机构和资源，创造意想不到的价值并进行交换。

——《平台革命：改变世界的商业模式》

长久以来，企业秉持的黄金法则是发现并提供客户想要的东西。正所谓“己所不欲，勿施于人”。而今天，如果还在询问顾客想要什么，然后提供给他们，你将错过巨大的机会，因为顾客的需求永远只是你潜力的一小部分。

——《理解未来的7个原则》

本章学习目标

营销管理是现代企业一项重要的经营管理活动，营销管理者通过营销调研，深入分析营销环境，发现并创造需求，进而制定有效的营销战略和策略，满足顾客需求，为顾客创造价值。作为管理者应树立正确的营销观念，有效实施营销组合策略，不断建立、维持和发展客户关系，开拓市场，以实现企业盈利和持续发展目标。

通过本章的学习，你应该能够：

★ 了解市场营销的内涵，树立正确的营销观念
★ 明确营销环境及消费者行为分析的要素
★ 掌握目标市场营销基本过程
★ 熟悉并能有效制定营销组合策略
★ 了解市场营销理论新的发展

第一节　市场营销概述

市场营销学是20世纪发展速度最快、应用范围最广的管理学科之一，是一门建立在经济学、行为科学、现代管理理论基础之上的综合性应用科学，研究以满足消费者需求为中心的企业营销活动及其规律的边缘学科。它起源于美国，后传播到世界各地，目前在我国经济建设中发挥着越来越重要的作用。营销理论的发展及其在企业经营管理中的应用、实施，促使企业以市场需求为导向，强化营销职能，通过持续的营销创新，进入并有效占领市场，建立其竞争优势，实现企业经营管理目标。

一、市场与市场营销

市场营销是商品经济的产物，随着商品经济的发展而不断发展。自从人类第一次有了商品交换后，从事交换的人们相互之间就要展示、介绍、推销商品，以实现交换行为。以后，随着生产力的发展、剩余产品的增多，用来交换的商品也逐渐增多，人们的交换行为也越来越频繁，逐渐出现了商贩沿街叫卖、店面悬挂招牌以招揽生意等销售商品的形式。但是，这些随着市场的出现而产生的交换活动并不就是市场营销。在商品生产初期人们所从事的这些交换活动，只能算是市场营销的雏形。企业市场营销活动以市场为出发点和中心，但现代营销理论的“市场”有别于传统的市场概念，它有其特定的内涵，充分认识和理解市场的含义是掌握市场营销概念的基础。

（一）市场

“市场”一词，最早是指买主和卖主聚集在一起进行交换的场所。在日常生活中，人们习惯将市场看作商品买卖的场所，如集市、超市、商场等。在市场营销者看来，卖主构成行业，买主则构成市场。菲利普·科特勒指出：“市场由一切具有特定欲望和需求，并且愿意和能够以交换来满足这些需求的潜在顾客所组成。”因此，营销理论认为市场是指具有特定需要和欲望，而且愿意并能够通过交换来满足这种需要或欲望的全部潜在顾客。故市场规模的大小，取决于那些有某种需要，并拥有使别人感兴趣的资源，同时愿意以这种资源来换取其所需之物的人数的多少。市场包括三个主要因素：人口、购买力和购买欲望，可用公式表示为：

市场=人口+购买力+购买欲望

只有同时具备了这三个要素的市场才是一个现实有效的市场。人口是市场的首要因素，有人才会有消费，才有对消费品的需求，进而有对工业用品的需求。中国是一个拥有13亿人口的大国，世界知名的跨国公司纷纷进入中国市场，正是看中了中国人口众多，潜在市场巨大。购买力和购买欲望也是市场的必要因素。购买力指人们购买商品的货币支付能力。显然，具备购买力的需求才能形成真正意义上的市场。影响购买力的主要因素是人们的收入，收入越高，购买力越强；反之则购买力越弱。购买欲望是人们购买商品的动机、愿望和要求，它是潜在购买需求转变为现实购买的原动力，正是因为大多数企业都清楚地认识到了这一点，所以它们频频采用降低商品价格、促销宣传等手段刺激需求，提高人们的购买欲望，最终促进产品销售。

（二）市场营销

市场营销译自英语“Marketing”一词，20世纪80年代起市场营销在我国的理论界和企业界逐步得到重视，并迅速得以广泛研究和推广。现代市场营销理论自20世纪初产生，近百年来，市场营销从研究促销、分销发展到现在已成为跨越多学科的研究市场营销活动规律的独立学科。

对市场营销含义的最早的认识，是以1931年美国市场营销协会（AMA）定义委员会对市场营销所下的定义为代表。其定义为：“市场营销是引导商品或劳务从生产者到达消费者或使用者手中的一切企业经营活动。”这就是说，市场营销是从产品的生产活动结束时开始，中间经过若干次商品交换、推销和广告宣传、仓储、运输等业务活动，到把商品交换到消费者或用户手中终止。这种定义概括了市场营销的主要内容，对早期市场营销学产生了较大的影响，但其定义相对狭窄，并不能包含市场营销的全部内涵。此后，许多营销学家对市场营销的定义进行新的界定，不断拓展市场营销的内涵，最具代表性的是美国学者菲利普·科特勒，他在《营销管理》（第10版）中对市场营销所做的定义更为准确和恰当，即所谓：市场营销就是个人和集体通过创造、提供出售，并自由地同别人交换产品和价值，以获得其所需所欲之物的一种社会和管理过程。其具体含义如下：

（1）营销是一种创造性行为。有些营销者把响应营销与创造营销区别开来。响应营销是寻找已存在的需求并满足它，创造营销是发现和解决顾客并没有提出要求但会热烈响应的问题。创造营销是营销的核心内容。

（2）营销是一种自愿的交换行为。交换是出自人的需求而产生的自觉行为，也是构成营销活动的基础。

（3）营销是一种满足人们需求的行为。人类的各类需求和欲望是营销工作的出发点，在这里人们的各种需求指的是有支付能力的对特定产品或服务的需要，只有比竞争对手更好地满足消费者需求才能获得营销成功。

二、市场营销管理

市场营销管理是指为了实现企业目标，创造、建立和保持与目标市场之间的互利交换关系，而对设计方案、商品或服务进行的分析、计划、执行和控制。市场营销管理是一个包括分析、计划、组织实施、指挥协调和监督控制的过程，它涵盖方案、理念、商品、服务等领域，它以交换为基础，以满足交换各方的需求为目标。

在现代市场营销活动中，企业为了实现各项任务和目标，必须十分重视市场营销管理，根据市场需求的现状与趋势，制定计划，配置资源，通过有效地满足消费者的需求，来赢得竞争优势，求得企业生存和发展。企业在开展市场营销活动的过程中，一般要设定一个在目标市场上预期要实现的交易水平，然而实际需求受多种因素的影响，可能会低于或高于这个预期的需求水平，营销管理的任务就是协调需求的水平、时机和性质，以促进企业目标的实现，因此，市场营销管理的实质就是需求管理。在不同的需求状况下，市场营销管理的任务不同，具体如下：

1. 在负需求的状况下，市场营销管理的任务是转变市场营销

负需求，是指市场上绝大多数的消费者对某个产品不喜欢甚至感到厌恶的一种需求状况。在这种状况下，市场营销管理的任务是转变市场营销，即分析市场上的消费者为什么不喜欢这种产品，以及是否可以通过产品的重新设计、降低价格和积极促销等营销方案，来改变人们对该产品的观念和态度，将负需求转变为正需求。

2. 在无需求的状况下，市场营销管理的任务是刺激市场营销

无需求是指目标市场对产品毫无兴趣或漠不关心的一种需求状况。通常市场对下列产品无需求：人们一般认为无价值的废旧物资；人们一般认为有价值，但在特定市场却无价值的东西，如热带地区对羽绒服的需求；新产品或消费者不熟悉的产品等。在无需求的情况下，市场营销管理的任务是刺激市场营销，即通过促销及其他市场营销措施，努力将产品所能提供的利益与人的需求和兴趣联系起来，激发消费者的兴趣和欲望，创造新的需求。

3. 在潜在需求的状况下，市场营销管理的任务是开发市场营销

潜在需求，是指相当一部分消费者对某种产品或服务有强烈的需求，

而由于各种原因现有产品或服务又无法使之满足的一种需求状况。在潜在需求情况下，市场营销管理的任务是开发市场营销，即开展市场营销研究和潜在市场规模的测量，进而开发出相应的产品和服务，将潜在需求转变为现实需求。

4. 在下降需求的状况下，市场营销管理的任务是重振市场营销

下降需求，是指一个或几个产品的市场需求呈下降趋势的需求状况。在下降需求的状况下，市场营销管理的任务是重振市场营销，即分析市场衰退的原因，并开拓新的目标市场，改进产品的功能和外观，或采用更有效的传播沟通手段来重新刺激需求，或开辟新的销售渠道，使老产品开始新的生命周期，并通过新产品开发来扭转需求下降的趋势，变下降需求为上升需求。

5. 在不规则需求的状况下，市场营销管理的任务是协调市场营销

不规则需求，是指某些商品或服务的需求在一年的不同季节、不同月份，或在一周的不同日子，甚至在一天的不同时间上下波动很大的一种需求状况。在不规则需求的情况下，市场营销管理的任务是协调市场营销，即通过灵活的定价、加强促销及其他刺激手段，改变消费者需求的时间分布，使产品和服务的市场供给与需求在时间上协调一致。

6. 在充分需求的状况下，市场营销管理的任务是维持市场营销

充分需求，是指在特定的时间和空间范围，某种产品或服务的目前需求水平等于预期的需求水平的一种需求状况。这是企业最理想的需求状况。但是在动态的市场上，消费者的偏好会不断发生变化，竞争也会日益激烈。因此在充分需求的情况下，市场营销管理的任务是维持市场营销。即努力保持产品质量、广告频率及次数，经常预测消费者的满意程度，通过降低成本来保持合理的价格，并激励推销人员和经销商大力推销，努力维持目前的需求水平。

7. 在过量需求的状况下，市场营销管理的任务是降低市场营销

过量需求，是指某种产品或服务的市场需求超过了企业能供给或愿意供给水平的一种需求状况。在过量需求的情况下，市场营销管理的任务是降低市场营销，即通过提高价格、合理分销产品、减少服务和促销等措施，暂时或永久地降低市场的需求水平。需要强调的是，降低市场营销并不是杜绝需求，而是降低需求水平。

8. 在有害需求的状况下，市场营销管理的任务是反市场营销

有害需求，是指市场对某些有害产品或服务的需求。如香烟、毒品等。对于有害需求，市场营销管理的任务是反市场营销，即劝说喜欢有害产品或服务的消费者放弃这种嗜好和需求，大力宣传有害产品或服务的严

重危害性，大幅度地提高价格，以及停止生产供应等。如烟草包装印有“吸烟有害健康”字样就是一种反市场营销。

三、市场营销观念

市场营销观念，又称营销理念、营销哲学，是指企业开展营销活动的基本指导思想，是企业对特定市场的现状及其发展趋势的根本看法和根本态度。营销观念概括了一个企业的经营态度和思维方式，是企业开拓市场、实现营销目标的根本指导思想。任何企业的营销活动都是在特定的营销观念指导下进行的，确立正确的营销观念，对企业经营成败具有决定性意义。

企业的营销观念自产生至今已经历了几个发展阶段，一般被归纳为生产观念、产品观念、推销观念、市场营销观念、社会市场营销观念五个阶段。

（一）生产观念

生产观念是指导企业市场营销活动最古老的一种观念。生产观念认为，消费者喜欢那些随处可以买到的价格低廉的产品，生产导向型的企业应致力于提高生产效率和分销效率，以降低产品的价格，方便消费者购买。生产观念产生于资本主义工业化初期，那时生产力水平比较低，产品供不应求，同时人们的收入水平也比较低，因此人们希望以低价格获得所需的产品。

（二）产品观念

产品观念是在生产观念广泛应用后出现的另一种营销观念。产品观念认为，消费者喜欢的是高质量、多功能、具有某些特色的产品，产品导向型的企业应致力于生产高质量的产品，并不断对产品进行改进，增加产品功能，使产品不断完善。产品观念在提高产品质量，增加产品特色和功能，提高产品的竞争能力方面具有重要的作用。但是，企业过分强调产品的完善、过度满足顾客对产品质量等方面的要求，会使企业投入一些不必要的成本，降低了产品的价格竞争优势；另外，一旦企业忽视消费者需求变化，就会产生“营销近视症”，特别是在面临替代产品威胁，行业竞争加剧情况下，会使企业失去市场机会，甚至走向衰落。

（三）推销观念

推销观念是20世纪20年代末开始出现的一种营销观念。从20世纪20年代末到30年代初，由于世界性经济大萧条，主要资本主义市场供求关系发生了逆转，出现了严重的市场供大于求的局面，企业面临产品滞销的严重困难，推销产品成了企业一项最重要的任务，因而推销观念开始出现。

推销观念认为，如果企业不极力推销与促销，消费者就不会自觉地购买足够他所需的产品，因此，企业必须努力推销和促销产品，才能扩大产品的销售量。然而，如果认为只要努力加强推销与促销，产品就能销售出去，这种认识肯定是错误的，因为消费者购买产品是为了满足自身的某种需要，不符合消费者需求的产品，强力推销可能引起消费者抵触和反感。

（四）市场营销观念

进入20世纪50年代以后，美国市场的供求关系发生了本质上的变化，买方市场的格局已经形成。因此，过去以“以产定销”为特征的生产观念、产品观念、推销观念严重阻碍着企业的发展和企业竞争能力的提高。市场营销观念认为，要达到组织的目标，关键在于决定目标市场的需求，并且能够比竞争者更有效地满足目标市场的需求。因此，以市场营销观念为导向的组织应做到以下四点：一是以目标市场为中心，一个企业不可能满足消费者的所有需求，只能根据市场需求状况和企业自身条件，选定一部分产品的市场作为自己的目标市场；二是以顾客需求为导向，企业向目标市场提供什么，不是由企业主观决定的，而是根据目标市场的需求变化不断调整企业的产品和营销组合策略；三是开展协调的市场营销，协调的市场营销包括企业的各种营销职能的协调，如市场研究、营销沟通、营销渠道、营销管理与控制等的协调，还包括市场营销部门与其他部门的协调，如市场营销部门与研发、生产、财务、人事等部门的协调；四是实现赢利目标，企业的主要目的是赢利，但在市场营销者看来，只有通过更好地满足顾客的需求，才能有效达到企业赢利的目的。

（五）社会市场营销观念

进入20世纪80年代以后，企业为最大限度地满足顾客的需求，致使自然环境不断恶化，一些不可再生资源面临枯竭，其他相关的社会问题越来越多，在这种情况下，社会市场营销观念产生了。社会市场营销观念认为，组织的任务是确定目标市场的需求，并且在保持或提高消费者和社会福利的情况下，比竞争者更有效地满足目标市场的需求。由此可见，在社会市场营销观念下，必须考虑企业利益、顾客需求的满足和社会利益三者的统一。最近几年，对社会市场营销观念的研究也越来越多，同时提出了一些与社会市场营销观念相关的概念，如绿色营销、生态营销等。

以上是对主要的一些营销观念的介绍，但营销观念不仅限于这些，营销观念一直在不断丰富和发展，并在企业营销实践中应用；另外，以上营销观念并非有严格的时间界限，在同一时期可能会多个营销观念并存。企业应根据社会经济发展和市场竞争环境采取恰当而正确的营销观念。

阅读与思考

小案例　OFO单车——穿行在城市每个角落的小黄车

2014年，北大毕业生戴威与4名合伙人共同创立OFO，致力于解决大学校园的出行问题。2015年6月，OFO共享计划推出，在北大成功推出2000辆共享单车。2016年5月，OFO共享单车总订单量突破200万，单日服务校园出行近10万次。2016年6月，OFO共享单车总订单量突破500万。2016年9月，总订单突破1000万订单，日订单突破40万单。截至2016年11月，已经有包括摩拜单车、永安行、一步单车、熊猫单车、优拜单车、OFO、小鸣单车、小蓝单车、骑呗等在内的多家共享单车诞生并且都获得了大量的风险投资。2017年2月，知名第三方数据研究机构比达咨询发布《2016中国共享单车市场研究报告》，对中国共享单车行业市场竞争格局进行了调研。《报告》数据显示，2016年中国共享单车整体市场份额中，OFO以51.2%的市场占有率，位居行业第一。其中，城市覆盖数是第二名的3倍，单车投放量是第二名的1.6倍。2017年5月3日，OFO小黄车宣布正式进入第100座城市——拉萨，成为全球覆盖城市最多的共享单车出行平台，2017年9月22日，OFO小黄车正式宣布进入捷克、意大利、俄罗斯、荷兰四国，并登陆五大欧洲名城——布拉格、米兰、莫斯科、鹿特丹、格罗宁根，同时泰国也再下一地普吉岛。继先前率先进入美国西雅图和英国伦敦后，如今OFO实现了欧洲市场的全面落地。2017年10月20日，OFO小黄车宣布日订单突破3200万，相比上年同期，OFO日订单量增长远超31倍。

思考：

在短短3年时间内为什么OFO单车能得到迅猛发展，从营销环境要素分析入手，OFO单车面临怎样的市场机遇和挑战？

第二节　营销环境及消费者购买行为分析

任何企业的市场营销活动都不可能孤立地进行，而是在与外界环境的相互联系、相互制约中开展的。环境的变化，既可给企业带来发展的机遇，也能给企业带来威胁和风险。所以，关注并研究企业营销环境，把握环境的变化趋势，识别由于环境变化而带来的机会和威胁，是营销人员的主要职责之一。另外，一切市场营销活动都是以市场为中心，在深入研究消费者购买行为的基础之上，企业通过充分调查、掌握市场需求状况，并有效预测其发展趋势的前提下，才能制定有效的营销组合策略。

一、市场营销环境分析

市场营销环境是指影响企业营销活动而又难以控制的各种因素和力量的综合。菲利普·科特勒将其定义为："市场营销环境是由企业营销职能外部的因素和力量所组成，这些因素和力量影响着营销管理者成功地保持和发展同其目标市场客户交换的能力。"市场营销环境按影响范围的大小来分，一般分为微观环境和宏观环境。微观环境指企业、供应商、营销中介、客户、竞争者、公众等对企业营销活动有直接影响的诸因素；宏观环境指影响企业的较大的社会力量，包括政治、经济、人口、自然、科学技术、法律、文化等因素。通过对市场营销环境的分析，一是有助于企业把握市场机会，回避环境威胁；二是使企业的市场营销活动能更好适应市场环境；三是有利于企业开拓新的市场，为营销决策提供依据。

（一）宏观环境

1. 政治法律环境

政治法律环境主要是指国家的政治变动引起经济的变化及政府通过法律手段和各种经济政策来干预社会经济活动。企业的营销活动，受到政治法律环境的制约，所以企业必须注意国家的各种政策和法律法规对营销所造成的影响。在对本国的政治环境进行分析时，企业首先应注意政府的路线、方针、政策的制定和调整，它是根据政治经济形势及其变化的需要而制定和调整的，往往带有扶持或抑制、扩展或控制等倾向性特点，这会直接或间接地影响着企业的营销活动。例如 2015 年我国提出的《中国制造 2025》发展战略；2017 年 10 月，党的十九大报告中指出，继续深化供给侧结构性改革，这些方针、政策的提出为企业营销提供了广阔的市场前景和市场机遇，同时也面临新的挑战。另外，为了保证本国经济的正常运行，各国都颁布了相应的经济法律和法规来制约和维护企业的活动。我国目前主要的经济法律、法规有《公司法》《合同法》《商标法》《专利法》《产品质量法》《反不正当竞争法》《消费者权益保护法》《广告法》等。政府制定这些法律，有的是为了规范企业行为，保护企业合法权益，有的是为了保护社会和消费者利益。企业在营销过程中要以法律、法规为准绳，熟知法律环境。企业在进入国际市场时，还必须分析研究东道国的政治法律环境，了解国际惯例，避免遭受不必要的损失。2018 年 4 月 19 日美国政府声称中兴通讯因违反美国法律和屡次谎报而违反了和解协议，对中兴通讯实施了制裁，禁止美国公司 7 年内向中兴通讯出售零配件和软件，导致中兴通讯可能进入“休克”状态，陷入巨大危机。这一事件值得所有营销者深刻反思。

2. 经济环境

影响营销活动的经济因素主要有一个国家或地区的经济发展水平、消费者收入、消费结构、消费者的储蓄和信贷等。2017 年我国国内生产总值 827122 亿元，比上年增长 6.9%，全国居民人均可支配收入 25974 元，比上年增长 9.0%，居民人均消费支出 18322 元，比上年增长 7.1%，我国已经成为世界第二大经济体，仅次于美国的零售商品消费市场，市场充满活力。故市场不仅需要消费者，而且还需要购买力，其中收入因素和消费结构对营销活动影响较为直接。

消费者收入是指消费者个人从各种来源所得到的货币收入。消费者收入主要形成消费品购买力，是社会购买力的重要组成部分。消费者收入的多少还影响着消费者的支出行为模式。所以，考查市场的购买能力首先要考查该市场的消费者收入情况。反映一定时期消费者收入的基本情况的指标主要有：（1）人均国民收入，是一定时期内一个国家物质生产部门的劳动者人均所创造的价值，它大体上反映了一个国家的经济发展水平，也从整体上反映了该国人民生活水平和消费水平。（2）人均个人收入，一个国家的个人收入总和除以总人口，就得到人均个人收入。人均收入可以衡量一个国家消费市场的大小和消费者购买力的高低。（3）个人可支配收入，是指个人收入减去直接缴纳的各项税款（如所得税等）和非税性负担（如工会会费、赡养费等）之后的余额。通过这种扣除，消费者收入才成为消费者个人可以支配的收入，可用于消费支出，也可用于储蓄。（4）可任意支配收入，是指个人可支配收入扣除维持生活所必需的支出（如食品、衣服、水电煤气费、交通费、分期付款、学费等）后所剩下的那部分个人收入。这部分收入是消费者可以任意支配的，因而是影响消费需求结构最活跃的因素，企业应重点加以研究。这部分收入越多，人们的消费水平就越高，企业营销的机会也就越多。

消费结构是指各种消费支出占总支出的比重以及各种消费支出之间的比例关系。对此，德国统计学家恩斯特·恩格尔提出了著名的“恩格尔定律”，即家庭的收入越少，用来购买食物的支出比例就越大；随着家庭收入增加，用于购买食物的支出占总支出的比例下降，而用于其他方面的开支（如通信、交通工具、娱乐、教育、保健等）和储蓄所占的比重将上升。随着我国经济的发展和人们收入水平的提高，消费结构出现了明显的变化：由生存需要（衣食为主）转向发展需要（教育、文化娱乐及各种社会服务）。

储蓄状况和信贷条件也会对消费产生较大影响。当收入一定时，储蓄数额增加意味着消费支出的减少，反之，储蓄减少，消费支出增加。储蓄作为潜在的购买力，对未来市场将产生重大影响，一定比例的储蓄是保证未来购买能力的有效手段，但如果储蓄比例过高，会对现实需求和消费产生负面影响，直接导致消费不足和萎缩。消费信贷是消费者凭借个人信用提前取得商品使用权，然后按期归还贷款的消费方式。它实际上是消费者提前支付未来收入，提前消费。消费信贷作为一种新的消费方式，已经成为影响消费者购买力和支出的重要因素。在发达国家，信用消费已经很普遍，而我国信用消费起步较晚，还处于发展的初期，仅限于住房、汽车、家电等少数耐用消费品消费，这在一定程度上影响了顾客购买能力的提高。

3. 人口环境

人口是构成市场的直接要素，市场就是由具有消费欲望，并有货币支付能力的消费者所组成，购买货物的人越多，市场容量就越大，所以任何一个企业都必须重视对人口环境的研究。研究人口环境的主要内容有以下几方面：一是人口数量与增长速度，2017 年末我国内地总人口 139008 万人，自然增长率为 5.32‰，其中 60 周岁以上人口占 17%，中国已经进入人口低增长和老龄化社会。世界人口总量已突破 62 亿大关，从短期来看，世界人口依然有较快的增长。二是人口结构，人口的结构主要包括人口的年龄结构、性别结构、家庭结构和社会结构等。企业营销者应能洞察人口数量及结构变化对一国消费市场的深刻影响，发现其现实与潜在的需要，把握商机，开拓市场。三是人口的流动性，随着社会分工和市场经济的发展，也随着各国工业化和城市化的发展，世界各国人口的流动性加大，人口从农村流向城市，从不发达地区流向发达地区。这种人口流动趋势影响着不同地区市场需求量，影响着企业的市场营销活动，也影响了商业网点的发展和服务方式的变化。

4. 技术环境

技术是一把双刃剑，一方面新技术革命能为企业带来市场营销机会，另一方面也给企业带来了巨大的压力，并且改变了企业生产经营的内部因素和外部环境，引起了企业市场营销策略的变化。新技术革命始终以渗透的方式改变着人类生活，在这种渗透过程中，促使企业的市场营销不断创新以适应技术环境的改变。例如，由于电子技术和互联网的迅速发展，企业在营销中创造了“网络购物”的在线购物方式。而网络购物方式的出现，不仅改变了零售商业格局，也深刻地影响了消费者的购物习惯。此外，一项新的科学技术的出现必然会导致一个新的产业部门的产生，使消费对象的品种不断增加，范围不断扩大，又必然使消费结构发生变化。近年来以航天技术、网络技术、生物工程等新兴科学技术为代表的技术迅猛发展，促使社会生产方式、人们思维方式以及消费习惯等发生了历史性的转变，新技术革命必然会给市场营销带来深刻的影响。

5. 自然环境

企业营销的自然环境，是指影响企业生产和经营的地质、地形、资源、气候等因素。在自然环境分析中，一是要深入研究资源短缺对企业营销的影响，地球上的自然资源有三大类：第一类是取之不尽的资源，如阳光、空气等；第二类是有限但可更新资源，如各种生物资源及水、土地等；第三类为不能更新的资源，如石油、煤、铁等各种矿产资源。几十年后，人类将可能面临全面的资源危机，对市场营销者来说，当务之急应做到两点：一是科学开采，综合利用，减少浪费，不断开发新的替代资源，如太阳能、核能及各种新材料；二是使企业的营销活动与环境保护有机协调。当前工业污染日益成为全球性的严重问题，大气污染、水污染和噪声等使人类的居住环境日益恶化，要求控制污染的呼声越来越高，营销学界也提出“绿色营销”观念，以此来确定自己的营销方向及营销策略，这标志着企业营销活动正在向可持续发展转变。

6. 社会文化环境

每个人都生活在一定的社会文化环境中，他的思想和行为必定要受到这种社会文化的影响和制约。消费者的欲望根植于文化与个性，所以研究社会文化环境，是市场营销研究的一个重要起点。社会文化环境包括价值观念、教育水平、风俗习惯、审美情趣等。

价值观念是指人们对社会生活中各种事物的态度和看法。价值观念的形成与消费者所处的社会地位、心理状态以及对变革的态度、对生活的态度等有关。不同国家和民族，其价值观念往往有很大的差别。我国普遍有节俭的美德，而西方国家的人，比较注重现实生活的舒适和生活质量，强调“及时行乐”。价值观念不同，必然带来消费者对商品需要和购买行为上的差异。因此，对于不同价值观念的消费者，企业营销人员必须采取不同的营销策略。

教育水平的高低，不仅直接影响着人们的消费行为和消费结构，而且制约着企业的市场营销活动。风俗习惯是人们在特定的历史条件下长期形成的风尚、习俗、礼节等行为规范的总和。它体现在饮食、服饰、居住、婚丧、节庆及生活习惯等多方面。不同的文化具有不同的风俗习惯，对市场营销也带来不同影响。例如，欧美人喜欢喝咖啡，而中国人习惯饮茶，故中国茶叶市场巨大，咖啡市场相对较小。

最后，审美观是文化的重要组成部分，通常指人们对事物的好坏、美丑和善恶的评价。不同国家、民族、阶层和个人，往往有不同的审美观。企业的营销者应注意人们审美观的差异，提供能满足人们对美的追求的产品和服务。比如时尚的少男少女追求标新立异的服饰或发式，而年老者在这些方面的消费选择相对保守。

（二）微观环境

企业微观环境是指直接影响企业营销能力的各种参与者，包括企业自身经营条件、供应商与营销中介、客户、竞争者和公众。微观环境对企业市场营销行动产生更为直接的影响，通过对微观环境的分析，可以明确企业的优势和薄弱环节，从而在市场营销组合决策中充分利用企业的有利条件，采取有效的管理措施。

1. 企业自身状况

任何企业的市场营销活动都不是某个部门的孤立行为，而是企业整体实力与能力的体现，是企业内部各部门科学分工与密切协作的组织行为。企业的营销部门同企业其他部门发生着各种联系，企业营销部门要面对决策层和许多其他职能部门。企业各管理层之间分工是否科学，协作是否和谐，都会影响营销管理决策和方案的实施。营销部门在制定营销决策时，首先要争取企业决策层的理解和支持，使营销计划能在决策层的推动下得以实施；同时，要充分考虑财务、研发、采购、生产等部门的情况，并与之共同研究制定和完善营销计划，通过相互协作实施计划，才能保证营销活动顺利开展和营销目标的实现。

2. 客户

客户是企业营销环境因素中最重要的环境力量。客户通常是指与企业有着业务关系或利益关系的组织或个人，也就是通常所说的用户或消费者。客户可以是消费者、生产者、中间商、集团用户、政府机构、国际组织、机构或个人、家庭。企业与客户的关系实质上是一种生产与消费的关系。客户是企业营销活动服务的对象，企业营销的目的是为了满足客户的需要。客户及其需求是企业生产经营活动的出发点和归宿，是企业生产经营决策的根本依据，谁能赢得客户，谁就赢得了市场。企业必须认真分析研究不同客户群的特点及购买行为，使企业的营销活动具有针对性。

3. 供应商与营销中介

供应商是专门提供市场所需资源的企业和个人，营销中介一般是指中间商，指在促销、销售以及把产品转移到最终购买者的过程中而给企业以帮助的所有单位和个人，如从事商品购销活动的经销商、代理商，为商品交换和物流提供便利的各种服务商（包括银行、保险、财务公司、广告公司、仓储、运输等），这些都是企业开展营销活动的伙伴和必要条件，是企业市场营销活动中不可缺少的中间环节，多数企业的营销活动都需要上述机构的协助才能顺利进行。

4. 竞争者

企业的营销活动会受到各类竞争者的影响，一个企业要想获得成功，就必须比竞争对手做得更好，在消费者心里留下比竞争者更有优势的印象，让顾客更满意。菲利普·科特勒将企业的竞争环境分为四个层次：欲望竞争，指消费者想要满足的各种欲望之间的可替代性；类别竞争，表示满足消费者某种欲望的各种方法之间的可替代性；产品形式竞争，即在满足消费者某种欲望的不同产品形式之间的竞争；品牌竞争，即在满足消费者某种欲望的同种产品中不同品牌之间的竞争。在这四个层次的竞争中，品牌竞争是最常见、最外在的，一个成功的企业不应仅仅满足于品牌层次的竞争，也应关注其他层次的竞争者。

5. 公众

公众是指对本组织实现其营销目标具有实际或潜在利益关系或影响的群体。企业公众相当广泛，包括政府公众、媒介公众、金融公众、群众团体公众、地方公众、一般公众、企业内部公众等。企业的营销活动会影响公众的利益，也会影响企业在公众心目中的形象，公众对企业的印象反过来影响企业营销活动的效果。例如，一个对周边环境造成严重污染的企业，会引起当地公众的反感、媒体的批评、政府有关部门的制裁、金融机构的惜贷等一系列连锁反应。因此，一个成功的企业应该考虑如何主动地处理好与主要公众的关系，而不是推卸社会责任或对公众采取冷漠的态度。

二、消费者购买行为分析

消费者市场是指为满足生活消费需要而购买货物和劳务的一切个人和家庭。无论是生产企业还是商业、服务企业，无论是否直接为消费者服务，都必须研究消费者市场及其购买行为，必须深入研究消费者市场需求的特点和消费者行为模式，以消费者的需求为依据来制定营销方案，尽可能满足消费者需求，才能在竞争中取胜。

（一）消费者购买动机

1. 消费者购买动机的含义

动机，原是心理学中的一个术语，是指推动人们从事某种活动的内在机能，它由需要引发，并支配着行为。消费者购买动机，是指能够引起消费者购买某一商品或服务的内在动力，它是购买行为的原因和条件。消费者购买动机是购买行为的先导，行为决定于动机，动机来源于需要。但是，不能反过来说：有某种需要，就一定产生某种动机，有某种动机，就一定发生某种行为。因为一个人同时可能存在多种需要，不是每一种需要都产生动机，也不是每一种动机都引起行为。动机之间不但有强弱之分，而且有矛盾和冲突，只有最强烈的动机，即“优势动机”才能导致行为。例如，一个人得到一笔钱，既想买电脑，又想买手机，还想去国外度假等等，最后决定行为的只能是那个最强烈的需要和动机。

2. 消费者动机的类型

动机是由需要产生的，人的需要有多种多样，动机也就有多种多样。各种动机错综复杂，常常交织在一起。在实际生活中，由于消费者各自的需要、兴趣、爱好、性格和价值观的不同，在具体购买时的心理活动要复杂得多。一般比较常见的购买动机大致可归结为如下几种：

（1）求实动机。这是以注重商品的实际使用价值为主要特征的购买动机，具有这类动机的消费者在购买商品时，讲究商品的内在质量、实际效用，而不太注意商品的外观和品牌。

（2）求廉动机。它是指消费者以追求商品、服务的价格低廉为主导倾向的购买动机。在求廉动机的驱使下，消费者选择商品以价格为第一考虑因素。他们宁可多花体力和精力，多方了解、比较产品价格，选择价格便宜的产品。相对而言，持求廉动机的消费者对商品质量、花色、款式、包装、品牌等不是十分挑剔，而对降价、折让等促销活动持有较大兴趣。

（3）求名动机。这是以追求名牌高档商品为主要特征的购买行为。这类消费者特别注重商标、产地和产品在社会上的形象。这其中有些人是信赖名牌产品的质量；也有些人是为了炫耀自己的财富，满足优越感的心理需要。

（4）求新动机。它是指消费者以追求商品、服务的时尚、新颖、奇特为主导倾向的购买动机。在这种动机支配下，消费者选择产品时，特别注重商品的款式、色泽、流行性、独特性与新颖性，相对而言，产品的耐用性、价格等成为次要的考虑因素。一般而言，在收入水平比较高的人群以及青年群体中，求新的购买动机比较常见。

（5）求美动机。它是指消费者以追求商品欣赏价值和艺术价值为主要倾向的购买动机。在这种动机支配下，消费者选购商品时特别重视商品的颜色、造型、外观、包装等因素，讲究商品的造型美、装潢美和艺术美。求美动机的核心是讲求赏心悦目，注重商品的美化作用和美化效果，它在受教育程度较高的群体以及从事文化、教育等工作的人群中是比较常见的。

（6）求便动机。它是指消费者以追求商品购买和使用过程中的省时、便利为主导倾向的购买动机。在求便动机支配下，消费者对时间、效率特别重视，对商品本身则不是十分挑剔。一般而言，成就感比较高、时间观念比较强的人，更倾向于持有求便的购买动机。

（7）模仿或从众动机。它是指消费者在购买商品时自觉不自觉地模仿他人的购买行为而形成的购买动机。模仿是一种很普遍的社会现象，其形成的原因多种多样，有出于仰慕而产生的模仿；有由于惧怕风险、保守而产生的模仿；有的缺乏主见，随大流而产生的模仿。不管缘于何种理由，持模仿动机的消费者，其购买行为受他人影响比较大。

（二）影响消费者购买行为的主要因素

消费者行为取决于他们的需要和欲望，而人们的需要和欲望以至消费习惯和行为，是在许多因素的影响下形成的。这些因素属于不同的层次，对消费者行为的影响程度也不同，影响最深远的是一个民族的传统文化，它影响到社会的各个阶层和家庭，进而影响到每个人的行为及心理活动，总的来看，影响消费者购买行为的因素主要包括心理因素和外部因素两大类。

1. 心理因素

影响消费者购买行为的心理因素，除了由需要引起动机这一最重要因素外，还有知觉、学习以及信念和态度等因素。知觉是指消费者感官直接接触刺激物所获得的直观的、形象的反映，属于感性认识。任何消费者购买商品，都要根据自己的感官感觉到的印象，来决定是否购买。由于不同消费者对同一商品（或商店）的印象可能有很大差别，因而所形成的知觉也有很大差异。消费者在购买和使用商品的实践中，逐步获得和积累经验，并根据经验调整购买行为的过程，称为学习。人类的行为有些是本能的，与生俱来的，但大多数行为（包括消费行为）是从后天经验中得来的，即通过学习、实践得来的。信念是指人们对事物所持的认识。消费者对商品的信念可以建立在不同的基础上，有的建立在科学的基础上，有的建立在某种见解的基础上，有的建立在信任（如对名牌）的基础上，有的则可能基于偏见、讹传。不同的信念可导致人们不同的态度、不同的倾向，如消费者对名牌商品争相选购，而对不熟悉的新产品则犹豫迟疑，很难做出购买决定。消费者形成对某种产品或商标的态度，往往不易改变，企业应设法适应消费者持有的态度，也要努力去改变消费者的态度。

2. 外部因素

（1）个人因素

消费者购买决策受其个人特性的影响，特别是受其年龄所处的生命周期阶段、职业、经济状况、生活方式、受教育程度、个性以及自我观念的影响。消费者的能力、气质、个性等对购买活动都有很大影响。消费者的能力强完成购买活动就快，消费者的能力差完成购买活动就慢。营销人员对于能力较强的购买者不需过多帮忙，而对于能力较差的购买者则要当好参谋，帮助其选择商品。在消费者气质方面，易于冲动的人和沉默寡言的人在购物时表现的行为不一样，营销人员一定要注意利用消费者特征的积极方面，控制其消极的一面，以达到消费者的满意。在消费者性格方面，自信和缺乏自信、冷静和冲动的消费者在购物时表现的行为也不一样。企业营销人员只有掌握了消费者的个性心理规律，根据消费者心理活动的不同特点，运用多种营销方式和接待方法，才能提高经营水平和服务质量。

（2）经济状况

经济状况主要指个人可任意支配的收入水平，它是决定消费者购买行为的根本因素。如果消费者仅有购买欲望，而无一定的收入作为购买能力的保证，购买行为便无法实现。只有既有购买愿望，又有购买能力，才能实现购买行为。

（3）文化因素

文化因素制约着消费者的道德规范、价值观念、思维方式与风俗习惯等各个方面。文化因素是影响消费者行为的基本因素，文化的影响是潜移默化的。中国人有属于自己的文化体系，美国、德国以及其他国家也有属于自己的文化体系。不同的国家和地区由于文化背景不同，消费者的需要也各不相同，最终的消费行为也就不同。

（4）社会因素

消费者受社会因素的影响范畴比较广，包括家庭、所处社会角色和地位以及相关群体等。一般认为，相关群体的影响相对较小，家庭的影响是最大的。

（三）消费者购买决策过程

消费者在各种主客观因素影响下形成动机，导致行为。购买者完整的决策过程是以购买为中心，包括购前购后一系列活动在内的复杂的行为过程。具体说来，购买者决策过程一般可分为以下五个阶段。如图 4－1：

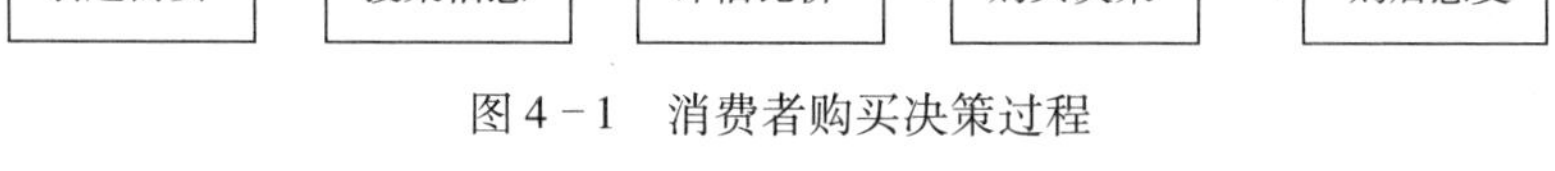

图 4－1　消费者购买决策过程

1. 引起需要

引起需要是消费者行为的起点。当消费者感觉到一种需要并准备购买某种商品以满足这种需要时，购买决策过程就开始了。这种需要可能是由内在的生理活动引起的，如饥饿引发食物需要；也可能是受到外界刺激引起的，如广告宣传或促销；或者是内外两方面因素共同作用的结果。营销人员必须了解消费者的需要，制定适当的市场营销策略满足消费者的需要。

2. 搜集信息

消费者的购买动机一旦形成，他们就会积极寻找产品的信息资料，以便从中选择最能满足需要的产品。消费者的信息来源主要有以下几个途径：①相关群体；②自身经验；③市场信息；④公众媒体。这其中，市场信息和公众媒体传播信息最为重要，对消费者影响最大。

3. 评估比较

消费者广泛搜集信息资料后，就会根据掌握的信息资料对所需商品的各个方面进行比较评价，从中选择一种满意的方案。

4. 购买决策

消费者经过比较评价后将要做出购买决定，这时他们还要综合考虑一些相关问题：①商品本身的特点；②消费者的经济条件；③消费者对购买对象的需求程度；④他人的态度；⑤服务态度等。综合考虑以后，才会做出是否购买的决定。

5. 购买后感受

购后感受是消费者对已购商品通过自己使用或他人的评价，对满足自己预期需要的反馈，重新考虑购买这种商品是否正确，是否符合理想等，从而形成感受。这种感受，一般表现为满意、基本满意、不满意三种情况。消费者购买商品后感到满意会导致重复购买行为；消费者购买商品不满意就会产生抱怨情绪，不仅不再购买该商品，而且还会把抱怨告诉他人。因此，企业必须重视消费者购买后的信息反馈，做好售后服务，不断提高产品质量和服务质量，提高消费者购买后的满意程度。

阅读与思考

诺基亚的衰落

诺基亚公司历史可追溯到1865年，当时的矿业工程师伊德斯坦建造了两个纸浆磨坊，并以第二个磨坊所在地——诺基亚镇的名字来为公司命名。1979年，诺基亚开始研发第一代无线通信（1G）网络标准，1982年造出第一台基于1G网络的车载电话。1991年，世界上第一次基于第二代无线通信标准GSM（2G）的通话在赫尔辛基完成。1992年诺基亚发布了世界第一款GSM手机。1992年，总裁奥利拉做出公司历史上最重要的决策——剥离橡胶、胶鞋、造纸、家电等产业，专注于电信业。他把视线放到欧洲以外，将北美、拉美、亚洲作为主战场，结果，手机产品意外畅销，公司不得不重建供应链才能满足供货。1998 年，诺基亚成为全球最大手机厂商，产值在 5 年间增加了 4 倍。2007 年诺基亚达到顶峰阶段，全球市场份额占 40%，这一霸主地位维持了 10 年。1998 年，诺基亚联合摩托罗拉、爱立信、三菱等共同成立塞班公司，研发塞班操作系统。该系统问世不久，西门子、三星、松下、索尼爱立信等相继成为授权使用者。塞班成为当时最受推崇的操作系统，2007 年一度占据智能手机市场的 62% 份额。一帆风顺时，往往暗藏危机。2007 年，苹果公司的 iPhone 问世，基于多点触控技术的全新用户界面，重新定义了智能手机的概念。智能手机不再仅仅是移动电话，而是兼具电话和电脑功能的小型移动设备。继苹果 iOS 系统之后，谷歌 2008 年推出了安卓系统。iOS 和安卓的面世，开始侵蚀塞班的市场份额。其实，诺基亚早在 2002 年就研发出触屏技术，2005 年研发出面向互联网的手机操作系统 Maemo，受到业内好评。然而，公司决策层错认为占据市场优势的塞班将继续成为主流，轻视了移动互联网浪潮的力量。自 2009 年底开始，摩托罗拉、三星、LG、索尼爱立信等终端厂商纷纷宣布终止塞班平台的研发，转向安卓系统。2011 年，塞班的市场份额被安卓超越。为应对危机，诺基亚联合英特尔，在 Maemo 的基础上推出新的操作系统 Meego，以抗衡 iOS 和安卓，但仅生产了一款机型就宣布放弃。紧接着，诺基亚与微软结盟，希望凭借 Windows phone 翻盘，未能如愿。2013 年，诺基亚索性将手机业务以 37.9 亿欧元的低价卖给微软，品牌授权费 16.5 亿欧元。至此，诺基亚手机帝国彻底倾覆。

思考：

为什么诺基亚作为手机市场的领导者，在短短 5 年的时间内就被以苹果、三星和华为等为代表的后起之秀超越并击败？

第三节 目标市场营销

目标市场营销（STP 营销）一般由三个部分构成：一是市场细分（Segmenting），这是企业依据顾客的需求特点和购买习惯将市场分为若干个不同的顾客群体的过程，通过市场细分，企业可以有效识别出适合于自己的服务对象（消费群体）；二是目标市场选择（Targeting），这是企业在细分市场的基础上，根据企业的产品特点、竞争能力和经营目标，正确选择其服务的市场的行为；三是市场定位（Positioning），即在目标市场上为产品和具体的营销组合确定一个富有竞争优势地位的行为。这三个部分内容在逻辑上关联密切，市场细分是目标市场选择和市场定位的必要前提，而目标市场选择和市场定位是市场细分的必然结果。

一、市场细分

（一）市场细分的概念

市场细分的概念是美国的温德尔·斯密（Wendell. R. Smith）于20世纪50年代中期提出来的。所谓市场细分是指企业通过市场调研，根据消费者需求、购买行为和购买习惯的差异性，将整体市场划分成若干个具有共同特征的子市场的过程。因此，分属于同一细分市场的消费者的需求和欲望极为相似；分属于不同细分市场的消费者对同一产品的需求和欲望存在着明显的差别。

市场细分是以顾客为中心，按照顾客需求的差别来进行市场细分的，它能更深刻、更细致地识别某一具体市场顾客的需求，其目的是要在整体市场中寻找对企业最有利的细分市场，确定企业自身的市场定位，从微观角度为企业提供市场营销科学决策的依据。市场细分的客观基础一是消费者需求的相似性；二是企业资源的有限性和市场的竞争性。

（二）市场细分的意义

1. 有利于选择目标市场和制定营销策略

市场细分后的子市场比较具体，比较容易了解消费者的需求，企业可以根据自己的经营思想、方针及生产技术和营销力量，确定自己的服务对象，即目标市场。企业针对较小的目标市场，便于制定特殊的营销策略。同时，在细分的市场上，信息容易了解和反馈，一旦消费者的需求发生变化，企业可迅速改变营销策略，制定相应的对策，以适应市场需求的变化，提高企业的应变能力和竞争力。

2. 有利于发掘市场机会，开拓新市场

通过市场细分，企业可以对每一个细分市场的购买潜力、满足程度、竞争情况等进行分析对比，发现有利于本企业的市场机会，使企业及时做出投产或根据本企业的生产技术条件编制新产品开发计划，进行必要的产品技术储备，掌握产品更新换代的主动权，开拓新市场，以更好地满足市场的需要。

3. 有利于提高营销资源的利用率

企业通过集中将人、财、物和信息等资源投入目标市场，更易取得市场营销成功，这点对于那些资源有限的中小型企业来说至关重要。

4. 有利于企业提高经济效益

市场细分后，企业了解了各细分市场的需求差异以及市场潜力大小，就能使营销策略更具针对性，减少盲目性，避免不必要的经营资源浪费。通过市场细分，企业可以针对自己的目标市场不断开发新产品，生产适销对路的产品，既能满足市场需要，又可增加企业的收入，全面提高企业的经济效益。

（三）市场细分标准

市场细分能否有效地进行很大程度上取决于细分标准的选择，营销者可以根据不同的细分标准将整个市场划分成多个细分市场或子市场。消费者市场细分的立足点是为了识别消费者需求的差异性，因此，细分市场的标准只能依据消费者自身的不同特性来确定。由于消费者人数众多，每个消费者的需求随其环境和时间的变化而变化，因此，在一般情况下对消费者市场细分只能从静态上进行，难以做到动态地完全把握和彻底细分。消费者市场细分标准是根据影响消费者需求的四大因素，即地理、人文、心理和行为来制定的。

1. 地理因素

按地理因素进行细分，就是依据消费者所处的不同地理区域进行细分，如不同国家或地区、省市、城市、乡村等。由于所处地理区域不同，消费者会形成不同的习惯和偏好。地理因素是企业常用的一个因素，也是最明显、最容易掌握的一个因素。此外，不同的地形地貌、气候条件等也会形成不同的消费需求，如干燥地区与潮湿地区、严寒地区与温暖地区在防潮用品和御寒用品的要求上有很大的不同。

2. 人文因素

总体市场以不同消费者和家庭需求为载体，因年龄、性别、职业、收入、宗教信仰以及国籍、民族等人文因素的差别，形成一个个有差别的消费群体。不同消费群的偏好、购买力和需求重点不同，同一消费群中的不同消费者，既有共性，又有个性和差别，但其共性大于特性。

3. 心理因素

按心理因素细分市场就是根据消费者的生活方式、个性、心理动机等对市场进行细分。

（1）按消费者生活方式细分。生活方式是指个人或群体对消费、工作和娱乐的特定习惯。人们追求的生活方式不同，消费倾向不同，需要的商品也就不同。可将消费者分为紧追潮流者、享乐主义者、因循守旧者等，据此来确定目标市场及营销策略。

（2）按消费者个性细分。消费者的个性表现为一种稳定的心理特征，千差万别，表现各异，不同的个性会对消费者的需求和购买动机产生不同程度的影响。

（3）按消费者心理动机细分。动机是个体发动和维持其行为的一种心理机制，是驱使消费者实现个人消费目标的一种内在力量。心理动机分为求实动机、求名动机、求廉动机、求新动机、求美动机等，也可作为企业细分市场的标准。

（4）社会阶层。每个人都客观地生活在不同的社会阶层中。一个人所处的社会阶层通常是其职业、教育、收入和价值观诸因素共同作用的结果。不同的社会阶层具有不同的价值观念，不同的生活方式及不同兴趣爱好，因而具有不同的购买心理和购买行为。如上层的消费者在购买商品时注重品牌，讲究消费品位，对价格不太敏感。

4. 行为因素

行为细分依据消费者购买行为的分类和差别，可以从购买时机、追求的利益、使用状况、更新频率以及态度、忠诚度等具体标准出发，将总体市场逐一细分。

（四）有效的市场细分的条件

营销者采用一定的细分标准，运用合理的细分方法依照科学的程序对市场进行细分，但并非细分出的子市场都是有效的，如果细分出来的细分市场具备以下条件基本是有效的。

1. 可衡量性

细分市场的顾客特征信息不仅能通过市场调研及时获得，而且还具有可衡量性，否则，不能成为细分市场的标准。如男女性别人数、各个年龄层次人数、各个收入组的家庭户数等都是可测量的。当然，也有些因素是不易测量的，如消费者购买动机因素。另外，细分出来的各子市场不仅范围能界定明晰，而且各个子市场的规模大小能够被测量，否则，各子市场将会无法界定和衡量，难以描述与说明，也就失去了市场细分的意义。

2. 可进入性

可进入性是指企业的资源条件与市场营销能力必须足以影响所选定的子市场，并能有效地提供满足市场需求的产品和服务。另外，这一子市场还没有完全被竞争对手占有或控制，企业能以较低的代价进入并占领市场。

3. 可赢利性

这是有效细分市场的最基本条件。细分后的子市场的规模与购买力潜力必须是足以使企业实现赢利目标。如果细分后的子市场的顾客数量、购买力以及产品的使用频率等指标不高，则说明该子市场的潜量不大，难以补偿企业为之付出的生产与销售成本，更谈不上赢利，这样的子市场对企业来说就无实际的经济价值，当然也就不能成为企业的目标市场。因此，有效的市场细分必须具有足够的需求规模与潜力，保证企业取得赢利，并使企业的市场不断发展和壮大。

4. 反应差异

市场细分后的范围界定明晰，各子市场对企业营销组合中的任何一项因素的变动应能迅速做出差异性的反应。例如，有的子市场对价格较敏感，有的子市场对促销做出更大的反应，这就要求企业对不同的子市场制定不同的相适应的营销组合。只有这样，市场细分才具有有效性，否则，如果各个子市场对企业营销组合因素变化均做出相似的反应，市场细分的意义也就没有了。

5. 稳定性

稳定性是指所划定的细分市场，必须具有相对的稳定性，以保证企业有足够的时间实施营销方案、进入市场、获得盈利。否则，如果市场变化太快，变动幅度又很大，企业还没来得及实施营销方案，细分市场已经改变，这样的市场细分也就毫无意义。

此外，组织市场的细分原理及程序和消费者市场细分基本相同，但也存在差异，这里不再细述。

二、目标市场选择

所谓目标市场，是指在市场细分的基础上，企业决定要服务的最佳细分市场，即企业的产品和劳务所要满足的特定消费者群。目标市场选择，就是从细分出的众多子市场中选择其中一个或几个细分市场作为自己经营和服务的对象，选择目标市场是企业制定营销策略的出发点。

（一）评估细分市场

企业在对整体市场进行细分之后，要对各细分市场进行评估，然后根据细分市场的规模、发展潜力、竞争状况、本企业资源条件等多种因素，决定把哪一个或哪几个细分市场作为目标市场。一般而言，企业评估细分市场应考虑以下几点：（1）有适当的规模；（2）有一定的发展潜力；（3）竞争对手未完全控制的市场；（4）符合企业目标和资源。

（二）选择目标市场

企业在对不同细分市场进行评估后，就必须对进入哪些细分市场和为多少个细分市场服务做出决策。企业考虑的目标市场选择模式一般有以下五种：（1）产品市场集中化，企业只生产某一型号、规格的产品，满足某一群体的需求；（2）产品专业化，企业只生产某种类型（规格）的产品去满足不同类型消费者的需求；（3）市场专业化，它是指企业生产不同类型、规格的产品去满足某一固定的消费群体的需求；（4）选择性专业化，企业同时生产不同类型和规格的产品，去满足不同类型消费者的需求；（5）全面进入，企业为所有消费者生产各种类型的产品，以满足不同消费者的需要。

（三）制定目标市场营销策略

在市场营销中，由于企业选择的目标市场不同，其营销策略也不同，一般有以下三种营销策略可供选择。

1. 无差异营销策略

它是指企业只推出一种产品，采用单一的市场营销组合策略吸引所有顾客，是一种求同存异的营销策略。即以整个市场中的共同部分为服务对象，不加以细分，不管差异，只求满足大多数顾客的共同需求。

该策略的优点是：（1）成本的经济性；（2）取得规模效应。因为产品营销方式单一，同时进行大量生产和经营，节省了生产和经营费用，降低了销售成本，提高了利润率，从而实现了规模经济效益。

该策略的缺点是：满足不了消费者的多样化需求，企业产品单一，风险较大，应变能力差。如果许多企业同时在一个市场上实行无差别营销策略，竞争必然加剧，企业获利的机会反而下降。同时，凭借一种产品和一种营销方案，想要使不同层次、不同类型的所有顾客满意，也是不可能的。

2. 差异化营销策略

企业选择两个或两个以上的细分市场作为目标市场，针对每个细分市场，分别设计不同的产品和营销方案。这种营销策略，由于有的放矢，有针对性制定营销组合策略，满足不同消费群体的需求，能全方位地提高企业的市场占有率。

该策略的优点是：可以生产多种产品，能够更好地满足各个细分市场的需求，因而可以使企业的产品总销售量增加，提高本企业产品的市场占有率。同时，可以使企业在细分市场上占有优势，提高企业的声誉，树立良好的企业形象。

该策略的缺点是：销售费用、成本增加，营销活动复杂化。这就要求企业既不能选错目标市场，也不宜进入过多的目标市场。另外，采用这种策略受企业资源和能力的制约较大，较雄厚的财力、较强的技术力量、营销人员较高的素质，是实施差异营销策略的必要条件。这也是相当多的企业尤其是小型企业无力采取这种策略的原因所在。

3. 集中营销策略

集中营销策略就是企业选择一个或较少的子市场（一般不超过三个）作为目标市场，制定一套营销方案，集中力量争取在这些子市场上占有较大份额，而不是在整体市场上占有小份额，故又称为密集性营销策略。这种策略的立足点是：与其在整个市场上的占有率低，不如集中力量在部分小市场上拥有较高的占有率，所谓“宁为鸡头，不为凤尾”。

该策略的优点是：可以节省市场营销费用，增加盈利，而且还有利于提高产品与企业的知名度，必要时可迅速扩大市场，从而巩固企业的市场地位，提高竞争能力。这种策略对一些小企业尤为适用。该策略的缺点是：风险大，缺乏多样性，易受竞争者的冲击。

（四）目标市场营销策略选择应考虑的因素

1. 企业资源

对于实力雄厚，管理能力强，拥有充足的人力、物力、财力及信息等各方面资源条件的大型企业，可根据其经营产品的不同特性采取无差异市场营销策略和差异市场营销策略涵盖整个市场，集中市场营销策略也可根据需要加以采用。而对那些实力不强、资源不足、能力有限的中小型企业，就不能把整个市场作为目标市场，而采取集中市场营销策略更为有效和契合实际。

2. 产品的同质性

对满足消费者需要无多大差异的同质产品，如钢铁、大米、食盐等，比较适合用无差异市场营销。对那些满足消费者需要存在差异的异质产品，如服装、数码产品、汽车、家用电器等，则宜采用差异化市场营销策略或集中市场营销策略。

3. 市场的同质性

它是指各子市场间的需求与偏好的相似程度。当市场同质性高、购买者偏好相似、一个时期的购买数量相近、对市场营销刺激的反应也相同时，企业可采用无差异市场营销策略；反之，企业应选择差异化营销策略或集中市场营销策略。

4. 产品的市场生命周期

企业目标市场涵盖战略的选择应随产品所处市场生命周期阶段的变化而变化。如果产品处于导入期，企业往往先介绍单一款式来推出新产品，那么企业采用无差异市场营销策略或集中市场营销策略就能奏效。当产品进入成长期和成熟期时，采用差异市场营销策略就显得非常重要。当产品进入衰退期时，为保持原有市场占有率、延长产品的市场生命、全力对付竞争者，宜采取集中市场营销策略。

5. 竞争对手的策略

当竞争对手都实行无差异市场营销策略时，企业则推行差异化营销策略或集中市场营销策略更为有利。当竞争对手进行市场细分，实施差异化营销策略或集中市场营销策略时，企业应当立即进行更为有效的市场细分策略，寻找新的良机与突破口，并且同时采取差异市场营销策略或集中市场营销策略。另外，如果竞争对手数目较少、实力较弱，则企业也可采用无差异市场营销策略或集中市场营销策略。

三、市场定位

（一）市场定位的含义

所谓市场定位，就是根据所选定目标市场上的竞争者现有产品所处的位置和企业自身的条件，强有力地塑造企业或产品的特色，树立一定的市场形象，以求在目标顾客心目中形成一种特殊的偏爱，占据一定的心理位置。这种特色和形象可以从产品实体方面体现出来，如形状、构造、成分等；也可以从消费者心理上反映出来，如舒服、典雅、豪华、朴素、时髦等，或者由两方面共同作用而表现出来，如价廉、优质、服务周到、技术先进等。市场定位的实质就在于取得目标市场的竞争优势，确定产品在顾客心理的适当位置并留下值得购买的印象，以便吸引更多的顾客。因此，市场定位是企业市场营销战略体系中的重要组成部分，它有利于形成企业及其产品的市场特色，限定竞争对手，满足顾客的偏好，提高企业竞争力。

（二）市场定位的类型

1. 迎头定位

这是一种与在市场上处于支配地位的竞争对手针锋相对的定位方式，即企业选择与竞争对手重合的市场位置，争取同样的目标顾客，彼此在产品、价格、分销渠道等方面少有差别。实行迎头定位，企业必须做到知己知彼，应该了解市场上是否可以容纳两个或两个以上的竞争对手，自己是否拥有比竞争对手更多的资源和能力，是不是可以比竞争对手做得更好。否则，迎头定位可能会成为一种非常危险的战术，将企业引入歧途。

2. 避强定位

这是一种避开强有力的竞争对手进行市场定位的模式。企业不与对手直接对抗，而将自己置于某个市场“空隙”，发展目前市场上没有的特色产品，开拓新的市场领域。这种定位的优点是：能够迅速地在市场上站稳脚跟，并在消费者心中尽快树立起一定形象。由于这种定位方式市场风险较小，成功率较高，常常为多数企业所采用。

3. 重新定位

重新定位通常是指对那些销路少、市场反应差的产品进行二次定位。初次定位后，随着时间的推移，新的竞争对手进入市场，选择与本企业相近的市场位置，致使本企业原来的市场占有率下降；或者由于顾客需求偏好发生转移，原来偏爱本企业产品的顾客转而喜欢其他企业的产品，因而市场对本企业产品的需求减少。在这些情况下，企业就需要对其产品进行重新定位。一般而言，重新定位是企业为了摆脱经营困境，重新获得竞争力的手段。不过，重新定位也可以作为一种主动的战术策略，并不一定是因为企业陷入了困境，相反，可能是由于发现新的需求或市场机会采取的积极行为。

（三）市场定位策略

1. 属性定位策略

根据特定的产品属性来定位，产品属性包括制造该产品时来用的技术、设备、原材料及该产品的功能、产地、历史等因素。例如，西湖龙井茶按产地定位。当企业的一种或几种属性是竞争对手的产品所不具备时，企业定位就应强调这些特住。

2. 竞争性定位策略

根据与竞争对手有关的属性或利益来定位，即以竞争产品为参照，强调“人无我有，人有我优”。例如，美国的七喜汽水强调“非可乐”，不含咖啡因。

3. 质量—价格定位策略

这是指对照质量和价格来定位。例如采取高质低价定位，强调物超所值，以加速市场渗透，提高产品的市场占有率。

4. 利益定位策略

这是指根据产品所能满足的需求或所提供的利益及解决问题的程度来定位，强调顾客购买产品时追求的利益和获得的附加价值。例如，在汽车市场上，“奔驰”追求豪华舒适，“丰田”诉求物美价廉，“沃尔沃”倡导结实耐用等，这些按产品提供的利益来定位的策略都较为成功，促进了产品销售。

5. 使用者定位策略

将其产品指向某一类特定的使用者，以根据这些顾客的看法塑造恰当的产品形象。如“金利来”定位为“男人的世界”，意指主要使用者为男性消费者。

6. 比附定位策略

这是指企业通过比拟名牌、攀附名牌来给自己的产品定位，以借名牌产品使提升自己产品的品牌的定位策略。例如，内蒙古的宁城老窖，以“宁城老窖，塞外茅台”的诉求定位，就是一个较好的例子。

第四节　市场营销组合策略

市场营销组合策略，就是指企业可以控制的各种市场手段的综合运用，即综合地运用产品策略（Product）、价格策略（Price）、渠道策略（Place）、促销策略（Promotion）等各种可能的手段，来实现企业市场营销战略的总目标，简称4Ps组合策略。

市场营销组合是现代市场营销学中一个十分重要的概念。这一概念的提出和应用从整体上满足了消费者需求，追求了整体营销效果，体现了以消费者需求为中心的现代市场营销观念。它要求企业用最适合的产品，以最适宜的价格，通过最便利高效的渠道，采用最适当的促销手段，尽可能满足目标市场的需求，以取得最佳的经济效益。

一、产品策略

（一）产品整体概念

产品是企业生存和发展的基础，是营销活动的载体，通过它才能使生产者和消费者双方达到交换的目的。企业没有合适的产品，则满足顾客需求就无法实现，因此产品策略是企业营销策略的基础。传统看法认为产品是指具有某种特定物质形状和用途的物体，即实体的产品。从市场营销的观点看，任何能以满足人类某种需要或欲望的东西都是产品，产品的这种概念就称为产品的整体概念。

产品整体概念把产品理解为由核心产品、形式产品、期望产品、延伸产品和潜在产品五个层次组成的一个整体。核心产品，是指向购买者提供的基本效用或利益。形式产品，是指核心产品借以实现的形式，在市场上它表现为五个特点，即质量水平、特色、式样、品牌和包装。延伸产品，是指顾客购买形式产品时所能得到的全部利益，即形式产品所提供的基本效用或利益和随同形式产品而提供的附带服务的总和，如安装、维修、质量保证、运送及其他售后服务。期望产品是购买者购买产品时希望和默认的一组属性和条件。潜在产品是该产品最终可能会实现的全部附加部分和

新转换的部分。如图 4－2 所示

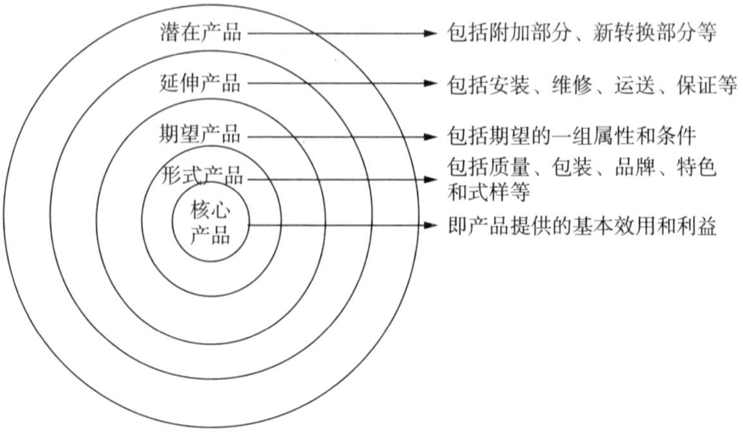

图 4－2　产品整体概念图示

（二）产品生命周期理论

产品在市场上的销售状况及获利能力随着时间的推移而变化。这种变化的规律像有机生命体一样，具有诞生、成长到成熟，并走向衰亡的过程。这个过程在市场营销中指产品从进入市场开始，直到最后在市场中淘汰的过程，我们称之为产品的生命周期。产品生命周期由四个阶段组成，即：投入期、成长期、成熟期、衰退期。在这里，必须强调，产品生命周期不是指产品的使用寿命，而是指产品在市场上存在的时间，即市场寿命。在整个生命周期中，销售额及利润额的变化随时间推移而波动，如图 4－3 所示。

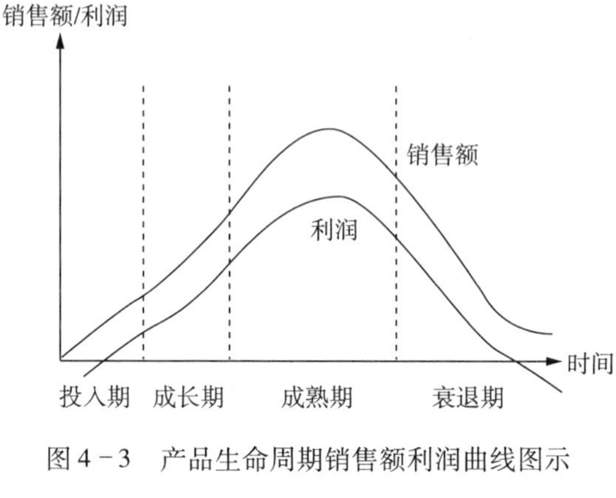

图 4－3　产品生命周期销售额利润曲线图示

产品生命周期各个阶段的划分是相对的，图 4－3 反映的是大多数产品的市场表现，而不是所有产品的市场表现。产品生命周期的变化与产品的定义有关，产品定义范围不同，则表现出来的生命周期会有所不同，但总体上都存在着从产品引入到产品衰亡的过程，只是各个时期的市场特征表现不同而已。产品处于生命周期不同的阶段，企业应采用不同的策略来开展营销活动。

1. 投入期策略

企业的产品处于投入期时，一般要经过试销阶段，这时产品处于发展初期，还存在着各方面的不足，如产品的生产工艺尚未完善、质量和性能不够稳定、制造成本高等等。同时，消费者对这类产品的性能还不了解，对产品也不适应，从图4－3上面反映出来的是：销售量极为有限，利润有一段时间为负值。因此在这一时期，企业要让新产品在市场上站稳脚跟，并扩大市场占有率，提高销量，以取得利润。

2. 成长期策略

新产品经过市场投入期后，经受一定时期的市场的检验，销路迅速打开，产品进入成长期。这时产品已定型，生产工艺逐步完善，开始大批量生产，销售渠道也已铺开，销售量迅速上升，成本降低，利润增加，但这时竞争者也开始大量加入，竞争加剧。在成长期，企业在战略上应突出一个“优”字，做到“人有我优”，即保证产品质量，树立良好声誉。

3. 成熟期策略

产品经过成长期的一段时间后，产品进入成熟期，销售量和利润都比较高，但销量增速减慢，市场趋于饱和，甚至开始呈现下降趋势，市场竞争激烈，各种品牌、各样款式的同类产品不断出现。而且，来自新产品或替代产品的竞争威胁也在加剧。在成熟期，企业的战略体现一个“扩”字和一个“改”字，即要巩固原有市场并使其进一步扩大，同时，注意产品的改进，使产品生命周期出现再次循环，以延长成熟期。

4. 衰退期策略

一种产品如果已失去对顾客的吸引力或被新产品所替代，其销售量由缓慢下降变为急剧下降，利润减少，甚至会出现亏损，竞争减弱，顾客的需求已发生转变。这个时候，企业的营销战略应突出一个“转”字和一个“撤”字，在适当时机退出市场。

（三）产品组合策略

企业从满足市场需求和获取利润的角度考虑，一般不只经营一个产品项目，而要同时经营多个产品项目。企业生产和销售的全部产品项目的结构就称为产品组合。

产品组合是由产品线构成的。产品线是由使用功能相同、但规格不同的一组产品项目所构成的。产品组合体现为一定的宽度、深度和关联度。

产品组合的宽度是指企业经营的产品类别即产品线数目的多少。产品组合的深度，是指企业经营的各产品线内的平均项目的多少。产品组合的关联程度，是指各种产品线在最终用途、生产条件、分销渠道及其他方面相互联系的程度。

产品组合策略，就是根据市场需求和企业目标，对产品组合的宽度、深度和关联程度进行决策。在一般的情况下，扩大产品组合的宽度，增加产品线的深度和加强产品组合的关联程度，可以使企业降低投资风险，增加产品的差异性，适应不同顾客的需求，从而提高企业整体竞争力。

（四）产品的品牌和包装策略

1. 产品的品牌策略

品牌，俗称牌子，它是指企业用以区别其他类似产品的名称、词句、符号、设计，或它们的组合。它的基本功能在于使竞争者相互区别。品牌是一个笼统的名词，它包括品牌名称、品牌标志等。品牌名称，指品牌中可以用语言称呼表达的部分，例如联想、可口可乐等都属于可以用语言称呼的品牌名称。品牌标志，指品牌中可以通过视觉识别的，但不能用语言称呼的部分，一般体现在符号、图像、色彩等方面与众不同的设计。商标是指品牌（包括品牌名称和品牌标志）经向政府有关部门注册登记后，获得专用权，受到法律保护就称为商标。注册商标是一个法律名词，用以保证企业的利益不受侵犯。

企业在进行品牌决策时，一般可以做出以下几种选择：（1）使用或不使用品牌。使用品牌对绝大多数产品而言是必要的，能起积极作用。但不是所有产品都必须使用品牌。（2）采用制造者品牌还是销售者品牌。在传统上，品牌是厂商的制造标记，这是由于产品的设计、质量、特色都是由生产者制造和决定的。但在现代市场竞争条件下，某些销售者品牌的知名度和影响力巨大，如“沃尔玛”“苏宁电器”，这样就会出现销售者品牌的产品。（3）采用统一品牌还是个别品牌。制造企业决定使用自己的品牌，仍然面临进一步的选择：对本企业的产品分别使用不同的品牌还是使用一个统一的品牌或几个品牌？在这方面可供选择的策略有：①个别品牌，各种产品分别使用不同的品牌；②统一品牌，所有产品统一使用一个品牌；③不同产品线分别使用不同品牌，采用这一策略兼具了个别品牌和统一品牌的好处。

2. 产品包装策略

所谓产品包装，即指产品在运输、存贮和销售过程中，为保持其价值和使用价值，保护产品和美化产品，采用一种综合性的技术经济措施的容器和包扎物。包装一般分为内包装、外包装两类，内包装一般指接触产品的包装，外包装指附着在内包装外的包装。

产品包装直接影响到产品的价值和销售前景，起着“沉默的推销员”的作用。因此，除了多数属于原材料、燃料类型的产品外，一般产品都需要有不同方式的包装。产品包装在市场营销活动中的作用归纳为：保护产品；便于运输、携带和存贮；便于销售，方便使用；美化产品，促进销售。

企业为了充分发挥产品包装的促销作用，在包装设计上采取各种不同措施，形成了不同的包装策略。包装策略有以下几种：

（1）类似包装策略。企业对其所生产的各种不同产品，在包装上采用相同图案、色彩或其他共同特征，使顾客很容易辨别是一家企业的产品。如德芙巧克力的包装。

（2）组合包装策略。这种策略是指把使用时相互关联的多种产品组合在一个包装容器内一起出售，如家用药箱、家用工具包等。

（3）再使用包装策略。这种策略又称为双重用途包装策略。即原包装的商品用完之后，空的包装容器可移作其他用途。

（4）附赠品包装策略。附赠品包装策略是现代包装的重要促销策略之一。这种策略即在包装物内附有赠券、物品或用包装本身可换礼品等，借以刺激消费者的购买或重复购买，以扩大销售。

（5）改进包装策略。这是指用改变商品包装的办法来达到扩大销售的目的。当某种商品由于包装不善影响销路、商品的装潢设计缺乏吸引力或包装已显陈旧落伍，往往通过改换新包装以扩大销路。

（五）新产品开发

1. 新产品的含义

所谓新产品，是指对企业老产品而言的产品。对于新产品，各个地区和各个国家都有不同的规定。通常我们将已正式投入生产并受到市场欢迎的那些在结构、性能、材质、制造工艺等一方面或几方面比老产品有显著改进或提高的产品称为新产品。新产品具有广泛的含义，从产品整体概念来理解，新产品不一定是新发明的产品。市场营销中所讲的新产品同科技发明意义上的新产品的含义也不完全相同。营销理论中强调消费者的观点，认为凡是消费者认为是新的、能从中获得新的满足的、可以接受的产品都在新产品之列。除此之外，对构成产品三个层次中某个因素的变化或改动，有时尽管变化很微小，都有可能产生新产品。再者，有时企业对市场已有的产品进行仿制，但不是原封照搬，而是做些更改，也可以称为新产品。一个新上市的产品能否正式成为新产品，其衡量标准的关键在于该产品能否带给消费者新的消费利益，使消费者需要得到新满足。

2. 新产品的种类

（1）全新的新产品，也称新发明产品。它是指企业首次采用新原理、新技术、新材料、新结构制成的前所未有的产品。这是绝对的新产品，与现有产品毫无雷同之处。例如，汽车、电话、飞机、尼龙、复印机等产品的问世，都是全新产品的诞生。这种新产品要依赖于科学技术的重大发明，它的使用会改变消费者或用户的生产方式和生活方式，一般的企业是不易提供的，因为它既需要技术、资金的保证，又需要承担巨大的投资风险。

（2）换代新产品，即革新现有产品。它是指在原有产品的基础上，部分采均新技术、新材料、新工艺，使产品的性能有显著提高的产品。换代新产品的技术含量较高，在原有产品的基础上提高较大，它是新产品开发的重要形式。例如，电子计算机自问世以来，经历了电子管—晶体管—集成电路—大规模集成电路的发展阶段，现正在开发第五代人工智能计算机，每一代产品也都是新产品。

（3）改进新产品，即改变现有产品。它是指对现有产品在结构、材料、性能、款式、包装等方面进行改变，由基本型派生出来的改进型产品。改进新产品技术含量低或不需要新技术，是企业依靠自己的力量最容易开发的新产品。如由普通牙膏进而开发出药物牙膏等，都属于这种改进新产品。改进新产品进入市场后，比较容易被消费者接受，但竞争对手也极易仿制，所以竞争比较激烈。

（4）仿制新产品，也称本企业新产品或新牌子产品。它是指企业对市场上已有的某种畅销产品进行仿制，只是标出新牌子的产品，或者是市场上已有而本企业第一次模仿制造的产品。如市场上经常出现的新牌子的服装、洗衣机等。这类新产品开发周期短，风险也较小，只要有市场需求，又有生产能力，就可借鉴现成的样品和技术来开发本企业的新产品。

新产品开发是一个复杂的过程，一般要经过几个阶段，其一般程序是：构思—筛选—产品设想—可行性分析—产品研制—市场试销—投放市场。新产品开发能力是企业竞争能力的重要组成部分，影响着企业经营活动的成败。同时，新产品开发又是一项艰巨而复杂的工作，它不仅需要投入大量的资金，而且还要承担巨大的风险。

二、价格策略

（一）价格的概念

价格是市场营销组合中一个非常敏感的重要因素，它在很大程度上决定和影响着其他市场营销组合因素。企业的定价策略既要有利于促进销售，获取利润，补偿成本，同时又要考虑顾客对价格的接受能力，从而使定价具有了买卖双方双向决策的特征。

在市场营销活动中，企业的定价工作受到各种因素的影响和制约，其中尤以定价目标、市场需求、竞争者行为、成本和公共政策等因素对价格的确定具有十分明显的影响作用。

（二）定价方法

企业可以采用的定价方法是多种多样的，但是，定价方法选择是否正确合理，直接关系到定价目标的实现和企业营销成果的大小，因此，企业必须选择最佳的定价方法。目前一般采用的定价方法主要有成本导向、需求导向和竞争导向定价法等三类。

1. 成本导向定价法

任何企业都不能随心所欲地制定价格，从长远看，产品的销售价格都不得低于成本费用，只有这样，才能以销售收入来抵偿生产成本和经营费用并获得合理利润，否则就无法经营。

2. 需求导向定价法

以需求为中心的定价方法是根据市场需求强度和顾客反应来确定价格。市场需求强度是指顾客想获取某种商品的强烈或迫切程度。对于单位成本相同的同一产品，需求量大时价格定得高些，需求量小时价格定得低些，以促进销售活动。当然这种定价方法要根据需求价格弹性的变化、顾客心理、地域差别和时间差别等综合考虑。

3. 竞争定价法

以竞争为中心的定价法是以竞争者的售价作为企业定价依据的一种方法。它不是根据成本或需求来定价，而是随竞争者的价格的变动而变动。采用这种方法，要分析研究竞争者的产品价格、质量、性能、服务和声誉等情况，对照本企业的实际情况，通过比较，来制定价格。

（三）常用的定价策略

1. 新产品定价

（1）撇脂定价

所谓撇脂定价，是指在新产品投入市场的最初阶段，把产品的价格定得很高，以攫取最大利润，犹如从鲜奶中撇取奶油。企业所以能这样做，是因为有些购买者主观认为某些高价商品具有很高的价值。从市场营销实践看，在以下条件下企业可以采取撇脂定价：①市场有足够的购买者，他们的需求缺乏弹性，即使把价格定得很高，市场需求也不会大量减少；②即使需求减少一些，产量减少一些，单位成本增加一些，但这不致于抵消高价所带来的利益；③在高价情况下，仍然独家经营，别无竞争者；④某种产品的价格定得高，使人们产生这种产品就是高档产品的印象。

（2）渗透定价

所谓渗透定价，是指企业将其创新产品的价格定得相对较低，以吸引大量顾客，提高市场占有率。从市场营销实践看，企业采取渗透定价需具备以下条件：①市场需求显得对价格极为敏感，因此，低价会刺激市场需求迅速增长；②企业的平均成本和经营费用会随着生产经营经验的增加而下降；③低价不会引起实际和潜在的竞争。

2. 心理定价

心理定价即依据消费者的购买心理来修改价格。主要有以下几种形式。

（1）整数定价

整数定价就是将产品价格定在整数或整数水平上，给人产品档次较高一级的感觉。如将价格定为1000元，而不是999元。消费者认为较高一级档次的产品能显示其身份、地位等，能得到一种心理上的满足。

（2）尾数定价

尾数定价是指保留价格尾数，采用零头标价，将价格定在整数水平以下，使价格保留在较低一级档次上。尾数定价一方面给人以便宜感，另一方面因标价精确给人以信赖感。对于需求弹性较强的商品，尾数定价往往能带来需求量大幅度的增加。如将价格定为19.81元，而不是20元，就比较好销。

（3）声望定价

声望定价是指针对消费者“一分钱一分货”的心理对在消费者心目中享有声望、具有信誉的产品制定较高价格。价格高低时常被当作商品质量最直观的反映，特别是在消费者识别名优产品时，这种意识尤为强烈。这种声望定价技巧，不仅在零售商业中广泛应用，在餐饮、医疗、文化、教育等行业中也运用广泛。

（4）习惯定价

习惯定价是指按照消费者的习惯性标准来定价。消费者心目中通常形成一种习惯标准，符合其标准的价格容易被顾客接受，否则易引起顾客的怀疑。高于习惯价格常被认为是变相涨价；低于习惯价格又会被怀疑产品质量有问题。因此，这类产品的价格力求稳定，在不得不涨价时，应采取改换包装或品牌等措施，减少消费者的抵触心理，并引导消费者逐步形成习惯。

（5）招徕定价

招徕定价是指将一部分产品价格调整到较低价格，甚至低于成本，以招徕顾客促进其他产品的销售。如有的超级市场和百货商店大大降低少数几种商品的价格，设置几种低价畅销商品以吸引顾客，顾客多了，不仅卖出了低价商品，更重要的是带动和扩大了一般商品和高价商品的销售。

3. 折扣定价

企业为了鼓励顾客尽早付清货款、大量购买、淡季购买，在价目表价格基础上给予一定比例的折扣，这种价格调整叫作价格折扣，具体有以下方式：

（1）现金折扣

这是企业给那些当场或定期付清货款的顾客的一种减价，以加速货款的回收。例如，一月内付清货款，则给予5%的折扣。

（2）数量折扣

这种折扣是企业给那些大量购买某种产品的顾客的一种减价，以吸引顾客买更多的物品。因为大量购买能使企业降低生产、销售、储运等环节的成本费用。例如，客户购买灯泡，100 个以下，每个单价 10 元；购买 500 个以上，每个单价 8 元，这就是数量折扣。

（3）功能折扣

这种价格折扣又叫贸易折扣。功能折扣是制造商给某些批发商或零售商的一种额外折扣，促使他们执行某种市场营销功能（如推销、储存、服务等）。

（4）季节折扣

这种价格折扣是企业给那些购买过季商品或服务的顾客的一种减价，使企业的生产和销售在一年四季保持相对稳定。例如，旅馆、航空公司等在旅游淡季给旅客以季节折扣。

（5）促销折让

这是另一种类型的价目表价格的减价。例如，一台洗衣机标价为4000元，顾客以旧洗衣机折价500元购买，只需付给3500元。这叫作以旧换新折让。如果经销商同意参加制造商的促销活动，则制造商卖给经销商的商品可以打折扣，这就是促销折让。

4. 差别定价

所谓差别定价又称为歧视定价，是指企业按照两种或两种以上不反映成本费用的比例差异的价格销售某种产品或服务。具体有：

（1）顾客需求差别定价

顾客差别定价是指企业按照不同的价格把同一种产品或服务卖给不同的顾客。

（2）产品形式差别定价

产品形式差别定价是指企业对不同型号或形式的产品分别制定不同的

价格，但是，不同型号或形式产品的价格之间的差额和成本费用之间的差额并不成比例。

（3）产品部位差别定价

产品部位差别定价是指企业对于处在不同位置的产品或服务分别制定不同的价格，即使这些产品或服务的成本费用没有任何差异。例如剧院，虽然不同座位的成本费用都一样，但是不同座位的票价却有所不同，这是因为人们对剧院的不同座位偏好有所不同的缘故。

（4）销售时间差别定价

销售时间差别定价是指企业对于不同季节、不同时期甚至不同种类产品或服务分别制定不同的价格。例如，电影院门票往往白天和夜场的价格有所不同。

三、分销渠道策略

（一）分销渠道的含义

分销渠道是指企业的商品和服务从生产者向消费者转移过程中取得这种货物和服务的所有权或帮助转移其所有权的所有企业和个人。这些营销中间机构中，有的（如批发商或零售商等）买进商品，取得商品的所有权，然后再将商品出售出去，他们被称为买卖中间商；有的（如经纪人、代理商等）则帮助生产者寻找顾客，有时也代表生产厂商同顾客进行谈判，但他们没有取得商品的所有权，这些被称为代理商；还有一些（如运输企业界、独立仓储、银行和广告代理商等）则支持分销活动，他们既不取得商品的所有权，也不参与买或卖的谈判，被叫作辅助机构。分销渠道具有以下特征：

（1）分销渠道主要是由参与商品流通过程的各种类型的机构组成的。通过这些机构网络，产品才能从生产者流向最终消费者或用户，实现其价值。

（2）分销渠道的起点是生产者，终点是消费者。

（3）在商品从生产者流向最终消费者或用户的流通过程中，最少要经过一次商品所有权的转移。

（4）分销渠道并不是生产者和中间商之间相互联系的简单结合，而是企业之间为达到各自或共同目标而进行交易的复杂行为体系和过程。

（二）分销渠道的职能

1. 联结产销

分销渠道一头连着生产，一头连着消费，它就像一座桥梁，把生产者和消费者联结在一起。

2. 沟通反馈信息

为了保证商品的适销对路和有效流动，分销渠道必然时刻努力搜集、传播和反馈各类信息，了解现实和潜在的产品销售情况、市场供求的变化，以及顾客、竞争对手及其他市场要素的动态信息等。

3. 促进销售

分销渠道中的中间商以转移商品为基本业务，因此，在经营过程中，会努力地将有关企业产品的信息通过各种促销方式传播给目标消费者和用户，以刺激需求，扩大商品销售量。

4. 风险分担

分销渠道成员在商品流转过程中，有的大量购进商品，要承担商品供求变化、自然灾害、价格下跌等风险。

5. 实体分配

产品在实现空间转移时，渠道成员负责货物的运输、仓储及信息处理等具体活动，从而使其适时到达消费者的手中。

6. 协商谈判

渠道成员在实现产品所有权转移的过程中，要就产品的价格、付款方式、促销费用、订货和交货条件等问题进行协商谈判，才能保证产品成交。

分销渠道除了上述主要功能外，还具有减少交易次数、降低流通费用、集中平衡和扩散商品、资金通融等作用。因此，企业在市场营销中，必须科学地选择和培育分销渠道，合理设置中间环节，充分发挥分销渠道的作用，实现货畅其流。

（三）影响分销渠道设计的因素

1. 顾客特性

顾客的人数、地理分布、购买方式（频率、批量）等特性，是分销渠道设计要考虑的基础性因素。上述各种特性之间是相互联系、相互修正的，要综合考虑。如顾客人数很多，但却集中在某个地区，其渠道设计就不宜较长、较宽。若集中在某个地区人数较多的顾客的购买习惯是少量而频繁的订货，其渠道设计又不宜太短、太窄。此外，消费的季节性明显的产品，较多采用长渠道，以便发挥中间商的储存调节作用，做到均衡生产。

2. 产品特性

（1）产品的理化性质。体积小、重量轻的产品，宜用较长、较宽的渠道；而体积大、笨重的产品（如大型设备、矿产品）应努力减少中间环节，尽量采用直接渠道；易损易腐的产品、危险品，应尽量避免多次转手、反复搬运，宜用较短渠道或专用渠道。

（2）产品单价。一般说来，价格昂贵的工业品、耐用消费品、享受品应减少流通环节，采用较短、较窄的渠道；单价较低的日用品、一般选购品，则可以采用较长、较宽的渠道。

（3）产品的时尚性。式样、花色多变，时尚性的产品（如时装、家具、高档玩具），多采用较短渠道；款式不易变化的产品，可用较长渠道。

（4）产品标准化程度。非标准化的产品，一般渠道较短、较窄，甚至由企业推销人员直接推销，原因是不易找到具有该类产品知识的中间商，如成套设备。标准化程度高、通用性强的产品，渠道可较长、较宽。

（5）产品技术复杂程度。产品技术越复杂，用户对有关销售服务（如安装、调试）尤其是售后服务（如维修、使用技术培训指导等）的要求越高，其渠道设计应短而窄，甚至采用直接渠道。

3. 中间商特性

分销渠道设计，要考虑中间商的费用水平、服务能力和合作意愿。如费用较高，只能采用较短、较窄的渠道；如中间商能提供较多的高质量服务，可采用较长、较宽渠道；如中间商普遍愿意合作，企业可以根据需要选用。反之亦然。

4. 竞争特性

通常，同类产品应与竞争者采取相同或相似的渠道销售；在竞争特别激烈时，竞争者所使用的分销渠道反倒成为企业避免使用的渠道，这是为了寻求销售上的独到之处。

5. 企业自身特性

（1）企业的财力、信誉。财力雄厚、信誉良好的企业，有能力选择较固定的中间商经销产品，甚至建立自己控制的分销系统，或采取短渠道；财力薄弱的企业，较为依赖中间商，一般都采用“佣金制”的分销方法，并且尽力利用愿意并且能够吸收部分储存、运输以及融资等成本费用的中间商。

（2）渠道的管理能力。有较强的市场营销能力和丰富经验的企业，可以自行销售产品，采用短渠道或垂直渠道营销系统。反之，多采用较长渠道。

（3）企业控制渠道的愿望。有些企业愿意花费较高的渠道成本，建立能有效控制的短而窄的渠道或垂直渠道系统；有的企业因为成本高等因素不愿意控制渠道而采用较长且宽的渠道。

此外，企业产品组合的状况，也会影响渠道设计的类型。产品组合的宽度越广，其分销渠道类型相对较多；产品组合的深度越大，则使用独家专售或选择性代理商更有利；产品组合的关联性越强，其渠道类型越相近甚至相同。

6. 环境特性

当经济形势看好时，企业选择销售渠道的余地较大；当出现经济萧条、衰退时，市场需求下降，企业必须减少一些中间环节，采用较短的渠道，以降低产品的最终售价。

（四）分销渠道类型

1. 直接渠道与间接渠道

（1）直接渠道。生产者将产品直接销售给消费者或用户，不经过中间环节，属直接渠道，也即零级渠道。直接渠道是工业品分销的主要类型，绝大多数机器设备、原材料和零部件都是采用直接销售的形式。在消费品市场上，也有不少商品采用了直接渠道，饮食店、糕点店大多采用直接销售方式销售自己的产品。直接渠道可以减少损耗，降低费用，缩短时间，加速流通，直接获取市场价格信息。但它会分散生产者的精力，增加资金投入，承担全部的市场风险，也不可能广设网点，致使产品的销售范围和数量受到限制。

（2）间接渠道。在生产者与消费者或用户之间有中间机构加入，商品销售要经过一个或多个中间环节，属于间接渠道，包括一级渠道、二级渠道、三级渠道等。目前市场上绝大多数的商品都是通过间接渠道销售给最终的消费者或用户的。中间商的介入，将起到调节产销矛盾、提高分销效率的作用。

2. 长渠道与短渠道

如果有中间商加入，按照经过的中间环节或层次的多少，就有长渠道与短渠道之分。经过一个中间环节的，叫短渠道；经过两个或两个以上中间环节的，叫长渠道。

分销渠道的长与短只是相对而言的，仅为形式的不同而已，并不决定它们的优劣。所以渠道长短的选择，关键是要适合商品的特点，权衡利弊，“取长补短”。一般情况下，价格较高的家用电器、名牌服装、汽车和其他贵重商品等，可采用短渠道；绝大多数日用品、普通服装、小型家用电器等，可通过长渠道销售。

3. 宽渠道和窄渠道

分销渠道的宽窄取决于渠道的每个层次（环节）中使用同种类型中间商数目的多少。如果生产者利用许多的批发商和零售商来分销产品，这种渠道就是宽渠道；反之，如果只通过很少的专业批发商推销其产品，甚至在某一地区只授权给一家中间商总经销，这种渠道就较窄或很窄。

4. 多渠道与单渠道

根据生产者采用分销渠道的多少，可分为单渠道系统和多渠道系统（复式渠道和混合渠道）两种。单渠道系统是指生产者只通过一条分销渠道销售产品，多渠道系统是指企业对同一或不同细分市场，同时采用多条渠道的分销体系，并对每条渠道或至少对其中一条渠道拥有较大控制权。在现代企业产品分销中，越来越多的企业乐于采用复式渠道。因为这种渠道形式能有效地扩大市场面，增加竞争力。

四、促销策略

促销即促进销售。它是指企业通过人员和非人员的方式，把企业的商品、服务等信息传递给消费者，从而达到刺激需求、促成购买、扩大销售目的的全部活动的总称。促销是任何企业营销计划中的重要因素，它可以为企业树立良好形象，增加销售，使渠道成员产生合作感，给消费者提供售后服务，以及开展其他活动等。促销组合，是指企业在促销活动中，根据产品的特点和营销目标，综合各种影响因素，把人员推销、广告、营业推广、公共关系等四种促销方式有机地结合起来，综合运用，以便实现更好的整体促销效果。

（一）人员推销

1. 人员推销的含义

人员推销是指一个企业委派自己的销售人员，直接向消费者或用户销售某种产品和提供某种服务的一种直接销售方式。人员推销是一种最古老、最传统、最富技巧性的销售方式，由于这种方式有着独特的优点，因此，在现代营销活动中它仍然是重要的促销工具。

2. 人员推销的特点

（1）灵活机动，适应性强。推销人员本身就是信息传送的媒介，他们可以根据不同用户的具体情况，采取不同的推销方式，及时调整推销策略，也可以在顾客方便的时间、地点，以顾客最能接受的方式向顾客传递产品信息、推销产品。

（2）区别对待，针对性强。推销人员在推销之前往往要先对顾客进行调查研究，选择潜在顾客，直接针对潜在顾客进行促销活动。

（3）双向沟通，反馈性好。人员推销属于信息的双向沟通，意见可以迅速地在双方之间交换。一方面，推销人员可以对顾客的意见进行解释和说服；另一方面，也可以及时地将意见反映给有关部门，使其做适当的产品调整。

（4）及时促成购买，缩短购买时间。在人员推销中，传递信息与达成销售是融为一体的。推销人员在传递信息的同时，根据顾客的情况适时地提出销售建议，从而达成交易。

（5）搜集信息，兼做服务。推销人员在推销产品对还可以进行市场调研，搜集市场信息，同时还可以兼做一些商业性业务和售后服务工作，如签约、收款、送货、安装、维修等。

（6）推销费用较大，对人员素质要求较高。由于人员推销是以推销人员作为传递信息的载体，因此，单位信息的传播成本大，同时要求推销人员有较高的素质，才能胜任推销工作。

3. 人员推销程序

在大多数的推销情境中，人员推销过程主要包含基本的六个步骤。如图4－4：

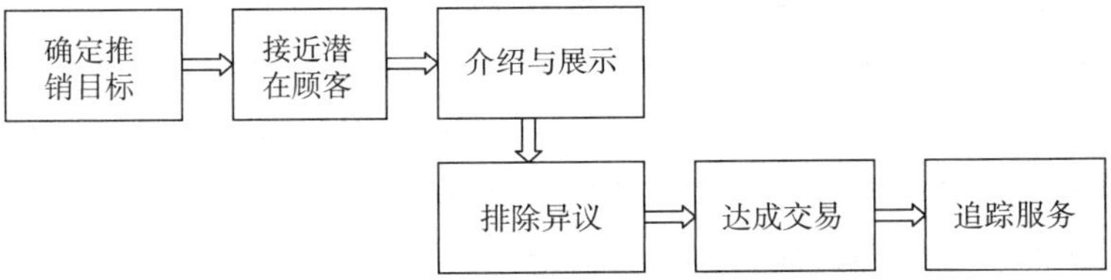

图4－4　人员推销程序图示

（1）确定推销目标。人员推销首先要找出潜在的顾客。潜在顾客一般必须具备五个条件：有需要，有购买力，有购买决策权，有接近的可能性，有使用产品的能力。

（2）接近潜在顾客。推销人员在目标确定之后，要认真准备有关产品、顾客和竞争对手的资料，同时还要选择最佳的接近方式和访问时间，迅速接近顾客。

（3）推销介绍与展示。这一阶段是推销过程的中心，是推销人员运用各种方法说服顾客购买产品的过程。推销说服的策略一般有以下两种：①提示说服。通过直接或间接、积极或消极的提示，将顾客的购买欲望与产品特性联系起来，由此促使顾客做出购买决策。②演示说服。通过产品、文字、图片、音响、影视、证明等样品或资料去劝导顾客购买产品。

（4）排除顾客异议。潜在顾客在任何时候都可能提出异议或问题，这就给推销人员提供一个机会，去消除那些可能影响销售的反对意见，并进一步指出产品的其他特点，或提示企业可提供的特别服务。潜在顾客所提的问题必须在成交前加以解决，以利达成交易。

（5）达成交易。一旦对顾客所提出的问题解决后，推销人员就要使顾客同意购买自己推销的产品。在这个阶段，推销人员还可以提供一些优惠条件，促成交易。

（6）追踪服务。追踪服务是推销人员为已购买产品的顾客提供的各种售后服务。追踪服务是人员推销的最后环节，也是推销工作的始点。追踪服务能加深顾客对企业和产品的信赖，促使重复购买。同时，通过追踪服务可获得各种反馈信息，为企业决策提供依据，也为推销员积累了经验，从而为开展新的推销提供广泛而有效的途径。

（二）广告

1. 广告的含义

广告是指企业或个人以付费的形式，通过一定的媒体，公开传播企业及其产品的各种信息，以达到促进销售、增加盈利的一种大众传播方式。

2. 广告的特点

（1）公开表达性。广告宣传通过大众传播媒介，将企业及其商品信息传递给广大的消费者。信息接受方是一个范围广泛的群体，它不仅包括现实的顾客，而且包括潜在的顾客，从而必然起到促进产品销售的传播效果。

（2）非人员性。广告不像人员推销那样具有与顾客面对面交谈的特征，它只能借助一定的媒体来发布信息、刺激需求。

（3）方式灵活性。广告是一种很富表现力的信息传递方式。它可以通过声音、图像、色彩、音乐等表现手法，将企业信息传递出去，具有很强的艺术感染力，更容易加深消费者对企业或产品的印象。

（4）信息传递的单向性。广告是单向的信息传播，有时不一定引起消费者的注意并做出反馈。

（5）效用滞后性。广告传递信息的目的是刺激需求、促进购买，但广告宣传与购买行为往往存在着时间上的分离。多数消费者都是在接受广告促销信息后加深印象，记住广告宣传的企业名称、产品品牌、价格等，为以后购买提供依据。因此，广告的促销效果具有一定的滞后性，即广告对消费者态度和购买行为的影响难以立即见效，而是要延续一段时间。

3. 广告决策的内容

（1）确定广告目标

所谓广告目标，是指企业广告活动在一定时期内所要完成的特定传播任务。企业的广告目标取决于企业的整体营销目标，还要服从于企业的目标市场、市场定位和营销组合等决策。具体来讲，企业的广告目标主要有告知信息、诱导购买和提醒使用等目标。

（2）确定广告预算

制定广告预算可参考前述的制定促销预算的几种基本方法，同时，制定广告预算还要考虑以下几种因素的影响：①产品生命周期阶段。一般说来，投入期需要较多的广告投入，以提高消费者对产品的认知程度；成长期的广告活动频率可以降低，广告费用支出渐次递减而有所侧重，以维持公众对产品的印象；成熟期则需投入大量广告费用，大力进行广告促销，以增加产品的竞争力，维护企业的市场地位；衰退期则应缩减广告费用。②市场份额。一般而言，市场份额大的产品，广告投入应多；市场份额小的产品，广告投入可少一些。但是，如果希望提高品牌竞争力，扩大品牌的市场份额，则要比维持市场份额投入较多的广告预算。③竞争情况。竞争越激烈，越需要大量的广告投入；产品竞争状况缓和，广告投入则可以相对少一些。

（3）设计广告信息

如果市场上的产品属同类竞争，广告信息的设计需要创造性和艺术性，这是广告取得成功的重要保证。广告信息设计主要包括确定广告信息内容、设计广告表达结构、设计广告表达形式和选择广告信息发送者。

（4）选择广告媒体

广告媒体是企业向目标顾客传递信息的载体，是广告宣传所使用的物质手段。广告媒体的种类很多，主要包括报纸、杂志、广播、电视、网络、直接邮寄、户外广告等。可以说，在现代社会中，只要是能对人的观感产生影响的物体都可能成为广告媒体，企业可根据广告目标、广告对象、广告投入等情况选择合适的媒体。

（5）评估广告效果

评估广告效果的目的在于了解消费者对广告理解和接受的程度，以及广告对产品推销所起的作用。因此，评估广告效果主要包括销售效果评估和沟通传播效果评估两个方面。

阅读与思考

2017世界互联网趋势报告摘录

2017年6月1日凌晨，有“互联网女皇”之称的华尔街证券分析师玛丽·米克尔（Mary Meeker）在美国Code大会上发布了2017年的互联网趋势报告。这也是她第22次公布这一年度互联网报告。其主要内容摘录如下：

全球互联网用户数已超34亿，同比增长10%，互联网全球渗透率达到46%。其中，印度互联网用户数达到3.55亿，同比增长28%，为仅次于中国的全球第二大互联网市场。

全球智能手机出货量增长 3%，2015 年增长 10%，2014 年为 28%，增速持续放缓。

2016 年，全球网络广告支出达 370 亿美元，增长 22%，2015 年增长 20%。预计在未来 6 个月内，网络广告支出将超越电视广告。其中，移动广告增速已经超越 PC 广告。

得益于电子商务的迅猛发展，全球包裹数量持续增长，2016 年增长率为 9%。而随着亚马逊等电商巨头纷纷开设实体店，线下零售店倒闭数量打破了 20 年来的纪录。

手游开始迅速渗透人们的日常生活，从 2015 年 7 月到 2017 年 3 月，全球玩家每日玩手机游戏的时长增长了 33%。与此同时，全球电竞月观看数达到 1.61 次，同比增长 40%。

云基础设施迅速增长，份额正逐步接近传统数据中心。2016 年，全球公有云与私有云基础设施建设支出达 360 亿美元，占 IT 基础设施建设总支出的 37%，比 2014 年增长 37%。

中国互联网已进入“在线娱乐和共享出行的黄金时代”。中国移动互联网用户数已破 7 亿，同比增长 12%。在线娱乐方面，2016 年，互联网已经占据中国用户 55% 的媒体时间，移动互联网使用时长超过电视。与此同时，付费内容崛起，中国消费者越来越愿意为网络游戏、在线直播、在线视频等娱乐内容买单。在游戏市场，2016 年，中国超过美国，成为全球第一大游戏市场。其中，腾讯和网易成为全球移动 MOBA 和 MMORPG 游戏的领军者，移动游戏创新带来收入快速增长。

在共享出行市场，中国已经走在世界前列。目前，中国每年共享出行次数已过百亿，占全球市场份额的 67%。

中国移动支付市场迅猛发展，百元以下小额交易占比快速增长，逐步取代现金。

中国电商在全球各大市场中渗透率增长最快，占全国社会商品零售总额 15%。

最后，中国在线广告收入达 400 亿美元，同比增长 30%。

思考：

互联网和信息技术的发展对商业模式和消费模式产生了怎样的影响？

（来自腾讯科技）

（三）营业推广

1. 营业推广的含义

营业推广又称销售促进，是指除人员推销、广告宣传、公共关系以外的，能有效激发消费者购买和提高促销效率的一切促销活动。它包括的范围较广，界限也不如广告、人员推销和公共关系清楚，是一种行之有效的辅助性促销措施。营业推广的主要作用是吸引顾客，为不适时令的商品打开销路，也可以鼓励推销员或中间商的积极性，扩大企业的影响。特别是在推出一种新的品牌或新的商品时，为争取中间商合作、鼓励他们进货及需要强化广告宣传效果时，采取营业推广的方式可以达到事半功倍的效果。

2. 营业推广的方式

营业推广方式包括针对消费者、中间商和业务员等不同的营业推广工具，这里主要介绍针对消费者的营业推广方式，其常用的方式有以下几种：

（1）赠送样品。即免费让消费者试用产品。通过亲身试用，消费者能领略到产品的好处和实际利益，从而迅速接受新产品，成为新产品的购买者。

（2）购买奖酬。购买一定数量商品即可获得奖金和奖品。

（3）组合销售。将新产品与原有产品配套出售或将有连带关系的产品包装在一起出售价格略低于单件商品出售的价格。

（4）试用品尝。现场请消费者试饮饮料、品尝食品等。

（5）折价优待。由广告或商品包装发送的折价优待券，即可获得一定的价格优惠，凭券到指定商店购买该商品

（6）以旧换新。将以前购买的同品牌的老产品或别的品牌的同类产品折价，再加上一定数量的现金即可换购该品牌的新产品。

（7）廉价包装。主要有在包装注明统一折价率，购买时按折价率付款；包装上注明该包装是加大容量的包装；购买时另赠送小容量包装的商品等形式。

（8）奖励券。购买一定数量商品即可获得奖励券，凭奖励券数目的多少可换取不同价值的商品。

此外，还有现场展销、购物赠品、分期付款、限时折扣、特价优惠、购物积分、包退包换、特价日销售等营业推广方式。

对中间商的营业推广方式主要有免费提供陈列样品、推广资助、销售竞赛、协助经营和发放刊物与邮寄宣传品等。

对推销人员的营业推广方式有推销竞赛、推销津贴等。企业根据具体情况，还可以开展优胜重奖、高额补助，采取超额提成、红利及利润分成等，也可以对表现出色的推销人员给予精神和荣誉上的鼓励。

（四）公共关系

1. 公共关系含义

公共关系，是指社会组织运用沟通手段使自己与公众相互了解和相互

适应，以争取公众的理解、支持和协作的一系列管理活动。公共关系活动有利于树立企业的良好形象，沟通与协调企业内部以及企业与社会公众的各种联系，有利于营造良好的公关状态，积极影响企业市场营销环境。

2. 公共关系促销的原则

（1）真实性原则

它是指企业在公共关系促销时，要以事实为基础，真实、客观、公正、全面地传递信息，沟通情况，企业通过信息传播和交流来树立良好的企业形象，因此，信息的真实、准确就成为企业公共关系促销获得成功的基本前提。

（2）平等互利原则

它是指企业在公共关系促销时，要与公众平等相处，共同发展。企业利用公共关系促销，同样是为企业既定目标和任务服务的，但这种策略要以一定的道德表现为前提，以“利他”的方式“利己”。在促销活动中公共关系同样强调主体与客体的平等权利和义务，尊重双方的共同利益和各自的独立利益，信守企业与公众共同发展、平等互利的坚定信念，只有这样才能实现公共关系促销的目的。

（3）整体一致性原则

公共关系促销中整体一效性原则，是指企业从社会全局、企业全局的角度审视公共关系促销工作，评价其经济效益和社会效益。这一原则对公共关系促销工作的指导，集中体现在对公众负责、对社会负责上。所谓对社会负责，就是企业不仅要考虑本身的经济效益，而且要站在全社会的角度考虑全社会的整体利益。因为每个企业都是社会的一个成员，离开了社会就无法生存，离开了公众，企业也就失去了存在的社会价值，所以企业应该担负起社会责任，履行社会义务。

（4）全员公关原则

全员公关是指企业公共关系促销不仅要依靠专门的机构和专职人员的努力，还要依靠企业各部门的密切配合和全体员工的共同关心和参与。企业必须强调全员公关，即要求全体成员都要树立公关意识，共同关注和参与公共关系促销工作，并做出决策，共同推动企业公共关系促销目标的实现。

3. 公共关系促销的活动形式

（1）发现和创造新闻

新闻是以第三者的名义，通过大众媒体传播的特定信息，因而对公众的影响很大。所以企业要积极主动地、经常地与新闻界保持联系，了解新闻报道的重点及新闻动向，并经常、及时地向新闻界提供具有新闻价值的本企业信息。同时，公关人员要善于发现和创造对企业及其产品有利的新闻，以吸引新闻界和公众的注意，增加新闻报道的频率从而扩大企业及其产品的影响力和知名度。

（2）开展公益性的活动

企业积极参与社会活动和支持公益事业，如赞助文化、体育活动、捐资助学、扶贫救灾等，这样能够树立企业关心社会公益事业、承担一定的社会责任和社会义务的良好形象，有利于提高企业广告宣传的影响面和影响力，有利于建立与其他社会组织的友谊和感情，有利于赢得公众的好感和信任。

（3）策划专门性公关活动

企业根据营销活动的需要，可以安排一些特殊的事件来吸引公众对企业和产品的注意。例如，可以通过召开新闻发布会、研讨会、展览会、业务洽谈会、答谢会、举行某种庆典活动等。这是企业与其他组织和社会公众沟通信息、交流感情的好机会，也是企业迅速而广泛地传播信息的有效途径。

（4）导入CIS

企业识别系统（Corporate Identity System，CIS）由理念识别、视觉识别和行为识别系统构成。企业营销活动中导入CIS就是综合运用现代设计和企业管理的理论和方法将企业的经营理念、行为方式及其个性特征等信息加以系统化、规范化和视觉化，以塑造具体的可感受的企业形象。

（5）危机公关活动

当企业与公众发生冲突或发生突发事件，使得公众舆论反应强烈，企业形象受到严重损害时，公共关系处于紧张状态之中。这时需要动用整个企业的力量及各种传播媒介来处理危机，协调与平衡企业与公众之间的紧张关系，降低公关危机带来的负面影响，甚至变危机为商机。

第五节　市场营销理论新趋势

一、电子商务

（一）电子商务的概念

电子商务是经济和信息技术发展并相互作用的必然产物。狭义的电子商务（Electronic Commerce，简称 EC）是指基于数据处理和传输，通过 Internet 网络进行的商业交易，包括企业与企业、企业与消费者、企业与政府之间的交易活动。广义的电子商务（Electronic Business，简称 EB）就是通过电子手段进行的商业事务活动，通过使用互联网等电子工具，使公司内部、供应商、客户和合作伙伴之间，利用电子业务共享信息，实现企业间业务流程的电子化，配合企业内部的电子化生产管理系统，提高企业的生产、库存、流通和资金等各个环节的效率。

电子商务在不同国家或组织有不同的定义，但其关键依然是依靠着电子设备和网络技术进行的商业模式，随着电子商务的高速发展，它已不仅仅包括其购物的主要内涵，还应包括了物流配送等附带服务。电子商务包括电子货币交换、供应链管理、电子交易市场、网络营销、在线事务处理、电子数据交换（EDI）、存货管理和自动数据收集系统。在此过程中，利用到的信息技术包括：互联网、外联网、电子邮件、数据库、电子目录和移动通信。

（二）我国电子商务发展现状

我国电子商务的发展源于 20 世纪 90 年代末，经过 20 多年的快速发展，电子商务行业走过了从电子商务技术、电子商务服务到电子商务经济的发展道路，经历了从具体的技术应用发展到相关产业的形成，并通过创新与协同发展融入国民经济的各个组成部分的发展历程。随着近年来的快速稳健发展，电子商务经济以其开放性、全球化、低成本、高效率的优势，广泛渗透到生产、流通、消费及民生等领域，在培育新业态、创造新需求、拓展新市场、促进传统产业转型升级、推动公共服务创新等方面的作用日渐凸显，成为国民经济和社会发展新动力，是推动“互联网+”发展的重要力量，是新经济的主要组成部分。电子商务在中国蓬勃发展，在快消品领域表现得尤为明显。2012 至 2016 年在快消品城镇零售渠道销售中，电商渠道的年复合增长率为 40.8%，2015 至 2016 年复合增长率更升至 52.6%，远超便利店、超市、大卖场、杂货店等其他零售渠道。此外，2016 年，电商渠道占快消品城镇零售渠道销售的比例达 7%，而这一比例在 2014 年仅 3.5%，两年时间实现翻番，而且依然保持着快速发展的趋势。

（三）电子商务的创新

随着我国经济持续保持平稳较快发展，中国不仅成为世界第二大经济体，还成为世界最大的网络消费市场；随着网络的日益普及，4G 移动通信技术的成熟，基于移动互联网的电子商务创新异常活跃；中国正不遗余力地推进 5G 通信、大数据、云计算和人工智能技术的研究和应用，这些技术的发展将进一步促进电子商务的创新发展。除了 B2B、B2C、C2C 等常见的电子商务模式快速发展外，中国已经成为互联网和电子商务创新的引领者，主要集中在以下几个方面：

1. O2O 电商模式

O2O 模式（Online To Offline）是指线上营销线上购买带动线下经营和线下消费。O2O 通过打折、提供信息、服务预订等方式，把线下商店的消息推送给互联网用户，从而将他们转换为自己的线下客户。从表面上看，O2O 的关键似乎是网络上的信息发布，因为只有互联网才能把商家信息传播得更快、更远、更广，可以瞬间聚集强大的消费能力。但实际上，O2O 的核心在于在线支付，一旦没有在线支付功能，O2O 中的 Online 不过是替他人作嫁衣罢了。在线支付不仅是支付本身的完成，是某次消费得以最终形成的唯一标志，更是消费数据唯一可靠的考核标准。尤其是对提供 Online 服务的互联网专业公司而言，只有用户在线上完成支付，自身才可能从中获得效益，从而把准确的消费需求信息传递给 Offline 的商业伙伴。O2O 模式的关键点就在于平台通过在线的方式吸引消费者，但真正消费的服务或者产品必须由消费者去线下体验，这就对线下服务提出更高的要求。O2O 模式作为线下商务与互联网结合的新模式，解决了传统行业的电子商务化问题。但是，O2O 模式并非简单的互联网模式，此模式的实施对企业的线下能力是一个不小的挑战。可以说，线下能力的高低很大程度上决定了这个模式能否成功。而线下能力的高低又是因为线上的用户黏度决定的，拥有大量优势用户资源、本地化程度较高的垂直网站将借助 O2O 模式，成为角逐未来电子商务市场的主力军。

2. 移动电子商务

移动电子商务就是利用手机、PDA 及掌上电脑等无线终端进行的 B2B、B2C、C2C 或 O2O 的电子商务。它将因特网、移动通信技术、短距离通信技术及其他信息处理技术完美的结合，使人们可以在任何时间、任何地点进行各种商贸活动，实现随时随地、线上线下的购物与交易、在线电子支付以及各种交易活动、商务活动、金融活动和相关的综合服务活动等。移动电子商务具有这样几个特点：（1）更具有开放性、包容性。由于移动电子商务接入方式无线化，使得所有人都比较容易进入网络世界，从而使网络范围延伸更广阔、更开放。（2）具有无处不在、随时随地的特点。移动电子商务的最大特点是“自由”和“个性化”。电子商务给人们的生活带来了便捷，但它的局限在于需要有线接入，而移动电子商务恰恰可以弥补这一不足。让人们感受独特的商务体验。（3）移动电子商务易于推广使用。移动通信所具有的灵活性、便捷性的特点，决定了它更适合大众化的个人消费领域，比如移动支付系统。

移动电子商务与传统电子商务的区别在于四个方面：（1）终端设备不同。传统电子商务使用个人计算机（简称 PC 机），显示器屏幕大、内存大；而移动通信设备则恰恰相反，屏幕小、内存小。（2）用户群不同。移动电子商务的潜在用户群远远大于传统电子商务，但这个群体的分布不均、文化差异大。（3）移动性差异。与传统电子商务相比，移动电子商务因其移动性而产生更多的商业机会，更能实现个性化服务。（4）商业模式不同。传统电子商务更强调低成本和无限的网络空间，消除信息不对称，提供无限的免费信息服务。而移动电子商务更多地针对差异性的个性化服务来赢得利润。

3. 大数据营销

什么是大数据？目前对大数据的定义莫衷一是，不同的专家和组织给出了不同的定义，维克托·迈尔·舍恩伯格和肯尼斯·库克耶在《大数据时代》指出，大数据指不用随机分析法（抽样调查）这样捷径，而采用所有数据进行分析处理。麦肯锡全球研究所的定义是：一种规模大到在获取、存储、管理、分析方面大大超出了传统数据库软件工具能力范围的数据集合，具有海量的数据规模、快速的数据流转、多样的数据类型和价值密度低四大特征。美国互联网数据中心指出，互联网上的数据每年将增长50%，每两年便将翻一番，而目前世界上 90% 以上的数据是最近几年才产生的。此外，数据又并非单纯指人们在互联网上发布的信息，全世界的工业设备、汽车、电表上有着无数的数码传感器，随时测量和传递着有关位置、运动、震动、温度、湿度乃至空气中化学物质的变化，也产生了海量的数据信息。大数据技术的战略意义不在于掌握庞大的数据信息，而在于对这些含有意义的数据进行专业化处理。大数据无法用单台的计算机进行处理，必须采用分布式架构。它的特色在于对海量数据进行分布式数据挖掘。但它必须依托云计算的分布式处理、分布式数据库和云存储、虚拟化技术。

大数据营销是指基于多平台的大量数据，依托大数据技术的基础上，应用于互联网行业的营销方式。大数据营销衍生于互联网行业，又作用于互联网行业。依托多平台的大数据采集，以及大数据技术的分析与预测能力，为消费者提供个性化产品和服务，能够使广告更加精准有效，给品牌企业带来更高的投资回报率。大数据营销的数据来源通常是多样化的，多平台化的数据采集能对网民行为的刻画更加全面而准确。大数据营销具有以下特点：

（1）强调时效性。在网络时代，网民的消费行为和购买方式极易在短的时间内发生变化。在网民需求点最高时及时进行营销非常重要。

（2）个性化营销。在网络时代，广告主的营销理念已从“媒体导向”向“受众导向”转变。营销传播活动须以媒体为导向，选择知名度高、浏览量大的媒体进行投放。

（3）性价比高。和传统广告“一半的广告费被浪费掉”相比，大数据营销在最大程度上，让广告主的投放做到有的放矢，并可根据实时性的效果反馈，及时对投放策略进行调整。

（4）关联性。大数据营销的一个重要特点在于网民关注的广告与广告之间的关联性，由于大数据在采集过程中可快速得知目标受众关注的内容，以及可知晓网民身在何处，这些有价信息可让广告的投放过程产生前所未有的关联性。即网民所看到的上一条广告可与下一条广告进行深度互动。

大数据营销的主要用途，一是基于用户的需求定制改善产品。消费者在有意或无意中留下的信息数据作为其潜在需求的体现是企业定制改善产品的一项有力根据。二是开展精准的推广活动。基于数据的精准推广活动可大致分为三类：首先，企业作为其产品的经营者可以通过大数据的分析定位到有特定潜在需求的受众人群并针对这一群体进行有效的定向推广以达到刺激消费的目的。其次，针对既有的消费者，企业可以通过用户的行为数据分析他们各自的购物习惯并按照其特定的购物偏好、独特的购买倾向加以一对一的定制化商品推送。最后，企业可以依据既有消费者各自不同的人物特征将受众按照“标签”细分，如“美妆达人”，再用不同的侧重方式和定制化的活动向这些类群体进行定向的精准营销。三是维系客户关系。面对日新月异的新媒体，许多企业通过对粉丝的公开内容和互动记录分析，将粉丝转化为潜在用户，激活社会化资产价值，并对潜在用户进行多个维度的画像。大数据可以分析活跃粉丝的互动内容，设定消费者画像各种规则，关联潜在用户与会员数据，关联潜在用户与客服数据，筛选目标群体做精准营销，进而可以使传统客户关系管理结合社会化数据，丰富用户不同维度的标签，并可动态更新消费者生命周期数据，保持信息新鲜有效。

二、网络营销

（一）网络营销的概念与特征

网络营销是指企业为实现营销目标，借助电脑通讯、联机网络和数字交互式媒体开展营销活动的营销方式。网络营销作为一种新型营销方式，它在实现企业最终目的，即通过满足消费者需求进而满足企业自身的需求

（即获得利润）上与传统的营销并无二致。所不同的是，在网络营销中营销者可充分运用十分发达、畅通的网络技术为企业的营销目标服务，国际互联网和商业在线服务成为强有力的营销工具。网络营销的特点有：

1. 市场全球化

Internet 在全球范围内的迅速崛起给企业带来新的商机，使企业商业活动向着区域化、全国化、国际化、全球化发展，使企业面临着一个更广阔、更具有选择性的全球市场。

2. 产品个性化

传统的营销产品都是规模生产而满足顾客的一般需求，顾客的个别需求却往往得不到满足。网络营销能够对顾客的个别需求做出一对一的反应，生产出富有个性的产品以满足顾客的个别需求。

3. 价格公开化

顾客可通过网络对所需的商品进行全球性的比较和选择，这样将大大提高价格的透明度，使价格竞争更加剧烈。

4. 渠道直接化

由于厂商通过网络直接与顾客进行联系，商品可直接从厂商到顾客手中，大大缩短了商品流通过程，使销售渠道更加直接化，加速了商品流、资金流、信息流。因此大大降低了中间商的作用。

5. 服务大众化

企业通过网络一天 24 小时永不停歇地为顾客服务。对于每一个顾客，无论其规模大小，无论位于世界的哪一个角落，只要联上网，都可享受到全方位的服务。

6. 交易虚拟化

在网上，企业是虚拟的，商场是虚拟的，商品也可能是虚拟的，商品交易在虚拟的网络环境下进行。

（二）网络营销的运作方式

网络营销作为在 Internet 上进行的营销活动，它的基本营销目的和营销工具是一致的，只不过在实施和操作过程中与传统方式有着很大区别。

1. 网上市场调查

主要利用 Internet 交互式的信息沟通渠道来实施调查活动。它包括直接在网上通过问卷进行调查，还可以通过网络来收集市场调查中需要的一些二手资料。利用网上调查工具，可以提高调查效率和调查效果。

2. 网上消费者行为分析

Internet 作为信息沟通工具，正成为许多兴趣、爱好趋同的群体聚集交流的地方，并且形成一个特征鲜明的网上虚拟社区，了解这些虚拟社区的群体特征和偏好是网上消费者行为分析的关键。

3. 网上产品和服务策略

网络作为信息有效的沟通渠道，可以成为一些无形产品，如软件和远程服务的载体，改变了传统产品的营销策略特别是渠道的选择。网上产品和服务营销必须结合网络特点重新考虑产品的设计、开发、包装和品牌策略等。

4. 网上价格策略

网络作为信息交流和传播工具，从诞生开始实行的是自由、平等和信息免费的策略，网上市场的价格策略大多采取免费或者低价策略。因此，制定网上价格策略时，必须考虑到 Internet 对企业定价影响和 Internet 本身独特的免费思想。

5. 网上直销

基于 Internet 的网上直销模式改变了传统渠道中的多层次的选择和管理与控制问题，最大限度降低了渠道中的营销费用。

6. 网络广告

Internet 作为一种双向沟通渠道，最大优势是可以实现沟通双方突破时空限制直接进行交流，而且简单、高效和费用低廉。因此，在网上开展促销活动是最有效的沟通渠道，但网上促销活动开展必须遵循网上一些信息交流与沟通规则。网络广告作为在新的大众媒体发布的广告，具有报纸杂志、无线广播和电视等传统媒体发布广告无法比拟的优势，即网络广告具有交互性和直接性。

三、关系营销

（一）关系营销的概念及特征

所谓关系营销，是把营销活动看成是一个企业与消费者、供应商、分销商、竞争者、政府机构及其他公众发生互动作用的过程，其核心是建立和发展与这些公众的良好关系。其特征为：

（1）双向沟通。在关系营销中，沟通应该是双向而非单向的。只有广泛的信息交流和共享，才可能使企业赢得各个利益相关者的支持与合作。

（2）合作。一般而言，关系有两种基本状态，即对立和合作。只有通过合作才能实现协同，因此合作是“双赢”的基础。

（3）双赢。关系营销旨在通过合作增加关系各方的利益，而不是通过损害其中一方或多方的利益来增加其他各方的利益。

（4）亲密。关系能否得到稳定和发展，情感因素也起着重要作用。因此关系营销不只是要实现物质利益的互惠，还必须让参与各方能从关系中获得情感的需求满足。

（5）控制。关系营销要求建立专门的部门，用以跟踪顾客、分销商、供应商及营销系统中其他参与者的态度，由此了解关系的动态变化，及时采取措施消除关系中的不稳定因素和不利于关系各方利益共同增长因素。此外，通过有效的信息反馈，也有利于企业及时改进产品和服务，更好地满足市场的需求。

（二）关系营销的基本模式

1. 关系营销的中心——顾客忠诚

在关系营销中，怎样才能获得顾客忠诚呢？其基本环节为：发现正当需求—满足需求并保证顾客满意—营造顾客忠诚，从而构成了关系营销中的三部曲。

（1）企业要分析顾客需求。顾客需求满足与否的衡量标准是顾客满意程度：满意的顾客会对企业带来有形的好处（如重复购买该企业产品）和无形的好处（如宣传企业形象）。

（2）从关系营销的基本模式中可以看出，期望和欲望与感知绩效的差异程度是产生满意感的来源。所以，企业可采取下面的方法来取得顾客满意：提供满意的产品和服务；提供附加利益和提供信息通道。

（3）顾客维系。维系原有顾客，减少顾客的流失比争取新顾客更为有效。维系顾客不仅仅需要维持顾客的满意程度，还必须分析顾客产生满意感的最终原因，从而有针对性地采取措施不断提高满意度来维系顾客。

2. 关系营销的构成——梯度推进

贝瑞和帕拉苏拉曼归纳了三种建立顾客价值的方法，具体如下：

一级关系营销（频繁市场营销或频率营销）。维持关系的重要手段是利用价格刺激使目标公众重复购买以增加财务利益。

二级关系营销。建立顾客关系要优于价格刺激，进而增加社会利益，同时也附加财务利益，主要形式是建立顾客组织，包括顾客档案和正式的、非正式的俱乐部以及顾客协会等。

三级关系营销。增加结构纽带，同时附加财务利益和社会利益。与客户建立结构性关系，它对关系客户有价值，但不能通过其他来源得到，可以通过提高客户转向竞争者的机会成本，同时也将增加客户脱离竞争者而转向本企业的收益。

四、直复营销

（一）直复营销的含义及基本特性

直复营销（direct marketing）即“直接回应的营销”，它是以赢利为目标，通过个性化的沟通媒介向目标市场成员发布信息，以寻求对方直接回应（问询或订购）的社会和管理过程。美国直复营销协会（direct marketing association，DMA）将直复营销定义为：一种互动和营销系统，运用一种或多种广告媒介在任意地点产生可衡量的反应或交易。该定义揭示了直复营销的三个基本特性：互动性、可衡量性和空间上的广泛性。

1. 互动性

直复营销是互动性的，营销者与顾客之间可以进行双向沟通。营销者通过某个（或几个）特定的媒介（电视、目录邮件、印刷媒介、广播、电话、互联网）向目标顾客或准顾客传递产品或服务信息，顾客通过邮件电话、在线等方式对企业的发盘进行回应，订购企业发盘提供的产品或服务，或者要求提供进一步的信息。

传统的营销方式只能提供单向信息沟通，向目标市场传递企业产品或服务方面的信息，受众并不立即对其做出反应，通常是在获得该产品或服务信息后，在以后的某个时间到零售机构去买。这样，在某个特定广告活动中，顾客与企业之间的信息沟通是单向的，即由企业到目标市场成员。直复营销的互动性给目标市场成员以回应的机会，同时，这种反馈的信息又是企业规划后续直复营销项目的重要依据。

2. 可衡量性

直复营销的互动活动的效果更易于衡量。目标市场成员对企业直复营销活动项目的回应与否，都与每个目录邮件、每次直接反馈电视广告、每次广播广告或每个直邮直接相关。而且，直复营销者还可以借助于营销数据库，分析消费者个体或家庭的购买行为等方面的信息，进而得出顾客某方面特征的判断，以规划新的直复营销活动。数据库在直复营销活动中的地位是非常重要的，它可以说是所有直复营销活动的基础与前提。

3. 空间上的广泛性

直复营销活动可以发生在任何地点。只要是直复营销者所选择的沟通媒介可以到达的地方，都可以开展直复营销。顾客不必亲临各种零售商店，也不用销售人员登门拜访，营销者与顾客的联系可以通过邮件、电话、传真或通过个人电脑在线沟通，而产品的传递一般可以通过邮递渠道。随着网络经济的发展，新的商品配送渠道也正在形成。

（二）直复营销的具体方式

1. 邮购

直复营销商向潜在目标顾客邮寄商品目录、信件、传单等。潜在目标顾客资料可向邮寄名单经纪人事务所购买，也可把行业的独立会员或团体会员作为邮寄对象，或者通过其他途径取得潜在目标顾客资料。所邮寄的商品目录等既是广告宣传品，也是订货单，邮购商店据此发送商品。

2. 电话营销

直复营销商利用电话将有关商品信息传递给潜在目标顾客，并通过提供免费电话接受顾客订货，从而实现企业与顾客之间的沟通。电话营销目前已成为一种主要的直复营销方式。

3. 电视营销

通过直复广告或家庭购物频道，借助电视传递商品信息，催促观众立即拨打专线电话订购。这种方式已被普遍采用，如中央电视台的央视购物频道，通过电视传递商品信息，客户用电话订购，然后将顾客的订购商品品种、数量、付款方式、送货地点等资料交给直销广告公司，以完成交易。

4. 其他媒体营销

在报纸、杂志上刊登或在电台上传播直复营销广告。此类广告与普通广告不同，后者只传递商品信息，前者不但传递商品信息，而且附上“回复卡”，读者以此作为订单寄回给直复营销商或打免费电话订货，从而达到迅速交易的目的。

5. 网上营销

网上营销是指企业通过互联网使产品或服务从企业顺利到达消费者所进行的一系列交易活动。它的产生是基于信息技术和国际互联网的高速发展以及网络电子商务系统的出现。

五、整合营销

（一）整合营销的含义及特征

整合营销是现代企业所建立的以市场为导向的一种经营方式，它要求企业所有部门的所有活动，在努力为顾客的利益服务的同时，要整合和协调工作。同时，它还强调企业与市场之间的互动关系，努力发现潜在市场和创造新市场。整合营销是以注重企业、顾客、社会三方共同利益为中心的，具有整体性与动态性特征。企业把与消费者之间交流、对话、沟通放在特别重要的地位，是营销观念的变革和发展。整合营销更要求各种营销要素的作用力统一方向，形成合力，共同为企业的营销目标服务。与传统的营销概念相比，整合营销更强调统一的经营理念和步调一致的企业行为，它要求其他部门也必须掌握相关的外部营销知识，树立顾客第一的营销理念，并能在本职工作中体现出来。其主要特征有：

（1）营销手段的整体组合。整合营销要求企业在外部环境的约束下，把市场营销部门的不同营销功能（手段）如市场调研、市场预测、销售、广告宣传、产品管理等工作配合起来，使之形成最佳结构，发挥最大功效。同时营销部门必须和企业的其他部门相协调，靠整体策略去赢得市场。营销的整体性实际上就是指通过对影响顾客需求的一系列手段的组合运用（营销组合），以期产生营销的放大效应。营销组合概念强调将市场营销中各种要素组合起来的重要性，营销整合则与之一脉相承，但更为强调各种要素之间的关联性，要求它们成为统一的有机体。

（2）企业整体的协调配合。整体营销更深刻的思想在于企业整体性的营销运作，这就是说营销不仅仅是营销部门的事情，它要求企业各个部门都围绕顾客需求，相互协调，共同努力为顾客服务，形成以市场为导向的企业运作系统。

（3）企业用动态的观念主动分析市场环境，把握市场动向，发现和开拓新的市场。

（二）整合营销实施中的4C观念

在产品的同质化日益增强以及消费者个性化、多样化日益发展的今天，企业要以消费者需求为中心，就更要建立和消费者的密切关系，强调企业行为一致性的营销组合。于是日渐兴起了整合营销中的4C观念。

1. 消费者（consumer）

指消费者的需要和欲望。企业要把顾客放在第一位，强调创造顾客比开发产品更重要，满足消费者的需求和欲望比产品功能更重要。不能仅仅卖企业想制造的产品，而是要提供顾客确实想买的产品。

2. 成本（cost）

指消费者获得满足的成本，或是消费者满足自己的需要和欲望所肯付出的成本价格。这里的营销价格因素延伸为生产经营过程的全部成本。包括企业的生产成本和消费者购物成本，不仅指购物的货币支出，还有时间耗费、体力和精力耗费以及风险承担。

3. 便利（convenience）

指购买的方便性。和传统的营销渠道相比，新的观念更重视服务环节，在销售过程中，尽最大努力为消费者提供方便，让顾客既购买到商品，也购买到便利。

4. 沟通（communication）

指与用户沟通，企业的产品要想完全被消费者接受，不能单靠加强劝导顾客，而要着眼于加强双向沟通，增进相互的理解，实现真正的适销对路，才能培养顾客的忠诚。

（三）整合营销沟通

整合营销沟通（integrated marketing communications，IMC）也称整合

营销传播。它是指企业在经营活动过程中，以消费者为核心，通过精确的定位，综合协调地使用各种形式的传播方式，通过与顾客或其他相关利益人的一对一沟通，来推进企业品牌信赖度、美誉度和亲和力，从而达到建立产品与消费者长期密切的关系，更有效地达到广告传播和产品营销的目的。整合营销的关键在于真正重视消费者行为反应，与消费者建立良好的双向沟通，通过双向沟通，双方建立长久的一对一的关系营销，以满足消费者需要的价值为取向。确定企业高水平的营销策略，协调不同的传播手段，选择不同的传播工具的优势，树立品牌竞争优势，提高消费者对品牌的忠诚度，达到提高市场占有率和市场份额的目的。整合营销是以企业由内向外的战略为基础，以整合企业内部外部的资源为手段，以消费者为重心而重组的企业行为。舒尔兹教授认为，整合营销是一种适用于所有企业信息传播及内部沟通的管理体制，这种传播与沟通就是尽可能与其潜在的客户和消费者以及其他一些公共群体如政府公众、媒介公众和公关公司、金融团体保持一种良好的积极的关系。营销传播管理者应该根据企业的情况选择各种传播手段和方法，通过计划、调整、控制等管理过程，有效地、阶段性地整合诸多企业传播活动。

六、情感营销

（一）情感营销的含义

情感营销就是以消费者内在的情感为诉求，通过激发和满足顾客的情感体验来实现营销目标的策略方法。情感营销的核心是站在客户的立场上考虑问题，密切关注客户的需求，向客户提供他们真正满意的产品和服务。在市场竞争多样化、产品价格竞争白热化的今天，企业的竞争者要想让自己品牌的市场占有率稳步前进，并非依靠大量的广告与促销活动就能取得成功，而是要想方设法发展品牌与消费者之间更加密切、信任的关系，不断地让消费者感受到品牌之于他们的价值和情感上的依恋。“亲情、友情、爱情”是消费者生活中不可逃脱的三大情感营销主题，是消费者的行为生活动态的导向，也是营销人员深入消费者的情感空间的沟通渠道。

（二）情感营销的作用

1. 情感营销能营造更好的营销环境

随着情感消费时代的到来，消费行为从理性走向感性，消费者在购物时更注重环境、气氛、美感，追求品位，要求舒适，寻求享受。情感营销不仅重视企业和消费者之间的买卖关系的建立，更强调相互之间的情感交流，因而致力于营造一个温馨、和谐、充满情感的营销环境，这对企业树立良好形象、建立良好人际关系、实现长远目标是非常重要的。

2. 情感营销能提高消费者的忠诚度

现在的市场竞争日益激烈，是否有优秀的品牌已成为企业竞争成败的重要因素。一个好的品牌能建立顾客偏好，吸引更多的品牌忠诚者。但是品牌忠诚的建立除了有过硬的产品质量、完美的产品市场适应性和营销推广策略外，在很大程度上与消费者的心理因素有很密切的关系。情感营销正是以攻心为上，把顾客对企业品牌的忠诚建立在情感的基础之上，满足顾客情感上的需求，使之得到心理上的认同，从而产生偏爱，形成一个非该企业品牌不买的忠实顾客群。

3. 情感营销是战胜竞争对手的强有力手段

市场竞争，实质就是与竞争者争夺顾客和资源。争夺顾客除了注意商品质量上乘、包装新颖、价格公道外，更重要的是要实施情感营销。通过对顾客的真诚服务和尊重，处处为顾客着想，从而赢得顾客的好感和信任，不断提高企业声誉，树立企业良好的形象，这样，使企业在市场竞争中处于有利地位。

（三）情感营销的内容

1. 开发情感产品

在大部分商品市场已成为买方市场，产品在质量、性能、款式等日益趋同情况下，消费者购物选择的标准就由实用性指标过渡到精神享受性指标上，即强调产品在具备基本功能、满足生理需要的前提下，注重情感需要满足，这就是所谓的情感产品。

情感产品贵在传达情感，而情感又是通过产品的可靠性、安全性、便利性和舒适性来体现的。产品由于性质与用途上的差异，决定了产品属性的具体内容和表现形式是不同的，企业应根据具体情况，对目标市场的需求进行全面、深入分析了解，使赋予的情感入情入理，以人为本，才能开发出为顾客所接受的产品，切实打动消费者的心。

2. 塑造情感品牌

品牌是商品的标志，是顾客区别同类商品的基本依据。品牌由诸多要素构成，因此创名牌是一项系统工程，需做出全方位的努力。其中，注重商标设计，提出符合社会认同的品牌价值观念，用真诚、深厚的情感进行品牌传播，以打动消费者、吸引消费者，让顾客喜欢你的品牌，接受你的品牌，形成品牌忠诚。

3. 情感定价

从目前看，市场上的情感价格主要有以下几种形式：（1）按顾客预期定价。所谓预期价格，即大多数消费者对商品的心理估价。一般情况是当商品的售价比预期价格过高时，人们就会认为这是价格欺诈，从而拒绝购买；而当售价比预期价格过低时，人们又会对产品产生怀疑，因而不敢购买。因此，按消费者预期价格定价就成了情感定价的首要选择，它可以赢得消费者信任。（2）让利定价。让利定价就是将企业的正常利润拿出一部分，通过降低商品售价让利于消费者。（3）折扣让价。现在多采用累计折扣，即顾客一定时间内在某一企业购买商品的金额达到一定额度时，卖方给买者退回一定价款。实行折扣让价会给购买者以额外的利益，从而激发其对企业的感激之情，它对维持客户关系有明显的作用。

4. 情感促销

在情感营销中，促销对情感的依赖是最直接、最明显，程度也是最高的。运用真诚的情感赢得客户，进而扩大产品销售，是买方市场的客观要求，是企业促销策略的必然选择。情感促销目前主要有：

（1）制作情感广告。在广告传播过程中，应动之以情，晓之以理，把情感诉求与广告内容有机地联系在一起，紧紧扣住消费者的情感点，引起他们强烈的感情共鸣，在情感的驱动下，消费者接受你的产品也就顺理成章。

（2）提供情感环境。环境对消费者购物的影响作用显著。营造一个优雅、温馨、舒适的购物环境，使人们在购物过程中得到更多的精神享受，便成了企业吸引顾客的“法宝”。

（3）实行情感服务。推行情感服务，是企业从根本上提高服务水平的良策。要实行情感服务，必须使企业员工真正树立“顾客是上帝”的观念，提高服务技能，使顾客有宾至如归之感。实行情感服务不仅简单地要求笑脸迎客和热情待客，更主要的是要通过具体的行动，关注向消费者提供产品和服务的每个环节和细节，去传递对顾客的爱心，让每个消费者都切实感受到企业的真情。

本章精要

市场是指对产品或服务存在需要和购买欲望的顾客群，市场营销就是通过市场变潜在交换为现实交换的活动过程。营销管理者的任务是深入研究和分析市场，深刻理解顾客需要，敏锐洞察市场环境和顾客需求的变化，保持营销战略和策略与营销环境的适应性和针对性，通过比竞争对手更有效地满足顾客需求、不断为顾客创造价值以实现企业发展和盈利目标。营销管理的实质就是需求管理，营销者应针对不同的需求状况采取相应的营销策略以调节需求在数量、结构、时间和空间上的分布。但任何企业拥有的经营资源是有限的，不可能满足所有市场的需要，因此营销者应在营销调研的基础上，通过市场细分，选择能够为其提供产品或服务的一个或几个细分市场作为目标市场，合理制定营销组合策略，实施差异化营销满足特定市场的需要。作为管理者应关注营销理论的发展及在营销管理实践中的应用，大胆创新，勇于开拓新的市场，为企业拓展新的经营领域和发展空间。

推荐阅读材料

[1] 杰奥夫雷，马歇尔，桑基特著．志鹏译．平台革命：改变世界的商业模式［M］．北京：机械工业出版社，2018

[2] 丹尼尔，伯勒斯·约翰，戴维·曼著．金丽鑫译．理解未来的7个原则［M］．北京：机械工业出版社，2018

[3] 沃尔夫冈，谢弗，J. P. 库尔文著．李逊楠译．品牌思维［M］．北京：吉吴轩出版社，2017

[4] 克劳斯，施瓦布著．李菁译．第四次工业革命［M］．北京：中信出版社，2016

本章参考文献

[1] 菲利普·科特勒（Philip Kotler），加里·阿姆斯特朗著．楼尊译．市场营销：原理与实践（第16版）［M］．北京：中国人民大学出版社，2015

[2] 吴健安，聂元昆主编．市场营销学（第六版）［M］．北京：高等教育出版社，2017

[3] 易牧农主编．市场营销学［M］．北京：中国水利水电出版社，2018

[4] 迈克尔·所罗门，卢泰宏，杨晓燕著．杨晓燕等译．消费者行为学（第10版）［M］．北京：中国人民大学出版社，2014

[5] 江林主编．消费者行为学［M］．上海：上海财经大学出版社，2015

[6] 林子雨编著．大数据技术原理与应用（第2版）［M］．北京：人民邮电出版社，2017

[7] 刘常宝，贾圣强编．市场调查与预测［M］．北京：机械工业出版社，2017

[8] 李林主编．市场营销学（第3版）［M］．北京：北京大学出版社，2018

[9] 凯文，莱恩，凯勒著．卢泰宏，吴龙水译．战略品牌管理（第三版）［M］．北京：中国人民大学出版社，2009

[10] 倪宁编著．广告学教程（第四版）［M］．北京：中国人民大学出版社，2014

[11] 蔡嘉清著. 广告学教程（第五版）[M]. 北京：北京大学出版社，2017

[12] 覃征. 电子商务概论（第五版）[M]. 北京：高等教育出版社，2017

[13] 刘宇涵，韦恒主编. 网络营销实务 [M]. 北京：机械工业出版社，2015

[14] [美] 肯尼思·E. 克洛，唐纳德·巴克著. 谭咏风，胡静译. 整合营销传播 [M]. 上海：上海人民出版社，2015

[15] 纪宝成主编. 市场营销学教程（第6版）[M]. 北京：中国人民大学出版社，2017

本章思考与讨论

1. 什么是市场营销？
2. 营销管理的实质及任务？
3. 营销宏观环境因素包括哪些？举例说明技术因素对企业营销活动的影响。
4. 什么是市场细分，如何有效进行市场细分？
5. 消费者购买动机有哪些？
6. 营销者针对购买动机如何制定推销策略？
7. 网络营销的兴起对企业营销活动产生怎样的影响？
8. 如何从整体产品概念出发改进产品开发设计？
9. 心理因素怎样影响价格决策？
10. 如何通过营销渠道建立企业竞争优势？
11. 品牌建设如何解决本土化与国际化的矛盾？
12. 营销者如何提高营业推广的效率？

本章案例

HTC 如何走出困局？

2017 年 9 月 21 日上午，宏达国际电子股份有限公司（以下简称“HTC”）和谷歌共同宣布签署协议。根据协议，谷歌将斥资 11 亿美元（约合人民币 72 亿元）收购原参与打造 Google Pixel 手机的 HTC 工程和设计团队。此外，HTC 也将其知识产权非专属授权予谷歌使用，HTC 的境况不免令人唏嘘不已。

曾经的王者，如今市场份额仅有 0.68%

回首 HTC 的发家史，2006 年 HTC 从手机代工厂转型自主品牌，并于

2008 年在纽约与 Google 和 T-Mobile 同台推出了全球第一款搭载安卓系统的智能手机 T-MobileG1，HTC 也靠着这款手机攀上了行业巅峰。此后几年，HTC 凭借安卓的红利和每月一款的更新速度踏上了“王者之路”。

2010 年 HTC 的智能手机出货量为 2460 万部，占全球智能手机出货总量的 1/12 左右。2011 年，HTC 所占份额攀升至 9.1%，销售量达到了约 4300 万部，市值最高达到 338 亿美元。而在美国市场上，HTC 甚至超越了当时的手机巨头诺基亚，成为安卓手机市场的最大赢家。

可惜好景不长，随着苹果在全球的崛起以及华为、OPPO、vivo 等品牌的异军突起，HTC 智能手机的市场份额一落千丈。虽然 HTC 今年 1 月份发布了 HTC UUltra 和 HTCUPlay 两款新品，此后，HTC 还于 5 月 16 日发布了被寄予厚望的 U11，希望借助该款配有边框压力感应功能的新机来提振 HTC 的市场表现。但尴尬的是，HTC 的手机新品在全球的表现并不理想。

根据 9 月 19 日调研机构 IDC 发布的最新数据显示，在全球智能手机市场排名上，HTC 已彻底跌出前十，市场份额仅有 0.68%。

而在国内市场，HTC 的处境也不容乐观。根据知名市场调研机构 Counterpoint 公布的报告显示，今年第二季度华为、OPPO、vivo、小米排在中国市场的前四位，这四家厂商的市场份额合计占据了中国市场总和的 69%，而苹果和三星则只能分别以 8.2% 和 3% 分列中国市场的第五和第六位，其他手机品牌被统一划分到其他（others）。而在不到 20% 的 others 市场份额里，还有金立、魅族等一众厂商虎视眈眈，HTC 并没有太大的竞争优势。

受手机业务的颓势影响，HTC 近年来的财务表现也捉襟见肘。根据 8 月中旬 HTC 公布的 2017 第二季度财报显示，公司第二季度总营收 161 亿新台币（约合人民币 35.45 亿元），环比增长 11%；税后净亏损为 19.5 亿新台币（约合人民币 4.29 亿元）。值得注意的是，这已经是 HTC 连续 9 个季度出现亏损了。

对此，手机中国联盟秘书长王艳辉对每日经济新闻记者表示，HTC 是最早开始做智能手机代工的企业，它抓住了智能手机爆发的机会，但 HTC 无论在市场还是技术方面，均缺乏核心竞争力。比如说：苹果靠 iOS 生态、三星靠产业链资源（面板、处理器、闪存），而华为、OPPO、vivo 等手机厂商则拥有本土化的优势，因此，HTC 近年来一直在走下坡路就不难理解了。

手机卖不动，VR 产品也遇冷

目前来看，HTC 想依靠智能手机重回巅峰，已经非常渺茫了。两年前，HTC 董事长王雪红曾亲自担任操盘手，推出了 VR 产品 HTC Vive，并兼任公司CEO，但这一举动在当时看来，更像是一场豪赌。

目前，HTC大力押宝VR市场，甚至还专门成立了全资子公司HTC ViveTech Corporation来管理与VR相关技术产品的开发和运营。不可否认，此前VR确实在全球范围内大火了一把，作为VR先行者的HTC Vive确实与Oculus Rift以及索尼Play Station VR（PSVR）位列TOP3，但这样的布局也不意味着HTC能依靠VR业务转亏为盈。事实上，VR产品因为售价高昂、场景受限、内容匮乏等，并没有成为大众消费品，甚至从去年下半年开始，VR这一“风口”已逐渐趋冷。

在行业不景气的前提下，就连上述三大VR厂商也开始了降价促销。8月29日，索尼互动娱乐（上海）有限公司宣布，从9月1日起，中国大陆地区的PSVR基础套装下调300元，至2999元人民币。8月21日，HTC也宣布了Vive降价的消息，从原价6888元降至5488元人民币。而在更早之前，OculusRift降价至了399美元（约合人民币2630元）。

问题：

1. 当前HTC手机在国内市场面临怎样的市场营销环境？主要威胁和挑战是什么？

2. HTC的竞争优势和劣势体现在哪些方面？

3. HTC如何调整其营销战略才能走出困境？

（摘编自金融界［www. jrj. com. cn］每日经济新闻）

第五章　人力资源管理

引言：真知灼见

管理就是界定企业的使命，并激励和组织人力资源去实现这个使命。界定使命是企业家的任务，而激励与组织人力资源是领导力的范畴，二者的结合就是管理。

——德鲁克

只有一流的人才，才会造就一流的企业，如何筛选、识别、管理人才，并证明其最大价值，为企业所用，是领导者面临的颇为头痛的问题。

——盛田昭夫

爱你的员工吧，他会百倍地爱你的企业。

——法国企业界名言

本章学习目标

人力资源是企业的第一资源，人力资源管理是企业管理的重要一环。企业中各项经营活动都是以人为载体的，只有做好了人的管理工作，其他各项经营管理活动才能顺利开展。人力资源管理工作通过识人、选人、用人、育人、留人等活动，实现企业人员合理配置、士气提升和经营绩效的改善。

通过本章的学习，你应该能够：

★明确人力资源的概念及特征

★了解人力资本和人力资本理论

★明确人力资源管理的概念及职能

★了解人力资源管理的发展阶段

★掌握人力资源管理的基础工作及其各项实践活动

第一节 人力资源管理及其理念

现代企业之间的竞争愈加激烈，而企业竞争从本质上说是人才的竞争，这使得人力资源部门在企业中的重要性日益凸显，人力资源管理成为企业改善经营绩效、建立竞争优势的重要领域。

一、人力资源概述

（一）人力资源的定义

企业管理是通过对企业内部各种资源的合理配置和有效使用来达成其目的的，那么，企业中有哪些资源呢？对于企业管理者而言，企业中的人、财、物都是不可或缺的重要资源。其中，人力资源更是重中之重。所谓人力资源（human resource），是指推动经济和社会发展的劳动者的能力，是一种特殊的资源。说它特殊，因为人力资源拥有其他自然资源所没有的素质，即“协调能力、融合能力、判断力和想象力”。它的载体是人，从这个角度上说，人力资源又可定义为能够推动经济和社会发展的具有脑力和体力劳动能力的人的总和。人力资源离不开人这个载体，只有通过人的具体劳动，人力资源才能发挥作用，而由于人是有需求、有思维、有情感的高级动物，所以，人以怎样的态度劳动将最终决定人力资源作用发挥的程度，即人力资源载体——人对人力资源效力的发挥程度具有能动作用。

人力资源可以从数量和质量两个方面进行衡量。人力资源数量是构成人力资源总量的基础，它反映了人力资源量的特性。它是指一个国家或地区拥有劳动能力的人口的数量。人力资源质量是一定范围内（国家、地区或企业等）的劳动力素质的综合反映。人力资源质量反映了人力资源在质上的规定性，它一般体现在劳动者的体质水平、文化水平、专业技术水平和劳动的积极性上。

（二）人力资源的特征

人力资源是一种特殊的资源，它依附于人，表现出不同于物质资源的特性。

1. 能动性

能动性或主体性是人力资源的首要特征，是与其他一切资源最根本的区别。所谓主体性，就是说人力资源在经济活动中起着主导作用。一切经济活动都首先是人的活动，由人的活动才引发、控制、带动了其他资源的活动。另外，在经济活动中人力资源是唯一起创造作用的因素，其他任何生产要素都不具有这样的能力。这种能动性表现为自我强化、选择职业和积极劳动。

2. 两重性

不同于物质资源，人力资源既是投资的结果，同时又能创造财富，或者说，它既是生产者，又是消费者。一方面，个人和社会都会在人力资源上进行投资（如教育投资、增进体力的投资），且投资大小决定人力资源质量的高低，因而从这个角度讲，人力资源是消费者，是个人和社会投资的结果，以至于成为一种资本——人力资本；另一方面，对人力资源进行投资后就会发挥巨大收益，能够在财富创造中起到主导作用。

3. 高增值性

研究证明，对人力资源的投资无论是对社会性还是对个人所带来的收益都远远大于对其他资源投资所产生的收益。如舒尔茨用投资收益率法研究了美国1929年到1957年的经济增长贡献，结果表明，教育投资对经济增长的贡献是33%；而根据挪威1900—1995年统计测算得出结论：对于固定资产、普通劳动者和智力投资的额度分别每增加1，则与其相对应的社会生产量分别增长0.2、0.76、1.8。

4. 再生性

经济资源可分为再生性资源和非再生性资源，人力资源是具有再生性的资源。人力资源不但不会在开发与利用中消耗掉，而且可以在利用中再生，在利用中增殖。这种再生性即人口的再生产和劳动力的再生产，通过人口总体内各个体的不断替换更新和劳动力再生产的过程得以实现。

5. 时效性

一个人的生命周期是有限的，不同生命阶段人的体力、智力是不同的，前期阶段是身心发育和经验积累的阶段，后期阶段也不适合进行劳动，人的价值创造主要在人的生命的中间阶段完成的，必须在人的成年阶段对其进行开发和利用。

6. 社会性

人力资源的载体是人，而人受到时代和社会因素的影响，如人要受到其所在的民族（团体）的文化特征、价值取向的影响，不同社会文化背景下的人力资源会表现出不同的特征。

二、人力资源管理

（一）人力资源管理的定义

人力资源作为企业中的重要资源，要达到最优配置和合理使用，必须由管理主体加以管理，这样人力资源和物力资源才能合理匹配，最终实现组织目标，人力资源管理已经成为企业管理中不可或缺的一环。所谓人力资源管理，就是根据组织的战略目标制定相应的人力资源战略规划，并为实现组织的战略目标而进行人力资源的获取、使用、保持、开发、评价与激励。

（2）人力资源管理的职能

企业进行人力资源管理的终极目标就是要建立其员工队伍，开发并合理利用之，使之成为企业竞争优势的来源，这种目标是通过人力资源管理的职能活动来实现的。总体说来，人力资源管理职能包括获取、整合、控制调整、保持激励、培训开发。具体地说，人力资源管理包括如下职能活动：

1. 人力资源规划

任何管理活动首先要做计划，人力资源管理也不例外，为了达成企业中人与事的动态平衡，同时为了最大化地开发和激励员工，必须对人力资源管理活动有一定的计划，包括人力资源总体供需的平衡，培养使用、薪酬福利计划的编制等。

2. 职位分析和岗位评价

职位分析即工作分析，解决的是企业中的“事”的问题，要通过职位分析，了解组织中不同工作的活动内容、职责承担、产出标准、工作条件和环境等问题，并且明确每个工作对其任职者的要求。岗位评价是在职位分析的基础上测定每一个岗位的工作责任、劳动强度、劳动条件，以及承担该岗位工作的职工所应具备的能力和资格条件，评定每个岗位的功能和它在企业中的地位和作用，以便因事用人。

3. 招聘与甄选

招聘与甄选就是要形成企业的人力资源队伍，通过招聘和甄选活动，企业找到符合发展所需的人力资源，使得组织的战略意图有了具体的实施者。

4. 培训与开发

培训和开发是企业人力资本增值的重要途径，也是激励员工的重要途径，通过岗前培训或是在职培训，员工能够顺利融入企业，接受企业价值观，明确企业对自己的期望，并掌握当前或未来为企业服务的技能。

5. 绩效管理

绩效管理是企业了解员工工作情况的重要手段，它为企业编制员工工作改善计划，制定员工培训、薪酬支付等管理决策提供重要依据，也是企业将战略目标与员工行为紧密联系的桥梁。

6. 薪酬管理

薪酬管理是通过薪酬体系及管理制度的设计与实施，一方面达到降低流失率和激励努力工作的目的，另一方面也有助于企业价值观的塑造和战略意图的实现。

（三）人力资源管理的基本原理

人力资源管理的基本原理反映的是人力资源管理活动应该遵循的客观规律，是在实践中积累起来的一般原则。图 5.1 描述了人力资源管理的基本原理。

1. 系统优化原理

系统优化是指通过合理的组织，使得人力资源形成有机整体，达到整体功能大于个体功能之和的优势，这也就是所谓的系统功能。在人力资源管理活动中，如果没有合理的组织结构，先进的组织文化，往往会造成内耗，破坏组织的系统功能。

2. 能级对应原理

能级对应原理是指具有不同能力的人，应摆在组织内部不同的职位上，予以不同的权力和责任，实行能力与职位的对应和适应，充分发挥每一个人的潜力，使每个人在合适的舞台上去施展。

3. 要素有用原理

在人力资源管理活动要认识到，任何人都是有用的，不存在无用之人。人的能力有大小，但每个人都有自己的优点和特长，在人力资源管理活动中，要创造一切条件使得“英雄有用武之地”，合理地进行人员配置，对人员的选拔任用不能“只见其短，不见其长”。

4. 互补增值原理

正因为任何人都是有用的，每个人都有自己的优点和特长，而且在现代社会环境里，单打独斗不能成事，唯有合作才能带来双赢，所以在人力资源管理活动中要实现个体间的取长补短从而形成优势互补，达到组织目标。这种优势互补可以表现在知识、技能、经验、气质、性格、性别、年龄等方面。

5. 动态适应原理

“士别三日，当刮目相看”，人是变化的，不能用一成不变的眼光看待员工，而且“时过境迁”，企业中工作也是在变动过程之中，所以人与事的匹配不是一劳永逸的，是一个动态适应的过程。这就要求人力资源管理工作要有权变观念，实施动态管理。

6. 弹性冗余原理

由于人力资源的载体是人，而人不同于机器，有其体力、智力、心理的极限，所以人力资源管理过程中应留有余地，保持弹性，不能超负荷和带病运行，包括体力劳动强度的适度弹性，脑力劳动强度的适度弹性，劳动时间和劳动定额的适度弹性，工作目标设置的适度弹性，以免过度而造成对人力资源的伤害。

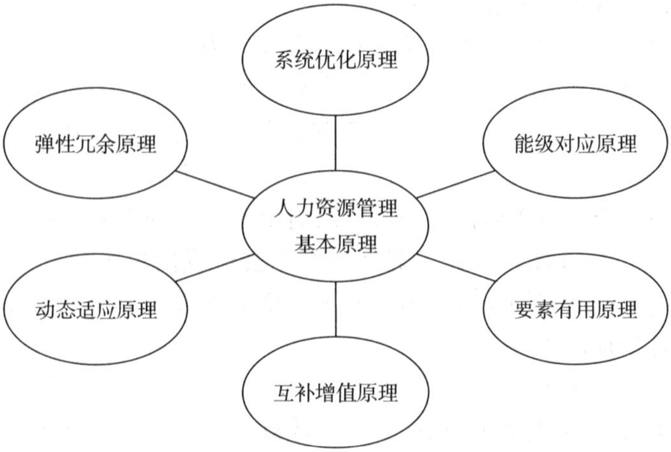

图 5-1 人力资源管理的基本原理图

第二节 人力资源管理的基础工作

企业从事人力资源管理活动，必须先做好人力资源规划、工作分析和岗位评价，它们是人力资源管理的基础工作，人力资源管理的实践活动如招聘甄选、培训开发、绩效管理、薪酬管理等都是在这些工作的基础上开展的。企业为了实现自己的发展目标，提高人力资源的效率，必须科学地预测人力资源供求关系，有效地配置人力资源，进行人力资源规划的编制；而工作分析和岗位评价为人力资源管理提供最基础的各种工作信息，在选拔和任用合格员工、设计员工开发培训计划、制定绩效评估的标准和薪酬制度方面都必须有工作分析和岗位评价的支持。

一、人力资源规划

（一）人力资源规划概述

管理的首要职能是计划，没有计划，管理活动就无法有序开展，人力资源管理活动也一样需要先做计划，这个计划就是人力资源规划。人力资源规划又称人力资源计划，是指对组织处于变化中的人力资源需求和供给情况进行科学预测，并制定相应的政策和措施，实现人力资源供需平衡，以达成组织的战略目标和长远利益。

组织之所以要进行人力资源规划，是和人力资源自身特性、组织内外部环境因素直接相关的。首先，人力资源供给和需求有一定刚性，不能随时购买，需要一个培养过程，所以要有一个翔实的规划；其次，组织战略会因外部环境和内部实力的变动而调整，从而对人力资源配置提出了新的要求；最后，组织员工队伍在一段时间后由于分布的失衡或自然的变动要求做出调整：一方面，退休、解聘、离职会造成岗位空缺和人力资源缺乏，这时需要提前规划安排；另一方面，企业现有人力资源分布的不合理也需要有计划地调整。

（二）人力资源规划的内容

人力资源规划包括两个层次，即总体规划和各项业务计划。人力资源总体规划是指有关规划期内人力资源管理和开发的总目标、总政策、实施步骤以及总预算的安排等，它是根据组织战略规划制定的。人力资源所属的各项业务计划是人力资源总体规划的进一步展开和细化。人力资源总体规划及各项业务规划的内容与预算如下表所示：

表5-1　人力资源总体规划及各项业务规划的内容与预算表

计划项目	主要内容	预算内容
总体规划	人力资源管理的总体目标和配套政策	预算总额
配备计划	中、长期内不同职务、部门或工作类型的人员的分布状况	人员总体规模变化而引起的费用变化
退休解聘计划	因各种原因离职的人员情况及所在岗位的情况	安置费
补充计划	需要补充人员的岗位、补充人员的数量、对人员的要求	招募、选拔费用
使用计划	人员晋升政策，晋升时间；轮换工作的岗位情况、人员情况、轮换时间	职位变化引起的薪酬福利等支出的变化

（续表）

计划项目	主要内容	预算内容
培训开发计划	培训对象、目的、内容、时间、地点、教员	培训总投入、脱产人员工资及脱产损失
职业计划	骨干人员的使用和培养方案	（含在岗项目）
绩效与薪酬福利计划	个人及部门的绩效标准、衡量方法；薪酬结构、工资总额、工资关系、福利项目以及绩效与薪酬的对应关系	薪酬与福利的变动额
劳动关系计划	减少和预防劳动争议，改进劳动关系的目标和措施	诉讼费用及可能的赔偿

（来源：张德主编．人力资源开发与管理（第二版）．清华大学出版社，2006）

（三）人力资源规划的工作程序

人力资源规划一般可分为以下几个步骤：收集有关信息资料、人力资源需求预测、人力资源供给预测、确定人力资源净需求、编制与实施人力资源规划、人力资源规划评估。如下图 5－2 所示：

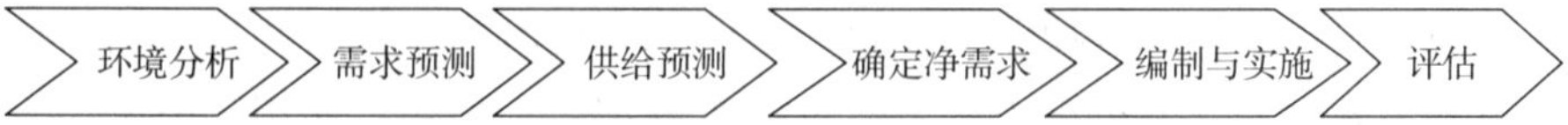

图 5－2　人力资源规划工作程序简图

1. 环境分析

对企业内外部环境因素进行分析是人力资源规划的前提。组织外部社会、政治、法律及经济环境都会影响企业的人力资源需求和供给；组织内部信息主要包括企业的战略计划、战术计划、行动方案、本企业各部门的计划、人力资源现状等也会影响到组织未来人力资源的需求和供给。

2. 人力资源需求预测

人力资源需求预测是组织为实现既定目标而对未来所需员工数量和种类的预测。人力资源需求预测的方法很多，主要包括自上而下预测法、德尔菲法、趋势分析法、回归分析法等。企业可以根据实际情况采取不同的方法。如德尔菲法一般采用问卷调查的方式，听取专家（尤其是人事专家）对企业未来人力资源需求量的分析评估。而回归分析，就是利用历史数据找出某一个或几个组织因素与人力资源需求量的关系，并将这一关系用一个数学模型表示出来，借用这个数学模型，就可以推测将来的人力资源需求。

3. 人力资源供给预测

人力资源供给预测是指估计在未来一段时间企业内可获得的人员数目

和类型，包括组织内部供给预测和组织外部供给预测。企业人力资源需求的满足，应优先考虑内部人力资源供给。组织内部人力资源供给预测方法很多，如马尔可夫分析是通过找出过去人事变动的规律并以此来推测未来的人事变动趋势，而档案资料分析法则通过对组织内人员的档案资料进行分析来预测组织内人力资源的供给情况。组织外部人力资源供给是指企业从劳动力市场上获得必要的人员以补充或扩充企业的员工队伍。企业预测外部人力供给时，主要应考虑社会经济状况、就业观念、本企业的吸引力等因素。

4. 确定人力资源净需求

在对员工未来的需求与供给预测数据的基础上，将本组织人力资源需求的预测数与在同期内组织本身可供给的人力资源预测数进行对比分析，从而测算出各类人员的净需求数。这里所说的“净需求”既包括人员数量，又包括人员的质量、结构，即既要确定“需要多少人”，又要确定“需要什么人”。

5. 人力资源规划编制与实施

在明确未来企业人力资源净需求后，就可以编制并实施人力资源规划了，包括总体规划和各项业务计划，还可据此提出调整供给和需求的具体政策和措施。如在人员供不应求时可以采取加班、招聘、使用临时工、工作分包、缩减业务等，而人员富余时可以采取减少工作时间、裁员、临时下岗、扩大业务量等。

6. 人力资源规划评估和控制

在人力资源规划实施后，要对人力资源规划本身及实施效果要进行评估和控制，从而使政策和措施落到实处，提高管理效益。

二、工作分析

（一）工作分析概述

工作分析起源于19世纪末，1895年泰勒和他的朋友吉尔布雷斯在工业企业中首先推行了“工作分析”的科学管理办法，并获得成功，从而在工商企业中被广泛推广运用。工作分析又叫职务分析，是对各项特定工作的性质、内容、任务和责任以及任职者应具备的素质与能力进行分析研究和做出明确规定。工作分析可以帮助组织察觉正在发生的变化，诊断组织潜在的弊端，并为各项人力资源管理工作打下基础，无论是招聘选拔、培训开发，还是绩效和薪酬体系的建立，无不以工作分析为前提，可见工作分析在人力资源管理活动中居于非常重要的地位。

（二）工作信息的收集

工作分析过程中，收集、分析、综合组织中各项工作有关的信息是关键的过程，而其中信息的收集又是分析和综合的基础。进行工作分析必须明确收集什么样的信息，信息收集的渠道和方法。下图5－3表示工作分析中信息是如何收集的。

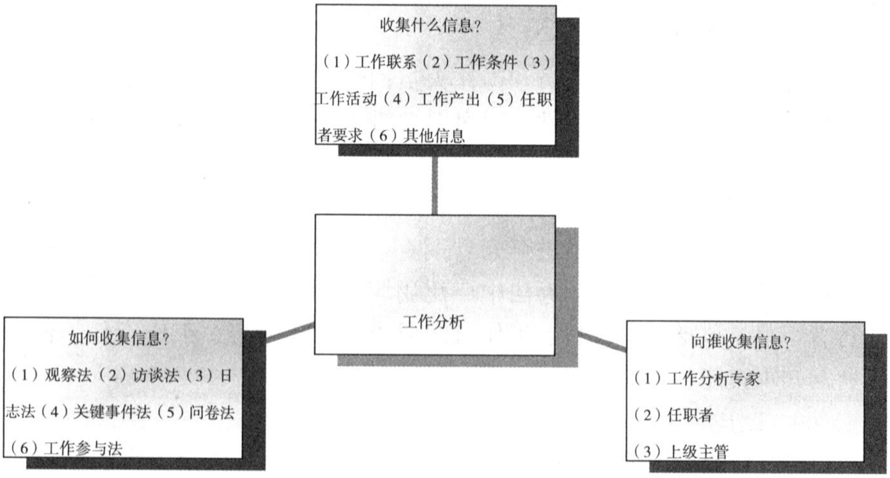

图5－3　工作分析中的信息收集

工作分析所需收集的信息有：（1）工作联系，即工作的原始投入，工作需要什么样的原材料、数据以及信息？工作中发生哪些外部关系和内部关系？（2）工作条件，工作需要什么样的特殊设备、设施以及系统？（3）工作活动，即工作中需要完成哪些任务，具备哪些职责，有哪些具体的工作流程？（4）工作产出，即工作提供什么样的产品、信息或服务？如何对这些产出进行衡量？（5）任职者要求，完成这些任务的人需要具备哪些知识、技能和能力？应该具备什么样的工作经验、培训经历和素质要求？（6）其他信息，如工作环境，包括工作场所、时间特征、工作的均衡性能等。

由于工作分析信息收集渠道是多样的，因此，实际工作中可采取多种方法来收集信息，工作分析中收集信息的方法主要有如下几种。

（1）观察法

工作分析人员通过观察获取工作分析所需信息，如工作过程、行为、内容、特点、性质、工具、环境等，采用文字或图表形式记录下来。

（2）访谈法

访谈法是通过工作分析人员与员工面对面的谈话来收集职务信息资料

的方法。它可以对工作者的工作态度与工作动机等较深层次的内容有比较详细的了解。

（3）日志法

日志法是由在职者完成的一种工作分析方法，它让在职者按时间顺序，将工作中的每一项活动都记录在工作分析人员事先设计好的工作日志单上，从而提供一幅非常完整的工作图景。

（4）关键事件法

关键事件法是请管理人员和工作人员回忆、报告对他们的工作绩效来说比较关键的工作特征和事件，通过对关键工作的分析，从而归纳总结该岗位的主要特征和具体要求。

（5）问卷法

问卷法是指对相关人员进行问卷调查，并对调查结果的分析来获取工作分析所需信息的方法。问卷法中广泛用职务调查表，职务调查表由工作执行者填写，包括基本资料、工作时间要求、工作内容、工作责任、任职者所需知识技能、工作的劳动强度、工作环境等内容。

（6）工作参与法

这种方法是由工作分析人员亲自参加工作活动，体验工作的整个过程，从中获得工作分析的资料。

三、岗位评价

（一）岗位评价概述

岗位评价是在工作分析的基础上，对岗位的责任大小、工作强度、所需资格条件等特性进行评价，从而评定企业内各个职位之间相对价值的大小。岗位评价与工作分析都属于岗位研究的内容，是科学管理思想的体现，也是管理走向科学化、规范化的必然要求。

（二）岗位评价的方法

1. 排序法

由评价人员凭着自己的判断，根据岗位的相对价值按高低次序进行排列。这种方法是一种简单易操作的整体性的岗位评价方法，适合于生产单一、岗位较少的中小企业。

2. 分类法

是指将企业的所有岗位根据工作内容、工作职责、任职资格的方面的不同要求，分成不同的类别，一般可分为管理工作类、事务工作类、技术工作类及营销工作类等。然后给每一类确定一个岗位价值的范围，并且对同一类的岗位进行排列，从而确定每个岗位不同的岗位价值。

3. 因素评分法

也称点数法。这是目前应用最为广泛的一种职位评价的方法。首先，它需要挑选并仔细定义影响职位价值的共同因素，即付酬因素（compensable factors），常用的有岗位责任、岗位要求技能、劳动强度、劳动条件四大因素。其次，要对每个付酬因素赋予不同的分数（点值），分数的大小视这个因素在全部的付酬因素中所占的重要性而定，也就是说，每个因素的权重是不同的。接着，对每一因素进行分级（比如分成5档），给出每档所对应的分数。当然，应该对每个等级给出具体的定义。最后，确定每个职位在每一因素项上的得分，把各项得分汇总，得出每个职位的总分，确定各职位的相对价值。具体操作流程如下图5－4所示。

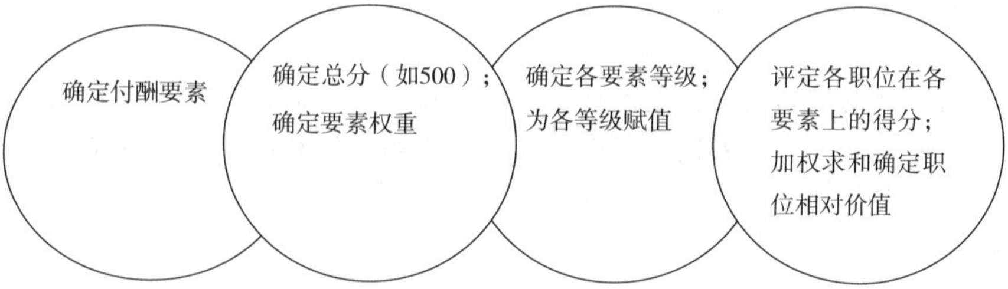

图5－4 因素评分法程序图

4. 因素比较法

因素比较法是排序法和因素评分法综合的方法。排序法是从整体的角度对岗位进行比较和排序，而因素比较法则是选择多种报酬因素，按照各种因素分别进行排序。

第三节 人力资源管理实践活动

人力资源管理实践是指吸引、培养和维护（或者解雇）人力资源的独特而又相互联系的一系列活动、职能和过程，它是由单个的活动（如招聘、晋升、薪酬、考核）所组成的一系列管理活动。当然，不同的企业人力资源管理实践所包含的人力资源管理活动可能会有所不同，有的企业可能包含简单的四五项人力资源管理活动，有的企业可能包含七八种甚至十来种人力资源管理活动。下面从人力资源管理的选人、用人、育人和留人等职能介绍企业人力资源管理实践活动，包括招聘与甄选、绩效管理、培训开发与薪酬管理等。

一、招聘与甄选

招聘与甄选是企业人力资源管理的一项基本活动，它有助建立企业人力资源队伍，并对其他人力资源管理活动产生深远的影响，在竞争日益激烈的今天，招聘与甄选之于企业发展的重要性日益显现，因为高效、科学的招聘和甄选不仅有利于提高企业人才的竞争力，更是有利于推动企业战略目标的实现。

（一）招聘概述

招聘是指通过各种信息，把具有一定技巧、能力和其他特性的申请人吸引到组织空缺岗位的过程。

规范化的招聘过程，使得整个招聘工作可以控制，节约招聘费用，提高招聘工作效率。开展招聘工作是在人力资源规划和职位分析的基础上进行的，主要步骤如下图5－5所示：

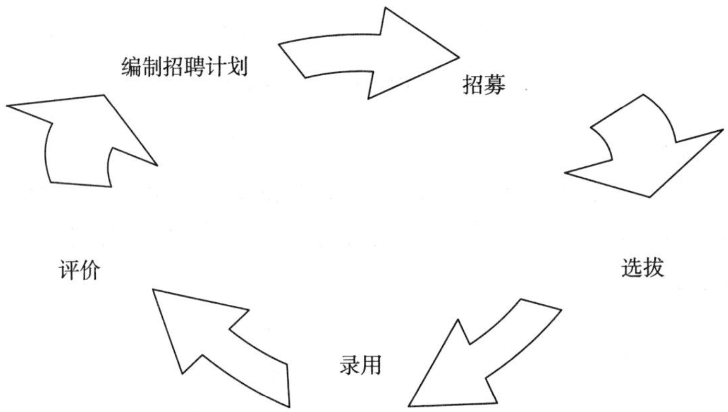

图5－5　招聘过程简图

（1）首先要根据人力资源规划中的人员补充计划和职位说明书，编制招聘计划，说明招聘的岗位、人数、时间及任职要求；

（2）接着要根据招聘计划发布招聘信息并接受申请，招聘信息一般包括本企业的基本情况、招聘岗位、应聘人员的基本条件、报名方式、报名时间、地点、报名所需带的证件和材料以及其他注意事项。这一过程也称为招募。

（3）选拔，通过笔试、面试、背景调查等手段对申请者进行甄选，从工作岗位的要求出发，对各申请者进行评价。

（4）录用。在选拔完成之后，就要做出录用的决策，并发放录用通知，完成录用的相关手续。

（5）评价。即对此次招聘工作进行总结评估，可以从招聘程序的合理性、招聘方法的有效性、招聘的成本效益等角度进行。通过评价可以为下一次招聘活动提供有益的参考。

（二）招聘的渠道和方法

企业中的人员招聘可以从两个渠道进行，一个是内部渠道，另一个是外部渠道。

1. 内部招聘

企业人员的内部招聘可以通过内部提升、工作调换、工作轮换、转岗培训、返聘或重新聘用进行，具体方法包括：

（1）张贴招聘广告，招聘广告通常针对组织中所有雇员，通过醒目的广告为求职者提供职位空缺。招聘广告能提高士气，可以为雇员提供转换工作的机会，使雇员的技术和需求更好地配合起来，而且能以比较低的开支填补职位空缺，所以通常对组织大有益处。

（2）查阅档案资料，通过查阅人事档案中与技能有关的一些信息资料也可以实现内部招聘。这方面的信息主要包括姓名、工作类别、以往所从事的工作、经历、特殊技能和知识、所受教育水平等等，同时也包括正式评估结果，这项工作通常须借助人力资源信息系统和人力资源管理系统来完成。

（3）管理层指定，企业内有些岗位，是由管理层根据绩效评价结果来指定候选人，甚至是直接任命。

内部招聘通常是组织的首选，特别是对高层管理人员的任用上，目前这一形势有加剧的趋势。这是因为内部招聘成本相对较低，而且它考虑到员工的职业发展，从而也有利于提高员工的忠诚度和积极性，同时也有利于文化和传统的继承。《从优秀到卓越》一书中总结说："从公司之外请来被奉若神明的名人做领导，往往对公司从优秀到卓越的跨越过程起消极作用。在 11 家实现跨越的公司中，有 10 家的首席执行官是从公司内部选拔的。"西方不少著名企业采取内部选拔任用，例如，通用电气、摩托罗拉、宝洁公司、福特汽车公司、波音公司、3M 公司等著名公司，很少有公司中出现外聘的 CEO。

2. 外部招聘

（1）刊登广告

招聘广告是通过多种媒体形式向社会广泛传播招聘信息。使用这种招聘方式需要注意的是广告媒体的选择。招聘广告可以在传统的媒体如报纸、杂志、广播、电视上刊登。随着信息技术的发展，网络也成为外部招聘的重要媒体。在网络招聘中，企业可以通过公司自己的网站、第三方招聘网站等机构，使用简历数据库或搜索引擎等工具来完成招聘过程。

（2）就业服务机构

就业服务机构，又称劳务中介机构，是那些专门向组织提供人力资源的机构。我国就业服务机构的形式有临时劳务市场、固定劳动介绍机构、各类各级人才交流中心等。

（3）猎头公司

猎头公司是专门从事高级人才中介的顾问公司，它实际上也是一种就业代理机构，专门为组织"搜捕"和推荐高级管理人员和高级技术人员。它们具有"挖墙角"专长，特别擅长接触那些正在工作而且还没有流动意向的人才，为用人单位节约不少广告征求和筛选大批应征者所花费的费用和时间。但猎头公司的招聘佣金不菲，一般按录用人才年薪的1/3收取，且有最低下限。

（4）大中专院校和各种职业、技工学校

企业大部分专业技术人员和基层人员都是从学校直接招募的，在大中专院校和各种职业、技工学校举行校园招聘是企业招聘的常见形式。校园招聘的形式有多种：如一年一次或两次的毕业生洽谈会、委托培养、定向培养、设立奖学金、校企联合开发项目、资助优秀学生、为学生提供实习机会以及与高校建立联谊会等。

（5）推荐和自荐

推荐和自荐可以节约招募人才的广告费和就业服务机构的费用，而且还可以获得较高水平的应征者，所以企业乐于采用推荐和自荐的方式获取人才。自荐一般用于大中专学校的毕业生和计件工人等人员的招募。

（6）网络招聘

网络招聘，也被称为电子招聘，是指通过互联网等技术手段的运用，帮助企业人事经理完成招聘的过程。即企业通过公司自己的网站、第三方招聘网站等机构，使用简历数据库或搜索引擎等工具来完成招聘过程。

网络招聘有两种主要方式：一是注册成为人才网站（智联招聘、前程无忧等）的会员，在人才网站上发布招聘信息，收集求职者资料，查询合适人才；一是在企业的网站上发布招聘信息，吸引人才。

网络招聘有覆盖面广、时效性强、成本低、针对性强、自动筛选等功能。

阅读与思考

Cisco 有大概 10% 的应聘者是通过员工互相介绍进来，Cisco 有一项特别的鼓励机制，鼓励员工介绍人加入 Cisco，方式有点像航空公司累积旅程。Cisco 的规定是：介绍一个人来面试就给你一个点数，每过一道面试关又有一个点数，如果员工最后被 Cisco 雇用，则有事成的奖金，这些点数最后累积折成海外旅游。这是 Cisco 创造性的做法，让所有员工都是猎头代理，有合适的人一定会介绍到公司来。

（参考：http：//edu. sina. com. cn/l/2001-07-18/11899. html）

（7）招聘会

这是最直接的面对面的招聘方式之一，能有效地促使求职者与企业招聘代表的接触。通常情况下，能让彼此直观地了解对方的基本情况，而且有效地节约彼此的时间而提高效率。

由于现场招聘时间比较紧促，不能进行充分有效地沟通，不能收集到更多、更深层次的信息。因此，现场招聘不适合大批量的招聘，也不适合招聘高端人才。主要适应临时补充个别岗位的少量人员，如补充少量的营销人员、中层管理者（技术人员）等。

3. 内部招聘与外部招聘的比较

企业中外部招聘和内部招聘方式各有优劣，下表列出内部招聘和外部招聘的各自优缺点。到底要采用何种方式取决于招聘的岗位、企业可供人选、招聘的预算等因素。图 5－6 描述了外部招聘和内部招聘方式的优缺点。

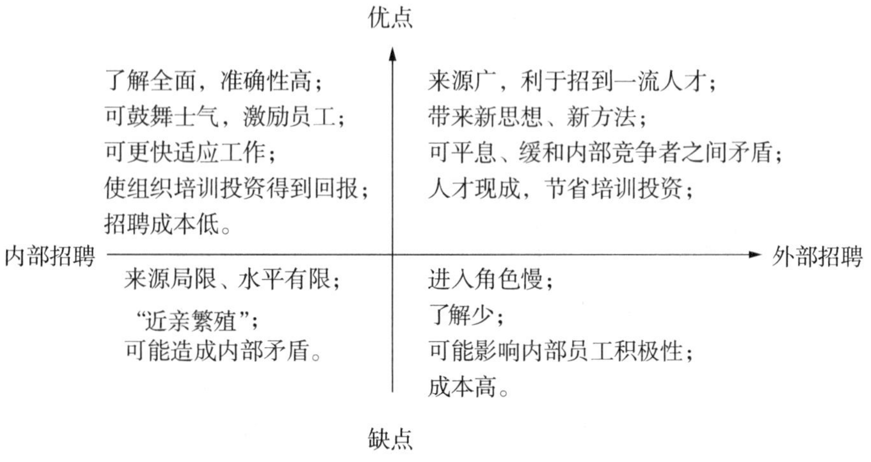

图 5－6　内部招聘与外部招聘的比较

（三）人员甄选

人员甄选是指用人单位根据用人条件和用人标准，运用适当的方法和手段，对应征者进行审查和选拔的过程。人员甄选是招聘过程的关键步骤，技术性较强，涉及多种测试方法和选拔技术。

一般来说，人员甄选程序如下图5－7所示：

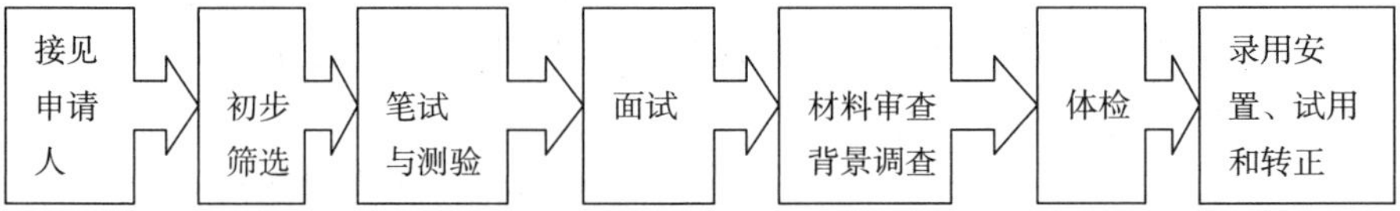

图5－7　人员甄选程序图

人员甄选的方法包括申请表和简历筛选、纸笔测验、面试、评价中心、背景调查等。

1. 申请表筛选

招聘申请表由单位设计，包含了职位所需基本信息并用标准化的格式表示出来的一种初级筛选表，常常与简历结合使用。一般来说，招聘申请表应反映以下信息：应聘者个人基本信息、应聘者受教育状况、应聘者过去的工作经验以及业绩、能力特长、职业兴趣等。

2. 笔试与心理测验

企业在选聘人员时，通常会采取笔试的方式来考察应聘者的知识和能力，甚至是应聘者的性格和兴趣，其实，笔试只是心理测验在人员选拔中的一种简化方式，实际中企业可以通过多种方法来进行心理测验，从而对个人的行为、心理、特质等做出评价。心理测验包括：成就测验、性向测验、能力测验、认知测验、智商测验、人格测验等。

3. 面试

面试是一种经过精心设计，在特定场景下，以面对面的交谈与观察为主要手段，由表及里测评应试者有关素质的一种方式，面试是在人事选拔中使用得最为广泛的技术方法。通过面试，组织能够客观了解应聘者的业务知识水平、外貌风度、工作经验、求职动机、心理承受能力等，更深入地把握应聘者在笔试、测验中无法体现的特征，应聘者也能更全面了解组织信息，因而，面试是组织和应聘者双向选择的一个重要手段。

面试一般分为五个阶段。

（1）准备阶段。由主考官回顾职位说明书，审阅应聘材料，找出需要进一步了解的内容，进行电话筛选，并准备面试的时间地点。

（2）开始阶段。这一阶段，主考官与求职者刚刚会面，主考官与求职者寒暄，并询问一些较为熟悉的问题，建立起轻松的气氛。

（3）提问阶段。这一阶段是面试的核心，在此阶段，主考官要通过提问的问题来探究求职者的真实能力，包括专业知识、表达能力、应变能力、人际交往能力等，并了解求职者的工作经验和工作态度，还要注意一些非言语信息，通过细节来考察求职者的综合素质。

（4）结束阶段。这一阶段，主考官说明后续程序，并让求职者提问。

（5）评价阶段。由主考官回顾求职者在面试中的表现，做出评语式或评分式评价。

4. 评价中心

评价中心是将各种不同的测评方法结合在一起的人才素质测评技术，它是通过创设一种逼真的模拟管理系统或工作场景，考察候选人在其中的表现。这种方法是在团体中完成对个人的评价，通常被试者组成一个小组，由一组测试人员（通常测试人员与被试者的数量为1∶2）对其进行一系列测评。评价中心中可以使用的技术包括公文筐测验、无领导小组讨论、案例讨论、角色扮演等。这里介绍其中两种。

公文筐测验是一个模拟管理者文件处理工作的活动，它是评价中心中运用的最多的，也是最重要的测量方法之一。在模拟活动中，文件筐中装有各种文件和手稿：电话记录、留言条、办公室的备忘录、公司正式文件、客户的投诉信、上级的指示、人事方面的信息（如求职申请或晋升推荐信等），求职者要对这些公文进行处理，形成公文处理报告，考评人者据此考察求职者的实际管理能力。

无领导小组讨论是指应聘者组成一个临时小组，依据给定的问题，在规定时间内进行讨论，并得出统一的意见；而评分者（主考官）依据每个应聘者在讨论过程中的行为表现，为应聘者在团队工作能力、分析思维能力及个人风格上进行评分。它分为三个阶段，首先是开始阶段，主考官宣读讨论的注意事项和讨论题目，应聘者阅读题目，独立思考，准备个人发言。其次是个人发言阶段，由应聘者轮流发言，初步阐述自己的观点。最后是自由讨论阶段，在个人发言后，小组进入自由讨论阶段，应聘者不但要继续阐明自己观点，而且要对别人的观点做出反应，通过讨论最后必须达成一致意见。

阅读与思考

实际工作中企业在选聘人才时，所采用的方法是千变万化的，有些企业更是别出心裁，使用一些非常规的方法不拘一格地进行人员甄选。有些公司会进行说话声音测试，让前来应聘的人朗读、演讲、打电话，根据他们声音的大小、谈话时的风度气质、语言运用能力等来录取。

日本电产公司总经理永守重信认为，说话声音洪亮的人、自如表达自己思想的人、充满自信心的人，一定具有较强的工作能力；有些公司则进行用餐速度测试，日产公司认为，那些吃饭迅速快捷的人，一方面说明其肠胃功能好，身强力壮，另一方面他们往往干事风风火火，富有魄力，而这正是公司所需要的。因此对每位来应聘的员工，日产公司都要进行一项专门的“用餐速度”考试——招待应聘者一顿难以下咽的饭菜，那些慢腾腾吃完饭者得到的都是离开通知单。还有些公司通过举行酒会进行人才选拔，如壳牌公司组织应聘者参加一个鸡尾酒会，公司高级员工都来参加，酒会上由这些应聘者与公司员工自由交谈，酒会后，由公司高级员工根据自己的观察和判断，推荐合适的应聘者参加下一轮面试。一般那些现场表现抢眼、气度不凡、有组织能力者得到下一轮面试机会；另外，通过完成一定的任务来选聘人才也是一些公司常用的手法，如台湾统一公司要求员工有吃苦精神以及脚踏实地的作风，他们认为一切利润都是从艰苦劳动中得来的，不敬业，就是隐藏在公司内部的“敌人”，凡来公司应聘者公司会先给你一个拖把叫你去扫厕所，不接受此项工作或只把表面洗干净者均不予录用。

（参考：http：//content. chinahr. com/Article（30680）ArticleInfo. view）

二、绩效管理

企业在完成人员的招聘和甄选之后，还要进行绩效管理工作，因为无论员工知识多么丰富、技能多么高超、工作态度多么端正，没有绩效或绩效水平低下都是没有说服力的，企业也不能因此获得更多的经济效益，产生更多的利润。现代企业管理者越来越认识到绩效管理的重要性，越来越想方设法提高员工的绩效，进而提高自己的管理绩效和企业的战略绩效。

（一）绩效概述

对个人而言，绩效是指对个人行为、表现及其结果的评价；对组织而言，绩效是指组织任务在数量、质量及效率等方面的完成情况。

绩效有多种类型，按照层次可以分为组织绩效、部门绩效及员工个人绩效，这里主要介绍的是员工个人绩效；也可以按照与本职工作的关系将绩效分为任务绩效和周边绩效，任务绩效是与具体职务的工作内容密切相关的，同时也和个体的能力、完成任务的熟练程度和工作知识密切相关的绩效，而周边绩效则是和个人任务无关，但和组织发展有关的绩效，包括人际因素和意志动机因素，如保持良好的工作关系、坦然面对逆境、主动加班工作等。

（二）绩效管理

绩效管理是指通过双向沟通，促进群体和个人做出有利于组织战略目标实现的行为，形成组织所预期的利益和产出的过程。

1. 绩效管理目的

绩效管理根本目的在于绩效的改进，组织进行绩效管理具体说来主要有如下目的：

（1）战略目的。绩效管理系统就是要确保组织内的所有活动都支持组织战略目标的实现，一个有效的绩效管理系统应该根据组织的战略目标确定各部门目标和个人行为目标，通过企业目标的沟通，对员工的思想与行为产生影响，使员工活动与组织目标相一致，最终实现组织战略目标。

（2）管理目的。企业利用绩效结果作为许多管理上的决策依据，如调薪、升迁、激励等。

（3）开发目的。绩效管理的第三个目的对雇员进行进一步的开发。如果员工的业绩没有达到期望，那么绩效管理就应该寻求如何使他们提高业绩。另外，绩效结果也作为潜能开发和教育培训依据。

2. 绩效管理过程

有效的绩效管理是一系列活动的连续不断的循环过程，一个绩效管理过程的结束，是另一个绩效管理过程的开始，绩效管理活动具体包括制定绩效计划（performance planning）、管理绩效（managing performance）、绩效考核（performance appraisal）和绩效反馈（performance feedback）四个环节。

（1）制定绩效计划（performance planning）

这是确定组织对员工的绩效期望并得到员工的认可的过程。是由主管人员与员工一起确定绩效目标和行动计划，绩效计划必须清楚地说明期望员工达到的结果以及为达到该结果所期望员工表现出来的行为和技能。

（2）管理绩效（managing performance）

管理员工的绩效是绩效管理中非常重要一个阶段，也是常常被忽视的一个过程。在绩效管理实践中，管理的主要功能是保证员工能够按照第一阶段设定的目标，顺利地在规定时间内完成工作任务。这一阶段，主管人员要观察、记录和总结绩效并提供反馈与辅导。

（3）绩效考核（performance appraisal）

工作绩效考核是一个按照事先确定的工作目标和发展目标及其衡量标准，考查员工实际完成的绩效情况的过程，可以根据具体情况和实际需要进行月考核、季考核、半年考核和年度考核。

（4）绩效反馈面谈（performance feedback）

绩效反馈面谈是指管理者在对员工的绩效表现进行打分后，根据考核结果，与员工做一对一、面对面的绩效沟通，将员工的绩效表现通过正式的渠道反馈给他们，让员工对自己表现好的方面和不好的方面都有一个全面的认识。绩效面谈的主要目的是提高员工在未来的工作绩效，双方应通过讨论，达成对绩效评价一致的看法，并商讨出员工未来可能达到的工作绩效水平。当然，针对不同的绩效情况，面谈的内容和重点有所不同。

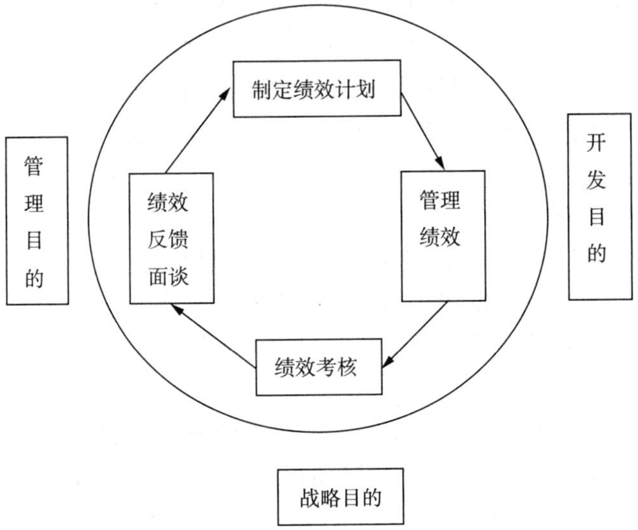

图5-8 绩效管理系统简图

（三）绩效考核

1. 绩效考核概述

绩效考核又称绩效评估，是指对员工的工作行为表现和工作结果进行考察、测定和评估的过程。绩效考核是绩效管理的重要组成部分，成功的绩效管理需要有效的绩效考核来支撑。

绩效考核还可按考核主体的不同分为主管考核、同事考核、下属考核、客户考核、自我考核等。

（1）主管考核。主管考核是最常用的绩效评估方式，上级主管熟悉下属的工作并有机会充分观察，而且这也有利于主管在评价的基础上对下属进行培训和发展，还能够建立起主管的威信，但在这种评估方式下，上司难以对每个下属的独特贡献做出准确的评价，也容易造成主管操控评估来影响下属的加薪和提升。

（2）同事考核。这种考核方式的优点是同事之间的关系密切，对被评价者的绩效有全面的认识，由于每个被评价者都有多个同事，每个同事都会提出自己独立的判断，这样会有多个评价意见，从而减少误差。但同事评价可能使得一部分串谋起来，互相吹捧，同时打击异己，容易造成同事间人际关系的紧张。

（3）下属考核。对管理者进行技能开发可以采取下属考核的方法，他们能提供关于管理者行为的准确翔实的信息，使得组织的管理层会对组织的管理工作进行诊断，从而改进管理行为。

（4）自我考核。这与目前流行的管理模式——自我管理、授权联系在一起，能消除员工对绩效评价的抵触情绪，并刺激他们与上司就绩效问题展开讨论，达成共识。但是自我评估的结果往往被夸大，特别是当评价的结果与个人利益直接挂钩时，人们总是偏向于过高评估自己的绩效。

（5）客户考核。现代组织中，客户的满意度是组织发展的重要保证，所以对员工的考核应该考虑客户的意见，特别是对一些服务性的岗位而言，客户是唯一直接接触员工工作的人，他们能够在工作现场客观、实际地观察员工工作绩效，这时客户成为绩效评估最重要的主体。而另一方面，组织中各岗位依赖性的增强及组织对工作质量的重视，也使得内部客户的评估成为员工绩效评估的重要方式。

（6）全方位评估（360 度评估）。360 度评估这是最新的绩效评价方式，被评价者工作中所有接触到的人，上级、下级、同事、客户包括自己都可能成为评价者。对每个被评价者的评价意见至少有 4 份，也可以多达 25 份。信息是从多方面收集的，比较全面，信息的质量比较好；由于反馈来自于多人，偏见产生的可能性减少；而综合大家意见的考核结果，也更易为被评价者接受。360 度评估一般用于对员工的开发。

2. 绩效考核的方法

在绩效评估的过程中，组织可以根据考核对象的不同，组织自身的特点采取不同的评估方法，绩效评估的方法主要分为比较法、特征法、行为法、结果法四种类型，如下表 5 - 2 所示：

表 5 - 2　绩效考核的方法

方法	比较法	特征法	行为法	结果法
定义	管理者将员工的绩效直接进行主观比较的绩效评估方法	关注雇员具有的对企业成功有利的特性，并根据这些特性对员工进行绩效评价的方法	关注员工完成工作的方式，通过员工工作行为进行考核的方法	管理者为员工设定工作成绩标准，然后将员工的工作结果与之相比较的一种考核方法

（续表）

方法	比较法	特征法	行为法	结果法
优缺点	简单易懂，成本较低；易受偏见影响，公平性较差，实施受到组织规模的限制	有利于企业的长期绩效，简便易行；很难为员工提供有益的反馈，员工特征与工作行为、工作结果之间缺乏确定的联系	员工可以得到改进工作绩效的反馈信息；可能由于管理者无法给出所有关键行为造成不公平的结果	简单易懂，也容易被员工接受；没有考虑到不可抗力因素对结果的影响因而可能公平性较差，关注结果可能带来人们的短期行为
具体操作方法	简单排序法：管理者将所有雇员从绩效最高者到绩效最低者排出顺序。 配对比较法：管理者将每一位雇员与组织中的所有其他每一位雇员进行一对一的比较	量表评定法（又称图评价尺度法）：考评者就量表中列出的表示员工特征的各项指标对被考评者进行评定，评定一般分为5级，也可以为0到9分的连续分值	关键事件法：管理者将员工考核期内所有的关键事件都记录下来。 行为锚定等级评定法：选择确实可以区分员工的关键工作行为，并为每种行为分级，评定员工的行为等级	目标管理法：员工与上司共同协商制定个人目标，管理者用可观察、可测量的工作结果作为衡量员工工作绩效的标准，借以考评员工的绩效

三、培训与开发

员工培训与开发是企业进行人力资源开发和管理的主要组成部分，是企业人力资本投资的重要途径，它对提高企业竞争力和效率、节省成本、维持稳定的工作标准、建设“学习型企业”具有重要意义。

（一）培训与开发概述

培训（Training）与开发（Development）在英文中是两个既相互联系又相互区别的词：培训是企业向员工提供当前工作所必需的知识与技能的过程；开发是依据员工需求与组织发展要求，为使员工适应未来工作，对员工的潜能开发与职业发展进行系统设计与规划的过程。随着培训的战略地位的凸现，员工培训将越来越重要，培训与开发的界限已日益模糊。现在，两者都注重员工与企业当前和未来发展的需要。这里以培训代替培训与开发。

培训是组织人力资源管理与开发的重要组成部分和关键职能，也是组织人力资源资产增值的重要途径，很多优秀的公司从来都非常重视员工培训工作。如摩托罗拉公司一贯认为，人是企业中最宝贵的资源，只有向这些有限的资源提供各种培训机会并给予发挥的空间，才能释放其最大的能量，公司规定每年每位员工至少要接受40小时与工作有关的学习。学习内容主要包括新员工入职培训、企业文化培训、专业技能培训、管理技能培训、语言培训及海外培训等。摩托罗拉还积极推广电子学习方式（e-learning）。我国联想公司认为“办长久公司的根本大计是百年树人问题”，在联想，培训人才和留住人才相辅相成，认为“留住人才的关键在于能为员工提供良好的培训发展空间，而培训则常常是员工感受企业是否在尽心尽力地为他们创造发展机会的依据，是体现企业文化的重要形式”。

（二）培训的特点与内容

企业中的员工培训具有如下特点：

1. 培训的经常性

员工培训应是组织经常性与持续性的活动，而不是一劳永逸的，及时的充实和长期的积累能使员工队伍能够与时俱进，掌握最新的知识和技能，适应科技和时代的发展，企业不能为了一时跟风而进行培训，而应当视培训为经常性、例行化的活动，注重培训的连续性。

2. 培训对象和培训形式的多样化

员工培训是一种全员性的教育活动，它不是某些人的特权，只要有需求、有必要、有能力，组织应该不遗余力对所有员工进行培训。根据培训的对象和目的的不同，组织培训的形式也是多样的，可以采取学徒、讲座、授课、案例等多种方法进行培训。

3. 培训项目的针对性和速成性

员工培训不同于正规教育，它具有较强的针对性和目的性，一般说来，培训项目是针对当前和未来工作对员工的要求进行设计的，而且，培训项目的时间跨度不会很长。

4. 培训效果的延后性

培训的效果并不能立竿见影，具有一定的延后性，组织必须创造一切条件，引导和帮助员工将培训中的所学应用到工作中去，同时组织在培训时应当注意培训内容的先进性。

企业员工培训的内容集中于以下三点：

（1）知识的学习。这类培训是组织最基本的培训。其主要任务是帮助组织成员掌握必要的基础知识和专业知识。主要是员工要了解企业的发展战略、企业愿景、规章制度、企业文化、市场前景及竞争；员工的岗位职责及本职工作基础知识和技能。依据培训对象的不同，知识内容还应结合岗位目标来进行。如对管理人员则要培训计划、组织、领导和控制等管理知识，还要他们掌握心理学、激励理论等有关人的知识，以及经营环境如社会、政治、文化、伦理等方面的知识。

（2）技能的提高。这类培训是组织最核心的培训。其任务是帮助组织成员掌握和运用专业技术的能力，其目的是使组织成员把知识转化为生产力。通过技能培训使员工掌握完成本职工所必须具备的各项技能，如操作技术，处理人际关系技术，处理突发事件的技能等，并开发出员工的潜能。

（3）态度的转变。态度是影响能力与工作绩效的重要因素，态度培训是组织最根本的培训。其主要任务是帮助组织成员实现观念和价值观的转变和调整，使他们能够融入本组织的文化中，培养他们积极向上的工作态度和具备良好的思维及行为模式。

（三）培训的程序和方法

培训一般按如下程序进行（如图5－9）：

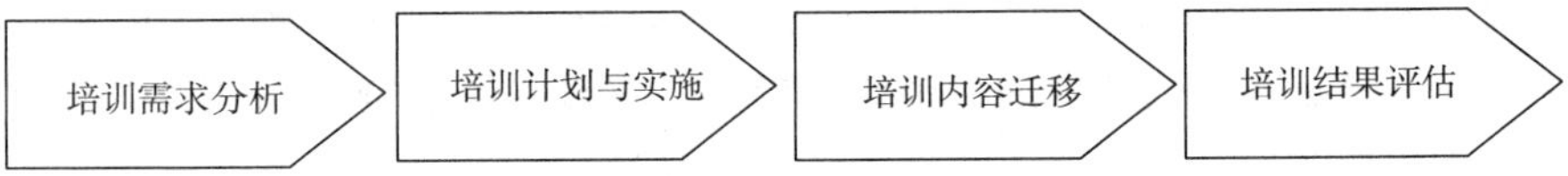

图5－9　培训管理的基本流程

1. 培训需求分析

培训需求分析，是指对组织及其成员的目标、知识、技能等进行鉴别与分析，以确定是否需要培训及培训内容的一种活动或过程。培训需求分析是搞好培训工作的关键，培训需求分析可以从组织、任务和人员三个层次进行，培训需求的组织分析是对企业未来的发展方向进行分析，并对企业整体绩效做出评价，找出存在的问题和原因，分析培训是否必要，并确定培训重点；任务分析是确定各个职位的工作任务，各项任务要达到的标准，以及成功完成这些任务所需的知识、技能和态度，主要用来确定培训的内容；而人员分析则通过对员工的绩效进行评价找出存在的问题，以确定谁需要和应该接受培训。图5－10反映了培训需求分析的含义与内容。

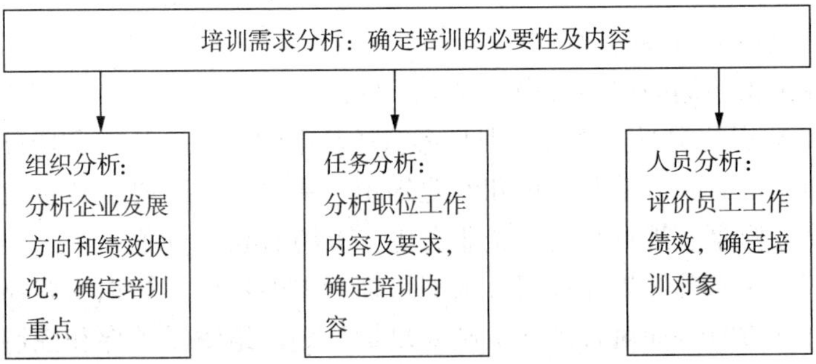

图5－10　培训需求分析的含义与内容

2. 培训的计划与实施

拟订培训计划，主要包括培训目标的设置和培训方案的拟定，培训目标主要可分为三大类：一是知识目标；二是行为目标；三是结果目标。知识目标指培训后受训者将知道什么；行为目标指受训者将在工作中做什么；结果目标是指通过培训组织获得什么最终结果。培训方案是对培训相关事项的安排，如培训对象，培训机构和培训师，培训内容和教材，培训时间和地点，培训设施与预算等。培训实施是对培训计划的落实，包括一些准备工作和培训实施及培训控制。

3. 培训迁移

是指将培训中所学到的知识、技能和行为应用到实际工作中去的整个过程。培训迁移受到培训转化氛围、相关支持及受训者自我管理能力的影响。

4. 培训的评估

世界上应用最广泛的培训评估工具是柯氏四级培训评估模式，分别从反应、学习、行为和成果四个层次进行培训效果评估，反应评估（Reaction）是评估被培训者的满意程度；学习评估（Learning）是测定被培训者的学习获得程度；行为评估（Behavior）考察被培训者的知识运用程度；成果评估（Result）则对培训的成本收益进行计算。

培训的方法可以分为在职培训和脱产培训，实际工作中，企业可以使用的方法很多。以下是常见的一些培训方法：

（1）工作轮换。这是在职培训的方法，可以扩展受训者的知识和技能，使之胜任更高或者更多的工作，有利于培养出一专多能的多面手，也是培养储备人才的好方法。

（2）学徒培训。这种方法是由一位有经验的技术能手或直接主管人员在工作岗位上对受训者进行培训。师傅对徒弟进行全面的培训，不仅包括技术、工艺、操作、服务技巧、办事方法等方面，而且包括思想、作风、伦理等领域，能节省培训成本。

（3）课堂授课。这是一种成本最低的方法之一，因为它几乎没有什么开发费用，而且可以用最少的人培训最多的受训者。其缺点是缺少实践和反馈的机会。

（4）讨论会。当人数不太多时就可以采用这种方法，这种培训方法增加了双向、多向沟通的机会，能比较好地回答受训者的问题，也使培训者能很好地把握培训效果。

（5）案例研究。案例是对真实管理情境和问题的描述，可以只涉及一个典型的管理问题，也可以把几个管理问题综合在一起。这种方法的优点是真实性、实用性、参与性都很强，也能锻炼受训者的分析能力和团队合作能力，是目前比较常见、效果也比较好的方法。

（6）多媒体培训。就是利用现代视听技术，如投影仪、录像、电视、电影等方式对员工进行培训。这种方法直观鲜明、生动形象，给学员以真实感，比较容易引起受训人员的兴趣；视听教材可反复使用而不增加成本。

四、薪酬管理

在企业的人力资源管理工作中，薪酬问题无疑是最为敏感的问题之一，在快速多变与充满竞争的社会里，如何吸引、激励、奖励、发展和留住优秀员工的面临着巨大挑战。除了要进行公平的绩效考核外，建立起有效的薪酬体系也非常重要。

（一）薪酬与薪酬管理

1. 薪酬

薪酬是员工因向所在的组织提供劳务而获得的各种形式的酬劳。薪酬包括外在薪酬和内在薪酬（有时也被称作货币性薪酬和非货币性薪酬），外在薪酬主要是指为受聘者提供的可量化的货币性价值。比如：基本工资、奖金等短期激励薪酬，股票期权等长期激励薪酬，退休金、医疗保险等货币性的福利，以及公司支付的其他各种货币性的开支，如住房津贴、俱乐部成员卡、公司配车等等。内在薪酬则是指那些给员工提供的不能以量化的货币形式表现的各种奖励价值。比如，对工作的满意度、培训的机会、吸引人的公司文化以及公司对个人的表彰、谢意等等。狭义的薪酬是指外在薪酬，本书中薪酬是指狭义的薪酬。

薪酬可分为基本薪酬、可变薪酬和福利薪酬三部分。基本薪酬是组织根据员工所承担或完成的工作本身或者是员工所具备的完成工作的技能或能力而向员工支付的稳定性经济报酬。它是企业员工薪酬收入的主体部分，也是确定员工其他报酬形式的基础。可变薪酬是薪酬体系中与绩效有直接关系并浮动的部分，由于绩效和薪酬之间建立了这种直接的联系，因此，绩效薪酬对员工具有很强的激励性，对企业绩效目标的实现起着非常积极的作用；福利薪酬主要指企业为员工提供的各种与工作和生活相关的物质补偿和服务形式。下图 5 - 11 是表示的是薪酬的内涵和构成。

2. 薪酬管理

所谓薪酬管理，是指一个组织针对所有员工所提供的服务来确定他们应当得到的报酬总额以及报酬结构和报酬形式的一个过程。主要包括如下内容：

薪酬		
内在薪酬：工作满意度，培训机会，公司文化，工作环境，表彰，谢意等	外在薪酬ⅰ：直接薪酬（基本薪酬与可变薪酬）	外在薪酬ⅱ：间接薪酬（福利）

图5－11　薪酬的内涵和构成

（1）薪酬的目标管理，即薪酬应该怎样支持企业的战略，又该如何满足员工的需要；

（2）薪酬的水平管理，即薪酬要满足内部一致性和外部竞争性的要求，并根据员工绩效、能力特征和行为态度进行动态调整，包括确定管理团队、技术团队和营销团队薪酬水平，确定跨国公司各子公司和外派员工的薪酬水平，确定稀缺人才的薪酬水平以及确定与竞争对手相比的薪酬水平；

（3）薪酬的体系管理，这不仅包括基础工资、绩效工资、期权期股的管理，还包括如何给员工提供个人成长、工作成就感、良好的职业预期和就业能力的管理；

（4）薪酬的结构管理，即正确划分合理的薪级和薪等，正确确定合理的级差和等差，还包括如何适应组织结构扁平化和员工岗位大规模轮换的需要，合理地确定工资宽带；

（5）薪酬的制度管理，即薪酬决策应在多大程度上向所有员工公开和透明化，谁负责设计和管理薪酬制度，薪酬管理的预算、审计和控制体系又该如何建立和设计。

3. 薪酬管理原则

企业在薪酬管理时应遵循以下原则：

（1）内部公平性，这是指薪酬管理时应该保证企业内各种不同工作类型之间工资结构合理，而且企业内从事同一工作的员工之间的工资应该公平。

（2）外部竞争性，指企业在薪酬管理时必须考虑到同行业薪酬市场的薪酬水平和竞争对手的薪酬水平，保证企业的薪酬水平在市场上具有一定的竞争力，能充分地吸引和留住企业发展所需的战略、关键性人才。

（3）激励性，强调企业在薪酬管理时必须充分考虑薪酬的激励作用，注重薪酬的激励效果，将薪酬与业绩相挂钩，实现薪酬的激励功能。

（4）可行性，是指企业薪酬管理体系能够有效运行，支持前三项原则的实现。

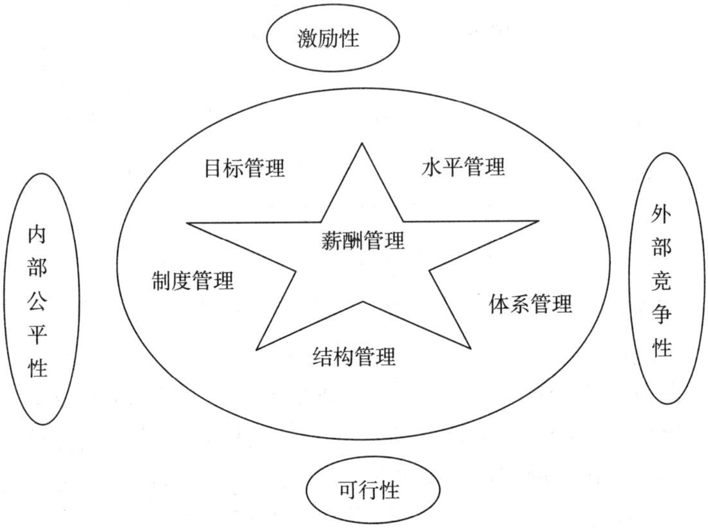

图5－12　薪酬管理的内容和原则

（二）基本薪酬体系设计

基本薪酬是员工总收入中固定的部分，具有较强的保障性，基本薪酬的支付要么是基于职位，根据职位的相对价值进行薪酬支付；要么是基于个人，根据个人拥有的技能和能力进行薪酬支付。基本薪酬体系运用范围较广，可以分为职位薪酬体系和技能薪酬体系，职位薪酬体系是一种传统的确定员工基本薪酬的制度。在确定基本薪酬的时候基本只考虑职位本身的因素，很少考虑人的因素。操作起来相对简单，对管理的要求不是很高，因此，目前我国绝大多数企业比较适合此种薪酬体系。而技能薪酬体系组织根据一个人所掌握的与工作有关的技能、能力以及知识的深度和广度支付基本薪酬的一种报酬制度。这种薪酬制度通常适用于所从事的工作比较具体而且能够给界定出来的操作人员、技术人员以及办公室工作人员。这里主要介绍职位薪酬体系。

1. 制定薪酬原则和策略

组织在动态地设计薪酬策略时，需要考虑的内容主要包括薪酬水平策略和薪酬组合策略。薪酬的水平策略主要是制定企业相对于当地市场薪酬行情和竞争对手薪酬水平的企业自身薪酬水平策略。包括市场领先策略、市场跟随策略和成本导向策略；薪酬组合主要是指企业总体薪酬所包含的固定部分薪酬（主要指基本工资）和浮动部分薪酬（主要指奖金和绩效薪酬）所占的比例，包括高弹性薪酬模式、高稳定薪酬模式、调和型薪酬模式。

2. 薪酬调查

每一个企业都不是一座孤岛，而是生存在一个大环境里面，竞争对手的影响以及和竞争对手之间的互动关系，都会直接影响到企业的薪酬政策，所以薪酬调查是薪酬体系设计中一个非常重要的环节。通过薪酬调查可以获取相关企业的薪酬水平，以及与其薪酬激励机制相关的一些信息，这些信息是非常重要的，包括竞争对手在干什么，如何进行激励，以及怎样进行调整等。调查结果可以作为企业制定薪酬政策的一个强有力的依据。

3. 进行岗位价值评估

在工作分析的基础上，按照一定的客观衡量标准，对岗位的工作任务、繁简难易程度、责任大小、所需资格条件等方面进行系统评比与估价。前面已有相关内容，此处不再赘述。

4. 进行薪酬结构设计

薪酬结构是指一个企业中各项职位的相对价值及其对应的实付薪资间保持着什么样的关系。这种关系和规律通常多以“薪酬结构线”来表示。所谓薪酬结构线是指员工薪酬结构的直观形式，它清晰显示出员工的相对价值及其对应的实付薪酬之间的关系。薪酬结构线是两维的，即绘制在以职务评价所获的表示其相对价值的分数为横坐标、以实付薪资为纵坐标的薪酬结构图上，如下图 5 - 13 所示。

薪酬结构线的绘制首先应该绘制市场薪酬线，即将职位评价点数与该职位的市场平均薪酬水平进行线性回归，在市场薪酬线的基础上，企业可以结合自己的薪酬定位，制定企业薪酬政策线，确定企业内各职位的实际薪酬水平。

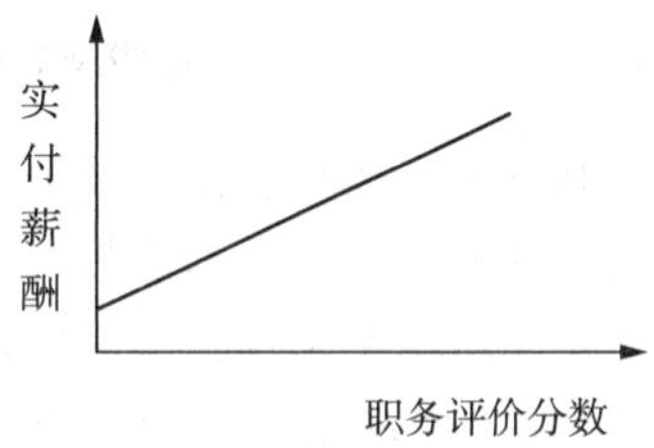

图 5 - 13　薪酬结构图

5. 薪酬的分级与定薪

这一步骤是指在工作评价后，企业根据其确定的薪资结构线，将职位评价点数相近的众多类型的职务薪资归并组合成若干等级，形成一个薪资等级（或称职级）系列，如下图 5 - 14 所示。通过这一步骤，就可以确定企业内每一职务具体的薪资范围，保证职工个人的公平性。

（三）可变薪酬体系

可变薪酬体系是指员工的薪酬随着个人、团队或者组织绩效的某些衡量指标所发生的变化而变化的一种薪酬设计。目前实践中用得较多的是绩

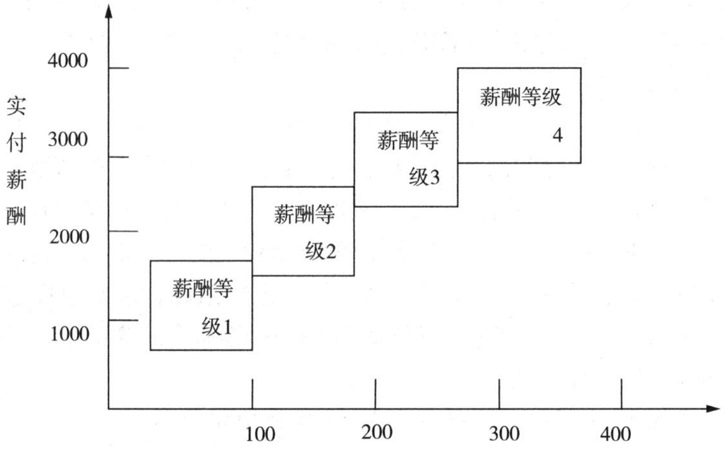

图5－14　薪酬的分级与定薪

效激励计划，这种以奖励为主的薪酬体系将员工的薪酬与工作成果直接联系起来，能够充分发挥薪酬的激励作用，有助于提高员工绩效从而提升公司的竞争力。按时间来划分，绩效激励计划包括短期激励计划和长期激励计划，按激励对象来划分，绩效激励计划分为个体激励计划和群体激励计划。

阅读与思考

绩效激励计划的两个例子

林肯激励体制，是由美国俄州林肯电气公司创立的一种奖励计划。在这项计划中，每年都依据对员工成绩的评估来分配年度总利润。林肯计划还包括提案制度，工人可以从实施其建议而节约的资金中获得奖励。

"斯坎伦计划"是以约瑟夫·斯坎伦在拉角钢铁公司任职时发明的一种可变薪酬体系，当时拉角公司正处于破产的边缘。斯坎伦在与钢铁工人工会的职员协商后，制定了一个工会与管理当局合作提高生产率的计划，该计划的出发点在于当生产工人节约了劳动成本时给予奖金，"斯坎伦计划"不对提出建议的个人付给报酬，任何一个人的建议都能使大家得到好处，在整个公司范围内付给报酬，鼓励工会与管理当局进行协作来降低成本并分享利润。

（参见 http：//www. farmer. com. cn/wlb/xqb/xqb4/200808190124. htm）

（四）福利管理

福利是指组织为员工提供的除工资与奖励之外的一切物质待遇（货币、

实物及一些服务形式），它已经成为员工个人经济保障的重要组成部分。组织所提供的福利既能满足员工的一些需要，解决员工的后顾之忧，为员工创造一个安全、稳定和舒适的工作和生活环境，又可增强员工对公司的认同感，提高员工对组织的忠诚度，激励员工充分发挥自己的潜能，为企业的发展做贡献。通过为员工提供良好的福利，企业还可以塑造良好的企业形象，提高企业的知名度。正因为如此，很多大公司都非常重视员工的福利，如2010年在《财富》杂志的年度“百佳雇主”排名榜上位列榜首的商业分析软件供应商SAS公司就非常重视员工福利，SAS致力于让员工享有均衡的工作与家庭生活，SAS美国总部员工，采用每周35小时的弹性工时政策，员工能自己设定时间表。另外，丰厚的员工福利，包括免费保健、育儿安亲津贴、66000千平方英尺的免费休闲健身中心以及各类提升员工健康课程。所以，SAS能获得员工极佳的忠诚度，比起员工平均流动率为百分之二十的其他信息软件公司，仅有约百分之四的低流动率。又如谷歌（Google）公司员工福利包括：免费美食、24小时开放的健身房、演讲、医疗服务、营养师、私人教练、游泳池和温泉水疗（Spa）等。

福利与工资（即货币薪酬）所起作用不同，工资对员工的生活水平起决定作用，福利起到保障和提高作用；支付依据不同，工资是根据职位、能力和业绩支付，而福利很大程度上按需支付；支付形式也不同，工资采取现金支付的方式，福利多采取实物和延期支付方式。

福利分为法定福利和企业福利两类。法定福利是政府通过立法要求企业必须提供的福利和待遇。如：医疗保险、失业保险、养老保险、伤残保险、生育保险等，而企业福利是企业提供给本企业员工的福利，包括个人保险、有偿假期及生活福利。

总之，人力资源管理工作是企业管理工作的一个重要基础，做不好人的工作，其他工作的开展也就无从谈起，人力资源管理工作要在正确的管理理念下指导下进行，首先要完成人力资源规划、职位分析、岗位评价等基础性工作，并通过一系列的人力资源管理实践活动，提升员工能力，改变员工态度，激励员工工作行为，从而提高公司产出，减少员工流动，建立良好的公司声誉，最终形成公司的持久竞争优势。

阅读与思考

从海尔人力资源管理的“人单合一”看人力资源管理转型如何破局

近年来，由于许多企业人力资源管理工作与企业业务工作脱离的现象，使人力资源管理工作屡受诟病，关于人力资源管理转型的呼声甚置尘上。许多专家、学者和人力资源服务企业也从不同的角度，无论是从组织变革、流程优化角度，还是IT建设、人力资源管理人员素质提升等方面提出了自己关于人力资源如何转型的答案。但如果你稍对这些解决方案加以研究，就会发现这些方案都忽视或回避了一个问题，那就是如何建立人力资源管理人员主动变革的驱动机制，让人力资源管理者本身主动地、积极地投身到人力资源管理变革和创新性人力资源管理、服务工作当中？

传统企业管理体系中人力资源管理的定位局限

在传统企业管理架构中，人力资源管理属于企业"职能管理"的范畴，有别于研发、采购、生产、销售和客户服务等这些可以直接为企业获取利润的"业务部门"，人力资源管理部门多数被定性为"二线部门""辅助部门"和"支持部门"。人力资源等职能部门绝大部分资源都分布于按既定程序完成数据统计、薪酬计发、人员甄选招募等基础性事务或响应式服务当中。

在这种定位格局下，人力资源管理等职能管理人员在企业中的价值定位、专业化程度、工作负荷、工作压力乃至薪酬水平通常低于销售、生产和研发人员等业务部门。企业里的人力资源管理者们整日埋头于数据、报表和日常事务的工作模式也很难让他们有足够的时间和理由真正面向业务，走向市场，主动地给各个业务部门提供帮助；而各个业务部门的在人力资源管理领域的一些需求也难以获得人力资源部门的重视和响应。如果没有一种内部驱动力量，把人力资源管理者们赶出办公室主动贴近业务提供个性化和差异化服务，无论引进多少管理理论、方法和工具也很难把人力资源管理者们的工作积极性充分调动起来，实现人力资源管理与企业经营业务的紧密结合。

在这方面，我们不妨来看看海尔集团如何推进人力资源管理转型。

海尔集团的人力资源管理如何通过"人单合一"实现转型?

海尔集团是我国最具创新性和成长性的优秀企业集团，回顾其成长历程不难发现"人单合一双赢模式"在企业发展壮大和经营管理水平提升方面起到了至关重要的作用。"人"即为员工，"单"即是市场目标，并不仅是狭义的订单，而是广义的用户需求。"人单合一"即让员工与用户融为一体。而"双赢"则体现为员工在为用户创造价值的同时体现出自身的价值。人单合一双赢的本质是："我的用户我创造，我的增值我分享。"也就是说，员工有权根据市场的变化自主决策，员工有权根据为用户创造的价值自己决定收入。"人单合一双赢模式"使每个人都是自己的管理者，并组成直面市场的自组织即自主经营体。

特别是自2012年以来，海尔集团率先启动了“网络化战略”，在前期“人单合一”的模式基础上，通过对互联网时代企业经营变革的深刻理解，推出了“人单合一2.0版”。海尔集团认为，在互联网时代，企业不再是一个管控型组织，而是平台化的生态系统，在海尔当前的平台型组织下，只有创业的三类人：平台主、小微主和创客。

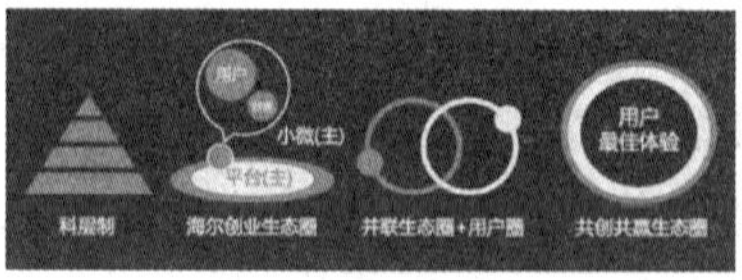

海尔的这种人单合一的管理模式不仅成功地运用在了研发、销售和生产领域，也逐步推广到了人力资源管理领域当中，通过“人单合一”在人力资源管理领域内的实践，成功地推动了海尔人力资源管理的转型。

通过人力资源管理转型，海尔集团各事业部全部取消了人力资源管理部门，人力资源管理事务全部集中到人力资源共享中心中，在海尔集团人力资源共享中心这一“平台”上，设有若干个“小微”，每个“小微”都是“自创新、自驱动和自运转”的“自主经营体”：

- 基础服务小微：负责企业人事基础类服务；
- 培训小微：负责与海尔大学合作为各级组织量身定制培训服务项目；
- 战略人才小微：负责高端人才引进、战略人才培养和研究企业人才未来发展趋势；
- 创新资源小微：为企业研发、生产和经营寻找短期创新性合作资源；
- 业务领域小微：作为各事业部人力资源业务的接口人，负责各事业部与集团人力资源管理的协调，把控集团人力资源政策在各事业部的执行。

（资料来源：人力资本管理［J］，2016.12）

本章精要

企业的经营管理离不开人、财、物三个要素，而人的因素成为重中之重，现代企业竞争的本质是人才竞争。人力资源固然重要，但人力资源并不能自动地为企业创造效益，必须重视对人的管理工作，通过各种政策、制度和管理实践，对人力资源进行合理配置，有效开发和科学管理，才能发挥人力资源在价值创造中的主导作用。现代人力资源管理就是一个获取、整合、保持、激励、控制、调整和开发企业人力资源的活动过程。本章主要介绍了人力资源管理的基本概念与理念，人力资源管理的基础性工作和各项实践活动。现代企业管理的重心已经由过去对物的管理转移到对人的管理，对人的管理是现代企业管理的核心，如同彼得·德鲁克所言，所谓企业管理，最终就是人事管理。人事管理，就是企业管理的代名词。只有做好了人力资源管理工作，企业管理的其他工作才有可能得以贯彻实施，企业的财务、生产、营销、物流等管理工作才能有条不紊地进行，战略管理目标才得以实现。

推荐阅读材料

［1］李剑．人力资源管理实务手册［M］．北京：中国致公出版社，2003

［2］张骏生．人才学［M］．北京：中国劳动社会保障出版社，2009

［3］杨成贤．人力资源管理常用法规速查手册［M］．北京：企业管理出版社，2009

［4］甘华鸣，贾萌．人力资源管理操作规范［M］．北京：企业管理出版社，2004

［5］劳动和社会保障部中国就业培训技术指导中心组织编写．企业人力资源管理人员基础知识［M］．北京：中国劳动社会保障出版社，2002

本章参考文献

［1］陈维政，余凯成，程文文．人力资源管理（第四版）［M］．北京：高等教育出版社，2016

［2］董克用，叶向峰，李超平．人力资源管理概论（第三版）［M］．北京：中国人民大学出版社，2011

［3］张爱卿，钱振波．人力资源管理［M］．北京：清华大学出版社，2008

［4］张德．人力资源开发与管理（第二版）［M］．北京：清华大学出版社，2006

［5］廖泉文．人力资源管理［M］．北京：高等教育出版社，2003

［6］靳娟．人力资源管理概论［M］．北京：机械工业出版社，2009

［7］赵永乐．人力资源管理概论［M］．上海：上海交通大学出版社，2010

[8] 彭剑锋. 人力资源管理概论 [M]. 上海：复旦大学出版社，2009

[9] 谌新民. 人力资源管理概论（第三版）[M]. 北京：清华大学出版社，2005

[10] 孙健敏. 人力资源管理 [M]. 北京：科学出版社，2009

[11] 陈国海. 人力资源管理概论 [M]. 北京：高等教育出版社，2009

[12] 王晓春. 人力资源管理概论 [M]. 北京：化学工业出版社，2008

[13] 张佩云. 人力资源管理 [M]. 北京：清华大学出版社，2005

[14] 赵晓东. 人力资源开发与管理 [M]. 杭州：浙江大学出版社，2009

本章思考与讨论

1. 什么是人力资源？人力资源与物质资源有什么不同？

2. 什么是人力资源管理？人力资源管理包含哪些工作？怎样做好人力资源管理工作？

3. 人力资源规划的内容和工作程序是怎样的？

4. 什么是工作分析？工作分析的结果是什么？如何应用工作分析的结果？

5. 招聘的工作程序是怎样的？有哪些招聘的渠道？

6. 什么是面试？其工作程序是怎样的？如何有效地进行面试？

7. 什么是绩效管理？企业如何进行绩效管理？什么是绩效考核？它与绩效管理有何不同？

8. 什么是培训？企业培训的特点有哪些？企业中应如何进行培训？可以采取哪些培训方法？

9. 薪酬的含义是什么？有哪些薪酬要素？各具什么特点？

10. 什么是薪酬管理？薪酬管理过程中应遵循哪些原则？

11. 企业如何设计可变薪酬体系？企业提供的福利有哪些？

本章案例

宝洁的人力资源管理

在美国日前出笼的“最受MBA欢迎的50家企业”报告中，宝洁公司依然榜上有名。无独有偶，在最近一份“最受中国大学生欢迎的外企”的调查报告中，宝洁公司同样名列前茅。宝洁公司何以具有如此魅力？请看其独特的对于人才的选、用、育、留。

选人——在沙海中淘金

宝洁（中国）公司每年都要在全国重点大学举办大规模的招聘会；通过严格有序的招聘，吸引大批富有才干的年轻人。宝洁在大学校园给人的感觉是“太难进”了，即使在北大、清华，宝洁的招聘会也能挤得水泄不通。有限的几个名额，就有数十倍甚至上百倍人去应聘，如此激烈的竞争是罕见的。应聘者的竞争，使宝洁在众人中大浪淘金。填表、第一轮面试、第二轮面试……当然“留下来的就是宝洁所需要的一流人才”。宝洁人力资源部的高级经理张伟认为：“宝洁员工应该具备领导能力、诚实正直、能发展自己、能承担风险、团结合作、具有专业技能和积极的创新以解决问题的人。”宝洁招聘人员通过一轮轮的挑选来发现具有潜能的人。比如领导能力，不一定要担任过领导职务，关键是看他是否具有领导素质，能否鼓动和带领大家完成工作任务。

用人——在想象中长跑

宝洁公司是当今为数不多的采用内部提升制的企业。要实现内部提升制，必须具备如下条件：一是公司员工必须有发展的潜能；二是认同公司的价值观；三是职业设计相当明确；四是必须建立完善的培训体系；五是提升制度必须透明化。作为一家国际性的大公司，宝洁有足够的空间来让员工描绘自己的未来职业发展蓝图，无论他是一个技术性人还是一个管理型人才。张伟结合自己描述了一个人力资源经理职业成长之路：“最初你将会是一个人力资源专职管理培训生，然后你将成为负责培训、招聘或者工资福利制度的助理经理。下一步，你将作为人力资源的某一专业领域经理，负责公司政策制度的实施、招聘工作。然后更进一步，你会作为公司的人力资源部经理全面负责所属合资公司的人力资源系统的整体管理工作；或者负责人力资源某个专业领域系统的发展和完整。而后，你将会成为人力资源部的经理。”这种清晰的职业发展之路同样在公司其他各部门得到了充分的展现。内部提升的制度在宝洁得到严格的执行。包括宝洁公司大中国区的现任总裁潘纳友先生也是一样从底层逐步提升的。

育人——在学习中成长

宝洁公司的培训体系在内以一流著称。无论在美国总部还是在中国，都有专门的培训学院。公司通过为每一个员工提供独具特色的培训计划和极具针对性的个人发展计划，使他们的潜力得到最大限度的发挥。培训包括入职培训、语言培训、管理技能培训和商业知识的培训，以及专业技术的在职培训。其特点有三：一、全员性，公司所有人都有机会参加各种培训。二、全程性，内部提升制客观上要求，当一个人到了更高的阶段，需要相应的培训来帮助其成功和发展。三、针对性，公司根据雇员的能力强弱和工作需要来提供不同的培训。人力资源部高级经理张伟从到宝洁至今，7 年的时间里参加过上百次种类繁多的培训。他结合自己的受训过程，对自身的职业发展之路进行了一个大体的勾勒。刚进宝洁的时候，张伟的英语写作没问题，但是口语交流有困难。为此部门就请外教对他做了一对一的口语培训，使他的英语交流能力有了很大的提高。后来即使在工作过程中，公司依然还会给他做有针对性的口语培训，比如从用词的角度到更专业的用词等。随着工作职位的提高，公司提供的培训也越来越多，范围越来越广，培训地也越来越远。开始是在国内某一个大城市如广州、天津、北京等，后来是日本、菲律宾、韩国、泰国，最后到了美国总部。每当要承担一个更重要的职位的时候，公司总是要先做一个培训。比如当他第一次提升时，首先就参加了有效管理下属的培训。其中，有一个案例说的是当爬一堵墙的时候，一个有效的管理者会很有效地带领他的队伍爬上去，而一个领导者就必须先判断爬墙的目的是什么，墙后面有什么，什么方式翻墙最有效，如何能让整个团队及时地过去而不叫人落下。这些都是由于不同的思维方式导致的不同行为模式。通过这种培训，宝洁的经理人会明白，如何工作更有效，如何能够更快地成长。

留人——在激励中提升

宝洁的经济激励主要靠薪酬福利来形成对人才的吸引力。由于市场是薪酬福利的最终决定者，宝洁自然就把决定权交给了市场。每年，宝洁公司都会请国际知名的咨询公司做市场调查，内容包括同类行业的薪酬水平，知名跨国公司的薪酬水平。然后根据调查结果及时调整薪酬水平，从而使宝洁的薪酬能够具有足够的竞争力。具体的薪酬包括两大部门：一块是工资，实行年薪制；另一块是全方位的福利，其中包括中国政府要求给员工购买的福利，公司在国际上统一给员工的福利，以及根据中国实际给予的福利。比如休假，公司同时结合中国和外国的休假，包括五一、十一、中秋、春节，也包括圣诞节。员工同时受到了中资和外资企业的福利。当一个人在物质上基本满足以后，来自精神上的奖励就成为需要。尊重和认可也许是最基本的精神奖励。在宝洁公司，上级会经常过问下属的意见，及时沟通。同时当下属的工作取得了成绩的时候，上级经理会及进致谢，通过感谢信或者表扬信的方式形成对下属的激励。

思考：

宝洁公司的案例给你什么启发？

（资料来源：http：//www.hrsee.com/？id=449）

第六章 企业财务管理

引言：真知灼见

企业作为法人，与自然人相似，必有其“天年”——“死亡是不可避免的”。企业做成功了，纯属偶然，如同人类生命诞生的偶然性一样；企业做失败了，当属必然，如同人类生命结束的必然性一样。但是，对于管理者而言，在一个个偶然成功的个案中挖掘公司成功的基因，探寻促进企业“延年益寿”的必然性规律；在一卷卷必然失败的卷宗里剖析企业失败的奥秘，总结促成偶然性的“自然法则”。这才是管理科学研究的真正魅力，也是管理科学研究者的“精神之光”。正是因为影响企业成败的因素太多，人类个体的认知能力有所局限，为此，人类需要对其进行分层、分类甚至分科研究，经年累月，集众之长，才有可能“艺海拾贝”，持续改进和完善企业价值创造体系。

本章学习目标

财务管理是一种价值管理，渗透和贯穿于一切经营管理活动之中，企业各种经营活动和管理活动都与财务管理有着密切关系。作为一名企业管理者，必须了解财务管理的基本知识，掌握财务管理的基本方法和基本技能，更重要的是具备财务管理的思想，自动自发地把自己训练为一个具有财务素养的人。本章主要是从财务管理基础知识介绍入手，围绕企业财务管理的融资、投资和报表分析等经典内容，分别展开理论阐述和案例探索。

通过本章的学习，你应该能够：

★全面了解企业财务管理的基本架构
★明确财务管理的对象与本质
★领悟财务管理的基本思想
★理解财务与业务之间的内在联系
★掌握在管理实践中运用财务管理思想解决实际问题的方法

第一节　企业财务管理概述

财务管理是什么？财务管理并非只是财务数据的计算和累加，作为一个管理工具，财务管理贯穿于企业经营的诸多层面，是企业管理者制定并且实施企业发展战略的基础和依据。我们学习财务管理，其目的并不是为了获得一个标准的正确答案，而是要让我们的思想鲜活起来，主动思考，积极思维，在管理的实践中逐步弄清如何通过修炼在实事的动态中持续地找寻答案，以至于下意识地进入一种“全知全觉”的活跃状态，从而获得如何面对现实生活中的财务问题，怎样在实事求“是”中解决问题的方法，最终实现“从心所欲而不逾矩”。

一、财务管理的实质内涵

我们这里讲的财务是企业财务，首先必须明白什么是企业。一般认为，企业是投资者为获取收益而投资兴办的经济组织，企业的运作离不开资金，通过对投资者和债权人投入资金的运作，在一定的经济环境中开展一系列经济活动，与供应商、客户、员工、国家、金融机构、投资者等发生经济往来。这个过程我们称之为企业的资金运动——通过资金的筹集、投放、耗费、收回、分配来连续不断地运动过程。那么，这个资金运动的过程应该如何运动，才能取得更好的经济效益？是企业财务最关心的。也就是说，企业财务管理的对象是企业的资金运动，只不过与会计关注企业资金运动量的规定性不同，企业财务管理更加关注企业资金运动质的规定性。

财务管理作为企业管理的一部分，其管理的对象具有特别性。假如说在企业管理实践中，生产管理的对象是生产活动、营销管理的对象是营销活动的话，那么，财务管理的对象就是企业的资金及其运动。这是因为财务管理主要是为企业理财，这就需要管理企业的资金，而不是管理企业的人事、生产、营销、科技开发、安全等其他事务。从财务管理实务工作来看，财务管理的融资、投资、利润分配、营运资金管理等也主要是管理企业各项资金的分布和流转情况，提出优化与改善的合理化建议。

总之，财务管理是一种价值管理，渗透和贯穿于一切经营管理活动之中，企业各种经营活动和管理活动都与财务管理有着密切关系。

二、公司财务目标与价值创造思想

哲学家海德格尔说，“人是理性的生物，而理性，是在思想中展开自身的”，“当我们亲自思想时，才通达那召唤思想的东西，为了让这样的一种尝试获得成功，我们必须准备学习思想”。思想是人类生活的特征之一，“思想，是人类生命的统帅”。未经思想过滤的生活，其价值创造土壤必然是贫瘠而又荒芜的……，管理者的财务思想，直接决定着企业财务管理的水平，甚至决定企业的成败！

（一）思想与价值创造思想

1. “思想”的深刻含义及其理解

思想是人类社会的宝贵财富，在某种程度上，人类社会的历史就是一部思想史。J. N. 菲吉斯曾宣称“现实世界是人们思想的产物”。H. G. 威尔斯也认为“全部人类历史从根本上说是思想的历史”[①]。那么，什么是思想呢?按照《现代汉语词典》的解释，思想是“客观存在反映在人的意识中经过思维活动而产生的结果”。在管理学的发展进程中，人们把管理思想定义为“人类在其管理活动中根据长期的实践经验而总结出来的有关有效管理的各种观念、主张和知识”[②]。应该说，不同的人对同一客观存在的反映是有差异的，从而导致在同样的环境下，不同的人在思想上的差异性。概括来说，人的差异最根本的在于思想的差异。“大凡有领导才能的人，他们对客观存在的反映比一般人更深刻，他们能从司空见惯的事物中发现出新的东西，能从一般的活动实践中归纳出新的规律，能用生活化的语言表达出深刻的道理，从而能影响别人。”与“理论”更加强调系统性不同，思想应当更偏重于原创性，可以是格言警句，可以是个人感悟。每个管理者都是具有思想的管理人，但是，并非所有的管理者都是具有财务思想、兼备财务素养的管理思想

① ［美］罗兰·斯特龙伯格（Roland N. Stromberg）著．西方现代思想史．北京：中央编译出版社，2005

② 桑玉成．管理思想史．上海：上海教育出版社，2002：20

家。虽然所有的管理者均具有丰富的管理实践经验，经受过残酷的管理历练，但要上升到管理思想，乃至具备财务特质的管理思想，还必须接受点拨，主动思考，总结升华。正如欧洲最知名和最具影响力的管理思想家查尔斯·汉迪所说："我发现原来自己所学到的东西，有那么多是来自于我在生活中所遇到的事情，而非正规的学习课程。但是要想从中学到东西，仅仅经历过这些事情还不够，还必须要对自己的经历加以思考。在我们繁忙的生活中，有太多时候根本没有思考的余地。"

我们相信，对于一个组织来说，思想是组织的灵魂，伟大的组织总是与伟大的思想相辅相生、互为因果。如果没有思想，勇敢的程度会与灭亡的速度成正比！

2. 价值创造思想的缘起与基本内涵

目标是指引、是方向，也是激励人们完成任务的标杆。财务目标作为财务主体进行财务活动的出发点和归宿，是财务运行的一种驱动力，决定着财务管理的基本方向，是评价财务活动是否合理的标准，更是财务管理尤其是财务决策所依据的最高准则，成为构建财务运行理论的基石。不同的财务目标，会产生不同的财务运行机制，科学地设置财务目标，对优化理财行为、实现良性财务循环意义重大，因而，一直是国内外财务理论和实务界关注的焦点。虽然学者们竭尽全力寻求最适合的财务目标表述，但是，至今还没有在世界范围内形成共识。

（1）财务目标：代表性争鸣观点

第一种观点，利润最大化：圈地运动时代的企业精神。利润最大化作为传统财务目标成为经济学的理论基础之一。这种观点的持有者认为利润代表了企业新创造的财富，利润越多说明企业财富增加得越多，越接近企业目标。在长期管理实践中，这种观点的缺陷日渐暴露，其突出表现是"没有考虑货币的时间价值、收益和风险关系、投入和产出关系"。反对者认为，若是不考虑利润取得时间，不考虑货币具有时间价值观念，很难正确判断所获的利润是否符合公司目标；不考虑利润及其所担风险大小，也很难正确判断所获利润是否符合公司目标；不考虑风险而以利润最大化为目标，易使财务决策落入高风险项目的窠臼，一旦有什么"风吹草动"，公司将陷入困境，甚至破产；不考虑所获利润和所投资本的关系，易使财务决策倾向于高资本项目投入。因而，著名财务学家 Midigliani（莫迪里亚尼）认为，"利润不是一个有价值的概念。你应该做的是使公司的价值最大化，那是 MM 理论最重要的贡献，即指出了经营管理的核心是什么：不应是基于这毫无意义的利润最大化的观念，而是更有意义的观念，即努力使股东所拥有的公司的价值最大。"

第二种观点，股东财富最大化：股东至上的股权文化。以股东财富最大化作为财务目标，得到财务学界多数同行的首肯。这种观点认为，通过企业的合理经营，采用最优的财务政策，在考虑资金时间价值和风险价值的前提下，使企业的总价值达到最大化。应该说，股东财富最大化是对经济效益的深层次认识，与利润最大化相比，无疑往前迈进了一大步，但是其反对者还是发现许多其自身的不足。如适用范围限制；与现代企业理论冲突；与可控性原则不符；与理财主体假设相悖。尽管如此，股东财富最大化这一财务目标仍然受到人们的普遍关注。然而，股东财富最大化财务目标仍然只适用于物质资本占主导地位的工业经济时代，是工业经济时代产权博弈的赢家，是股东意志的体现。而在新经济条件下，仅以股东财富最大化作为财务目标，仍然带有一定的片面性。

第三种观点，企业价值最大化：社会至上的股权文化。这种观点认为，企业价值最大化财务目标可以表述为：企业通过合理经营，采用最优的财务政策，充分考虑资金的时间价值和风险与报酬的关系，在保证企业长期稳定发展的基础上使企业总价值达到最大化。应该说这种财务目标内涵深刻，其宗旨是把企业长期稳定发展放在首位，着重强调必须正确处理各种财务关系，最大限度地兼顾企业各利益主体的利益。注重在企业发展中考虑各利益主体的利益关系，在企业价值增长中满足各方利益，很好地协调了企业经济效益和社会效益二者之间的关系。以企业价值最大化为目标，企业就必须赢利，不断增加财富，先求自身生存与发展，再谋企业价值最大化。但在此过程中，必须依法经营、依法管理，正确处理各种财务关系，自觉维护和切实保障国家、集体和社会公众的合法权益。任何超越国家法律规范、损害他人利益的企业都不可能实现企业价值最大化，甚至危害其生存和发展。作为一个多元化、多层次的目标体系。企业价值最大化很好地兼顾了包括股东在内的多元利益主体的利益，是一个多元利益主体相互作用、相互协调的结果。它在使股东利益达到最大化的同时，也使其他利益主体的利益达到最大化。

第四种观点，利益相关者价值最大化：利益集团至上的股权文化。这种观点的持有者认为，从企业长远发展来看，不能只强调某一集团的利益，而置其他集团利益不顾。财务目标不仅要考虑股东利益，还要考虑其他相关者主体的利益。然而，在众多的利益集团中，各自对企业财务利益的影响程度是有差异的，有的贡献大，有的贡献小，不能“一视同仁”。为此，有学者提出“三条必须”标准：必须对企业有投入、必须分享企业收益、必须承担企业风险。① 并根据这些标准确定相关利益集团为：企业

① 李心合．利益相关者财务论．会计研究，2003，(10)

所有者、债权人、职工和政府。

（2）财务目标演变：一种历史的观点

我们认为，财务目标的选择是一种时代的、历史的产物，在不同的历史时期，所选择的财务目标必然是不完全相同的。当今财务目标众说纷纭的事实就是很好的例证。下面我们以历史视角给出财务目标历史沿革的基本脉络。

企业作为人类社会化大生产的基本组织单位、市场经济体系的“基础细胞”、资本发展的依托形式和促进剂，从它诞生之日起就是一种有机的社会商品。其愿景设立、战略定位与目标确定事关重大。财务作为企业价值链支持系统的一个方面，其管理目标必然要与企业目标相对应，取决于企业价值导向。缘此，我们可以从不同时期企业价值导向的表现中窥视财务目标的演变历程。

与企业价值导向相适应，财务目标也经历了从股东价值为导向转向以利益相关者为导向的过程。其演变轨迹的基本线索为：

利润最大化→股东财富最大化→企业价值最大化→利益相关者价值最大化→财务均衡化目标

从我们对财务目标的发展脉络梳理中，可以发现，现有财务目标观，不是陷入“最大化”陷阱，就是落入“分配观”的桎梏，其固有缺陷值得重视。我们认为，财务目标作为财务理论研究的起点，其真正含义应该在于价值创造，通俗地说就是要把“蛋糕”做大，这是财务这项管理活动存在的根本理由。只有把“蛋糕”做大了，才谈得上分配给谁、分配多少的问题。在这个意义上我们说财务目标是价值创造，财务的目的就是要实现价值创造。这种价值创造需要在投资、融资、营运与分配活动中实现，但所有财务活动都必须以价值创造为目标。

（3）价值创造思想的基本内涵

价值一直是经济学与管理学关注焦点，财务作为其分支学科，其价值概念自然以这个意义上的价值为基础。为此，有专家认为“公司财务学上的价值是凝结在商品中的生产力资源被社会接受的程度及效果。”他还提到，“价值创造成为公司财务的目标”①。我们认为，将价值创造同时作为财务目标和财务对象，不是十分贴切。为此，提出价值创造作为财务目标，本金流成为财务对象的观点②。至于价值创造，虽然很多文献都有提

---

① 罗福凯．财务理论专题．北京：经济管理出版社，2004：8，6

② 王锴在《试论信息化环境下的财务监控对象》［财务与会计（综合版），2008，（10）］给出的定义：“本金流就是本金以不同形态在企业连续、继起的不间断周转所形成的一种运动状态或过程。”

到，而且最早可以追溯到亚当·斯密，但却少有给出规范定义的。有学者认为“价值创造等于收益和资源投入之差，是扣除所有生产要素成本后的剩余利润”① 实际上是一种经济增加值的表述。我们认为，财务学意义上的价值创造可以借用这一观点，但必须是基于财务观念的一种表述，如现金至上等。当然，以价值创造为财务目标，一个最大难题就是计量问题，因为“要什么，就必须度量什么”。不过，我们已经找到了价值创造计量问题的化解方略——EVA（Economic Value Added，经济增加值），EVA 理论的提出与中国公司的实践，已经有了良好的基础②。

价值创造=运营收益-（净投资资本期望收益率×净投资资本）

其中：“运营收益”可用“公司财务成果”替换；“净投资资本期望收益率”可根据公司经营企业的风险和每种投资市场的期望财务收益来确定。

上式的变通形式为：价值创造=（投资利润率-净投资资本期望收益率）×净投资资本

这样计算出来的价值创造，意味着公司对股东把钱投入它的市场具有更大的吸引力，表现出了该公司有大的竞争优势，形成一种进入障碍。可见价值创造实际是由于公司具有产生超量经营收益的能力，也就是其产品质量和价格能让消费者满意，并且用较少的净投资资本来生产，所以价值创造意味着公司竞争力。我们认为，价值创造财务目标的提出，具有理论与实践两个方面的意义。20 世纪 90 年代以来，西方管理界一直在探索将价值最大化确立为公司终极目标，寻找并发现价值驱动因素，采用适当管理程序实现价值最大化，这一“基于价值的管理（Value-Based Management，简称 VBM）”的模式。在本质上，财务管理是一种综合性的价值管理活动，应当在基于价值的管理中充当重要角色，从而成为价值创造的利器。然而，令人遗憾的是，几十年来我们却一直把这里的“价值”理解为一种“对象”甚至仅被当成一种“量度”。把“价值管理”视作“资金管理”的代名词。我们认为，价值创造是一个过程，一个使公司价值不断增加的过程。财务可以在融资决策、投资决策、营运与分配决策中创造价值，为企业实现可持续发展提供服务。企业天生就是为赚取利润的机器，为整个社会带来一种价值的增加。财务目标自然要关注利润、关注财富，这并没有错，而是错在“最大化”与

---

① 张新．中国经济的增长和价值创造．上海：上海三联书店，2003

② 建议有兴趣的读者，可以参考，国务院国有资产监督管理委员会令第 33 号，《中央企业负责人经营业绩考核办法》，http：//www. sasac. gov. cn/n2588035/n2588320/n2588335/c8108632/content. html

“分配观”上。就是说，只关注利润、财富并不够，关键是要使资本增值，把“蛋糕”做大——基于已实现利润的分配，好比一块已做好的蛋糕，再怎么分、再怎么争，也只有那么一小块！我们倡导价值创造财务目标，就是想引导财务，从源头探起，通过对采购、生产、销售等业务流程的每个环节本金流变动状况的考察，剖析业务活动对财务成果的影响，全员参与，集思广益，努力带来一种价值增加，使资本增值，把企业这块蛋糕越做越大。至于“蛋糕”属于谁？如何分才能满足不同利益主体的利益要求，那是企业性质所决定的，企业属于谁，谁就参与分配。就像鸡生蛋一样，鸡属于谁的，它生的蛋，自然就属于谁的，鸡是无权决定为谁生蛋的，只管拼了命地生，越多越好……

阅读与思考

来自华为总裁任正非的故事

华为《管理优化报》刊登了一篇名为《一次付款的艰难旅程》的文章，主要内容为：对一线而言，找不到流程入口、不知道全流程的所有要求和操作规范，流程指导和说明往往比流程本身更难懂和复杂；我们的流程建设多针对的是某个具体业务场景，防范的是特定风险，在设计上往往防卫过当，不考虑执行成本，更不用谈面向对象的流程拉通和友好的用户界面了；公司呼吁各级主管要担责，但现实的流程、制度或监管组织却不信任主管担责。经常遇到的场景是：“我是负责xxx的，这个风险我愿意承担，流程能否走下去？”答曰：“你担不起这个责任，请重新提交流程或升级到谁谁谁处理。”

这篇反映一线作为赞助商面向客户预付款时遇到审批多、流程复杂的问题，引发华为内部员工激烈讨论。随而引起总裁任正非的关注，任老板这次是真的怒了！他说：据我所知，这不是一个偶然的事件，不知从何时起，财务忘了自己的本职是为业务服务、为作战服务，什么时候变成了颐指气使！皮之不存，毛将焉附。这一内容还直接由任正非签发、以总裁办电子邮件（电邮其他【2015】103号）的方式，发给华为董事会监事会和全体员工。

思考题：

请阅读上述材料，结合所学知识谈谈财务部门和业务部门的矛盾怎么处理？

（资料来源，搜狐财经，http://www.sohu.com/a/217114103_743218）

三、企业财务管理的基本内容

企业是一个以盈利为目标的经济组织，尽管它的形式多样，但不同企业的投资者都需要获取利润，否则其宁愿从事慈善事业以获取社会名誉。但企业生存在一个充满竞争的经济环境中，只有努力做好经济活动，才能保持生存、发展和获利。作为一个社会组织，企业的目的有三个层次：

1. 生存。企业只有在困难的环境中生存下来，才可能取得以后发展和获利的机会。企业生存的土壤是经济环境，包括商品市场、资本市场、人力资源市场、技术市场等。企业要生存，需要两个基本条件：一是以收抵支。如果一个企业在日常经营中所收入的资金能够大于其消耗的资金，就能够在日常的经营中逐渐积累资金，从而生存和慢慢发展起来；如果企业在日常经营中取得的收入不能弥补其支付的支出，则资金就会逐渐减少，最终导致企业破产。企业生存的另一个条件是能够偿还到期债务。企业在生产经营中经常因为临时周转需要或扩大投资需要，而借入资金，如果这些债务不能在到期得到偿还，则债权人可能要求企业破产还债，从而无法生存下去。为了实现上述两个条件，企业财务管理要能够及时筹措资金偿还到期债务，而且在日常经营中能够扩大收入、降低成本，实现资金在周转中增值。

2. 发展。企业要在市场中生存，必须不断发展自己的力量，否则在激烈的竞争中如“逆水行舟，不进则退”，最终失败。企业的发展需要多个条件：市场拓展、科技进步、管理提升，但最终表现为收入的增加和盈利的增多。而扩大收入和利润的根本途径是不断提高产品质量，扩大产品销售数量。这就需要企业能够及时更新产品和生产技术，实施好的投资项目，加强日常营运管理，提高效益。

3. 获利。企业若要生存，必须要能具有获利的前景，否则就无法保证长久生存。企业若要获利，就必须要投资于高效益的项目，并在项目投产后做好经营管理，确保投资规划的目标实现。这就要求企业在选择投资项目时能够充分调查未来市场需求，开发适应产品，获取投资收益，并在日常营运中做好管理。

总结上述企业的三个层次目标及其对财务管理的要求，企业财务管理需要做好融资、投资、营运资金管理和利润分配，从而也就构成了财务管理基本内容：

（一）融资管理

融资是指企业为满足投资和日常经营的需要，而筹措资金的理财行为。企业融资有多个渠道，从投资者那儿“化缘”来的资金，称为权益性资金，从债权人那里获得借款等，属于债务性资金。当然，也可以通过内部积累的方式获得资金，称为盈利留存。必须注意的是，企业在进行资金筹集时，需要考虑不同资金筹集方式的成本、风险以及企业某时期资金需求的数额，确定恰当的融资渠道，以提高企业效益。

（二）投资管理

投资是指企业根据投资决策方案投出资金的行为，包括对外投资（如对外直接投资、证券投资等）和内部项目投资（如固定资产投资）。需要特别提醒的是，企业在进行投资决策时，必须根据不同项目的市场需求状况以及本企业的竞争优势，合理确定投资项目，在此基础上通过不同的评价指标计算和评比，确定最佳的投资项目进行投资。

（三）营运资金管理

企业在日常的生产经营活动中会有一系列有规则的资金收付行为。企业需要加快对日常经营活动中的资金收付的管理，以确保资金收支循环的顺畅和高效。在财务管理中，我们把为满足企业日常经营活动的需要的垫支的资金，称为营运资金。对营运资金的管理活动，也就成为营运资金管理。企业在营运资金管理中，需要确定适当的营运资金持有政策，合理的营运资金融资政策以及合理的营运资金管理策略。

（四）利润分配与股利政策

企业在经过一段时间的经营后，一般都会产生盈利。对于运营过程中所产生的盈利，如何分配？也成为财务管理的重点之一。可以将部分盈利作为投资回报，分配给投资者，也可以将盈利留存在企业内部，为比较好的投资项目准备所需资金。到底如何分配，成为财务管理中的一项“艺术”，为了兼顾企业不同利益相关者的利益需求，企业一般需要根据实际状况制定必要的分配政策，因而，西方财务有“股利政策之谜”的说法。需要说明的是，企业的投资者不同，所需要的利润分配形式也不同，企业的利润分配如不能满足大部分投资者的需求，可能会影响投资者对本企业的投资意向，从而影响企业的市场价值。

四、企业理财思想与管理理念

财务思想源远流长，蕴含着十分丰富的内涵。中国古代的理财思想，可以追溯到先秦时期，可以追溯到夏禹时代的公元前21世纪，“会计”二字最早出现在西周时期的《周礼》中，当时已设立了“司会”这一专职官吏来掌管国家和地方的“百物财用”。“零星算之为计，总合算之为会”。唐代出现“账簿”一词，宋朝出现“四柱清册”。“《洪范》五福先言富”“《大学》十章半理财”，中国自古以来就把理财列为治理国家的大事。这些重要的思想遗产，对于中国今天的经济发展和社会进步仍然具有重要的现实意义，只是需要我们进一步思考如何传承前人的宝贵财富，去粗取精，更好地了解中国国情，合理扬弃，做到“知古而不泥古”“观往而鉴今”，必将无往而不胜！

当然，我们在继续“古为今用”的同时，也必然不能忽视“洋为中用”。一个必须承认的事实是，西方财务理论是世界现代财务学的主流，虽然其发展历史却比较短，但是已然深刻影响到我们现实的公司理财实践。据我国著名财务学家王化成教授考察，西方财务产生于15世纪欧洲地中海沿岸一带商业发展的城市。意大利的卢卡·帕乔利（Luca Pacioli）是当今世界各国公认的“现代会计之父”。1494年11月10日发表《算术、几何、比与比例概要》中的第三篇“计算和记录的详论”（通称《簿记论》），是第一本系统论述借贷复式簿记原理及其适用方法的经典名著，该书对现代会计及其理论的发展做出了奠基性的卓越贡献。

现代意义上的经典财务理论一般都诞生于20世纪50年代之后，20世纪70年代后期，一大批新锐财务学家开始对已有财务理论提出挑战，出现了众多财务学史上的名篇佳作，如詹森和麦克林（W. H. Meckling）的《企业理论：管理行为、代理成本和资本结构》、罗斯（S. Ross）的《财务结构的决定：动机信号方法》、史密斯（C. Smith）和沃纳（J. B. Warner）的《财务契约论》等等，这些丰硕而又新颖的研究成果，“极大地扭转了财务学的研究方向”，“使财务学研究得到前所未有的丰富和充实”。

研修现代经典财务理论，更是需要深刻领悟其思想脉络，理解其理论内涵，并结合中国国情，谨慎地加以运用，毕竟，中西方的人文背景存在着巨大的差异！“人文背景的巨大差异，使得任何源自西方的先进思想都必须与我国国情相结合，才能发挥出它应有的价值。也就是说，我们必须在自己的人文背景中寻找一片‘土壤’，使思想的种子得以生根发芽、开花结果，才能真正结束眼前的‘迷茫和焦虑’，沐浴真理的阳光。”

（一）财务伦理思想

“伦理”是事物交互过程中根据各自特征而形成的一种规范和准则。财务伦理是财务活动的伦理性质和伦理特征，是财务行为所彰显的生存准则。企业若要获得财务业绩放量增长，必须满足客户需求；若要满足客户需求，必须改进内部管理和流程；若要改进内部管理和流程，必须获得员工的认可，并体现在员工的业务执行过程中。

（二）时间价值思想

大部分财务管理活动的影响不是立即出现的，而是在未来一段时期后发生。作为财务管理者，需要考虑现在某一决策（活动）对将来企业价值的影响。而要考虑时间因素，首先就要考虑货币本身在一段时间后可能发生的价值变动。货币时间价值是每项财务决策都需要考虑的重要因素。

货币时间价值是一定量的货币在周转过程中由于时间因素而形成的价值增值额。也可以说是没有风险和没有通货膨胀条件下的社会平均资金利润率。其外化形式是不同时间发生的等额资金的价值上差别。实质上，货币时间价值反映了货币、时间与利率三者的关系和变化。货币时间价值产生的前提条件是资金的所有权与使用权相分离，存在闲置与需求并存的供求关系。其真正来源是劳动者创造的新价值。如果一个海盗把劫掠的货币藏在山洞里，就不可能获得时间价值。而当一个老人将货币储蓄在银行里的时候，即使这个老人没有参与任何生产经营活动，他的货币也能增值，原因是银行代这个老人将他的货币投入了社会资本运营（贷款给企业或购买企业证券）。通常，在理解货币时间价值时要注意把握以下的要点：

（1）货币时间价值是指“增量”，一般以增值率表示；

（2）必须投入生产经营过程才会增值；

（3）需要持续或多或少的时间才会增值；

（4）货币总量在循环和周转中按几何级数增长，即需按复利（即利滚利）计算。

阅读与思考

“72 法则”与“70 法则”

1. “72 法则”：用作估计将投资倍增或减半所需的时间。即以 1% 的复利来计息，经过 72 年以后，本金会变成原来的一倍。

利用 5% 年报酬率的投资工具，经过 14.4 年（72÷5）本金就变成一倍；利用 12% 的投资工具，则要 6 年左右（72÷12），才能让 1 块钱变成 2 块钱。因此，如果您手中有 100 万元，运用了报酬率 15% 的投资工具，您可以很快知道，经过约 4.8 年，您的 100 万元就会变成 200 万元。

2. “70 法则”：要估计货币的购买力减半所需时间，可把与所应用的法则相应的数字，除以通胀率。若通胀率为 3.5%，应用“70 法则”，每单位之货币的购买力减半的时间约为 70÷3.5=20 年。

思考：

“72 法则”与“70 法则”在管理工作中有哪些地方可以应用？

（三）风险管理思想

风险是客观存在的，它伴随人类活动的产生而产生，西方有谚语说

"Risk is Salt and Sugar of Life"。应该说，风险的产生是一个从质变到量变的过程，也就是说，风险的产生过程是一个能量聚集的过程，而真正的风险事故只不过是能量的释放而已。那么，什么是风险呢？我们把风险定义为"在某个特定状态下和特定时间内可能发生的结果的变动"。一般来说，风险具有如下特点：风险长期存在；不是总能被消除；必须与机会同时权衡。风险管理是指面临风险者进行风险识别、风险估测、风险评价、风险控制，以减少风险负面影响的决策及行动过程。风险管理一条总的原则是：以最小的成本获得最大的保障。从风险管理的策略来看，进行风险管理策略主要有回避、预防、转移、分散、分担、接受。

财务管理要求企业从动态发展的角度认识和把握风险。把风险看成是在一定条件下，一定时期内无法达到预期报酬目标的可能性。风险的大小就是实际报酬偏离预期目标的程度。财务风险实际上是预期收益率与实际收益率的变异程度及其概率，这是科学决策必须考虑的重要问题。财务风险贯穿于融资、融资、投资等财务活动和财务关系始终。它在企业财务的融资、投资、股利、资产重组等领域居中心地位。企业各项财务决策，离开或偏离了财务风险的方向，就会使各项财务决策失去依据。

（四）现金至上思想

现金是指立即可以投入流通的交换媒介。它具有普遍的可接受性，可以有效地立即用来购买商品、货物、劳务或偿还债务。它是企业中流通性最强的资产。在我国企业的会计核算中一般用"库存现金"来表示现金概念；在财务管理学中，我们更侧重中用现金流量来表达。所谓现金流量也即是指企业在一定会计期间按照现金收付实现制，通过一定经济活动（包括经营活动、投资活动、融资活动和非经常性项目）而产生的现金流入、现金流出及其总量情况的总称。也有人理解为企业一定时期的现金和现金等价物的流入和流出的数量。一般认为现金流量管理是现代企业理财活动的一项重要职能，建立完善的现金流量管理体系，是确保企业的生存与发展、提高企业市场竞争力的重要保障。通常情况下，现金流量管理中的现金，不是我们通常所理解的手持现金，而是指企业的库存现金和银行存款，还包括现金等价物，即企业持有的期限短、流动性强、容易转换为已知金额现金、价值变动风险很小的投资等。包括现金、可以随时用于支付的银行存款和其他货币资金。一项投资被确认为现金等价物必须同时具备四个条件：期限短、流动性强、易于转换为已知金额现金、价值改动风险小。

决定企业兴衰存亡的是现金流，利润只是这一系列过程的结果。现金流与水流一样，不能干涸，也不能溢出，追求平衡！现金不足，将发生财务风险；现金过多，会造成浪费。企业进行现金管理，可以试试三把“小飞刀”：力争现金流量同步；使用现金浮游量；推迟付款。

阅读与思考

《乔家大院》的启示：现金流的危机

郭梓林

在商场上什么是死棋？没有现金流就死定了。

乔致广做的“高粱霸盘”为什么使乔家面临崩溃的边缘？而乔致庸为什么继续做“高粱霸盘”却能起死回生？外行看热闹，内行看门道。前者是因为把银子都变成了高粱，而后者最后却把高粱变成了银子。这就是商家说的“现金为王”。

在市场条件下，资产的变现能力是资产质量的重要标志。现金是企业生存的“气”，这个气可以理解为围棋中的“气眼”，也可以理解为人的呼吸之“气”。企业在运行中，资产是在流动中增值的，要不断地通过现金来换气，就像人要吸气、呼气一样，只吸气不呼气，或只呼气不吸气，都是要死人的。通常说的，上气不接下气，就是一种很危险的情况。

乔致广做的“高粱霸盘”，其实是把乔家的所有银子都赌上了，为争一时之气，把自己的现金流给掐断了。所有的十七处生意，以致生活开销都难以维继，最后靠典当家里的珍藏度日，就连乔致庸去参加乡试的盘缠，也是用大奶奶陪嫁的玉石屏封典当来的钱。乔家的这场危机，其实就是现金流的危机。到了这个时候，一个企业就危险了。因为，企业在运行中总是有各种赊欠，在大家都知道你快玩完的时候，该收的肯定收不回；所欠的又不断追上门来。企业到了这个境地，所有的资产，包括有形的、无形的，都有可能被严重低估，这个时候要套现，其代价总是很高的。为什么呢？经济学对此已经有理论做出解释：当需求大于供给的时候，价格上涨；当供给大于需求的时候，价格下跌。也就是说“需求决定商品的价格”，当你越是需要现金的时候，手中现金的人就会把现金的价格提高。因为卖家知道此时此刻现金对你的意义（价值）比平时更大，所以断定你会愿意（或者只能）以比平时更高的价格获得它。例如，乔家的老宅子，至少值 12 万两银子，但在最困难的时候，邱家勾结四叔（乔庆达）打算用 8 万两银子顶下这个宅子，而作为乔致庸老丈人的老陆老东家也对女儿说，那个老宅子能顶9万两银子就不错了。这既说明，同样的东西在不同的人手里，在不同的条件下，往往体现为不同的价值；也说明作为通货，手中有现金在关键的时候是多么的重要，“一分钱难倒英雄汉”，说的就是这个意思。

一个企业，你可以出现亏损，但你不能断了现金流。亏损总是有希望扳回来的，但断了现金流，即使有很多的资产，也可能即刻崩盘。就像一个人，如果你在水里游泳，一口气过不来，可能就憋死你了，抬上来体检，可能各个器官都是最健康的，就是差一口气，好好的人就没了。而在医院里，很多人可能多数器官都有各种各样的毛病，但只要有一口气，哪怕是用氧气瓶吊着，他还能继续活下去，甚至我们看到很多植物人，也不就是那口气没断吗？所以，高明的商家，并不是从来没做过亏本的事，而是深知“现金为王”的道理。

思考题：

1. 您看过《乔家大院》吗？当时您看的时候领悟到其中的财务思想吗？

2. 请搜寻您的记忆库，您所看过的哪些电视剧还含有丰富的财务思想？

第二节　财务估价与融资管理

一、财务估价思想

财务估价（Financial value）是对一项资产“价值”的估计，是对企业的持续经营价值进行判断，估计的过程。财务估价是对企业未来效率水平进行科学量化的过程。无论是对于投资者，还是对于企业管理人员，科学地进行财务估价，准确地了解企业价值，都具有重大意义。其一，财务估价是企业理财决策的基础。其二，财务估价是企业确定资产经济价值的重要方法。财务意义上的资产的价值，是指该项资产在未来企业持续经营中所带来的现金净流量所折合成相当于目前的总现值，即资产的经济价值。

阅读与思考

中国人寿（601628）的股票估值：投资者该相信谁？

2007年伊始中国人寿（股票代码：上海601628）在上海证券交易所登陆，发行A股，发行价为每股18.88元，并于2007年1月9日开始交易，当天收盘价为38.93元，较发行价上涨了106%。

就在中国人寿A股股票上市流通之前，证券研究分析机构对其价值的评估有很大分歧。银河证券估值为每股20.22至23.12元；中金公司估值为每股23.65至29.42元；长江证券估值为每股23.7至29.58元；申银万国则认为其合理的市场定价在20元左右，东方证券把其6个月的目标价格区间定位在26.43至36.15元；招商证券将其一年目标价格定位于35元、三年定位于90元。专业投资机构的预测结果相差甚大，投资者应该相信谁？

从中国人寿A股上市前后股票定价中存在的巨大差异可以看出，评估企业的价值是一件相当困难的工作。这些著名的证券研究分析机构都拥有一批受过良好教育、享有长期从业经验的分析人员，这些分析人员以完备的历史数据库为基础，运用最前沿的证券定价理论和方法，对上市公司股票的价值做出评估和预测。但是，中国人寿和许多类似的例子表明，提高投资界对企业内在价值评估的准确性是我国资本市场发展中一个不可忽视的重要问题。

思考题：

1. 从案例提供的材料来看，您是如何看待股票估值思想的？
2. 如果抛弃“未来现金流量的现值”的估值方法，还有什么更好的？

（资料来源：姜国华．财务报表分析与证券投资．北京：北京大学出版社，2008）

二、融资管理思想

融资决策是每个企业都会面临的问题，也是企业生存和发展的关键问题之一。在人们的观念中，是先融通资金然后找寻投资项目，还是先有投资意向再寻求融资渠道，却是“仁者见仁，智者见智”的。我们认为，这两种看法“都对”又“都不对”，也就是我们日常生活中经常说的三个字——“很难讲”。实际上，在某种程度上，投资与融资是“殊途同归”的，都是为了实现财务目标——价值创造，只是在价值创造过程中所选择的道路与方式不同而已，至于到底应当先怎么样？然后再如何？需要管理者根据管理实践和具体的财务环境进行权衡和选择，在这个意义上说，财务事实上也是一种艺术。有人用一个不太恰当的比喻说，西方财务管理中的科学成分大致要占到80%，艺术的成分只有20%；东方财务管理中的科学成分大致只有20%，艺术的成分要达到80%。我们认为，这种认识过于偏见和极端，我们承认东西方财务管理是有差异，但差异绝不会如此悬殊。然而，可喜的是，这种认识关于财务管理中的艺术成分的提出却是值得我们关注的。毕竟，从财务管理的科学性来看，各种图形、符号、公式、模型成为人们关注的要义，这就在有意或无意中忽略了人类的行为、伦理、精神、文化等非理性因素对管理者或决策者在决策过程中的“价值判断”的影响。虽然多年以来，发轫于西方的主流财务理论在发展过程中已经产生了诸多的理论观点，已经基本能够解释我们现实的公司管理过程中所碰到的诸多问题，但在这一过程中，主流财务理论的观点也并非完美，还有很多值得进一步研究和解释的“异象”或未解之“谜”①。

（一）资本成本及其本质含义

资本成本是指企业取得和使用资本时所付出的代价。取得资本所付出的代价，主要指发行债券、股票的费用，向非银行金融机构借款的手续费用等；使用资本所付出的代价，主要由货币时间价值构成，如股利、利息等。因而，从本质上来看，资本成本的本质是机会成本。机会成本可以理解为把一定资源投入某一用途后所放弃的在其他用途中所能获得的最大利益。在面临多方案选择其一的决策时，被舍弃的选项中的最高价值者是本次决策的机会成本。对商业公司来说，在利用一定的时间或资源生产一种商品时，而失去的利用这些资源生产其他最佳替代品的机会就是机会成本。

在生活中，有些机会成本可用货币来衡量。例如，农民在获得更多土地时，如果选择养猪就不能选择养鸡，养猪的机会成本就是放弃养鸡的收益。再如，你购买一套房屋全部用于居住，则不能再出租获利，也就是居住的同时也失去了用于出租等获利的机会；反过来说，你若出租，你则不能再居住。但有些机会成本往往无法用货币衡量，例如，在图书馆看书学习还是享受电视剧带来的快乐之间进行选择。

财务管理中将资本成本划分为个别资本成本、加权资本成本和边际资本成本等。

（二）估测资金成本的一般公式

资金成本可以用绝对数来表示，也可用相对数来表示，但在财务管理

① 有兴趣的读者可进一步参考《行为财务：理论演进与中国证据》（王锴，合肥工业大学出版社，2008）

中一般用其相对数——资金成本率（K）来表示，即表示为用资费用与实际筹得资本的百分比。

$$资本成本率=\frac{年实际承担的用资费用}{实际使用的筹资额}$$

（三）杠杆原理与资本结构

1. 杠杆原理

说到杠杆，一定会令你想起小时候玩的跷跷板，也许你还记得亚里士多德的名言。不过，需要说明的是，物理上，可能杠杆作用的作用方向是反向的，而财务上，杠杆只起到同向的放大效应。因而，杠杆分析也成为确定企业风险程度的主要方法之一。

经营杠杆是指当企业的成本结构中存在固定生产经营成本时，业务量变动会导致息税前利润发生更大幅度的变动。一般用经营杠杆系数来衡量经营杠杆，即息税前利润变动率相当于产销量变动率的倍数，表明业务量变动所引起息税前利润变动的幅度。经营杠杆系数反映了企业所面临的经营风险，经营杠杆系数越大，经营杠杆作用越大，企业的经营风险就越大，反之，亦然。

财务杠杆是指当企业的资本结构中存在固定支付的资本时，息税前利润的变动会导致普通股每股收益更大幅度的变动。一般用财务杠杆系数来衡量财务杠杆，即普通股每股收益的变动率相当于息税前利润变动率的倍数。企业使用的固定支付的债务等资本越多，财务杠杆及效应就越大，企业的财务风险也就越大，反之亦然。

经营杠杆与财务杠杆的联合效应，形成复合杠杆，它反映了企业每股收益对业务量的敏感性。一般用复合杠杆系数来衡量复合杠杆，即普通股每股收益的变动率相当于业务量变动率的倍数，它是经营杠杆系数与财务杠杆系数的乘积。复合杠杆系数反映了企业所面临的联合风险，复合杠杆作用越大，企业的风险就越大，反之亦然。复合杠杆度有助于企业合理地安排经营杠杆与财务杠杆。

阅读与思考

东星航空遭遇破产清算的背后……

东星航空有限公司（以下简称“东星航空”）由中国东星集团有限公司下属湖北东星国际旅行社有限公司、湖北东盛房地产有限公司、湖北美景旅游投资有限公司2005年5月共同投资组建，注册资本为8000万元人民币，是继奥凯、鹰联、春秋航空之后，我国第四家投入运营的民营航空公司。120 亿元购买租赁空客飞机，4620 万元转会费挖飞行员，航空运营基地遍布武汉、广州和郑州……东星航空公司因此备受瞩目，其董事长兰世立也成为中国航空界的风云人物。2008 年下半年由于经营不善以及受全球经济危机影响，东星航空公司资不抵债，陷入经营困境。2009 年 8 月 26 日，武汉市中级人民法院做出裁定，驳回申请人湖北东星集团有限公司破产重整的申请，东星航空正式宣告破产。

从运营半年盈利 630 万元、拥有 20 多条航线、9 架空客的辉煌，到如今的负债累累、破产停盘，东星航空仅走过了两年多时间。东星航空为何会在这么短的时间发生偌大的变故？真是“其兴也勃焉，其亡也忽焉”，那么，东星航空破产清算的背后有什么鲜为人知的故事？能给我们企业的管理实践带来什么样的警示？值得人们深入探索和思考。

思考题：

1. 东星航空为什么会遭遇破产？
2. 从东星航空遭遇破产的案例中我们能获得什么启示？

（资料来源：编者根据有关资料整理）

2. 资本结构原理

资本结构主要是指企业全部资本来源中权益资本与负债资本的比例关系。该比例的高低，通过综合资本成本的变化，直接影响企业价值高低。因此，优化资本结构，以最低的综合资本成本，实现企业价值最大化，是研究资本结构的核心问题。在现代市场环境中，运用负债经营有利于企业价值提高，但因为财务风险的客观存在，又必须谨慎掌握运用负债的“度”，也就是在实务中，需要考虑合理安排债务资本比例，也即“适度负债”。因为：

（1）适度负债有利于降低企业的资金成本。债务资本需定期支付利息和按期还本，且企业清算时，债权人的受偿权优先于股东，所以，债权人的投资风险一般小于股东，企业支付给债权人的报酬也会低于股东。同时，债务利息在税前支付，企业使用债务资本可以获得利息减税的利益，从而使得债务资本的成本低于权益资本的成本。因此，企业在一定限度内合理提高债务资本的比例，可以降低企业综合的资金成本。

（2）适度负债有利于发挥财务杠杆作用。债务利息是固定不变的，当息税前利润增加时，每 1 元经营利润所负担的固定利息费用就会随之降低，从而使股东获得的收益提高，从而带来财务杠杆利益。因此，在一定限度内合理地利用债务资本，特别是在公司经营利润预计有较大幅度增长时，适当增加负债，有利于发挥财务杠杆作用，获取财务杠杆利益。

（3）适度负债有利于提高企业价值。企业价值是其权益资本市场价值与债务资本市场价值之和。资本结构的安排会直接影响到权益资本和债务资本的市场价值，进而影响公司总价值。因此，合理安排资本结构有利于公司价值的提高。

阅读与思考

经济附加值：识别企业创造价值还是毁灭价值的慧眼

中国企业尤其是国有企业和上市公司普遍存在“解困”目标，这本无可非议。问题在于这里的“解困”究竟是指“财务解困”还是“体制解困”？如果是指“财务解困”，那么该用何种指标来衡量“财务解困”：利润、息前税前利润、息税折旧摊销前利润（EBITDA）还是经济附加值？人们几乎本能地认为利润就是衡量企业“财务解困”的指标。这就不难理解中国上市公司为什么会热衷于“股权融资”，而国有企业为何会对“债转股”趋之若鹜了。因为这些行为的确可以“立竿见影”地实现以利润为绩效评价指标的“财务解困”“扭亏为盈”！显然，国有企业利用“债转股”政策使“资本与利润并增”、上市公司利用证券市场“圈钱购买利润”的行为都是利用会计学利润的内在缺陷做文章。根据经济附加值理念，所有这些人为“创造”利润的行为必将“原形毕露”。因此，只要引入经济附加值概念，对于一切资本来源都考虑其资本成本，矫正会计学利润，那么企业试图通过调整资本结构（如“债转股”或“配股资金”置换债务）“创造”利润将“徒劳无益”，甚至是“搬起石头砸自己的脚”。因此，经济附加值理念揭开了企业通过调整资本结构人为“创造”利润的面纱，使不同资本结构企业的绩效评价具有了可比性，从而能更为合理地评价企业的经营绩效。

笔者始终认为，绩效评价的背后是经济利益或政治利益，甚至两者兼而有之。从总体上看，目前评价企业经营绩效的好坏主要看利润指标。在中国，“利润至上”或“利润锁定”现象比较普遍，无论是评价企业经营绩效、企业贷款融资、公司上市和增资扩股，还是国有企业的“脱困”或“扭亏为盈”乃至企业经理人的仕途与升迁等无不与利润指标挂钩。如此一来，利润自然而然地成为企业财务管理的首要目标。企业尤其是上市公司一旦需要钱，马上就想到股权（再）融资，试图“圈钱购买利润”。2007年下半年以来，中国股票市场持续走低，于是人们纷纷指责中国上市公司的再融资行为。客观地说，这种指责未必都有道理。如果上市公司已经能够持续创造可观的经济附加值，它就是价值创造者，怎么就不能进行股权再融资呢？当然，引入经济附加值理念，企业也许更乐于采用债务融资，至少会更为理性地选择融资方式。毕竟，股权资本成本远高于债务资本成本！

笔者认为造成全球性“财务丑闻”的原因固然很多，但与企业绩效评价指标过分集中于利润指标不无关系。可以设想，如果企业绩效评价指标是多维的，那么企业经理人试图操纵绩效评价指标以谋取良好的绩效评价结果的可能性就不大。同时，多维的绩效评价指标体系也使企业经理人操纵绩效评价指标的交易成本和难度增大。尽管经济附加值指标离利润指标只有“一步之遥”，除了调整资本结构之外，其他能够操纵利润的手段大多数也能够操纵经济附加值，但在生产经营与资本经营并重的时代，经济附加值理念有助于规范企业财务管理行为，使企业的投资决策与融资决策“和谐”地统一起来。

思考题：

1. “股权资本成本远高于债务资本成本”，为什么？
2. 为什么中国的上市公司偏好股权融资方式？

［节选自胡玉明．经济附加值：识别企业创造价值还是毁灭价值的慧眼．财务与会计（理财版），2008，（6）：12-13］

第三节　投资管理

在企业管理实践中，决策充斥着整个管理过程的每一个环节，在诺贝尔奖得主赫伯特·亚历山大·西蒙（Herbert Alexander Simon）看来，管理就是决策。西蒙认为，组织就是作为决策的个人所组成的系统。决策贯彻于管理的全过程，管理就是决策，组织的任何一个成员第一个决策是参加或不参加这个组织。本章着重就企业财务决策中的重大事项——项目投资决策的基本原理进行概括表述，并通过实例让初学者了解和掌握项目投资决策的方法。

一、决策与投资决策

实际工作中，管理者所面对的问题可以说是方方面面的，这些问题的化解需要管理者做出不同的抉择，这将可能导致不同的结果。其中，有很多结果是当时做抉择时无法预知的，所以在管理过程中，管理者需要根据环境的变化不断选择不断做出新的决定。在这个意义上，我们说，决策就是对需要处理的事情做出策略上的决定。从学术意义上看，决策是人们为实现预期的目标，运用一定的科学理论、方法和手段，通过一定的程序，对若干个可行性的行动方案进行研究论证，从中选出最满意的方案的过程。必须认识到，决策是行动的基础，没有正确的决策就没有合理的行动。

投资是投资主体为获得未来的、不确定收益而支付即期价值（成本）的行为。从其特征上看，第一，投资是完全或至少部分不可逆的，也就是说已投入的资金是沉没成本；第二，来自投资的未来回报是不确定的，也就是说在投资决策中，只能做到评估代表较高或较低收益结果的概率；第三，在投资时机上有一定的回旋余地，也就是决策者可以选择是否要推迟行动以获得更多的信息。

综合来看，投资决策是指投资者为了实现其预期的投资目标，运用一定的科学理论、方法和手段，通过一定的程序，对若干个可行性的投资方案进行研究论证，从中选出最满意的投资方案的过程。一项好的投资决策应当是一个能提高目前公司权益的市场价值，因而能为公司的股东创造价值的决策。也就是说，投资决策必须考虑到财务目标，偏离财务目标或者不能为股东创造价值的投资决策一定要尽量避免。当然，在这个问题上，需要投资者敏锐的思考和全面的分析，有时需要做出战略性投资决策①。在这个意义上来看，对于企业来说，创造性投资非常重要，以至于不能仅留给财务专家来完成，而应该是组织内部所有经理人员日渐重要的职责。

二、项目投资决策的概念与要素

项目投资决策的前提是要有相应的投资项目可供选择。所谓投资项目

① 这是投资决策的一种类型，指对企业未来发展前途影响较大的投资决策。一般的，按投资决策与企业未来经营活动的关系可以划分为维持性投资与扩大生产能力投资；按投资决策的对象可以划分为固定资产投资、无形资产投资和递延资产投资；按投资决策对企业前途的影响可以划分为战术性投资和战略性投资；按投资决策的相互关系可以划分为相关性投资和非相关性投资；按投资决策对增加利润途径的影响可以划分为扩大收入投资和降低成本投资；按投资决策时的决策角度可以划分分为采纳与否投资和互斥选择投资。

是指在规定期限内完成某项开发目标（或一组目标）而规划的投资、政策以及机构方面等其他活动的综合体。只有有了相应的投资项目，才能进行是否进行项目投资的决策。那么，什么是项目投资决策呢？项目投资决策是指在项目投资活动中，为实现投资主体（投资者）预期的投资目标，在占有大量信息的基础上，运用一定的科学理论、方法和手段，通过一定的程序，对若干个可行性的投资项目的投资方案进行研究论证，从中选出最满意的投资方案的过程。

项目投资决策的根本目的是为了扩大生产经营能力，主要表现为固定资产投资。一般来说，固定资产投资不经常发生、投资金额大、投资回收期长、影响时间长远、投资风险大、对企业收益影响大。所以必须引起决策者的高度重视，在对一项固定资产投资项目进行决策时，必须对其必要性和可行性进行技术经济论证，对不同的项目投资方案进行比较选择，并做出判断和决定。

从构成要素上看，项目投资决策应当包括四个基本要素，即：(1) 决策者。投资项目的决策者也是项目投资的主体，是具有资金或财源和投资决策权的法人。(2) 决策目标。项目投资决策的目标就是要求在项目开发经营过程中，在投资风险尽可能小的前提下以最少的投入得到最大的产出。(3) 决策变量。决策变量是指决策者可能采取的各种行动方案，各种方案可以由决策者自己决定，这种变量是可以人为地进行调控的因素。(4) 状态变量。状态变量是指项目决策者所面临的各种自然状态。许多状态包含着各种不确定性因素，项目投资者必须对项目开发过程中可能出现的不确定性因素加深了解，并利用科学的分析方法，分析不确定因素变化对项目投资可能。

为此，我们必须强调，正确的项目投资决策取决于决策者个人的素质、知识、能力、经验以及审时度势和多谋善断的能力，同时又与认识和掌握投资决策的理论知识、基本内容和类型，以及与应用科学决策的理论方法有着密切的关系。决策者在进行投资决策时，必须考虑一些因素，如有明确的项目投资决策目标；有两个或两个以上可供选择和比较的决策方案；有评价方案优劣的标准；有真实反映客观实际的数据资料。

阅读与思考

摩托罗拉的“铱星”计划：一个失败的投资案例

1987 年，摩托罗拉公司的一些工程师考虑使用一个全球卫星系统来建立世界范围的电话通信网络，以保证全球任何一个区域范围内都能够进行电话通信，保证通信讯号的覆盖范围，获得清晰的通话讯号，基本解决方案是：由66颗近地卫星组成的星群，让用户从世界上任何地方都可以打电话。在一次与摩托罗拉高层的见面中提出了项目建议，当时摩托罗拉的高层领导是罗伯特·高而文（Robert Galvin）、约翰·米切尔（John Mitchell）和威廉姆·韦茨（William Weisz）。在持续大约两个小时的谈话后，这一计划得到了时任摩托罗拉公司的首席执行官罗伯特·高而文的青睐，他说，“没有任何犹豫，我们三个人在第一次会谈时就批准了这个项目。”他们认为，铱星计划是摩托罗拉技术高超的显示，具有巨大潜力，令人振奋，决不可放弃，因而“他们没有要求进行现金流预测”，在“没有折现，没有净现值，没有内部收益率，甚至没有项目回收期分析”的情况下就给予了支持——他们用主观的判断代替了严格的财务投资分析。

1991年，这一项目正式启动，摩托罗拉投资4亿美元建立“铱星世界通信公司”（Iridium World Communications Co. Ltd）。摩托罗拉拥有该公司25%的股份和董事会上28席中的6席。另外，摩托罗拉还做出了7.5亿美元的贷款承诺，并给予“铱星”要求再增加3.5亿的期权。就“铱星”来说，它最终与摩托罗拉签订了66亿美元的合约，其中34亿用于卫星的开发，29亿用于维持公司正常运行，“铱星”则要为摩托罗拉建立卫星通信系统提供技术。1998年11月1日，在进行了耗资1.8亿美元的广告宣传之后铱星公司展开了它的通信卫星电话服务。开幕式上，美国副总统阿尔·戈尔用“铱星”打了第一通电话——电话机的价格是每部3000美元，每分钟话费3~8美元。到1999年4月，公司还只有1万个用户（设定的目标客户是60万户，仅在中国的发展目标就定了10万户），面对着微乎其微的收入和每月4000万美元的贷款利息，公司陷入了巨大的压力之中。6月，铱星解雇了15%的员工，8月，它的用户只上升到2万个，离贷款合同要求的5.2万个相去甚远。1999年8月13日星期五，在拖欠了15亿美元贷款的两天之后，铱星提出了破产保护的申请。

思考题：

从财务角度看，“铱星计划”决策中存在什么问题？

［资料来源：根据《铱星计划：摩托罗拉的美妙幻想》（作者：俞利军）和《行为公司金融——创造价值的决策》（作者：赫什·舍夫林，中国人民大学出版社，2007年9月）等资料改写］

三、项目投资决策的基本原则

对于企业而言，对于一个特定项目的投资，不仅影响深远，而且极有可能导致企业在未来期间的盛衰，为此，在决策过程中必须要慎重对待每一个投资项目的决策。从总体上看，项目投资决策应当把握以下原则：

1. 注重项目的投入产出，把握投资项目的价值增值原则。企业存在的价值是通过为社会提供人们所需要的产品或服务，从而获取自身经济利益，所以必须重视投资项目的投入产出，尽量做到在投入较少的前提下取得较大的产出效益，实现价值增值的财务目标。

2. 考虑项目的长远利益，企业效益与社会效益双赢原则。企业的投资行为需要以维护投资者的长远利益和企业整体发展战略为出发点，因而在考虑投资项目时，需要正确处理当前利益和长远利益之间的关系，对于即使能够导致企业短期取得较好效益，影响企业长远利益的投资项目坚决予以否决。对于能够影响企业长期可持续发展、实现企业效益与社会效益良性循环的投资项目，即使短期内难以见效，也应当千方百计地组织人力、物力和财力，进行投资，以获取企业效益与社会效益的双赢。当然，当企业面对的投资项目，出现企业效益和社会效益的冲突时，还需要在考虑企业伦理的基础上，恰当评估投资项目给社会带来的影响程度，并尽量将负面影响降低到最低程度。实在是对人类环境或社会发展带来较大的负面影响，而又无法回避或降低这种影响的，只能选择放弃对该项目的投资。也就是说，在这个问题上，企业需要破除单纯的经济利益或利润的观点，不能为了挣钱而挣钱，否则，很容易做出错误的决策，形成决策前处处是“馅饼”，决策后时时是“陷阱”的尴尬局面。

3. 重视项目的风险评估，搞好投资项目的风险控制原则。在项目投资决策过程中，投资项目的品质对投资决策结果的影响更重要。投资必然面临着风险，对于任何一个企业而言，都必须非常重视项目投资管理，也就是要在各种可供选择的项目投资方案中选择最恰当的投资方案，在成本与效益、风险与收益最优组合的条件下使用资金。在企业的项目投资决策中唯一能够确定的事就是重视项目的风险评估，做好风险控制。实际上，每一个投资项目的选择决策，都是权衡概率的结果，当市场机会出现的时候，必须果断并采取行动。

四、项目投资决策的一般程序

科学的决策，必须从客观实际情况出发，遵循科学的决策程序。科学的项目投资决策也必须履行一定的投资决策程序，一方面是为了明确决策责任，提高决策效率，克服决策者个人凭主观想象轻率拍板的顽疾；另一方面也是为了确保项目决策的科学性，降低项目投资决策的风险。从财务角度看，项目投资决策一般应遵循下列程序：

1. 估算投资方案的预期现金流量。项目投资是为了获取未来经济利益，这种经济利益一般表现为预期现金流量。在投资决策过程中，必须对项目投资所导致的现金流量的影响给予定量的估算，这是投资项目决策的前提。

2. 估计预期现金流量的风险。考虑到预期现金流量是基于当下对未来的预计，必然包含有不同程度的风险因素，为此，必须对这种风险程度给出较为客观的估计。以便为资本成本的选择确定奠定基础。

3. 确定资本成本的一般水平，也就是要确定相应的贴现率（折现率）。按照财务管理的货币时间价值原理，处于不同时点的货币（资金）无法进行比较，但可以以一定的贴现率（折现率）将不同时点的货币（资金）换算到同一时点进行比较。为此，对于项目投资决策而言，估算的未来现金流量需要按资本成本进行换算，也就是要确定一个相应的贴现率（折现率），一般可以以同期银行存款或国债利率为基础，在考虑风险大小的基础进行确定。

4. 确定投资方案的现金流量现值。运用贴现（折现）的方法将未来现金流量折算为当前现金流量，从而得到该项目的不同投资方案所带来现金流量的现值，奠定决策的基础。

5. 通过现金流量现值与所需资本支出的比较，决定选择或拒绝投资方案。

五、项目投资决策基本评价方法

投资是要讲求效益的，任何投资都不能例外。企业进行项目投资的根本目的是为了实现企业的价值增长，促进财务管理目标的实现。企业能否实现这一目标，关键在于其能否在变化迅速的市场环境下，抓住有利时机，做出合理的投资决策，而合理的投资决策又必须以科学的项目投资决策评价为依据，本节将从财务角度介绍项目投资决策定量评价方法。

（一）现金流量：项目投资决策评价基础的确定

1. 为何选择现金流量而不是利润作为决策评价的基础

要进行项目投资决策定量评价，必须确定其评价的基础。从财务角度看，可以是会计上的利润指标，也可以是现金流量指标。应该说利润和现金流量并不是一个层面的问题，利润是企业经营目的和结果，而现金流量则是经营的过程和条件。

柯林斯在《基业长青》中写道，企业利润就像人体需要的氧气、食物和水一样，没有它们就没有生命，但是这些不是生命的目的和意义。企业与人一样，人体靠血液输送养分与氧气，才能维持生命与活力，如果人体动脉硬化、血管阻塞便有休克性死亡的危险，现金流量便是人体血液。也就是说，对于企业而言，利润固然很重要，但并不是经营企业的目的和意义。对于现代管理者来说，知道利润是怎么产生的更加重要，没有现金流量企业必然出现危机或死亡，在这一点上，现代管理学之父德鲁克讲得好，那些仅仅把眼光盯在利润上的企业总会有一天会没有利润可赚的。

从财务角度讲，利润只是一个结果，企业真正要控制的是实现利润过程中的其他财务指标，如果过程失控，利润决不能持久。财务学家莫迪尼安利认为，利润不是一个有价值的概念，你应该做的是使公司的价值最大化，那是MM理论[①]最重要的贡献，即指出了经营管理的核心是什么：不应是基于这毫无意义的利润最大化的观念，而是更有意义的观念，即努力使股东所拥有的公司的价值最大。当然，要表达股东所拥有的公司价值最大，最好采用现金流量指标，一方面，利润是按权责发生制计算的，把未收到的现金的收入作为收益，风险太大；另一方面利润指标的计算易受会计政策的影响，而现金流量更为客观一些。就项目投资而言，现金流量指标不仅涵盖了投资项目的寿命周期，现金流量的时间域，还表现出发生在各个时间点上的现金流量。为此，财务管理学在进行项目投资决策评价基础的抉择时将现金流量（这里的现金主要指货币资金）作为计算与投资决策相关的其他相关指标的基础。

综合来看，投资决策中重视现金流量，而把利润放在次要地位，主要考虑以下原因：

第一，在投资项目的整个投资有效年限内，利润总计与现金净流量总计是相等的，从而使得以现金净流量取代利润作为评价净收益指标不仅是可能的而且也是现实的。

第二，按权责发生制计算出来的利润因受折旧方法等会计政策选择因素的影响，存在一定程度的主观性，相对而言，采用现金流量指标可以更加有效地保证评价结果的客观性。

第三，在项目投资的分析过程中，项目的现金流动状况比盈利状况更加重要。可以说，有利润的年份不一定能产生多余现金用来进行其他项目

---

① 美国财务专家米勒（Miller）和莫迪尼安利（Modigliani）1961年发表“股利政策，增长和股票价值”一文，认为在完全资本市场中，股份公司的股利政策与公司普通股每股市价无关，公司派发股利的高低不会对股东的财富产生实质性的影响，公司决策者不必考虑公司的股利分配方式，公司的股利政策将随公司投资、融资方案的制定而确定。后来，人们将该理论简称为“MM理论”。

的再投资，而一个投资项目能否维持下去，并不取决于一定期间是否有盈利，更多的却取决于能否产生现金，从而用于各种支付。

2. 现金流量的构成与计算

一般地，可以按动态的变化状况将现金流量划分为现金流入量、现金流出量和现金净流量。其中现金流出量主要表现为投资项目所引起的货币资金减少额，如购置生产线的价款、垫支的流动资金等。现金流入量主要表现为投资项目所引起的货币资金增加额，如营业收入（补贴收入）、回收固定资产残值收入、收回垫支的流动资金等。现金净流量则表现为一定时期与固定资产投资有联系的货币资金增加与减少的差额。通常意义上的现金流量，指的就是现金净流量（一般用 NCF 表示）。也可以按项目投资过程将现金流量划分为初始现金流量、营业现金流量、终结现金流量。

营业现金流量=收现收入（或经营收入）-付现成本（或经营成本）

-所得税费用

=营业收入-（营运成本—折旧—摊销）-所得税费用

=净利润+折旧+摊销

例 6.1 西敏公司准备购入一套机械设备，现有甲、乙两个方案可供选择。甲方案需投资 20 万元，使用寿命 5 年，采用直线法计提折旧，5 年后设备无残值。5 年中每年销售收入 8 万元，每年付现成本为 3 万元。乙方案需投资 20 元，采用直线法计提折旧，使用寿命 5 年，5 年后有残值收入 4 万元，5 年中每年的销售收入为 10 万元，付现成本每一年为 4 万元，以后逐年增加日常修理费 2000 元，另需垫支营运资金 3 万元，假设两方案所得税率为 25%。要求：计算两方案的现金流量。

解：

（1）甲方案

每年提取折旧额=20÷5=4（万元）

净利润=（8-3-4）×（1-25%）=0.75（万元）

第 1 年年初现金流量=-20 万元

第 1 至 5 年末每年现金流量=4+0.75=4.75（万元）

（2）乙方案

每年提取折旧额=20÷5=4（万元）

第 1 年年初现金流出流量=-（20+3）=-23（万元）

第 1 年末现金流入流量=（10-4-4）×（1-25%）+4=5.5（万元）

第 2 年末现金流入流量=（10-4-4-0.2）×（1-25%）+4=5.35（万元）

第 3 年末现金流入流量 =（10−4−4−0.4）×（1−25%）+4 = 5.2（万元）

第 4 年末现金流入流量 =（10−4−4−0.6）×（1−25%）+4 = 5.05（万元）

第 5 年末现金流入流量 =（10−4−4−0.8）×（1−25%）+4+4+3 = 11.9（万元）

（二）项目投资决策基本评价的非贴现现金流量方法

项目投资决策基本评价的非贴现现金流量方法，是比较传统的项目投资决策的评价方法，其基本特征是在进行项目投资决策的指标计算中不考虑投资项目未来现金流量的时间价值，主要决策方法包括投资回收期法和会计收益率法。

1. 投资回收期法

投资回收期指从项目的投建之日起，用项目所得的净收益偿还原始投资所需要的年限。也即由投资项目引起的现金流入累计到投资额相等时所需要的时间期。一般情况下以年为计量单位。该方法比较简便易懂，在项目投资决策中应用较早，运用也较普遍。在发展的过程中，人们逐渐认识到投资回收期法存在诸多缺陷，比如没有全面地考虑投资方案整个计算期内的现金流量；无法准确衡量方案在整个计算期内的经济效果；忽略货币时间价值等。因为该方法忽略了回收期后的收益，容易造成严重的退缩不前。毕竟，资本投资的全部目的在于创造利润，而不只是为了保本。同时，若是决策者以回收期作参数，往往会导致企业优先考虑急功近利的项目，导致放弃长期成功的方案。为此，在现代财务管理中，一般将该方法作为一种辅助决策的方法。基本计算公式如下：

$$投资回收期 = (n-1) + \frac{第\ n-1\ 年尚未收回的投资额}{第\ n\ 年的现金净流量}$$

其中：n 为累计现金净流量开始出现正数的年份。

例 6.2 假设香泉股份有限公司面临一项固定资产投资决策，项目初始投资 100 万元，项目建设期 2 年，经营期为 4 年，第 3 年至第 6 年所产生的现金流量分别为 30 万元、40 万元、50 万元和 20 万元，则该投资项目所能产生的累计现金流量（NCF）如下图所示：

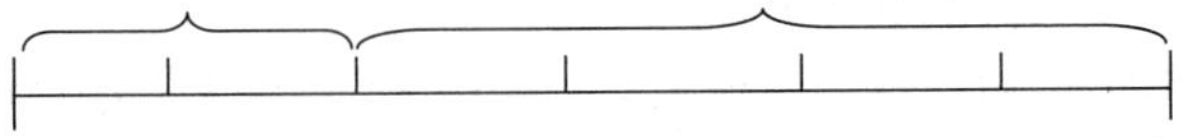

	0	1	2	3	4	5	6
NCF	−100	0	0	30	40	50	20
累计 NCF	−100	−100	−100	−70	−30	20	40

投资回收期 = （5−1）+｜−30｜÷50 = 4.6（年）

当投资项目每年获取的现金流量相等时，可以采用下面公式计算：

$$投资回收期=\frac{原始投资额}{年现金净流量}$$

可见，投资回收期指标计算简便，容易理解；项目投资回收期在一定程度上显示了资本的周转速度。资本周转速度越快，回收期越短，风险越小，盈利越多。这对于那些技术上更新迅速的项目或资金相当短缺的项目或未来的情况很难预测而投资者又特别关心资金补偿的项目，运用投资回收期法进行分析是特别有用的。

为了进一步丰富和发展该决策方法，人们又将投资回收期进一步划分为静态投资回收期和动态投资回收期。

静态投资回收期是在不考虑资金时间价值的条件下，以项目的净收益回收其全部投资所需要的时间。投资回收期可以自项目建设开始年算起，也可以自项目投产年开始算起，但必须给予说明。

动态投资回收期是把投资项目各年的净现金流量按基准收益率折算成现值之后，再推算投资回收期，这也是它与静态投资回收期的根本区别。动态投资回收期就是净现金流量累计现值等于零时的年份。

求出的动态投资回收期也要与行业标准动态投资回收期或行业平均动态投资回收期进行比较，低于相应的标准认为项目可行。投资者一般都十分关心投资的回收速度，为了减少投资风险，都希望越早收回投资越好。动态投资回收期是一个常用的经济评价指标。动态投资回收期弥补了静态投资回收期没有考虑资金的时间价值这一缺点，使其更符合实际情况。

2. 会计收益率法

会计收益率是投资项目经济寿命期内的平均每年获得的税后利润（会计收益）与初始投资额的之比，这是一项反映投资获利能力的相对数指标。在计算时使用会计报表上的数据，以及普通会计的收益和成本观念。基本计算公式为：

会计收益率 = 年平均收益÷初始投资额

该方法的基本决策规则为会计收益率越高，投资收益越高，投资方案越有利；反之，会计收益率越低，投资收益越低，投资方案越不利。企业在进行投资决策时，首先需要确定一个企业要求达到的会计收益率的最低标准，然后将有关投资项目所能达到的会计收益率与该标准比较，若超出该标准，则该投资项目是可取的；若是达不到该标准，则应该放弃该投资项目。在有多个投资项目的互斥选择中，则选择会计收益率最高的项目。

也有人将会计收益率法称为投资回报率法，并把投资回报率定义为由投资项目所引起的平均现金净流量与原始投资额形成的比率。

（三）项目投资决策基本评价的贴现现金流量方法

贴现现金流量方法是在投资决策中考虑投资项目所带来现金流量的时间价值，通过计算相应指标进行财务决策的方法。最常用的有净现值法、现值指数法和内含报酬率法。

1. 净现值法

净现值法是运用投资项目的净现值进行投资评估的基本方法。一般把投资项目投入使用后的净现金流量，按资本成本或企业要求达到的报酬率折算为现值，减去初始投资以后的余额，称为净现值（NPV）。也有人认为，净现值是从投资开始至项目寿命终结时所有一切现金流量（包括现金流入和现金流出）的现值之和。

净现值的一般计算公式为：

$$NPV = \sum_{t=1}^{n} \frac{CI_t - CO_t}{(1+i)^t} - C_0 = \sum_{t=1}^{n} \frac{NCF_t}{(1+i)^t} - C_0$$

其中：

NPV— 表示净现值；CI_t— 表示投资项目在第 t 期所产生的现金流入量；

CO_t— 表示投资项目在第 t 期所产生的现金流出量；C_0— 表示投资项目的初始投资额；

$$NPV = \sum_{t=1}^{n} \frac{CI_t - CO_t}{(1+i)^t} - C_0$$

$$\Rightarrow \begin{cases} NPV > 0 \Leftrightarrow \sum_{t=1}^{n} \frac{CI_t - CO_t}{(1+i)^t} > C_0 \\ NPV = 0 \Leftrightarrow \sum_{t=1}^{n} \frac{CI_t - CO_t}{(1+i)^t} = C_0 \\ NPV < 0 \Leftrightarrow \sum_{t=1}^{n} \frac{CI_t - CO_t}{(1+i)^t} < C_0 \end{cases}$$

i— 表示资本成本或企业要求达到的报酬率；n— 表示投资项目终结期；

NCF_t— 表示投资项目在第 t 期所产生的现金净流量；

运用该方法时，一般需要经过以下几个步骤：

第一步，估算投资项目每年的营业净现金流量。必须注意的是，估计某一投资方案的现金流量涉及到很多因素（变量），需要销售，技术，生产等各部门共同参与，财务人员需要做的则是为他们的预测建立共同的假设条件（如物价水平，贴现率）。只有增量的现金流量才是与投资项目相关的现金流量。所谓增量的现金流量，是指接受或拒绝某个投资方案后，企业的现金流量会因此而发生变动的现金流量，也就是说，只有那些因采纳某个投资项目引起的现金支出增加额，才是该投资项目的现金流出；只有那些因采纳某个投资项目引起的现金流入增加额，才是该投资项目的现金流入。

第二步，按资本成本或企业要求达到的报酬率计算投资项目未来现金流量的总现值。若投资项目每年所产生的现金流量相等，可以采用计算现金现值的方法计算；若不等，则采用复利现值的方法，分别对每年产生的现金流量折现后，再计算出合计数。

第三步，按上述公式计算投资项目的净现值。

净现值法的决策规则是：当只有一个决策方案时，一般采纳净现值为正的投资方案；存在多个方案选择时，一般取净现值为正而且最大的方案。

例 6.3 继续沿用【例 6.1】的资料，假设两个方案的资本成本为 8%，分别计算甲、乙方案的净现值。

解：

甲方案的净现值

$$=\sum_{t=1}^{5}\frac{4.75}{(1+8\%)^{t}}-20=4.75\times PVIFA_{8\%,5}-20=4.75\times 3.99271-20=-1.0346\text{（万元）}$$

乙方案的净现值

$$=\frac{5.5}{(1+8\%)^{1}}+\frac{5.35}{(1+8\%)^{2}}+\frac{5.2}{(1+8\%)^{3}}+\frac{5.05}{(1+8\%)^{4}}+\frac{11.9}{(1+8\%)^{5}}-23$$

$$=5.5\times PVIF_{8\%,1}+5.35\times PVIF_{8\%,2}+5.2\times PVIF_{8\%,3}+5.05\times PVIF_{8\%,4}+11.9\times PVIF_{8\%,5}-23$$

$$=5.5\times 0.92593+5.35\times 0.85734+5.2\times 0.79383+5.05\times 0.73503+11.9\times 0.68058-23$$

$$=2.6181\text{（万元）}$$

需要注意的是，财务管理中的计算，目的是为财务决策提供依据，不是算出一个数据之后就完成了，而是要依据该计算结果进行财务决策。由上述计算结果可知，甲方案的净现值为—1.0346（万元），小于0，从财务角度看，应该拒绝该方案。乙方案的净现值为2.6181（万元），大于0，从财务角度看，应该接受该方案。

可见，在固定资产投资决策中，净现值法不仅可以告诉人们是否接受某一个项目（这里既考虑了货币时间价值，又兼顾到了项目的投资风险），而且可以告诉人们，该投资项目对股东财富的经济贡献，与企业财务目标密切相关。

值得一提的是，在实际工作中，人们一般式在Excel电子表格中完成投资项目净现值的计算。若是投资项目各年的折现率相同，可在Excel电子表格中直接利用函数NPV（）来完成，其基本表达式为：

=NPV（rate，value1，value2，...）

其中，rate表示折现率，value1，value2，……表示1到29笔支出及收入的参数值，value1，value2，……，时间均匀分布并出现在每期期末。

不过，Excel中的函数符号与财务教材通用的符号所代表的含义不完全相同。NPV在财务中表示净现值，在Excel中表示的却是现值（意味在Excel中NPV函数假定投资现金流量发生在第1期末，而在我们的分析中，通常假设投资发生在第0期），为此在Excel中计算净现值时，应将项目未来现金流量用NPV函数求出的现值再减去该项目的初始投资的现值。

2. 现值指数法

现值指数法是通过计算比较现值指数指标判断决策方案好坏的方法。这里的现值指数（PI）是指未来收益（现金流量）的现值总额和初始投资现值总额之比，也有人称之为现值比率或获利指数。

$$PI = \frac{\sum_{t=1}^{n} \frac{NCF_t}{(1+i)^t}}{C_0}$$

其中：

PI—表示现值指数；C_0—表示投资项目的初始投资额；

i—表示资本成本或企业要求达到的报酬率；n—表示投资项目终结期；

NCF_t—表示投资项目在第t期所产生的现金净流量；

例6.4 继续沿用【例6.1】的资料，假设两个方案的资本成本为8%，分别计算甲、乙方案的现值指数。

解：

甲方案的现值指数

$$= \frac{\sum_{t=1}^{5} \frac{4.75}{(1+8\%)^t}}{20} = 4.75 \times PVIFA_{8\%,5} \div 20 = 4.75 \times 3.99271 \div 20 = 0.9483$$

乙方案的现值指数

$$=\frac{\frac{5.5}{(1+8\%)^1}+\frac{5.35}{(1+8\%)^2}+\frac{5.2}{(1+8\%)^3}+\frac{5.05}{(1+8\%)^4}+\frac{11.9}{(1+8\%)^5}}{23}$$

$= (5.5\times PVIF_{8\%,1}+5.35\times PVIF_{8\%,2}+5.2\times PVIF_{8\%,3}+5.05\times PVIF_{8\%,4}+11.9 \times PVIF_{8\%,5}) \div 23$

$= (5.5\times 0.92593+5.35\times 0.85734+5.2\times 0.79383+5.05\times 0.73503+11.9\times 0.68058) \div 23$

$=1.114$

从财务学含义来看，现值指数实质上表达的是每1元初始投资所能获取的未来收益（现金流量）的现值额。若现值指数小于1，说明贴现后现金流入小于贴现后现金流出，该投资项目的报酬率小于预定的贴现率，项目是不可行的；若现值指数大于1，说明贴现后现金流入大于贴现后现金流出，该投资项目的报酬率大于预定的贴现率，项目是可行的。从例题的计算结果来看，可以得到和NPV同样的决策结论，放弃甲方案，采纳乙方案。可见，由于NPV与PI使用相同的信息，进行投资项目的评价，得出的结论常常是一致的，但在投资规模不同的互斥项目的选择中，则有可能得出不同的结论。

但是与NPV指标所不同的是，现值指数指标的计算结果是一个相对数，NPV指标是一个绝对数。但现值指数指标计算仍然无法确定各投资方案本身能达到多大的报酬率，从而使决策者不能明确肯定地指出各个方案的投资利润率可达到多少，以便选取以最小的投资能获得最大的投资报酬的方案。

3. 内部报酬率法

内部报酬率又称内含报酬率（IRR），指一个投资项目的逐期现金净流量换算为现值之和正好等于原始投资金额时的利息率，实质上就是使投资项目的净现值等于零的贴现率。内部报酬率实际上反映了投资项目的真实报酬率，已经有越来越多的企业使用该项指标对投资项目进行评价。

$$NPV=\frac{\sum_{t=0}^{n} NCF_t}{(1+IRR)^t}-C_0=\sum_{t=0}^{n} NCF_t\,(1+IRR)^{-t}-C_0=0$$

其中：IRR表示内部报酬率，其他符号的含义与前面相同。

该方法的决策规则是，当IRR大于或等于企业所要求的最低报酬率

（即净现值中的贴现率），接受该项目；IRR 小于企业所要求的最低报酬率，放弃该项目。由于 IRR 本身不受资本市场利率的影响，完全取决于项目的现金流量，因此 IRR 反映了项目内在的或者说真实的报酬率。也就是说，内部收益率指标可直接根据投资项目本身的参数（现金流量）计算其投资收益率，在一般情况下，能够正确反映项目本身的获利能力。但在互斥项目的选择中，利用这一标准有时会得出与净现值不同的结论。IRR 的计算比较复杂，一般分成两种情况：

第一种情况：当投资项目各期现金流量相等时，即：$NCF_1 = NCF_2 = \cdots\cdots = NCF_n = NCF$，则公式可以写为：$NCF \times PVIFA_{IRR,n} - C_0 = 0$；则有：$PVIFA_{IRR,n} = C_0 \div NCF$

这里的 C_0、NCF 和 n 都是已知的，根据 $C_0 \div NCF$ 的计算结果，查年金现值系数表，确定 IRR 的值。若年金现值系数表上查不到时，使用插值法计算 IRR。

第二种情况：当投资项目各期现金流量不相等时，内部报酬率的计算，通常需要运用“逐步测试法”（也称试错法）计算确定 IRR 的值。该方法的基本步骤是，首先估计一个折现率，用它来计算方案的净现值；如果净现值为正数，说明方案本身的报酬率超过估计的折现率，应提高折现率后进一步测试；如果净现值为负数，说明方案本身的报酬率低于估计的折现率，应降低折现率后进一步测试。经过多次测试，寻找出使净现值接近于零的折现率，即为方案本身的内含报酬率。一般地，插值法的基本计算公式如下：

$$\frac{IRR - i_1}{(i_2 - i_1)} = \frac{NPV_1}{NPV_1 + |NPV_2|} \qquad IRR = i_1 + \frac{NPV_1}{NPV_1 + |NPV_2|} \times (i_2 - i_1)$$

其中：i_1 和 i_2 为估计的折现率，NPV_1 和 NPV_2 分别为 i_1 和 i_2 所对应的净现值，其中一个为正数，一个是负数。该公式可以通过图 6-1 给予说明，同时也易于记忆。

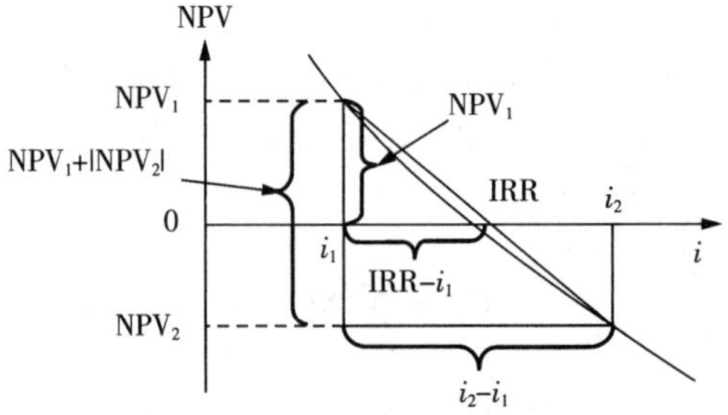

图 6-1　插值法图示

例 6.5 继续沿用例 6.1 的资料，分别计算甲、乙方案的内部报酬率。

解：（1）甲方案的各期现金流量相等，即 $NCF_1 = NCF_2 = NCF_3 = NCF_4 = NCF_5 = 4.75$（万元）

代入公式 $NCF \times PVIFA_{IRR,n} - C_0 = 0$，则有：$PVIFA_{IRR,5} = 20 \div 4.75 = 4.21053$

即有：$PVIFA_{IRR,5} = 4.2105$，查年金现值系数表，在相同年数 5 年那一栏，找出与上述年金现值系数相邻近的两个折现率，即 6% 和 7%，其年金现值系数分别为 4.21236 和 4.10020。依据这两个相邻的折现率及其对应的现值系数，用插值法可计算出甲方案的内部报酬率。

折现率	现　值
6%	4.21236
i	4.21053
7%	4.10020

$$甲方案的内部报酬率 = 6\% + \frac{7\% - 6\%}{4.10020 - 4.21236} \times (4.21053 - 4.21236)$$

$= 6.016\%$

（2）乙方案的各期现金流量不等，需要采用逐步测试法来确定内部报酬率。要想估计一个折现率使净现值为零是非常困难的，只有在不断调整中逐渐使之逼近零。为此我们使用下表表达测算过程。

逐步测算过程计算表

年数	现金净流量	12%		10%		8%	
		现值系数	现值	现值系数	现值	现值系数	现值
0	-23	1	-23	1	-23	1	-23
1	5.5	0.89286	4.91073	0.90909	4.999995	0.92593	5.092615
2	5.35	0.79719	4.264967	0.82645	4.421508	0.85734	4.586769
3	5.2	0.71178	3.701256	0.75131	3.906812	0.79383	4.127916
4	5.05	0.63552	3.209376	0.68301	3.449201	0.73503	3.711902
5	11.9	0.56743	6.752417	0.62092	7.388948	0.68058	8.098902
净现值	—	—	-0.16125	—	1.166463	—	2.618104

从上表的测试值来看，假设折现率为12%时，净现值为-0.16125，小于0；假设折现率为10%或8%时，折现率大于0，选更接近于0的净现值1.166463，相应的折现率为10%，乙方案的折现率应当在12%与10%之间，代入上述公式进行计算，即：

$$乙方案的内部报酬率=10\%+\frac{1.166463}{1.166463+0.16125}\times(12\%-10\%)$$

$$=11.757\%$$

实务中，人们经常用Excel中的函数IRR（）来计算折现率，函数IRR（）的功能是返回由数值代表的一组现金流量的内部收益率，这些现金流量不一定必须是均衡或相等的，但它们必须按固定的间隔发生（按月或年），该函数的一般表达式为：

=IRR（values，guess）

式中，value为数组或单元格，包含用来计算内部收益率的数字。value必须包含至少一个正值和一个负值。函数IRR（）根据数值的顺序来解释现金流量的顺序，因此应确定按需要的顺序输入数值。guess是对函数IRR（）计算结果的估计值。

需要注意的是，投资项目的内部收益率与资本成本是不同的，IRR用来衡量项目的获利能力，它是根据项目本身的现金流量计算的；资本成本是投资者进行项目投资要求的最低收益率。IRR的计算与资本成本无关，但与项目决策相关。

（四）项目投资决策基本评价方法的选择与评价

通常，对于独立投资项目的评估，运用任何一个指标都能够做出一致的取舍决策。但对于互斥项目，按不同的标准，有时会得出不同甚至是完全相反的结论。为此，学习了投资项目评价的五项指标，一个必须解决的问题是，必须了解这些评价指标的联系和区别，以便选择合适的评价指标。一个好的投资项目评价指标，一般应符合三个条件，即必须考虑项目周期内的全部现金流量；必须考虑资本成本或投资者要求的收益率，以便将不同时点上的现金流量调整为同一时点进行比较；必须与公司的目标相一致，即进行互斥项目的选择时，能选出使公司价值最大的项目。按照这样的标准，实际投资决策中基本上可以排除投资回收期和会计收益率指标。下面我们着重分析净现值（NPV）、获利指数（PI）和内部报酬率（IRR）指标。

（1）净现值与内含报酬率的比较。对于一个投资项目，人们可以根据项目净现值与折现率之间的关系，绘制一条净现值曲线，如图6-2所示：

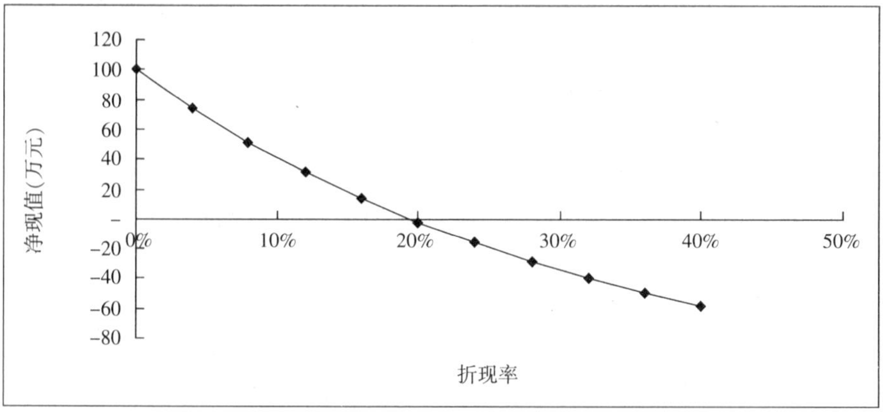

图 6－2　净现值曲线图

净现值曲线与横轴的交点就是内部报酬率（IRR＝20%），如果资本成本小于 20%，则净现值大于零，无论是按 IRR 还是按 NPV 标准判断，均应接受该投资项目。如果资本成本大于 20%，则净现值小于零，按两种标准判断，均应放弃该投资项目。

在图 6－2 中，IRR 点左边的 NPV 均为正数，IRR 点右边的 NPV 均为负数。这说明要是 NPV 大于零，IRR 必然大于资本成本；要是 NPV 小于零，IRR 必然小于资本成本。可见，当净现值标准得到满足，内部报酬率标准也必然得到满足，反之亦同。不论采取哪种判断标准，其结论是一致的。

在以下两种情况下，运用 NPV 与 IRR 指标决策，可能存在差异：一是初始投资不一致，一个项目的初始投资大于另一项目的初始投资；二是现金流入的时间不一致，一个在最初几年流入较多，另一个在最后几年流入较多。究其原因，主要是两种方法都假定用中期产生的现金流入再投资时，会产生不同的报酬率。净现值法假定产生的现金流入量重新投资会产生相当于企业资本成本的利润率。内部报酬率法却假定现金流入量重新投资产生的利润率与此项目的特定内部报酬率相同。

（2）NPV 与 PI 比较。一般情况下，采用 NPV 和 PI 评价投资项目，得出的结论常常是一致的，因为 NPV>0，则 PI>1；NPV＝0，则 PI＝1；NPV<0，则 PI<1。但在投资规模不同的互斥项目的选择中，则有可能得出相反的结论。

（3）项目投资评价指标的选择。从理论上说，在项目投资决策中，NPV 指标要优于 IRR 或 PI，但投资实践中，决策者对 IRR 或 PI 却有着强烈的偏好，一方面因为 IRR 标准不需事先确定资本成本，实务操作较为方便；另一方面IRR和PI是相对数指标，进行不同投资规模的比较和评价更为直观。实际上，IRR和PI最大的投资项目不一定是最优的项目。NPV虽然是一个绝对数，但在分析时已考虑到投资的机会成本，只要净现值大于0，就可以为公司创造更多的价值。

总之，若项目相互独立，NPV、IRR、PI可做出完全一致的接受或舍弃的决策，但在评估互斥项目时，则应以NPV标准为基准。

第四节　企业财务报表与财务分析

财务报表是企业竞争的财务历史，而历史的功用绝不只是过去事迹的记录。管理者可以在通晓历史的基础上，实现“究天人之际，通古今之变，成一家之言”（《史记·报任少卿书》）。所谓究天人之际就是一个企业的财务绩效，受到外在大环境（天）及企业本身（人）互动的影响。所谓通古今之变就是一个企业要创造财务绩效，不能固守过去的成功模式，必须要有高度的应变能力。所谓成一家之言，就是企业经理人即使面对同样的信息，往往也会做出不同的判断，管理者必须进行独立的分析思考。所以财务分析是经济组织对其生产经营事项及财务状况进行分解剖析的行为。从本质上看，财务分析既是一项分析和解释的技术，又是一种判断过程。财务分析一般指以企业会计信息系统所提供的核算和报表资料及其他相关资料为依据，采用一系列定性与定量分析技术和方法，对企业等经济组织过去、现在有关融资活动、投资活动、经营活动的偿债能力、盈利能力和营运能力状况等进行分析与评价，为企业投资者、债权人、经营者及其他关心企业的组织或个人了解企业过去、评价企业现状、预测企业未来，做出正确决策提供准确信息或依据的一项活动。也有人认为，财务报表分析是通过对财务数据和相关信息的汇总、计算、对比和说明，借以揭示和评价公司的财务状况、经营成果、现金流量和公司风险，为报表使用者进行投资、融资和经营决策提供财务信息。

人们进行财务分析，一般都是为了评价分析对象以往经营的业绩、衡量当前的财务状况，以便为预测其未来发展趋势提供依据。在财务实践中，不同的会计信息使用者有着不同的分析目的和侧重点。

一、财务立场：决定财务分析的目的

面对同样的财务报表，不同立场的分析者会有不同的见解和分析结论。从出资者的角度来看，他们最为关心投资回报，他们要通过财务分析，考核报告期企业投资回报、所有者收益分配和资本安全等财务责任目标的实现情况，评价报告期企业投资回报、所有者收益分配和资本安全等责任目标实现情况，肯定成绩、发现问题，为做出企业持续经营重大决策、所有者权力组织、董事会成员的物质奖罚提供依据。

从经营者的角度来看，首要任务是要通过财务分析，以便及时发现问题，查偏纠错，更好地履行受托经济责任。为此，可能更加关心考核报告期企业经营业绩和经营安全财务责任目标的实现情况，为经营者日常经营决策和业绩管理提供依据。

从作业者的角度来看，身处企业生产经营的第一线，其业绩好坏与作业者的经济利益密切相关。他们要通过财务分析，了解报告期作业者相关生产经营作业财务指标完成情况，肯定成绩，发现问题，使得“千斤重担众人挑，人人身上有指标”能够落到实处，让每位作业者运用相关作业财务指标的完成情况，实现自我约束和激励。

二、财务分析的一般步骤

为了使财务分析与评价工作顺利进行，实现预定目标，财务分析与评价的主体必须事前对分析的全过程妥善组织和规划，并认真按照计划开展工作。分析的具体步骤和程序，是根据分析目的、一般分析方法和特定分析对象，由分析人员个别设计的。一般包括下列内容：（1）明确分析目的；（2）收集有关的信息；（3）根据分析目的把整体的各个部分割开来，予以适当安排，使之符合需要；（4）深入研究各部分的特殊本质；（5）进一步研究各个部分的联系；（6）揭示结果，提供对决策有帮助的信息。

三、比率分析：主要财务分析指标

（一）流动比率

流动比率是衡量短期偿债能力最简单和最常使用的一项比率，它是企业流动资产总额与流动负债总额之比，其计算公式为：

$$流动比率=流动资产÷流动负债$$

流动比率表明了企业在一年内每元流动负债，有多少一年内可变现的流动资产作保障。因此，这个比率越高，说明企业可以变现的资产数额越大，企业的短期偿债能力越强，流动负债获得清偿的机会越大，债权人的风险也越小。但是，流动比率也不是越高越好。因为该比率过高，可能是企业过多的资金滞留在流动资产上，未能有效地加以利用，从而使资金周转可能减慢进而影响其获利能力。如果一个企业长久的获利能力低下，就必然反过来影响企业的长期偿债能力。

需注意的是，流动比率高，并不一定说明其债务一定能够偿还。因为，该比率没有进一步考虑流动资产各项目的构成情况及各项流动资产的实际变现能力。若在企业流动资产总额中，过期的应收账款和滞销的存货占的比例很大，则企业的偿债能力就很差。而且，即使流动比率相同，其偿债能力也不一定相同。一般地说，在流动资产总额中，现金和应收账款比例较大的企业较存货比例较大的企业具有更强的偿债能力，因为，应收账款比存货转换成现金的能力强。虽然流动比率的理想状态是2，即一元流动负债要有2元流动资产抵偿。但是不同的行业应有不同的标准，它不是完全统一的。一般来说，工业加工制造业由于生产周期较长，因此存货变现的时间也较长，流动比率要适当地高一些；而商业、服务业存货的变现速度较快，因此流动比率通常可以低一些。因此，在利用流动比率来分析企业的短期偿债能力时，一定要结合所在行业平均标准。要注意人为因素对流动比率的影响。如期末还债，下期初再举债，调低期末流动负债，从而提高流动比率。如期末流动资产为40万元，流动负债为20万元，流动比率为2∶1，期末用10万元银行存款偿还10万元短期借款，则流动资产变为30万元，流动负债为10万元，流动比率为3。此外，企业还可以采用在期末采用增加长期负债或募集资本等方式来增加当期的流动资产，而不会影响当期的流动负债水平；企业在期末推迟进货或大量赊销来减少当期的存货金额，从而使流动比率保持在适当水平，造成一种虚假的合理现象。

阅读与思考

听台湾学者刘顺仁博士谈什么是流动比率？

大家耳熟能详的沃尔玛，在中国大陆它做的还不算成功，还不够赚钱，还不赚钱，但是大家不要小看这些公司。我们常讲，强龙不压地头蛇，全世界的大公司来中国大陆，强龙就是要压地头蛇，如果有机会，地头蛇还可能被它踩死，但是强龙来中国大陆，往往也是水土不服，所以有一段空档期，它水土不服，它搞不清楚地形地物，这个时候你不赶快强大，你不赶快改善自己的管理，到时候你就很危险。沃尔玛尽管在中国大陆，还没有开始赚钱，他是可敬可怕的对手，它在美国已经把老牌的Kmart，打到破产，所以沃尔玛是很难缠的。我们来看一下沃尔玛的简单的报表，希望大家从这些简单的数据里面，看到一些管理战略的智慧。当你把沃尔玛的报表，拿出来看，你第一个发现，哎呀！真是大，它有1382个亿美金的资产，其中有32%，就是438亿是所谓的流动资产，意思就是，一年之内可以变成现金的。现金当然是流动资产，还有它的存货，它的应收账款，这些都是在短期之内能够变成现金的。但是它最大宗的是它的土地、厂房、设备，当然，卖场一定要有土地、厂房、设备，它才能够做营销，这部分占了55%，乍看之下，这好像没告诉我什么，等一下来看，这么简单的数据，它告诉我们有趣的事情。另外，你看到它的负债这个部分，它的流动负债，主要是欠人家厂商的应收款，这个应付账款就有488亿，占35%，它的长期负债只有360亿，占资产的27%，也就是说，你如果看到它的资金来源，属于自己的钱不到40%，62%左右是别人的钱，而在别人的钱里面，欠厂商、供应商的钱又是大宗。

再看另外国内的一个公司，等一下来看这些数据背后，展现出什么意义，五粮液，大家很熟悉的公司，你如果看它整个的资产，规模当然比沃尔玛小得多了，不到100个亿的人民币，但是在中国大陆，也算是经营不错的公司，你会发现，它的流动资产占了43%，事实上它的现金就占了21%，其他是它的固定资产，酿酒的设备、储酒的设备等等。你如果看到它的流动负债，占23%，有一个很有趣的地方，你看到它长期负债，0.03个百分点，这代表它几乎是不借钱，你看到这样的报表，你会知道，这个老板或管理阶层，是很激进还是很保守？是很保守的，他就不借钱，做生意总会有应付款，除此之外，他没有什么欠人家的，手上现金一堆，所以你看到管理者的性格，讲完这些数据，我跟大家介绍一个简单的比率，就是怎么样把数据结合在一起，这个比率，大家在财务报表的书上面，常常看到，很多人觉得真无聊，没什么意思，它叫作流动比率，什么叫流动比率，流动资产除以流动负债，简单一点，如果你手上有很多的存货，应收款，这些东西是能够变成现金的，很容易变成现金，它有什么用途呢？一种很保守的想法是，我有没有办法让它变成现金，用来还我的负债，因为我欠人家钱，如果我这个能力很强的话，是不是我安全呢？这是一般的想法，这个想法也不是错，也对，所以流动比率越高，我们就说这个公司越安全，财务上越稳健。

思考题：

1. 您了解五粮液和沃尔玛吗？什么样的公司是好公司？
2. 沃尔玛为什么成功？五粮液的竞争力在什么地方？

（二）速动比率

为了弥补流动比率没有揭示流动资产的分布和构成的缺陷，人们提出了速动比率，也称为酸性测试比率，是速动资产与流动负债的比值。与流动比率相比较，速动比率更加直接、明确地测验企业短期偿债能力。一般通过以下公式计算：

速动比率=速动资产÷流动负债

=（流动资产-存货）÷流动负债

一般认为，速动比率应为 1∶1 较为适宜。理论上看，速动比率为 1∶1，即速动资产额等于流动负债额时，偿还流动负债的能力应该是较强的。但是，速动比率也不是绝对的，不同行业也有所差别，所以要参照同行业的资料和本企业的历史情况进行判断。商业零售业、服务业的速动比率可以低一些，因为这些行业的业务大多数是现金交易，应收账款不多，速动比率相对较低，而且这些行业的存货变现速度通常比工业制造业的存货变现速度要快。影响速动比率可信度的重要因素是应收账款的变现能力。账面上的应收账款不一定都能变成现金，如果企业的应收账款中，有较大部分不易收回，可能会成为坏账，速动比率就不能真实的反映企业的偿债能力；此外，季节性的变化，可能使财务报表的应收账款不反映平均水平，进而影响速动比率的可信度。

需要说明的是，速动资产应该包括哪几项流动资产，目前尚有不同观点。有人认为不仅要扣除存货，还应扣除预付账款等其他流动性能较差的项目。

（三）现金比率

现金比率是企业的现金类资产与流动负债的比率，反映流动资产中有多少元现金能用于偿债。现金类资产包括企业的库存现金、随时可以用于支付的存款和现金等价物，即现金流量表中所反映的现金。其计算公式为：

现金比率=（现金+现金等价物）÷流动负债

现金比率是对流动比率和速动比率的进一步分析，较之于流动比率和速动比率而言则更为严格，因为现金流量是企业偿还债务的最终手段。如果企业现金缺乏，就可能发生支付困难，将面临财务危机，因而现金比率高，说明企业有较好的支付能力，对短期债权人的保障程度高。但是，如果这个比率过高，可能是由于企业拥有大量不能盈利的现金和银行存款所致，企业的资产未得到有效的运用，会影响企业流动资产的盈利能力。

一般来说，现金比率在 0.20 以上比较好。需注意的是采用现金比率评价企业的偿债能力时，应与流动比率和速动比率的分析相结合。

（四）现金流量比率

现金流量比率是企业经营活动现金净流量与流动负债的比率，它反映的是企业在本期经营活动所产生的现金流量偿还短期负债的能力。其计算公式为：

现金流量比率=经营活动现金尽流量÷流动负债

与流动比率和速动比率相比，该指标不受那些不易变现的或容易引起沉淀的存货和应收款项的影响，因而更能准确地反映企业的短期偿债能力。该比率数值越大越能体现企业较强的现金或现金流量对应偿还短期债务的保障能力。一般地说，债权人希望该指标高一些，因为只有该比率大于等于1时，债权人的全部流动负债才有现金保障。但有些季节性销售的企业有时会出现小于1的情况，在使用该指标时，要综合企业各方面的具体情况进行分析。

必须注意的是，经营活动所产生的现金流量是过去一个会计年度的经营结果，而流动负债则是未来一个会计年度需要偿还的债务，二者计算所依据的会计期间不同。因此，这个指标是建立在以过去一年的现金流量来估计未来一年现金流量的假设基础之上的，使用这一财务比率时，需要考虑未来一个会计年度影响经营活动的现金流量变动的因素。

（五）资产负债率

资产负债率是企业负债总额与资产总额的比率，也称为负债比率或举债经营率，反映的是债权人为企业提供的资金占企业总资产比重和企业负债经营的程度，它是衡量企业全部偿债能力的主要和常用的指标。其计算公式为：

资产负债率=（负债总额÷资产总额）×100%

作为表明每单位资产总额中负债所占的比例的财务指标，资产负债率反映了企业长期偿债能力强弱，通过这个指标的分析可以衡量企业总资产中权益所有者与债权人所投资金是否合理，但是，不同的报表使用者对该比指标有不同的理解。

从债权人角度看，资产负债率是长期债权人依赖企业资产提供的安全边际，可以说明企业信用的物质保障程度，衡量企业举债经营的风险程度。资产负债率越低，债权资金的安全边际越高，企业信用的物质保障程度越高，风险越小。因此对债权人来说，此比率越低越好。

对从股东的角度看，负债比率则是一把“双刃剑”。由于企业通过举债筹措的资金与股东提供的资金在经营中发挥同样的作用。所以，股东所关心的是全部资本利润率是否超过借入款项的利率，即借入资本的代价。若总资产收益率高于借款利息率，股东就可以利用举债经营获得更多的投资收益。此时，股东希望此比率越高越好；若相反，运用全部资本所得的利润率低于借款利息率，则对股东不利，因为借入资本的多余的利息要用股东所得的利润份额来弥补，股东希望此比率越低越好。

从经营者的立场看，他们既要考虑企业的盈利，又要顾及企业所承担的财务风险。资产负债率作为财务杠杆不仅反映企业的资本结构状况，也反映了管理当局的进取精神。如果企业不利用举债经营或负债比率过小，则说明企业比较保守，对前途没有信心，利用债权人资本进行经营活动的能力较差。但是，负债必须有一定限度，超出债权人心理承受程度，企业就会举债失败。而且负债比率过高，由于财务杠杆效应企业的财务风险将增大，一旦资产负债率超过1，则说明企业资不抵债，有濒临倒闭的危险。

（六）产权比率

产权比率是负债总额与所有者权益总额的比率，又称为负债权益比率，反映了债权人所提供的资金与所有者提供的资金之间的比例及企业投资者承担风险的大小。其计算公式为：

产权比率=（负债总额÷所有者权益总额）×100%

该项指标反映了企业基本财务结构是否稳定。一般来说，股东资本大于借入资本较好，但也不能一概而论。从股东立场看，在通货膨胀加剧时期，企业多借债可以把损失和风险转嫁给债权人；在经济繁荣时期．多借债可以获得额外的利润；在经济萎缩时期，少借债可以减少利息负担和财务风险。产权比率高，是高风险、高报酬的财务结构；产权比率低，是低风险、低报酬的财务结构。此外，企业性质不同获得现金流量不同，产权比率有所区别。一般来说，现金流量比较稳定的企业相对较大；同类企业负债权益比率相比，往往可以反映出企业的信誉和财务风险，该指标越大，则财务风险越大。

此外，产权比率也表明债权人投入的资本受到股东权益保障的程度，或者说是企业清算时对债权人利益的保障程度。它与资产负债率具有共同的经济意义，两个指标可以相互补充。由于权益比率与负债比率之和为100%，因此，在实际应用时，只要求其中之一即可。

（七）利息保障倍数

利息保障倍数也称利息支付倍数，是指企业一定时期内所获得的息税前利润与当期支付利息费用的比率，常用以测定企业以所获取利润来承担支付利息的能力。其计算公式为：

利息保障倍数=税息前利润÷利息费用=（税前利润+利息费用）÷利

息费用

利息保障倍数反映了企业偿还负债利息的能力。利息保障倍数越大，说明企业支付利息的能力越强，风险越小；反之，企业偿债能力就越差。该指标表面上是从企业偿债资金来源的角度去揭示企业偿债利息的支付能力，实际上也有助于揭示企业偿还全部负债的能力。一般而言，该指标越高，说明企业的长期偿债能力越强；该指标越低，说明企业偿债能力越差。

那么，如何合理确定企业利息保障倍数的标准呢？一般需要将该企业的这一指标和同行业其他企业进行对比，同时从稳健性的角度出发，最好比较本企业连续几年的该项指标，并选择最低指标年度的数据，作为标准。这是由于企业不仅在经营好的年份要偿债，在经营不好的年份同样需要偿还等额的债务。某个会计年度利润较高常常会导致利息保障倍数指标也高，但不会年年如此。采用指标最低年度的数据作为标准，可以保障企业最低的偿债能力。一般情况下，均应采用这一原则，但也需注意具体情况具体分析。

应当看到，利息实际上并不是由息税前利润支付的，而是由现金支付的，企业还必须用现金支付债务本金。因此，利息保障倍数只是对企业付息能力的一个大致评估。而且，由于我国现行利润表中“利息费用”没有单列，而是混在“财务费用”之中，外部报表使用人常用利润表中的利润总额加财务费用来加以分析。

（八）现金总负债比率

现金总负债比率是企业经营活动现金净流量与负债总额的比率，它反映的是企业经营活动产生的现金净额偿还全部债务的能力。其计算公式为：

现金总负债比率=经营活动产生的现金流量净额÷负债总额

该指标表明经营现金流量对全部流动债务偿还的满足程度。该指标越大，经营活动产生的现金流对负债清偿的保证越强，企业偿还全部债务的能力越大。

（九）流动资产周转率

流动资产周转率是销售收入与流动资产平均余额的比率，反映的是流动资产周转速度和营运能力。其计算公式如下：

流动资产周转率=销售收入净额÷流动资产平均余额

流动资产平均余额=（流动资产期初余额+流动资产期末余额）÷2

流动资产周转率越高，说明企业周转速度就越快，单位流动资产为企业带来的利益越多，资源利用效率越好，会相对节约流动资金，等于相对扩大资产投入，增强企业的盈利能力，流动资产营运能力就越好，流动资产的管理效率高；反之，周转速度越慢，需要补充流动资产参加周转，造成资金浪费，降低企业盈利能力。为查明流动资产周转率加速或延缓的原因，还可进一步分析流动资产平均余额构成项目变动的影响以及流动资金周转额构成因素的影响。

（十）存货周转率

存货周转率是销售成本与平均存货的比率，反映了企业存货经过销售环节转换为现金或应收账款的速度快慢，即企业存货转为产品销售出去的速度的快慢。其计算公式如下：

存货周转率=销货成本÷存货平均余额

存货平均余额=（期初存货余额+期末存货余额）÷2

存货周转率说明了一定时期内企业存货周转的次数，可以用来测定企业存货的变现速度，衡量企业的销售能力及存货的适量程度。一般地说，存货周转次数越多，反映存货变现速度越快，说明企业销售能力越强，资产的流动性越强，营运资金占压在存货量越小，企业存货管理的效率越高。反之，营运资金沉淀在存货量大，存货积压或滞销。

但是，存货周转率过高，也可能是企业管理方面存在一些问题造成的。如存货水平过低或库存经常不足带来的，这样可能导致出现缺货损失；或者采购次数过多，批量太小，相应增加了订货成本等。这两种情况下的相关成本都可能会高于加大存货投资进而维持较低存货周转率时的成本。因此，对存货周转率的评价应注意存货的结构，看看是否有积压、滞销的存货。此外，还要注意存货的计价方法对该指标的影响。

存货周转状况也可以用存货周转天数来表示。其计算公式为：

存货周转天数=360÷存货周转率=（平均存货×360）÷销货成本

存货周转天数表示存货周转一次所需要的时间，存货周转天数越短，表示存货周转速度越快，利用效率越好。

需注意的是存货周转速度的快慢，与企业经营性质有关，不同行业没有可比性。因此，不能将不同行业企业的存货周转速度进行比较。

（十一）应收账款周转率

应收账款周转率是企业一定时期内赊销收入净额与应收账款平均余额的比率，是反映企业应收账款的流动程度的指标，计算公式如下：

应收账款周转率=赊销收入净额÷应收账款平均余额

应收账款平均余额=（期初应收账款+期末应收账款）÷2

公式中赊销收入净额是指销售收入扣除了销售退回、销售折扣及折让后的赊销净额。这个比率如果在企业内部分析时，分子采用赊销总额比较合适，因为只有赊销才会引起应收账款的产生，现销则不会。但是，在与其他企业进行比较时，一般公式的分子采用销售收入净额比较合适。因为其他企业对外公布的财务报表较少标明赊销的数据。此外，应收账款不仅包括资产负债表上的扣除坏账准备后的应收账款净额，还包括应收票据。

应收账款周转率是衡量企业应收账款变现能力及管理效率的重要指标。一般来说，应收账款周转率越高，说明企业组织收回货款速度越快，造成坏账损失的可能性越小，流动资产的流动性好，短期偿债能力强，管理效率高。但也不能绝对地看待这个问题。因为应收账款周转速度的高低，不仅取决于销售收入的多少和应收账款占用数额的合理与否，而且间接地取决于应收账款的账龄分布、企业的信用政策和客户的信用状况。从商业信用的角度看，企业之所以愿意赊销，其主要目的在于争取客户，扩大销售。企业应收账款占用数额大小，可能是企业所采纳的一种信用政策策略。这个需要在分析过程中，仔细研究企业管理的相关层面，如战略、环境与行业影响等。

实务中，人们还经常使用平均收账期来反映应收账款的周转状况。平均收账期所反映的是应收账款存续的平均天数，或者说是应收账款转换成现金所需要的平均天数。平均收账期越短，说明企业的应收账款周转速度越快。其计算公式为：

应收账款平均收账期＝360÷应收账款周转率

＝（应收账款平均余额×360）÷赊销收入净额

应收账款平均收账期和应收账款周转率成反比例变化，并且与应收账款周转率有着相同的作用，对该指标进行分析是制定企业信用政策的一个重要依据。

影响该指标正确计算的因素有：（1）季节性经营性企业使用这个指标时不能反映实际情况；（2）大量使用分期付款结算方式；（3）大量地使用现金结算的销售；（4）年末大量销售或年末销售大幅度下降。这些因素都会对该指标计算结果产生较大的影响。此外，还要注意财务报表的坏账准备核算方法的影响，一般而言，采用直接转销法比备抵法的应收账款净额要小，从而其应收账款周转率快。

（十二）净资产收益率

净资产收益率，也称权益净利率或净值报酬率、股东权益报酬率，是企业一定时期内的净利润（如果有的话，扣除优先股股利）与平均净资产之比，反映了投资者投入资本的获利能力与企业资本运营水平的综合效益。其计算公式如下：

净资产收益率=（净利润-优先股股利）÷净资产平均总额×100%

净资产收益率反映了企业自有资本的获利能力，是反映企业盈利能力的核心指标。因为企业的根本目标是所有者权益或股东财富最大化，而净资产收益率既可以直接反映资本的增值能力，又影响着企业股东财富的大小。该指标越高，说明资本带来的利润越多，盈利能力越好，资本利用效果越好。此外，净资产收益率还是企业决定是否举债的一个标准，只有当净资产收益率高于银行利息率时，适当举债可以提高净资产收益率，对投资者才是有利的；反之，低于银行利率，则过多负债会影响投资者收益，企业不应当举债。

净资产收益率说明了股东账面投资额的盈利能力，并在同行业两个或两个以上企业比较时经常使用。高的权益报酬率通常反映出企业接受了好的投资机会，并且对费用进行了有效的管理。但是，如果企业选择使用较行业标准较高的债务水平，则此时高的净资产收益率可能就是过高财务风险的结果。

需说明的是，对于股份制企业该公式的分母可以采用“年末净资产”。这主要是基于股份制企业的特殊性：在增加股份时新股东要超面值缴入资本并获得同股同权的地位，期末的股东对本年利润与原股东拥有同等权利。

（十三）成本费用利润率

成本费用利润率是企业一定期间的利润总额与成本费用总额的比率。该指标反映企业生产经营中发生的各种耗费与获得利润之间的关系，表明每付出一元成本费用可获得多少利润，体现了经营耗费所带来的经营成果。该项指标越高，反映企业的经济效益越好。一般计算公式为：

成本费用利润率=利润总额÷成本费用总额×100%

其中利润总额和成本费用总额来自企业的损益表。成本费用一般指主营业务成本和三项期间费用。

（十四）每股收益

每股收益，也称每股净利润、每股盈余，是指普通股每股可分配的净利润额，是衡量上市公司盈利能力最常用的财务指标，它反映普通股的获利水平。计算公式为：

每股收益=（净利润-优先股股利）÷发行在外的普通股加权平均数

发行在外的普通股加权平均数

$=\sum$（发行在外的普通股股数×发行在外的月份数）÷12

其中，“发行在外月份数”是指发行已满一个月的月份数，例如3月份当中发行，按9个月计算。或者说，发行当月不计入“发行在外月份数”。

每股收益是普通股股东最为关心的指标，被认为是管理效率、盈利能力和股利分配来源的显示器，是衡量企业经营业绩的重要依据。每股收益越高，每一股可得的利润越多，说明企业的盈利能力越强，股东的投资效益越好。在分析时，可以进行公司间的比较，评价该公司相对的盈利能力；可以进行不同时期的比较，了解该公司盈利能力的变化趋势；可以进行实际经营业绩和盈利预测的比较，掌握该公司的管理能力。

在使用每股收益分析盈利性时要注意以下问题：（1）每股收益并不反映股票所含有的风险。对于每股收益相同的两个公司来说，投资者当然更愿意选择经营业务风险小的公司进行投资。但是，每股收益在计算时由于它的综合性较强，依据它是不能分析出一个公司经营业务风险的。同样对于一家公司的不同时期来说，它的经营业务可能发生变化，经营风险也在随之发生变化，但是它的每股收益却能保持不变，甚至有所提高。例如，假设A公司原来经营日用品的产销，最近转向房地产投资，公司的经营风险增大了许多，但每股收益可能不变或提高，并没有反映风险增加的不利变化。（2）股票是一个“份额”概念，不同股票的每一股在经济上不等量，它们所含有的净资产和市价不同即换取每股收益的投入量不同，不同公司的每股收益不一定具有可比性。（3）每股收益与其他财务比率一样，也是由各种财务数据综合而成，计算时含有一些主观估计和假定因素，而且每股收益股利、股票价格不存在必然的联系，这会减弱每股收益信息的有用性。同时，不排除公司管理当局有粉饰每股收益的行为。此外，还需注意具有潜在盈利的有价证券的情况。

（十五）市盈率

市盈率又称价格与收益比率，是指普通股每股市价与每股收益的比率，反映了股份企业获利情况。其计算公式为：

$$市盈率=普通股每股市价\div普通股每股收益$$

市盈率是人们普遍关注的指标，有关证券刊物几乎每天都报道各类股票的市盈率。该比率是利率、股票成长预期以及投资者风险态度等许多因素的综合反映，反映投资者对每元净利润所愿支付的价格，可以用来估计股票的投资报酬率和风险。它是市场对公司的共同期望指标，市盈率越高，表明市场对公司的未来越看好，由未来收益（而非当前收益）所决定的股票价值越大。在市价确定的情况下，每股收益越高，市盈率越低，投资风险越小；反之亦然。仅从市盈率高低的横向比较来看，高市盈率说明公司得到社会信赖，具有良好的前景。

这个比率经常被投资者用来判断股票市场价格是否具有吸引力。当把许多企业的市盈率进行比较，并结合对其所属行业的经营前景的了解，就可以作为选择投资项目的参考。市盈率一般在10～30之间，过高的市盈率，说明该股票市价过高，风险较大；过低的市盈率，说明股东对该企业缺乏信心。由于股市的市场价格是波动的，因此市盈率也是经常变动的。

使用市盈率指标时应注意以下问题：该指标不能用于不同行业公司的比较，充满扩展机会的新兴行业市盈率普通较高，而成熟工业的市盈率普遍较低，这并不说明后者的股票没有投资价值；在每股收益很小或亏损时，市价不会降至零，很高的市盈率往往不说明问题；市盈率高低受净利润的影响，而净利润受可选择的会计政策的影响，从而使得公司间比较受到限制。此外，市盈率高低还受市价的影响，市价变动的影响因素很多，包括投机炒作等，因此观察市盈率的长期趋势很重要。通常，投资者要结合其他有关信息，才能运用市盈率指标判断股票的价值。

（十六）每股股利

每股股利是指支付给普通股的现金股利总额与期末普通股股份总数之比，反映的是每股普通股获取的现金股利的多少，其计算公式为：

每股股利＝支付给普通股的现金股利总额÷年末普通股股份总数

该指标越大，股东所持有的每股普通股所分得的现金股利越多，它比每股收益更直接地体现了股东所得到的当前利益。股东得到的每股股利的多少，不但受企业获利能力高低的影响，而还受企业股利发放政策的影响。当有较高收益的投资项目时，企业将把利润进行项目投资，就会采取低股利政策，减少或停止股利的发放；如果企业找不到收益较高的投资项目，就会采用高股利政策，将利润用于发放股利。另外，从资本成本的角度出发，如果企业一方面大量发放股利，另一方面又用较高的成本筹集资金，就不如采用以留用利润方式融资，因而减少股利的发放。

（十七）每股净资产

每股净资产是期末净资产（即股东权益）与年度末普通股份总数的比值，也称为每股账面价值、每股净值或每股权益。该指标反映发行在外的每股普通股所代表的净资产的历史成本。其计算公式为：

每股净资产＝年度末股东权益÷年度末普通股股数

其中，“年度末股东权益”是指扣除优先股权益后的余额

此指标反映每股股票在企业有多大资产获得权。该值越大，股票越有保障。因此，投资者首先关注这一指标。这个指标有时又是新股发行的基础。因为老股东投在企业发挥效用的资产值不应被新股东的投资所稀释，

因而，每股净值就是最低新股发行价。

这个指标是用历史成本计量的，既不反映净资产的变现价值，也不反映净资产的产出能力。因此在投资分析时，只能有限地使用。每股净资产，在理论上提供了股票的最低价值。如果公司的股票价格低于净资产的成本，成本又接近变现价值，说明公司已无存在价值，清算是股东最好的选择。

把每股净资产和每股市价联系起来，可以说明市场对公司资产质量的评价。反映每股市价和每股净资产关系的比率，称为市净率。其计算公式为：

市净率＝每股市价÷每股净资产

市净率是依据公司账面资产确定其增长期权价值的相对指标。预期增长越大，价值越多，该比率就越高。国外现有企业的市净率从 0.5 到 8.0 不等，如果比率值只有 0.5，说明企业的获利能力远未达到资本市场的预期，属于收获时期的企业。如果比率值很高，说明企业的获利能力相当高，该企业具有行业吸引力和/或具备竞争优势。

市净率可用于投资分析。每股净资产是股票的账面价值，它是用成本计量的；每股市价是这些资产的现在价值，它是证券市场上交易的结果。当每股市价高于每股账面价值时说明企业资产的质量好，有发展潜力；反之则资产质量差，没有发展前景。优质股票的市价都超出净资产许多，一般来说市净率达到3，可以树立较好的公司形象。但是，市价低于每股净资产的股票也不是没有购买价值，如果该公司今后经营有转机的可能，或者被其他公司购入后经过资产重组能提高获利能力，则该股票仍然可以投资。

四、综合财务分析：杜邦分析体系基本思想

杜邦分析法是利用各种财务比率指标之间的内在联系，对公司财务状况和经济效益进行综合分析与评价的一种系统分析方法。该方法是由美国杜邦公司的经理创造出来的，故又称为杜邦系统，是财务综合分析的重要方法之一。

杜邦分析法的基本原理为将净资产收益率分解为多项财务比率乘积，有助于深入分析及比较企业的经营业绩。

净资产收益率＝净利润÷平均净资产

＝（净利润÷平均总资产）×（平均总资产÷平均净资产）

＝总资产净利率×权益乘数　　（1）

总资产净利率又可表达为：

总资产净利率=（净利润÷销售收入）×（销售收入÷平均总资产）

=销售净利润率×总资产周转率 （2）

综合公式（1）和（2），可以得出企业净资产收益率的杜邦等式：

净资产收益率=（净收益÷销售收入）×（销售收入÷平均总资产）

×（平均总资产÷平均净资产）

=销售净利率×总资产周转率×权益乘数

其中，权益乘数是平均资产与平均所有者权益的比率，表示企业的负债程度。权益乘数越大，说明企业有较高的负债程度，给企业带来了较多的杠杆利益，同时也给企业带来了较多的风险。企业既要充分有效地利用全部资产，提高资产利用效率，又要妥善安排资金结构。其计算公式为：

权益乘数=平均资产÷平均所有者权益=1÷（1-资产负债率）

杜邦分析法的基本原理分析评价体系的基本原理可以用“杜邦分析图”来表示。杜邦分析图的左边部分，主要分析公司的营运能力和盈利能力，并展示出公司的营运能力和盈利能力两者之间的内在联系；杜邦分析图的右边部分，主要分析公司的偿债能力、财务结构、资本结构和资产结构，亦展示出其内在的关系。其共同作用的结果是导致公司净资产收益率的变动。因此，净资产收益率是杜邦财务分析体系的核心，是一个综合性最强的指标，反映着公司财务管理目标的实现情况。利用杜邦等式，可以帮助管理层更加清晰地看到净资产收益率的决定因素，以及销售净利润率与总资产周转率、债务比率之间的相互关联，给管理层提供了一张考察企业资产管理效率是否最大化股东投资回报的路线图。

如果某企业的管理层，想提高企业的权益资本收益率，从杜邦分析图中可以发现提高权益资本收益率的四种途径：

（1）使销售收入增长幅度高于成本和费用的增加幅度。

（2）减少公式的销货成本或经营费用。

（3）提高总资产周转率，即或者在现有资产基础上，增加销售收入；或者减少企业资产。

（4）在不危及企业财务安全前提下，增加债务规模，提高负债比率。

五、平衡计分卡

平衡计分卡（The Balanced Scorecard，简称 BSC）最早是由卡普兰和诺顿（1992）提出的，现已成为战略业绩评价的重要工具之一。它是以公司战略为中心，把企业及其内部各部门的任务和决策转化为多样的、相互联系的目标，然后再把目标分解成多项指标的多元业绩评价系统。平衡计分卡强调非财务指标的重要性，通过对财务、顾客、内部作业，学习与增长四个各有侧重又相互影响方面的业绩评价来沟通目标、战略和企业经营活动的关系，实现短期利益与长期利益、局部利益与整体利益的均衡。从平衡计分卡四个维度（图6-3）的内在联系来看，学习与成长是公司可持续发展的核心，内部业务流程是公司可持续发展的基础，赢得顾客是公司可持续发展的关键，财务是最终的经营目标，公司只有不断地学习与成长，才能不断创新，持续改进业务流程，更好地服务于顾客，从而实现最终的财务目标。

BSC 将企业的长期战略和短期行动紧密联系起来，平衡兼顾了战略与战术的衡量、长期目标与短期目标的衡量、财务指标与非财务指标的衡量、滞后指标与先行指标的衡量以及外部与内部的衡量等诸多方面，多角度地为企业提供综合信息。

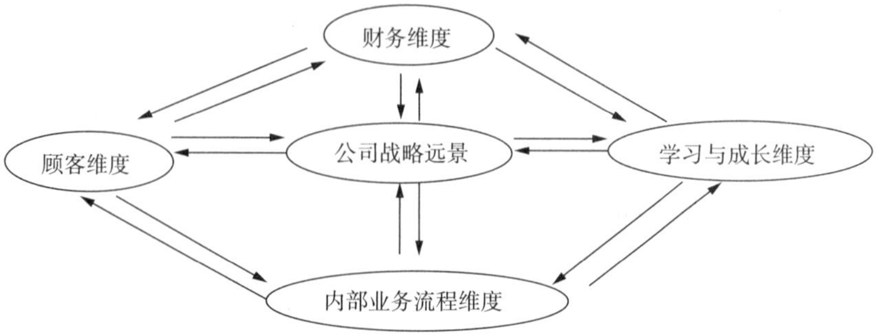

图6-3　平衡计分卡的维度框架

本章精要

管理者的财务思想，直接决定着企业财务管理的水平，甚至决定企业的成败！财务管理并非只是财务数据的计算和累加，作为一个管理工具，财务管理贯穿于企业经营的诸多层面，是企业管理者制定并且实施企业发展战略的基础和依据。

企业财务管理的对象是企业的资金运动，只不过与会计关注企业资金运动量的规定性不同，企业财务管理更加关注企业资金运动质的规定性。

财务目标作为财务主体进行财务活动的出发点和归宿，是财务运行的一种驱动力，决定着财务管理的基本方向，是评价财务活动是否合理的标准，更是财务管理尤其是财务决策所依据的最高准则，成为构建财务运行理论的基石。关于财务目标的代表性争鸣观点主要有：利润最大化、股东财富最大化、企业价值最大化、利益相关者价值最大化。财务目标的选择是一种时代的、历史的产物，在不同的历史时期，所选择的财务目标必然是不完全相同的。财务关注价值创造，它是一个过程，一个使公司价值不断增加的过程。财务可以在融资决策、投资决策、营运与分配决策中创造价值，为企业实现可持续发展提供服务。企业天生就是为赚取利润的机器，为整个社会带来一种价值的增加。

在财务学习过程中，需要用心来理解和领悟财务管理的基本思想，包括财务伦理思想、时间价值思想、风险管理思想、现金至上思想、财务估价思想、融资管理思想、资本结构原理、投资决策思想与财务分析思想。

学习财务管理，其目的并不是为了获得一个标准的正确答案，而是要让我们的思想鲜活起来，主动思考，积极思维，在管理的实践中逐步弄清如何通过修炼在实事的动态中持续地找寻答案，以至于下意识地进入一种“全知全觉”的活跃状态，从而获得如何面对现实生活中的财务问题，怎样在实事求“是”中解决问题的方法，最终实现“从心所欲而不逾矩”。

推荐阅读材料

1. 泰德·普林斯．卓越领导者的三大财务风格．北京：中国财政经济出版社，2007

2. 苏珊·汉森（Susan Hansen）．管理者需要的财务智慧（第5版）．北京：机械工业出版社，2017

3. 钟文庆．财务是个真实的谎言．北京：机械工业出版社，2009

4. 刘顺仁．财报就像一本故事书．北京：山西人民出版社，2007

5. 林钟高，王锴，章铁生．财务治理：结构、机制与行为研究．北京：经济管理出版社，2005

6. 罗伯特·卡普兰（Robert S.），大卫·诺顿（David P. Norton）．平衡计分卡：化战略为行动（珍藏版）．广州：广东经济出版社，2013

本章参考文献

1. ［美］詹姆斯·C·范霍恩著．刘志远主译．财务管理与政策（第十一版）．大连：东北财经大学出版社，2000

2. 中国注册会计师协会．财务成本管理．北京：中国财政经济出版社，2009

3. Arthur J. Keown. 现代财务管理基础（第7版）．北京：清华大学出版社，1997

4. 陆正飞．财务管理．大连：东北财经大学出版社，2001

5. 朱开悉．财务管理学．长沙：中南大学出版社，2004

6. 荆新，王化成．财务管理学（第8版）．北京：中国人民大学出版社，2018

7. 王玉春．财务管理．南京：南京大学出版社，2008

8. 谷祺，刘淑莲．财务管理．大连：东北财经大学出版社，2007

9. 杨雄胜．财务管理原理．北京：北京师范大学出版社，2007

10. 王明虎．财务管理原理（第3版）．北京：机械工业出版社，2018

11. 王锴．行为财务：理论演进与中国证据．合肥：合肥工业大学出版社，2008

本章思考与讨论

1. 请结合自己的理解，谈谈管理者应当必备哪些财务思想？

2. 管理者应当如何在实际工作中修炼自身的财务素养？

3. 作为一名管理者，您觉得如何理解财务与会计的关系？

4. 有人说，财务管理是一门科学；也有人说，财务管理是一种艺术，请谈谈您的看法。

5. 结合自己的阅历，谈谈人性与财务之间的关系。

本章案例

神华集团财务总监张克慧女士在一次讲座中谈到，改革是当前宏观经济结构性调整的必由之路，“新常态”提出了中国经济实现结构优化的新要求，这就需要企业的决策顺应产业结构升级的新要求，企业的财务管理也必须主动转型，实现“账房先生”逐渐向“价值管理者”过渡。

财务管理工作者要尽早树立注重价值提升和价值创造的新目标，拓宽知识面，积极学习业务知识，在宏观经济政策的指引下妥善地引导企业完善决策和管理支持架构，把宏观经济政策与长期的战略定位和中短期目标完美结合起来，从完善管理信息系统入手，把经营业务与财务管理完美地结合起来，这样，就能够掌握价值创造之源，通过高质量的财务管理来提升企业价值。“只有知道了生产的全过程，才能知道哪有消耗。有了业务逻辑，才能说清”；“如果不了解企业的核心技术，就不能很好地解决具体的财务问题”。

问题：

请阅读上述材料，综合运用所学知识谈谈您的看法。

（根据《张克慧：新形势下的财务转型——MPAcc“领军讲堂”侧记》一文改写。资料来源：http：//mpacc. rmbs. ruc. edu. cn/news/detail？id=1144）

第七章　企业生产运作管理

引言：真知灼见

产品质量是生产出来的，不是检验出来的。

——威廉·戴明

高标准，精细化，零缺陷。

——张瑞敏

本章学习目标

生产活动是人类最基本的活动，世界上绝大多数人都在从事生产活动。有生产活动就有生产管理。人类最早的管理活动就是对生产活动的管理。20 世纪初的科学管理运动也始于生产管理。本章对生产运作管理的基本概念、基本理论和基本方法进行了阐述。主要包括生产运作管理概述、生产运作战略、企业选址与企业设施布置、生产计划与生产能力规划、MRP、MRPⅡ和 ERP、生产现场管理、设备管理、质量管理以及几种新型生产方式。

通过本章的学习，你应该能够：

★掌握生产、生产类型、生产能力、生产管理、质量、质量管理等基本概念
★掌握生产过程的空间组织
★了解企业选址的决策方法
★掌握设施布置的方法
★了解 MRP、MRPⅡ和 ERP
★掌握 5S 活动
★了解设备的保养与维修

★掌握全面质量管理的含义、特点及方法
★了解六西格玛管理以及 ISO9000 族标准
★了解几种现代生产方式
★了解几种现代生产方式

第一节 生产运作管理概述

自从人类有了生产活动，就开始了生产管理的实践。18 世纪 70 年代西方产业革命之后，工厂代替了手工作坊，机器代替了人力，生产管理理论研究与实践开始系统和大规模地展开。

生产与运作管理既要解决传统产业存在的问题，也要针对服务业、高新技术等新兴产业存在的问题进行研究。要搞好生产与运作管理，尤其是大中型企业的生产与运作管理，比企业管理其他任何领域付出的劳动与资本、人力与物力都要多。

现代企业内部分工越来越精细，任何一个生产环节的失误都可能使整个生产过程无法进行。为了适应变化多端的市场竞争，提高产品综合竞争能力，采用先进的制造技术和先进生产制造模式，提高生产与运作管理水平已势在必行。

一、生产运作管理的概念与发展

（一）生产运作管理的概念

生产与运作管理是指对企业提供产品或服务的系统进行设计、运行、评价和改进的各种管理活动的总称。生产与运作系统的设计包括产品或服务的选择和设计、运作设施的地点选择、运作设施的布置、服务交付的系统设计和工作的设计。生产与运作系统的运行，主要是指在现行的运作系统中如何适应市场的变化，按用户的需求生产合格产品和提供满意服务。生产与运作系统的运行主要涉及生产计划、组织与控制三个方面。

（二）生产运作管理的发展

生产与运作管理的发展分为四个阶段：19 世纪末以前的早期管理思想阶段；19 世纪末到 20 世纪 30 年代，以泰罗科学管理和法约尔一般管理思想为代表的古典管理思想阶段；20 世纪 30 年代到 20 世纪 40 年代中期以梅奥的人际关系理论和巴纳德的组织理论为代表的中期管理思想阶段；20 世纪 40 年代中期以后一系列管理学派（管理科学学派、行为科学学派、系统管理学派等）为代表的现代管理思想阶段。其中一个重大的发展就是引用了线性规划，由于计算机的发展使大规模线性规划问题的解决成为可能。计算机技术推动了生产与运作管理的发展，如生产方式的变更、自动化的实现等。

二、生产运作管理系统的组成

（一）产品与服务

产品是指具有一定使用价值的成品或半成品，服务主要指无形产品。两者都取决于用户和市场的需要，即品种对路、质量优良、价格便宜、交货及时。

（二）生产要素

生产要素包括人流、物流和信息流，其中人流主要是指劳动力，物流包括财和物，主要是资金和土地、建筑物、机器设备、工艺设备、原材料、零部件、能源等，信息流包括计划、工艺图纸、情报等信息。

生产要素是从事生产活动的前提条件，是实现生产管理目标的保证。但是这些要素在质量、数量、时间上必须符合生产过程的要求，在生产过程中有效的结合起来，最终形成一个有机的整体。

（三）生产过程

生产过程是指产品的形成过程，也是人力、物力、财力的消耗过程。在这个过程中要求实现生产管理目标，以最经济的生产方式，对产品的品种、数量、质量、成本、交货期、进行具体的计划并确保实施。

（四）反馈

反馈是把生产过程输出的信息返回到输入的一端。它是对生产过程的控制并能够及时提供良机，以保证生产过程的正常进行和生产计划任务的完成。

三、生产运作管理的地位与作用

（一）生产运作管理的地位

生产与运作管理是对企业生产活动的管理，主要是解决企业内部的人、财、物等各种资源的最佳结合问题。生产与运作管理是把企业的经营目标，通过产品的制造过程而转化成为现实。然而，在市场经济条件下，科学技术，尤其是生产制造技术飞速发展的今天，现代生产与运作管理同传统生产与运作管理相比，无论从内容上，还是管理方式上都得到了充实、发展与完善，形成了新的特点。

生产与运作管理在企业管理中的地位，首先表现为生产与运作管理是企业管理的一部分，从企业管理系统分层来看，生产与运作管理处于经营决策之下，它们之间是决策和执行的关系，生产与运作管理在企业管理中起保证作用，处于执行的地位。其次，生产与运作管理活动是企业管理一切活动的基础。对生产活动管理不好，企业就很难按品种、质量、数量、期限和价格向社会提供产品，满足用户要求，增强企业自身的竞争力。在这种情况下，企业就无法实现其经营目标。所以，在市场经济条件下的企业，在重视经营管理的同时，绝不能放松生产与运作管理。相反，应更重视它，使经济效益的提高建立在可靠的基础之上。

（二）生产运作管理的作用

1. 生产与运作是企业价值链的主要环节

从人类社会经济发展的角度来看，物质产品的生产制造是除了天然合成之外，人类能动地创造财富的主要活动。工业生产制造直接决定着人们的衣食住行方式，也直接影响着农业、矿业等社会其他产业技术装备的能力。在今天，随着生产规模的不断扩大，产品和生产技术的日益复杂，市场交换活动的日益活跃，一系列连接生产活动的中间媒介活动变得越来越重要。因此，与工业生产密切相关的金融业、保险业、对外贸易业、房地产业、仓储运输业、技术服务业和信息业等服务行业，在现代社会生活中所占的比重越来越大，在人类创造财富的整个过程中起着越来越重要的作用，是人类创造财富的必要环节。而作为构成社会基本单位的企业，其生产与运作活动是人类最主要的生产活动，也是企业创造价值、服务社会和获取利润的主要环节。

2. 生产与运作管理是企业市场链的主要活动

企业生产经营可以说有五大活动：财务、技术、生产、营销和人力资源管理。这五大活动是有机联系的一个循环往复的过程。

企业为了实现自己的经营目的，首先要制定一个经营方针，决定经营什么、生产什么；然后需要准备资金，即进行财务活动；其次需要研制和设计产品以及工艺，即进行技术活动；设计完成后，需要购买物料和加工制造，进行生产活动；产品生产出来以后，进行营销活动，通过销售使价值得以实现；销售以后得到的收入进行分配，其中一部分作为下一轮的生产资金，又一个循环开始。而能使这一切运转的，是企业的人力资源管理活动。

企业为了达到自己的经营目的，以上五大活动缺一不可。例如，没有资金，生产活动就无法开始，也就谈不上创造价值；又如，生产出来的有价值的产品，如果销售不出去，价值也就无从实现。而其中生产活动的重要意义在于它是真正的价值创造过程，是产生企业利润的源泉。

3. 生产与运作管理是构成企业核心竞争力的关键内容

在市场竞争条件下，企业竞争到底靠什么？不同的企业有各自不同的战略和各自不同的成功经验。归纳起来，最终都体现在企业所提供的产品上，体现在产品的质量、价格和适时性上。哪个企业的产品质量好，价格低，又能及时推出，就能在竞争中取胜。一个企业也许面临许多问题，任何一个方面的问题，都有可能影响整个企业的正常生产和经营。但消费者和用户只关心企业所提供的产品对他们的效用。因此，企业之间的竞争实际上是企业产品之间的竞争，而企业产品的竞争力，在很大程度上取决于企业生产与运作管理的绩效，即如何保证质量、降低成本和把握时间。

阅读与思考

汽车生产

汽车在德国诞生于1886年，到1914年为止，都是采用单件生产方式，那时的汽车工业生产率低、数量少、成本高、价格贵，汽车市场十分狭小。1914年，福特流水生产方式为汽车工业带来了一场革命。据有关资料介绍，实行流水生产以后每台发动机的制造工时由750分钟降低到226分钟，每辆车的总装工时则从750分钟降低到了93分钟。由于生产率的大幅度提高，生产成本成倍下降，汽车价格不断降低，使优质价廉的汽车大量进入普通百姓家庭，培养起了一个巨大的汽车消费市场。

第二次世界大战以后，日本的汽车工业开始起步。当时的丰田公司发现它们面临着很大的困难，当它们考察了美国的汽车制造厂以后，便意识到日本的汽车工业要想发展，只能结合自己的国情走出一条自己的新路来。经过20多年的努力，最终形成了精益生产方式。这是自福特流水线生产发明以来，对流水线生产方式最重大的变革。它经受住了1973年石油危机的冲击，在当时世界各大汽车企业普遍陷入困境时，丰田却获得了丰厚的利润。

思考：

生产管理对企业的经营会产生哪些作用？

（资料来源：龚同华，龚栋鸣．生产与运营管理［M］．上海：复旦大学出版社，1998）

从这个意义上来说，生产与运作管理是企业竞争力的真正源泉。在市场需求日益多样化、顾客要求越来越高的情况下，如何适时、适量地提供高质量、低价格的产品，是现代企业经营管理领域中最富有挑战性的内容之一。在20世纪80年代，美国工商企业界的高层管理者们曾经把兴趣更多地偏重于资本运营、营销手段的开发等，而对集中了企业绝大部分财力、设备、人力资源的生产系统缺乏应有的重视，其结果导致整个生产活动与市场竞争的要求相距越来越远。而后起的日本企业，则正是靠它们卓有成效的生产与运作管理技术和方法，使其产品风靡全球，不断提高其全球竞争力。尤其日美汽车工业之间的竞争和成败是这方面的一个最好例子。在今天，绝大多数企业已经意识到了生产与运作管理对企业竞争力的重要意义，开始重新审视生产与运作管理在整个企业经营管理中的地位和作用，大力通过信息技术的应用等手段来加强生产与运作管理。今天的中国企业实际上也面临类似的问题，西方国家的经验教训值得我们借鉴。

四、生产运作管理的任务和内容

（一）生产运作管理的任务

生产运作管理的任务是运用计划、组织、控制等职能，把投入生产过程的各种生产要素有效地结合起来，形成有机的体系，按照最经济的生产方式生产出满足社会需要的产品。

（二）生产运作管理的内容

从生产系统的整个生命周期角度，生产运作管理主要包括三方面内容：生产系统的设计、生产系统的运行和生产系统的维护。

生产系统的设计包括产品或服务的选择和设计、生产设施的定点选择、生产设施布置、服务交付系统设计和工作设计。生产系统的设计一般在设施建造阶段进行，但在生产系统的生命周期内，不可避免地要对生产系统进行更新，包括扩建新设施、增加新设备，或者由于产品和服务的变化，需要对生产设施进行调整和重新布置，在这种情况下，都会遇到生产系统设计问题。生产系统的设计对其运行有先天性的影响，设计质量的好坏直接影响生产系统的运行。

生产系统的运行主要涉及生产计划与控制。计划主要解决生产什么、生产多少和何时出产的问题，包括预测对本企业产品和服务的需求，确定产品和服务的品种与产量，编制生产计划，做好资源的组织，人员班次安排，统计生产进展情况等。控制主要解决如何保证按计划完成任务的问题，包括生产进度控制、采购程序控制和库存控制等。生产进度控制的目的是保证各生产单元生产计划的按期完工，产品按期装配和出产。采购程序控制包括对战略性物资、重要性物资和一般性物资的采购审批控制程序等。库存控制包括对原材料库存、在制品库存和成品库存的控制。如何以最低的库存保证供应，是库存控制的主要目标。

生产系统的维护主要涉及设备和设施的维护管理。特别是对于一些资产密集型的企业，如石油化工、电力和航空等行业，设备和设施的运行维护效率直接决定企业的竞争能力和经济效益。因此，生产系统维护的目标就是优化使用设备和设施这样的资产，使企业获得最大的投资回报。具体地，生产系统维护的目标就是提高资产的维修效率，增加资产的可靠性，降低资产的总体维修成本，尽量延长资产的使用寿命。

生产运作管理的核心内容主要是生产系统的设计和生产系统的运行。

第二节　生产运作战略

一、生产运作战略的基本概念

生产运作战略是指企业为了实现总体战略而对生产运作系统的建立、运行，以及如何通过生产运作系统来实现组织目标所做的总体规划。它属于职能战略中的一种，是企业战略的重要组成部分，是在企业总体发展目标的指导下，具体规定企业在生产运作领域如何操作的问题，以保证生产系统的有效性，顺利地进行生产运作活动。

二、产品战略决策与竞争重点

（一）产品的战略选择

企业进行生产运作，首先要确定的是企业将以何种产品来满足市场需求，实现企业发展，这就是产品选择战略所涉及的内容。企业产品选择正确与否，可以决定一个企业的兴衰存亡，必须对此予以高度重视。

企业向市场提供什么产品，需要对各种设想进行充分论证，然后才能进行科学决策，此时通常要考虑以下几个因素：

1. 市场条件。主要分析拟选择产品行业所处的生命周期阶段、市场供需的总体状况及发展趋势、企业开拓市场资源及能力、企业在目标市场的地位和竞争能力预期等。

2. 企业内部的生产运作条件。主要分析企业的技术、设备水平，新产品的技术、工艺可行性，所需原材料和外购件的供应状况等。

3. 财务条件。主要分析产品开发和生产所需的投资、预期收益和风险程度等财务衡量指标，此外还要结合产品所处的生命周期来判断产品对企业的贡献前景。

4. 企业各部门工作目标上的差异性。由于企业内部各部门的职能划分不同，在共同的企业总体战略目标之下，各部门工作目标的差异性也是客观存在的，这种差异必然会对产品选择产生影响，增加工作难度。例如，生产部门追求高效、低耗地完成生产，倾向于选择生产成熟的、单一的产品；营销部门追求产品组合的宽度和深度，以适应消费者多样化的需求，倾向于新产品的不断推出；财务部门则更青睐销售利润高的产品选择。这些分歧的存在，从不同部门的角度考虑，都是为了企业的发展。这就需要企业在进行产品选择时要综合考虑、全面协调。

除以上几个方面的因素，企业在产品选择时还要兼顾社会效益、生态效益等方面的影响因素。

（二）生产运作战略的竞争重点

生产运作战略强调生产运作系统是企业的竞争之本，只有具备了生产运作系统的竞争优势才能赢得产品的优势，才会有企业的优势，因此，运作战略理论是以竞争及其优势的获取为基础的。在多数行业中，影响竞争力的因素主要是TQCF，具体解释如下：

1. 交货期（Time）

交货期指比竞争对手更快捷地响应顾客的需求，体现在新产品的推出、交货期等方面。交货期是企业参与市场竞争的又一重要因素，对交货期的要求具体可表现在两个方面：快速交货和按约交货。快速交货是指向市场快速提供企业产品的能力，这对于企业争取订单意义重大；按约交货是指按照合同的约定按时交货的能力，这对于顾客满意度有重要影响。影响交货能力的因素也很多，诸如：采购与供应、企业研发柔性和设备管理等。

2. 质量（Quality）

质量指产品的质量和可靠性，主要依靠顾客的满意度来体现。我们所讲的质量是指全面的质量，既包括产品本身的质量，也包括生产过程的质量。也就是说，企业一方面要以满足顾客需求为目标，建立适当的产品质量标准，设计、生产消费者所期望的质量水平的产品；另一方面生产过程质量应以产品质量零缺陷为目标，以保证产品的可靠性，提高顾客的满意度。此外，良好的物资采购与供应控制、包装运输和使用的便利性以及售后服务等对质量也有很大影响。

3. 成本（Cost）

成本为生产成本、制造成本、流通成本和使用成本等诸项之和。降低成本对于提高企业产品的竞争能力、增强生产运作对市场的应变能力和抵御市场风险的能力具有十分重要的意义。企业降低成本、提高效益的措施很多，诸如：优化产品设计与流程设计、降低单位产品的材料及能源消耗、降低设备故障率、提高质量、缩短生产运作周期、提高产能利用率和减少库存等。

4. 制造柔性（Flexibility）

制造柔性是指企业面临市场机遇时在组织和生产方面体现出来的快速而又低成本地适应市场需求，反映了企业生产运作系统对外部环境做出反应的能力。随着市场需求的日益个性化、多元化趋势，多品种、小批量生产成为与此需求特征相匹配的方式，因此，增强制造柔性已成为企业形成竞争优势的重要因素。关键柔性主要包括产品产量柔性、新产品开发及投产柔性和产品组合柔性等，由此又涉及到生产运作系统的设备柔性、人员柔性和能力柔性等，甚至对供应商也会提出在这方面相应的要求。

对 TQCF 理解时我们要明确：企业要想在 TQCF 四个竞争要素方面同时优于竞争对手而形成竞争优势是不太现实的。企业必须从具体情况出发，集中企业的主要资源形成自己的竞争优势。特别是当 TQCF 发生冲突时，就产生了多目标平衡问题，需要对此进行认真分析、动态协调。

三、生产过程组织与生产方式

（一）生产过程与生产过程组织的概念

产品的生产过程是指从准备生产某种产品开始，直到把产品制造出来为止的全部过程。企业生产过程作为社会物质财富的生产过程组成部分，是劳动过程和自然过程的组合。劳动过程是人们为社会生产所需要的产品而进行的有目的的活动。劳动过程是生产过程的主体，是劳动力、劳动对象和劳动手段结合的过程，也就是劳动者利用劳动手段（设备和工具）作用于劳动对象（产品、零件、部件、半成品、毛坯和原料），使之成为产品的全部过程。生产过程是物质财富消耗的过程，但同时又是创造具有新的价值和使用价值的物质财富的过程。自然过程是指劳动对象借助于自然界的力量，使之产生某种性质变化的过程，如铸件的自然时效、铸锻件的自然冷却、发的自然干燥、酒的自然发酵等。

生产过程组织就是要以最佳的方式将各种生产要素结合起来，对生产的各个阶段、环节、工序合理安排，使其形成一个协调平衡的作业系统。

任何一种工业产品的生产都要经历一定的生产过程，合理组织生产过程是企业生产活动能够协调、高效率地进行，使企业取得良好经济效益的前提条件，是企业生产管理的首要内容。

（二）生产过程的构成

一般来说，工业企业的生产过程是由生产技术准备过程、基本生产过程、辅助生产过程、生产服务过程和附属生产过程等五部分所组成。由于专业化协作水平和技术条件以及企业生产的性质和特点不同，生产过程这些组成部分在不同企业中有着很大的差别，而且随着生产的发展也会发生变化。

1. 生产技术准备过程

生产技术准备过程是指产品在投入生产前所进行的各种生产技术准备工作。如产品的设计、工艺设计、工艺装备的设计与制造、标准化工作、定额工作、调整劳动组织和设备布置等。

2. 基本生产过程

基本生产过程是指直接使劳动对象变为企业基本产品所进行的生产活动，即产品的加工过程，如纺织企业的纺纱、织布；钢铁企业的炼铁、炼钢、轧钢；机械制造企业的铸造、加工、装配等。基本生产过程是企业的主要活动，它代表着企业的基本特征和专业化水平。

3. 辅助生产过程

辅助生产过程是指为保证基本生产过程的正常进行所必需的各种辅助生产活动。如机械制造企业中的动力生产、工具制造、设备维修等。辅助生产过程是整个生产过程不可分割的组成部分。现代生产体系不同于传统生产体系的重要方面，就是各生产环节和生产部门的有机联系，生产准备、基本生产、辅助生产的有机统一。有些辅助生产的产品，除了供本企业需要之外，还可能外销一部分。这部分外销的辅助产品虽直接记入企业产值之内，但由于主要生产的目的是为了本企业自己使用，并不代表企业专业生产方向，因此仍属于辅助产品。

4. 生产服务过程

生产服务过程是指为保证基本生产过程和辅助生产过程的正常进行而从事的服务性活动。如原材料和半成品的供应、运输、检验等。

5. 附属生产过程

附属生产过程是指企业根据自身的条件和可能，生产市场所需要的非属企业专业方向的产品而进行的生产过程，如飞机制造厂生产的日用铝制品，锅炉厂生产的石油液化煤气罐以及企业利用某些边角余料而制造的产品等。

生产过程的各组成部分既相互区别又密切联系。其中基本生产过程是主要的组成部分，生产技术准备是必要前提，辅助生产过程和生产服务过程都是围绕基本生产过程进行并为基本生产过程服务的。附属生产过程与基本生产过程是相对的，根据市场需要，企业的附属生产产品也可能转化为企业的主导产品。

基本生产过程和辅助生产过程都由工艺过程和非工艺过程所组成。工艺过程是指直接与改变加工对象的性质、尺寸、几何形状有关的过程。非工艺过程是不涉及加工对象的性质、尺寸、形状的改变，而贯穿于工艺过程之间的一些带有生产服务性的过程，如加工对象的运输、检验、试验、包装等。工艺过程和非工艺过程都是生产过程不可分割的组成部分，只有两者密切配合，互相衔接，才能保证生产过程有效地实现。

（三）生产过程组织的形式

生产过程组织的目的是为了在空间上和时间上合理地组织生产过程，提高劳动生产率，缩短生产周期，加速资金周转，降低产品成本。在此介绍工业企业通常采用的生产线、流水线和自动线三种典型形式。

1. 生产线

生产线是产品生产过程所经过的路线，即从原料进入生产现场开始，经过加工、运送、装配、检验等一系列生产活动所构成的路线。狭义的生产线是按对象专业化原则组织起来的，完成产品工艺过程的一种生产组织形式，即按产品专业化原则，配备生产某种产品（零、部件）所需要的各种设备和各工种的工人，负责完成某种产品（零、部件）的全部制造工作，对相同的劳动对象进行不同工艺的加工。

生产线的种类，按范围大小分为产品生产线和零部件生产线，按节奏快慢分为流水生产线和非流水生产线，按自动化程度，分为自动化生产线和非自动化生产线。

2. 流水线

流水线又称流水生产和流水作业，是指按产品加工的工艺顺序排列工作地，使劳动对象按照一定的工艺路线和统一的速度，连续不断地通过各个工作地，顺序地进行加工并出产产品（零件）的生产组织形式。

流水线的特征有：

（1）流水生产线按对象专业化原则组织，线上的加工对象是固定的，工作地的专业化程度较高，因此流水生产线一般具有较高的生产率。

（2）线上的设备和工艺、装备是针对加工对象的工艺要求配置的，一般能封闭地完成加工对象的全部生产工艺；线上各工序的工作地数量与各该工序单件工时的比值保持一致，即各工序的生产能力符合比例性的要求。

（3）流水线的各工作地按工艺过程的顺序排列，前后工序在空间紧密衔接，工件沿流水线作单向流动，运输距离短，生产过程的连续性好。

（4）经过周期化工作，线上各道工序具有大体相等的生产率，且使各道工序的加工时间等于或接近于流水线的节拍，或与节拍成整数比。

流水线主要分类方式如下：

（1）按加工对象的移动方式来分，可分为固定流水线和移动流水线。

（2）按流水线生产对象的种数分，有单对象流水线和多对象流水线。

（3）按加工对象的轮换方式，有不变流水线、可变流水线和成组流水线等形式。

（4）按生产过程的连续程度，有连续流水线和间断流水线。

（5）按流水线的节奏性来衡量，有强制节拍流水线、自由节拍流水线和粗略节拍流水线。

组织流水生产的条件为：产品结构和工艺要相对稳定；产量要足够大；工艺能同期化；生产面积能容纳得下。

3. 自动线

自动线是指在生产线和流水线的基础上发展起来的，技术上更为先进的一种生产组织形式。它是由自动化机器设备实现产品工艺加工的一种生产组织形式。

自动线的特征有：较一般流水线效率更高；生产过程具有高度的连续性和节奏性；有利于稳定产品质量；能从事人体所不能胜任的特殊工作；有利于降低产品制造成本；生产过程是完全自动进行的。

组织自动线的条件是：

（1）在加工对象方面，要求有很高的标准化、通用化水平，零件的结构便于自动装夹运输和加工。

（2）在工艺方面，必须采用先进的工艺方法和设备，采用的工艺规程应尽量减少装夹次数。

（3）在劳动组织方面，对自动线上的劳动力进行必要的挑选和培训，使其具备正确调整、诊断设备故障的能力。

（4）在生产管理、原材料供应、设备维修、环境卫生和工具更换方面，提出了更严格的要求。

自动线的形式有：

（1）按零件是否通过机床上的装夹器具，可分为通过式自动线和非通过式自动线。

（2）按零件运输方式，可分为直接运输自动线、间接运输自动线、悬挂运输自动线和工件升起运输自动线。

（3）按加工设备的连接方式，可分为刚性连接自动线和柔性连接自动线。

（4）按设备排列方式，可分为顺序排列的自动线、平行排列的自动线和顺序平行混合排列的自动线。

（5）按布局形式，可分为直线式自动线、折线和封闭式自动线。

（四）合理组织生产过程的基本要求

合理组织生产过程的目的，是使产品在生产过程中行程最短，时间最省，耗费最少，效益最好。为此，组织生产过程必须满足以下要求：

1. 生产过程的连续性

生产过程的连续性是指物料处于不停的运动之中，且流程尽可能短，它包括时间上的连续性和空间上的连续性。时间上的连续性是指物料在生产过程的各个环节的运动，自始至终处于连续状态，没有或很少有不必要的停顿与等待现象。空间上的连续性是指生产过程各个环节在空间布置上合理紧凑，使物料的流程尽可能短，没有迂回往返现象。保持生产过程的连续性，可以缩短产品的生产周期，加速流动资金的周转，提高资金利用率。

2. 生产过程的比例性

生产过程的比例性是指生产过程的各组成部分和各生产要素之间，根据产品的要求，在生产能力上保持一定的比例关系。它是生产顺利进行的重要条件。

3. 生产过程的平行性

生产过程的平行性是指物料在生产过程中实行平行交叉作业。平行作业是指相同的零件同时在数台相同的机床上加工；交叉作业是指一批零件在上道工序还未加工完时，将已完成的部分零件转到下道工序加工，这样可以大大缩短产品的生产周期。

4. 生产过程的均衡性

生产过程的均衡性又叫生产过程的节奏性，是指产品在加工过程中从投料到最后完工，在相等的时间间隔内，生产产品产量大致相等或递增。各工作地经常保持均匀的负荷，不发生时松时紧、前松后紧的现象，保证均衡地完成生产任务。

5. 生产过程的适应性

生产过程的适应性是指企业能根据市场需求的变化，灵活进行多品种小批量生产的适应能力。用户需要什么样的产品，企业就生产什么样的产品，需要多少就生产多少，何时需要，就何时提供。

以上五项要求是相互联系、相互制约的。生产过程的比例性是实现连续性、平行性的重要条件，是保证均衡性的前提；均衡性、连续性、平行性又相互影响、相互作用；适应性是市场经济对生产过程提出的要求，不与市场需要挂钩，追求连续性、平行性与均衡性是毫无意义的。

（五）影响生产过程构成的因素

不同的企业有着不同的生产过程。生产过程的构成取决于下列因素：

（1）产品的特点。产品的特点是指产品品种、结构的复杂程度、精度等级、工艺要求以及原材料种类等。

（2）生产规模。在产品专业方向相同的条件下，生产规模越大，生产过程的构成越齐全，相互分工也越细。

（3）专业化协作水平。社会专业化协作水平越高，企业内部生产过程就越趋于简化，而经济效果也越高。

（4）生产技术和工艺水平。企业产品相同，但技术条件和工艺水平不同，生产过程的构成也有很大差别。随着科学技术的发展，生产过程的构成也将会发生深刻的变化。

（六）生产过程的空间组织

生产过程的空间组织，是指在空间上合理地确定企业内部各生产单位和各生产阶段的设置和运输路线以及劳动者、劳动资料等生产要素在空间上相互结合的方式。其内容包括应设置怎样的生产单位、应按照什么原则布置这些生产单位、确定生产单元及生产设施之间的相对位置关系、确定各生产单元的组成规则和相互连接关系。

企业生产单位组成的专业化形式，涉及企业内部各车间的分工与协作关系，是生产过程空间合理组织的一个重要问题。企业内部生产单位的设置，主要采取工艺专业化和对象专业化两种基本形式。

1. 工艺专业化形式

工艺专业化形式就是按照生产过程各个阶段的工艺特征来建立的生产单位。在工艺专业化形式的生产单位里，集中了同类机械设备和同工种的工人，对多种产品或零件进行相同工艺方法的加工，如机械加工车间的车工小组、钻工小组，或者在机械加工车间内设置车工工段、铣工工段、磨工工段等。由于同类型的设备和同工种的工人集中在一起，对不同的产品进行相同工艺的加工，因此，对产品品种多变的适应性较强，便于比较充分地利用机器设备和劳动力，同时，也便于对工艺进行专业化的管理。但由于工艺专业化的生产单位只能完成一种工艺，不能独立地完成产品（或零部件）的全部或大部分加工工序，每种产品的全部或大部分工序都要逐次通过许多生产单位才能完成，因此，产品在生产过程中运输路线较长，消耗在运输、在制品上的辅助劳动较大，生产过程中的停放时间较长，生产周期也就较长，在制品资金占用也就较多，生产单位之间的生产管理和成本核算工作都比较复杂。

工艺专业化形式的主要优点是：产品品种变化的适应能力强；生产系统的可行性高；工艺及设备管理较方便。

工艺专业化形式的主要缺点是：产品在加工过程中运输路线长，运输劳动量大；协作关系复杂，协调任务重；在产品量大，生产周期长。

2. 对象专业化形式

对象专业化形式是把加工对象全部或大部分工艺过程集中在一个生产单位中，组成以产品、部件、零件（零件组）为对象的专业化生产单位。在对象专业化的生产单位中，集中着为制造某种产品（零部件）所需的设备、工艺装备和工人，对相同的产品进行不同的工艺加工。其工艺过程基本上是封闭的，即每个生产单位完成其负责的全部工艺过程。例如连杆车间、齿轮车间、曲轴车间等。

对象专业化形式，也叫对象原则。它是按照产品的不同来设置生产单位的。在对象专业化的生产单位里，集中着加工同种类产品所需要的各种机器设备和各种不同工种的工人，对同类产品进行不同工艺的加工。这种形式把一种产品的全部或大部分工序都集中到一个生产单位来完成。所以这一类生产单位又称为封闭式生产单位。如发动机车间、齿轮车间、标准件车间。由于相同的劳动对象集中在一起，连续进行许多工序的加工，因此，可以大大缩短生产产品在生产过程中的运输路线，节省辅助劳动的耗费，缩短生产周期，减少在制品和占用的流动资金，可以简化生产管理工作和成本核算。但由于对象专业化的生产单位内部工艺复杂，在产品多变的情况下，适应性较差，难以充分利用机器设备，一旦生产情况改变，很难做出相应的调整。

对象专业化形式的主要优点是：可减少运输次数，缩短运输路线，节约运力；协作关系简单，简化了生产管理；可采用专用高效设备和工艺装备；在产品少，生产周期短。

对象专业化形式的主要缺点是：对品种变化适应性差；工人之间的技术交流比较困难；工艺及设备管理较复杂。

在实际生产过程的组织中，纯粹按工艺专业化形式或按对象专业化形式布置的较少，常见是同时采用两种专业化形式来进行生产单位的布置，以取二者的优点。具体包括：在对象专业化形式的基础上采用工艺专业化形式，如锅炉厂的铸造车间、锻造车间；在工艺专业化形式的基础上采用对象专业化形式，如铸造车间的箱体造型工段、床身造型工段等。表7－1

对工艺专业化和对象专业化进行了比较。

表7－1 工艺专业化和对象专业化的比较

序号	比较项目	工艺专业化	对象专业化
1	品种变换适应性	强	差
2	生产能力利用	好	较差
3	加工和运输路线	长	短
4	中间仓库面积	大	小
5	生产周期	长	短
6	在制品占用量	多	少
7	运输与保管费	多	少
8	流动资金占用和周转速度	占用多、周转慢	占用少、周转快
9	产品成本	高	低
10	产品质量	不稳定、难保证	稳定、易保证
11	生产管理	复杂	简单
12	适用范围	单件小批	大批大量或成批
13	经济效益	差	好

（七）生产过程的时间组织

生产过程的时间组织是指在加工过程中，对加工对象从时间方面进行合理组织，保持生产过程连续性，以求缩短产品的生产周期，提高设备利用率和劳动生产率。产品的生产周期是指从原材料投入生产开始，至制成成品验收入库为止所需要的全部时间。它也可以指完成某一工艺阶段的生产周期。

缩短产品生产周期的途径，首先要合理确定劳动对象在生产过程中的移动方式。零件的移动方式同一次生产的零件数量有关，当一次生产的零件只有一件时，零件只能顺次地经过各工序，而不能同时在不同工序上进行加工。缩短零件生产周期，只能在缩短工序时间和工序间的停留时间方面挖潜力。当生产的零件数在两个或两个以上，即按一定的批量进行加工时，零件在工序间就有不同的移动方式。零件的移动方式有三种，即顺序移动、平行移动和平行顺序移动。顺序移动方式的特点是，一批零件在前道工序全部加工完毕后才整批地转移到后道工序继续加工。平行移动方式的特点是，每个零件在前道工序加工完之后，立即转移到后道工序去继续加工，形成各个零件在各道工序上平行地进行加工。所谓平行顺序移动法，是顺序移动方式和平行移动方式两种方式的结合使用。是指一批零件在一道工序上尚未全部加工完毕，就将已加工好的一部分零件转入下道工序加工，以恰好能使下道工序连续地全部加工完该批零件为条件的移动方式。

第三节　企业选址与企业设施布置

所谓企业选址，就是指确定在什么地方建立工厂或者服务设施。它不仅关系到建立设施的投资和建设速度，还影响着企业在将来提供产品或者服务的成本，从而影响企业的经济效益。设施是指生产运作过程得以进行的硬件手段，通常是由工厂、办公楼、车间、设备和仓库等物质实体所构成。设施选址是指如何运用科学的方法决定设施的地理位置，使之与企业的整体生产运作系统有机结合，以便有效、经济的达到企业的经营目的。选址可以分为两个层次进行，首先是选定若干区域，对这些区域进行分析评价，然后是在选定的区域内确定具体的位置。

一、企业选址的影响因素

选址时需要考虑的因素有很多，这些因素可以分为政治因素、经济因素、自然因素和社会因素。

政治因素包括政局是否稳定，法制是否健全等。政局稳定是发展经济的前提条件，在动荡不安的国家建厂，风险很大。不同的国家和地区有不同的法律、法规和政策，这也是当今跨国公司在全球选址时考虑的重要因素。

经济因素主要包括原材料的可供应性、交通的便利程度、能源供应的可靠性、与终端市场的接近程度、人力资源的可获得性和周围商业环境的氛围等因素。

自然因素主要是指气温、温度、湿度等气候条件、水资源的状况等。

社会因素包括周边居民的宗教文化信仰和风俗习惯、文化教育水平、生活水平以及周边的社会环境等。企业的产品要适合当地的需要，符合当地的习惯。文化教育水平高，不仅可以提供符合企业要求的人才，而且这种良好的氛围有助于吸引其他地区的人才。选址地区的位置，能否方便利用城市原有的公共设施，为职工提供良好的生活环境也是非常重要的。

如上所述，企业在选址时，要考虑的因素很多，而且这些影响因素有些是互相矛盾的，例如可能不能既靠近原材料产地，又靠近目标市场。因此必须综合考虑新设施的具体要求和当地的实际情况，在这些因素中分清主次，根据主要矛盾，选择重要的因素，对候选方案进行评价，做出决策。

二、企业选址的决策分析

在选址问题上，应将定性与定量方法相结合，但定性分析是定量分析的前提。在定性分析时，具体的选址原则如下所述：

1. 费用原则。企业首先是经济实体，经济利益对于企业无论何时何地都是重要的。建设初期的固定费用，投入运行后的变动费用，产品出售以后的年收入，都与选址有关。

2. 集聚人才原则。人才是企业最宝贵的资源，企业地址选得合适有利于吸引人才。反之，因企业搬迁造成员工生活不便，导致员工流失的事实常有发生。

3. 接近用户原则。对于服务业，几乎无一例外都需要遵循这条原则，如银行储蓄所、邮电局、电影院、医院、学校和零售业的所有商店等。许多制造企业也把工厂建到消费市场附近，以降低运费和损耗。

4. 长远发展原则。企业选址是一项带有战略性的经营管理活动，要有长远发展意识。选址工作要考虑到企业生产力的合理布局和市场的开拓，要有利于获得新技术。在当前世界经济越来越趋于一体化的时代背景下，还要考虑如何有利于参与国际间的竞争。

三、企业选址的方法

1. 负荷距离法

单一设施选址中要用到多种分析方法：定性与定量分析方法，以及将定量与定性分析相结合的选址度量法等方法。负荷距离法就是一种单一设施选址的定量方法。

负荷距离法的目标是在若干个候选方案中，选定一个目标方案，它可以使总负荷（货物、人或其他）移动的距离最小。当与市场的接近程度等因素至关重要时，使用这一方法可从众多候选方案中快速筛选出最有吸引力的方案。这一方法也可在设施布置中使用。

2. 因素评分法

因素评分法在选址方法中也许是使用得最广泛的一种，因为它以简单易懂的模式将各种不同因素综合起来。因素评分法的具体步骤如下：

（1）决定一组相关的选址决策因素；

（2）对每一因素赋予一个权重以反映这个因素在所有权重中的重要性；

（3）对所有因素的打分设定一个共同的取值范围，一般是1—10，或1—100；

（4）对每一个备选地址的所有因素，按设定范围打分；

（5）用各个因素的得分与相应的权重相乘，并把所有因素的加权值相加，得到每一个备选地址的最终得分；

（6）选择具有最高总得分的地址作为最佳的选址。

运用这种因素评分法应注意：在运用因素评分法计算过程中可以感觉到，由于确定权数和等级得分完全靠人的主观判断，只要判断有误差就会影响评分数值，最后影响决策的可能性。目前关于确定权数的方法很多，比较客观准确的方法是层次分析法。

3. 盈亏分析法

盈亏分析法是厂房选址的一种基本方法，亦称生产成本比较分析法。这种方法基于以下假设：可供选择的各个方案均能满足厂址选择的基本要求，但各方案的投资额不同，投产以后原材料、燃料和动力等变动成本不同。这时，可利用损益平衡分析法的原理，以投产后生产成本的高低作为比较的标准。

4. 重心法

重心法是一种布置单个设施的方法，这种方法要考虑现有设施之间的距离和要运输的货物量。在最简单的情况下，这种方法假设运入和运出成本是相等的，它并未考虑在不满载的情况下增加的特殊运输费用。首先要在坐标系中标出各个地点的位置，目的在于确定各点的相对距离。坐标系可以随便建立。在选址中，经常采用经度和纬度建立坐标。其次，根据各点在坐标系中的横纵坐标值求出成本运输最低的位置坐标。最后，选择求出的重心点坐标值对应的地点作为我们要布置设施的地点。

阅读与思考

炼油厂建在哪儿？

由于我国经济的快速发展，国内对成品油的需求量也在不断增加，为改变西南地区石油储量少，炼油企业不多，成品油大量由外地供应的局面，国内某大型企业拟从世界产油国购进石油，通过东南亚国家短距离输送到西南地区加工，这就需要建设一个大型炼油厂。目前这个项目正处在前期论证阶段。此阶段对把炼油厂建在四川，还是建在云南，建在昆明附近，还是建在边境附近的问题尚无定论，因为这几个地方都各有利弊。但不管建在哪个地方、都会对当地经济发展起到巨大的推动作用。不少地方政府获悉此消息后，纷纷主动与项目建设者联系，给出优惠条件。此时，项目建设者除考虑这一因素外，还需考虑在不同地方建厂的利弊。从大范围讲，在云南建厂原油输送距离短，投资少，今后生产成本中原料运输费用低；而在四川建厂则今后产品和附产品的销售市场大，运距短，而且四川有石油、天然气生产的基础，自然条件和区位优势明显。上面这些因素都是建设者应充分考虑的，加以综合平衡后才能决定将炼油厂建在哪儿。

思考：

你认为炼油厂应该建在哪里？并说明理由。

（资料来源：谭红翔．实用生产管理［M］．重庆：重庆大学出版社，2007）

四、企业设施的布置分析

设施布置是指在一个给定的设施范围内，对多个经济活动单元进行位置安排。所谓经济活动单元，是指需要占据空间的任何实体，也包括人。例如：机器、工作台、通道、桌子、储藏室和工具架等。所谓给定的设施范围，可以是一个工厂、一个车间、一座百货大楼、一个写字楼或一个餐馆等。

设施布置的目的是要将企业内的各种物质设施进行合理安排，使他们组合成一定的空间形式，从而有效地为企业的生产运作服务，获得更好的经济效果。设施布置在设施位置选定之后进行，它要确定组成企业的各个部分的平面或立体位置，并相应地确定物料流程、运输方式和运输路线等。

设施布置的类型主要包括工艺原则布置、产品原则布置、固定布置和成组技术。

1. 工艺原则布置

工艺原则布置，也称车间或功能布置，是指一种将相似的设备或功能集中放在一起，完成相同工艺加工任务。例如将所有的车床放在一处，将冲压机床放在另一处。被加工的零件，根据预先设定好的流程顺序从一个地方转移到另一个地方，每项操作都由适宜的机器来完成。医院是采用工艺原则布置的典型。

工艺原则布置适合于处理小批量、顾客化程度高的生产与服务，其优点是：设备和人员安排具有灵活性；缺点是：设备使用的通用性要求较高的劳动力熟练程度和创新，在制品较多。

为最优化工艺专业化布置，需采用科学的方法。常用的方法有物料运量图法、活动关系图法、从至表法和计算机辅助布置等。

2. 产品原则布置

产品原则布置，是指一种根据产品制造的步骤来安排设备或工作过程的布局方式。鞋、化工设备和汽车清洗剂的生产都是按产品原则布置的。

产品原则布置是对生产大批量、相似程度高和少变化的产品进行组织规划。一个典型的实例是：飞机制造公司巨大的产品的最后组装线采用的就是产品原则布置。

产品原则布置适合于大批量的、高标准化的产品的生产，其优点是：单位产品的可变成本低，物料处理成本低，存货少，对劳动力标准要求低；缺点是：投资巨大，不具产品弹性，一处停产影响整条生产线。

3. 固定布置

固定布置是指由于产品的体积庞大或重量太重，不得不将产品位置固定，生产工人和设备都随产品所在的某一位置而移动。这种布置形式适用于大型产品的装配过程。如大型船舶和飞机等的装配以及医院手术室一般采用这种布置方式。

4. 成组技术

成组技术是将不同的机器分成单元来生产具有相似形状和工艺要求的产品。成组技术布置现在被广泛应用于金属加工、计算机芯片制造和装配作业。成组原则应用的目的是要在生产车间中获得产品原则布置的好处，这些好处包括：改善人际关系，增强参与意识；减少在制品和物料搬运及生产过程中的存货；提高机器设备利用率；减少机器设备投资与缩短生产准备时间等。

第四节　生产计划与生产能力

一、企业生产的需求预测

预测是对未来可能发生的情况进行预计与推测。需求预测是考虑市场各种影响因素，对未来的产品或服务需求进行估计与推测。需求预测为企业生产经营决策提供产品和服务的需求信息，是生产计划编制的依据。准确的需求预测可以保证生产计划的准确性。

一般需求预测的基本步骤分为明确预测目的，收集和审核资料，选择预测模型和方法进行预测，监控、分析预测误差，改进预测模型，提出预测结果。需求预测方法大体上可分为两类：定性预测与定量预测。

（一）定性预测方法

定性预测方法又称主观预测方法，是依靠熟悉业务知识、具有丰富经验和综合分析能力的人员与专家，根据已掌握的销售历史资料和直观材料，考虑各种影响需求的因素，对未来需求发展趋势与变化做出性质和程度上的判断，然后通过一定的形式综合各方面的意见与判断，预测未来需求。这类方法主要应用在对预测对象的历史销售数据掌握不多或影响需求的因素十分复杂时。它的优点是不采用复杂的数学公式，简便易行。其缺点是预测的准确程度依赖于人的经验和主观判断，缺乏数量上的准确描述。常用的定性预测方法有：德尔菲法、用户调查法、部门主管讨论法和销售人员意见汇集法等。

（二）定量预测方法

定量预测方法是利用统计资料和数学模型来进行预测。定量预测的优点是注重事物发展在数量方面的分析，注重发展变化的程度在数量上的描述，预测主要依据历史统计资料，较少受主观变化因素的影响，可以采用计算机辅助处理预测数据的计算。其缺点是不能对需求发生质的变化做出预测，不易灵活掌握，对信息资料的质量和数量要求较高。有时结合主观判断，可使定量预测更经济合理。

定量预测方法可分为因果关系模型和时间序列模型两类预测模型。因果预测模型是利用变量之间的相关关系，通过一种变量的变化来预测另一种变量的未来变化。常用的因果关系预测模型是回归预测模型。回归预测方法包括线性回归方法、非线性回归方法、一元回归方法、多元回归方法等，其中用途最为广泛的是一元线性回归和多元线性回归方法。

时间序列就是按一定的时间间隔，某种观测变量的历史数据按时间先后顺序排列起来的数列。时间序列模型预测方法就是通过对时间序列本身及其影响因素的分析找出变化规律，建立数学模型进行预测。它是以时间为独立变量，利用过去需求随时间变化的关系来估计未来的需求。

二、生产计划的类型及其编制步骤

生产计划，是关于工业企业生产系统总体方面的计划。它所反映的并非某几个生产岗位或某一条生产线的生产活动，也并非产品生产的细节问题，以及一些具体的机器设备、人力和其他生产资源的使用安排问题，而是工业企业在计划期应达到的产品品种、质量、产量、产值和出产期等生产方面的指标、生产进度及相应的布置，它是指导工业企业计划期生产活动的纲领性方案。

按照制定计划时间的长短，生产计划可分为长期计划、中期计划和短期计划。长期计划及生产方向的长远规划，可按五年或更长时间编制；中期计划是按两年或三年编制的市场发展规划；短期计划主要是年度生产计划。按照计划层级，生产计划可分为主生产计划和次生产计划。

生产计划的编制大致可以归纳为以下几个步骤：

（1）调查研究，收集资料

制定生产计划之前，要对企业经营环境进行调查研究，充分收集各方面的信息资料，其主要内容包括：国内外市场信息资料、预测，上期产品销售量，上期合同执行情况及成品库存量，上期计划的完成情况，企业的生产能力，原材料及能源供应情况，品种定额资料，成本与售价。

（2）确定生产计划指标，进行综合平衡

确定生产计划指标是制定生产计划的中心内容。其中包括：产值指标的选优和确定；产品出产进度的合理安排；各个产品的合理搭配生产；将企业的生产指标分解为各个分厂、车间的生产指标等工作。这些工作，相互联系，实际上是同时进行的。

综合平衡是制定生产计划的重要工作环节，其内容包括两个方面：一是以利润计划指标平衡；二是以生产计划指标为中心，生产计划与生产能力及其他投入资源的平衡。

（3）安排产品出产进度

生产计划指标确定后，需进一步将全年的总产量指标按品种、规格和数量安排到各季、月中去，制定出产品出产进度计划，以便合理分配并指导企业的生产活动。

三、生产计划的主要指标

制定生产计划指标是生产计划的重要内容。为了有效地和全面地指导企业生产计划期的生产活动，生产计划应建立包括产品品种、产品质量、产品产量和产品产值的四类指标为主要内容的生产指标体系。

1. 产品品种指标

产品品种指标是指企业在计划期内规定生产产品的名称、型号、规格和种类。它不仅反映企业对社会需求的满足能力，还反映了企业的专业化水平和管理水平。产品品种指标的确定首先要考虑市场需求和企业实力，按产品品种系列平衡法来确定。

2. 产品质量指标

产品质量指标是指企业在计划期内各种产品应该达到的质量标准。产品质量指标是衡量企业经济状况和技术发展水平的重要指标之一。产品质量受若干个质量控制参数控制。对质量参数的统一规定形成了质量技术标准，包括国际标准、国家标准、部颁标准、企业标准、企业内部标准等。

3. 产品产量指标

产品产量指标是指企业在计划期内生产的可供销售的合格产品的实物数量和工业性劳务的数量。产品产量指标通常采用实物单位或假定实物单位来计量。以实物量计算的产品产量，反映企业生产的发展水平，是制定和检查产量完成情况，分析各种产品质检比例关系和进行产品平衡分配，计算实物量生产指数的依据。确定产品产量指标主要采用盈亏平衡法、线性规划法等。

4. 产品产值指标

产品产值指标是用货币表示的产量指标，能综合反映企业生产经营活动成果，以便进行不同行业间比较。产值指标分为产品产值、总产值和净产值三种形式。

四、生产能力

企业生产能力水平是反映企业生产可能性的一项重要指标。所谓生产能力是指企业固定资产一定时期内和一定的组织技术条件下，经过综合平衡以后，可能生产一定种类和一定质量产品的最高数量，或者可能加工处理一定原材料的最大数量。

企业的生产能力一般有设计能力、查定能力、计划能力三种。设计能力是指新建或改建企业在设计任务书和技术文件中所规定的正常条件下达到的生产能力，是生产性固定资产在最充分利用工作时间和最完善的技术组织条件下应该达到的最高生产能力。查定能力是指企业生产了一段时期以后，由于技术变革，对原设计能力重新调查、分析、核定下来的生产能力，往往用于那些没有经过正规设计的企业。计划能力是指企业在计划年度内依据现有生产技术条件，并考虑到能够实现的各种技术组织措施效果而计算出的实际能达到的生产能力。企业生产能力由三个基本因素所决定，即生产中固定资产的数量、固定资产的工作时间、固定资产的生产效率。

在制定生产能力计划时，必须综合考虑多方面因素的影响，主要包括生产经济规模、扩大生产能力的时机与规模、学习效应的影响等。如考虑经济规模影响，组织在生产运作过程中，单位产品成本的高低与其生产设施规模有直接关系。在一定条件下，生产规模越大，固定资产和初始投资费用可被更多产品分摊，产出产品的单位成本也越低。但这种降低并不是无限度的，当规模达到一定程度，会使生产系统变得复杂，使间接成本大幅度增加。

制定生产能力计划的步骤为：预测未来生产能力的需求、核算现有生产能力与预测能力需求之间的差距、制订生产能力计划方案、计划方案的评价。

第五节　MRP、MRPII 和 ERP

一、MRP

（一）MRP 概述

物料需求计划（Material Requirements Planning，MRP）是 20 世纪 60 年代发展起来的一种计算物料需求量和需求时间的系统，是对构成产品的各种物料的需求量与需求时间所做的计划，它是企业生产计划管理体系中作业层次的计划。物料需求计划最初只是一种计算物料需求的计算器，是开环的，没有信息反馈，后来发展为闭环物料需求计划。

物料需求计划系统是专门为装配型产品生产所设计的生产计划与控制系统，它的基本工作原理是满足相关性需求的原理。物料需求计划中的物料指的是构成产品的所有物品，包括部件、零件、外购件、标准件以及制造零件所用的毛坯与材料等。这类物料的需求性质属于相关性需求，其特点是：需要量与需要时间确定而且已知；需求成批并分时段，即呈现出离散性；百分之百的保证供应。

由于企业中相关需求物料的种类和数量相当繁多，而且不同的零部件之间还具有多层“母子”关系，因此这种相关需求物料的计划和管理比独立需求要复杂得多。对于相关需求物料来说，就很有必要采用已有的最终产品的生产计划作为主要的信息来源，而不是根据过去的统计平均值来制定生产和库存计划。而MRP正是基于这样一种思路的相关需求物料的生产与库存计划。

（二）与MRP相关的概念

在制定物料需求计划中，涉及到一些概念，如独立需求与相关需求，时间分段与提前期等。

当对某项物料的需求与对其他物料的需求无关时，则称这种需求为独立需求，如产品、成品、样品、备品和备件等。当对一项物料的需求与对其他物料项目或最终产品的需求有关时，称为非独立需求或相关需求，如半成品、零部件和原材料等。

产品结构或物料清单，其提供了产品全部构成项目及这些项目的相互依赖的隶属关系。时间分段是指将连续的时间流划分成一些适当的时间单元。通常以工厂日历（或称计划日历）为依据。

不同类型和类别的库存项目，其提前期的含义是不同的。如外购件，应定义采购提前期，指物料进货入库日期与订货日期之差。零件制造提前期指各工艺阶段比成品出产要提前的时间。MRP对生产库存的计划与控制就是按各相关需求的提前期进行计算实现的。

（三）MRP的原理

物料需求计划MRP的工作原理是按照主生产计划规定的产品生产数量及期限要求，利用产品结构、零部件和在制品库存情况、各生产阶段（或订购）的提前期、安全库存等信息，反工艺地推算出各个零部件的出产数量与期限，从而通过各生产环节的精确计划与控制，实现最小的库存和及时的供货。MRP的目标有：及时取得生产所需的原材料及零部件，保证按时供应用户所需产品；保证尽可能低的库存水平；计划生产活动与采购活动，使各部门生产的零部件、采购的外购件在装配要求的时间和数量上精确衔接。MRP的输入信息包括：主生产计划、产品信息、库存信息。MRP原理的逻辑关系可如图7-1所示。

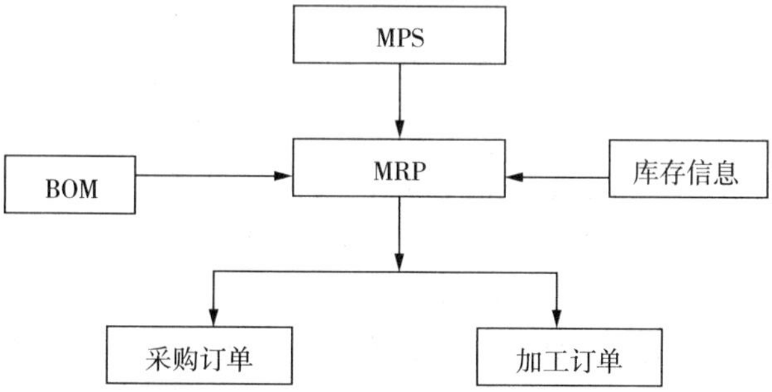

图7-1 物料需求计划逻辑关系图

（四）闭环 MRP

基本 MRP 能根据有关数据计算出相关物料需求的准确时间与数量，对制造业物资管理有重要意义。但它还不够完善，如没有解决如何保证零部件生产计划成功实施问题；缺乏对完成计划所需的各种资源进行计划与保证的功能；也缺乏根据计划实施情况的反馈信息对计划进行调整的功能。因此，在基本 MRP 的基础上，引入了资源计划与保证，安排生产、执行监控与反馈等功能，形成闭环的 MRP 系统。

闭环 MRP 的特点是：主生产计划来源于企业的生产经营计划与市场需求（如合同、订单等）；主生产计划与物料需求计划的运行或执行伴随着能力与负荷的运行，从而保证计划是可靠的；采购与生产加工的作业计划与执行是物流的加工变化过程，同时又是控制能力的投入与产出过程；能力的执行情况最终反馈到计划制定层，整个过程是能力的不断执行与调整的过程。

二、MRPII

在由 MRP 发展到闭环 MRP 后，人们又认识到了闭环 MRP 的一些不足，如：计划的源头是从生产计划大纲及主生产计划开始，而对企业的高层、长远经营规划尚无考虑；另外闭环 MRP 中包含了以制造为主线的物流和信息流，但企业中非常重要的资金流却无反映。针对闭环 MRP 的不足和局限，在 20 世纪 70 年代末 80 年代初，有关专家在闭环 MRP 的基础上加入了企业的高层长远经营规划及企业的财务职能形成了 MRPII。

MRPII 是制造资源计划（Manufacturing Resources Planning）的简称，为了区别物料需求计划，称物料需求计划为 MRPI 或者 MRP，而称制造资源计划为 MRPII。MRPII 是对制造业企业的生产资源进行有效计划的一整套生产经营管理计划体系，是一种计划主导型的管理模式。MRPII 是闭环 MRP 的直接延伸和扩充，是在全面继承 MRP 和闭环 MRP 基础上，把企业宏观决策的经营规划、销售/分销、采购、制造、财务、成本、模拟功能和适应国际化业务需要的多语言、多币制、多税务以及计算机辅助设计技术接口等功能纳入，形成的一个全面生产管理集成化系统。

MRPII 的制造资源是企业的物料、人员、设备、资金、信息、技术、能源、市场、空间和时间等用于生产的资源的统称。MRPII 的计划反映了它是以计划管理为主线的生产经营管理模式，其基本思路是对企业的制造资源在周密的、客观的计划下得到最有效的、充分的利用。MRPII 贯穿于企业生产制造的全过程，充分体现“三结合”原则，即把企业长远发展宏观计划和企业接受订单确定要求的中层计划、产品计划，零部件和原材料等微观计划结合起来；把执行计划和阶段工作结合起来；把企业物流、信息流及资金流有机结合起来。MRPII 是在生产实践中产生，并不断完善并且反过来指导实践，具有广泛的通用性。MRPII 与计算机的关系是相辅相成，它们相互依赖相互促进。

MRPII 的发展可分为四个阶段：MRP 阶段、闭环 MRP 阶段、MRPII 阶段和 ERP 阶段。

实施 MRPII 除需要计算机硬、软件以外，还需要以下基本条件：客观需要是企业实施 MRPII 的动力、组成以企业领导为首的资产决策机构，是实施成功的重要条件、完整和准确的数据是 MRPII 实施的基础、教育培训提高员工队伍素质，是实施 MRPII 的主要保证。

MRPII 系统的特点是：计划的一贯性和可行性、管理系统性、数据共享性、动态应变性、模拟预见性、物流和资金流的统一。其中每一个特点都含有管理模式的变革和人员素质或行为规范的变革。

由于 MRPII 将经营、财务与生产系统相结合，并且具有模拟功能，因此它不仅能对生产过程进行有效的管理和控制，还能对整个企业计划的经济效果进行模拟，对辅助企业高级管理人员进行决策具有重要的意义。

三、ERP

企业需求计划（Enterprise Requirements Planning，ERP）是一个使财务、分销、制造和其他经营业务达到均衡协调的应用软件系统。ERP 的核心管理思想就是实现对供应链的有效管理。

ERP 是在 MRPII 的基础上扩大了管理的功能和使用范围。从功能上讲，它把企业的研究与开发管理、人力资源管理等管理功能集成进去，充分有效地利用企业的各种资源，来发挥整体效益。在使用范围上，ERP 通过远程通讯网将多种计算机环境下的各个企业的管理信息系统集成在一起，非常适合于大的跨国集团公司。

ERP 在 MRPII 原有功能的基础上，向内外两个方向延伸。向内主张以精益生产方式改造企业生产管理系统，向外则增加战略决策功能和供需链管理功能。ERP 系统不仅仅是 MRPII 系统的扩展，它实际上是在新的市场环境下的全新的经营理念，ERP 系统的改进实际上包含着一系列管理思想和方法的变革。

ERP 是一种在市场经济条件下组织现代化大生产的技术，一种科学的管理工具。它的实施在宏观上有赖于市场经济的完善。

在微观层面上，实施 ERP 除需要计算机硬件、软件系统以外，还需要以下基本条件。

（1）客观需要是企业实施 ERP 的动力。企业要实施 ERP 系统必须有明确的目的和需求，才能有的放矢引入所需要的系统并坚持实施。

（2）组成以企业主管领导为首的决策机构，是实施成功的重要条件。

（3）完整和准确的数据是 ERP 实施的基础。

（4）教育培训提高职工队伍素质，是实施 ERP 的重要保证。

第六节　生产现场管理

现场管理是企业生产运作管理的有机组成部分，生产现场管理是生产运作系统中一个区域，它直接影响产品质量和企业的经济效益，只有不断地优化生产现场管理，才能实现企业管理的整体优化。

一、生产现场管理概述

现场管理就是运用科学的管理思想、管理方法和管理手段，对现场的各种生产要素，如人、设备、原材料、工艺及检测方法、环境、资金、能源、信息等，进行合理配置和优化组合，通过计划、组织、控制、协调和激励等管理职能，保证现场按预定的目标，实现优质、高效、低耗、均衡、安全、文明的生产。现场管理是企业管理的重要环节，企业管理中的很多问题必然会在现场得到反映，各项专业管理工作也要在现场落实。可是作为基层环节的现场管理，其首要任务是保证现场的各项生产活动能高效率、有秩序地进行，实现预定的目标任务，现场出现的各种生产技术问题，有关人员在现场就能及时解决，不等、不拖、不“上交”。从这个意义上说，生产现场管理也就是现场的生产管理。

二、现场管理的任务和内容

（一）现场管理的任务

有人把现场管理仅仅理解为“打扫卫生，文明生产”，这是很不全面的。现场管理的任务主要是合理地组织现场的各种生产要素，使之有效地结合起来形成一个有机的生产系统，并经常处于良好的运行状态。具体的目标任务是：以市场需求为导向，生产适销对路的产品，全面完成生产计划规定的任务；消除生产现场的浪费现象，科学地组织生产，采用新工艺、新技术，开展技术革新和合理化建议活动，实现生产的高效率和高效益；优化劳动组织，搞好班组建设和民主管理，不断提高现场人员的思想水平与技术业务素质；加强定额管理，降低物料和能源消耗，减少生产储备和资金占用，不断降低生产成本；优化专业管理，完善工艺、质量、设备、计划、调度、财务和安全等专业管理保证体系，并使它们在生产现场协调配合，发挥综合管理效应，有效地控制生产现场的投入与产出；组织均衡生产，实行标准化管理；加强管理基础工作，做到人流、物流运转有序，信息流及时准确，出现异常现象能及时发现和解决，使生产现场始终处于正常、有序、可控的状态；治理现场环境，改变生产现场“脏、乱、差”的状况，确保安全生产、文明生产。

（二）现场管理的内容

现场管理的任务决定现场管理的内容是多方面的，既包括现场生产的组织管理工作，又包括落实到位的各项专业管理和管理基础工作。因此，现场管理的内容可以从不同的角度去概括和分析。例如，从管理职能分析，现场管理的层次与范围虽不同于企业管理，但仍是具有计划、组织、控制、激励和教育等职能，这些管理职能在生产现场都有所体现，所以可以据此概括和分析现场管理的内容。另外，还可以从构成现场的点（工序管理）、线（流水管理）、面（环境管理）角度，概括和分析现场管理的内容。下面是从优化现场的人、机、料、法、环等主要生产要素，从优化质量、设备等主要专业管理系统这一角度来概括和分析现场管理的内容。具体内容包括：作业管理；物流管理；文明生产与定量管理；生产现场质量管理；生产现场设备管理；生产现场成本控制；生产现场计划与控制；优化劳动组织与班组建设；岗位责任制；生产现场管理诊断。在不同行业的不同企业中，现场管理的内容及其重点不尽相同。上述10项内容是从当前大多数企业的实际情况出发提出来的，具有一定的普遍意义。随着生产技术的发展和管理水平的提高，现场管理的内容将更加丰富、充实，并不断出现新的内容。

三、5S活动

（一）“5S”活动的含义

“5S”活动，是指对生产现场各生产要素，主要是物的要素所处状态不断地进行整理、整顿、清洁、清扫和提高素养的活动。由于整理、整顿，清洁、清扫和素养这五个词口语中罗马拼音的第一个字母都是“S”，简称为“5S”。“5S”活动在日本企业中广泛实行，它相当于我国企业里开展的文明生产活动。

（二）“5S”活动的内容和具体要求

1. 整理（Seiri）——把要与不要的人、事、物分开，再将不需的人、

事、物加以处理

这是开始改善生产现场的第一步。其要点是首先对生产现场摆放和停滞的各种物品进行分类，区分什么是现场需要的，什么是现场不需要的；其次，对于现场不需要的物品，诸如用剩的材料、多余的半成品、切下的料头、切屑、垃圾、废品、多余的工料、多余的工具、报废的设备、员工个人生活用品等，要坚决清理出现场。这样做的目的是：改善和增大作业面积；现场无杂物，行道通畅，提高工作效率；减少磕碰的机会，保障安全，提高质量；消除管理上的混放、混料等差错事故；有利于减少库存量，节约资金；改变作风，提高工作情绪。

这项工作的重点在于坚决把现场不需要的东西清理掉。对于车间里各个工位或设备的前后、通道左右、厂房上下和工具箱内外等，包括车间的各个死角，都要彻底搜寻和清理，达到现场无不用之物。坚决做好这一步，是树立好作风的开始。

2. 整顿（Seiton）——把需要的人、事、物加以定量、定位

通过上一步整理后．对生产现场需要留下的物品进行科学合理的布置和摆放，以便在最快速的情况下取得所要之物，在有效的规章制度和流程下完成事务。

整顿活动的要点是：

（1）物品摆放要有固定的地点和区域，以便于寻找和消除因混放而造成的差错；

（2）物品摆放要科学合理，例如：根据物品使用的频率，经常使用的东西放得近些，偶尔使用或不常用的东西则应放得远些；

（3）物品摆放目视化，使定量装载的物品做到过目知数，不同物品摆放区域采用不同的色彩和标记；

生产现场物品的合理摆放有利于提高工作效率，提高产品质量，保障生产安全。

3. 清扫（Sciso）——把工作场所打扫干净，设备异常时马上修理，使之恢复正常

现场在生产过程中会产生灰尘、抽污、铁屑和垃圾等，从而使现场变脏。脏的现场会使设备精度降低，故障多发，影响产品的质量，使安全事故防不胜防；脏的现场更会影响人们的工作情绪，使人不愿久留。因此，必须通过清扫活动来清除那些脏物，创建一个明快、舒畅的工作环境，以保证安全、优质和高效率地工作。清扫活动的要点是：

（1）自己使用的物品要自己清扫，而不是依赖他人，不增加专门的清扫工；

（2）对设备的清扫，着眼于对设备的维修保养；

（3）清扫也是为了改善，所以当清扫地面发现有飞屑和油水泄漏时，查明原因并采取措施加以改进。

4. 清洁（Seiketsu）——整理、整顿、清扫之后要认真维护，保持完美和最佳状态

清洁，不是单纯从字面上来理解，而是对前三项活动的坚持与深入，从而消除发生安全事故的根源，创造一个良好的工作环境，使员工能愉快地工作。清洁活动的要点是：

（1）车间环境不仅要整齐，而且要做到清洁卫生，保证员工身体健康，增强员工劳动热情；

（2）不仅物品要清洁，而且整个工作环境要清洁，进一步消除浑浊的空气、粉尘、噪音和污染源；

（3）不仅物品、环境要清洁，而且员工本身也要做到清洁，如工作服要清洁，仪表要整洁，及时理发、刮须、修指甲和洗澡等；

（4）员工不仅做到形体上的清洁，而且要做到精神上的“清洁”，待人要讲礼貌，要尊重别人。

5. 素养（Shitsuke）——养成良好的工作习惯，遵守纪律

素养即教养。努力提高人员的素质，养成严格遵守规章制度的习惯和作风，这是“5S”活动的核心。没有人员素质的提高，各项活动也不能顺利开展，开展了也坚持不了。所以，抓“5S”活动，要始终着眼于提高人的素质。“5S”活动始于素质，也终于素质。

在开展“5S”活动中，要贯彻自我管理的原则。创造良好的工作环境，不能单靠添置设备来改善，也不要指望别人来代为办理，而让现场人员坐享其成。应当充分依靠现场人员，由现场的当事人员自己动手为自己创建一个整齐、清洁、方便和安全的工作环境。使他们在改造客观世界的同时，也改造自己的主观世界，产生“美”的意识，养成现代化大生产所要求的遵章守纪、严格要求的风气和习惯。因为是自己动手创造的成果，也就容易保持和坚持下去。

由上可见，“5S”活动是把企业的文明生产各项活动系统化，并进入了一个更高的阶段。

（三）“5S”活动的组织管理

实践表明，“5S”活动开展起来比较容易，可以搞得轰轰烈烈，在短时间内取得明显的效果，但要坚持下去，持之以恒，不断优化则就不太容易。不少企业发生过“一紧、二松、三垮、四重”现象。因此，开展“5S”活动，必须领导重视，加强组织和管理。

（1）将“5S”活动纳入岗位责任制。要使每一部门，每一人员都有明确的岗位责任和工作标准。

（2）严格执行检查、评比和考核的制度。认真、严格地搞好检查、评比和考核，是使“5S”活动坚持下去并得到不断改进的重要保证。

（3）坚持PDCA循环，不断提高现场的“5S”水平。“5S”活动的目的是不断地改善现场，而“5S”活动的坚持也不可能总在同一水平上徘徊，而是要通过检查，不断发现问题，不断去解决问题。要在不断提高中去坚持。因此，在检查核后，还必须针对问题点，提出改进措施和计划。厂部、科室、车间、班组等各级都应制订各自的“5S”改进计划，通过PDCA循环，使“5S”活动得到坚持和不断提高。

四、定置管理

定置管理是我国工业企业20世纪80年代从日本学习引进的一种先进管理方法。作为生产现场管理的一个重要组成部分，定置管理的主要任务是研究作为生产过程主要要素的人、物、场所三者的相互关系。它通过运用调整生产现场的物品放置位置，处理好人与物、人与场所、物与场所的关系；通过整理，把与生产现场无关的物品消除掉；通过整顿，把生产场所需要的物品放在规定的位置。这种定置要科学、合理，实现生产现场的秩序化、文明化。

在工厂生产活动中，构成生产工序的要素有材料、半成品、机械设备、工夹模具、操作人员、工艺方法和生产环境等，归纳起来就是人、物、场所和信息等因素，其中最基本的是人与物的因素，只有人与物的合理结合，才能使生产有效地进行。

在生产活动中，人与物的结合状态，是决定生产有效程度的因素。但人与物的结合都是在一定场所进行的。因此，实现人与物的最佳结合，必须首先处理好物与场所的关系，实现物与场所的合理结合。因为，物与场所的有效结合是实现人与物合理结合的基础。研究物与场所的有效结合，就是对生产现场、人、物进行作业分析和动作研究，使对象物品按生产需要、工艺要求科学地固定在某场所的特定位置上，达到物与场所的有效结合，缩短人取物的时间，消除人的重复动作，以促进人与物的最佳结合。

信息媒介就是在人与物、物与场合理结合过程中起着指导、控制、确认等作用的信息载体。在定置管理中，完善而准确的信息媒介是很重要的，它影响到人、物、场所的有效结合程度。实行定置管理，必须重视和健全各种信息媒介物，良好的定置管理，要求信息媒介物达到五方面要求：场所标志清楚；场所设有定置图；位置台账齐全；存放物的序号、编号齐备；信息标准化。

推行定置管理的程序是：对现场进行调查，明确问题点；分析问题，提出现场改善的方案；定置管理的设计；定置管理方案的实施和考核。

五、目视管理

目视管理是利用形象直观而又色彩适宜的各种视觉感知信息来组织现场生产活动，达到提高劳动生产率的一种管理手段，也是一种利用视觉来进行管理的科学方法。所以目视管理是一种以公开化和视觉显示为特征的管理方式，吸收并综合运用管理学、生理学、心理学、社会学等多学科的研究成果。

目视管理中运用的可视信息内容一般包括作业标准、安全信息等。目视管理的具体形式多种多样，如仪表、电视、信号灯、标示牌、图表、标志线、色彩标志等。例如交通用的红绿灯：红灯停、绿灯行；排气扇上绑一根小布条，看见布条飘动就可知道正在运行；一块“值班电工去向指示板”可将值班人及其去向清楚地标明；物品放在画有标高线的墙边，一眼就能看出物品摆放是否超高等等。

第七节　设备管理

一、设备管理概述

（一）设备管理的内涵

1. 设备管理的概念

设备管理是指依据企业的生产经营目标，通过一系列的技术、经济和组织措施，对设备寿命周期内的所有设备物质运动形态和价值运动形态进行的综合管理工作。

设备寿命周期是指设备从规划、购置、安装、调试、使用、维修、改造和更新直至报废的全过程所经历的时间。

2. 设备管理的内容

抽象地讲，针对设备运动的两种形态，设备管理的内容除设备管理的基础工作外，还包括两个方面：对设备的物质运动形态的管理，称之为技术性管理；对设备的价值运动形态的管理，称之为经济性管理。

具体地讲，设备管理的内容包括以下活动：

（1）建立设备管理的平台，包括建立相应的组织机构和信息处理系统、制定相应的规章制度和标准措施等，以形成管理机制，为设备管理其他内容的实施提供条件和依据。

（2）依据企业战略和生产战略制定设备规划。

（3）组织设备购置中的技术经济评价和选购活动及设备购置后的安装与调试活动。

（4）监督与控制设备运行中的使用、保养与维修。

（5）对设备的改造与更新做出决策。

3. 设备管理的意义

“工欲善其事，必先利其器。”设备是人类生产活动或其他活动的工具，在生产的主体由人力逐渐向设备转移的今天，管理好设备，使设备始终处于最佳状态对企业竞争力的影响和意义是极大的。

（1）设备管理直接影响企业管理的各个方面。在现代化的企业里，企业的计划与交货期都要考虑设备的状态，企业生产系统与信息系统的监控活动水平更是与设备状态紧密相关。

（2）设备管理水平的高低直接关系到企业的产品产量目标和质量目标的实现，也直接关系到安全生产和环境保护。

（3）设备管理水平的高低直接影响着企业产品的制造成本的高低。

（4）设备管理水平的高低也对企业生产资金的合理使用有直接影响。因为在工业企业中，设备及其备品备件所占用的资金一般要占到企业全部生产资金的50%以上。

（二）设备管理发展历程

以泰勒为代表的科学管理取代传统的经验管理之后，设备管理独立成为一个专门职能。从那时起至今，设备管理在百年发展历程中，与企业管理其他职能一样，也经历了一个逐步发展和完善的过程。大体上看，设备管理经历了以下几个发展时期：

1. 设备事后修理时期

这一时期，设备管理的显著特点是设备发生故障之后，再进行修理，即以事后修理为主的管理模式。这种设备管理模式下，往往因事先不知道故障何时发生，缺乏修理前的准备而使修理停歇时间较长。并且常常因修理无计划而使生产计划和交货期受到影响。目前，这种管理模式只在不重要的设备中采用。

2. 设备预防维修时期

20世纪50年代，为了减少设备修理对生产计划和交货期的影响，减少停工修理时间，一些工业发达国家依据美苏在20世纪二三十年代提出预防维修的概念，开始由事后修理向定期预防维修转变。定期预防维修模式强调设备管理以预防为主，采用适当的方法和组织措施，注重设备使用过程中的维护、保养与检查，并依据设备磨损规律和检查结果，在设备发生故障之前进行有计划的修理。保证设备正常运行，提高了设备的利用率。维修预防的思想，即提倡在设计制造阶段就考虑设备的可靠性和维修性，从设计制造上提高设备素质，从根本上防止故障和事故的发生，减少和避免维修。维修预防思想的提出是设备管理在观念上的突破，为以后出现的设备综合管理奠定了一定的思想基础。

3. 设备综合管理时期

在维修预防思想的基础上，又吸收了系统论、控制论与信息论的基本原理和行为科学等现代管理理论，于20世纪70年代初形成了设备综合管理理论—设备综合工程学。设备综合工程学由英国首创，继而流传于工业发达国家和地区。日本在引进和学习的过程中，结合生产维修的实践经验，提出了全面生产维修。全面生产维修是以设备的综合效率为目标，以设备一生的时间与空间全系统为载体，全体成员参与为基础的设备保养与维修体制。设备综合管理与以往的设备管理相比，具有系统性强、综合性强与群众性强的特点。

二、设备的选择、评价和使用

（一）设备的选择

设备选择问题，对于新建企业选择设备，老企业购置新设备和自行设计、制造专用设备，以及从国外引进技术装备，都是十分重要的。设备选择应满足生产实际需要，结合企业长远生产经营发展战略全面考虑。选择设备的目的是使企业有限的设备投资、用在生产必需的设备上，以发挥投资的最大经济效益。一般来说，技术上先进、经济上合理、安全节能、满足生产需要是企业在选择、制造、引进设备时必须共同遵守的原则。因此，在选择设备时应考虑的因素有：生产性、可靠性、安全性、节能性、环保性、维修性、成套性、灵活性、耐用性等。

（二）设备的经济评价

企业在选择设备时，除了考虑上述因素外，还应对设备进行经济评价。评价的方法主要有以下几种：

1. 投资回收期法

投资回收期是指用设备的盈利收入来补偿设备投资支出所需要的时间。

2. 费用换算法

（1）年费法

年费法是将设备的购置依据设备的寿命周期，按复利计算，换算成相当于每年的费用支出后，加上年维持费，得出不用设备的年总费用，据此进行比较分析，选择最优设备的方法。

（2）现值法

现值法是将设备寿命周期内的每年维持费，通过现值系数换算成相当于一次的维持费用。

（三）设备合理使用

设备合理使用要做好以下三方面工作：

（1）必须根据企业的生产技术特点和工艺过程的要求，合理配备各种类型的设备，同时根据各种设备的性能，结构和技术经济特点合理安排加工任务，注意设备的负荷情况。

（2）提高设备的利用程度。一是提高设备的时间利用率，即充分利用设备可能工作的时间，不让设备闲置；二是提高设备的负荷的利用率，就是要使设备在单位时间内生产出尽可能多的合格产品。

（3）建立健全各种规章制度，确保设备的合理使用。有关制度如：安全操作规程、岗位责任制、润滑管理制度及操作合格证等。

三、设备维护保养与维修

（一）设备的维护保养

设备的维护保养，是指设备使用人员和专业维护人员在规定的时间内及维护保养范围内，分别对设备进行预防性的技术护理。

设备维护保养一般分为三级，称三级保养制度，有的是推行四级保养制度。四级保养制度的内容有：

1. 日常维护保养。日常维护保养亦称例行保养或“日保”，这是操作人员每天在班前后进行的通常保养。机械企业设备保养的四项要求是“整齐、整洁、润滑、安全”。

2. 一级保养。一级保养是以操作人员为主，维修人员为辅对设备进行局部检查、清洗，一般500～700小时进行一次。

3. 二级保养。二级保养是以维修人员为主，操作人员参加，对设备进行部分解体、检查、修理、更换或修复磨损件，局部恢复精度、润滑和调整。设备一般运行2500～3500小时进行一次二级保养。

4. 三级保养。三级保养是对设备的主体部分进行分解检查与调整工作，及时更换磨损限度已到的零件。

设备维护保养制度因设备的性能、工作条件不同而各企业有具体规定。

（二）设备维修

1. 设备维修的种类

设备修理种类按修理程度分为大修、中修、小修。

大修理是工作量很大的一种修理，它需要把设备全部拆卸，更换和修复全部磨损件，恢复其精度、性能和效率。其特点：修理次数少，修理间隔长，工作量大，修理时间长，费用多。大修理费用由专提的大修理基金支付。

中修理则是对设备进行部分解体，修理更换部分主要零件和数量较多的其他磨损件，并校正设备的基准，以恢复和达到规定的精度和其他技术要求。其特点：发生次数较多，时间较短，工作量不很大，修理时间较短，支付费用少，且由生产费用开支。

小修理是对设备的局部修理，它主要是更换和修复少量的磨损零件，并调整设备的局部机构，其特点：修理次数多，工作量小，一般在生产现场，由车间专职维修工执行，修理费用计入生产费用。

2. 设备维修方法

设备维修方法主要有以下几种：标准维修法、定期维修法和检查后维修法。

标准维修法是根据设备零件的寿命，预先编制具体的修理计划，明确修理日期、类别和内容。设备运转了一定时间后，不管其技术状态如何，必须按计划进行修理。这种方法便于做好修理前准备工作，设备停歇时间短，能有效地保证设备正常运转。但容易脱离实际，产生过度修理，增加修理费用。

定期维修法是根据设备的使用寿命，生产类型、工作条件和有关定额资料，事先规定各类计划修理的固定顺序，计划修理间隔及其修理工作量。修理内容事先不做规定，而在修理前根据设备状态来确定。

检查后维修法是根据设备零部件的磨损资料，事先只规定设备检查总次数和时间，而每次修理的具体期限、类别和内容均由检查后的结果来决定。这种方法简便易行、节约费用，但修理期限和内容要等检查后决定，修理计划性差，而且检查时有可能对设备状况的主观判断误差引起零件的过度磨损或故障。

四、设备的更新与改造

（一）设备的更新

设备更新是指对在技术上或经济上不宜继续使用的设备，用新的设备更换或用先进的技术对原有设备进行局部改造。或者说是以结构先进、技术完善、效率高、耗能少的新设备，来代替物质上无法继续使用，或经济上不宜继续使用的陈旧设备。

1. 设备的寿命

设备寿命是指设备从投入生产开始，经过有形磨损，直至在技术上或经济上不宜继续使用，需要进行更新所经历的时间。从不同角度可以将设备寿命划分为物质寿命、经济寿命、技术寿命和折旧寿命。

（1）物质寿命

物质寿命是根据设备的物质磨损而确定的使用寿命，即从设备投入使用到因物质磨损使设备老化损坏，直到报废拆除为止的年限。

（2）经济寿命

经济寿命是指设备的使用费处于合理界限之内的设备寿命。在设备物资寿命的后期，因设备故障频繁而引起的损失急剧增加。购置设备后，使用的年数越多，每年分摊的投资越少，设备的保养和操作费用却越多。在使用期最适宜的年份内设备总成本最低，这即经济寿命的含义。

（3）技术寿命

技术寿命是指由于科学技术的发展，不断出现技术上更先进、经济上更合理的替代设备，使现有设备在物质寿命或经济寿命尚未结束之前就提前报废。这种从设备投入使用到因技术进步而使其丧失使用价值所经历的时间称为设备的技术寿命。

（4）折旧寿命

折旧寿命是指按国家有关部门规定或企业自行规定的折旧率，把设备总值扣除残值后的余额，折旧到接近于零时所经历的时间。折旧寿命的长短取决于国家或企业所采取的方针和政策。

设备的寿命通常是设备进行更新和改造的重要决策依据。设备更新改造是为提高产品质量，促进产品升级换代，节约能源而进行的。其中，设备更新也可以是从设备经济寿命来考虑，设备改造有时也是从延长设备的技术寿命、经济寿命的目的出发的。

2. 设备更新的方式

设备更新的方式分为设备的原型更新和设备的技术更新。

设备的原型更新是指用结构相同的新设备，更换由于有形磨损严重，在技术上不宜继续使用的旧设备。设备的原型更新主要是解决设备的有形磨损的问题，它不具有技术进步的性质。对于设备的无形磨损，设备的原型更新是无法消除的。

技术更新是指用技术更先进的设备去更换技术上陈旧的设备。技术更新不仅能消除设备的有形磨损，恢复设备原有的性能，而且能消除设备的无形磨损，提高设备的技术水平和生产效率，降低消耗，提高产品质量，增强产品的竞争能力。

（二）设备改造

设备改造是指应用先进的科学技术成就，改变原有设备的结构，提高原有设备的性能、效率，使设备局部达到或全部达到现代新型设备的水平。由于设备改造比更新的费用省，见效快，适应性好，对促进企业技术进步有重要意义。因此，一些企业，在开发新产品时或增产现有产品时，总是更新一部分设备，保留一部分可用的原设备，改造一定数量的现有设备。

设备改造的方式分局部的技术更新和增加新的技术结构。局部的技术更新是采取先进技术改变现有设备的局部结构。增加新的技术结构是指在原有设备基础上增添部件、新装置等。

设备改造的内容主要包括：

1. 提高设备的自动化程度，实现数控化、联动化；
2. 提高设备的功率、速度和刚度，改善设备的工艺性能；
3. 将通用设备改装成高效的专用设备；
4. 提高设备的可靠性、维修性；
5. 改进设备安全环保装置及安全系统；
6. 使零部件标准化、通用化和系列化，提高设备的“三化”水平；
7. 降低设备的能耗。

五、设备综合管理

（一）设备综合管理的含义

设备管理是随着工业生产的发展，设备现代化水平的不断提高，以及管理科学和技术的发展逐步发展起来的，它经历了传统设备管理和设备综合管理两个阶段。

传统设备管理的理论核心是设备使用过程中的维修管理，其工作集中在设备的维修阶段，侧重技术管理，把设计、制造过程的管理与使用过程的管理严格分开，忽视了全面管理。

设备综合管理是在设备维修的管理的基础上为了提高设备的管理技术、经济效益和社会效益，以适应市场经济的进一步发展要求，运用设备综合工程学的成果，吸取了现代管理理论，综合了现代科学技术的新成果，而逐步发展起来的设备管理理论和方法。

（二）设备综合管理的内容

设备综合管理的内容就是对设备运动全过程的管理。它一般表现为两种状态：一是物质运动形态；二是价值运动形态。

设备的物质运动形态是指计划、设计、制造、购置、验收、安装、调试、运行、点检、维修、更新、改造，直至报废处理；设备的价值运动形态，表现为设备的资金筹集、最初投资、维修保养、费用支出、折旧费计提、更新改造资金的筹集与使用、设备的经营或有偿转让等。对设备物质形态的管理，通常叫设备的技术管理，对设备价值形态的管理，通常叫设备的经济管理。设备综合管理的内容归纳起来如下：

1. 实行设备的全过程管理；
2. 对设备从工程技术、经济和组织管理三个方面进行综合管理；
3. 实行设备的全员管理；
4. 开展设备的经营工作。

（三）设备综合管理的任务

设备综合管理的任务是为企业的生产提供先进适用的技术装备，使企业的生产经营活动建立在技术先进、经济合理的物质技术基础上，以保证经营目标的实现。它的具体任务是：

1. 以设备的寿命周期作为设备管理的对象，力求设备消耗的费用最少，设备综合效率最高；
2. 根据技术先进、经济合理、生产可行的原则，正确选择设备，为企业提供优良的设备；
3. 合理使用设备，做好设备的维修和保养工作，保证设备经常处于最佳技术状态；
4. 提高设备管理的经济效益；
5. 搞好设备的更新改造，提高设备的现代化水平；
6. 搞好设备的经营工作。

第八节　质量管理

众所周知，质量是影响企业竞争力的主要因素之一。没有好的产品质量，就等于失去了在市场上竞争的资格，因此，世界各国的企业管理者们历来都十分重视质量管理，掌握质量管理的内涵和质量管理的主要方法，也就成了管理人员必备的素质。

一、质量与质量管理

（一）质量的概念

质量、成本、交货期、服务及响应速度，是决定市场竞争成败的几个关键要素，而质量更是居首位的要素，是企业参与市场竞争的必备条件。质量低劣的产品，价格再低也无人问津。质量是质量管理的对象、正确、全面地理解质量的概念，对开展质量管理工作是十分重要的。质量的内容十分丰富，随着社会经济和科学技术的发展，也在不断充实、完善和深化，同样，人们对质量概念的认识也经历了一个不断发展和深化的历史过程。

自从美国贝尔电话研究所的统计学家休哈特（W. A. Shewhart）博士于1924年首次提出将统计学应用于质量控制以来，质量管理的思想和方法不断得到丰富和发展。一种新的质量管理思想和质量管理方式的提出，通常伴随的是对质量概念的重新理解和定义，那么到底什么是质量？国际标准化组织所制定的ISO8402-1994《质量术语》标准中，对质量做了如下的定义：质量是反映实体满足明确或隐含需要能力的特性的总和。现代质量管理认为，必须从用户的观点对质量下定义。这方面最著名的也是最流行的，是美国著名的质量管理权威朱兰（J. M. Juran）给质量下的定义：质量就是适用性，即产品在使用时能成功地满足用户需要的程度。用户对产品的基本要求就是适用，适用性恰如其分地表达了质量的内涵。ISO 9000-2000把质量定义为一组固有特性满足要求的程度。

阅读与思考

盼盼集团的洛阳事件

洛阳市一个用户购买一款盼盼牌防盗门，回家安装后，发现带拉手这边的门边与门柜之间的缝隙稍大，感觉到拉手安装得不太合理。用户拨通24小时咨询服务电话，说明了此事。经销处的人员立即赶到了用户家，用照相机拍照，把照片用传真机迅速传回公司。经过公司技术员的鉴定，门边与门框之间的缝隙超过了质量规定的标准公差，但不会影响到防盗门的防撬、防钻、防拔等性能。公司依然决定给用户换上一款新门，并且给予900元的经济赔偿。用户感慨地说：“这个问题解决得这么快，可见盼盼效率之高，你们的所作所为无愧于‘盼盼到家，安居乐业’的宗旨。”

洛阳事件发生后，根据产品附带档案制度，很快查出生产和质检责任和质检责任人，公司予以经济上的罚款和通报批评。罚款和通报批评不是目的，目的在于提高生产者和质检者的责任心，教育他人，避免类似事件再次发生，使产品质量再上新台阶。盼盼人不仅做到了有章可循，而且做到了违章必究。

思考：

通过这个案例你想到了什么？

（资料来源：卢海涛，陈宝财．企业管理学［M］．北京：清华大学出版社，2008）

（二）质量管理的概念及其发展

质量管理（quality management）是指确定质量方针、目标和职责，并通过质量体系中的质量策划、质量控制、质量保证和质量改进来使其实现的所有管理职能的全部活动。

质量管理的发展，同科学技术的发展，同管理科学化、现代化的发展是密不可分的。通常认为，质量管理的发展历程大体经历质量检验阶段、统计质量控制阶段和全面质量管理阶段三个阶段：

1. 质量检验阶段

20世纪以前，由于当时的产品相对简单，大都由操作人员自己制造，自行对产品质量进行检验和管理，因此称为“操作者的质量管理”。20世纪初，泰罗主张把执行质量检验的责任由操作者转移给工长，称为“工长的质量管理”。随着对零件互换性和标准化的要求越来越高，许多企业都相继设置了专职检验人员和部门，负责全厂各生产部门的产品（零部件）质量的检验和管理工作，称为“检验员（部门）的质量管理”。此阶段主要依靠质量检验手段对产品进行事后检查、剔除废品，挑出次品，防止不合格产品流入下道工序或出厂，对保证产品质量起到了一定的作用。但也有明显的局限性和弊端，一方面，由于“事后检验把关”，即使查出了次品、废品，也已既成事实，无法在生产过程中起到预防、控制的作用；另一方面，由于采取百分之百“全数”检验的办法把关，使得检验费用大大增加，同时，在破坏性检验的情况下，难以保证产品质量；最后，设计、生产和检验三方面的员工缺乏协调配合，管理的作用相当薄弱，当出现质量问题时，容易相互推卸责任。

2. 统计质量控制阶段

从第二次世界大战开始至20世纪50年代末，质量管理处于统计质量控制阶段。

它主要运用数理统计方法，通过抽样检验这一手段，从产品生产过程的质量波动中找出规律性，对产生波动的异常原因事先采取预防措施，从而达到在生产工序间进行质量控制的目的。统计质量控制的特征是将数理统计方法和质量管理相结合，此方法最早由美国贝尔研究所的休哈特、道奇（H. F. Dodoge）和罗米格（H. G. Romig）三位学者引入到质量管理领域。但是，由于20世纪30年代世界资本主义经济危机的影响，这些科学的方法均未能在质量管理中发挥其应有的作用。第二次世界大战爆发后，美国大批生产民用品的公司转产军需品，由于军需品属于破坏性检验，事先无法控制不合格品，造成不能按期交货而贻误战机；同时，成品的低可靠性造成军火和装备经常发生事故，影响了战局。美国国防部为了解决这个难题，于1941—1942年先后制定和公布了“美国战时质量管理标准”，即《质量管理指南》《数据分析用的控制图法》和《生产中质量管理用的控制图法》，强制要求生产军需品的各公司、企业实行统计质量管理，这三个标准是质量管理进程中最早的标准。

由于质量管理把“质量检验阶段”中的“事后把关”变成事先控制、预防为主，防控结合，使质量管理工作建立在科学的基础上，给厂商带来了巨额利润。战后许多公司相继采用，有效地推动了这一方法的使用和发展。但统计质量管理也存在着明显的缺陷，它过分强调数理统计方法、没有重视数理统计方法的普及工作，使得人们对质量管理产生了一种“高不可攀、望而生畏”的感觉，影响了数理统计方法的运用。

3. 全面质量管理阶段

这一阶段从20世纪60年代初开始，一直延续至今。随着人们对产品的功能及技术服务的要求日益提高，仅靠质量控制的统计方法已不能满足人们日益增长的需要。为此，企业除了要对生产过程进行控制外，还需对产品的设计、准备、制造、销售、使用等环节，依据“系统”的概念和技术进行控制，把质量问题作为一个统一的有机整体进行综合的分析和研究。20世纪60年代初末，美国通用电气的费根堡姆和质量管理学家朱兰提出了全面质量控制（Total Quality Control，TQC）的概念，经过30多年的实践和运用，至90年代，日本科学技术联盟将TQC改为TQM（Total Quality Management）。

质量管理的三个发展阶段是一个相互联系的发展与提高的过程。质量检查至今仍是杜绝不合格品流入下道工序和用户手中的不可缺少的质量管理环节；统计质量控制方法仍是生产过程质量控制的重要手段。

随着时间的推移，在质量管理的实践活动中以及质量管理专家的积极推动下，出现了一些对质量管理的发展和进步产生巨大作用的管理理论。如1979年，美国质量管理专家克劳斯比提出了“零缺陷”理论；20世纪80年代美国摩托罗拉公司提出了六西格玛管理；从20世纪80年代开始，也就是全面质量管理从TQC发展到TQM的同时，产生了第一部质量管理的国际标准——ISO9000族标准；20世纪80年代后期美国创建了卓越绩效模式等等。

二、全面质量管理

（一）全面质量管理的含义

全面质量管理在早期称为全面质量控制。美国质量管理专家费根堡姆在1961年出版的《全面质量管理》一书中首先提出了全面质量管理的概念："全面质量管理就是从让消费者完全满意着想，企业各部门综合进行开发、保持、改进质量的努力，以便最经济地进行生产和服务的有效体系。"因此，他主张需要从市场调查到设计、生产、检查、服务的所有部门都实行质量管理。费根堡姆的这个定义强调了以下三个方面的内容。

1. "全面"一词首先是相对于统计质量控制中的"统计"而言的。也就是说，要生产出满足顾客要求的产品，提供顾客满意的服务，单靠统计方法控制生产过程是很不够的，必须综合运用各种管理方法和手段，充分发挥组织中的每一个成员的作用，从而更全面地去解决质量问题。

2. "全面"一词还是相对于制造过程而言的。产品质量有个产生、形成和实现的过程，这一过程包括市场调研、研制、设计、制定标准、制定工艺、采购、配备设备与工装、加工制造、工序控制、检验、销售、售后服务等多个环节，它们相互制约、共同作用的结果决定了产品最终的质量水平。仅仅局限于只对制造过程实行控制是远远不够的。

3. 质量应当是"经济性"与"充分满足顾客要求"的完美统一，离开经济效益和质量成本去谈质量是没有实际意义的。

费根堡姆的全面质量管理观点在世界范围内得到了广泛的认同。但各个国家在实践中都结合自己的实际进行了创新。特别是20世纪80年代后期以来，全面质量管理得到了进一步的扩展和深化，其含义远远超出了一般意义上的质量管理的领域，而成为一种综合的、全面的经营管理方式和理念。

质量术语标准中对全面质量管理的定义为：一个组织以质量为中心，以全员参与为基础，目的在于通过让顾客满意和本组织所有成员及社会受益而达到长期成功的管理途径。这一定义反映了全面质量管理概念的最新发展，也得到了质量管理界的广泛认同。

（二）全面质量管理的特点

全面质量管理是企业管理的中心环节，是现代质量管理的有效方法，它和企业的经营目标相一致。全面质量管理要求将企业的生产经营管理与质量管理有机地结合起来。全面质量管理的特点就在“全面”上，主要表现在以下几个方面：

1. 全面的质量管理

它不仅管产品质量，同时也管产品质量赖以形成的工程质量、工作质量和服务质量，将各方面的综合作为管理控制的对象，用优质的工程质量、工作质量和服务质量来保证产品质量；要求保证质量、物美价廉、交货及时、服务周到，一切使用户满意。

2. 全过程的质量管理

产品质量始于设计，成于制造，终于使用。要保证产品质量，必须把产品质量形成的全过程的各个环节的有关因素都有效地控制起来，即对从市场调查、产品设计、试制、生产、检验、仓储、销售，到售后服务的各个环节都实行严格的质量管理，并形成一个综合的质量管理体系。

3. 全员参与的质量管理

产品质量是企业各方面工作的综合反映。产品质量好坏涉及企业的所有部门和所有人员。它要求树立“质量管理，人人有责”的观念，通过落实岗位质量目标责任制和对全体员工进行质量意识教育，把全体员工的积极性和创造性集中到参与质量管理的工作上。

4. 全社会推动的质量管理

所谓全社会推动的质量管理指的是要使全面质量管理深入持久地开展下去，并取得好的效果，就不能把工作局限于企业内部，而需要全社会的重视。需要质量立法、认证、监督等工作，进行宏观上的控制引导，即需要全社会的推动。全面质量管理的开展要求全社会推动。这一点之所以必要，一方面是因为一个完整的产品，往往是由许多企业共同协作来完成的，例如，机器产品的制造企业要从其他企业获得原材料、各种专业化工厂生产的零部件等。因此，仅靠企业内部的质量管理无法完全保证产品质量。另一方面，来自于全社会宏观质量活动所创造的社会环境可以激发企业提高产品质量的积极性和认识到它的必要性。例如，通过优质优价等质量政策的制定和贯彻，以及实行质量认证、质量立法、质量监督等活动以取缔低劣产品的生产，使企业认识到，生产优质产品无论对社会和对企业都有利，而质量不过关则企业无法生存发展，从而认真对待产品质量和质量管理问题，使全面质量管理得以深入持久地开展下去。

（三）全面质量管理的基本方法——PDCA 循环

1. PDCA 循环的概念

在质量管理中，PDCA 循环得到了广泛的应用，并取得了很好的效果，因此有人称 PDCA 循环是质量管理的基本方法。PDCA 是英文 Plan（计划)、Do（执行)、Check（检查)、Action（处理）四个词的第一个字母的缩写组合。是由美国质量管理专家戴明博士（W. E. Deming）首先提出的，所以也叫“戴明环”。它包括四个阶段，共分为八个步骤。之所以称其为PDCA 循环，是因为这四个阶段运行一次并不能解决所有的质量问题。一个循环结束，解决了部分问题，还有其他问题尚未解决，或者又出现了新的问题，就需要进行下一次 PDCA 循环，这样周而复始地进行。

（1）计划阶段（P 阶段）

计划阶段要确定质量目标、质量计划、管理项目和措施方案。这一阶段的工作分为四个步骤：

第一步，分析质量现状，找出存在的质量问题。在分析质量现状时，必须通过数据进行分析，并用数据说明存在的质量问题。

第二步，分析产生质量问题的各种原因或质量的影响因素。一般有人、机（设备、工具、工装)、料（材料、零配件)、法（工艺、方法)、检测、环境等因素。

第三步，从各种原因中找出影响质量的主要原因。这是解决质量问题的关键。

第四步，针对影响质量的主要原因制定对策，拟定管理、技术和组织措施，提出执行计划和预期效果。在制定措施和计划的过程中应明确为什么要制定这一措施和计划，预期达到什么目标，在哪里执行这个措施和计划，由哪个单位或谁来执行，什么时间开始执行，何时完成，怎样执行等，即采用提问法（5W1H 法)。

（2）执行阶段（D 阶段）

第五步，按预定计划、目标和措施，具体组织和实施。

（3）检查阶段（C 阶段）

第六步，把实施的结果和计划的要求相对比，检查计划的执行情况和实施的效果。

（4）处理阶段（A 阶段）

第七步，总结经验教训、巩固成绩并对出现的问题加以处理。就是把成功的经验和失败的教训都纳入相应的标准、制度或规定之中，以巩固已经取得的成绩，防止重复出现已发生过的问题。

第八步，把未解决的问题转入下一个管理循环，作为下一个阶段的计划目标。

2. PDCA 循环的特点

（1）大环套小环

质量管理工作需要各个部门之间的相互协作，解决一个质量问题需要企业上下协调一致，各司其职。如果把整个企业的质量管理工作作为一个大的 PDCA 循环，那么各个部门、小组甚至个人都有各自小的 PDCA 循环，大环带动小环，一级带一级，大环指导和推动着小环，小环又促进着大环，有机地构成一个运转的体系。

（2）阶梯式上升

PDCA 循环不是在同一水平上循环，每循环一次，就解决一部分问题，取得一部分成果，工作就前进一步，质量水平就提高一步。到了下一次循环，又有了新的目标和内容，从而不断阶梯式上升，更上一层楼。PDCA 循环逐级上升图如图 7－2 所示。

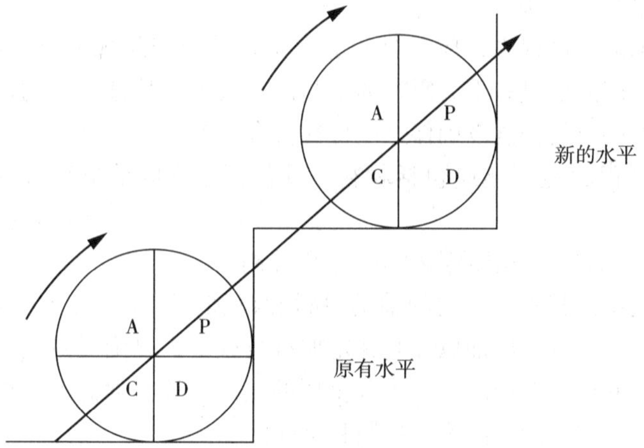

图 7－2　PDCA 循环逐级上升图

（3）科学管理方法的综合应用

PDCA 循环采用以质量控制七种工具为主的统计处理方法以及工业工程中工作研究的方法，作为进行工作和发现、解决问题的工具。

处理阶段是关键。在这一阶段要总结经验，巩固成绩，纠正错误，吸取教训，并使质量管理工作制度化、标准化，使每经过一个工作循环，质量水平就能稳定到一个新的水平上。通过不断研究解决质量问题的措施，推动产品质量的提高。

三、生产过程的质量控制

生产过程的质量控制是实现产品开发设计意图、形成产品质量的重要环节，是实现企业质量目标的重要保证。为此，企业必须抓好生产过程中的每一个环节的质量保证，严格执行、全面达到质量技术标准和管理标准。在此重点介绍技术准备过程、制造过程和辅助服务过程的质量控制。

（一）技术准备过程的质量控制

技术准备过程质量控制的目的，是为了使正式生产能在受控状态下进行。因此，企业必须重点抓好以下四个方面的质量控制活动。

1. 受控生产的策划

策划的目的是为了保证生产过程能按规定的方法和程序进行，从而达到受控的要求，能够稳定地生产出满足规定质量要求的产品。策划工作就是在质量计划、体系文件和程序文件中做出明确规定，对影响生产过程质量的因素，即人员、机器、材料、法律、环保等加以系统控制。

2. 过程能力控制

在技术准备过程中，应对过程能力是否符合产品规范要求进行验证。必须识别对产品质量有重大影响的、与产品或过程特性有关的作业，对这些作业进行必要的控制以确保这些特性符合规范要求或进行适当的修改或改进。对过程的验证还应包括材料、设备、计算机系统和软件、程序和人员。

3. 辅助材料、公用设施和环境条件控制

对质量特性起重要作用的辅助材料和设施，如生产用水、压缩空气、电源、化学用品等也应加以控制并定期进行验证，以确保对生产过程影响的均一性。同样，对产品质量十分重要的生产环境，如温度、湿度和清洁度等，也应规定一定的限度并控制和验证。

4. 搬运控制

产品搬运要求适当地计划、控制，对进厂的材料、在加工材料和最终产品的搬运要求有形成文件的制度。产品搬运应正确地选择和使用货盘、容器、传送装置和运输装置，以防止在生产或交付过程中由于振动、撞击、磨损、腐蚀、湿度或任何其他情况造成的损坏或变质。

（二）制造过程的质量控制

1. 过程控制的基本要求

（1）技术文件控制。制造过程所使用的技术文件必须是现行有效的版本，应做到正确、完整、协调、统一、清晰，文实相符。

（2）过程更改控制。应明确规定过程更改批准程序，必要时还需征得顾客同意。当设计更改时，生产工具或设备、材料或过程的所有变更都应形成文件，并规定实施的程序。每次过程更改后应对产品进行评价以验证所做的更改是否对产品质量产生了预期的效果。同时，还应将由于过程更改引起的过程和产品特性之间关系的任何变化形成文件并及时通知有关部门。

（3）物资控制。进入制造过程的材料和零部件均应符合规定的要求，代用物资必须按规定办理审批手续；制造过程中的物资必须合理堆放、隔离、搬运、贮存和保管，防止磕碰、划伤、生锈、变质、双料等，保持其适用性；对于有可追溯性要求的产品，在整个制造过程中都应保持其相应的标识，以确保原始物资的标识和验证状态的可追溯性。

（4）设备控制。所有设备在使用前均应按规定进行验收、验证，确保其准确度，特别注意制造过程控制中使用的计算机以及软件的维护。应制定预防性维修保养计划，以确保持续的过程能力。

（5）人员控制。各过程的操作人员、检验人员必须熟悉和掌握过程的技术要求，具备过程所要求的技能、能力和知识，必要时经考核持证上岗。

（6）环境控制。提供适宜的加工环境，满足工艺技术文件的要求，遵守环境保护的有关法规。

2. 特殊过程的控制

在制造过程的控制中特别强调对特殊过程的控制；所谓特殊过程，是指该过程的某些加工质量不易或不能通过其后的检验和试验而充分得到验证。对于特殊过程的控制，一般以加强工艺过程控制、工艺方法的试验验证、过程操作人员技能培训和资格认证为主要手段，并对进入过程的物资进行严格控制，必要时进行复验。

3. 产品验证

产品验证的质量职能是“鉴别、把关和报告”。制造过程的产品验证包括：对外购材料和外购件的验证、过程验证、成品验证。

外购材料和外购件的验证方法取决于这些物资对产品质量的影响、分承包方的控制状态以及对成本的影响。过程验证通常是通过重点工序的检验或试验，验证产品质量的符合性。成品验证可以用接收检验和产品质量审核来及时提供快速的反馈，以便对产品、过程或质量体系采取纠正措施。对不合格品应进行标识、隔离、评审、处置和采取防止误用、防范再发生等措施，对返修和返工的产品进行重新检验或试验。

（三）辅助服务过程的质量控制

辅助过程包括工装制造、设备维修等；服务过程包括物资供应，材料、半成品与成品的运输与保管等。

1. 物资供应

原材料、外购件、外购件构成产品实体，其质量好坏直接影响产品质量。为保证质量，要对供货单位的质量管理方法、产品质量状况等，进行审查，确认合格后再签订供货合同。

2. 运输、保管

原材料、半成品、在制品等在工序间、车间之间运输时，应防止损伤，高精度零件或贵重零件应装在容器内运输。对上述物品应妥善保管，避免因生锈、碰伤而使质量下降。

3. 工具供应

工具要保持精度，计量仪应周期性检定，保持基本的精度。

4. 设备维修

设备质量的好坏，直接影响产品质量，要从设备进厂验收、安装、使用、维护保养、定期检查等方面做好工作，使设备经常处于良好状态。

四、过程控制的方法

过程控制中确定和正确应用现代统计方法，是一项极其重要的工作，应建立选择和应用统计方法的文件程序。

（一）过程控制中常用的统计方法

1. 分层法

分层法是质量管理中常用的整理数据的方法之一。所谓分层法，就是把收集到的原始质量数据，按照一定的目的和要求加以分类整理，以便分析质量问题及其影响因素的一种方法。分层的目的是要把性质相同、在同一条件下收集的数据归在一起，以利展开分析。因此，在分层时，应使一层内的数据波动幅度尽可能小，而各层之间的差别则尽可能大，这是应用分层法进行质量问题及其影响因素分析的关键。过程控制中进行分层的标志常有：操作者、设备、原材料、操作方法、时间、检测手段、缺陷项目等等。

2. 调查表法

调查表也称检查表或核对表，是为了分层收集数据而设计的一类统计图表。调查表法，就是利用这类统计图表进行数据收集、整理和粗略分析的一种方法。操作中，可根据调查目的的不同，采用不同的调查表。常用的调查表有：缺陷位置调查表、不良项目调查表、不良原因调查表、过程分布调查表等。

3. 排列图法

排列图又称主次因素分析图或帕累托图。这一法则揭示了“关键的少数和无关紧要的多数”的规律。这一法则后来被广泛应用于各个领域，并被称为 ABC 分析法。美国质量管理专家朱兰博上把此法则引入质量管理领域，成为寻找影响产品质量主要因素的一种有效工具。

4. 因果分析图法

因果分析图又称特性要因图、树枝图和鱼刺图，在质量管理中主要用于整理和分析产生质量问题的因素及各因素与质量问题之间的因果关系。因果分析图由质量问题和影响因素两部分组成，图中主干箭头指向质量问题，主干枝上的大枝表示影响因素的大分类，一般为操作者、设备、物料、方法、环境等因素，中枝、小枝、细枝等表示诸因素的依次展开，构成系统展开图。因果分析图法，是从产生的质量问题出发，由大类因素找起，一直展开到中因素、小因素直至找到最终原因。然后针对根本原因，制定和采取有效的对策。显然，因果分析图法是一种系统分析方法。

5. 直方图法

直方图法又称质量分布图法，是通过对测定或收集来的数据加以整埋，来判断和预测生产过程质量和不合格品率的一种常用工具。直方图是由直角坐标系中若干顺序排列的长方形组成。各长方形的底边相等，为测定值组距，各长方形的高为测定值落入各组的频数。

6. 散布图法

散布图又称相关图，是判断两个变量之间是否存在相关关系的分布状态图形。散布图由分布在直角坐标系中的一系列点子构成，这些点子表示所分析变量的若干对数据。

7. 控制图法

控制图又称管理图，它是对生产过程的关键质量特性值进行测定、记录、评估并监测过程是否处于控制状态的一种图形。利用控制图区分质量波动原因，判明生产过程是否处于稳定状态的方法称为控制图法。过程质量在各种影响因素制约下，呈现波动特性。过程质量的波动有两种类型：一是正常波动，是由于随机性因素的经常作用而产生的偶然波动；一是异常波动，是由于系统因素引起的系统误差产生的波动。过程控制的任务是消除异常被动，维持正常波动的适度水平。控制图就是过程控制中用以判断有否异常波动存在的有效工具之一。控制图分为计量值控制图和计数值控制图两大类。控制图主要用于分析和控制过程的状态，还可用来作为管理与监督、检查与调节以及进行质量教育的手段等。

（二）抽样检验

1. 抽样检验的概念

检验是对实体的一个或多个特性进行诸如测量、检查、试验或度量，并将结果与规定要求进行比较以确定每项特性合格情况所进行的活动。在实际操作中，按照检验数目，检验又分为全数检验和抽样检验。全数检验又称 100% 检验，是对一批或一个过程的全体逐个地进行测定，以判定其是否合格的检验方法。抽样检验是按照规定的抽样方案，随机地从一批或一个过程中抽取少量个体进行测定，并与标准比较后做出接受或拒收判定的检验方法。

按质量测定值的性质，抽样检验方案可分为计数抽验方案和计量抽验方案两类。若对样本中个体的质量测定值仅确定为合格或不合格，从而推断整批或过程的不合格率，并做出接受或拒收判定的抽验方案，称为计数抽验方案。若对样本中个体的质量测定值直接定量计测，从而推断检验批的不合格率的抽验方案，称为计量抽验方案。对于一般的成批成品抽样检验，常采用计数抽验方法；对于质量不易过关、需做破坏性检验以及检验费用极大的项目，一般采用计量抽验方法。

2. 抽样方式

抽样方式有一次抽样、二次抽样与多次抽样等方式。一次抽样即从批中只抽取一个样本的抽样方式。所谓二次抽样是指最多从批中抽取两个样本、最终对批做出接受与否判定的一种抽样方式。多次抽样是指从批中抽取两个以上的样本之后，才能对批做出接受与否判定的一种抽样方式。

五、ISO9000 族标准

（一）ISO9000 族标准的产生与发展

ISO9000 族标准是国际标准化组织（ISO）发布的，由国际标准化组织质量管理和质量保证技术委员会（ISO/TC176）制定的一系列关于质量管理的正式国际标准、技术规范、技术报告、手册和网络文件的统称。它是科学技术发展的必然结果，也是生产力发展的必然趋势，它既是国际贸易发展的必然要求，也是质量管理发展的必然产物。

1979 年英国标准学会（BSI）向 ISO 提交了一份建议，希望在 ISO 成立一个技术委员会，以制订有关质量保证技术和实践的国际标准。这一建议立即得到批准。ISO 理事会于当年决定，在原 ISO/CERTICO（保证委员会）的第二工作组基础上，单独建立质量保证技术委员会，即 ISO/TC176，并于 1980 年正式成立。后来，因其工作范围扩大到质量管理，故于 1987 年改名为“质量管理和质量保证技术委员会”。ISO/TC176 成立后，以英国和加拿大质量管理实践为主要参考依据加紧对国际标准的制订，于 1986 年颁布了第一个国际标准 1SO 8402《质量—术语》。1987 年又颁布了举世瞩目的 ISO9000 族质量管理和质量保证国际标准。1994 年 7 月 1 日正式出版了 ISO9000 族标准的第一次修订版。为了进一步改善 ISO9000 族标准的市场满意程度，ISO/TC176 决定对 1994 年版 ISO9000 族标准进行“彻底修改”，即 2000 年大改版，2000 年 12 月 ISO/TC176 年正式颁布了 2000 年版本的 ISO9000 族标准。ISO9001：2008 标准在对 ISO9001：2000 作了技术性修订后，于 2008 年 12 月 31 日发布，代替了 ISO9001：2000，并且于 2009

年3月1日实施。

（二）质量管理的八项原则

在ISO9000的2000年版《质量管理体系基础和术语》中，提出了搞好质量管理必须遵循的八条原则。这八项管理原则是人们在生产管理实践的基础上，总结出的八项基本管理原则，它是从现代企业管理制度中抽象出的最一般原则；可以说它凝结了半个多世纪来管理学的精华，它不仅是管理体系的基础原则，也是管理学的基本原则。遵循这些原则的正确指导，有利于促进更多企业在长期内达到提高总体业绩的目的。这八项原则是：

1. 以顾客为关注焦点

企业应当理解顾客当前和未来的需求，满足顾客要求并争取超越顾客期望。

2. 领导作用

领导者确立组织统一的宗旨和方向，他们应当创造并保持使员工能充分参与实现组织目标的内部环境。

3. 全员参与

只有他们的充分参与，才能使他们的才干为企业带来效益。

4. 过程方法

将活动和相关资源作为过程进行活动，可以更高效地得到期望的效果。

5. 管理的系统方法

将相互关联的过程作为系统加以识别、理解和管理，有助于企业提高实现目标的有效性和效率。

6. 持续改进

持续改进总体业绩应当是企业的一个永恒目标。

7. 基于事实的决策方法

有效决策是建立在数据和信息分析的基础上的。

8. 与供方互利的关系

企业与供方是相互依存的，互利的关系可增强双方创造价值的能力。

（三）2000年版ISO9000族标准的结构

2000年12月15日，ISO正式发布了2000版ISO9000族标准。2001年6月1日起，2000版ISO9000族标准全面替代了1994年版标准。ISO9000族标准的是由核心标准、其他标准、技术文件和小册子组成。后两项属于对质量管理体系建立和运行的指导性文件，也是ISO9000族标准的支持性文件。具体结构如表7-2所示。

表7－2 ISO9000族标准结构

类别	代号	名称
核心标准	ISO9000	质量管理体系　基础和术语
	ISO9001	质量管理体系　要求
	ISO9004	质量管理体系　业绩改进指南
	ISO19011	质量和（或）环境管理体系审核指南
支持性标准	ISO10012	测量控制系统
技术性报告	ISO/TR10006	质量管理　项目管理质量指南
	ISO/TR10007	质量管理　技术状态管理指南
	ISO/TR10013	质量管理体系文件指南
	ISO/TR10014	质量经济性管理指南
	ISO/TR10015	质量管理培训指南
	ISO/TR10017	统计技术指南
小册子		质量管理原则
		选择和使用指南
		小型企业的应用

（四）质量认证

质量认证也叫合格评定，是国际上通行的管理产品质量的有效方法。按认证的对象质量认证分为产品质量认证和质量体系认证两类。产品质量认证是指依据产品标准和相应技术要求，经认证机构确认并通过颁发认证证书和认证标志来证明某一产品符合相应标准和相应技术要求的活动。产品质量认证包括合格认证和安全认证两种。依据标准中的性能要求进行认证的叫作合格认证；依据标准中的安全要求进行认证叫作安全认证。前者是自愿的，后者是强制性的，如输美产品的UL认证、输欧产品的CE认证等均属安全认证。

质量体系认证，是依据国际通用的质量和质量管理标准，经国家授权的独立认证机构对组织的质量体系进行审核，通过注册及颁发证书来证明组织的质量体系和质量保证能力符合要求。质量体系认证通常以ISO9000族标准为依据，也就是经常提到的ISO9000质量体系认证。

六、六西格玛管理

（一）六西格玛与六西格玛管理概述

希腊字母σ（音Sigma，大写为Σ）在统计学上用来表示标准偏差值，用以描述总体中的个体离均值的偏离程度，测量出的σ表征着诸如单位缺陷、百万缺陷或错误的概率性，σ值越大，缺陷或错误就越少。六西格玛（又称6σ）有狭义和广义之分。从狭义上说，6σ最初的含义是建立在统计学中最常见的正态分布基础上的。它考虑了1.5σ的漂移，这样落在6σ以外的概率只有3.4PPM。从广义上说，6σ是一种度量工具，一种计量单位，可用来评价或衡量一个产品和服务的质量水准。6σ管理法是一种统计评估法，核心是追求零缺陷生产，防范产品责任风险，降低成本，提高生产率和市场占有率，提高顾客满意度和忠诚度。6σ管理既着眼于产品、服务质量，又关注过程的改进。六西格玛质量水平表示在生产或服务过程中有百万次出现缺陷的机会仅出现3.4个缺陷，即达到99.9997%合格率。实行六西格玛质量计划要求管理层全面介入，并由经过特殊培训的内部六西格玛质量计划的专职人员以及项目负责人组织实施，以实现减少偏差，提高过程能力的短期目标和达到六西格玛的世界一流水平的长期目标。

六西格玛管理作为一种全新的管理模式，充分体现着量化科学管理的思想理念。六西格玛质量策略是建立在测量、试验和统计学基础上的现代质量管理方法。由摩托罗拉公司于1987年首创，作为全面满足客户需求的关键经营战略，经过十多年的发展，逐渐被众多一流公司采用。自1995年开始，在韦尔奇的推动下，美国通用电气公司大力推行六西格玛管理模式，取得了显著的经济效益：1997年节省成本3亿美元、1998年节省成本7.5亿美元、1999年节省成本15亿美元；利润率从1995年的13.6%提升到1998年的16.7%。六西格玛管理模式在摩托罗拉和GE取得巨大成功之后，立即引起世界各国的高度关注，戴尔、惠普、西门子、索尼、东芝等众多大企业也纷纷引进和推行六西格玛管理，且都取得了明显的成效。

（二）六西格玛管理的原理

六西格玛管理主要基于统计学和管理学的有关原理。

1. 统计学原理

σ是希腊字母，在数理统计中表示“标准偏差”。σ用来表征任意一组数据或过程流程中的离散程度，是评估产品和生产过程特性波动大小的统计量，可作为测量列中单次测量不可靠性的评定标准。σ值小，测量数据的可靠性就大，即测量精度高；反之，测量精度就低。由于σ的大小可以反映质量水平的高低，所以六西格玛采用“σ水平”的尺度来衡量绩效。σ质量水平是将过程输出的平均值、标准差与顾客要求的目标值、规范限联系起来进行比较，是过程满足顾客要求能力的一种度量。σ水平越高，过程满足顾客要求的能力越强，出现缺陷的可能性越小。通常所说的六西格玛质量水平代表3.4PPM的缺陷率。

2. 管理学原理

（1）真诚地以顾客为关注中心。获得高的顾客满意度是企业所追求的目标之一。顾客只有在其需求得到充分理解并获得满足后，才会满意和忠诚。六西格玛管理一切以顾客满意和创造顾客价值为中心。

（2）基于数据和事实驱动的管理方法。六西格玛把“由事实管理”的理念提到了一个更高的层次。一开始就澄清什么是衡量企业业绩的尺度，然后应用条件数据和分析方法来建立对关键变量的理解和优化结果。

（3）聚焦于流程改进。流程是采取行动的地方和成功的关键。设计产品和服务、度量业绩、改进效率和顾客满意度，甚至经营企业等都是流程。精通流程是在给顾客提供价值时建立竞争优势的有效方法。

（4）有预见的积极管理。有预见的积极管理意味着关注易于忽略的业务运作，确定远大的目标并经常加以监视，确定清晰的工作优先次序，注重于预防问题而不是疲于处理已发生的危机。六西格玛用动态的、有预见的、积极的管理方式，促使组织在当今追求几乎完美的质量水平的竞争环境下能够快速发展。

（5）无边界合作。无边界合作并不意味着无条件个人牺牲，而是需要确切理解最终用户和流程中工作流的真正需求。更重要的是它需要有使用各种顾客和流程知识使各方同时受益的态度。它建立在广泛沟通的基础上，创造出一种能真正支持团队合作的管理结构和环境。

（5）追求完美，容忍失误。两者似乎自相矛盾，但从本质上却是互补的。如果有能够实现更低成本、更高质量、更好服务的接近完美的可能方法，却又害怕失误，就永远不会进行新尝试，就不会向前发展，甚至有可能后退。

（三）六西格玛组织

六西格玛组织是推进六西格玛管理的主体，六西格玛管理的全面推动要求整个企业从上到下使用同样的六西格玛语言和采用同样的六西格玛工具。因此，需要成立专门委员会，选择技术骨干，组成六西格玛团队，并对团队中的各类人员进行不同内容和要求的培训。六西格玛管理的组织、成员及具体职责如下：

企业实施六西格玛活动的首要任务是创建一个致力于流程改进的专家团队，并确定团队内的各种角色及其责任，形成六西格玛的组织体系，这是实施六西格玛管理的基本条件和必备的资源。六西格玛组织是由执行领导、倡导者、黑带大师、黑带、绿带等构成。他们的职责与权限如下：

1. 执行领导

高层执行领导是推行六西格玛获得成功的关键因素，成功推行六西格玛管理并获得丰硕成果的企业都拥有来自高层的高度认可与卓越领导。

2. 倡导者

倡导者发起和支持黑带项目，是六西格玛管理的关键角色。倡导者通常是企业推行六西格玛领导小组的一员，或者是中层以上的管理人员，其工作通常是全面的，战略性的部署实施战略，确定目标，分配资源及监控过程，最后对六西格玛活动整体负责。

3. 黑带大师

黑带大师更多的是扮演企业变革的代言人角色，其工作更加具有管理性质，因为他们经常负责在特定领域或部门开展六西格玛工作。他们是六西格玛专家，通常具有工科或理科背景，或者具有管理方面的较高学位，是运用六西格玛管理工具的高手。作为全职六西格玛管理人员，与倡导者一起协调六西格玛项目的选择和培训，推动六西格玛战略的执行，是实施计划的中流砥柱。

4. 黑带

黑带是六西格玛管理中最为重要的一个角色，他们专职从事六西格玛改进项目，是成功完成六西格玛项目的技术骨干，是六西格玛组织的核心力量，他们的努力程度决定了六西格玛管理的成败。

5. 绿带

绿带是非全职参加六西格玛管理的继承管理者或员工，他们接受六西格玛技术培训的项目与黑带类似，但是内容所达的层次略低。一些实施六西格玛的企业，很大比例的员工都接受过绿带培训，他们的作用是把六西格玛的新概念和工具带到企业的日常活动中去。在六西格玛管理中，绿带的人数最多，也是最基本的力量。

6. 业务负责人

除了要选择和培训好项目负责人——黑带之外，成功的六西格玛项目还需要部门负责人的支持和配合，没有他们的协调和帮助，六西格玛很难取得丰硕的成果。业务负责人无须独立完成项目。

（四）六西格玛管理的实施方法

目前，业界对六西格玛管理的实施方法还没有一个统一的标准。大致上可以摩托罗拉公司提出并取得成功的“七步骤法”作为参考。“七步骤法”的内容如下：

1. 找问题。把要改善的问题找出来，当目标锁定后便召集有关员工，成为改善的主力，并选出首领，作为改善责任人，跟着便制定时间表跟进。

2. 研究现时生产方法。收集现时生产方法的数据，并作整理。

3. 找出各种原因。集合有经验的员工，利用头脑风暴法、控制图和鱼骨图，找出每一个可能发生问题的原因。

4. 计划及制定解决方法。利用有经验的员工和技术人才，通过各种检验方法，找出各解决方法，当方法设计完成后，便立即实行。

5. 检查效果。通过数据收集、分析，检查其解决方法是否有效和达到什么效果。

6. 把有效方法制度化。当方法证明有效后，便制定为工作守则，各员工必须遵守。

7. 检讨成效并发展新目标。当以上问题解决后，总结其成效，并制定解决其他问题的方案。

（五）六西格玛改进

DMAIC 是六西格玛管理中最重要、最经典的管理模型，主要侧重在已有流程的质量改善方面。DMAIC 是指定义阶段（Define）、测量阶段（Measure）、分析阶段（Analyze）、改进阶段（Improve）、控制阶段（Control）五个阶段构成的过程改进方法，一般用于对现有流程的改进，包括制造过程、服务过程以及工作过程等等。六西格玛项目选定之后，团队中不同的成员一起合作，依照这个过程的五个步骤，可以有效地实现六西格玛的突破性改进。团队的工作从一个问题的陈述到执行解决方案，中间包含很多活动，通过 DMAIC 过程的活动方式，团队成员可发挥最有效的作用，完成项目使命。

DMAIC 是一个逻辑严密的过程循环，它是在总结了全面质量管理几十年的发展及实践经验的基础上产生的，是由项目管理技术、统计分析技术、现代管理方法等综合而成的系统方法。DMAIC 强调以顾客为关注焦点，并将持续改进与顾客满意以及企业经营目标紧密地联系起来；它强调以数据的语言来描述产品或过程业绩，依据数据进行管理，并充分运用定量分析和统计思想；它追求的是打破旧有习惯、有真正变化的结果和带有创新的问题解决方案，以适应持续改进的需要；它强调面向过程，并通过减小过程的变异或缺陷实现降低风险、成本与缩短周期等目的。

阅读与思考

日本企业质量管理成功的奥秘

20 世纪初，日本企业的产品质量并不好，在人们心目中简直就是假冒伪劣产品的代名词，当时日本人崇尚中国的“上海货”。但是，到了 20 世纪 80 年代，人们争相购买日本企业的产品，日本货成了优质产品的象征。日本企业，从劣质产品到优质产品，前后间隔仅几十年，产品质量发生如此大的变化，人们在探讨：日本企业质量管理成功的奥秘究竟是什么？

日本企业质量管理的成功，得益于美国著名质量管理专家爱德华·戴明。1951年，日本设立戴明国家质量奖。该奖主要面向日本国内的制造企业，评奖标准非常严格，获奖企业每年最多1～2家；日本国内称戴明奖为“企业诺贝尔奖”。戴明的质量管理思想集中体现在PDCA工作循环上。

戴明的质量管理思想对日本企业影响很大，日本企业纷纷使用PDCA工作循环来找问题，然后改进产品质量。经过几十年的努力，到20世纪80年代中期日本经济达到最辉煌的时期，其产品如汽车、家电等充斥世界各国市场。著名质量管理专家朱兰对日本经济奇迹的评价是：“日本的经济振兴是一次成功的质量革命”。

思考：

日本企业质量管理成功的奥秘是什么？

（资料来源：杨湘洪．现代企业管理［M］．南京：东南大学出版社，2003）

第九节　新型生产方式

一、计算机集成制造系统

计算机集成制造系统（Computer Integrated Manufacturing System/CIMS），是1973年美国的约瑟夫·哈林顿博士在《计算机集成制造》一书中首次提出的。当时，他提出了两个基本观点：一是企业生产的各个环节，包括市场分析、产品设计、加工制造、经营管理以至售后服务等全部经营活动，是一个不可分割的整体，要紧密连接，统一考虑；二是整个经营过程实质上是一个数据的采集、传递和加工处理的过程，其最终形成的产品可以看作是数据的物质表现。因此，企业作为一个统一的整体，必须从系统的观点、全局的观点出发，广泛采用计算机等高新技术，加速信息的采集、传递和加工处理过程，提高工作效率和质量，从而提高企业的总体水平。计算机集成制造是一种理念，其实质就是用信息技术对制造系统进行全局优化。这是一种先进的理念，其内涵是借助于以计算机为核心的信息技术，将企业中各种与制造有关的技术系统集成起来，使企业得到整体优化，从而提高企业适应市场竞争的能力，CIMS 已代表了当今工厂综合自动化的最高水平。CIMS 一般由四个功能分系统和两个支撑分系统构成。四个功能分系统分别是：管理信息系统、产品设计与制造工程设计自动化系统、制造自动化系统、质量保证系统。两个支撑系统分别是网络系统和数据库系统。

二、柔性制造系统

柔性制造系统（Flexible Manufacturing System/FMS）是指在成组技术的基础上，以多台（种）数控机床或数组柔性制造单元为核心，通过自动化物流系统将其连接，统一由主控计算机和相关软件进行控制和管理，组成多品种变批量和混流方式生产的自动化制造系统。柔性制造系统是由统一的信息控制系统、物料储运系统和一组数字控制加工设备组成，能适应加工对象变换的自动化机械制造系统。典型的柔性制造系统由数字控制加工设备、物料储运系统和信息控制系统组成。加工设备主要采用加工中心和数控车床，前者用于加工箱体类和板类零件，后者则用于加工轴类和盘类零件。中、大批量少品种生产中所用的 FMS，常采用可更换主轴箱的加工中心，以获得更高的生产效率。柔性制造总的趋势是，生产线越来越短，越来越简，设备投资越来越少。FMS 兼有加工制造和部分生产管理两种功能，因此能综合地提高生产效益。

三、准时生产

准时生产（Just In Time/JIT）是 20 世纪 50 年代初，日本丰田公司研究和开始实施的生产管理方式，也是一种与整个制造过程相关的哲理思想。它的基本思想可用现在已广为流传的一句话来概括，即只在需要的时候，按需要的量生产所需的产品。这种生产方式的核心是追求一种无库存的生产系统，或使库存达到最小的生产系统。为此而开发了包括看板在内的一系列具体方法，并逐渐形成了一套独具特色的生产经营体系。JIT 生产方式的最终目标是获取最大利润。为了实现这个最终目的，“降低成本”就成为基本目标。为了达到降低成本这一基本目标，JIT 生产方式也可以概括为下述三个方面：适时适量生产、弹性配置作业人数和雇员保证。为了实现适时适量生产，首先需要致力于生产的同步化。即工序间不设置仓库，前一工序的加工结束后，使其立即转到下一工序去，装配线与机械加工几乎平行进行。在铸造、锻造、冲压等必须成批生产的工序，则通过尽量缩短作业更换时间来尽量缩小生产批量。生产的同步化通过“后工序领取”这样的方法来实现，即“后工序只在需要的时间到前工序领取所需的加工品；前工序中按照被领取的数量和品种进行生产”。这样，制造工序的最后一道即总装配线成为生产的出发点，生产计划只下达给总装配线，以装配为起点，在需要的时候，向前工序领取必要的加工品，而前工序提供该加工品后，为了补充生产被领走的量，必向更前道工序领取物料，这样把各个工序都连接起来，实现同步化生产。这样的同步化生产还需通过采取相应的设备配置方法以及人员配置方法来实现，即不能采取通常的按照车、铣、刨等工艺专业化的组织形式，而按照对象专业化来布置设备。这样也带来人员配置上的不同做法。生产均衡化是实现适时适量生产的前提条件。所谓生产的均衡化，是指总装配线在向前工序领取零部件时应均衡地使用各种零部件，生产各种产品。为此在制定生产计划时就必须加以考虑，然后将其体现于产品生产顺序计划之中。在制造阶段，均衡化通过专用设备通用化和制定标准作业来实现。所谓专用设备通用化，是指通过在专用设备上增加一些工夹具的方法使之能够加工多种不同的产品。标准作业是指将作业节拍内一个作业人员所应担当的一系列作业内容标准化。

四、敏捷制造

敏捷制造（Agile Manufacturing，AM）是由美国通用汽车公司（GM）和里海（Lehigh）大学的雅柯卡（Iacocca）研究所联合研究，于1988年首次提出来的。1990年向社会公开以后立即受到世界各国的重视，1992年美国政府将这种全新的制造模式作为21世纪制造企业的战略。敏捷制造就是指制造系统在满足低成本和高质量的同时，对变幻莫测的市场需求的快速反应。敏捷制造的企业，其敏捷能力表现在反应能力、竞争力、柔性和快速四个方面。敏捷制造的特点主要包括：从产品开发到产品生产周期的全过程满足要求；采用多变的动态组织结构；战略着眼点在于长期获取经济效益；建立新型的标准基础结构，实现技术、管理和人的集成；最大限度地调动、发挥人的作用。

五、并行工程

1988年美国国家防御分析研究所（Institute of Defense Analyze，IDA）完整地提出了并行工程（Concurrent Engineering，CE）的概念，也称同步工程或并行设计，是相对传统的“串行工程”而言的，它是指产品的设计和制造及其相关过程的多项任务同时交叉进行，在设计阶段同步地实现设计与产品生产同期有关的过程，要求产品开发者在设计阶段就考虑到包括设计、工艺、制造、装配、检验、维护、可靠性、成本和质量等在内的产品生命周期中的所有因素。并行工程要求产品开发人员在设计一开始就考虑整个生命周期中从概念形成到产品报废处理的所有因素，包括质量、成本、进度计划和用户要求。采用并行工程的制造系统称为并行工程系统。并行工程的特点有：并行特性（时序特性）、整体特性、协同特性和集成特性。并行工程能够大大缩短产品从开发到投入市场的时间，提高了产品进入市场的速度；提高了产品的质量，增强了企业的竞争力；降低了产品的成本；能迅速了解市场信息，确保用户满意。

本章精要

生产与运作管理是指对企业提供产品或服务的系统进行设计、运行、评价和改进的各种管理活动的总称。生产运作管理的任务是运用组织、计划、控制等职能，把投入生产过程的各种生产要素有效地结合起来，形成有机的体系，按照最经济的生产方式生产出满足社会需要的产品。

生产运作战略是指企业为了实现总体战略而对生产运作系统的建立、运行，以及如何通过生产运作系统来实现组织目标所做的总体规划。

产品的生产过程是指从准备生产某种产品开始，直到把产品制造出来为止的全部过程。生产过程组织就是要以最佳的方式将各种生产要素结合起来，对生产的各个阶段、环节、工序合理安排，使其形成一个协调平衡的作业系统。一般来说，工业企业的生产过程是由生产技术准备过程、基本生产过程、辅助生产过程、生产服务过程和附属生产过程等五部分所组成。

生产过程组织的目的是为了在空间上和时间上合理地组织生产过程，提高劳动生产率，缩短生产周期，加速资金周转，降低产品成本。在此介绍工业企业通常采用生产线、流水线和自动线三种典型形式。生产过程的空间组织，是指在空间上合理地确定企业内部各生产单位和各生产阶段的设置和运输路线以及劳动者、劳动资料等生产要素在空间上相互结合的方式。其内容包括应设置怎样的生产单位，应按照什么原则布置这些生产单位，确定生产单元及生产设施之间的相对位置关系，确定各生产单元的组成规则和相互连接关系。生产过程的时间组织是指在加工过程中，对加工对象从时间方面进行合理组织，保持生产过程连续性，以求缩短产品的生产周期，提高设备利用率和劳动生产率。产品的生产周期是指原材料投入生产开始，至制成成品验收入库为止所需要的全部时间。它也可以指完成某一工艺阶段的生产周期。

选址时需要考虑的因素有很多，这些因素可以分为经济因素、政治因素、社会因素和自然因素这四类。在选址问题上，应将定性与定量方法相结合，但定性分析是定量分析的前提。设施布置的类型主要包括工艺原则布置、产品原则布置、固定布置和成组技术。

生产计划，是关于工业企业生产系统总体方面的计划。生产计划按照制定计划时间的长短可分为长期计划、中期计划和短期计划。

现场管理就是运用科学的管理思想、管理方法和管理手段，对现场的各种生产要素进行合理配置和优化组合，通过计划、组织、控制、协调和激励等管理职能，保证现场按预定的目标，实现优质、高效、低耗、均衡、安全、文明的生产。“5S”活动，是指对生产现场各生产要素，主要是物的要素所处状态不断地进行整理、整顿、清洁、清扫和提高素养的活动。

设备管理是指依据企业的生产经营目标，通过一系列的技术、经济和组织措施，对设备寿命周期内的所有设备物质运动形态和价值运动形态进行的综合管理工作。设备综合管理的内容就是对设备运动全过程的管理。它一般表现为两种状态：一是物质运动形态；二是价值运动形态。

质量就是适用性，即产品在使用时能成功地满足用户需要的程度。质量管理是指确定质量方针、目标和职责，并通过质量体系中的质量策划、质量控制、质量保证和质量改进来使其实现的所有管理职能的全部活动。质量管理的发展，同科学技术的发展，同管理科学化、现代化的发展是密不可分的。通常认为，质量管理的发展历程大体经历质量检验阶段、统计质量控制阶段和全面质量管理阶段。全面质量管理就是从让消费者完全满意着想，企业各部门综合进行开发、保持、改进质量的努力，以便最经济的进行生产和服务的有效体系。PDCA 循环是全面质量管理的基本方法。

ISO9000 族标准是国际标准化组织发布的，由国际标准化组织质量管理和质量保证技术委员会制定的一系列关于质量管理的正式国际标准、技术规范、技术报告、手册和网络文件的统称。它是科学技术发展的必然结果，也是生产力发展的必然趋势，它既是国际贸易发展的必然要求，也是质量管理发展的必然产物。质量体系认证，是依据国际通用的质量和质量管理标准，经国家授权的独立认证机构对组织的质量体系进行审核，通过注册及颁发证书来证明组织的质量体系和质量保证能力符合要求。质量体系认证通常以 ISO9000 族标准为依据，也就是经常提到的 ISO9000 质量体系认证。

六西格玛管理作为一种全新的管理模式，充分体现着量化科学管理的思想理念。六西格玛质量策略是建立在测量、试验和统计学基础上的现代质量管理方法。六西格玛管理主要基于统计学和管理学的有关原理。

推荐阅读材料

[1] 刘丽文．生产与运作管理［M］．北京：清华大学出版社，1999

[2] James A. Erskine. 张金成等译．生产与运作管理案例［M］．北京：机械工业出版社，1999

[3] Jeffery K. Liker. 李芳龄译．丰田汽车案例——精益制造的14项管理原则［M］．北京：中国财政经济出版社，2004

本章参考文献

[1] 李启明．现代企业管理（第4版）［M］．北京：高等教育出版社，2011

[2] 王关义，刘益，刘通，李治堂．现代企业管理（第4版）［M］．北京：清华大学出版社，2015

[3] 赵钎，宋冀东．现代企业管理（第3版）［M］．北京：电子工业出版社，2013

[4] 孙永波．生产与运作管理（第2版）［M］．北京：科学出版社，2016

[5] 张群．生产与运作管理［M］．北京：机械工业出版社，2014

[6] 王雄伟．现代企业管理［M］．北京：中国广播电视出版社，2006

[7] 汤少梁．现代企业管理（第3版）［M］．南京：南京大学出版社，2015

[8] 卢海涛，陈宝财．企业管理学［M］．北京：清华大学出版社，2008

[9] 陈荣秋，马士华．生产运作管理（第4版）［M］．北京：机械工业出版社，2013

[10] 尤建新，邵鲁宁．企业管理概论（第5版）［M］．北京：高等教育出版社，2015

[11] 杨善林．企业管理学［M］．北京：高等教育出版社，2009

[12] 王素梅，张兴福，王跃国．企业管理概论［M］．北京：机械工业出版社，2013

[13] 高海晨．现代企业管理（第3版）［M］．北京：机械工业出版社．2018

本章思考与讨论

1. 什么是生产运作管理？生产运作管理的类型有哪些？

2. 工业企业的生产过程的由哪几部分构成？

3. 试对工艺专业化和对象专业化进行比较分析。
4. 企业选址的主要方法有哪些？企业设施布置的类型有哪些？
5. 什么是生产计划？生产计划的编制步骤是什么？
6. 试对 MRP、MRPII 和 ERP 进行比较分析。
7. 5S 活动的内容和具体要求是什么？
8. 什么是质量？什么是质量管理？什么是全面质量管理？
9. 全面质量管理的特点是什么？PACA 循环的步骤及特点分别是什么？
10. 六西格玛的组织是如何构成的？

本章案例

HP 的质量管理

HP 公司认为，保证产品质量是提高竞争力，赢得用户信誉的重要因素。而且，产品质量越高，技术支持费用就越少，因而质量管理也是获取利润的手段之一。例如，HP 公司从 1975 年起开始执行一项可靠性改进计划后，其产品保修成本大大低于预期的成本，据称一般可降低 33%。

HP 公司对待质量管理的一个原则是，质量要设计进每个产品。因此，质量保证首先从研制设计阶段开始执行，然后贯彻到生产和销售全过程，并反馈回研制设计。他们认为，产品质量是通过设计、生产和服务保证的，而不是单纯通过检验保证的。HP 公司也已树立起这样一种风尚：产品质量与每一个雇员都有关系，而不只是与质量保证部门有关。

在研制设计阶段，设计人员用先进的仪器对所选用的器件、集成电路和插件板进行百分之百的测试。他们对失效的器件进行详尽分析，精确地指出器件供应商在工艺和测试方面所存在的问题，以帮助他们提高器件质量。

设计人员还非常重视仪器内部产生的热量的分布问题，认为这是仪器发生故障的主要原因。他们还采用数学模型来估计产品的可靠性，以保证产品达到可靠性设计指标。

应力试验是 HP 公司在研制设计阶段和生产阶段广泛采用的可靠性试验方法。有关人员把极限温度、极限湿度、极限振动和其他参数极限加在产品上，有意地使产品发生故障。通过分析随时间和应力而变化的失效机理，就可以获得重要的线索来了解问题的相对严重性以及最经济的解决途径。这些应力试验再加上随后的纠正措施，有助于保证产品在正常工作条件下的长期质量。

在试生产阶段，HP 公司要进行 24 仪器一星期的应力试验，即用 6 台仪器作 4 星期的试验，或用 4 台仪器作 6 星期的试验。

在正式生产阶段，每个产品分部的质量保证部门，还要站在用户的立场上对产品进行抽样检查，而不重复生产线测试人员业已做过的试验。他们同产品分部管理人员密切配合，审查已经发现的故障和问题。他们画出生产故障的概率曲线，以便使产品分部所有的人都了解潜在的问题，从而采取对策，不让产品带着潜在的故障出厂。

HP 公司也非常强调系统能力的测试。像计算机外部设备这类产品虽然也单独出售，但常常成为大型 HP 系统的组成部分。因此，这类产品不仅在单独使用时性能要可靠，而且在同其他仪器互联时也要可靠。通过对这类产品在现有系统中的互连兼容性试验，就可以在排除所有可能发生的故障后再交给用户。

在市场销售服务中，HP 公司认真听取用户对产品质量的反映。销售服务办事处每个月向产品分部提出一次质量分析报告，供改进产品质量使用。

思考：

1. 什么是全面质量管理？
2. HP 公司是如何开展质量管理的？

（资料来源：熊魏俊，吴兴华. 企业管理实务［M］. 北京：中国人民大学出版社，2017）

第八章　物流与供应链管理

📖 引言：真知灼见

现行的财务会计制度和会计核算方法都不可能掌握物流费用的实际情况，因而人们对物流费用的了解是一片空白，甚至有很大的虚假性。物流就像一座冰山，其中沉在水下的是看不到的黑色区域，而看到的不过是物流的一部分。

——日本早稻田大学　西泽修教授

本章学习目标

当前我国企业物流管理水平相对落后，物流管理效率较低，企业物流信息化程度较低，必然导致企业高昂的物流成本。越来越多的企业相信，将物流整合到公司战略比其他任何业务流程重组都能提供更多为顾客创造价值的机会，因为获得并成功服务新市场将要求企业获取并保持物流竞争能力。本章将介绍现代物流与企业物流管理的相关内容，简要分析国际物流的特点、构成要素与方式。接着介绍第三方物流的定义、特征与价值，以及供应链与供应链管理的相关知识。

通过本章的学习，你应该能够：

★掌握物流、物流管理、供应链、供应链管理及第三方物流等概念
★掌握物流的分类、物流的基本功能和要素
★理解物流的性质、物流的地位与作用
★理解物流管理的目标和内容
★了解国际物流的特点以及国际物流管理的基本内容
★理解第三方物流的概念、特征、价值
★理解供应链管理的重要性
★了解供应链管理的发展趋势

第一节　企业物流概述

一、物流的概述

（一）物流概念的发展

物流活动的历史非常悠久，自从人类社会有了商品交换，就有了物流活动（如运输、仓储、装卸搬运等）。但是物流概念的真正形成却只有100年的时间，而将物流作为一门科学，却仅有几十年的历史。物流概念的发展经历了三个阶段（图8-1）：

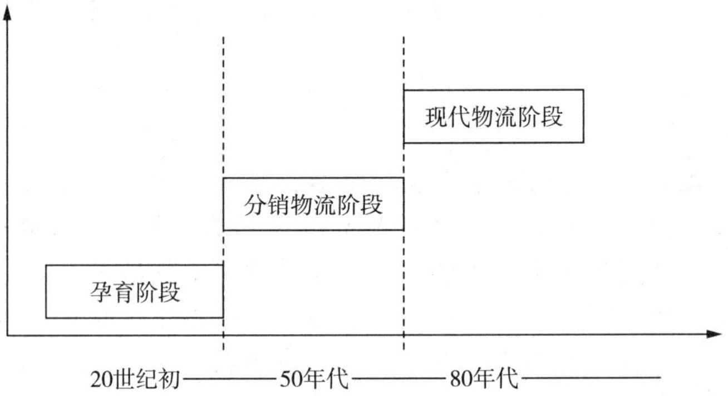

图8-1　物流概念的发展阶段

20世纪初至50年代是物流概念的孕育阶段。约翰·F·格鲁威尔、琼西·贝克以及阿奇·萧等人都提出了物流概念，但都只是从不同的专业领域对物流进行研究。Physical Distribution、Logistics等概念在各自的专业领域中得到了一定程度的响应、应用和发展，但没有一个权威性的组织出来对其进行统一规范。

20世纪50至80年代是分销物流阶段。50年代末，Physical Distribution概念被引入日本。进入60年代，Physical Distribution概念在美国继续得到发展和完善，基本形成了比较完整的物流管理学。70年代，物流的概念从美国传到西欧、北美以及其他国家，70年代末传到我国。这一时期研究的对象主要是狭义的物流，把物流看成运输、储存、包装、装卸、加工、信息等各种物流活动的总和，主要研究这些物流活动在分销领域的优化问题。

20世纪80年代至今是现代物流阶段。到了80年代，制造资源计划、分销需求计划、物流需求计划、企业资源计划等企业内部集成化物流管理理论逐渐发展。到20世纪80年代中期，随着物流外包和第三方物流的产生，物流活动进一步集成化、一体化、信息化，实现了生产和物流的分工合作，提高了各自的核心竞争力。20世纪90年代，供应链管理系统的形成进一步导致物流管理的联合化、共同化、集约化和协调化。物流已经涉及企业物资供应、企业生产、企业分销以及企业废弃物再生等全范围和全领域。这一阶段的物流概念即为现代物流 Logistics，与 Physical Distribution 的不同在于，Logistics 已突破了商品流通的范围，把物流活动扩大到生产领域。物流已不仅仅从产品出厂开始，而是包括从原材料采购、加工生产到产品销售、售后服务，直到废旧物品回收等整个物理性的流通过程。因此，现代物流是指为实现顾客满意，连接供给主体和需求主体，克服时间和空间阻碍的有效、快速的商品、服务流动的经济活动过程（宋华，2002）。

（二）物流的定义

物流虽然历经了100年的发展，但是目前还没有统一的物流定义。美国、欧盟、加拿大、日本以及中国等国家和组织的物流行业协会，对物流都有不同的定义。

美国物流管理协会（The Council of Logistics Management，CLM）对物流（Logistics）的定义为：物流是对原料、在制品、制成品及相关信息从供应地到消费地的有效率、有效益的流动和储存进行计划、执行和控制，以满足顾客要求的过程，该过程包括进向、去向、内部和外部的移动以及以环境保护为目的的物料回收。该协会在1998年对原定义进行了修订。2000年，该协会又一次对物流定义进行了更新，新定义的全文是："物流是供应链过程的一部分，它是为满足客户需要对产品、服务及相关信息在供应地与消费地之间的高效（高效率、高效益）、正向及反向流动与储存进行的计划、实施与控制的过程。"

欧洲物流协会（European Logistics Association，ELA）对物流术语标准每隔3年修改一次，每次都要吸收成员国的物流定义，争取成为欧洲的物流规范。欧洲物流协会在1994年发表的《物流术语》（Terminology in Logistics）中对物流进行了定义：物流是在一个系统内对人员/商品的运输、安排及与此相关的支持活动的计划、执行与控制，以达到特定的目的。值得注意的是，欧洲物流协会在物流定义中把人员作为物流的对象。

加拿大物流管理协会（Canadian Association of Logistics Management, CALM）的物流定义：物流是对原材料、在制品库存、产成品及相关信息从起源地到消费地的有效率、有效益的流动和储存进行计划、执行和控制，以满足顾客要求的过程，该过程包括进向、去向和内部流动。

日本日通综合研究所 1981 年在《物流手册》中对物流的定义：物流是物质资料从供给者向需要者的物理性移动，是创造时间性、场所性价值的经济活动。从物流的范畴来看，包括包装、装卸、保管、库存管理、流通加工、运输、配送等诸种活动。

2001 年 4 月批准颁布了由中国物流与采购联合会和国家技术监督局编写的《中华人民共和国国家标准物流术语》，2006 年进行了修订，2007 年 5 月 1 日开始实施，《标准》中对物流的定义是："物品从供应地向接收地的实体流动过程，根据实际需要，将运输、储存、装卸搬运、包装、流通加工、配送、信息处理等基本功能实施有机结合。"这个定义既参考了美国、日本的物流和物流管理的定义，又充分考虑了中国物流发展的现实。

徐寿波院士认为①，美国管理派对物流的定义实际上不是对"物流"下定义，确切地说是对"物流管理"下定义，因为定义强调"物流是对货物、服务及相关信息从起源地到消费地的有效率、有效益的流动和储存进行计划、执行和控制，以满足顾客要求的过程"。加拿大和欧洲的物流定义与美国基本相同，都是"物流管理"的定义，因为在定义中都出现像计划、执行和控制等明显属于管理范畴的内容。从这里我们也可以看到，西方发达国家对物流管理科学特别重视。日本的物流定义名副其实，不是"物流管理"的定义。

阅读与思考

热点事件："缤果水果"让网购鲜果更"痛快"一些

目前中国生鲜市场规模接近 1 万亿元，电商渗透率不到 3%，可以说是个长期的蓝海市场。而水果作为生鲜当中购买频次、标准化程度相对较高同时冷链要求较低的品类，被不少创业者视为是个首选的切入方向。"缤果水果"也是其中之一，它是个专注水果品类的 O2O 电商。不同于预售模式、通过集单进行后端的采购，"缤果水果"采取了

① 徐寿波. 关于物流科学理论的几个问题［J］. 北方交通大学学报（社会科学版），2002，(1)

不一样的做法。用户通过微信平台下单购买后，平台自有的配送员会从附近3~5公里的线下网店（可以理解为送货点）出发，将水果在两小时内送至你的家中，28元以上免运费，否则收取2元运费。在此之前，团队会先从一级批发市场采购，之后运输到区域冷库，对水果进行检验，同时分拣、包装为标准化的SKU（包括贴上标签、时间、条码）。为了降低后端成本，团队搭建了一套高效的信息流转系统，从而实时跟踪每个环节的进展、及时调配资源，同时有意识地通过运营手段将同一地点的订单聚焦，加快配送的效率。目前“缤果水果”线下拥有自营配送团队80人，分布在17个不同的网点，网点承担的是发货点的角色，辐射范围在周围3~5公里，平均铺设成本在1万~2万，成熟点的人均日送单量在70~80单。平台水果的SKU总共为100种左右，同一时间在售约40~50多个，月度复购率在60%，频次为3.3次。同时，公司已在近期完成了由深圳盈信资本投资的千万级Pre-A轮融资。

（资料来源：http：//36kr.com/p/5036239.html）

（三）物流的分类

社会经济领域中的物流活动无处不在，对于各个领域的物流，虽然其基本要素都存在且相同，但由于物流对象不同，物流目的不同，物流范围、范畴不同，形成了不同的物流类型。在对物流的分类方面目前还没有统一的标准，常见的分类方法有以下几种：

1. 按物流活动的空间范围分类

按物流活动的空间范围不同，可分为国际物流、区域物流、城市物流、企业物流等。

国际物流。国际物流是指当生产和消费在两个或两个以上的国家（或地区）独立进行的情况下，为克服生产和消费之间的空间距离和时间距离而对物资（货物）所进行的物理性移动的一项国际经济贸易活动。

区域物流。区域物流较国际物流的范围小，即在某一行政区域或者地理区域内所进行的物流活动。一些区域性组织内部的物流，如欧盟的内部物流、北美自由贸易区的物流活动等，都是典型的区域物流形式。还比如东北区域物流、长江三角洲区域物流、珠江三角洲区域物流、沿海区域物流、内陆区域物流等。

城市物流。城市物流是指发生在一个城市之内的物流，如上海市物流、北京市物流、大连市物流等等。城市物流可以在一定意义上理解为区域物流的特殊形式，因为城市可以理解为一个区域。

企业物流。企业物流是指生产和流通企业在经营活动中所发生的物流活动，是指企业内部的物品实体流动。企业物流从企业角度上研究与之有关的物流活动，是具体的、微观的物流活动的典型领域。

2. 按物流活动的性质分类

企业物流几乎贯穿着企业的整个运营过程，涉及供应、生产、销售、回收和废弃等多种物流活动形式。

供应物流是指提供原材料、零部件或其他物料时所发生的物流活动。供应物流活动包括原材料、燃料等一切生产资料的采购、进货运输、仓储、库存管理、用料管理和供料运输，它是企业物流系统中独立性相对较强的一个子系统，并且和生产系统、搬运系统、财务系统等企业部门以及企业外部的资源市场、运输条件等密切相关。企业供应物流不仅要保证供应，还要以最低成本、最少消耗、最大保证来组织供应物流活动。为此，企业供应物流就必须解决有效的供应网络问题，供应方式问题、零库存问题等等。

生产物流是指企业在生产产品过程中发生的物流活动，是与整个生产工艺过程密切相关的，构成了生产工艺过程的一部分。企业生产过程的物流大体为：原料、零部件、燃料、辅助材料等从企业仓库开始，进入到生产线的开始端，再进一步随生产加工过程一个一个环节地“流”。在“流”的过程中，原料等本身被加工，同时产生一些废料、余料，直到生产加工终结，再“流”至成品仓库。过去研究生产活动注重单个生产加工过程，而忽视将每一个生产加工过程串在一起的，并且又和每一个生产加工过程同时出现的物流活动。所以企业生产物流研究的潜力、时间节约的潜力、劳动节约的潜力非常大。企业生产物流主要研究生产流程如何安排，各生产活动环节如何衔接才最有效，如何缩短整个生产的物流时间，以及工艺过程有关的物流机械装备如何选用配合等。

销售物流是企业为保证本身的经济利益，将产品所有权转给客户的物流活动。企业通过销售物流回收资金，并进行再生产活动。销售物流活动便带有极强的服务性，以满足买方的需求，最终实现销售。在这种市场前提下，销售往往以送达用户并经过售后服务才算终止。在这种前提下，企业销售物流的特点，便是通过包装、送货、配送等一系列物流活动实现销售，这就需要研究送货方式、包装水平、运输路线等，并采取各种诸如少批量、多批次、定时、定量配送等特殊的物流方式达到目的。

回收物流主要指不合格物品的返修、退货以及周转使用的包装容器从需方返回到供方所形成的物品实体流动。企业在生产、供应、销售的活动中总会产生各种边角余料和废料，这些东西回收是需要伴随物流活动的，而且，在一个企业中，回收物品处理不当，往往会影响整个生产环境，甚至影响产品质量，也会占用很大空间，造成浪费。随着环保问题的日益突出以及人们对环境标准要求的不断提高，废弃物的及时回收和无污染、无公害处理逐渐成为社会主题。回收物资品种繁多，流通渠道也不规则且多有变化，因此，管理和控制难度也大。

废弃物物流是对企业排放的无用物进行运输、装卸、处理等的物流活动。废弃物流主要是将经济活动中失去原有使用价值的物品根据实际需要进行收集、分类、加工、包装、储运等，并分送到专门处理场所。生产和流通系统中所产生的无用的废弃物，如开采矿山时产生的土石、炼钢生产中的钢渣、工业废水以及其他一些无机垃圾等，如果不妥善处理，不但没有再利用价值，还会造成环境污染，就地堆放则会占用生产用地以致妨碍生产。对这类物资的处理过程就产生了废弃物物流。废弃物物流没有经济效益，但具有不可忽视的社会效益。

3. 按照哲学一般和特殊范畴标准分类

一般物流指物流活动的共同点和一般性，物流活动的一个重要特点，是涉及全社会、各企业，因此，物流系统的建立，物流活动的开展必须有普遍的适用性。物流系统的基础点也在于此，否则，物流活动便有很大的局限、很小的适应性，物流活动对国民经济和社会的作用便大大受限了。一般物流研究的着眼点在于物流的一般规律，建立普遍适用的物流标准化系统，研究物流的共同功能要素，研究物流与其他系统的结合、衔接，研究物流信息系统及管理体制等等。

特殊物流存在于专门范围、专门领域、特殊行业，是在遵循一般物流规律基础上，带有特殊制约因素、特殊应用领域、特殊管理方式、特殊劳动对象、特殊机械装备特点的物流。特殊物流活动的产生是社会分工深化、物流活动合理化和精细化的产物，在保持通用的、一般的物流活动前提下，能够有特点并能形成规模，能产生规模经济效益的物流便会形成本身独特的物流活动和物流方式。特殊物流的研究对推动现代物流的发展作用是巨大的。

4. 按照物流活动的承担主体分类

第一方物流。是由制造商或生产企业自己完成的物流活动。这些企业的主要业务是生产和供应商品，但为了其自身生产和销售的需要而进行物流网络及设施设备的投资、经营与管理。制造商或生产企业一般都需要投资建设一些仓库、运输车辆，设置站台甚至铁路专用线等物流基础设施。卖方为了生产的正常进行而建设的物流设施是生产物流设施，而为了产品的销售在销售网络中配置的这些物流设施就是销售物流设施。

第二方物流。是指由物资需求者自己解决所需物资的物流问题，以实现物资的空间位移。传统上的一些较大规模的商业企业都备有自己的运输工具和储存商品的仓库，以解决从供应者到商场的物流问题。这些企业的核心业务是采购并销售商品，为了销售业务需要而投资建设物流网络、物流设施和设备，并进行具体的物流业务运作组织和管理。严格地说，从事第二方物流的公司属于分销商。

第三方物流。是指由物品流动的提供方和需求方之外的第三方去完成物流服务的运作方式，即由第三方专业物流企业以签订合同的方式为其委托人提供所有的或一部分的物流服务。所以，第三方物流也称为合同制物流。第三方物流对物流市场的占有率与物流产业的水平之间有着非常紧密的相关性。第三方物流的发展程度反映和体现着一个国家物流业发展的整体水平。

第四方物流是一个较新的概念，就是供应链的集成者、整合者和管理者，主要是通过对物流资源、物流设施和物流技术的整合和管理，提出物流全过程的方案设计、实施办法和解决途径。第四方物流是在第三方物流基础上的进化和发展，比第三方物流的涵盖面要广、技巧更复杂，所依托的手段主要是现代的思想理念、现代的信息网络和现代的管理方式，所提供的供应链解决方案具有很好的系统化和完整性。第四方物流与第三方物流的区别之一是对供应链的全套系统设计，同时在供应链的运作过程中发现问题，第四方物流能进行供应链的重新优化整合。

二、物流的基本功能

物流的基本功能是指物流活动应该具有的基本能力以及通过对物流活动最佳的有效组合形成物流的总体功能，以达到物流的最终经济目的。一般认为，物流功能应该由包装、装卸搬运、运输、储存保管、流通加工、配送、废旧物的回收与处理，以及与上述职能相关的情报信息等所构成。也就是说，物流目的是通过实现上述功能来完成的。

（一）运输功能

运输就是用运输设备将物品从一地点向另一地点运送。其中包括集货、分配、搬运、中转、装入、卸下、分散等一系列操作。运输功能是物流系统最主要的功能之一，物流系统的其他许多功能是伴随着运输功能而存在的。

运输提供两大主要功能：

第一，实现物品的空间位移。因为生产、流通和消费活动需要使物品发生空间转移，物流系统是通过运输工具实现这种转移的。比如对于有形物品的转移，要靠道路等基础设施和车辆等物流设备来共同完成；对于无形的物品，比如信息，要靠通信线路等基础设施和计算机等设备来共同完成。

第二，降低运输费用。一般来说，空间位移越大，运输费用就越高。因此，设计运输功能首先需要考虑的问题是：物品是否需要发生空间位移，有多少物品要发生空间位移，或者要发生什么样的空间位移（位移的方向、距离、时间、频率等）。

运输问题研究的内容主要有：运输方式及其运输工具的选择，运输线路的确定，以及为了实现运输安全、迅速、准时、价廉的目的所施行的各种技术措施和合理化问题的研究等。

（二）仓储功能

仓储是利用仓库及相关设施设备进行物品的进库、存贮、出库的作业。在物流系统中，仓储和运输是同样重要的构成因素。仓储功能包括了对进入物流系统的物品进行堆存、管理、保管、保养、维护等一系列活动。

一般来讲，仓储功能是通过仓库来实现的。物质资料的储存，是社会再生产过程中客观存在的现象，也是保证社会再生产连续不断运行的基本条件之一。有物质资料的储存，就必然产生如何保持储存物质资料的使用价值和价值不至于发生损害的问题，为此就需要对储存物品进行以保养、维护为主要内容的一系列技术活动和保管作业活动，以及为了进行有效的保管，需要对保管设施的配置、构造、用途及合理使用、保管方法和保养技术的选择等作适当处理。仓储所研究的问题包括：对储存空间的管理，即仓库的规划与设计、仓库选址、规模确定、仓库布局、设备选型等；对储存活动的管理，即储存规划、储位管理、出入库管理、在库管理等；对储存物品的管理，即库存量的控制、库存物的日常养护等；另外还包括相关的风险管理、经济管理等一系列管理工作。

（三）包装功能

包装是为在流通过程中保护产品、方便储运、促进销售，按一定技术方法而采用的容器、材料及辅助物等的总体名称。也指为了达到上述目的而采用容器、材料和辅助物的过程中施加一定技术方法等的操作活动。因此，包装是包装物和包装操作的总称。

包装和运输、保管、配送、装卸、流通加工、物流信息等，都是构成物流系统的分支系统之一。包装这一分支系统，与其他分支系统有着密切的关系。包装的设计必须根据以后的物流形式来考虑，有时也有根据包装方式，决定以后物流的情况。比如，出口杂货时，如果采用将货物混装于货船的方法，就必须有坚固的木箱包装。但是，如果采用将货物装于集装箱中，由集装箱船运输的方法，使用纸箱（瓦楞纸箱）包装就足够了。

如果考虑包装与装卸的关系，那么在必须用人工装卸的情况下，包装应限制在可以用人工进行装卸的单件重量以下（一般为50公斤）；如果在途中全部使用机械装卸，单件重量就不必太小，在交易许可的条件下应尽可能用大的单件重量；如果使用高效灵活的托盘或集装箱，可采用各种规格、形式、材料的包装（除特殊的长重件）进行运输。如果考虑包装与保管之间的关系，那么在仓库中保管货物堆放太高时，在最底层的包装物必须能承受住上面货物的总重量。例如，毛重20公斤的箱子堆放10层，最下面的箱子必须能承受180公斤的重量。仓库多采用高层堆放的方法，因而包装必须有足够的耐压强度。

（四）装卸搬运功能

装卸是物品在指定地点以人力或机械装入运输设备或卸下。搬运是在同一场所内，对物品进行水平移动为主的物流作业。由于装卸和搬运往往紧密相连，所以通常作为一项物流活动来看待。物流环节各阶段之间的活动，都离不开装卸搬运作业，它是对运输、保管、包装、流通加工、配送等物流活动进行衔接的中间环节，包括装车（船）、卸车（船）、堆垛、入库、出库（取出、分类、理货）以及连结以上各项动作的短途搬运。由装卸搬运把物流的各环节之间或在一个环节之内联接成为一种连续的物流作业过程，以实现物流合理化。

如果说储存功能是静态的，运输与配送功能是平面的，那么，装卸搬运功能则是立体的、动态的。在装卸搬运功能的实施过程中，既有同一地域（一般是库、场区）内的前后、左右的搬与运，又有上上下下的装与卸。装卸搬运功能，一般出现在“动”与“静”、“动”与“动”相结合的部分，起着承上启下的作用。对装卸搬运的研究，主要是对装卸搬运方式的选择，装卸搬运机械的选择，以及通过对装卸搬运物品灵活性和可运性的研究，提高装卸搬运效率。

（五）流通加工功能

流通加工是物品在从生产地到使用地的过程中，根据需要施加包装、分割、计量、分拣、刷标志、拴标签、组装等简单作业的总称。在流通过程或生产过程中，为了向用户提供更有效的商品，或者为了弥补加工不足，或者为了合理利用资源，更有效地衔接产需，往往需要在物流过程中进行一些辅助的加工活动，这些加工活动就是流通加工。

对流通加工的研究，包括的内容非常丰富，诸如流通过程中的装袋、单元小包装、配货、挑选、混装等，生产外延流通加工中的剪断、打孔、拉拔、组装、改装、配套等，以及因经济管理的需要所行的规模、品种、方式的选择和提高加工效率的研究等。

（六）配送功能

配送是在经济合理区域范围内，根据客户要求，对物品进行拣选、加工、包装、分割、组配等作业，并按时送达指定地点的物流活动。

配送是物流的一种特殊的、综合的活动形式，它几乎包括了物流的所有职能，是物流的一个缩影或在某一范围内物流全部活动的体现。一般来讲，配送具有以下特征：（1）配送是由集货、配货、送货三部分有机结合而成的物流活动；（2）配送中的送货是短距离的运输；（3）配送是物流的最后一个环节；（4）配送是物流的缩影；（5）配送是现代送货形式，与旧“送货”存在明显的区别。

配送问题的研究包括配送方式的合理选择，不同物品配送模式的研究，以及围绕配送中心建设相关的配送中心地址的确定、设施的构造、内部布置和配送作业及管理等问题的研究。

（七）情报信息功能

物流活动中大量信息的产生、传送和处理为合理地组织物流提供了可能。物流信息对上述各种物流活动的相互联系起着协调作用。物流信息包括与上述各种活动有关的计划、预测、动态信息以及相关联的费用情况、生产信息、市场信息等。对物流信息的管理，要求组织者建立有效的信息系统和信息渠道，合理进行信息处理，以保证物流活动的可靠性和及时性。

三、物流的作用

物流既能够创造社会价值，又能够增强企业竞争力。

（一）物流创造社会价值

首先，由于大量的社会产品都存在生产周期问题，所以物品从供给者到需要者之间存在着一段时间差距，由于改变这一时间差而创造的价值，称作时间价值。物流获得时间价值有以下几种形式：缩短物流时间，可减少物流损失、降低物流消耗、加速物品的周转和节约资金等；弥补供给和需求之间的时间差，有时是改变这种时间差，以实现其时间效用；在某些具体物流活动中也存在人为地、能动地延长物流时间来创造价值的情况。

其次，物品从供给者到需求者之间空间差距会逐渐加大，由于改变物品的不同空间存在位置而创造的价值称为空间价值。物流创造空间价值是由现代社会产业结构、社会分工所决定的。物流创造空间价值主要有以下几种具体形式：从集中生产地流入分散需求地，往往可以获得很高的利益；以上情况相反，从分散生产地流入集中需求地；从低价值生产地流入高价值需求地；从资源富余地流入到资源稀缺地。

第三，创造社会效益和附加价值。国内近年来开展的“宅急送”，都是为消费者服务的新行业，使居民生活更舒适、更方便。物流创造附加值，主要表现在流通加工方面，比如，把钢卷剪切成钢板、把原木加工成板材、把粮食加工成食品、把水果加工成罐头，使装帧更加精美，从而大大提高了商品的欣赏性和附加价值。

第四，环境保护价值。比如，在城市外围建设物流中心、流通中心，大型货车不管白天还是晚上就都不用进城了，只利用2吨小货车配送，夜晚的噪音就会减轻；政府重视物流，大力建设城市道路、车站、码头，城市的交通阻塞状况就会缓解，空气质量自然也会改善。

（二）物流对企业的作用

第一，物流是企业生产的前提和保证。物流及有关活动保证按企业生产计划和生产节奏提供和运送原材料、燃料、零部件，并将产品和制成品不断运离企业，输送到需求地，同时物流活动将有效地将生产工艺活动衔接起来，保证企业生产顺利运行。

第二，物流是企业核心能力的重要方面。企业的核心能力体现在质量、技术和效益等方面，物流作为企业竞争力的重要一环，是接近用户阶段的质量保证手段，是提高企业市场开拓能力、驾驭宏观经济环境能力的体现；更重要的是，物流通过降低成本间接增加企业利润，改进物流技术可直接取得效益，这些都会有效地提高企业可持续发展的能力。

第三，物流可以降低成本。物流合理化有大幅度降低企业经营成本的作用，对改善我国经济运行的环境、降低和解决企业的经营困难、提高不同规模经济体的运行质量有重要作用。我国当前许多企业面临困难的主要原因之一是运行成本过高。发展物流产业，能够有效地降低社会流通成本，从而降低企业供应及销售成本，起到改善企业外部环境的作用；企业生产过程的物流合理化，又能够降低生产成本。

第四，物流的服务价值。物流可以为企业和顾客提供良好的服务，有利于企业积极参与市场竞争，有利于树立企业和品牌的形象，有利于与服务对象结成长期的、稳定的、战略性的合作伙伴，这对企业长远的、战略性的发展有非常重要的意义。物流的服务价值，实际上就是促进企业战略发展的价值。

第二节　物流管理

一、物流管理概述

（一）物流管理的定义

物流管理（Logistics Management）是指在社会再生产过程中，根据物质资料实体流动的规律，应用管理的基本原理和科学方法，对物流活动进行计划、组织、指挥、协调、控制和监督，使各项物流活动实现最佳的协调与配合，以降低物流成本，提高物流效率和经济效益。现代物流管理是建立在系统论、信息论和控制论的基础上的。

（二）物流管理的特点

1. 以实现客户满意为第一目标；

2. 以企业整体最优为目的；

3. 以信息为中心；

4. 重效率更重效果。

（三）物流管理的主要原则

1. 物流合理化原则，就是在兼顾成本与服务的前提下，对物流系统的构成要素进行调整改进，实现物流系统整体优化。

2. 增值原则，即在努力削减物流成本的基础上，努力提升物流增值性服务。

3. 7R 原则，即使企业将恰当的质量（Right Quality），恰当的数量（Right Quantity），恰当的价格（Right Price），恰当的商品（Right Commodity），在恰当的时间（Right Time），送到恰当的场所（Right Place），恰当的顾客（Right Customers）手中。

（四）物流管理的目标

实施物流管理的目标就是要在尽可能最低的总成本条件下实现既定的客户服务水平，即寻求服务优势和成本优势的一种动态平衡，并由此创造企业在竞争中的战略优势。根据这个目标，物流管理要解决的基本问题，简单地说，就是把合适的产品以合适的数量和合适的价格在合适的时间和合适的地点提供给客户。

物流管理强调运用系统方法解决问题，就是利用现代管理方法和现代技术，把所有环节作为一个一体化的系统来进行组织和管理，以使系统能够在尽可能低的总成本条件下，提供有竞争优势的客户服务。物流系统并不简单地追求在各个环节上各自的最低成本，因为物流各环节的效益之间存在相互影响、相互制约的倾向，存在着交替易损的关系。因此，系统方法强调要进行总成本分析，以及避免次佳效应和成本权衡应用的分析，以达到总成本最低，同时满足既定的客户服务水平的目的。

二、物流管理内容

物流战略管理是对企业的物流活动实行的总体性管理，是企业制定、实施、控制和评价物流战略的一系列管理决策与行动，其核心问题是使企业的物流活动与环境相适应，以实现物流的长期、可持续发展。

物流作业管理是指对物流活动或功能要素的管理，主要包括运输与配送管理、仓储与物料管理、包装管理、装卸搬运管理、流通加工管理、物流信息管理等等。

物流成本管理是指有关物流成本方面的一切管理工作的总称，即对物流成本所进行的计划、组织、指挥、监督和调控。物流成本管理的主要内容包括物流成本核算、物流成本预测、物流成本计划、物流成本决策、物流成本分析、物流成本控制等等。

物流组织是指专门从事物流经营和管理活动的组织机构，既包括企业内部的物流管理和运作部门、企业间的物流联盟组织，也包括从事物流及其中介服务的部门、企业以及政府物流管理机构。

物流服务是指物流企业或企业的物流部门从处理客户订货开始，直至商品送交客户过程中，为满足客户要求，有效地完成商品供应、减轻客户的物流作业负荷，所进行的全部活动。

供应链管理是用系统的观点通过对供应链中的物流、信息流和资金流进行设计、规划、控制与优化，以寻求建立上下游企业以及客户间的战略合作关系，最大限度地减少内耗与浪费，实现供应链整体效率最优和供应链成员的绩效和利益，来满足顾客需求的整个管理过程。

三、物流管理发展历程

物流管理的发展经历了配送管理、物流管理和供应链管理三个层次。物流管理起源于第二次世界大战中军队输送物资装备所发展出来的储运模式和技术。当时的物流管理主要针对企业的配送部分，即在成品生产出来后，如何快速而高效地经过配送中心把产品送达客户，并尽可能维持最低的库存量。在这个初级阶段，物流管理只是在既定数量的成品生产出来后，被动地去迎合客户需求，将产品运到客户指定的地点，并在运输的领域内去实现资源最优化使用，合理设置各配送中心的库存量。

现代意义上的物流管理出现在20世纪80年代。通过分析物料从原材料运到工厂，流经生产线上每个工作站，产出成品，再运送到配送中心，最后交付给客户的整个流通过程，企业可以消除很多看似高效率却实际上降低了整体效率的局部优化行为。比如运输部作为一个独立的职能部门，总是想方设法降低其运输成本，但若其因此而将一笔必须加快的订单交付海运而不是空运，这虽然省下了运费，却失去了客户，导致整体的失利。在这个阶段，物流管理的范围扩展到除运输外的需求预测、采购、生产计划、存货管理、配送与客户服务等，以系统化管理企业的运作，达到整体效益的最大化。

一个典型的制造企业，其需求预测、原材料采购和运输环节通常叫作进向物流，原材料在工厂内部工序间的流通环节叫作生产物流，而配送与客户服务环节叫做出向物流。物流管理的关键则是系统管理从原材料、在制品到成品的整个流程，以保证在最低的存货条件下，物料畅通的买进、运入、加工、运出并交付到客户手中。对于有着高效物流管理的企业的股东而言，这意味着以最少的资本做出最大的生意，产生最大的投资回报。

四、物流管理层次

（一）物流战略管理

企业物流战略管理就是站在企业长远发展的立场上，就企业物流的发展目标、物流在企业经营中的战略定位以及物流服务水准和物流服务内容等问题做出整体规划。企业物流战略的三个最基本的目标：成本最小、投资最少、服务改善。

（二）物流系统设计与运营管理

企业物流战略确定以后，为了实施战略必须要有一个得力的实施手段或工具，即物流运作系统。作为物流战略制定后的下一个实施阶段，物流管理的任务是：设计物流系统和物流网络，规划物流设施，确定物流运作方式和程序等，形成一定的物流能力，并对系统运营进行监控，及时根据需要调整系统。延迟策略和集中运输策略是物流系统运作的重要策略。

1. 延迟策略

“延迟”概念最初被定义为一种营销战略，即将形式和特征的变化尽可能向后推迟。这一概念在实践中被广泛运用于物流和配送业务。延迟就是通过设计产品和生产工艺，把制造某种具体产品、使其差异化的决策延迟到开始生产之时。延迟是一种能减小预测风险的策略。在传统的物流管理中，库存量的确定较多地依据预测，生产都要适当提前，保证一定的库存量。如果需求变得是完全确定的，那么产品的制造可以被推迟到最后进行，过早的生产和不恰当的库存都能够被减少，甚至消除。延迟策略特别适合关键的高价值的物品。

延迟可分为生产延迟和物流延迟两种。生产延迟的基本原理是准时化，即在获得客户确切的需求和购买意向之前，不过早地作准备工作或采购零部件，不提前，不过量，严格按订单生产合格的产品。一般的生产延迟手段是，尽量使产品保持在半成品状态。当得到订单后立即完成最后的装配工序。这样的好处是以较大的批量生产标准化的零部件，获取生产规模的经济性；最后工序按订单需求装配可以满足需求的多样性和缩短交货期。

物流延迟是地理上的延迟，它的基本概念是在物流网络中的几个主要的中央仓库，根据预测结果存储必要的物品，不考虑过早地在消费地点存放物品，一旦接到客户的订单，从中央仓库处启动物流程序，把物品运送到客户所在地的仓库或直接快运给客户。这样做的好处是在每个消费地点不需要冒预测的风险建立过多的库存，在中央仓库层次上又可以获得规模经济优势。结果是以较少的总体库存投资提高服务水准。

生产延迟和物流延迟都是基于时间要素的策略，使活动尽可能地推迟到需求发生的时刻，以避免因预测失误而造成的损失。但操作的方法完全不同，生产延迟着眼于产品，尽可能地等到需求明确时才生产；而物流延迟则着眼于地理位置，尽可能地等到需求明确时再向需求地点做最后的运送。无论是生产延迟还是物流延迟都需要得到现代信息技术的支持，没有准确快速的信息传递，任何的延迟方式都将难以实行。

2. 集中运输策略

在物流中存在着一对矛盾，即规模经济性与客户需求多样性之间的矛盾。延迟策略比较好地处理了这对矛盾。但在许多地方还是不得不采用小量、甚至单件运输的方式。在有些场合下采取集中运输的策略能够获得更好的效果。

从操作形式看有三种基本的集中运输方式：区域化集中运输、预定送货和联营送货。

区域化集中运输是把运往某个区域的不同客户的货物集中起来运输，能否实现的前提条件是是否有足够的客户运量。有时为了克服数量不足的矛盾，可以区别不同情况采取不同办法。比如，当最终消费区域数量不足时，可以集中几个区域的运输量，运到某个集散地点，再从那儿分送到各自的目的地；当每天的运输量不足，但需求又比较稳定，可以计划运输间隔期，集中几天的运输量一次运送。

由于在预定期内有可能集中到较大的运输量，因此即与客户商定一个运送计划，保证按时送到，这就是预定送货。采用这一方式需要与客户沟通，强调集运的互利性。

联营送货是一种更灵活的办法，即由第三方提供运输服务。专业的运输公司它的服务对象比较广泛，具备把多个货主分散的货物集中起来的条件，比较容易实现集中运送。

阅读与思考

上海DHL快递延迟策略

传统购配送计划中，大多数的库存是按照对未来市场需求的预测量设置的，这样就存在着预测风险，当预测量与实际需求量不符时，就出现库存过多或过少的情况，从而增加配送成本。上海DHL快递的延迟策略基本思想就是对产品的外观、形状及其生产、组装、配送应尽可能推迟到接到顾客订单后再确定。一旦接到订单就要快速反应，采用上海DHL快递的延迟策略的一个基本前提是信息传递要非常快。美国一家生产金枪鱼罐头的企业就通过来用延迟策略改变配送方式，降低了库存水平。历史上这家企业为提高市场占有率曾针对不同的市场设计了几种标签，产品生产出来后运到各地的分销仓库储存起来。由于顾客偏好不一，几种品牌的同一产品经常出现某种品牌的畅销而缺货，而另一些品牌却滞销压仓情况。为了解决这个问题，上海DHL快递改变了以往的做法，在产品出厂时都不贴标签就运到各分销中心储存，当接到各销售网点的具体订货要求后，才按各网点指定的品牌标志贴上相应的标签，这样就有效地解决了此消彼长的矛盾，从而降低了库存。

（资料来源：DHL网站）

（三）物流作业管理

根据业务需求，制定物流作业计划，按照计划要求对物流作业活动进行现场监督和指导，对物流作业的质量进行监控。

第三节　国际物流

企业跨国经营环境相当复杂，涉及的活动和环节众多，并且与外经贸业务密切相关，如国际金融、运输保险、多式联运、货物请关、出入境检验检疫等。作为国际货物贸易的最终交付手段——国际物流服务贸易显得日趋重要。国际物流对提升企业的生产效率，降低商品流通成本，改善对顾客服务质量，都具有深远的意义。

一、国际物流概述

国际物流业是随着国际贸易和跨国经营的迅猛发展而迅速发展起来的，是社会化大生产和网络经济发展的产物。国际物流作为实现经济全球化的国际经贸活动，其重要性已被越来越多的国家和政府所认识。国际物流是指当生产和消费在两个或两个以上的国家（或地区）独立进行的情况下，为克服生产和消费之间的空间距离和时间距离而对物资（货物）所进行的物理性移动的一项国际经济贸易活动，即发生在不同国家间的物流活动。国际物流是国际贸易的一个必然组成部分。世界发展主流使国家与国家之间的经济交流越来越频繁，国际、洲际的原材料和商品相互流通，各国之间的相互贸易最终通过国际物流来实现。国际物流是现代物流系统中重要的物流领域，近十几年有很大发展，也是一种新的物流形态。

（一）国际物流的特点

1. 物流环境存在差异

国际物流的一个非常重要的特点是，各国物流环境的差异，尤其是物流软环境的差异。不同国家的不同物流适用法律使国际物流的复杂性远高于一国的国内物流，甚至会阻断国际物流；不同国家不同经济和科技发展水平会造成国际物流处于不同科技条件的支撑下，甚至有些地区根本无法应用某些技术而迫使国际物流全系统水平的下降；不同国家不同标准，也造成国际间“接轨”的困难，因而使国际物流系统难以建立；不同国家的风俗人文也使国际物流受到很大局限。由于物流环境的差异就迫使一个国际物流系统需要在几个不同法律、人文、习俗、语言、科技、设施的环境下运行，无疑会大大增加物流的难度和系统的复杂性。

2. 物流系统范围广

物流本身的功能要素、系统与外界的沟通就已是很复杂的，国际物流再在这复杂系统上增加不同国家的要素，这不仅是地域的广阔和空间的广阔，而且所涉及的内外因素更多，所需的时间更长，广阔范围带来的直接后果是难度和复杂性增加，风险增大。当然，也正是因为如此，国际物流一旦融入现代化系统技术之后，其效果才比以前更显著。例如，开通某个“大陆桥”之后，国际物流速度会成倍提高，效益显著增加，就说明了这一点。

3. 国际物流必须有国际化信息系统的支持

国际化信息系统是国际物流，尤其是国际联运非常重要的支持手段。国际信息系统建立的难度，一是管理困难，二是投资巨大，再由于世界上有些地区物流信息水平较高，有些地区较低，所以会出现信息水平不均衡因而信息系统的建立更为困难。当前国际物流信息系统一个较好的建立办法是和各国海关的公共信息系统联机，以及时掌握有关各个港口、机场和联运线路、站场的实际状况，为供应或销售物流决策提供支持。国际物流是最早发展“电子数据交换”的领域，以 EDI 为基础的国际物流将会对物流的国际化产生重大影响。

4. 国际物流的标准化要求较高

要使国际间物流畅通起来，统一标准是非常重要的，可以说，如果没有统一的标准，国际物流水平是提不高的。目前，美国、欧洲基本实现了物流工具、设施的统一标准，如托盘采用1000×1200毫米，集装箱的几种统一规格及条码技术等，这样一来，大大降低了物流费用，降低了转运的难度。而不向这一标准靠拢的国家，必然在转运、换车底等许多方面要多耗费时间和费用，从而降低其国际竞争能力。

5. 国际物流以远洋运输为主，并由多种运输方式组合

国际物流运输方式有海洋运输、铁路运输、航空运输、公路运输以及由这些运输手段组合而成的国际复合运输方式等。运输方式选择和组合的多样性是国际物流一个显著的特征。在国际物流活动中，由门到门的运输方式越来越受到货主的欢迎，使得能满足这种需求的国际复合运输方式得到迅速发展，逐渐成为国际物流中运输的主流。全球复合运输方式的目的是追求整个物流系统的效率化和缩短运输时间。

（二）国际物流的发展历程

20世纪50年代至80年代初，物流系统的改善促进了国际贸易的发展，物流活动已经超出了一国范围，但物流国际化的趋势还没有得到人们的重视。60年代开始形成了国际间的大数量物流，在物流技术上出现了大型物流工具；70年代，国际物流不仅在数量上进一步发展，船舶大型化趋势进一步加强，而且出现了提高国际物流服务水平的要求，其标志是国际集装箱及国际集装箱船的发展，国际间各主要航线的走期班轮都投入了集装箱船，使物流服务水平获得很大提高。70年代中、后期，国际物流领域出现了航空物流大幅度增加的新形势，同时出现了更高水平的国际联运。船舶大型化的趋势发展到一个高峰，出现了50万吨的油船、30万吨左右的散装船。

20世纪80年代初至90年代初，物流国际化趋势开始成为世界性的共同问题，但物流国际化的趋势局限在美、日和欧洲一些发达国家。80年代前、中期国际物流的突出特点，是在物流量基本不继续扩大情况下出现了“精细物流”，物流的机械化、自动化水平提高，同时，伴随新时代人们需求观念的变化，国际物流着力于解决“小批量、高频度、多品种”的物流，现代物流不仅覆盖了大量货物、集装杂货，而且也覆盖了多品种的货物，基本覆盖了所有物流对象，解决了所有物流对象的现代物流问题。

从20世纪90年代初至今，国际物流的概念和重要性已为各国政府和外贸部门所普遍接受。90年代以来的物流信息和电子数据交换（EDI）系统，使物流向更低成本、更高服务、更大量化、更精细化方向发展。国际

物流依托信息技术发展，实现了“信息化”，信息对国际物流的作用，依托互联网公众平台，向各个相关领域渗透，同时又出现了全球卫星定位系统、电子报关系统等新的信息系统，在这个基础上，构筑国际供应链，形成国际物流系统，使国际物流水平进一步得到了提高。

当代国际物流呈现如下发展趋势：国际物流反应快速化、国际物流功能集成化（包括物流渠道与商流渠道集成、物流渠道之间集成、物流功能集成、物流环节与制造环节集成等）、国际物流服务系列化、国际物流作业规范化、国际物流目标系统化、国际物流手段现代化、国际物流组织网络化、国际物流系统信息化、国际物流服务社会化、国际物流活动全球化。

二、国际物流系统构成要素

国际物流作为将货物在国与国间进行物理性移动的国际商务活动，是一种集各种物流功能于一体的开放系统。国际物流系统是由包装、储存、运输、检验、流通加工和其前后的整理、再包装以及国际配送等子系统组成。其中，运输和储存子系统是国际物流系统的主要组成部分。国际物流通过商品的储存和运输，实现其自身的时间和空间效益，满足国际贸易活动和跨国公司经营的要求。

运输子系统。国际货物运输子系统是国际物流系统的核心。国际货物运输具有路线长、环节多、涉及面广、手续繁杂、风险性大、时间性强等特点。运输费用在国际贸易价格中占有很大比重。国际运输主要包括运输方式的选择、运输单据的处理以及投保等有关方面。

仓储子系统。从物流角度看，应尽量减少储存时间和储存数量，加速货物和资金的周转，实现国际物流的高效率运转。国际贸易和跨国经营中的商品从生产厂或供应部门被集中运送到装运港口，有时须临时存放一段时间，再装运出口，是一个集和散的过程。它主要是在各国的保税区和保税仓库进行的，主要涉及各国保税制度和保税仓库建设等方面。

检验、通关子系统。国际贸易和跨国经营投资大、风险高、周期长等特点，使得商品检验成为国际物流系统中重要的子系统。通过商品检验，确定交货品质、数量和包装条件是否符合合同规定。在买卖合同中，一般都有商品检验条款，其主要内容有检验时间与地点、检验机构与检验证明、检验标准与检验方法等。另外，商品的出入境还须申请通关。

包装子系统。国际市场和消费者是通过商品来认识企业的，而商品的商标和包装就是企业的面孔。在考虑出口商品包装设计和具体作业过程时，应把包装、储存、搬运和运输有机联系起来，统筹考虑，全面规划，实现现代国际物流系统所要求的“包、储、运一体化”，即从开始包装商品时就考虑储存的方便、运输的快速，以加速物流，减少物流费用，符合现代物流系统设计的各种要求。

流通加工子系统。出口商品的加工业的重要作用是使商品更好地满足消费者的需要，不断地扩大出口。同时也是充分利用本国劳动力和部分加工能力，扩大就业机会的重要途径。进出口商品的流通加工的具体内容包括：装袋、贴标签、配装、挑选、混装、刷标记等出口贸易商品服务。另一种是生产性外延加工，如剪断、平整、套裁、打孔、折弯、拉拔、组装、改装、服装的检验、烫熨等。这种出口加工或流通加工，不仅能最大限度地满足客户的多元化需求，同时还可以实现商品的增值。

国际物流信息子系统。国际物流信息系统的特点是信息量大、交换频繁；传递量大、时间性强；环节多、点多、线长，所以要建立技术先进的国际物流信息系统。物流信息子系统主要功能是采集、处理和传递国际物流和商流的信息情报。国际物流信息的主要内容包括进出口单证的作业过程、支付方式信息、客户资料信息、市场行情信息和供求信息等。

国际物流系统不是所有子系统的简单拼凑，而是构造各个子系统相互协调、共同发挥总功能的物流系统，因而着重研究的不是各子系统本身，而是各子系统之间的联系和制约关系。另外，国际物流系统的良好运作，是以系统化的理念为前提，以科学、完善的构成为基础，以充分的设施、制度和规则为保障的。没有国际物流系统硬件及软件的保障，系统化的运作便无法实现。

三、国际物流的方式

国际物流，就是国家与国家、地区与地区之间的货物运输、保管、装卸搬运、包装、流通加工、配送以及伴随发生的信息传递，其主体活动是国际货物运输。主要采取以下方式：

（一）大陆桥运输

“大陆桥”是连接两段海运的陆地运输，主要指国际铁路运输和海洋运输。经过中国陆地运输的大陆桥目前有两个。一个是新亚欧大陆桥，在中国境内长达4131公里，1990年贯通。该大陆桥东起连云港，西至荷兰鹿特丹港，横跨亚洲、欧洲，与太平洋、大西洋相连，全长10800公里，途经中国中部的各个省份。另一个是西伯利亚大陆桥，也称为亚欧大陆桥。该大陆桥全长9300公里，是从远东地区经过西伯利亚大铁路，一直到达欧洲的大陆桥。它的全程共分为三条运输线，第一条以西伯利亚铁路运输为主，伊朗和欧洲的铁路运输为辅；第二条是经西伯利亚铁路和苏联的西部港口，到达西北欧的铁路和海运；第三条是从西伯利亚铁路起，经欧洲公路，到达瑞士、德国、法国和意大利的铁路和卡车运输。该大陆桥在中国的满洲里和二连浩特均有接口。大陆桥运输可以实现“门到门”的运输方式，由运输业者承担运输全程责任；运输速度快，运输里程短；节约运输、保管和装卸费用；保证物流作业质量，满足货主要求。

（二）国际多式联运

国际多式联运也称为国际一贯化运输，是国际间多种运输方式的联合运输。这种运输由一个承运人负责，使用一份国际多式联运合同，组织多种运输手段进行跨国联合运输。1980年公布的“联合国国际货物多式联运公约”对多式联运下了如下的定义：“国际多式联运是按照多式联运合同，以至少两种不同的运输方式，由多式联运经营人将货物从一国境内接受货物地点，运至另一国境内指定交付货物的地点。”由于是由一个承运人总负责，手续简便，各个运输环节衔接紧密，贯通一气，因此，国际多式联运能做到跨国“门到门”的物流，所以，与大陆桥运输一样，速度快、费用省、质量好。

（三）远洋运输

从地理概念理解，远洋运输是指以船舶为工具，从事跨越海洋运送货物和旅客的运输。然而，从运输业务的关系来理解，远洋运输则是指以船舶为工具，从事本国港口与外国港口之间或者完全从事外国港口之间的货物和旅客的运输，即国与国之间的海洋运输，或者称为国际航运。当前国际上普遍采用的远洋船舶的运营方式可分为两大类，即班轮运输和租船运输。广义地说，除主要经营国际航线的船舶运输业务的船舶营运业外，本身拥有船舶，但并不自行经营运输，而将船舶用于出租的船舶租赁业；本身没有货物或船舶，而以代办或代理本来应由货主或船公司自行办理的业务为经营业务的货运代理业或船舶代理业；以及以促使定舱、租船或买卖船舶交易的成交，作为交易双方的媒介，以代为洽谈生意为主要业务的经纪人；乃至港口的装卸、理货业等，都应属于远洋运输业。

（四）国际航空运输

国际航空运输是指根据当事人订立的航空运输合同，无论运输有无间断或者有无转运，运输的出发地点、约定的经停地点和目的地点之一不在中华人民共和国境内的运输。国际航空货物运输的主要方式有以下几种：班机运输、包机运输、集中托运、陆空陆联运、急件传递、送交业务。航空货物运输的主要特征有：首先，航空运输速度快，大大缩短了货物在途时间，也使货物在途风险降低，因此许多贵重物品、精密仪器也往往采用航空运输的形式；其次，航空运输不受地理条件影响，深入内陆地区，有利于当地资源的出口，促进当地经济的发展；第三，与其他运输方式比航空运输的安全性较高，如果采用空运集装箱的方式运送货物，则更为安全；第四，由于采用航空运输方式，货物在途时间短，周转速度快，企业存货可以相应的减少，从而节约包装、保险、利息等费用。航空运输也有自己的局限性，主要表现在：运输费用较其他运输方式更高，对大件货物或大批量货物的运输有一定的限制，飞行安全容易受恶劣气候影响等等。

阅读与思考

中国外运——大型现代综合物流企业集团

中国外运以综合物流为主业，集海、陆、空货运、仓储码头服务、快递、船务代理及货运代理业务为一体。在50余年实践中培育和形成了综合物流所必需的全程方案设计、组织、协调、管理等综合服务能力。中国外运建立起了覆盖中国、遍及全球主要经济区域的服务网络。除公司自身拥有一个覆盖中国重要战略和沿海地区的服务网络外，通过控股子公司中外运空运发展股份有限公司设立的6家区域分公司和35家分支公司，拥有覆盖国内主要城市和经济活跃地区的航空货运和快递服务网络；通过与母公司中国外运集团订立的多项服务协议，得以利用其所拥有的中国最庞大的服务网络；通过与国际战略合作伙伴结成的同盟关系，得以享用他们的海外网络。

中国外运拥有齐全、结构均衡的战略资产。其中，自营、合营码头6座，共计20个泊位；集装箱场站23个，面积960555平方米，散杂货堆场16个，面积200430平方米；仓库77座，仓储面积539944平方米，在北京、广州、成都、上海及沈阳设有货物分拨中心；营运车辆1287辆；铁路专用线6条。中国外运注重一体化营销体系和标准化业务操作平台的建设，建立起分工协作的一体化经营模式，打造了以海陆空货运体系为支撑、以战略资产为依托的一体化综合物流服务平台。

秉承以“客户为中心”的服务理念、以“降低客户的经营成本为目标”的服务宗旨，中国外运得以拥有众多的、遍布各行各业且服务多年的本地和跨国客户，其中包括米其林、壳牌、巴斯夫、三星、可口可乐等跨国公司，以及中石化、中石油、中国联通、中国建材、宝钢、海尔、美的等大型本地公司。中国外运与客户建立起双赢式的伙伴关系，凭借科学的综合物流解决方案、严谨的供应链运营管理和先进的信息技术，为其提供多元化的增值服务，帮助客户提高物流效率、降低物流成本，为客户赢得竞争优势。

（资料来源：根据中国外运公司网站资料整理）

（五）国际货运代理

国际货运代理是指国际货运代理组织接受进出口货物收货人、发货人的委托，以委托人或自己的名义，为委托人办理国际货物运输及相关业务，并收取劳务报酬的经济活动。国际货运代理通常是接受客户的委托完成货物运输的某一个环节或与此有关的各个环节，可直接或通过货运代理及他雇佣的其他代理机构为客户服务，也可以利用海外代理人提供服务。国际货运代理的作用在于：运用专门知识，以最安全、最迅速、最经济的方式组织运输；在世界各贸易中心建立客户网和自己的分支机构，以控制全部运输过程；在运费、包装、单证、结关、领事要求及金融等方面向企业提供咨询；把小批量的货物集中为成组货物，使客户从中受益；货运代理不仅组织和协调运输，而且影响到新运输方式的创新和新运输路线的开发。

（六）国际铁路联运

国际铁路联运是指由两个或两个以上不同国家铁路当局联合起来完成一票货物从出口国向进口国转移所进行的全程运输。国际铁路联运的优势在于简化手续，方便发货人，发货人只需在发站办理一次性托运手续即可将货物运抵另一国的铁路到站；国际铁路联运还能充分利用铁路成本较低，运输连贯性强、运输风险小和不易受天气和季节变化影响等优势；而且采用国际铁路联运可以充分利用铁路运输优势，也便于选择运输路径，从而缩短运输时间，减少运输费用。

第四节　第三方物流

一、第三方物流概述

（一）为什么出现第三方物流

世界经济将在纵向上对工业、供应商、客服、贸易和物流公司进行重新分工，介入生产以及销售环节的物流公司的出现将是物流业发展的必然趋势。随着现代企业生产经营方式的变革和市场外部条件的变化，第三方物流这种物流形态开始引起人们的重视，并对此表现出极大的兴趣。

首先，第三方物流的产生是社会分工的结果。企业专业化分工的结果导致许多非核心业务从企业生产经营活动中分离出来，其中包括物流业。将物流业务委托给第三方专业物流公司负责，可降低物流成本，完善物流活动的服务功能。

其次，第三方物流的产生是新型管理理念的要求。进入20世纪90年代后，供应链、虚拟企业等一系列强调外部协调和合作的新型管理理念，既增加了物流活动的复杂性，又对物流活动提出了更高的要求，由此产生了专业化物流服务的需求。第三方物流一方面迎合了个性需求时代企业间专业合作不断变化的要求，另一方面实现了进出物流的整合，提高了物流服务质量，加强了对供应链的全面控制和协调，促进供应链达到整体最优。

第三，第三方物流改善物流与强化竞争力相结合意识的萌芽。物流研究与物流实践经历了成本导向、利润导向、竞争力导向等几个阶段。将物流改善与竞争力提高的目标相结合是物流理论与技术成熟的标志。这是第三方物流概念出现的逻辑基础。

第四，物流领域的激烈竞争导致综合物流业务的发展。随着经济自由化和贸易全球化的发展，物流领域的政策不断放宽，同时也导致物流企业自身竞争的激化，物流企业不断地拓展服务内涵和外延，从而导致第三方物流的出现。这是第三方物流概念出现的历史基础。

（二）第三方物流的定义

“第三方物流（Third Party Logistics，简称3PL或TPL）”是20世纪80年代中后期才在欧美发达国家出现的概念。第三方物流的概念源自管理学中的“outsourcing”，意指企业动态地配置自身和其他企业的功能和服务，利用外部的资源为企业内部的生产经营服务。第三方物流使物流从一般制造业和商业等活动中脱离出来，形成能开辟新的利润源泉的新兴的商务活动。经过十多年的迅速发展，第三方物流已具有多种多样的形式，但至今还没有一个明确的、权威的、被普遍接受和认可的定义。

阅读与思考

京东VS菜鸟：智慧物流的开放之争

“新一代物流正在到来，它将呈现出短链、智慧与共生三大核心要素。”在2017全球新一代物流峰会上，京东物流CEO王振辉信心十足地表示。在王振辉看来，通过减少搬运次数、缩短搬运距离、提速交付时间、提升智能技术应用等，京东能够进一步强化物流服务能力。在此基础上，京东毫不掩饰与客户、行业合作伙伴及环境共生的愿望，

"我们希望与合作伙伴共同成为社会供应链的基础设施"。一定程度上，自去年年底首次宣布物流开放后，京东物流的开放度正在与日俱增。开放的姿态，让过去专注于自建自用物流的京东得以对外赋能。然而，在行业内，还有另一个"赋能者"——菜鸟物流。"菜鸟发展至今，已经三年多了。从成立之初，我们就在赋能行业内的合作伙伴。"一位菜鸟方面人士向21世纪经济报道记者坦言。

"京东物流基于服务上游京东商城品牌商和大型企业，不倚重规模制胜，靠品牌和价值制胜；菜鸟网络是基于服务上游天猫淘宝上的大量中小企业，也有品牌商，但规模制胜和集群协同更多一些。"中国物流与采购联合会采购与供应链专家委员、中国物流学会特约研究员杨达卿向《21世纪经济报道》记者分析道，"生态不同，因而路径有别。"

技术升级

"新一代物流的驱动因素，除了人货场重构所导致的物流角色再定义之外，还有以机器人、云服务、大数据和人工智能等技术突破所触动的物流行业大飞跃。"傅兵向《21世纪经济报道》记者强调。菜鸟总裁万霖则在12月10日"2017中国企业领袖年会"的演讲中称，菜鸟在加速进行数据协同的全局智能化，超级机器人仓、末端配送机器人、全自动流水线等全链路自动化，并在此基础上向消费者、商家提供新零售解决方案。

技术投入的背后，蕴含着改造物流的想象空间。作为一直以来被诟病的"劳动密集型"产业，物流行业未来可能向技术密集型产业转变。中国工程院院士、中国互联网协会理事长邬贺铨指出，物流数字化转型将对产业和社会的价值带来很大的贡献，现有成熟的物流经验已可减少仓储作业人员70%。不过，从当前情况而言，技术对物流人员规模的影响难言"立竿见影"。最大的一个原因在于消费升级与产业的变化，导致整个物流行业的规模激增，蛋糕变大，因而吸引了大批从业人员。

轻重赋能

"随着仓库的无人化设施大面积替代人工设施，京东物流的成本将有所下降。"傅兵向《21世纪经济报道》记者强调，"这主要体现为人员成本的下降。"数据显示，京东配送人员规模高达7万人。这也就意味着，快递人员构成京东物流的一大成本，也是京东物流"重模式"的体现。相较之下，菜鸟则显得更为轻松。"菜鸟已经成立三年多，但只有2000多个员工，其中一半以上都是技术人员，”菜鸟方面告诉《21世纪经济报道》记者，“我们并没有一个快递员。”

事实上，菜鸟自成立以来的定位便是平台化，将电商物流各环节的企业拉入其搭建的物流仓储平台及物流信息平台，然后以大数据作为支撑，调控仓储、配送等环节，多方提升物流效率。“我们会向快递公司提供包括电子签单、智能分单等数据产品，帮助他们提升效率，也提供仓储运营管理技术，并提供配送线路方面的数据支持等。”菜鸟方面指出。这也就意味着，除了干线运输与末端配送之外，菜鸟几乎承担了所有物流公司的工作。“其实菜鸟也是赋能者，用大数据赋能广大的物流企业，降低物流成本、提升配送效率和服务体验。”赛迪智库互联网所互联网经济研究室副主任谭霞向《21世纪经济报道》记者评论道。

京东物流的赋能则有所不同。通过自建仓配物流体系，并在全国范围内实现统一的操作和管理标准，京东物流更强调运营质量与配送效率。“对于未来物流智能化能力建设来说，京东对自己物流供应链的完全掌控将更有优势，所以京东一定是站在未来智能物流前端的巨头，包括仓储、配送、信息处理等。”谭霞认为，“一旦京东物流对外开放，对于中小物流企业吸引力也是十分巨大的。”事实上，京东物流的开放确实收获了一部分合作伙伴的青睐。“我们选择了与京东合作，而未选择菜鸟系物流企业。”网易供应链副总裁肖南华告诉《21世纪经济报道》记者，“京东物流的品质感与口碑，在业内与顺丰接近，并且京东团队能力也能够快速适应我们的需求。”然而另一位从业人员对京东物流的赋能表示质疑。“我很好奇他们如何去赋能合作伙伴。从理论上而言，京东物流与其他物流公司存在一定的竞争关系，京东不可能既是裁判员又是运动员。”此外，重模式也为京东物流带来了成本重负。“京东物流的一个不足之处就是整合社会资本能力太弱，全靠京东自己投资。”前腾讯、京东战略分析师李成东表示，“菜鸟物流早在2016年就完成了融资。京东的资金应该更多投在技术和供应链上，而非物流上。”

不过，在业内人士看来，无论京东还是菜鸟模式，在大数据方面都会积极建立超级蓄水池，形成中心化的超级大脑，影响生态圈的企业。杨达卿向《21世纪经济报道》记者表示，“在这个过程中，菜鸟需要建立整体可控的生态网，进而推动中小企业的集群协同，京东则需要构筑供应链服务和大数据护城河。”

（资料来源：http：//www. chinawuliu. com. cn/xsyj/201712/12/327001. shtml）

从国外来看，Richardson（1993）强调，外包能使买卖双方从长期关系中获益，并实现双赢。类似的，企业通过专注于具有核心能力的产品生产或服务，将非核心业务或职能，如物流服务通过合同的形式外包给第三方物流公司，不仅可降低成本而且也可提高质量。Lieb（1993）认为，第三方物流是指用外部公司去完成传统上由组织内部完成的物流功能，这些功能包括全部物流功能或所选择的部分物流功能。Coyle 等（1996）认为，第三方物流是对单一公司提供全部或部分物流功能的外部供应者。David Simchi－Levi（2000）等认为，第三方物流就是利用一家外部的公司完成企业全部或部分物料管理和产品配送职能。美国物流管理协会的解释是：第三方物流是将企业的全部或部分物流运作任务外包给专业公司管理经营，而这些能为顾客提供多元化物流服务的专业公司称之为第三方物流提供商。它们的存在加速了原材料和零部件从供应商向制造商的顺畅流动，更为产成品从制造商向零售商的转移搭建了良好的平台。它们所提供的集成服务涵盖了包括运输、仓储、码头装卸、库存管理、包装以及货运代理在内的诸多业务。

第三方物流理论在20世纪90年代中期传到我国，目前对概念的理解也比较丰富。比如“第三方物流是指既非商品供给方又非商品需求方的第三方企业，通过契约为客户提供的整个商品流通过程的服务，具体内容包括：商品运输、储存配送以及附加值服务等”；“物流活动和配送工作由专业的物流公司或储运公司来完成，由于它们不参与商品的买卖，只提供专门的物流服务，因此是独立于买方和卖方之外的第三方，故称第三方物流”；“第三方物流是第三方物流服务提供者在特定的时间段内按照特定的价格向使用者提供的个性化的系列物流服务，这种物流服务是建立在现代电子信息技术基础上的，企业之间是联盟关系”等等。中华人民共和国国家标准物流术语（GB/18354-2001）对第三方物流给出的定义是：独立于供需双方为客户提供专项或全面的物流系统设计或系统运营的物流服务模式，是指在物流渠道中，由中间商以合同的形式在一定期限内向供需企业提供所需要的全部或部分物流服务。第三方物流企业在货物的实际供应链中并不是一个独立的参与者，而是代表发货人或收货人，通过提供一整套物流活动来服务于供应链。第三方物流企业本身不拥有货物，而是为其外部客户的物流作业提供管理、控制和专业化服务的企业。

实际上，第三方物流的概念有广义与狭义之分。广义的第三方物流是以商品交易为参照来定义第三方物流，指商品买卖双方之外的第三方提供物流服务的形式。按照这种理解，无论是买方承担的物流还是卖方承担的物流都不是第三方物流，除此之外的任何一方承担的物流都是第三方物流。实际上，广义的第三方物流是相对于自营物流而言的。狭义的第三方物流是以物流服务或物流交易为参照，主要有两种表述：一种是指物流的实际需求方（假定为第一方）和仓储、运输等基础物流服务的供给方（假定为第二方）之外的第三方向第一方提供部分或全部物流服务的物流运作模式；另一种是指由物流劳务的供方、需方之外的第三方提供物流交易双方的部分或全部物流功能的物流运作模式。

（三）第三方物流的特征

1. 第三方物流是合同导向的一系列服务

现代第三方物流虽然也包括单项服务，但更多的是提供系列化、多功能甚至全方位的物流服务，注重的是客户物流体系的整体运作效率和效益。而且，现代第三方物流是完全根据双方共同指定的承包合同条款的要求来提供规定的物流服务，而不是客户的临时需求。承包合同规定了服务内容、服务时间、服务价格等，规定了承包和被承包双方的责任和义务。现代第三方物流企业提供的服务，也不严格限于物流方面，可以根据用户需要，包含一些商流、信息流方面的服务，只不过物流是其核心能力。欧美企业在利用第三方物流服务中，除了最常见的仓储、运输和车辆管理等服务，还利用其他服务，如产品回收、订单履行、运价谈判、物流信息系统等。

2. 第三方物流是定制的个性化的物流服务

由于第三方物流公司熟悉市场运作，有专门的物流设施和信息手段，有长年的客户关系网络，又有专业人才，因此，他们是专业化的物流机构。一般是站在货主立场，以货主企业的物流合理化为目标，服务对象一般都较少，只有数家比较固定的客户，但服务时间较长。他们不仅可以向客户提供全方位、一体化的物流服务，还可以根据客户的特殊需求来定制服务内容。医药企业康恩贝的第三方物流服务供应商可以提供指令配送、签单原件回收、支持回收、废弃物的逆向物流、货款回收、随时中止签收前物流运作等个性化服务。不同的是，传统的运输、仓储等物流企业由于服务对象众多而只能提供单一、标准化的物流服务，因此无法满足用户的个性化物流需求。

3. 第三方物流是建立在现代信息技术基础上的物流服务

信息技术的发展是第三方物流发展的必要条件，也是实现第三方物流服务不可缺少的技术手段。信息技术实现了数据的快速、准确传递。比如，信息技术能够提高物流企业在仓库管理、装卸运输、采购、订货、配送发运、订单处理的自动化水平，使订货、包装、保管、运输、流通、加工实现一体化，使大规模、高质量、高服务水平处理物流作业成为可能。

另外，第三方物流企业通过网络与货主企业以及其他企业建立广泛的联系，利用网络实现物流信息在交易各方企业之间的快速流动和共享，使原本分散的各个物流环节能够相互联通，成为一个有机整体，使生产企业、流通企业和物流企业都能够按照市场的要求提供产品和服务，避免了由于信息流不畅造成的商品在各个流通阶段的积压。而且，利用信息技术网络，第三方物流企业可以与其他物流企业实现资源共享，充分整合社会物流资源，解决物流需求高峰时运力不足的问题。

4. 长期的战略性合作关系

第三方物流不是提供临时性的物流服务，其实现的物流功能也不是一项或几项独立简单的物流功能，如运输公司提供运输服务，仓储公司提供仓储服务；第三方物流企业是以提高客户企业经营效率、实现与客户共同发展为目标，根据合同条款向物流需求方提供长期的复杂多功能甚至全方位的物流服务。依靠现代信息技术的支撑，第三方物流企业与客户之间共享信息，建立长期的战略联盟关系，不是简单利益对立的交易双方。其利润来源不是运费、仓储费等直接收入，不是以物流需求企业的成本性支出为代价的，而是来源于物流总成本的降低创造的新价值，这种新价值是第三方物流与客户共同分享的，也就是"双赢战略"。

二、第三方物流的价值

第三方物流之所以在世界范围内受到企业的广泛青睐，根本原因就在于其独特的作用与价值。第三方物流能够帮助客户获得诸如利润、价格、供应速度、服务、信息的准确性和真实性及新技术的采用等潜在优势。然而现实中，很多企业并没有充分认识到它的真正价值所在，还仅停留在帮助企业削减成本这一层面之上。

（一）第三方物流的成本价值

企业将物流业务外包给第三方物流公司，由专业物流管理人员和技术人员，充分利用专业化物流设备、设施和先进的信息系统，发挥专业化物流运作的管理经验，以求取得整体最优的效果。企业可以不再保有仓库、车辆等物流设施，对物流信息系统的投资也可转嫁给第三方物流企业来承担，从而可减少投资和运营物流的成本；还可以减少直接从事物流的人员，从而减削工资支出；提高单证处理效率，减少单证处理费用；由于库存管理控制的加强可降低存货水平，削减存货成本；通过第三方物流企业广泛的结点网络实施共同配送，可大大提高运输效率，减少运输费用等等。

（二）第三方物流的服务价值

以最小的总成本提供预期的顾客服务已成为企业努力的方向，帮助企业提高顾客服务水平和质量也正是第三方物流所追求的根本目标。物流服务水平实际上已成为企业实力的一种体现。而第三方物流在帮助企业提高自身顾客服务水平上自有其独到之处。利用第三方物流企业信息网络，能够加快对顾客订货的反应能力，加快订单处理，缩短从订货到交货的时间，实现货物的快速交付，提高顾客满意度；通过先进的信息技术和通信技术可加强对在途货物的监控，及时发现、处理配送过程中的意外事故，保证订货及时、安全送达目的地，尽可能实现对顾客的承诺；产品的售后服务，送货上门，退货处理，废品回收等也可由第三方物流企业来完成。

（三）第三方物流的风险分散价值

企业如果自己运作物流，要面临两大风险，一是投资的风险，二是存货的风险。企业如果通过第三方物流企业进行专业化配送，由于配送能力的提高，存货流动速度的加快，企业可能减少内部的安全库存量，并不需要或很少需要进行额外的固定资产投资，最终可以减少以上风险或将以上风险分散一部分给第三方物流企业。

（四）第三方物流提升竞争力的价值

随着外部市场环境的变化，企业的生产经营活动已变得越来越复杂。一方面，企业需要把更多的精力投入到自己的生产经营当中；另一方面，企业交往的对象更多了，所要处理的关系也更为复杂。企业通过采用第三方物流后，原来的直接面对多个顾客的一对多关系变成了直接面对第三方物流的一对一关系，企业在物流作业处理上避免了直接面对众多顾客打交道而带来的复杂性，简化了关系网，便于将更多精力投入自身的生产经营中。此外，作为第三方物流企业，可以站在比单一企业更高的角度上来处理物流问题，通过其掌握的物流系统开发设计能力、信息技术能力将原材料供应商、制造商、批发商、零售商等处于供应链上下游的各相关企业的物流活动有机衔接起来，使企业能够形成一种更为强大的供应链竞争优势，这是个别企业所无法实现的。

（五）第三方物流的社会效益

以上所说的，实际上可归为第三方物流的经济价值，而除了其独特的经济效益外，第三方物流还具有另一为大多数人所忽视的价值，即其社会效益。首先，第三方物流可将社会上众多的闲散物流资源有效整合、利用起来。其次，第三方物流有助于缓解城市交通压力，减少能源消耗，减少废气排放量和噪声污染等，有利于环境的保护与改善，促进经济的可持续发展。再次，第三方物流的成长和壮大可带动中国物流业的发展，对中国产业结构的调整和优化有着重要的意义。目前中国物流市场的大小很大程度上取决于第三方物流企业的供应能力，能力有多大，市场就有多大。第三方物流企业应抓住大好机遇，努力提高自身水平与能力，充分体现出第三方物流的价值，成为在流通领域中为供应商和顾客提供低成本、高水平服务的物流产业的生力军。

第五节　供应链管理

企业要想在市场上生存，除了要努力提高产品的质量之外，还要对它在市场的活动采取更加先进，更加有效率的管理运作方式了。供应链管理就是在这样的现实情况出现的，它比传统的物流管理更具优势，更能对供应链成员带来实质性好处。英国著名的物流专家马丁·克里斯托弗（Martin Christopher）认为，21 世纪的竞争将是供应链与供应链之间的竞争。企业仅靠利用自身的资源和能力，很难参与到竞争中来。企业生存于由供应商、制造商、分销商、零售商和最终用户等组成的网络系统中。具有前瞻眼光的公司，例如 HP、Dell、沃尔玛、吉利、利丰等公司，通过整合全球供应链，建立强大的竞争优势。

一、供应链与供应链管理概述

20 世纪 90 年代以来，竞争日益激烈的全球化经济所产生的各种需求，促使每个企业都在讨论什么是供应链以及如何更好地管理供应链。有效地供应链管理不仅要提高整个供应渠道中的成本控制能力，还必须首先满足顾客对及时、高效服务日益增长的需求。供应链管理的理念正在推动着几乎每个企业的业务模式发生根本性的变革。

（一）供应链的定义与分类

按照传统物流管理观点，改善服务和降低库存水平这两个目标不可能同时实现，因为提高服务水平，企业必须增加库存，从而导致成本的增加。但信息与通信技术的新发展以及人们对于供应链战略更深刻的理解，导致了创新方法的产生，使企业能够同时实现这两个目标。在一条典型的供应链中，厂商先进行原材料的采购，然后在一家或多家工厂进行产品的生产，把产成品运往仓库作暂时储存，最后把产品运往零售商或顾客。为了降低成本和提高服务水平，有效的供应链战略必须考虑供应链各环节的相互作用。

许多学者与组织从不同的角度，给出了供应链的很多不同定义，但至今尚未有统一的定义。美国供应链协会对供应链的定义为：供应链涵盖了从供应商到消费者，自生产至成品交货的各种工作努力。这些工作努力可以用计划、寻找资源、制造、交货和退货等五种基本流程来表述。我国国家《物流术语》（GB/T18354-2001）将供应链定义为：在生产及流通过程中，涉及将产品或服务提供给最终顾客活动的上游与下游企业所形成的网链结构。类似的，马士华教授认为，供应链是围绕核心企业，通过对信息流、物流、资金流的控制，从采购原材料开始，制成中间产品以及最终产品，最后由销售网络把产品送到消费者手中的将供应商、制造商、分销商、零售商直到最终用户连成一个整体的功能网链结构模型。

香港利丰研究中心在顾客为导向的市场环境下理解供应链，更具现实意义。利丰研究中心指出，供应链是指由客户的需求开始，经过产品设计、原材料供应、生产、批发、零售等环节，到最后把产品送到最终用户的各项制造和商业活动的网链结构。供应链不仅涵盖了企业间合作关系，还包含了企业内部资源与能力的整合与协调。供应链运作模式包括四个流程，即工作流、实物流、信息流和资金流。其中，工作流由分析消费者需求开始，然后根据目标客户定位，进行产品的研发和设计，生产计划制定，供应商选择，建立分销、零售渠道等等；实物流指的是实物的交付转移等，涉及到货品运输、仓储、包装和分配等流程；资金流是企业在销售商品之后收取货款和支付给上下游企业款项的流程，能够保证供应链中的所有企业形成长期战略“共赢”局面，关乎整条供应链的顺利运行；信息流为企业传送提供决策用的信息，使供应链上下游企业提升合作效率，保证供应链的时效性，使企业全球运作成为可能。

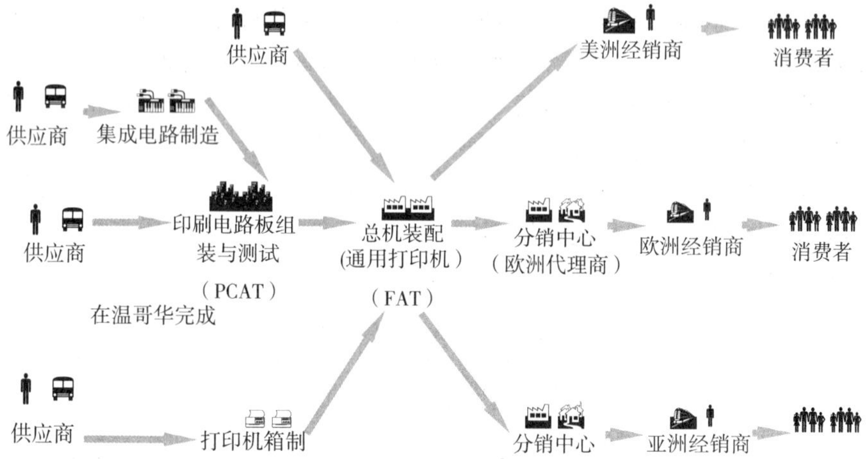

图 8－2　HP 打印机的供应链系统

供应链是一个复杂的系统，由于功能、驱动模式等方面的差异，其存在形式的差别很大，下面将从不同的角度对供应链的类别进行归纳。

1. 生产推动型和需求拉动型

顾客需求的满足可能是主动取得的，也可能是被动取得的。对供应链而言，对市场上顾客需求把握的方式可能存在不同，据此可以将供应链划分为生产推动型供应链和需求拉动型供应链。生产推动型供应链主要根据长期预测或销售订单进行生产决策，其主要形式为面向成品库存生产。一般地，制造商利用从零售商处接收到的订单来进行需求预测。需求拉动型供应链中的生产则根据实际消费需求而不是预测需求来开展计划和组织协调生产，其主要形式为面向订单生产。

表8-1　生产推动型与需求拉动型供应链优缺点比较

优缺点	生产推动型供应链	需求拉动型供应链
优点	能够稳定供应链的生产负荷，提高机器设备利用率，缩短交货周期、增加交货可靠性	大大降低各类库存和流动资金占用，减少库存变质和失效的风险
缺点	需要备有较多的原材料、在制品和制成品库存，库存占用的流动资金较大，当市场需求发生变化时，企业应变能力较弱	将面对能否及时获取资源和及时交货以满足市场需求的风险

2. 有效性供应链和反应性供应链

按供应链的物理功能和市场功能，可以把供应链划分为有效性供应链和反应性供应链。有效性供应链，以实现供应链的物理功能、为顾客提供功能型商品为主要目标，即以最低的成本将原材料转化成零部件、在制品和成品，并最终运送至消费者手中。有效性供应链面对市场需求，提供的产品和技术具有相对稳定性。反应性供应链以实现供应链的市场功能为主要目标，即对市场需求变化做出快速反应。这类供应链所提供产品的主要特性是创新性，其市场需求有很大的不确定性，或者产品本身技术发展很快，产品生命周期较短，或者产品价格随着季节的不同而有很大变化。

表8-2　有效性供应链和反应性供应链的比较

内容	有效性供应链	反应性供应链
产品特征	功能型产品 产品技术和市场需求相对平稳	创新型产品 产品技术和市场需求变化很大

（续表）

内容	有效性供应链	反应性供应链
基本目标	以最低的成本供应可预测的需求、提高服务水准、减少缺货等	对不可预测的需求做出快速反应，使缺货、库存最小化
产品设计策略	获取规模经济和绩效最大化	模块化设计，尽可能扩大产品差异
提前期	在不增加成本前提下，缩短提前期	大量投资以缩短提前期
制造策略	保持较高的设备利用率	配置缓冲库存，柔性制造
库存策略	保持合理库存	设置零部件和成品的缓冲库存
选择供应商	以成本和质量为核心	以速度、柔性和质量为核心

此外，对于供应链的分类还可以按照其他的标准进行，例如还可以按照供应链的最终消费者分为消费品供应链和生产物品供应链；按不同的行业分为服装业供应链、汽车制造业供应链等；按组织形态分为两阶段供应链、链式供应链与网状供应链；按区域分布分为区域供应链、国内供应链、全球供应链。

（二）供应链管理的定义与特点

美国物流管理协会对供应链管理下的定义是："供应链管理是以提高企业个体和供应链整体的长期绩效为目标，对传统的商务活动进行总体的战略协调，对特定公司内部跨职能部门边界的运作和在供应链成员中跨公司边界的运作进行战术控制的过程。"

在 David Simchi-Levi 看来，供应链管理是对供应商、制造商、物流商和分销商等各种经济主体的经济活动有效开展集成管理，将正确的数量和质量，在正确的地点、正确的时间，进行产品制造和分销，提高效率，促进系统成本最小化，并提高消费者的满意度和服务水准。

大卫·辛奇-利维等人认为，供应链管理是在满足服务水平需要的同时、为了使得系统成本最小而采用的把供应商、制造商、仓库和商店有效地结合成一体来生产商品，并把正确数量的商品在正确的时间配送到正确地点的一套方法。

我国学者马士华教授认为，供应链管理是"为以最小成本并满足客户需要的服务水准下，对从供应商、制造商、分销商、零售商，直到最终用户间的整个渠道的整体管理。"

从以上各种定义中可产生几个结论。第一，供应链管理把对成本有影响和在产品满足顾客需求的过程中起作用的每一方都考虑在内，从供应商和制造工厂经过仓库和配送中心到零售商和商店。实际上，在一些供应链分析中，有必要考虑供应商的供应商及顾客的顾客，因为他们对供应链的业绩都有影响。第二，供应链管理的目的在于追求效率和整个系统的费用有效性；使系统总成本达到最小，这个成本包括从运输和配送成本到原材料、在制品和产成品的库存成本。因此，供应链管理的重点不在于简单地使运输成本达到最小或减少库存，而在于采用系统方法来进行供应链管理。最后，因为供应链管理是围绕着把供应商、制造商、仓库和商店有效率地结合成一体这一问题来展开的，因此它包括公司许多层次上的活动，从战略层次到战术层次一直到作业层次。

供应链管理是一种新型的管理模式，主要致力于建立成员之间的合作关系，它主要具有如下特点：

1. 系统观念。它要求把供应链看成一个整体，而不是将供应链看成是由采购、制造、分销和销售等构成的一些分离的功能块。

2. 以顾客为中心的战略决策。战略决策的出发点是满足消费者需求和偏好，基于最终消费者对成本、质量、交货速度、快速反应等多种要求及其重要性排序，建立整个供应链的共同目标和行动方案。

3. 动态管理。在供应链管理的具体实践中，应该始终关注对关键过程的管理和测评，对供应链的价值增值过程和合作伙伴关系开展动态管理。同时高度动态的市场环境要求企业管理层能够经常对供应链的运营状况实施规范的监控和评价，如果没有实现预期的管理目标，就必须考虑可能的替代供应链并作出适当的应变。

4. 强调协调机制，建立新型的企业伙伴关系。通过谨慎地选择业务伙伴，减少供应商数目，改变过去企业与企业之间的敌对关系，调整为紧密合作的业务伙伴关系。新型企业关系表现为信息共享，有共向解决问题的协调机制等。

5. 提升核心竞争能力。供应链上的企业努力发展自身的核心竞争能力，即向专业化方向发展。企业自身核心竞争能力的形成，有助于保持和强化供应链上的合作伙伴关系。

6. 强调集成管理。物流更加关注组织内部的功能整合，而供应链管理认为只有组织内部的一体化最远远不够的。供府链管理是一个高度互动和复杂的系统工程，需要同步考虑不同层次上相互关联的技术经济问题，进行成本效益权衡。

7. 依赖共同价值。如果说物流管理是为了提高产品面向客户的可行性，那么供应链管理则迫切需要解决供应链伙伴之间信息的可靠性问题，通过构筑信息平台在供应链伙伴之间形成一种相互信任、相互依赖、互惠互利和共同发展的价值观和依存关系。

二、供应链管理的必要性和重要性

在20世纪80年代，一些企业发现了新的制造技术与战略，这些制造技术和战略使企业降低了成本和更好地参与不同市场的竞争。战略（如适时制造、看板管理、精益制造、全面质量管理）变得非常流行，于是大量的资源投资于实施这些战略。然而，在过去几年，许多企业已经尽可能地降低了制造成本，进一步增加市场占有率需要有效实施供应链管理。企业通过在供应链成员中进行协调，可以最小化存货投资与成本，还能通过供应链成员共同分担、共同沟通的方式降低风险。

事实上，1997年美国企业在相关的供应活动中花费了8620亿美元，这包括供应链中制造工厂和仓库内以及供应链不同组成部分之间搬移、储存和控制产品所发生的成本。但由于供应链中存在多余的存货、无效率的运输策略和其他一些浪费的做法，这些物流费用包括了许多不必要的成本。由此，在供应链中存在许多降低成本的机会。国外一些企业通过有效的供应链管理已经能够大幅度地增加收益或降低成本。早在2000年前，宝洁公司平均18个月，就能使其零售客户节约6500万美元。其方法的实质在于制造商和供应商紧密合作，共同创造商业计划来消除整个供应链中浪费做法的根源。另外，美国国家半导体公司在两年时间内，关闭全球范围内的6个仓库，并从在新加坡新成立的中央配送中心向顾客空运微型集成电路，降低了销售成本2.5%，缩短了交货时间47%，增加了销售额34%。

三、供应链管理的关键问题

供应链管理的一些关键问题涉及到许多方面的活动，从战略层次到战术层次一直到作业层次：战略层处理的是对公司有着长远影响的决策，这包括关于仓库和制造工厂的数量、布局和能力，以及材料在物流网络中流动等方面的决策；战术层处理的决策一般每季度或每年都要进行更新，这些决策包括采购和生产决策，库存策略和运输策略；作业层的活动指日常决策，如计划、预测提前期、安排运输路线、装车。

（一）销售网络的重构

销售网络重构是指采用一个或几个制造工厂生产的产品来服务一组或几组在地理位置上分散的渠道商时，当原有的需求模式发生改变或外在条件发生变化后引起的需要对配送网络进行的调整。这可能由于现有的几个仓库租赁合同的终止或渠道商的数量发生增减变化等原因引起。另外，需求模式的变化可能要求改变工厂的生产水平，选择新的供应商，设计商品在销售网络中的新的流动方式。管理层如何在最小化生产、库存、运输的总成本和满足服务水平的条件下，选择各仓库的地点和容量，确定每一个工厂的生产水平，安排各设施之间（从工厂到仓库或从仓库到零售商）的运输流量。

（二）库存控制

考虑一个零售商对某一特定的产品持有库存这样一个问题。因为顾客需求随时间而变化，零售商只能用历史数据来预测需求。零售商的目标在于决定在什么点上再订购一批产品，以及为了最小化库存订购和保管成本，应订多少产品。更基本的问题是，零售商为什么要保留库存？是因为顾客需求的不确定性，供应过程的不确定性，还是其他一些原因？如果是因为顾客需求的不确定性，那么是否可以采用一些措施来减少这种不确定性？零售商的订货量是否应该大于、小于或等于需求的预测值。最后，应该采用多大的库存周转率？不同行业是否有不同的库存周转率？

（三）配送战略

在供应链管理中配送战略也非常关键。所谓直接转运战略就是指在这个战略中终端渠道由中央仓库供应货物，中央仓库充当供应过程的调节者和来自外部供应商的订货的转运站，而其本身并不保留库存。而经典配送战略则是在中央仓库中保留有库存。直接运输战略，则相对较为简单，它是指把货物直接从供应商运往终端渠道的一种配送战略。沃尔玛最近成功的故事突出了直接转运销售战略的重要性。在这个配送战略中，商店由中央仓库供应商品，中央仓库充当供应过程的调节者和来自外部供应商的订货的转运站，而其本身并不保留库存，这样的仓库即直接转运点。那么，需要多少直接转运点？采取直接转运战略是否比仓库中持有库存的经典战略优越？某个特定的企业应采用哪个战略：直接转运战略，在仓库中保留库存的经典配送战略，或者把物品直接从供应商运往商店的直接运输战略。

（四）供应链集成和战略结伴

由于供应链本身的动态性以及不同节点企业间存在着相互冲突的目标，因此对供应链进行集成是相当困难的。但沃尔玛和宝洁公司的成功事例表明，集成供应链不但是可能的，而且它能够对企业的业绩和市场份额产生巨大的影响作用。然而，在当今竞争激烈的市场中，大多数公司别无选择，他们是被迫集成其供应链并忙于战略性结伴的。这种压力来自于他们的顾客和供应链伙伴。那么集成供应链的关键是什么呢？显然，信息共享和作业计划是成功的集成供应链的关键。但是什么信息应该共享，如何共享，信息如何影响供应链的设计和作业？在组织内部和外部合作人之间需要什么层次的集成？可以实施哪些类型的伙伴关系，以及在给定的情况下，应实施哪种类型的伙伴关系？

（五）产品设计

有效的产品设计在供应链中起着多方面的关键作用。某些产品设计相对于其他设计会增加库存保管成本或运输成本，而其他一些设计可能有利于缩短制造提前期。然而，产品重新设计通常是代价昂贵的。因此，什么时候值得对产品进行重新设计来减少物流成本或缩短供应链的提前期，产品设计是否可以弥补顾客需求的不确定性？为了利用新产品设计，对供应链应该做出什么样的修改？

（六）信息技术和决策支持系统

信息技术是促成有效供应链管理的关键因素。目前对于供应链管理的许多兴趣是因为有了大量数据而出现的机遇，以及通过对这些数据进行复杂分析能够取得成本节约引起的。供应链管理的基本问题不在于是否可以获取数据，而在于应该传递什么数据，即哪些数据对于供应链管理是重要的，哪些数据可以忽略？应该如何进行数据的分析和利用？Internet 的影响是什么？电子商务的作用是什么？在企业内部和供应链伙伴之间需要什么样的基础设施？最后，因为能够获得信息技术和决策支持系统，能否把信息技术和决策支持系统看作是用来获取市场竞争优势的主要工具？如果可以，什么因素阻止其他企业采用同样的技术？

（七）顾客价值

顾客价值是衡量一个企业对于顾客的贡献大小的指标，这一指标是根据企业提供的全部物品、服务以及无形影响来衡量的。近年来，这个衡量指标已经取代了质量和顾客满意度等指标。显然，如果一个企业希望满足顾客需要和提供价值，那么有效供应链管理是很关键的。但是在不同的行业中，是什么因素决定顾客价值的呢？顾客价值是如何测量的呢？在供应链中，信息技术如何用来增强顾客价值？供应链管理如何作用于顾客价值？顾客价值中出现的趋势，如关系的培养和经验的积累，是如何影响供应链管理的？

四、供应链管理的发展趋势

经济全球化的发展极大地促进了对全球供应链管理的研究和实践工作。越来越多的公司逐渐发现必须从全球化的角度来考虑问题，从而保持长期竞争优势。与此同时，互联网技术的发展与应用，使企业管理模式和运作模式都发生了很大变化，世界经济进入了数字时代。在这种全球经济一体化和商业数字化的环境下，物流和供应链管理也朝着基于 Internet/Intranet/Extranet 的全球网络供应链管理模式发展，以便供应链活动中的生产商、销售商、供应商等进行统一协调和计划，从而实现高效的一体化的供应链管理。

（一）绿色供应链管理

最早提出绿色供应链管理是在20世纪70年代，当时只是作为物流管理研究的一个方向提出的。大规模、有意识地研究绿色物流是在20世纪90年代初。与传统供应链管理相比，绿色供应链管理有许多是整合了原有优势，但更主要的是丰富了新的内涵。它既是一种充分考虑资源、环境两大问题的现代企业管理模式，又是人类可持续发展战略在企业的体现。

1. 绿色供应链管理的定义与构成

绿色供应链管理的概念和内涵还在不断发展和完善，至今尚无一个权威统一的定义。密西根州立大学的制造研究协会首次提出绿色供应链概念，认为“绿色供应链是环境意识、资源能源的有效利用和供应链的各个环节的交叉融合，是实现绿色制造和企业可持续发展的重要手段，其目的是使整个供应链的资源利用效率最高，对环境的负面影响最小”。国内学者将绿色供应链定义为“一种在整个供应链中综合考虑环境影响和资源利用率的现代管理

阅读与思考

戴尔的高效供应链管理

戴尔公司在全球的业务增长很大程度上要归功于戴尔独特的直接经营模式和高效供应链。戴尔公司的直接经营模式使其与供应商、客户之间构筑了一个称之为“虚拟整合”的平台，保证了供应链的无缝集成。事实上，戴尔的供应链系统早已打破了传统意义上“厂家”与“供应商”之间的供需配给。在戴尔的业务平台中，客户变成了供应链的核心。直接经营模式可以让戴尔从市场得到第一手的客户反馈和需求，生产等其他业务部门便可以及时将这些客户信息传达到戴尔原材料供应商和合作伙伴那里。这种在供应链系统中将客户视为核心的“超常规”运作，使得戴尔能做到4天的库存周期，而竞争对手大都还徘徊在30～40天。这样，以IT行业零部件产品每周平均贬值1%计算，戴尔产品的竞争力显而易见。

在不断完善供应链系统的过程中，戴尔公司还敏锐捕捉到互联网对供应链和物流带来的巨大变革，不失时机地建立了包括信息搜集、原材料采购、生产、客户支持及客户关系管理，以及市场营销等环节在内的网上电子商务平台。在valuechain. dell. com网站上，戴尔公司和供应商共享包括产品质量和库存清单在内的一整套信息。与此同时，戴尔公司还利用互联网与全球超过113000个商业和机构客户直接开展业务，通过戴尔公司先进的网站，用户可以随时对戴尔公司的全系列

产品进行评比、配置，并获知相应的报价。用户也可以在线订购，并且随时监测产品制造及送货过程。

戴尔公司在电子商务领域的成功实践使直销模式更加成功，极大增强了产品和服务的竞争优势。今天，基于微软视窗操作系统，戴尔公司经营着全球规模最大的互联网商务网站，覆盖80个国家，提供27种语言或方言、40种不同的货币报价，每季度有超过9.2亿人次浏览。

随着中国全面融入全球贸易体系进程的加快，激烈的国际竞争对中国企业提出了前所未有的挑战。在信息化为显著标志的后工业化时代，供应链在生产、物流等众多领域的作用日趋显著。戴尔模式无疑对中国企业实施供应链管理有着重要的参考价值。

（资料来源：http：//www. chinawuliu. com. cn/）

模式，它以绿色制造理论和供应链管理技术为基础，涉及供应商、制造商、销售商和客户，其目的是使产品从原料获取、加工、包装、仓储、运输、使用到报废处理的整个过程中，对环境的消极影响最小，资源利用效率最高。”

根据以上定义，可以把绿色供应链细分为生产系统、消费系统、物流系统及环境系统四个子系统（图8－3）。这种划分有利于分析绿色供应链管理的目标，也符合三维发展观。在绿色供应链中的生产系统包括从资源的投入到产品制造的全过程；消费系统包括产品销售和消费者最终消费的过程；物流系统包括货物储存、运配和废弃物的回收处理过程；环境系统包括资源的提供与消耗，以及上述各项活动实现与环境相容。

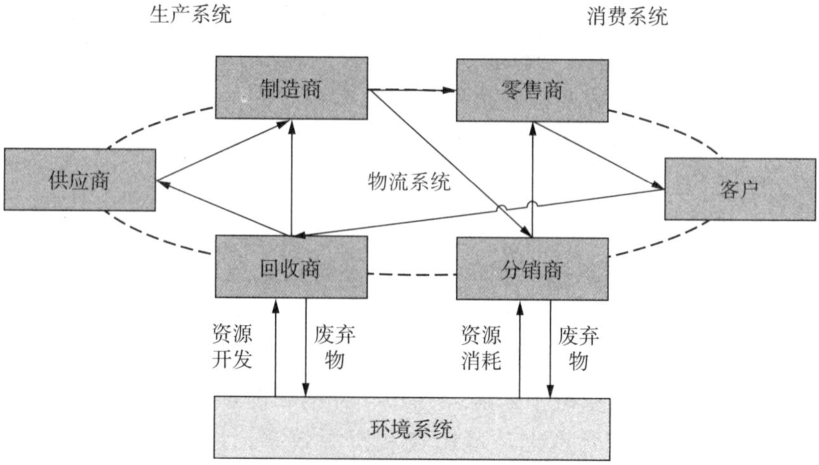

图8－3 绿色供应链的系统构成

［资料来源：汪应洛等．绿色供应链管理的基本原理．中国工程科学，2003，5（11）］

2. 绿色供应链管理的特征

与传统的供应链管理相比较，绿色供应链管理有以下几大特征：

（1）生态性

绿色供应链管理是以提高包括企业经济效益与社会效益在内的综合效益为目标，把可持续性哲理应用于产品生命周期的全过程，要求各子系统主体均遵循“与环境相容”的原则。绿色供应链管理充分考虑：在供应过程中所选择的方案会对周围环境和人员产生何种影响，是否合理利用资源，是否节约能源，废弃物和排放物如何处理与回收，是否对环境造成影响等。绿色供应链把“绿色”理念融入供应链当中，称为生态流。应用绿色设计、绿色工艺、环境成本等知识，并增加相应的生态监控指标，目的是能在制造资源与制造工艺、包装等方面的可持续创新，从而使环境效益最佳化。

（2）闭环性

绿色供应链改变了传统供应链的开环结构，增加了回收商这个角色，回收商可以由制造商或专门的回收企业来充当。通过回收过程，实现产品或部分零部件的重新使用，或者材料和能量的回收，从而形成物流“闭环”。这不仅提高了资源的利用率，还减少了废旧产品对环境的影响，同时也降低了制造商的经营成本。回收流程（逆向物流）的管理，尤其是回收物流与生产物流的协调管理是绿色供应链管理的重点。

（3）共享性

网络技术的发展和应用，为绿色供应链的发展提供了机遇。绿色供应链管理中共享的数据包含绿色材料的选取、产品设计、对供应商的评估和挑选、绿色生产、运输、分销、包装、销售和废物的回收等过程的数据。供应商、制造商和回收商以及执法部门和客户之间的联系都是通过因特网实现的。因此，绿色供应链管理的信息数据流动是双向互动的，并通过网络来支撑。

（4）集成性

绿色供应链应用系统工程的思想统筹规划企业的各种实物流、信息流、资金流、工作流、生态流，将企业内部和相关企业成员共同的产、购、销、人、财、物管理看作供应链的整体功能。将企业内外的供应链集成起来，消除传统供应链中采购、生产、分销和配送之间的障碍，力求从整个供应链的角度综合考虑环境影响和资源效率，强调综合最优，因此，集成技术在绿色供应链管理中显得十分重要。在企业中实施绿色供应链战略能取得比单个企业绿色制造好得多的实际效果，实现对企业内外的动态控制和各种资源的集成和优化，进一步提高供应链管理效率和在市场上获得竞争优势。

3. 绿色供应链管理研究的内容

（1）绿色产品设计

绿色产品设计是指在产品设计（开发）过程中论证产品在整个生命周期内对环境和资源的影响。在充分考虑产品的功能、质量、开发周期和成本的同时，优化各有关因素，使得产品对环境影响和资源消耗最小。绿色产品设计是从可持续发展的高度来审视产品的整个生命周期，提倡无废物、可回收设计技术，将3R（Reduce，Reuse，Recycling）直接引入产品研发阶段。绿色产品设计的核心思想在于彻底抛弃传统的“先污染、后治理”的环境治理方式，代之以“预防为主、治理为辅”的环境保护策略。

（2）绿色采购

供应端是供应链的上游，供应端的绿色化能极大地提高整个供应链的环境效应。通过与供应商的良好沟通，企业根据绿色制造工程的需要向供货方提出要求，选择绿色原材料。绿色原材料的选择，指的是生产企业在对产品所需原材料的选择过程中，充分考虑到原材料对环境的影响，尽量选择那些对环境污染小、资源消耗少、成本低的原材料。选择要按照一定的标准、参数进行，如原材料的辐射性、毒害性、可回收性等。

（3）绿色制造

绿色制造也被称为绿色生产或清洁生产，它要求生产过程中的所有活动均按ISO14000的标准生产，这意味着对生产过程、产品及服务持续运用整体预防的环境战略，以推行绿色生产，提高生产效率，减少或降低对环境的污染。绿色制造能节约原材料和能源，取消有毒原材料，并要求在生产过程排放废弃物之前减少和降低废弃物的数量和毒性。

（4）绿色物流

物流活动常常会对周围的环境带来影响，实施绿色物流就是最大限度地减少负面影响。在采购过程中拒绝不符合环境标准的原料和成品。在装卸搬运过程中，提倡使用节能和环保设备，避免对物品的损坏、泄漏，尤其是化学物和不可降解物，以免对环境带来严重污染。在运输过程中，实现绿色运输更重要。在包装方面，对物品的包装材料要求节约并可回收或降解，既减少浪费，又不污染环境。在流通加工方面，采取规模作业，获得规模效益，提高资源利用率，降低环境污染及能源消耗。

（5）绿色营销

绿色营销以减少物质消费占有量、提高消费满意度为目标，要求企业在满足消费者需求的同时，其营销行为还要符合环境保护的需要和社会合理有序发展的要求。企业通过绿色营销可以让客户了解企业在实施绿色战略上所做的努力，将企业的绿色思想灌输到客户中去，提高客户及消费群体的环保意识。这是一种需求轮动的过程，以绿色营销理念为基础，将传统供应链管理提升为绿色供应链管理，以此提高供应链的市场竞争能力。

（二）全球供应链管理

全球供应链管理就是要求以全球化的观念，将供应链的系统延伸至整个世界范围，在全面且迅速地了解世界各地消费者需求偏好的同时，对其进行计划、协调、操作、控制和优化。全球供应链管理范畴较宽，是一种综合性的、跨国、跨企业集成化的管理模式，也是适应全球化的企业跨国经营的管理模式。全球供应链管理可以有效地控制全球供应链的实物流、资金流、信息流，使得全球供应商和最终客户有机地联系起来。

1. 全球供应链管理的特征

作为一种新型的管理模式，全球供应链管理具有如下的特征：

（1）以消费者满意为核心

全球供应链管理是以全球范围内的消费者来驱动供应链运作，以消费者满意为核心。全球供应链管理将消费者服务定位为企业的核心，而且采取为消费者服务的战略，以消费者满意度作为自己的绩效标准，重新进行市场细分，针对不同消费者群体的不同需求，提供多样化的产品和服务，并注重降低成本和提高效率，以取得消费者对企业产品的认同，提升企业的绩效。

（2）代表新型合作竞争理念

全球供应链管理是从全球市场的角度对供应链进行全面协调的合作式管理，它不仅要考虑核心企业内部的管理，还更注重供应链中各个环节、各个企业之间资源的利用和合作，让各企业之间进行合作博弈，最终达到“双赢”。全球供应链管理的合作竞争理念把供应链视为一个完整的系统、将每一个成员企业视为子系统，组成动态跨国联盟，彼此信任，互相合作，共同开拓全球市场，追求整体效益的最大化，最终分享节约的成本和创造的收益。

（3）以现代网络信息技术为支撑

全球供应链管理是现代网络信息技术发展与跨国战略联盟思想发展的结果，高度集成的网络信息系统是其运行的技术基础。它通过信息流、实物流、资金流的管理，把供应链上所有企业的制造场所、营销系统、财务系统紧密地结合在一起，以实现全球内多工厂、多地点的跨国经营运作，使企业超越传统的供给方驱动的生产模式，转向需求方驱动生产模式运营，体现了完全按消费者需求进行生产的思想，通过信息和资源共事，实现以消费者满意为核心的战略。

2. 全球供应链管理面临的挑战

由于经营环境的动态性和全球供应链管理的复杂性，全球供应链管理实践仍然面临着合作伙伴之间的价值差异、价值变化、战略集成和信息共享等诸多方面的挑战。

（1）价值差异的挑战

从供应链的角度来看，每个企业都需要了解它的下游合作伙伴直至最终合作伙伴的价值。当供应链跨越许多国家时，企业之间以及在决策价值、使用情况、产品或服务等级方面的差异显得更为突出。为此，对全球供应链管理的挑战，首先表现为供应链伙伴必须深入了解供应链中每个企业的价值；其次还需要考虑到不同企业所处的民族文化、区域商业模式、经济情况、法律政策环境等，这些因素不但影响企业对“收益”与“损失”的评价，而且还会造成其对不同价值的理解。

（2）价值变化的挑战

全球供应链中合作伙伴之间不但存在着价值上的差异，而且还会发生不同趋势的价值变化。市场竞争、技术进步、政策法规和经济条件都影响着供应链中企业价值的变化趋势，使得全球供应链管理面临着了解和预测供应链中不同层次和不同地域的合作伙伴的价值变化趋势的挑战。

（3）战略集成的挑战

全球供应链的战略集成已经成为提高跨国经营的企业的运行效率的必然选择。这种全球供应链的战略集成不仅是企业的产品设计、制造、营销、销售和公关等内部职能的集成，而且是跨文化和跨地区的企业之间在后勤、研发、制造、财务和营销等方面的合作、协调、协作和战略集成。企业的结构和运作方式的不同、员工在语言与文化上的沟通障碍、关税与汇率的变化以及经济法律环境的差异等因素，都将使全球供应链的战略集成面临前所未有的挑战。

（4）信息共享的挑战

信息共享已经成为全球供应链竞争优势的重要标志，它直接反映全球供应链的集成及自动化程度。全球供应链中合作伙伴之间需要共享的信息包括库存、销售、需求预测、订货状态、产品计划、后勤和生产进度等。目前，由于技术与财务等方面的原因，全球供应链中合作伙伴之间的信息不对称和不愿共享信息，使得供应链的管理面临着运行效率低下和效率不高的问题。克服这些问题的有效办法就是建立起包括库存水平、生产计划以及预测信息的供应链集成数据库来保证对其运行的控制。因此有必要开发出基于互联网的、能够不间断地传递从原材料到消费者信息流的系统，应对全球供应链中信息共享问题的挑战。

(三) 电子供应链管理

电子商务下的供应链管理模式如图 8－4 所示。在企业内部供应链中，Intranet 就把企业内部各职能部门，如采购、库存、计划、生产、财务等部门连接起来，并把企业各分公司、分厂、子公司和办事处的功能包括在内；在产业供应链中，Extranet 把企业相关的物资供应商、客户、合作伙伴等通过网络连接起来；而在全球化网络供应链中，Internet 连接着全球范围内的潜在供应商和潜在客户，为供应链管理范围的拓展打下坚实的基础。

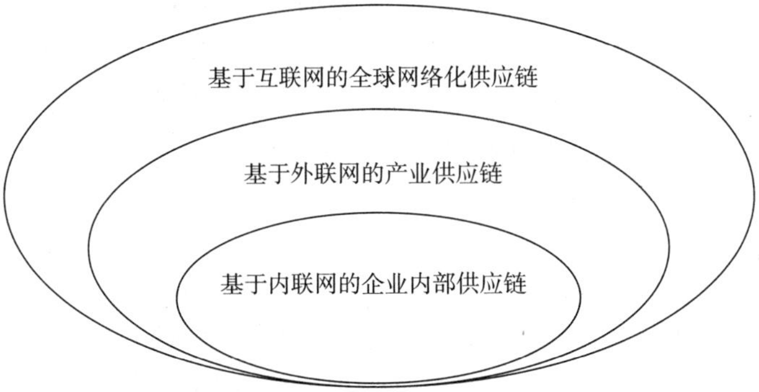

图 8－4　电子供应链的模式

在电子供应链模式中，企业的许多管理决策和业务处理不再只限于在单个企业的内部进行，而是放在一个公共的电子商务平台上进行。

1. 电子交易：在线市场的买和卖

电子商务的蓬勃发展使企业可以通过基于 Internet 的更为广阔自由的电子市场进行采购和销售等活动。把原来基于传统市场的交易方式放到 Internet 上，以电子化的方式实现原来的商业流程，从而降低了供应链合作企业之间原材料和商品的获取成本与交易成本，而且以实时的信息传递代替了企业原来过多的库存，提高了企业对市场的反应速度。

2. 基于 Web 的协同规划

传统条件下企业一般独自占有企业战略、规划和运作等信息，往往导致供应链中的各个企业都根据自己所掌握的信息做出决策，在决策时较少考虑供应链中供应商和顾客的信息，使企业很难完全把握顾客的需求，并且这种供应链中的信息流动不通畅和信息不能共享通常会带来供应链的牛鞭效应，导致供应链效率的降低。Internet 和电子商务的广泛应用，使供应链发展成为一个由产品制造商、原材料供应商、商品零售商等在内的多方商家构成的“供应网络”，这个“供应网络”基于 Web 技术进行前所未有的大规模协作，通过在供应链中的供应商、经销商和顾客之间共享相关信息，使供应链合作伙伴都基于这些信息及相关数据做出统一预测。这种Internet驱动的供应链协同规划的应用，将降低企业的成本，提高供应链效率。

📖 本章精要

物流概念的发展经历了孕育、分销和现代物流等三个阶段。相对传统物流而言，现代物流涉及从原材料采购、加工生产到产品销售、售后服务，直到废旧物品回收等整个物理性的流通过程。尽管国际物流、区域物流和城市物流日益受到理论和实践的重视，但企业物流仍然是目前关注的焦点。企业物流由供应物流、生产物流、销售物流、回收物流和废弃物流等子系统构成，包括运输、仓储、包装、装卸搬运、流通加工、配送以及情报信息等物流功能系统。物流正是通过这些功能创造社会价值和企业价值的。

企业为了创造物流利润源，需要对各项物流活动进行计划、组织、指挥、协调、控制和监督，使各项物流活动实现最佳的协调与配合，以降低物流成本，提高物流效率和经济效益。为此，企业物流管理需要遵循合理化、增值和7R等原则，对物流战略、物流作业、物流成本、物流服务、物流组织和供应链等进行有效管理。

随着经济全球化的深入和互联网技术的应用，国际物流显得日趋重要，其重要性已被越来越多的国家和政府所认识。国际物流是发生在不同国家间的物流活动，具有环境差异大、系统范围广以及信息共享要求高等特点。国际物流方式包括大陆桥运输、国际多式联运、远洋运输、国际航空运输、国际货运代理及国际铁路联运等多种运输方式。有效的国际物流管理能够提升企业的生产效率，降低商品流通成本，改善对顾客服务质量。

随着现代企业生产经营方式的变革和市场外部条件的变化，第三方物流这种物流形态已经引起企业管理层的足够重视。第三方物流是独立于供需双方为客户提供专项或全面的物流系统设计或系统运营的物流服务模式，是指在物流渠道中，由中间商以合同的形式在一定期限内向供需企业提供所需要的全部或部分物流服务。第三方物流可以在成本、服务、分散风险、提升竞争力等方面创造价值。加快提升企业信息化水平、提供优质高效的物流服务、参与全球供应链一体化等，是第三方物流企业创造卓越绩效的重要手段。

企业生存于由供应商、制造商、分销商、零售商和最终用户等组成的网络系统中，因此，企业仅靠利用自身的资源和能力，很难参与到竞争中来。供应链涵盖了从供应商的供应商到消费者的消费者，自生产至成品交货的各种工作努力。供应链管理就是对其中的工作流、实物流、信息流和资金流进行管理，提高整个供应链绩效。在当前全球经济一体化和互联网经济的环境下，未来供应链管理趋势将朝着绿色供应链、全球供应链和电子供应链发展。

📖 推荐阅读材料

1. 国务院办公厅．物流业调整和振兴规划［EB/OL］．［2009-3-13］．http：//www.gov.cn/zwgk/2009-03/13/content_1259194.htm

2. 孙健．海尔物流［M］．广州：广东经济出版社，2003

3. 邓羊格．打开丰田管理的“黑匣子”［J］．中外管理杂志，2007（2）

4. 赵向阳．沃尔玛中国：自建物流之困［EB/OL］．http：//www.cb.com.cn/1634427/20100710/138272.html

5. 利丰研究中心．供应链管理：香港利丰集团的实践［M］．北京：中国人民大学出版社，2003

📖 本章参考文献

［1］大卫．辛奇-利维，菲利普．凯明斯基，艾迪斯．辛奇-利维．季建华等译．供应链设计与管理：概念、战略与案例研究［M］．上海：远东出版社，2000

［2］宋华．物流供应链管理机制与发展［M］．北京：经济管理出版社，2002

［3］道格拉斯·朗，刘凯，张晓东．国际物流：全球供应链管理［M］．北京：电子工业出版社，2006

［4］柳林，詹放．国际物流管理［M］．成都：西南交通大学出版社，2006

［5］李松庆．第三方物流论：理论、比较与实证分析［M］．北京：中国物资出版社，2005

［6］杜文，任民．第三方物流［M］．北京：机械工业出版社，2004

［7］唐纳德J.鲍尔索克斯，戴维J.克劳斯·林国龙译．物流管理：供应链过程的一体化（第四版）［M］．北京：机械工业出版社，2005

［8］霍佳震．物流与供应链管理［M］．北京：高等教育出版社，2006

［9］马士华，林勇．供应链管理［M］．北京：机械工业出版社，2000

［10］利丰研究中心．供应链管理：香港利丰集团的实践［M］．北京：中国人民大学出版，2003

［11］孙元欣．供应链管理原理［M］．上海：上海财经大学出版

社，2003

[12] 宋华．电子商务物流与电子供应链管理 [M]．北京：中国人民大学出版社，2004

本章思考与讨论

1. 简述物流概念的发展过程。
2. 企业物流包括哪些具体物流类型？
3. 物流对企业经营发展有什么重要意义？
4. 企业物流涉及哪些功能？
5. 简述国际物流的特点。
6. 简述国际物流系统构成。
7. 如何理解第三方物流的内涵与特征？
8. 第三方物流的价值有哪些？
9. 供应链管理与物流管理的联系与区别是什么？
10. 中国跨境电商发展迅猛，跨境电商的发展势头愈发强劲。然而，作为跨境电商必不可少的跨境物流却没有获得足够关注。跨境电商卖家对跨境物流认知的扭曲，加之当前市场上低质量的货代滋生，都给跨境物流服务带来了严重的影响。你认为跨境电商应当如何应对，才能确保优质的跨境物流服务质量？

本章案例

盒马鲜生：如何做到极致新鲜？

案例背景

盒马鲜生是阿里巴巴对线下超市完全重构的新零售业态，是以数据和技术驱动的新零售平台。与传统零售最大区别是，盒马运用大数据、移动互联、智能物联网、自动化等技术及先进设备，实现人、货、场三者之间的最优化匹配，从供应链、仓储到配送，盒马都有自己的完整物流体系。为了做到极致新鲜，盒马鲜生主要从以下几点出发：

1. 小包装、不浪费

传统包装可能都偏大，一份鸡蛋会有10~30个，且数量越多，价格越低。但很多东西保鲜期很短，买多了，吃不完就要因为不新鲜甚至变质而扔掉，这就造成了浪费。比如香蕉，大家一定深有体会。但盒马鲜生追求小包装、不浪费；倡导“小包装、一餐食”的概念，吃完再买、每餐新鲜。所以我们的鸡蛋、蔬菜水果等全部采用2~4个一组的小包装样式，且单价成本不高，利用统一标准化，来解决消费者所担心的单价、分量等问题。盒马从创业之初便将极致新鲜作为立身之本。

究竟盒马鲜生的新鲜较之传统行业的新鲜，有什么区别呢？举个例子：

去大卖场购买牛奶时，消费者会习惯于从货架后方开始挑选，因为大家存在一个潜意识：商家为了“先进先出”，会按照新鲜度从内到外摆放商品，即最新鲜的往往在货架最里层，以各种方式“延长”保质期，不但成本高，而且不健康、不环保。而盒马鲜生日日鲜系列，只卖一天、健康环保，并且采用七个数字和颜色来代表不同的日期，让消费者对食品期限一目了然。同时盒马鲜生推出一个跟恒天然集团合作的自有品牌，并为此在国内特别投了一条生产线，采用优质奶源，设计750ml的瓶身容量，满足一家三口一餐的饮用量，间接促使消费者养成每日购买新鲜牛奶的习惯。

2. 线上APP频道叠加

现在盒马鲜生的门店，有将近七八千个SKU（库存量单位），是符合大家日常所需的，同时在线上APP频道内叠加了一个B2C频道，对生活中非高频、非紧急购买的物品，提供了更丰富的商品供消费者选择。

同时盒马鲜生所有门店的商品都是自营的，并且都是通过专业的采购团队精心挑选的最适合、也最符合当下消费者人群所需要的商品。

其次，盒马鲜生推出了“吃好点”特有频道，即所有日常舍不得、吃不到、买不到的商品，都可以通过这个频道来预定：每周一到周四，开预定频道；周五到周日盒马进行履约。

这个频道的推出，在淘宝和上海地区，也吸引了很多APASS会员（APASS：全称Alibaba Passport阿里巴巴黑卡俱乐部，是基于阿里巴巴会员体系而来的顶级会员服务品牌），成为盒马的忠实用户。

3. 商品平价优质，供应链全程透明

盒马鲜生通过自己的全球直采、基地直采渠道，将高档食材用很平民的价格呈现给消费者。

（1）强大的全球直采团队

像挪威三文鱼、安格斯牛肉、阿拉斯加帝王蟹等，都是亲自前去采购。盒马鲜生通过自有供应链重构，把整个供应链缩短，不依赖于经销商，直接走向源头，缩短中间商差价，把最新鲜的商品送到消费者手中。

（2）一整套全程追溯体系

盒马鲜生今年还做了一套得到上海商委认可、欲报全国商委进行全国推广的全程追溯体系，就是大家所见到的各名目上的标签，是自己研发的电子价签，它有两个功能：

① 可以实现线上线下价格同步，这也是盒马鲜生的优势之一；

② 扫描上面的二维码，可以看到整条供应链的全程信息，如来自什么基地；通过何种运输方式，到达哪些仓库等，皆可以公开透明地展现给消费者。

4. 大量3R、半成品，让生活更方便

商场购买的材料，很多需要回家进行加工制作，对于工作忙的消费者来说比较耗时。

对此，盒马鲜生提供了大量的3R产品，指即食商品，可快速加热，或只需翻炒下10分钟内出炉的小菜。

还有大量的半成品，如畅销的荠菜馄饨。这些半成品都是传统的线下或电商无法提供的特色竞争力。

5. 覆盖范围内30分钟送达，可无理由申请退货

传统购物需要到店采购，耗时又费力，但盒马鲜生做到了覆盖范围内，30分钟送达的极致物流体验，整个生鲜的活度都可以得到保障。一般电商是从整个大仓开始发货的，当中如果是冷链的话，物流价格会比较高。但盒马鲜生的门店具备冷藏的环境，也是很好的储存地点。盒马鲜生都是从自己的门店发货，所有商品都是从大仓到达门店，再从门店到给消费者。

思考：

（1）通过对本案例的分析，你认为盒马鲜生是如何做到极致新鲜的？

（2）盒马鲜生主打新零售、新物流，你能结合案例以及相关材料分析盒马鲜生主要“新”在哪吗？

（3）你能够将盒马鲜生与京东的物流系统进行比较，说出它们之间的差异之处吗？

第九章　管理信息系统

引言：真知灼见

问题的关键不在于企业是否要利用互联网技术——如果企业想具备竞争力，就别无选择——而在于怎样利用。互联网技术为企业建立独特战略定位，提供了更好的机会。在互联网大潮中获得成功的企业，都是那些将互联网视为传统竞争方式有益补充的企业。……实际上，在网络时代，互联网使得战略比以前更为重要和必需！

——迈克尔·波特

本章学习目标

在全球化的经营环境下，无论是国际企业还是中国企业，无论是大企业还是小企业，都可以充分利用信息技术来扩大经营的地域范围、推出新的产品和服务、重新设计工作流程、甚至彻底改变企业经营的方式。本章将首先分析当今企业面临的商业环境的变化；在此基础上，讨论企业如何借助信息技术在企业内部、企业之间以及行业内应对这种变化；接着分析信息系统、企业中信息系统的类型以及不同类型信息系统之间的关系，并拓展讨论了电子商务与电子业务系统；最后，介绍了信息系统规划以及信息系统开发与管理的相关问题。

通过本章的学习，你应该能够：

- ★ 理解信息技术对当今企业、企业管理及企业间合作的作用
- ★ 了解企业信息系统的类型及其之间的关系
- ★ 掌握信息系统规划的重要性
- ★ 理解信息系统规划面临的挑战及常见错误
- ★ 了解信息系统规划方法
- ★ 掌握信息系统开发过程
- ★ 了解信息系统开发方法与技术

第一节 信息技术与企业发展

在全球竞争的严峻形势下，即使超级大型企业也不得不设法降低成本、提高生产效率，以此提升竞争优势。信息技术可以帮助企业很好地实现这些目标，很多传统企业正借助于信息技术向网络强化（Net-enabled）企业转型。以计算机技术和网络技术为中心的信息技术是当今科学技术中发展最快、渗透力最强、影响最大的技术，它的发展带动了新的世界性的技术革命，带来了很多新的机会①。

一、信息技术快速发展的原因

信息技术正以前所未有的速度迅猛发展，并已经成为主要发达国家和新兴工业化国家增强经济竞争力的有效手段，以及不同产业内企业提高工作效率和经济效益、进而显著增强竞争力的战略手段。从推动信息技术发展的因素来看，以互联网为主的数字网络通信技术为企业信息技术应用提供了必需的技术支持，特别地，企业面临的新的商业环境为企业信息技术应用创造了主要的技术需求。

从数字网络通信技术的角度分析，互联网、外联网、内联网、计算机软件技术以及其他相关信息技术的快速发展：一方面，使得新技术越来越多、技术更新越来越快、软硬件成本越来越低，企业在信息技术战略的制定与实施过程中面临更多的风险；另一方面，使得所有类型的信息可以进行收集、加工、处理、存储，并通过网络传递到世界范围内的所有地方，帮助企业更好地实施现有战略或创造性地实施新的战略。这种技术上的巨大进步对传统企业会产生双重影响。从有利的方面看，以网络通信技术为主要特征的数字技术通过降低企业交易成本、信息收寻成本、沟通成本以及产业进入壁垒，对现有产业结构中的五种力量产生了显著影响。从不利的方面看，虽然互联网能够对产业长期获利能力产生积极影响，但大多数趋势却是消极的。比如，互联网使得购买者能够更容易获得产品和供应商的信息，无形中增强了买方的砍价能力；互联网的开放性使得传统企业越

① 梅姝娥，陈伟达．管理信息系统（第二版）[M]．北京：北京师范大学出版社，2008

来越难以维持产品的独特性，进而增强了竞争强度；而且，互联网的使用也倾向于扩展地理市场，使得更多公司相互竞争。

虽然数字革命推动信息技术发展主要表现在它为各种信息系统应用提供了必需的技术，但企业应用信息技术的主要推动力还是来自当今日益复杂多变的商业环境。经济全球化实现了企业研发、采购、生产以及销售等价值链活动的全球化趋势，这在为企业提供发展机遇的同时加剧了行业内部以及行业之间竞争的激烈程度，迫使企业进一步增强竞争力以求得生存和发展。而且，出于道德义务、持续发展和企业声誉考虑，企业被要求承担更多的社会责任，也导致企业战略的制定和实施更加复杂化。为了在这种环境下获取并维持竞争优势，传统企业正面临着变革商业模式、加强组织学习、优化组织结构、重组业务流程、建立新型企业文化和改善外部业务伙伴关系等一系列挑战。因此，它们迫切需要借助于信息技术对自身进行全面的组织变革，以获得新的竞争优势。国内外企业成功与失败的案例研究都表明，追求最大化电子商务技术的商业价值，一方面，企业必须进行业务流程再造或优化、建立一个扁平化和学习型组织、变革组织文化与人员、制定更加柔性的IT战略和业务战略等；另一方面，企业还需要借助于互联网技术提供的电子联系，与业务伙伴进行流程和关系整合，以合作或联盟的形式创造并维持竞争优势。

因此，面对这种快速变化的技术环境和日益不确定的商业环境，企业高层管理者需要做出决定的不是是否应用信息技术，而是关注如何以及多大程度上应用信息技术。事实也证明，信息技术的战略性应用能够帮助企业实现五种战略——低成本、差异化、创新、促进发展以及建立联盟，在互联网经济中获得竞争优势，从而增强企业竞争力。表9－1描述了企业应用信息技术可能创造的不同层面的效率价值和战略价值，接下来将详细阐述这些价值。

表9－1　信息技术价值矩阵

	效率价值	战略价值
企业内部	产品质量改善 物流成本降低 各种失误减少 优化内部流程等	交叉销售 客户服务水平提高 更快更成功地开发新产品 方便产品定制
企业与伙伴之间	交易成本降低 交易准确性提高 交易速度更快等	建立或巩固信任关系 伙伴之间更加依赖 销售收入增长等

阅读与思考

热点事件："智能企业：五大新兴技术趋势"

随着人工智能（AI）和其他技术的飞速发展，智能企业层出不穷，并正融入人们的生活。但若要充分把握增长机遇，对社会产生积极影响，企业需要发挥领导力，加快构筑信任生态，承担更多责任，把握以下五大新兴技术趋势至关重要：

公民 AI：AI 日渐强大，对人们生活的影响也逐渐放大。企业在充分利用 AI 的潜能时必须谨记这种影响力，将其培养为负责任的企业代言人。

泛现实：虚拟和增强现实技术让人们、信息和体验之间的距离消失，完全改变人们的工作与生活方式。

真数据：企业运营基于数据驱动。不准确、被操纵和片面的数据将成为企业的新软肋。忽视数据真实会严重损害商业洞察力，产生重大决策偏差。为了应对这一挑战，企业必须双管齐下，着力提高数据准确性，同时尽量避免操纵数据。

大合作：企业增长越来越依赖基于技术的外部伙伴关系。为了充分发挥生态系统的潜力，他们必须更新系统，完成架构再造。

智联网：企业大力构建基于机器人自动化、AI 和沉浸式体验的智能环境。要将智能环境应用与时俱进，企业不仅需要培养关键技能和员工能力，也应当彻底改造现有的技术基础设施。

埃森哲大中华区信息技术服务总裁陈笑冰说："在智能时代，企业需要与用户、员工和商业伙伴建立更深层信任关系，就要能够应用更为敏捷、安全和高效的智能技术。"

（资料来源：埃森哲技术展望：2018）

二、信息技术增强企业竞争力

企业竞争力是指企业通过成功地实施基于核心能力的竞争战略后，相对于竞争对手在时间（T）、质量（Q）、成本（C）和服务（S）等方面获取的竞争优势。信息技术的有效应用可以从 TQCS 中的一个或多个方面帮助企业更好地实施竞争战略，增强企业的竞争力。

今天几乎所有企业都处于使用某种类型信息技术实现价值链管理活动的过程之中。信息技术的应用已经渗透到价值链的各个部分，改变着价值活动的进行和活动之间的联系，造成全方位的竞争。过去，企业对信息技术的利用仅限于财务和档案管理方面，而现在信息技术已贯穿整个价值活动之中，体现出优化、控制和判断等功能（图9－1）。企业借助于信息技术改善不同业务部门之间的信息获取和共享，提升价值链及企业绩效，比如电子采购活动使很多企业的采购流程实现了自动化和无缝化，Web被用于CPFR等合作流程，供应商正使用互联网技术理解制造商的详细需求。因此，信息技术能够显著增强企业竞争力。

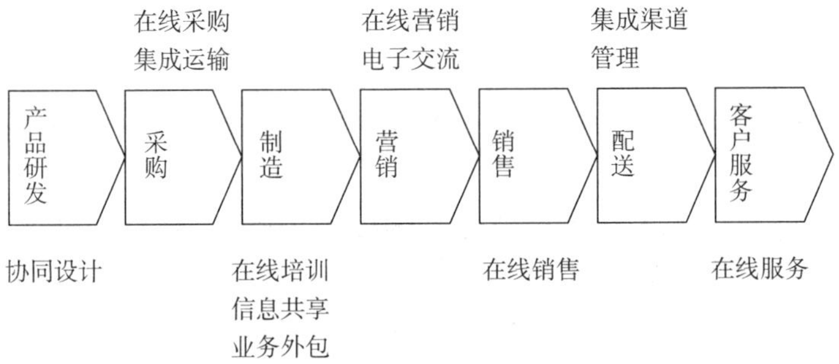

图9－1　信息技术与价值链

信息技术能够创造效率价值，即降低成本、提高运作效率。理论研究和企业实践表明，企业应用信息技术可以实现如下方面的内部效率：取代了纸质单据，节约了管理成本；加快了运作速度，缩短循环周期；减少了失误，优化服务；减少市场营销和销售成本；减少库存水平和费用；增加生产弹性，实现及时送货；减少采购成本。还有研究表明，企业间电子商务可以提高企业内部学习效率，加强内部部门之间以及部门内部的信息共享水平，通过在线销售和客户支持降低企业成本。

除了创造效率价值，信息技术还能帮助企业进行业务创新、增加收入和创造新价值，即创造战略优势。Turban等的研究表明信息技术能够方便大宗商品定制，并提供高效的客户服务；而且，Caterpillar公司利用基于外联网的全球协同商务系统，将公司的工程和制造部与现有供应商、分销商、海外工厂以及客户连接起来，有效减少新产品开发时间，并提高了新产品开发成功率①。IBM公司研究人员Flurry & Vicknair认为，企业间信息系统的战略性应用在于改善顾客关系、创新产品与服务以及快速响应市场需求，从而创造战略优势的组织战略②。信息技术应用还可以帮助制造企

① Turban E，King D，Viehland D，et al. Electronic Commerce：A Management Perspective［M］. Upper- Saddle River，NJ：Pearson/Prentice-Hall，2004

② Flurry G，Vicknair W. The IBM application framework for e－business［J］. IBM Systems Journal，2001，40（1）：8-24

业实现其他战略价值，比如显著改善竞争定位和增加销售收入，扩宽销售领域和改善客户服务水平。

三、信息技术改善供应链效率

日益复杂多变的商业环境要求，传统制造企业必须在更短的时间内开发并生产更复杂的产品，同时在全球市场中竞争。对制造企业来说，随着企业内部运作和管理变革的有效进行，从企业内部提高其环境响应能力进而提高竞争力的潜力将越来越小，实施的难度越来越大，这些要求很难让制造商完全在一个单一的制造工厂内开发和生产一项产品；而且，制造企业的产品交货速度、服务水平、质量和成本明显受到供应商、分销商以及物流服务等其他业务伙伴的制约。因此，制造企业开始寻求与传统边界外部的合作伙伴之间建立良好的协作关系，以有效地在产品设计、采购、生产、销售以及客户服务等方面实施信息共享和流程整合，进一步提高企业对新环境的快速响应能力和企业竞争力。整个全球供应链制造功能导致了扩展企业的出现。如下图9－2所示，扩展企业有两个重要特征，表现为：与独立的制造企业通过在设计、开发和成本优化等方面协调，以形成互惠的正式/电子联系；另一项特征是信息和物料以一种协同与协调的方式在各协作企业之间流动。以互联网为主的数字网络通信技术极大地促进了企业间电子业务系统的发展，进而使得扩展企业的概念成为一种现实。

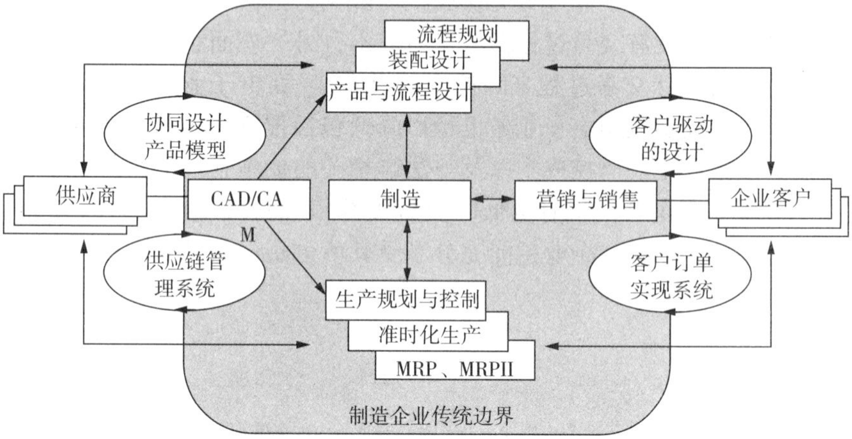

图9－2　以传统制造企业为中心的扩展企业模型

企业间电子业务（B2B e-business）是信息技术在企业中的典型应用系统，是一个企业使用互联网等计算机网络技术，与主要供应商和/或企业客户等业务伙伴进行在线商务活动。企业间电子业务既可以发生在服务企业与制造企业之间，也可以发生在制造企业与制造企业之间，甚至兼而有之（如图9－3所示）。“在线商务活动”既涉及发送和接收订单信息等基础活动，又包括强调企业间流程变革与合作的企业间协同商务①。

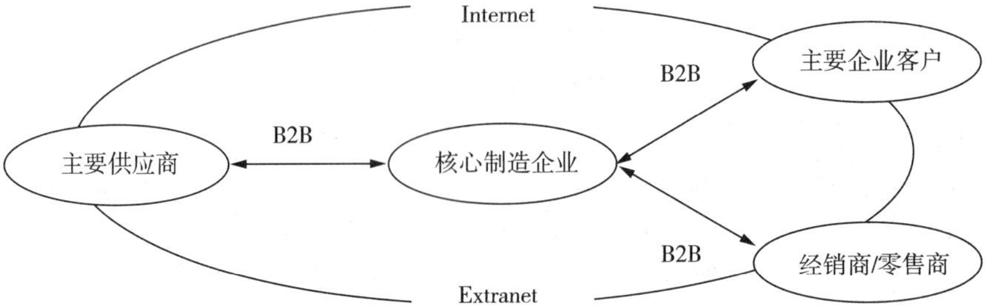

图9－3　企业间电子业务及其参与企业

以企业间电子业务为代表的跨组织信息技术能提高企业及其供应链伙伴的运营效率，并显著降低了供应链运作和交易成本。很多企业制定并实施电子商务战略，主要目标在于：降低企业客户寻找商品和主要供应商的时间与成本；确保及时送货；减少订单填写和流转时间；使采购过程简洁、快速；寻找能更好更便宜地提供商品或服务的供应商；将采购或发货过程中的认为错误减至最低；通过减少制造企业与业务伙伴之间的响应时间和通信能力，降低双方的库存费用。从交易成本经济学角度分析，仲伟俊等研究了企业间电子业务对交易成本的影响，指出一方面可以通过交易过程自动化改进现有交易过程降低交易成本，另一方面企业间电子业务还可以通过重新设计交易过程来降低交易成本②。在电子业务环境下，即使企业规模小，成功应用电子业务也可以降低包括搜索成本、信息成本、谈判成本、决策成本、监控成本以及与法律相关的成本在内的交易成本，随着企业规模扩大还可以享有更低的交易成本③。而且，企业间电子业务系统应用范围越广，参与企业越能充分享受其所创造的运营效率改善，产生所谓的网络效应。

① 吴金南．企业间电子商务应用能力及其对企业竞争力的影响研究［D］．南京：东南大学出版社，2009

② 仲伟俊，陶青等．企业间电子商务的战略规划方法研究［J］．管理科学学报，2002（02）：22-28

③ Zhu K，Kraemer K L，Xu S，et al. Information Technology Payoff in E-Business Environments：An International Perspective on Value Creation of E-Business in the Financial Services Industry［J］. Journal of Management Information Systems，2004，21（1）：17-54.；Chen S. Strategic Management of E-Business（2d ed）［M］. West Sussex，New York：John Wiley & Sons，2005

阅读与思考

中国石油的"能源一号"系统是应用企业间电子商务技术提高供应链运营效率的很好例子。中国石油与其Ⅰ类和Ⅱ类物质供应商之间实施的跨企业交易平台，极大地加快了原材料采购信息的传递，使供应商能在第一时间得到详细和准确的需求信息；该系统显著地降低了交易双方的交易成本，同时通过每年近10亿元的采购成本节约，产生了非常可观的利润贡献。

信息技术还能在制造企业与业务伙伴之间创造显著的战略价值。企业间电子业务系统能对传统制造企业与外部供应链伙伴之间的信息共享产生重要影响。比如，EDI、外联网和群件技术等信息技术可以有效地促进信息和知识共享，极大地降低宝洁和惠普等公司存在的"牛鞭效应"①。企业间电子业务系统不仅能改善信息共享水平，还能促进企业间流程的消除、合并、转移和创造②。总之，企业间信息系统能够有效地支持供应链企业之间的协作（Cooperation）、协调（Coordination）和合作（Collaboration）③。

另外，信息技术还能在供应链企业之间建立与加强合作关系。业界领先企业的成功案例表明，企业间电子业务系统可以很好地被用来改善与供应商建立合作关系、增加与关键客户和渠道伙伴之间的合作机会。最新研究表明，企业间电子商务业务价值的真正源泉并非电子网络本身，而是由此驱动的企业间合作关系和业务依赖性，企业运用企业间电子商务网络创造与业务伙伴之间的合作价值。比如，宝钢与一汽大众的协同商务系统是在两个有着重要战略联盟关系的上下游企业间展开，系统为两个企业所独享，支撑着企业之间的战略和运作协同。没有相互信任、紧密一致的关系，这种企业间电子商务系统是难以取得成功的，反过来，这样的跨企业信息系统的建立也增加了参与企业之间相互依赖、相互信任的程度，从而加强了企业间原本的合作关系。另外，从支持合作关系的持续时间长短来看，持续时间越长，通常对企业建立和/或维持长期合作关系的价值潜力越大。这是因为如果企业双方通过跨企业信息系统进行非常频繁的供应链日常运作和信息交换，参与企业更可能采取一种重复博弈策略，目的在于持续不断地进行供应链合作，彼此之间的合作关系也比较容易维持和巩固。

---

① Turban E, King D, Viehland D, et al. Electronic Commerce: A Management Perspective [M]. Upper- Saddle River, NJ: Pearson/Prentice-Hall, 2004

② 刘鲁川，陈禹. IOS使能的企业间业务流程创新案例研究［C］. 信息系统协会中国分会第二届分会. 昆明，2007：323-328

③ Wang S, Archer N. Supporting collaboration in business-to-business electronic marketplaces [J]. Information Systems and E-Business Management, 2004, 2: 269-286

阅读与思考

高露洁利用信息技术完善全球供应链管理

总部位于纽约的高露洁公司是一家资产达94亿美元的全球性消费品公司，在美国及全球范围内制造并销售的消费类产品种类繁多，包括牙膏、肥皂、洗涤用品和宠物食品等。公司业务遍布200多个国家，其中70%的销售来自国际市场，80%的雇员位于海外。

高露洁从1995年开始采用的SAP系统推动了高露洁公司内部所有产品命名、配方、原材料、生产数据及流程、金融信息等方面的标准化。这些改进提高了高露洁在全球的运营效率。尽管高露洁在SAP系统的帮助下取得了很大发展，但还有些方面需要完善。通过实施SAP R/3系统，高露洁将产生订单和完成订单的实现率提高到90%，但它仍希望通过突破公司在需求和能力方面的局限将该数字提高。此外，通过SAP R/3系统，高露洁在北美将订单在企业内部循环的时间由9天缩减到5天，但即使这样成本还是很高。

为解决上述问题，高露洁建立了高露洁全球供应链系统。在该系统中，高露洁确定了三个主要的供应链战略。首先是推出VMI项目，大幅削减渠道的库存和循环时间。其次，高露洁实施一个跨地域资源利用系统（CBS），将地域性模式拓展为全球性模式。这种模式转型可以提高企业的预测能力，减少非盈利股份，凝聚资产，平衡公司的全球业务。最后，高露洁还将实施一个与下游企业的协同引擎，用来管理供应链中的市场需求和协调各项活动。

高露洁供应链战略的三个主要组成部分由mySAP. com的实时集成模式进行支持，订单和其他市场数据都能实时在顾客、企业内部ERP系统和mySAP SCM之间更新，确保迅速得到各种能够影响计划的数据。高露洁希望在VMI、CBS和协同引擎被广泛应用到所有的品牌和商场以后，SCM的效益能更加成倍增长。供应链信息的可见度提高意味着可以得到准确、及时、一致的数据信息来支持各种规划的决策。高露洁还将使用mySAP商业智能系统，以更快速地获得更加一致和精细的数据信息，支持整个企业集团的决策。

通过采用供应链管理系统，高露洁提高了市场竞争力，在价格战、全球业务拓展和市场推广中更有优势。这些商业优势使高露洁能够更加降低业务成本。同时，公司通过协同加强与全球客户的联系，也进一步降低成本。此外，高露洁通过电子商务还进一步加强了企业内部整合，密切了与合作伙伴和客户的关系。由于供需随时会变化，第三方供应商在高露洁业务中的地位日渐重要，高露洁希望使用 mySAP SCM 的协同引擎能促进与这些供应商的联系。此外，高露洁还计划采用 mySAP SCM 的运输规划和进度规划功能来优化运输网，更加减少运输成本。高露洁还将通过参加各种能够提供协同需求、盈利、后勤计划等方面交流的消费品行业市场，与顾客和合作伙伴进行多元化的合作。

［资料来源：根据管理人网资料（xxh. manaren. com/ssfa/200808/574_ 1. html）改编］

四、信息技术改变行业内竞争方式

互联网虽然创造了诸如在线拍卖和数字化集市之类的新兴产业，然而，它最大的影响力却在于能够使得原本受高额沟通成本、信息收集成本，以及交易履行成本约束的产业重构得以进行。分析信息技术战略影响的一个方法，就是考虑它对波特的竞争力模型中介绍的五个竞争力中的一个或几个的影响。

无论新产业还是旧产业，其结构吸引力由五种竞争作用力所决定。每种竞争作用力的力量随产业的不同而不同，所以无法得出关于互联网对产业长期利润率影响的一般结论。各行各业所受影响不同，其中有些影响是积极的。例如，由于互联网使得公司和客户之间能够建立全新的、更直接的渠道，这就削弱了传统渠道商的砍价能力。互联网也能通过多种方式，提升某产业的效率，能通过改善其相对于传统替代品的定位，来扩展整个市场的规模。但大多数趋势却是消极的，互联网使得购买者能够更容易获得产品和供应商的信息，这无形中就增强了买方的砍价能力。互联网也减弱了对已建立的现成的销售力量或销售渠道的需求，这也就相应降低了进入壁垒。通过提供能满足需求和履行职能的新型途径，互联网创造了新替代品。由于互联网是一个开放的体系，公司越来越难以维持物品的专利属性，这也就增强了竞争强度。互联网的使用也倾向于扩展地理市场，使得更多公司相互竞争；并且互联网技术将使得可变成本降低，给公司造成了巨大压力，促使其参与毁灭性的价格大战。

图 9 -4 介绍了一些企业通过使用互联网改变行业结构的潜在方法。比如，购买方由于互联网的原因，可能有更强的议价能力，包括他们找到不同供应商的能力提高了，他们了解价格信息的能力提高了，它们与其他买家联合获得大宗购买的折扣的能力增强了。

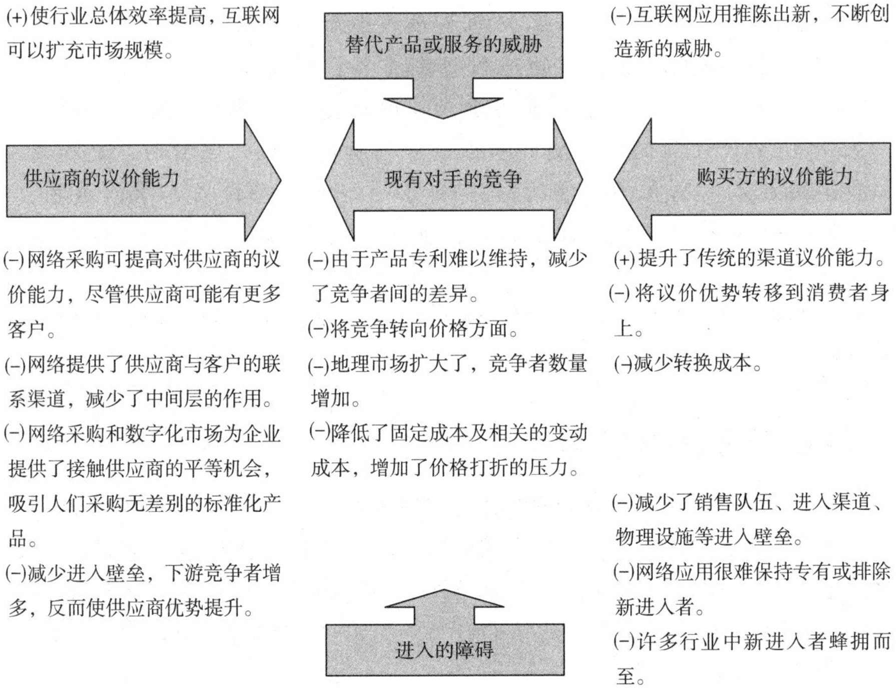

图9-4　波特竞争力模型：互联网信息技术如何影响行业结构

阅读与思考

人工智能：助力中国经济增长（中文版）

《人工智能：助力中国经济增长》的报告深入研究了人工智能技术对中国经济的影响。报告发现，人工智能可以通过三种方式激发经济增长：第一，它创造了一种新的虚拟劳动力，能够解决需要适应性和敏捷性的复杂任务。我们称其为“智能自动化”，以区别于传统的自动化解决方案；第二，人工智能对现有劳动力和实物资产将进行有力的补充和提升，提升员工能力，提高资本效率；第三，人工智能的普及，将推动多行业的相关创新，提高全要素生产率，开辟崭新的经济增长空间。

基于人工智能对中国经济整体影响的模拟分析，并结合行业规模数据，埃森哲进一步解读了人工智能对中国15个行业可能带来的经济影响。研究显示，制造业、农林渔业、批发和零售业将成为从人工智能应用中获益最多的三个行业。到2035年，人工智能将推动这三大行业的年增长率分别提升2%、1.8%和1.7%。

埃森哲大中华区信息技术服务总裁陈笑冰表示："人工智能将改变中国各行业的未来。要想充分发挥它的潜力，企业领导者需要将人工智能纳入其发展战略中，这意味着企业需要调整公司结构以充分应用人工智能，并更为创新地思考其运营和商业模式。归根结底，企业需要从采用新的工作方式，向开辟新的业务领域转变。"

为了充分开启人工智能激发中国经济增长并振兴产业的潜能，埃森哲建议中国的决策制定者和商业领袖采取如下措施：(1) 迎接人工智能——无缝整合人类智慧与机器智能，使两者双向学习并完美共存。同时，政策制定者需要重新评估未来的知识和技能类型。(2) 制定道德规范——政策制定者需要切实为人工智能生态系统制定道德准则。并在智能机器的开发过程中，通过道德讨论确定更加明晰的标准和最佳实践。(3) 重视再分配效应——政策制定者应充分了解人工智能带来的切实效益，但同时需对人工智能可能带来的冲击做好准备，制定战略帮助面临较高失业风险的人群。(4) 超越自动化，开启新创新模式——企业领导者应将人工智能纳入自身发展战略中，并利用具有自主学习和自我控制能力的动态机器智能，为企业创造新商机。(5) 开发人工智能型企业所需新能力——为实现人工智能的潜能，人类智慧与机器智能必须紧密融合。员工团队需要积极掌握判断、沟通及创造性思维等人类所特有的重要能力。

［资料来源：根据《人工智能：助力中国经济增长（中文版）》改编］

第二节　企业信息系统

一、信息系统的内涵及分类

信息系统可以定义为相互连接的部件的集合，可以进行信息的收集、处理、存储和分发，以支持一个企业的决策制定和控制，还可以帮助管理者分析问题、看清复杂的问题和创造新产品/服务。管理人员必须从组织、管理和信息技术三个维度上来理解信息系统以及信息系统解决问题和应付挑战的能力（图 9－5）。也就是说企业为了有效地设计、开发和使用信息系统，首先必须理解企业组织的环境、结构、功能和政策以及管理和管理决策的作用，然后分析当前的信息技术在企业解决面临的问题上所能够提供的支持和给企业所带来的机遇。

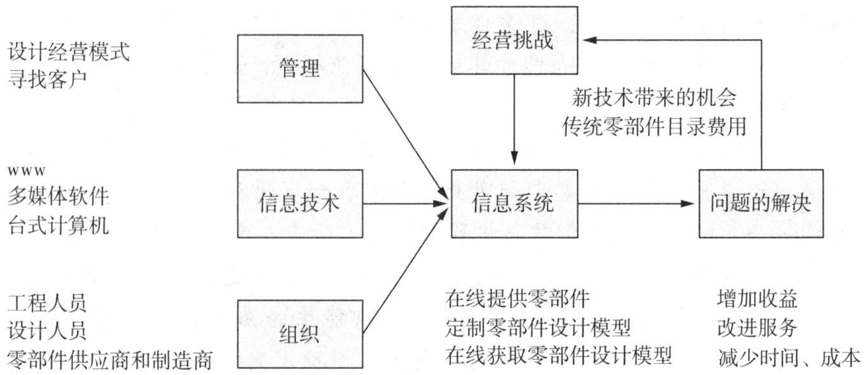

图9－5　信息系统的组织、管理、技术三维分析

一个企业从纵向上可划分成不同的管理层次，横向上可划分成多个功能领域。不同的管理层次有着不同的管理职责，因而有着不同的信息需求。不同的功能领域所完成的任务不同，因此，对信息系统的功能要求不同，单个信息系统很难满足整个企业的信息需求，可分别从功能领域和组织层次的角度对组织中所应用的信息系统进行分类。

从组织的层次出发可将信息系统分为四类，即：运行层系统、知识处理层系统、管理控制层系统以及战略层系统。运行层系统通过跟踪组织的基本行为和业务来给组织的运行层管理人员提供支持，目的是为了解决一些日常问题以及对组织的事务处理进行跟踪。知识层系统是服务于组织中的知识处理人员和数据处理人员的信息系统，目的是帮助组织发现并应用新知识，控制组织中的纸上流程。管理层系统是服务于中层管理人员的监控、控制、决策及一些行政管理问题解决的系统，主要目的是生成一些阶段性报表，为一些例外决策制定提供支持。战略层系统是帮助高层管理人员处理和标识公司内部和外部环境中一些长期的战略问题的信息系统。

从组织的功能领域出发也可以对信息系统进行分类，组织的主要功能领域，如销售和营销、生产和制造、财务、会计、人力资源管理等，分别需要不同的信息系统来提供支持，在一个大型组织中，这些功能的各个子功能往往也需要分别由不同的信息系统来支持。比如制造功能就有库存管理、物料需求计划、计算机辅助设计等系统分别对不同的功能提供支持。

二、企业中信息系统的主要类型

信息技术在企业中应用面最广、影响最大的是形成了特定类型的信息系统应用，包括运行层的事务处理系统，知识层的知识工作系统和办公自动化系统，管理层的管理信息系统和决策支持系统，以及战略层的经理信息系统。各种类型的信息系统的输入、过程和输出用表9－2表示。

表9－2 各种类型的企业信息系统的输入、过程和输出

系统类型	输 入	过 程	输 出
事务处理系统（TPS）	事务数据	分类、存储、插入、删除、修改	详细的报告，处理过的事务数据
办公自动化系统（OAS）	通知、文件	计划安排、字处理、数据存储和获取	计划、备忘录、邮件、管理报告
知识工作系统	设计说明；知识库	模型、模拟	模型、图形
管理信息系统（MIS）	处理过的事务数据，面向管理的数据，程序化的模型	数据管理，简单的建模、统计、查询响应	总结和例外报告，行的决策，管理查询的响应
决策支持系统（DSS）	处理过的事务数据，大量的面向管理的数据，专用模型	查询响应，管理科学/运筹学建模，仿真	特殊的报告、决策方案、管理查询的响应
经理信息系统（EIS）	处理过的事务数据，报告和数据分析	信息获取，个人化的分析	当前的状况，发展趋势，处理过的信息

（资料来源：仲伟俊，罗定提：战略信息系统——信息技术对企业竞争力的影响分析［M］. 南京：东南大学出版社，2001）

（一）事务处理系统

基于计算机的事务处理系统（Transaction Processing Systems，TPS）是20世纪50年代后期在数据处理系统（DPS）的基础上发展而来的。在事务处理系统中，把事务处理定义为一项基本的处理工作。事务处理系统是进行日常业务处理、记录、汇总、综合、分类，并为组织的操作层次服务的基本商务系统。在操作层次上，任务、资源和目标都是预先设定好的，是高度结构化的。例如，在工资系统中，管理人员依据预先设定的标准决定每位雇员当月的工资额；机票预订系统中业务员按照时间、起降机场、舱位等标准为顾客提供查询和预订服务；自动取款机按照事先设定的操作流程，为客户提供相应的查询和提款服务。事务处理系统其他的典型应用例子还有销售订单录入系统、质量控制系统、资金管理系统等。事务处理系统与数据处理系统之间有显著的不同。数据处理系统中的数据处理主要完成数据记录的保存和例行的事务过程的自动化。尽管事务处理系统也主要完成数

据记录的维护，但事务处理包含更多的内容。它与组织内的基本活动——事务有密切的联系。事务处理系统获取的数据反映事务，这些数据可以被别的类型的计算机信息系统使用，它也实现了数据处理系统功能。

（二）知识工作系统

知识工作者是指特定领域的、高水平的专业工作人员，如工程师、医生、律师、科研人员等，他们的工作主要就是进行新知识和新信息的创造，知识处理系统帮助他们加快知识的创造并保证新知识和技术经验正确地应用到组织中，如支持新产品开发的计算机辅助设计系统（CADS）就是企业中常用的知识处理系统（Knowledge Work Systems，KWS）。

知识工作系统（KWS）是专为促进新知识的构建、确保新知识和技术专长更恰当地融入企业中去而设计的。知识工作系统主要包括计算机辅助设计/制造系统——为工程师、设计者、工厂经理提供工业设计和制造的精确控制，虚拟现实系统——为药品设计师、建筑师、工程师和医务工作者提供对象的精确的影像模拟，以及财务工作站——用于金融领域的高端PC机，使之能够及时分析交易情况、易化投资组合管理。知识工作系统的三种关键作用在于：当企业向外接触时，持续更新企业知识；当在知识专业领域，提供内部顾问服务；作为一个变革代理者，评估、启动并促成各种变革计划。

（三）办公自动化系统

办公自动化系统（Office Automation Systems，OAS）帮助信息工作人员——通常是指处理而不是创造信息的人——运用、发布信息，这些人员通常在办公室中而不是生产一线工作，因此办公自动化系统也称为办公室系统。人们在企业和组织内应用办公自动化系统的主要目的是提高办公室工作人员，包括打字员、秘书、行政助理、经理等的工作效率。办公自动化系统是通过支持办公的协调和交流活动来提高信息工作人员的工作效率，并对各信息工作人员、各部门、各功能领域进行协调的信息系统。目前办公自动化系统中包含的功能越来越强，多数办公自动化系统中都包含电子日历、远程会议、电子可视文件以及内部网络和基于内部WEB的文档管理等功能。另外，有越来越多的经理也在自己的办公室中使用个人计算机。同时虚拟办公使办公室工作可以在任何地方完成，从而克服了工作场所地理上的限制。这些情况都说明目前办公室正在不断增加使用计算机及有关设备来支持办公室内的各项工作。

（四）管理信息系统

在20世纪60年代中期，随着计算机技术在经营管理上的应用不断增加，越来越明显的是面向事务的数据处理不能满足面向管理的新用户的要求。管理人员希望利用计算机进行规划、控制和决策。在这种情况下，管理信息系统（Management Information Systems，MIS）形成了。管理信息系统中往往包含有数据处理和事务处理功能。管理信息系统与数据处理系统和事务处理系统的一个重要不同点是管理信息系统能提供分析、计划和辅助决策的能力，用户可以通过一定的方式使用该系统帮助管理者进行决策。早期的管理信息系统更类似于数据处理系统，而目前的许多数据处理系统与早期的管理信息系统相比，为管理提供了更多的支持。与别的许多技术的发展演化过程类似，在高级形式代替低级形式之前，往往在一段时间内高级形式和低级形式并存。但这并不意味着数据处理系统最终要消失，因为即使管理信息系统存在，也存在与数据处理有关的事务过程需要处理。

（五）决策支持系统

决策支持系统（Decision Support Systems，DSS）和管理信息系统之间的关系非常类似于管理信息系统和数据处理系统之间的关系。决策支持系统也是在管理信息系统基础上发展起来的，且它特别重视管理信息系统的决策支持功能。DSS帮助管理人员解决一些半结构化的、独特的或者迅速变化且无法预先标定的决策问题。DSS在使用由TPS和MIS所提供的内部数据的同时，还必须使用外部数据。在现实世界中，一类广泛存在的决策问题是带有例行办事性质的、结构化的问题，解决它们可以按固定的程序进行，很少甚至不需要人的干预。这类问题的解决通常可以由管理信息系统支持。在现实世界中另一类广泛存在的决策问题是独特的、非结构化的，解决它们难以按固定的程序进行，这些问题并不能完全靠计算机信息系统解决，但是人们在解决这些问题时，计算机信息系统可以提供有价值的支持和帮助，这通常由决策支持系统来实现。因此，决策支持系统是一个交互式的基于计算机的系统，它利用数据库、模型库、知识库以及很好的人机会话部件和图形部件，帮助决策者解决半结构化或非结构化的决策问题。

决策支持系统所帮助解决的问题的特征及其决策支持的特征，决定了管理信息系统和决策支持系统具有明显的差异（下表9－3）。

表9－3　MIS与DSS的特征比较

管理信息系统	决策支持系统
（1）支持运行层和管理层结构化的决策及规划 （2）面向报表和控制 （3）依赖于组织内现有的数据 （4）分析能力很弱 （5）用内部过去和当前的数据帮助决策 （6）灵活性差 （7）面向组织内部而不是外部	（1）管理层非结构化或半结构化的决策 （2）面向某个特定的决策问题开发 （3）很好的灵活性、适应性和快速响应性 （4）界面的友好性和交互性，用户在不需要技术支持下直接使用 （5）内部数据和外部数据 （6）使用复杂的数据分析和模型工具，具有很强的分析能力

（六）经理信息系统

由于经理们面对的许多问题是处在复杂的变化多端的环境中的带有战略性的和非结构化性质的问题，计算机信息系统很难帮助经理解决这方面的问题。随着计算机技术的不断发展和经理完成自身的工作对所需信息的及时性、完整性和准确性的要求越来越高，经理越来越需要利用计算机信息系统收集、分析和获取数据的能力来满足经理特殊的信息需求，由此诞生了经理信息系统（Executive Information Systems，EIS）。经理信息系统是利用计算机技术和通讯技术，专门设计和开发用来为企业和组织中最高层的管理和决策人员的日常管理和决策提供信息、决策和通信等方面的支持，并由他们自己亲自使用的计算机信息系统。

经理信息系统是为企业中的经理级管理人员专门设计和开发的、无须他人帮助经理直接使用的计算机信息系统；它通过抽取、筛选和跟踪广泛范围内的内部和外部信息为经理进行管理和决策提供信息支持；它能在线进行目前状况查询、趋势分析、例外报告等工作；它与用户非常友好，经理们只需极少、甚至不需培训就能自己直接使用它；它能支持经理与其组织内部和外部的电子通信；它能为经理完成管理和决策工作提供决策支持。从系统的性质和特点角度看，经理信息系统相比于决策支持系统有如下区别：被设计用来帮助企业中的经理解决他们面临的各种管理和决策问题；辅助高层决策者解决的决策问题往往是不断变化的；比决策支持系统涉及问题的范围更广；分析、设计和开发经理信息系统时，会遇到在分析、设计和开发别的类型的信息系统过程中很少遇到的许多问题；对整个组织有更广泛、更深远的影响。

三、不同类型信息系统之间的关系

图9－6表明企业中各种不同类型的信息系统彼此之间是相互联系的。TPS直接与外界进行最基础的数据交换，是企业内基本运行数据的直接输入，是组织中其他系统的主要数据来源，EIS则是下层信息的接受者，其他类型的系统之间往往存在着相互的信息交换。服务于不同功能领域的信息系统之间也存在着大量的信息交换，如：销售部门接受的订单必须传送到生产部门和库存部门。

另外，各个系统所服务的用户并不是绝对的，企业中的各个层次的人员都有可能会使用办公自动化系统。而战略层和管理控制层上的信息系统经常使用相同的数据，如市场营销信息系统中，市场调研方面的信息和竞争对手方面的信息是两个管理层上都需要使用的信息，只是他们使用信息的目的不同而已。再如企业的财务会计信息系统中的很多信息也都是战略

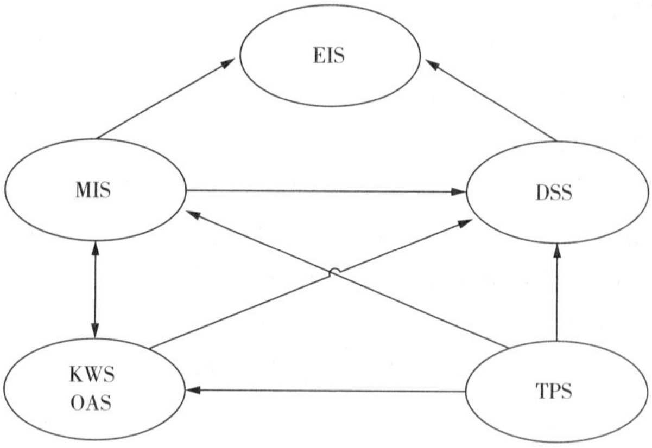

图 9－6　企业中各类信息系统之间的关系

层和管理控制层同时需要使用的信息，如采购原材料的信息，管理控制层需要此信息进行生产成本的控制，而上层需要此信息进行企业财务计划的制定。

第三节　信息系统规划

一、信息系统规划的重要性与挑战性

信息系统的管理变得越来越难，同时也越来越重要，特别是战略性的系统规划。一方面技术的变化太快，大家不禁要问："在这样的情况下，如何对信息系统进行规划呢?"另一方面 IT 是大多数公司赖以生存的基础，所以信息系统的有效规划是关乎公司生死存亡的大事。如何解决这个两难问题呢？好消息是已经开发出很多方法和工具用于辅助系统规划，坏消息是至今还没找出最好的方法。所以，大多数公司在进行规划时通常采取多种方法和工具。

企业信息系统规划是从帮助企业实施它的业务战略和/或形成新的业务战略角度出发，寻找和确定企业各种信息系统的应用领域，以实现它的经营战略目标的过程。企业信息系统规划提供一套基本的理论、方法和框架，用以系统分析和准确理解信息技术对目前和将来的企业所产生的影响。它为信息系统管理人员识别新机会，确定关键性应用领域和关键技术，从而帮助企业更成功地实现当前的经营战略目标提供机会。它也为信息系统管理人员提供发现应用信息技术创造新的经营战略的机会，同时使企业能更好地分析信息技术的潜在作用。

根据范围的不同，可以将信息系统规划分为三个层次：战略级规划、战术级规划和运作级规划。战略级规划是由高级管理者和首席信息官参与的。战略性信息系统规划是对 IT 的战略性应用进行规划，也就是对未来三到五年的发展做出预测，以辅助当前的决策。成功的信息系统规划可以帮助企业实现它的目标，失败的信息系统规划可以导致机会的丧失和资源的巨大浪费。要成功地制定信息系统规划，帮助企业实施它的业务战略和/或形成新的业务战略，提高企业竞争力，需要有效应对以下挑战：

（1）组织目标和系统规划目标必须一致，否则，信息系统规划的制定将脱离企业的目标，不能发挥它应有的战略作用。信息技术对企业影响的广泛性和深刻性是过去的任何一项技术所无法比拟的。它不仅能影响企业内部各方面的运行情况，还能影响企业的产品和服务。因此，战略性系统规划的目标必须与企业业务目标保持一致，并且要有助于企业业务目标的实现。有些高级管理层认为 CIO 不属于高级管理层，不应参与到组织目标的规划过程中。实际上，战略信息系统规划是 CIO、CTO 等众多高级管理人员的共同责任。信息系统的规划已经变成了企业规划的一部分，而不再只是一个技术问题。

（2）企业高层管理和决策者必须认识到，信息系统规划是一个循序渐进的计划过程，也是一个必须经过不懈努力才能实现其目标的过程。因此，对信息系统规划不应急于求成，不应指望它能立竿见影地发挥作用。同时，他们还应认识到规划过程是必不可少的，高层管理和决策者不仅要知其然，而且要知其所以然。

（3）技术的变化太快。在 IT 的变化如此迅速的情况下，经理们应该如何进行规划？一个办法就是不断地进行规划。首先要对未来有一个正确的认识，在此基础上决定当前企业应当做什么。并且，企业管理者要对技术进行监测，判断企业对未来的认识是否正确，是否需要适当的调整。如果对未来的认识发生了改变，那么要同时对当前的决策做出调整。

（4）信息系统规划不仅需要信息系统知识，也需要管理知识和业务知识。它涉及企业方方面面的问题，囿于企业的某一个局部需求并夸大这些需求将不利于信息系统的规划。没有技术高超、管理和业务经验丰富的人员参与，信息系统规划必将会失败。

(5) 公司关注的焦点应该是项目组合而不是单个的项目。这一转变使得规划的形式变得更加复杂。企业不仅要评估单个项目的价值矩阵，还要判断各个项目是否与其他项目相适应，以及它们对项目组合平衡性的影响。

(6) 信息技术基础设施建设的筹资十分困难。从20世纪80年代以来，很多公司都进行了大型基础设施投资，将原来的主机结构改为CS结构以实现计算机能力共享。接着他们又投资建设ERP系统，从而实现数据的集中化和标准化管理，建立Web网站，使得消费者可以接入公司的后台系统，现在又面临着提供Web服务和流程优化的压力。如此大的赌注，进一步增加了信息系统规划的难度。

当然，以上条件并不完全，还可以列出其他的条件。但由上述讨论可以看出分类，企业高层管理和决策者在信息系统规划过程中的重要作用。有些企业往往将信息系统规划看作为一种与企业的业务无关的技术工作，并将其交给专业技术人员来完成，高层管理和决策者不直接参与规划过程。这样做的结果是分类，信息系统规划与企业的业务战略规划脱节，给企业带来无穷无尽的麻烦，最后很可能是推倒重来。以上这些例子说明系统规划不仅是一件难事，更是一件至关重要的事情。

二、企业应用信息技术的层次

许多企业应用信息技术的经验表明，企业为了获得竞争优势，应用信息技术所处的状态大体上可以分为三个层次：信息技术的采用者、信息技术的适应者、信息技术的创造者①。

(一) 信息技术的采用者

一些企业在应用信息技术时，购买成熟的信息技术和产品作为常规管理手段。显然，这些企业应用信息技术的根本目标是为了解决短期的生存问题和赶上竞争者。在这个层次上，任何企业通过合理地应用成熟的信息技术都能增强它的经营优势。必须指出，这些企业中的大多数需要建立相应的计算机技术基础设施，例如硬件配置、软件环境、操作人员培训等。作为信息技术采用者的企业往往可能出现在萧条行业中，或经济不景气的地区，这些企业没有足够的资金投入到信息技术的开发中；也可能由于企业中的高层决策者没有充分认识到信息技术对增强企业竞争优势的价值，使得企业仅仅停留在信息技术的采用者这一层次上。

① 仲伟俊，罗定提：战略信息系统——信息技术对企业竞争力的影响分析［M］．南京：东南大学出版社，2001

（二）信息技术的适应者

作为信息技术适应者的企业认识到信息技术是企业的一种重要的资源，他们非常了解企业内部开发信息系统所需具备的技术条件和资金条件，他们与信息技术供应商之间有良好、密切的工作关系，并能及时获得对他们有用的信息技术。通常这些企业过去应用过信息技术，而且其应用的深度和广度不落后于竞争对手。虽然在这些企业中，信息技术工作重点在于强调对已有应用系统的维护和保护，但他们也已着手于通过扩充产品和过程革新对新的信息技术进行应用研究。信息技术的适应企业往往试图在广泛而又激烈的竞争中争夺市场，其产品和服务的变化比较频繁，他们自身有比较强的经济实力，努力深入应用最新的信息技术，以保证自己企业目标的实现。这类企业的高层管理人员充分认识到信息技术的价值，积极地参与信息系统的规划过程。此外，他们尽可能地了解竞争对手的技术应用情况，努力使自己的企业在应用已有的和即将出现的信息技术方面走在别人前面，从而在行业内取得竞争优势。

（三）信息技术的创造者

信息技术的创造企业是技术的发明者，他们对已有的最新的信息技术做非常具有创造性的应用。这种应用一旦成功，会使企业在竞争力方面大大领先于他的对手，甚至创造出新的市场。这类企业通过研究和开发（R&D）来保持他们自身的竞争优势，也就是说，他们尽可能通过发现和最早应用先进的信息技术工具、产品和技术来维持其自身的竞争优势。这类企业不默守成规，敢于大胆创新，努力保持自己在行业中的领先地位。同时，这类企业往往鼓励企业内部各部门积极采用新的信息技术。在信息技术行业中这类企业居多，如计算机制造厂和软件开发公司就是如此。当然，仅仅是信息技术的发明者和创造者是不够的，企业还应使自己的产品有比较低的成本和能适应市场的需要。

三、信息系统规划的常用方法

由于系统规划是一个充满困难且又十分重要的过程，所以好的理论框架与方法就显得极其重要。这些年来，为了改进 IS 经理的规划工作，已经开发了很多技术。下面谈到的四种方法，从不同的角度对 IS 规划进行分析，包括 IT 在组织内部的吸收程度、对信息需求的定义、对充满竞争的市场的理解、将各种应用程序归入不同的项目组合、绘制关系地图、测度未来等。这四种技术是：成长阶段论、关键成功因素、竞争力模型、电子商务价值矩阵。以下简单介绍这几种方法。

（一）成长阶段论

Richard Nolan 和 Chuck Gibson 在 1974 年发表了一篇名为《管理 EDP

成长的四个阶段》的里程碑式论文。他们通过观察发现，组织引进和吸收一项新技术一般要经历四个阶段。

第一阶段：早期的成功。第一阶段也就是新技术使用的初始阶段。尽管有些磕磕绊绊，但是早期的成功使得公司对这项技术的兴趣大增，并不断地进行试验。

第二阶段：蔓延阶段。早期的成功，再加上市场上基于这项技术的产品或服务不断出现，进一步激发了公司对这项技术的兴趣。他们将通过各种应用对这些产品和服务进行测试。公司对技术应用的增长没有加以控制，因此将出现疯狂地增长。技术蔓延阶段是技术的学习阶段，不仅包括技术应用的学习也包括产品和服务的学习。

第三阶段：控制阶段。最后，公司的管理层发现必须对这个蔓延趋势加以控制，因为新技术花费很高，且大多数应用都被证明是无用的。因此，公司开始试着对技术进行整合，而供应商则开始技术标准化方面的努力。

第四阶段：整合。在这个阶段，新技术的应用已经日趋成熟，技术的占优设计已经形成。公司重新引进一种新技术，重复以上四个阶段。有时，一个公司可能同时引进多技术，并且不同的技术处于不同的引进与吸收阶段。

公司在信息系统管理过程中，可以利用成长阶段论分析某项技术到底处于学习曲线的哪个阶段，相应地采取不同的管理方法。例如，如果 Web 服务的引入处于学习曲线的第二阶段——试错阶段，由于这个阶段的目标是对新技术进行试验与学习，所以管理层就不应过早地对这项技术进行过多的控制，因为这样可能会阻碍一些重要应用的产生。管理层在这个阶段要容忍失败，并要鼓励员工不断进行新的试验。由于针对不同阶段要采取不同的管理方法，不同技术同一时间点一般处于不同的引入阶段，而成长阶段论可以帮助我们分析某一技术到底处于哪一阶段，所以它是系统规划的好工具。

（二）关键成功因素

1977 年，Jack Rockart 以及麻省理工斯隆管理学院信息系统研究中心（CISR）的同事开始开发一种方法用于辅助经理信息需求的定义。研究的结果就是关键成功因素（CSF）方法。这种方法关注经理的信息需求，包括事实信息需求和意见（opinion）信息需求。CSF 方法是一种应用很广泛的规划方法，它可以帮助公司识别出需要开发哪些信息系统。

对每位经理来说，关键成功因素就是公司的关键工作领域，只有在这些领域做出正确的决策，公司才能兴盛繁荣。由于关键成功因素对时间十分敏感，因此经理们必须尽可能频繁地对这些关键成功因素进行复查，确保与当前的商业大环境保持一致。Rockart 认为 CSF 有四个来源。第一个来源是公司所在的行业。每个行业都有不同的关键成功要素。第二个来源是公司的自身状况以及公司在行业中所处的地位。CSF 的第三个来源是公司运行所处的环境，例如顾客变化趋势、经济因素、国家政治因素。CSF 的最后一个来源是一些常规的组织因素，或公司的一些常规活动。

Rockart 认为，不同公司的经理在不同时间阶段所要关注的 CSF 各不相同。首先，要根据公司的短期和长期目标识别出哪些因素对公司目标实现有关键作用；然后识别测度关键因素的两到三个主要指标。接下来，就可以在这些 CSF 的基础上进行 IS 规划了。

（三）竞争力模型

IT 战略规划最常用的框架是哈佛商学院的迈克尔·波特（Michael Porter）教授在《竞争战略》中提出的竞争力模型。波特认为，公司在制定战略时必须考虑五个方面相互竞争的作用力。针对五种竞争力，波特提出了三种不同的竞争战略。第一种是产品或服务差异化战略。通过产品或服务的差异化，可以提升其对于消费者的价值，因此，公司可以收取更高的价格，并可以防止顾客的流失，降低消费者讨价还价的能力等等。第二种战略是最低成本生产商战略。波特告诫人们说，仅仅做一个低成本的生产商是不够的。如果你的成本不是最低，就会使你处于中间水平，不可能获得实际的竞争优势。第三种战略是找到某个缝隙市场，例如致力于某一系列产品的开发或某一地理市场。采用这种战略的公司，常常可以以较高的效率有效地满足其目标市场的需求。可以同时成为最低成本生产商并提供高度差异化的产品。

这个框架对 IS 规划十分有用，因为技术可以实现并影响以上五种作用力及三种竞争战略。管理层可以通过对五种竞争力的分析形成公司的竞争战略以及相应的信息系统战略。在 2001 年被广泛引用的《哈佛商业评论》（Harvard Business Review）的一篇文章中，波特利用这个框架对因特网进行了分析。这篇文章的主要观点在本章第一节“信息技术改变行业内竞争方式”有所体现。

（四）电子商务价值矩阵

思科公司的 Alexander 在 2000 年的一次会议上，介绍了一种项目组合规划方法，这种方法可以确保思科开发出成熟的 IT 项目组合。Hartman 等人对这种方法做了进一步的介绍。一个好的项目组合管理方法对于高级管理层和职能部门经理来说很有价值，因为这可以保证他们在管理过程中考虑到各个方面，从而在因特网经济环境下取得成功。

思科采用的项目组合管理方法称为电子商务价值矩阵，该方法通过价值评估将所有 IT 项目分为四个类别，如图 9－8 所示。项目的评估包括两个方面：项目对公司业务的关键程度、项目的新颖程度（不仅是在公司范围内具有新颖性，要在整个世界范围内都具有新颖性），评价结果分为高、低两种，这样总共形成四个类别，分别是：基础改进、流程优化、理性试验和突破性战略。

图 9－8 电子商务价值矩阵

	对企业的重要性	概念的新颖性
基础改进	低	低
流程优化	高	低
理性试验	低	高
突破性战略	高	高

［资料来源：Peter Alexander 的一次演讲及 Net Ready：Strategies for Success in the Economy by Amir Hartman，John Sifonis and John Kador（New York：McGraw—Hill，2000）］

基础改进。这些项目的主要目的是改进日常工作领域的工作方式。这些项目的风险很低，主要目的是提高生产率。通过对操作流程的改进，这些项目能够带来显著的成本节约。一般在 3 到 6 个月内完成一个用于提升生产率的项目，然后再开始一个新项目。

流程优化。由于会涉及到工作流程的再造，这些项目具有中等风险。项目的目标不是获得立竿见影的财务收益，而是对顾客满意度、公司灵活性等有所改进。由于这些项目的可视化程度很高，因此大大提高了 IS 系统的可信度。这些项目一般会持续 12 个月左右。

理性试验。这些项目主要用于测试新的技术和想法，因此风险很大。但是每个公司都必须实施这些项目，以期超越竞争者。项目的目标是在几个月或更短的时间内对一个概念想法进行验证。对这些项目应该作为试验进行管理，采取短期的时间框架和渐增的投资管理方式。

突破性战略。如果突破性战略项目能获取成功，将对公司甚至整个行业产生强大的潜在影响力。这些项目是对想象力的捕获，具有极高的风险。eBay 就是一个突破性战略的例子，它的在线拍卖模型改变了人们对于全球性交易的思维方式。在这些项目取得成功之后，应将它们归入流程优化类别继续实施下去。

如果 IS 部门可以创建合理的项目组合并采取正确的管理方式，就会得到职能部门的帮助与支持。所有高级领导必须积极宣传项目的好处，并赋予项目实施人员适当的权力。他们还应该鼓励风险并接受合理的失败。

第四节　信息系统开发与管理

一、信息系统开发过程

对一个组织的问题或机会提出一个信息系统解决方案的活动，叫作信息系统开发（systems development）。系统开发是具有清晰活动的结构化的问题解，这些活动包括系统分析、系统设计、编程、测试、切换、运行和维护等。图 9－9 表示了系统开发的过程。这里描述的系统开发活动通常按顺序进行。但某些活动可能重复或同时进行，取决于所用的系统建设方法。

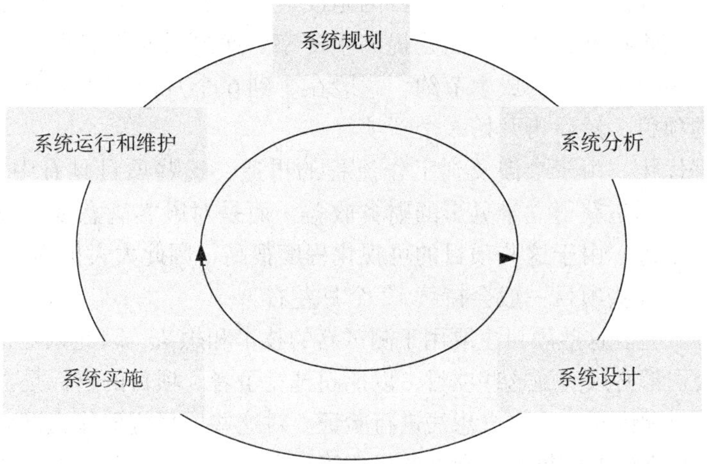

图 9－9　信息系统开发过程

（一）系统分析

系统分析是对组织试图通过信息系统来解决的问题进行分析，包括问题的定义、识别其原因、指明具体的解、识别满足系统解的信息需求。系统分析需要建造一个现在组织和系统的路线图，识别主要的数据所有者和用户，以及现存的硬件和软件；然后系统分析员细化现在系统的问题。通过考察文件、工作纸张和过程，观察系统运行，调查系统的主要用户，系统分析员就可识别问题领域和解所要达到的目标。通常，这个解要求建立一个新的信息系统或改进现有的系统。

系统分析应包括一个可行性研究，它从财务、技术和组织视角来分析，确定解是否可行，或者目标能否达到。可行性研究应确定所建议的系统是否是一个好的投资，系统所需的技术是否已能用，并能被公司的信息系统专家所掌握，以及组织是否能控制系统所带来的变革。或许系统分析中最具挑战性的任务是定义满足所选系统解决方案的特殊信息需求。在最基本的层面，一个新系统的信息需求包括谁需要什么信息，何时、何处和如何获取（即4W1H，Who、What、When、Where、How）。有缺陷的需求分析是系统失败和高开发成本的主要原因。有些问题并不要求用一个信息系统来解决。可以通过管理的调整、附加的培训、完善现有的组织办事过程来解决。如果这个问题与信息系统相关，系统分析员就要去诊断这个问题，并找到适当的解决方案。

（二）系统设计

系统分析描述为了满足信息需求应开发什么样的系统。而系统设计（systems design）则说明如何设计该系统以实现这个目标。系统设计阶段的任务是根据系统说明书中规定的功能要求，考虑实际条件，具体设计实现逻辑模型的技术方案，也即设计新系统的物理模型，包括给出这个系统形式和结构的所有说明。系统设计员细化系统说明，提供系统分析识别的功能的说明。这些说明应当阐述系统解决方案的所有管理、组织和技术因素。整个系统设计阶段的技术文档是“系统设计说明书”。

信息系统可能有许多种可行的设计。每一个设计表达一个唯一的技术和组织部件的组合。确定设计好坏的标准是易用性和效率，是它在一定的技术、组织、财务和时间约束下实现用户需求的程度。另外，用户信息需求驱动整个系统建设的努力。在设计的过程中，用户需有足够的控制能力，以保证系统反映他们的业务优先性和信息需求，不至于偏听于信息技术人员。参与设计增加用户对系统的了解和接受。用户参与设计的努力不够是系统失败的主要原因。

（三）系统实施

系统开发过程接下来的工作就是将系统分析和设计建立的解的说明转换为一个完全运行的信息系统。这些步骤由编程、测试、切换、运行和维护组成。在编程阶段，设计阶段准备的系统说明被转换成为软件码。今天，许多企业不再自己为新系统编程了。而是从外源购买符合新系统要求的软件。这些软件包来自一个外部商业软件供应商，软件服务来自应用服务供应商，或为顾客开发顾客应用软件的外源化公司。

在测试阶段，必须进行无遗漏的和彻底的测试（testing）以确定系统是否产生了正确的结果。测试答案的问题是"系统是否产生了在已知条件下要求的结果?"回答该问题所需的时间在系统项目计划中经常被低估。在某些情况下，系统的一部分可能必须要重新设计。系统的测试活动可分为三种：单元测试、系统测试和接受测试。单元测试或程序测试，分别测试系统中的每一个程序。测试应被看成是找到程序错误的方法，集中于发现使一个程序失败的所有途径。一旦被指出，问题就能被解决。系统测试从整体上测试信息系统的功能。它试着去确定离散的模块是否可以将功能合在一起，并确定系统的实际工作方式与设想的方式之间是否存在矛盾。在该阶段检测的是执行时间、文件储存和处理能力负荷、恢复和重启动能力以及手工作业过程。

切换是一个由旧系统到新系统转化的过程。可以使用的转换策略有四种：并行策略、直接切换策略、导航研究策略和分段进入策略。在并行策略中，旧系统和它的潜在的替代系统同时运行一段时间，直至每个人均确信新系统的每个功能均正确无误为止，这是最安全的切换过程。在直接切换策略中，在一个指定的日期新系统完全代替旧系统，这是一个很冒险的计划。在导航研究策略中，引入新系统仅限于组织的一个有限的区域，当这个导航模型完成和工作顺利时，同时或按阶段在对组织的其余部分进行安装。在分段进入策略中，新系统按职能或按组织单位分阶段引入。

由旧系统移向一个新系统，需要培训终端用户来使用新系统。当切换时，说明系统如何工作的详细文件应被完成，该文件包括技术观点和终端用户观点两种，可用于培训和日常运行。缺少适当的培训和文件将可能导致系统的失败，这部分系统开发过程也是很重要的。

（四）系统运行与维护

当新系统已经安装和完成切换后，该系统就被认为是投入运行了。在运行和维护阶段，系统将由用户和技术专家双方评审，以确定它实现其原始目标的情况如何，并决定是否要安排修改或修正。在某些情况下，要准备一个后实施审计文件。在系统调整以后，投入运行时，必须对它进行维护，以校正错误，满足要求，改进处理效率。对运行系统改变硬件、软件、文件、作业程序，以校正错误、满足新需求、改进处理效率这一过程叫作维护。经过一段时间的维护之后，会发现为了进一步提高效率，更好地满足用户的要求，要对系统做大量的改造。这时可能就会要达到这个系统生命周期的终点了。一旦达到生命周期的终点，就有建立一个新的信息系统的必要了，这时一个新的生命周期便重新开始。

二、信息系统开发技术

（一）结构化方法

结构化方法（structured methodology）自20世纪70年代以来就开始用于文件、分析和设计信息系统了。结构化是自顶向下扩展，由一般到具体。结构化开发方法是面向过程的，首先集中于模型化过程，或当信息流经过一个系统时的收集、储存、加工和分配信息的活动。这些方法从过程中分离出数据。每次任何人想对一段特殊的数据采取一个行动，必须写一段分离的编程程序。这个作业程序作用于程序通过的数据上。

在结构化方法中，软件设计利用层次结构图表实现模型化。结构图表是一个自顶向下的图表，显示设计的每一层，它和其他层的关系，它在总体设计中的位置。该设计首先考虑一个程序或系统的主要功能，然后将该功能分解为子功能，再分解子功能直至达到最细最低的层次。如果一个设计有很多层要填入结构图表，它可以进一步分解成更细的结构图表。一个结构图表可以文件化为一个程序、一个系统（即一个程序的集合），或一个程序的一部分。

（二）面向对象开发

结构化方法对模型化处理是很有用的，但处理模型化数据的效果并不好。面向对象开发（object—oriented development）试图解决这些问题，面向对象开发把对象作为系统分析和设计的基本单位。一个对象把数据和作用于这些数据上的特殊处理结合在一起。囊括于一个对象中的数据，仅能被联系于该对象的操作或方法所存取和修改。不是将数据传输到作业程序，程序将发送一个消息给对象去执行一个已包含于其中的操作。该系统模型化像一个对象和它们的关系的集合。由于处理逻辑存于对象中，而不是分开的软件程序，对象彼此必须进行合作以使系统能够工作。

面向对象模型化是基于类和遗传的概念。对象属于一定的类，或具有相似对象的总体范畴，具有该类的共同特性。对象类可以依次遗传所有较上层类的结构和行为，并加上一些独特的变量和行为至每一个对象。新对象类的创建用的方法是选一个现存类，说明新对象类如何不同于现存类，而不是每次由草图开始。由于对象是可重复使用的，面向对象的开发能潜在地减少编程的时间和成本，因为组织可以应用其他系统已建造的模块。新系统可以用一些现存系统的对象，改变它们，并加入少量新的对象。面向对象的框架一旦开发出来，就可用以提供可重复使用的、半完成的应用系统，组织可对它们进一步顾客化成为成品应用系统。

（三）计算辅助软件工程

计算机辅助软件工程（computer—aided software engineering，CASE），提供软件工具使前面已描述的方法自动化，以减少开发所必须做的重复的工作量。CASE 工具也使创建清楚的文件和协调团队开发的努力更加容易。团队成员可以相互存取文件评阅和修改已做的工作，更快地共享他们的工作。如果工具应用得当，生产率适度的提高是能达到的。许多 CASE 工具是 PC-基的，具有很强的图形能力。

CASE 工具提供了自动化图形设备，支持生成图表和图形、屏幕和报告产生器、数据字典、扩展报告设备、分析和校验工具、文件生成器。一般而言，CASE 工具试图通过采用以下方式来增加生产率和质量：加强标准开发方法和设计规则；改善用户和技术专家之间的沟通；组织和协调设计部门，利用设计存储提供快速存取；自动化地分析与设计那些乏味和易生错误的部分；自动化代码的产生和测试与控制的展示。

CASE 工具自动地将数据与使用它们的处理相联系。如果一个数据流程图从一个处理到另一个处理发生了变化，在数据字典中的元素将也要自动改变，以反映图中的变化。CASE 工具还包括验证设计图和说明的性能。CASE 工具支持交互设计，提供自动修改和变化以及提供原型化设备。一个 CASE 信息仓库储存分析员在项目中定义所有的信息。这个仓库包括数据流程图、结构图表、实体关系图、UML 图、数据定义、处理说明、屏幕和报告格式、注解和注释、测试结果。

三、信息系统开发方法

信息系统的开发是一个庞大的系统工程，它涉及到组织的内部结构、管理模式、生产加工、经营管理过程、数据的收集与处理过程、计算机软硬件系统的管理和应用、软件系统的开发等各个方面。这就增大了开发一个信息系统的工程规模和难度。需要研究出科学的方法和工程化的开发步骤，以确保整个开发工作能够顺利进行。这正是信息系统开发方法的任务。系统开发方法的正确应用可以给企业带来很多好处。下面将具体介绍几种比较常用的信息系统开发方法。

（一）生命周期法

生命周期法是最古老的信息系统开发方法。每个阶段都有特定的工作内容，完成本阶段的工作以后才能进入下一阶段。这种方法至今仍在许多复杂的大中型信息系统项目开发中被广泛采用。

生命周期法是在系统生命周期概念的基础上，应用结构化思想方法把整个系统开发过程分为若干活动，每个活动应用一系列标准规范和方法完成一个或多个任务，并形成符合规范的阶段性成果，直至最后系统的物理实施、运行和维护。第一个步骤和最后一个步骤首尾相连，形成一个系统的有生、有死、有再生的生命周期循环。按照生命周期法的理论，信息系统的开发过程应永远是置于这样一个循环的过程中。

系统生命周期法适用于建设大的复杂的系统，并要求一个严格的正式的需求分析、预定义说明和在系统建设过程中的严密地控制。然而，系统生命周期法是十分昂贵的、耗时的和不灵活的。生命周期法不适合于许多小的桌面系统，而趋向于欠结构化和多个人化。

（二）原型法

原型法可以很快且便宜地为用户建立一个试验系统，以供用户评价。与原型交互，用户可以得到关于他们信息需求的更好的想法。被用户认可的原型可作为一个模板去创建最终系统。原型是信息系统的一个工作形式或系统的一部分，但它只是一个初级模型。一旦运行，它将进一步完善直至精确地与用户的需求相一致。一旦设计完成，原型将被转换成完美的生产系统。

建立一个初始设计，试验它，修改它，再试……因为要求建立一个系统的阶段可以重复再重复，这就是系统开发的交互过程。原型法比生命周期法有较明显的交互，它积极地促进系统设计变化。它被说成原型法通过有计划的交互代替无计划的重做，以使每一个版本比以前都能更加正确地反映用户需求。当没有进一步交互的要求时，这个被认为的原型就会成为运行原型，提供给应用的最终说明。有时这个原型被接受为生产原型。

当要求或设计方案不确定时，原型法最有用。原型法尤其在设计终端用户的接口时最有用。由于原型法鼓励终端用户参与整个系统开发生命周期，因此，它是最有可能产生实现用户要求的系统。然而，原型法不适合于开发大的系统；而且，原型法开发的时候，测试和文档开发工作常常容易被忽略。快速原型法可能掩盖系统开发的重要步骤。如果完成的系统理论上工作很好，管理层可能就不会遇到重编程、重设计，或全部文件化和测试去建立一个完美的生产系统。一些仓促建立起来的系统可能很难适应于生产环境中的大量数据和大量用户。原型法的另一个缺点是试运行的效率可能会比较低。

（三）终端用户开发

某些类型的信息系统可由终端用户自己开发，很少或无须技术专家的正式协助。这种现象就叫作终端用户开发。一系列第四代语言类的软件工具使之成为可能。第四代语言是软件工具，它使用户能以最少或无须技术帮助去创建报告或开发软件应用程序。某些第四代软件工具还能提高专业程序员的生产率。

终端用户开发的系统比传统的生命周期法开发的系统的完成速度更快。允许用户自己指定业务需求以改善需求收集，并带来用户的高度参与和提高对系统的满意度。然而，第四代工具在某些应用上仍不能代替传统的工具，因为它们不易进行大量业务的处理或者大量过程逻辑和更新要求的应用。

终端用户计算还具有组织风险，因为它处于信息系统管理和控制的传统机制之外。当系统开发很快时，没有一个正式的开发方法，测试和文件化可能会不合适。在传统信息系统部门之外的系统，可能会失去数据控制。

为了帮助组织获得终端用户应用收益的最大化，管理层应通过对终端用户信息系统项目的成本评议和为终端应用开发建立硬件、软件、质量标准来控制终端用户应用的开发。

（四）软件外包和外源化

1. 应用软件包

在过去几十年里，许多应用系统建立在应用软件包的基础之上。如果一个软件包可以实现大多数组织的要求，公司就没必要编写它自己的软件。公司可由该软件来节省用于重写，重设计和重测试软件程序的时间与金钱。软件包供应商提供系统建成以后的维护和支持，包括改进系统使其与技术和企业的发展水平保持一致。

如果一个组织具有该软件包不能提供的独特的要求，则还有许多软件包包含顾客化的能力。顾客化特性允许修改这个软件包以适应组织的独特需求，但不能破坏包软件的整体性。如果要求大量的顾客化需求，附加的编程和顾客化的工作可能会很耗资且耗时，从而否定了软件包的许多优势。

利用现成的软件包开发信息系统有许多明显的优点在于：缩短开发时间；节约开发费用；技术水平较高；可以得到比较好的维护；减轻组织内部对系统开发的阻力。尽管软件包的采用已经很普遍，但是这种方法仍有不可忽视的缺点：功能较为简单；难以满足特殊要求；实施成本随顾客化程度的上升而上升。

2. 外源化

如果一个公司不想应用内部资源去建造或者运行信息系统，它可以外包这项工作给一个外部组织，该组织专长于提供这些服务。将一个企业计算中心的运营、远程通讯网的管理和应用软件的开发全部交由外部专门机构负责的做法称作信息系统的外部化，也叫作外包信息系统或资源外包。

外源化使计算机处理需求波动的公司能仅支付它之所用，而不像自建的计算机中心那样，当不是峰值负荷时利用不足。一些公司外源化是因为它们的内部信息系统人员不能跟上技术变化的步伐或革新的企业实践，或者由于它们想释放稀缺而昂贵的人才费用，将它们用于回收更快的投资活动。

并非所有公司都能从外源化中获益，如果它们不能很好地了解和管理，外源化的缺点将可能带来严重的问题。许多公司低估了识别和评价信息技术服务供应商的成本，包括更换供应商，或监控供应商已确认它们是在履行合同的义务的成本。这些隐藏的成本很容易减少由预测所得的外源化的利益。当一个公司将开发和运行它的信息系统外包给另一个公司时，它可能会失去对信息系统功能的控制。如果公司缺乏好的合同谈判经验，该公司就可能会依赖于供应商，造成高成本和失去技术方向的控制。

当公司通过应用一个外源者开发和运行的应用系统实现某种程度的竞争优势时，要特别谨慎。只有当公司精确地了解外源供应商如何为其提供价值并能运用一个合适的管理策略来管理供应商关系时，该公司才最有可能从外源化中获益。

本章精要

以互联网为主的数字网络通信技术的支持，以及企业面临的新的商业环境创造的需求，使得信息技术在企业中得到了快速发展和广泛应用。从企业内部看，信息技术的有效应用可以从时间、质量、成本和服务中的一个或多个方面帮助企业更好地实施竞争战略，增强企业的竞争力。从供应链上下游看，跨组织信息技术不仅能够提高企业及其供应链伙伴的运营效率，显著降低了供应链运作和交易成本，还能加强供应链企业之间的合作和信息共享。从整个产业视角来看，信息技术最大的影响力却在于能够使得原本受高额沟通成本、信息收集成本，以及交易履行成本约束的产业重构得以进行。

信息技术对企业发展的影响是通过各种各样的信息系统实现的，包括运行层的事务处理系统，知识层的知识工作系统和办公自动化系统，管理层的管理信息系统和决策支持系统，以及战略层的经理信息系统。信息系统不仅仅是一个技术问题，管理人员必须从组织、管理和信息技术三个维度上来理解信息系统以及信息系统解决问题和应付挑战的能力。

信息系统的管理变得越来越难，同时也越来越重要，因此需要对信息系统、特别是战略信息系统的进行规划。信息系统规划是从帮助企业实施它的业务战略和/或形成新的业务战略角度出发，寻找和确定企业各种信息系统的应用领域，以实现它的经营战略目标的过程。企业为了获得竞争优势，在进行信息系统规划是可以有三个层次的定位：信息技术的采用者、信息技术的适应者、信息技术的创造者。一般而言，企业可以采用成长阶段论、关键成功因素、竞争力模型、电子商务价值矩阵、情景规划等方法进行有效的信息系统规划。

制定有效的信息系统规划之后，接下来就必须开发信息系统，并对其进行管理。信息系统开发活动包括系统分析、系统设计、编程、测试、切换、运行和维护等，可采用的技术包括结构化方法、面向对象技术和计算机辅助软件工程，常用的开发方法有生命周期法、原型法、终端用户开发和软件外包与外源化等方法。相当多的信息系统没有能带来收益或解决它们试图解决的问题，均因为围绕着系统建造的组织变化过程未能得到足够的重视。成功的系统建设要求谨慎的变革管理和系统实现管理。

📖 推荐阅读材料

1. 中共中央办公厅，国务院办公厅．2006—2020年国家信息化发展战略［EB/OL］．［2006-05-08］．http：//news. xinhuanet. com/newscenter/2006-05/08/content_ 4522878. htm

2. 迈克尔·波特．互联网与战略［EB/OL］．［2004-12-20］. http：//topic. csdn. net/t/20041220/17/ 3661223. html

3. 仲伟俊，罗定提．战略信息系统——信息技术对企业竞争力的影响分析［M］．南京：东南大学出版社，2001

4. 黄丽华，傅新华．成功的企业信息化：上海市信息化示范企业的十大案例研究［M］．上海：复旦大学出版社，2005

5. 埃夫拉伊姆·图尔班，多萝西·莱德纳，伊弗雷姆·麦克莱恩等著. 赵苹，曹晓苇译．管理信息技术（第5版）［M］．北京：中国人民大学出版社，2009

📖 本章参考文献

［1］肯尼斯C. 劳顿，简P. 劳顿著．薛华成译．管理信息系统（第9版）［M］．北京：机械工业出版社，2007

［2］拉尔夫.H. 小斯普拉格，芭芭拉C. 麦克纳林著．王刊良，姜锦虎等译．信息系统管理实践（第7版）［M］．西安：西安交通大学出版社，2008

［3］肯尼斯C. 劳顿，简P. 劳顿著．葛新权等译．管理信息系统——网络化企业的组织与技术（第4版）［M］．北京：经济科学出版社，2002

［4］斯蒂芬·哈格，梅芙·卡明斯·哈格著．管理信息系统（第2版）［M］．北京：中国人民大学出版社，2009

［5］薛华成．管理信息系统（第3版）［M］．北京：清华大学出版社，1999

[6] 仲伟俊，罗定提．战略信息系统——信息技术对企业竞争力的影响分析［M］．南京：东南大学出版社，2001.

[7] 仲伟俊，梅姝娥．信息系统对企业竞争力的影响分析［J］．管理科学学报，1998，1（2）：37-43

[8] 梅姝娥，陈伟达．管理信息系统（第二版）［M］．北京：北京师范大学出版社，2008

[9] A. L. Lederer and V. Gardiner. Strategic Information Systems Planning [J]. Information Systems Management，1992，12（1）：13-20.

[10] 张建生编著．战略信息系统——从信息中获取优势［M］．天津：天津人民出版社，1996.

[11] 埃夫拉伊姆·图尔班，多萝西·莱德纳，伊弗雷姆·麦克莱恩等著．赵苹，曹晓苇译．管理信息技术（第5版）［M］．北京：中国人民大学出版社，2009.

[12] 芭芭拉·C·麦克纳林，拉尔夫·H·斯普拉格著．王刊良，姜锦虎等译．信息系统管理实践（第7版）［M］．西安：西安交通大学出版社，2009

本章思考与讨论

1. 信息系统对当今企业为什么这么重要？请列出至少四个理由。

2. 区分信息系统与信息技术、电子商务与电子业务。

3. 从技术、组织和管理三个维度描述信息系统。

4. 列出和描述服务于企业各个主要职能领域的信息系统。

5. 描述信息系统开发生命周期阶段及主要活动。

6. 哪些因素导致战略信息系统规划如此困难？

7. 结合波特的行业竞争力模型，讨论信息技术是否以及如何影响企业竞争力。

8. 信息系统开发过程涉及哪些阶段？

9. 常见的信息系统开发方法包括哪些？

10. 有人认为，所有公司都可以在市场上买到信息系统，因此任何企业都不可能构建基于信息技术的长久竞争优势，因为其他公司可以很容易地模仿这种优势。你同意这种看法吗，为什么？

11. 曾几何时，人们认为利用产品的最佳方式莫过于拥有。如今，越来越多的人掏钱不再是为了购买或拥有产品和服务，而只是为了临时借用或共享。这就是正在快速成长的“共享经济”。共享经济的快速发展正在严重威胁传统经济。后者的销售量正在萎缩，传统市场正面临困境。公司应当如何应对这一新生模式，改变当前及未来的商业模式？

本章案例

中外运空运发展股份有限公司：物流运输可视化服务平台

一、企业简介

1950年，中国对外贸易运输总公司成立，前身是中国海外运输公司和中国陆运公司。公司成立之后即开始承办航空、邮运业务，这也是中国航空货运业务的初期萌芽阶段。1987年，中国对外贸易运输总公司成立中国航空货运代理公司，从事航空货运代理业务，这是中外运空运发展股份有限公司的前身。随着中国改革开放的深入发展，20世纪90年代迎来了中国外运空运业务的突飞猛进大发展。中国外运先后与4家国际知名快件公司成立了合营公司。自1997年至1999年，中国外运完成了华北、华东、东北、西南、西北、华南6大空运区域公司的组建。当年，中外运空运发展股份有限公司成立，作为中央企业中国外运长航集团旗下的专业空运公司、中国外运股份有限公司的控股子公司，注册资本90548.172万元。公司于2000年在上海证交所上市，股票代码600270，简称“外运发展”，是国内航空货运代理行业第一家上市公司，截至2016年12月31日止市值149.77亿元。

外运发展以专业化的航空物流为主营方向，主要经营航空货代、国际快件和与之密切相关的综合物流业务，同时积极开拓电商物流，并已开始探索物流的电商化，致力于成为具有专业能力的现代化物流网络运营商。如今，外运发展在全国拥有4大区域，下辖100多家分支机构，和300多个物流网点，2000多名员工，服务范围几乎覆盖境内所有省份，运营网络辐射全国。通过与DHL等国际物流巨头结成战略伙伴，先后在德国、美国、日本、阿联酋和中国香港及澳门设立了分支机构，同时借助中国外运长航集团在15个国家设置的40余个办事处，利用自身遍布65个国家的强大代理网络，为客户提供了全球化全程物流服务，目前公司在国际上的服务范围已覆盖全球200多个国家和地区。自2006年9月以来，外运发展通过与国航、东航、南航等航空公司及多家机场建立战略联盟，跨进了航空承运领域和机场核心作业领域，逐步发展成“天地合一”的整合物流供应商。外运发展还与惠普公司长期合作，开发出先进的全国货运和快运管理信息系统，信息化程度在业内名列前茅。近年来外运发展通过与华为、索尼、三星、海尔、上海大众、京东方等国内外行业领先客户的长期合作，积累了丰富的服务经验，也取得了客户的广泛认同。

二、实施背景

1.“部标”要求推动技术变革

2011年4月11日，由交通运输部、公安部、安全监管总局、工业和信息化部联合下发了《关于加强道路运输车辆动态监管工作的通知》（交运发〔2011〕80号），通知要求所有运输管理机构必须执行《道路运输车辆卫星定位系统车载终端技术要求》（JT/T794-2011）和《道路运输车辆卫星定位系统平台技术要求》（JT/T796-2011）两项行业标准。从事道路运输车辆动态监控的企业监控平台及各级交通运输部门监管平台所属单位，需通过检测机构进行系统平台检测。由于GPS“部标”要求的产生，无论是开发GPS设备硬件还是开发应用软件，都会面临国家交通部发布的道路运输车辆卫星定位系统部标认证标准对原有GPS系统产生的技术变革。

2. 行业发展对“一站式”服务的客观需求

随着信息技术在物流领域的不断深入，作为交通运输业务管理、车辆轨迹跟踪的主要途径和手段，GPS系统和TMS系统的自身发展已经比较完善，行业内也不乏各种提供相关服务的平台。但这些平台基本都是以单一服务为主，导致用户不得不将完整的物流信息链条分割为运输管理部分和运输轨迹跟踪等多个部分，然后再通过额外的定制开发将这些信息重新拼接起来组成完整的物流信息链，无形中增加了企业物流信息系统管理和运营的成本。不仅如此，各个系统平台服务商出于对自身技术的保护，也导致平台间的协作结果难以满足用户的原始期望。

3. 企业内部的客观需要

外运发展作为一家拥有全国性经营网络的上市物流公司，自身就拥有大量的运输业务。随着用户对运输管理、轨迹跟踪需求的不断提升，仅仅依靠公司原有的GPS平台已经无法满足用户对供应链透明性提出的“实时、透明、在线”要求，将运输业务与轨迹跟踪有效地结合起来已成为公司物流信息管理系统发展的必然趋势。凭借着对业务的深度思考，对创新的强烈追求，外运发展决定以广东供应链的华为运输项目为契机，将运输业务信息与轨迹跟踪信息有效地结合起来，搭建基于互联网、物联网的物流运输可视化服务平台。

三、实施情况

1. 情况概述

物流运输可视化的概念是首先将运输业务和运输轨迹跟踪相结合，再通过可视化门户系统、手机APP等渠道将信息传递并展示给最终用户，同时可以满足承运方（车队、司机）在运作过程中对系统交互性的需求。由于在前期进行需求调研时用户否定了市场上已有的所有平台和产品，所以外运发展无从借鉴，只能通过自主研发创造出一个全新的物流可视化服务产品来满足用户的需求。在这个过程中，外运发展通过深入行业了解情况，了解到物流运输可视化并不是某一家用户的特殊需求，而是随着信息技术进步与行业发展，物流行业对自身业务管理能力的提升已成为普遍愿望。基于这种行业发展趋势，外运发展秉持创新精神，凭借自身对物流信息化建设的深刻理解，打造出的物流运输可视化服务平台不仅满足客户需要与自身业务管理需要，还在物流服务的技术和模式上取得了质的飞跃。

2. 建设内容

a）以“实时、透明、在线”为平台功能建设的总原则

整个可视化系统包含基础管理、承运商管理、客户管理、订单管理、运输管理、司机APP、客户Portal、车辆与终端监控、运输基础数据管理、车辆轨迹管理、运单执行跟踪及报警、电子锁控制及状态查询、外部系统集成共13个一级模块、70个二级模块。提供了客户端接入、门户接入、手机接入等多种接入方式，实现跨境进口运输业务、跨境出口运输业务、国内运输业务、终端派送业务的物流信息全生命周期管理和监控，满足了专业领域客户对于全程供应链物流信息提出的“实时、透明、在线”的要求，并将运输和仓储管理的可视化作为营造企业核心竞争力的关键举措之一。

b）依托物联网，将技术和经验转化为服务交付能力

外运发展充分利用自身多年深耕物流信息系统建设领域的优势，并结合对物流行业的理解和对物联网、互联网及通信技术的透彻把握，建设了能够适应市场新需求的物流运输可视化服务平台。该平台除了包含运输管理外，还涵盖了车辆与终端监控、运输基础数据管理、车辆轨迹管理、运单执行跟踪及报警、电子锁控制及状态查询等物流可视化业务的主要管理和操作功能，使物流可视化服务能力进一步得到提升。

c）五层式系统架构

i. 应用层：包括可视化门户系统（PORTAL）、订单管理系统（OMS）、运输管理系统（TMS）、运力管控系统（GPS）、车队移动系统（APP），司机移动系统（APP）等6个应用子系统。

n　可视化门户系统（PORTAL）：包括在线下单、运单查询、运单跟踪、运单轨迹、运输执行车辆报警信息查询等功能模块。

n　订单管理系统（OMS）：包括客户档案的维护，以及客户运单（即物流订单）的录入导入，以及订单的查询、维护、处理等功能模块。

n　运输管理系统（TMS）：包括运输线路、路由节点设置、承运商管理、车辆资源管理、运输任务调度管理（包括物流公司统一调度或者承运商自主调度）以及回单管理。

n　运力管控系统（GPS）：包括通讯服务器以及运力管控应用系统。

其中，运力监控应用系统包括运力监控中心、车辆轨迹、线路、电子围栏、电子锁控制以及其他相关的车辆报警信息等功能模块。

n 车队移动系统（APP）：包括车队任务接收、任务调度、任务执行跟踪等功能模块。

n 司机移动系统（APP）：包括指令接收、指令接受、指令拒绝、执行过程反馈、电子回单等功能模块。

ii. 通信协议层：包括通信协议以及通信数据报文格式，是应用层与应用服务层的纽带。通信协议支持 Socket、HTTP、SOAP 等通信协议，采用 XML、JSON 等数据格式。

iii. 应用服务层：包括业务系统应用服务（订单管理和运输管理）和运力管控系统（GPS）的应用服务；

n 业务系统应用服务：包括基础应用服务、用户账户权限应用服务、订单业务应用服务、运输管理应用服务以及可视化门户应用服务等。

n 运力管控应用服务：包括 GPS 通信服务、定位服务、报警服务、应用（线路、电子围栏、电子锁等）服务、地图服务等。

iv. 数据存储层：包括业务系统（OMS 和 TMS）数据库以及运力管控数据库。

v. 平台接口服务层：包括与用户订单系统（OMS）、业务信息展示平台进行 EDI 对接等。

n 与用户订单系统（OMS）对接：OMS 系统下发运单信息，运输可视化平台接收运单信息。

n 与业务信息展示平台对接：运输可视化平台实时上报运单可视化数据（运单号、HTM 号、子运单号、车牌号、经度、纬度等信息），用户业务信息展示平台接收运单可视化数据。

3. 平台的主要技术特点

a）“混合云”结构

外运发展物流可视化平台采用了基于 SAAS 结构的公有云与企业私有云结合的混合结构，并采用了基于云端的存储设备，使系统具备了低成本、高可靠性、快速部署、简易维护的特性。

b）支持多协议的标准接口通讯产品

外运发展使用了已有的成熟产品来执行项目中所有的接口通信任务，该产品在外运发展生产环境中已被广泛采用，并经长期使用验证该产品具备良好的稳定性和可靠性。该产品已经实现了对 Socket、Soap、HTTP 等协议的支持。同时，该产品具备完善的监控功能，能够实现数据通信成功与否的实时监控，同时并缓存日志信息，为通信服务的稳定可靠运行提供必要的保证。

c）符合“部标”的GPS设备

在对车载、手持便携及开闭传感器等相关配套硬件设备的选择上，外运发展物流可视化平台支持符合“部标”相关标准（JT/T794-2011、JT/T796-2011）标准的产品，为产品的合法化使用及无障碍升级提供了基础。

4. 解决的主要问题及方式方法

全程供应链运营平台主要解决了以下问题：

a）解决了业务信息与运输轨迹信息对接与联动的问题

在传统的可视化应用场景中，由于业务信息和运输轨迹信息分别来自不同的软件或系统，致使用户在使用时需要先从业务系统中取得业务数据，再根据取得业务信息到GPS系统中进行查询相应的运输轨迹信息。不仅操作繁杂而且人工操作也更容易出现误差，尤其是当GPS系统出现车辆运输状态的报警信息时，用户仅能立即获知是哪一辆车在运输途中出现了异常情况，然后再根据车辆信息到业务系统中反查问题车辆对应的运输业务，这些中间操作所消耗掉的时间往往令企业错失应对问题的最佳时机，从而被迫承担不必要的安全风险和经济损失。

外运发展打造的物流运输可视化服务平台完全摒弃了业务信息分项、单独管理的模式，将企业的业务管理作为平台服务的基本面，通过将运输业务系统和GPS运输轨迹跟踪系统有效地整合起来，很好地解决了业务单证、货物、车辆、司机、轨迹等运输业务关键信息的绑定和联动问题。在外运发展的物流运输可视化服务平台中，一旦发生运输状态预警，用户会在第一时间得知是哪一票业务、货主是谁、货物是什么、收货人是谁、哪一位司机驾驶的哪一辆车在什么时间、什么地点发生了什么情况，免去了用户二次甚至是多次查询才能获得完整相关信息所消耗的时间成本，使用户可以立即着手对运输异常情况进行有针对性的处置，减少甚至避免可能发生的业务风险。

b）“一体化”服务理念有效降低用户的再开发成本

受制于传统可视化应用场景中信息来源比较分散的客观特性，用户若要将可视化信息完整的展示出来则需要通过再次开发将相关信息汇集到一个展示系统中。众所周知，各个系统之间由于关注点不同，其信息构成与数据结构即使是通过EDI对接的方式也很难轻易地匹配和关联起来，为了能够满足业务管理需要，企业必将为此付出高额的对接、定制与研发费用。而外运发展“一体化”物流运输可视化服务平台不仅自身具备了运输业务管理、车辆与终端监控、运输基础数据管理、车辆轨迹管理、运单执行跟踪及报警、电子锁控制及状态查询等物流运输可视化业务的主要管理功能，免去用户为了关联各方信息所产生的研发成本，还在平台设计之初就充分考虑到了用户对业务信息展示的需要，通过专门的功能模块对汇聚后的数据进行多层面的呈现，免去了用户在数据整合及关联、呈现等方面投入的再次开发成本。

四、实施效果

1. 经济效益

a）直接效益

在直接经济效益方面，外运发展物流运输可视化服务平台的“一体化”特性，一方面可以有效地帮助用户节省数据整合、关联和呈现的定制开发与再开发成本，另一方面由于减少了业务管理中所涉及的系统数量，还可以帮助企业降低系统运维所投入的人工成本。

b）间接效益

在间接经济效益方面，外运发展物流运输可视化服务平台在业务执行过程中可以第一时间提供完整的运输任务预警信息，帮助用户在第一时间掌握业务异常情况，使用户可以在最短的时间内对异常情况做出应对，从而帮助用户规避潜在的安全风险和不必要的经济损失。

2. 社会效益

a）为物流运输可视化发展提供了新的思路

物流运输可视化服务作为物联网范畴的核心板块之一，是国家大力倡导并给予政策扶持的。我国目前在GPS定位技术、GPS设备的研发和制造水平上已经步入国际先进行列，完全可以满足运输轨迹跟踪的市场需要，各种运输管理系统更是琳琅满目。但放眼市场，能够直接满足企业对运输全程可视化管理需求的平台却少之又少，其根本原因在于市场上的GPS、TMS产品商大部分是信息科技型企业，物流管理经验相对薄弱。外运发展着眼于企业对物流管理的真实需要，通过“一体化”物流运输可视化服务平台将企业的业务和运输轨迹等可视化信息无缝衔接在了一起，不仅完整的实现了企业自身的业务发展需求，还为物流运输可视化服务领域提供了一个全新的发展思路。

b）改进运输可视化服务模式，满足社会需要

外运发展通过将“部标”GPS跟踪定位设备、无线传感技术与运输管理有机地结合在一起，使业务单证、运力和货物信息运输轨迹无缝衔接，再通过图形等相关面向对象的直观展现方式人性化的展现给最终用户，改进了传统运输可视化服务在面向最终用户时存在的多系统、多窗口的落后模式。在满足用户使用需求、提升用户使用感受的同时，还帮助企业降低了系统管理和运维的成本。

五、未来规划

1. 立足物联网，拥抱互联网

外运发展物流运输可视化服务平台将以物联网服务为基础，引入互联网概念，利用公有云资源将现有物流运输可视化服务平台模块化、SAAS化，使其最终发展成为一个面向社会提供服务的公共物流运输可视化服务平台。当平台完成向SAAS架构的转型，届时用户就可以免去以往系统部署、实施、运维的设备成本和人工成本，只需要在平台上注册一个企业账号，即可通过平台实现在物流运输可视化上的业务需求。不仅如此，用户还可根据自身对业务管理的侧重点不同，仅选择适合自身业务管理需要的功能模块使用，最大限度的帮助企业节省成本。

2. 引入传感技术，提供多元化服务

未来，外运发展物流运输可视化服务平台还将引入针对车辆运行状态监控、燃油监控、温度监控等与物流运输可视化相关的传感技术，将传感器所检测的数据与物流业务信息和运输轨迹信息结合起来，不仅使平台能够满足用户更为精细化的可视化服务需求，还要令平台能够满足生鲜冷链、医药试剂、化工产品等特殊领域对货物运输环境的监控及管理需求。

思考：

（1）在本案例中，物流运输的可视化主要内容是什么？

（2）思考物流运输可视化服务平台对企业和社会的作用。

（3）思考物流运输可视化服务平台搭建过程中的促进和阻碍因素。

第十章　项目管理

📖 引言：真知灼见

真正迅速的人，并非事情仅仅做得快，而是做得成功而有效的人。

——培根

✎ 本章学习目标

项目管理是从项目的投资决策开始到项目结束的全过程进行计划、组织、指挥、协调、控制和评价，以实现项目目标的过程。项目管理的方法和技术经历了一个不断细化、完善和提炼的过程。当前，项目管理作为一门学科日趋成熟，世界各国的专业学会相继成立，推动了项目管理职业化进程。

通过本章的学习，你应该能够：

★ 掌握现代项目管理的基本概念、理论和主要方法

★ 掌握现代项目管理从项目投资决策到实施全过程的计划、组织、控制和总结评价

★ 了解现代项目管理全过程的内容

★ 具有一定的项目管理业务素质，为今后的工作打下扎实基础

第一节　项目及项目管理概述

一、项目概述

（一）项目的概念

项目是指在一定的约束条件下（主要是限定时间、限定资源），具有

明确目标的一次性任务。项目是一件事情、一项独一无二的任务，也可以理解为是在一定的时间和一定的预算内所要达到的预期目的。项目侧重于过程，它是一个动态的概念，例如我们可以把一条高速公路的建设过程视为项目，但不可以把高速公路本身称为项目。那么到底什么活动可以称为项目呢？安排一个演出活动；开发和介绍一种新产品；策划一场婚礼；涉及和实施一个计算机系统；进行工厂的现代化改造；主持一次会议等等这些在我们日常生活中经常可以遇到的一些事情都可以称为项目。

（二）项目的基本特征

项目一般具有以下几个典型的特征：

1. 一次性

项目有明确的开始时间和结束时间，项目在此之前从来没有发生过，而且将来也不会在同样的条件下再发生，而日常运作是无休止或重复的活动。

2. 独特性

每个项目都有自己的特点，每个项目都不同于其他的项目。项目所产生的产品、服务或完成的任务与已有的相似产品、服务或任务在某些方面有明显的差别。项目自身有具体的时间期限、费用和性能质量等方面的要求。

3. 目标的明确性

每个项目都有自己明确的目标，为了在一定的约束条件下达到目标，项目经理在项目实施以前必须进行周密的计划。事实上，项目实施过程中的各项工作都是为项目的预定目标而进行的。

4. 组织的临时性和开放性

项目开始时需要建立项目组织，项目组织中的成员及其职能在项目的执行过程中将不断地变化，项目结束时项目组织将会解散，因此项目组织具有临时性。一个项目往往需要多个甚至几百上千个单位共同协作，它们通过合同、协议以及其他的社会联系组合在一起，可见项目组织没有严格的边界。

5. 不可逆转性

项目具有较大的不确定性，它的过程是渐进的，潜伏着各种风险。它不像有些事情可以试做，或失败了可以重来，即项目具有不可逆转性。

（三）项目的利益相关者

项目的利益相关者是指那些积极参与该项目或其利益受到该项目影响的个人或组织。不同的利益相关者对项目有着不同作用和影响。常见的项目利益相关者及其作用如下图 10 - 1 所示：

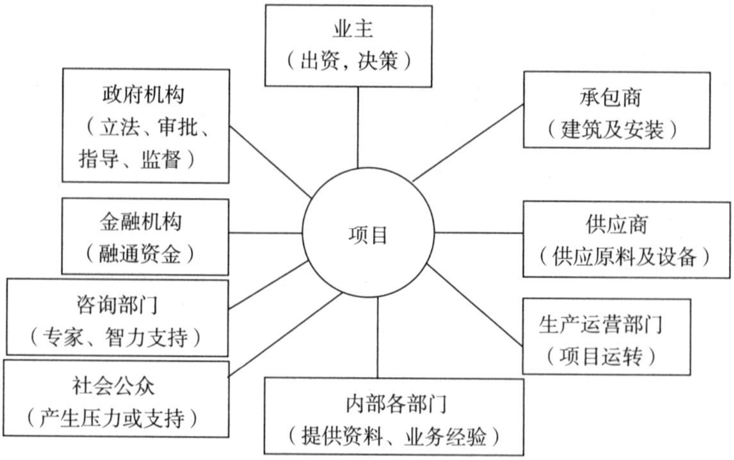

图 10－1 项目的利益相关者

（四）项目工作阶段的划分

现代项目管理一般将项目划分为四个主要的工作阶段：

1. 项目的定义与决策阶段

在这一阶段中，人们提出一个项目的提案，并对项目提案进行必要的机遇与需求分析和识别，然后提出具体的项目建议书。在项目建议书或项目提案获得通过以后，需要进一步开展不同详细程度的项目可行性分析，最终做出项目方案的抉择和项目的决策。如图 10－2：

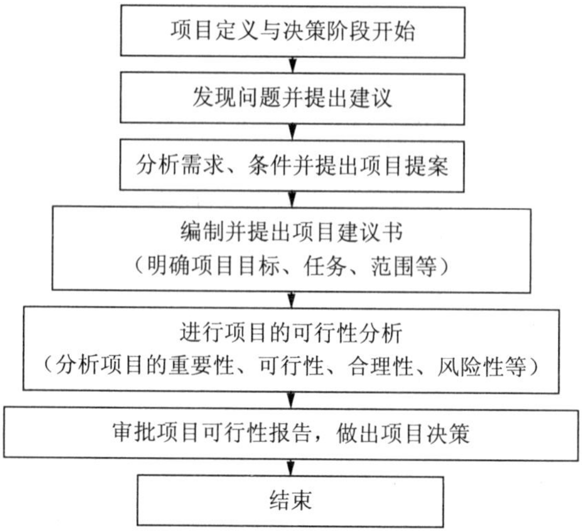

图 10－2 项目定义与决策阶段工作流程图

2. 项目的计划和设计阶段

在这一阶段中，人们首先要为已经决策要实施的项目编制各种各样的计划（针对整个项目的工期计划、成本计划、质量计划、资源计划和集成计划等等）。同时，还需要进行必要的项目设计工作，以全面设计和界定项目，以及项目各阶段所需要开展的工作，提出有关项目产出物的全面要求和规定。如图10－3：

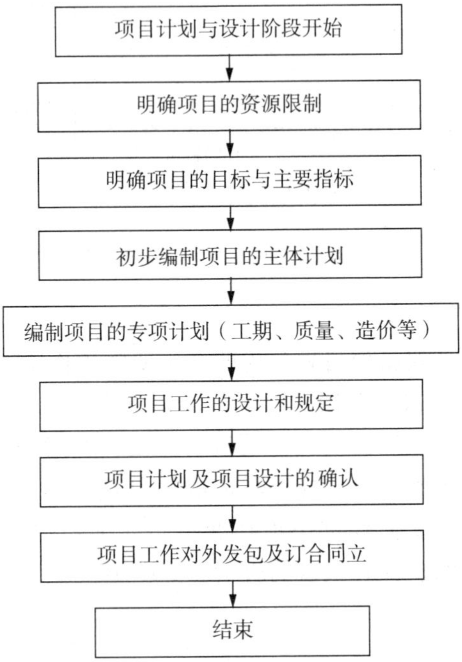

图10－3　项目计划与设计阶段工作流程

3. 项目的实施与控制阶段

在这一阶段中，人们开始项目的实施。在项目实施的同时，人们要开展各种各样的控制工作，以保证项目实施的结果与项目设计、计划的要求和目标相一致。如图10－4。

4. 项目的完工与交付阶段

项目还需要经过一个完工与交付的工作阶段才能够真正结束。在项目的完工与交付阶段，人们要对照项目定义和决策阶段提出的项目目标和项目计划与设计阶段所提出的各种项目要求，首先由项目团队全面检验项目的整个工作和项目的产出物，然后由项目团队向项目的业主或用户进行验收和移交工作，直至项目的业主或用户最终接受了项目的整个工作和工作结果，项目才算最终结束。如图10－5。

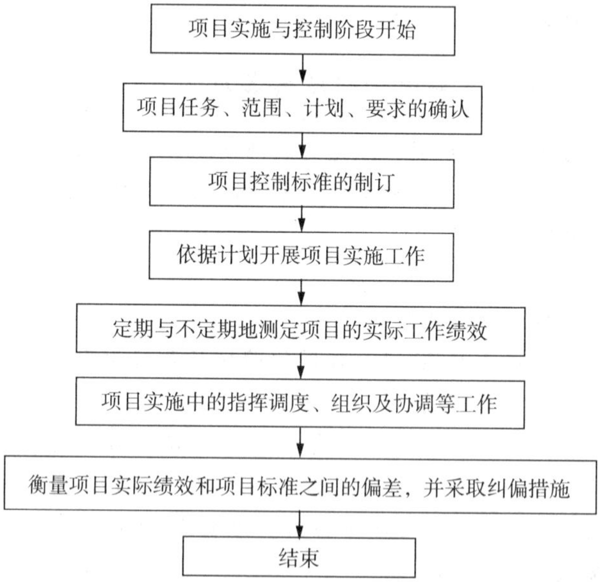

图 10－4 项目实施与控制阶段的工作流程图

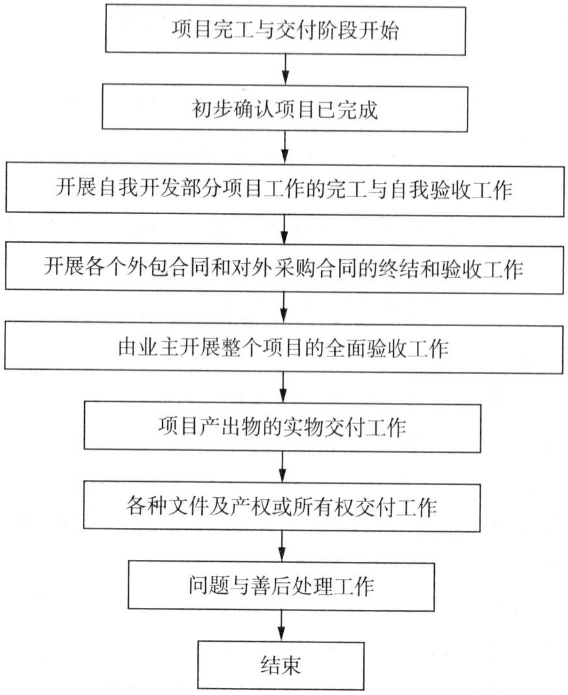

图 10－5 项目完工与交付阶段的工作流程图

阅读与思考

如何计划结婚筹办项目

去年3月31日，玛丽·杰克逊兴冲冲地冲进家门，宣布自己即将和大学中的结交男友亚当斯结婚。她妈妈问："打算什么时候结婚?"下面是她们之间的对话。

玛丽：4月22日。

父亲：为什么这么着急呢?

玛丽：因为在4月22日，校园的樱桃花开得最茂盛，那时举行婚礼，场面将是非常美丽的。

母亲：但是，宝贝，时间太仓促了。在那之前，我们不可能做完所有的事情。即使我们从明天开始准备，也需要1天的时间预定教堂和礼堂，至少17天的时间发布公告。这些都必须在装饰教堂之前进行。而装饰教堂需要3天。

玛丽：我想让萨马做我的伴娘。

父亲：但她需要10天的准备时间，并开车过来。

玛丽：我们可以让他坐飞机过来，时间需要2天，只要多花500元。

母亲：还要准备酒宴！挑选蛋糕和桌布要花费两天时间。杰克酒店至少要在婚礼的前一天晚上的前10天预定。

玛丽：妈妈，我可以穿你的婚礼服吗?

母亲：可以，但我们要重新订购项链，并顺便为伴娘的礼服订购布料，这需要8天。我们需要提前3天的时间选择式样。

父亲：所有事情必须在宴会的之前做好，而现在只剩21天了。我打赌他们最近会很忙。

母亲：我们忘了什么——发邀请函。

父亲：我们应该从Bob印刷厂定做邀请函，这一般需要12天。但如果我们肯多花35美元的话，完成它只要5天的时间。

母亲：发邀请函钱，还需要有3天的时间来确定邀请函的式样。我们希望能在信封上印有回函的地址。

母亲：邀请函至少在婚礼的前十天发出。如果太迟发出，一些亲戚将会很对很晚才能收到，那会让他们发疯的。我敢打赌，如果婚礼前8天还没有发出邀请函，Ethel姑娘就收不到它了，她送的结婚礼物也会打上200美元的折扣。

母亲：我们必须到邮局邮寄请柬，这需要一天的时间。除非我们雇佣一些兼职，否则，填写地址需要4天。我们只能在印刷完成之后填写。假如我们雇佣一些人，可以节省2天的时间，但每天要多花25美元。

玛丽：在晚餐上，我们要给伴娘一件礼物。购买这个礼物需要一天的时间。

母亲：在写邀请函前，我们需要列出要邀请的客人名单。这要用4天的时间，而且只有我才能弄清我们的通讯录。

玛丽：妈妈，我很开心。我们是不是可以让一家婚庆公司来帮助完成上述的工作。父亲：那我们现在就去找一家婚庆公司，请他们帮忙。

思考：

根据玛丽及其家人所说的情况，如果公司委派你完成该婚礼的筹办项目工作，那么你如何为该项目编制一个可供实施与控制的项目计划。你将如何开展该项目计划的工作。

（材料改编摘自：项目管理者联盟网 http：//www. mypm. net/case/）

（五）项目的管理模式

项目的管理模式是指一个工程项目建设的基本组织模式以及在完成项目过程中各参与方所扮演的角色及合同关系。常见的项目管理模式有DBB、EPC、BOT、PM及代建制。

1. 传统的项目管理模式（DBB）

传统项目管理模式即“设计—招投标—建造”（Design - Bid - Build）模式，我国目前大部分工程项目采用这种模式。该模式由：业主委托咨询工程师进行前期的可行性研究等工作，待项目评估立项后再进行设计、设计基本完成后通过招标选择承包商；业主和承包商签订施工合同和设备供应合同；由承包商与分包商及供应商单独订立分包及材料供应合同并组织实施；业主一般指派代表与咨询工程师和承包商联系，负责有关项目管理工作；施工阶段的质量、安全控制等工作一般授权监理工程师进行。

2. 设计、采购、施工（EPC）模式

EPC总承包又称交钥匙总承包，指工程承包企业按照合同约定，承担工程项目的设计、采购、施工、试运行服务等工作，并对承包工程的质量、安全、工期、造价全面负责，使业主获得一个现成工程。EPC模式主要特点是充分发挥了市场机制的作用，促使承包商、设计师、建筑师共同寻求最经济最有效的方法实施工程项目。EPC模式代表了现代西方工程项目管理的主流，主要可适用于化工、冶金、电站、铁路等大型基础设施，及含有机电设备的采购和安装的工程项目等。

3. BOT模式（Build-Operate-Transfer）

又称“特许经营权”方式，它是指某一财团或若干投资人作为项目的发起人，从一个国家的中央或地方政府获得某项基础设施的特许建造经营权，然后由此类发起人联合其他各方组建股份制的项目公司，负责整个项目的融资、设计、建造和运营。特许期内，项目公司通过项目运营获得利润，特许期届满时，整个项目由项目公司无偿或以极低的名义价格移交给东道国地方政府。BOT是有限追索权的项目融资方式，即只能以项目自身的资产和运行时的现金流作为偿还贷款的来源。

4. 项目管理服务模式（PM）

是指从事工程项目管理的企业受业主委托，按照合同约定，代表业主对工程项目的组织实施全过程或若干阶段的管理服务。PM模式主要优缺点：是可利用专业项目管理单位的经验，可能缩短项目工期、成本，进度和质量控制比传统模式更有效；但增加了业主的额外费用，沟通协调复杂，项目管理单位职责不明确。

5. “代建制”模式

“代建制”模式是指投资方经过规定的程序，委托相应资质的工程管理公司，代理投资人或建设单位组织和管理项目建设的模式。

针对政府投资项目“投资、建设、管理、使用”四位一体的弊端，2004年7月16日，国务院正式批准的《关于投资体制改革的决定》指出：对非经营性政府投资项目加快推行“代建制”，即通过招标等方式，选择专业化的项目管理单位负责建设实施，严格控制项目投资、质量和工期，竣工验收后移交给使用单位。

目前“代建制”的两种运行方式：（1）委托代理合同方式：由项目业主采用招投标方法选定一个工程管理单位作为代建单位，代行项目业主职能。（2）以常设性事业单位为主，实行相对集中的专业化管理：即成立政府投资项目建设管理机构，全权负责公益性项目的建设实施，建成后移交给使用单位。

6. PPP模式

PPP公私合营模式（Public—Private—Partnership），是指政府与私人组织之间，为了提供某种公共物品和服务，以特许权协议为基础，彼此之间形成一种伙伴式的合作关系，并通过签署合同来明确双方的权利和义务，以确保合作的顺利完成，最终使合作各方达到比预期单独行动更为有利的结果。

从各国和国际组织对PPP的理解来看，PPP有广义和狭义之分。

广义的 PPP 泛指公共部门与私人部门为提供公共产品或服务而建立的各种合作关系，广义的 PPP 可以理解为一系列项目融资模式的总称，包含 BOT、TOT、DBFO 等多种模式。狭义的 PPP 更加强调合作过程中的风险分担机制和项目的衡工量值（Value For Money）原则。

广义 PPP 可以分为外包、特许经营和私有化三大类，其中：

（1）外包类

PPP 项目一般是由政府投资，私人部门承包整个项目中的一项或几项职能，例如只负责工程建设，或者受政府之托代为管理维护设施或提供部分公共服务，并通过政府付费实现收益。在外包类 PPP 项目中，私人部门承担的风险相对较小。

（2）特许经营类

项目需要私人参与部分或全部投资，并通过一定的合作机制与公共部门分担项目风险、共享项目收益。根据项目的实际收益情况，公共部门可能会向特许经营公司收取一定的特许经营费或给予一定的补偿。通过建立有效的监管机制，特许经营类项目能充分发挥双方各自的优势，节约整个项目的建设和经营成本，同时还能提高公共服务的质量。项目的资产最终归公共部门保留，因此一般存在使用权和所有权的移交过程，即合同结束后要求私人部门将项目的使用权或所有权移交给公共部门。

（3）私有化类

PPP 项目则需要私人部门负责项目的全部投资，在政府的监管下，通过向用户收费收回投资实现利润。由于私有化类 PPP 项目的所有权永久归私人拥有，并且不具备有限追索的特性，因此私人部门在这类 PPP 项目中承担的风险最大。

在发达国家，PPP 的应用范围很广泛，既可以用于基础设施的投资建设（如水厂、电厂），也可以用于很多非营利设施的建设（如监狱、学校等）。

二、项目管理概述

（一）项目管理概念

所谓项目管理，就是项目的管理者，在有限的资源约束下，运用系统的观点、方法和理论，对项目涉及的全部工作进行有效地管理。即从项目的投资决策开始到项目结束的全过程进行计划、组织、指挥、协调、控制和评价，以实现项目的目标的过程。

（二）项目管理的发展历史

项目管理产生于第二次世界大战期间，它作为一门学科和一种特定的管理方法最早起源于美国。早期，美国将项目管理应用于大型军事项目、航天工程与开发工业等项目上，如：曼哈顿原子计划、北极星导弹计划、阿波罗宇宙飞船载人登月计划及石油化工系统中。

20 世纪 50 年代，美国洲际导弹等一系列大型军事项目的实施，客观上要求新的组织和管理方法，促使项目管理思想的萌芽产生；

20 世纪 60 年代，项目管理思想引入欧洲，开始广泛的理论研究和实践探索。60 年代起，两大国际性项目管理协会先后建立：以欧洲国家为主的国际项目管理学协会（International Project Management Association 简称 IPMA）；美国项目管理协会（Project Management Institute 简称 PMI，创建于 1969 年）。PMI 于 1984 年制定了项目管理知识体系指南（A Guide to the Project Management Body of Knowledge，简称 PMBOK），尝试建立全球性的项目管理标准。PMBOK 于 1987 年和 1996 年进行了两次修订：

20 世纪 70 年代，项目管理的方法和技术经历了一个不断细化、完善和提炼的过程，项目管理主要集中于职业化发展，专业化的项目管理咨询公司出现并蓬勃发展；

20 世纪 80 年代，项目管理作为一门学科日趋成熟，世界各国的专业学会、协会相继形成，推动了 PM 的职业化进程。

（三）现代项目管理的知识体系

现代项目管理知识体系是指在现代项目管理中所要开展的各种管理活动中要使用的各种理论、方法和工具等一系列内容的总称。现代项目管理知识体系是 PMI 从 1984 年开始研究，1996 年推出并投入使用，2000 年新版修订，并以此为蓝本制定了 ISO10006 标准的一整套现代项目管理的程序、技术、工具和方法。按照 PMI 的体系划分，项目管理知识体系的内容构成有以下九个主要的方面。

1. 项目集成管理

是指为确保项目各项工作能够有机地协调和配合所展开的综合性和全局性的项目管理工作和过程。它包括项目集成计划的制定，项目集成计划的实施，项目变动的总体控制等。

2. 项目范围管理

是为了实现项目的目标，对项目的工作内容进行控制的管理过程。它包括范围的界定，范围的规划，范围的调整等。

3. 项目时间管理

是为了确保项目最终的按时完成的一系列管理过程。它包括具体活动的界定，如：活动排序、时间估计、进度安排及时间控制等项工作。

4. 项目成本管理

是为了保证完成项目的实际成本、费用不超过预算成本、费用的管理过程。它包括资源的配置，成本、费用的预算以及费用的控制等项工作。

5. 项目质量管理

是为了确保项目达到客户所规定的质量要求所实施的一系列管理过程。它包括质量规划、质量控制和质量保证等。

6. 项目人力资源管理

是为了保证所有项目关系人的能力和积极性都得到最有效地发挥和利用所做的一系列管理措施。它包括组织的规划、团队的建设、人员的选聘和项目的班子建设等一系列工作。

7. 项目沟通管理

是为了确保项目的信息的合理收集和传输所需要实施的一系列措施，它包括沟通规划、信息传输和进度报告等。

8. 项目风险管理

是指对项目风险从识别到分析乃至采取应对措施等一系列过程。它包括风险识别、风险量化、制订对策和风险控制等。

9. 项目采购管理

是为了从项目实施组织之外获得所需资源或服务所采取的一系列管理措施。它包括采购计划、采购与征购、资源的选择以及合同的管理等项目工作。

阅读与思考

从“晚餐”谈项目管理

在我们的日常生活中，像做饭、逛街这样的日常行为当中也会时时闪现项目管理的影子。请你仔细回想一下我们每天做饭的流程，活脱脱一个项目管理的标准流程。首先，按照项目的定义：“项目是为完成某一独特的产品、服务或任务所做的一次性努力”，我们通常做一顿晚饭的过程具有独特性、一次性和不可重复性的特点，是一个典型的项目。其次，做饭过程中的每个步骤，都在不知不觉的体现着项目管理的思想和精髓。下面我们就以“晚餐项目”为例，看看日常生活中的项目管理。

因为项目管理的理论分成许多体系，我们就分别以主流的三种理论来进行分析。首先，我们来看看这个“晚餐项目”放到不同的项目管理理论模型中是怎样的。

按照软件项目生命周期理论，“晚餐项目”可以将其分为这样几个项目阶段：

1. 立项：决定今晚在家吃饭，做出大致的时间安排

2. 需求调研：问问家人都想吃什么菜

3. 需求分析：综合考虑一下季节、天气、控制体重等因素，确定菜式

4. 系统设计：设计出每道菜的主料、配料

5. 开发：外出采购，然后开始做菜

6. 系统测试：尝一下菜的味道

7. 部署：摆桌吃饭

8. 项目收尾：收拾碗碟

按照PMP的项目管理体系，“晚餐项目”将被划分为以下9个知识领域：

1. 范围管理：确定菜谱；

2. 质量管理：保证原料新鲜，菜的味道符合家人要求；

3. 采购管理：如果从网上订购了红酒或其他原料，我们就需要对送货的时间和交付的货品进行管理；

4. 时间管理：在整个晚餐项目过程中，确保按照计划的进度完成；

5. 人力资源管理：如果准备晚餐的不只你一个人，要对每个人的任务和分工进行管理；

6. 风险管理：注意识别和监控晚餐准备过程中可能出现的各种意外情况，并拟订应对预案；

7. 成本管理：保证这顿晚餐不要超支；

8. 沟通管理：在晚餐准备的过程中，要向各位干系人（比如家人）及时通报进展情况，如果干系人的需求发生变化，也要及时沟通；

9. 整体管理：作为晚餐准备的负责人，要对以上各个方面的工作进行监督和控制；

思考：

你对项目管理的是如何认识的？

（材料改编摘自：项目管理者联盟网 http：//www. mypm. net/case/）

第二节 项目管理基本职能

一、项目计划

（一）项目计划的目的

项目计划是指用于协调所有项目计划编制文件、指导项目执行和控制的文件。其关键组成部分包括项目简介或概览、如何组织项目的描述、用于项目的管理和技术过程，描写所要完成的工作的部分、进度信息和预算信息。

项目计划的目的是确定并描述各项任务（活动）范围、确定全部人员、制定时间进度表、阐明必需的人财物力、确定预算。项目计划的作用是：第一，可以确立项目组各成员及工作的责任范围和地位以及相应的职权；第二，促进项目组成员及项目委托人和管理部门之间的交流与沟通；第三，可以使项目组成员明确自己的奋斗目标、实现目标的方法、途径及期限；第四，可作为进行分析、协商及记录项目范围变化的基础。

（二）项目计划的主要内容

1. 范围规划。是确定项目范围并编写项目说明书的过程。

2. 项目进度计划。是表达项目中各项工作的开展顺序、开始及完成时间及相互衔接关系的计划。通过进度计划的编制，使项目实施形成一个有机整体。进度计划是进度控制和管理的依据。

3. 项目费用计划。包括资源计划、费用估算、费用预算。资源计划就是要决定在每一项工作中用什么样的资源以及在各个阶段用多少资源。费用估计指的是完成项目各工作所需资源（人、材料、设备等）的费用近似值。

4. 质量计划。包括与维护项目质量有关的所有活动。质量计划的目的主要是确保项目的质量标准能够得以满意的实现。质量计划是对特定的项目、产品、过程或合同，规定由谁监控，应使用哪些程序和相关资源的文件。是针对具体项目的要求，以及应重点控制的环节所编制的对设计、采购、项目实施、检验等质量环节的质量控制方案。

5. 沟通计划。就是确定利益关系者的信息交流和沟通的要求。简单地说，也就是谁需要何种信息、何时需要以及应如何将其交到他们手中。

6. 风险应对计划。是针对风险量化结果，为降低项目风险的负面效应制订风险应对策略和技术手段的过程。

7. 采购计划。就是识别项目的哪些需要可以通过从项目实施组织外部采购产品和设备来得到满足，采购计划应当考虑合同和分包商。

8. 变更控制计划。主要是规定处理变更的步骤、程序，确定变更行动的准则

二、项目组织

项目组织是按照项目的目标以一定的形式组建起来的，由组织各部门调集专业人才，并指派项目负责人在特定时间内完成任务。在项目期中，所有成员仅向项目经理负责，不再听命原部门主管指挥，待项目完成后，所有成员再回到原组织单位。

项目管理组织结构的基本形式分为职能型组织结构、项目型组织结构、矩阵型组织结构。

（一）职能型组织结构

项目职能型组织结构是最基本的，目前使用比较广泛的项目组织形式。职能式项目管理组织模式有两种表现形式。一种是将一个大的项目按照公司行政、人力资源、财务、各专业技术、营销等职能部门的特点与职责，分成若干个子项目，由相应的各职能单元完成各方面的工作。另一种形式就是对于一些中小项目，在人力资源、专业等方面要求不宽的情况下，根据项目专业特点，直接将项目安排在公司某一职能部门内部进行，在这种情况下项目团队成员主要由该职能部门人员组成，这种形式目前在国内各咨询公司中经常见到。其结构如图 10－6。

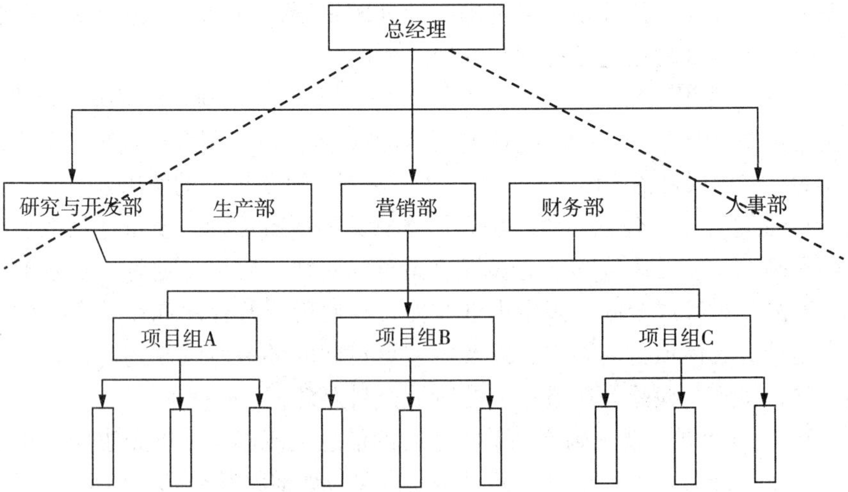

图 10－6　职能型组织结构图

（二）项目型组织结构

项目型组织结构就是将项目的组织独立于公司职能部门之外，由项目组织自己独立负责项目主要工作的一种组织管理模式。项目型组织形式中项目的具体工作主要由项目团队负责，项目的行政事务、财务、人事等在公司规定的权限内进行管理。其结构如图 10－7。

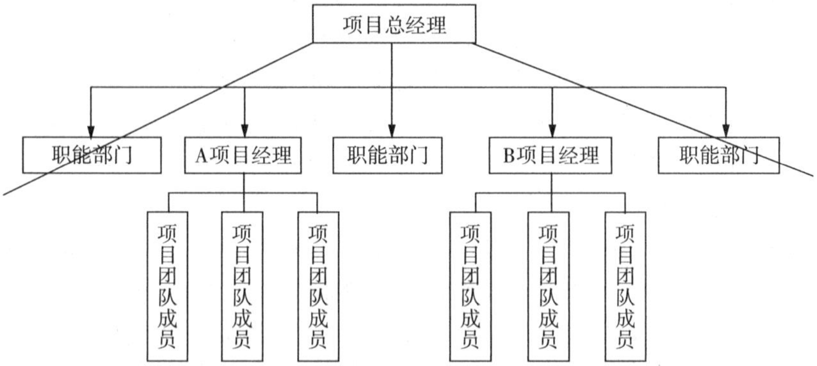

图 10－7　项目型组织结构图

（三）矩阵型组织结构

矩阵型组织结构是为了最大限度地利用组织中的资源和能力而发展起来的，它是由职能型和项目型组织结构组成的一个混合体。矩阵式项目组织结构中，参加项目的人员由各职能部门负责人安排，而这些人员的工作，在项目工作期间，项目工作内容上服从项目团队的安排，人员不独立于职能部门之外，是一种暂时的、半松散的组织形式，项目团队成员之间的沟通不需通过其职能部门领导，项目经理往往直接向公司领导汇报工作。其结构如图 10－8。

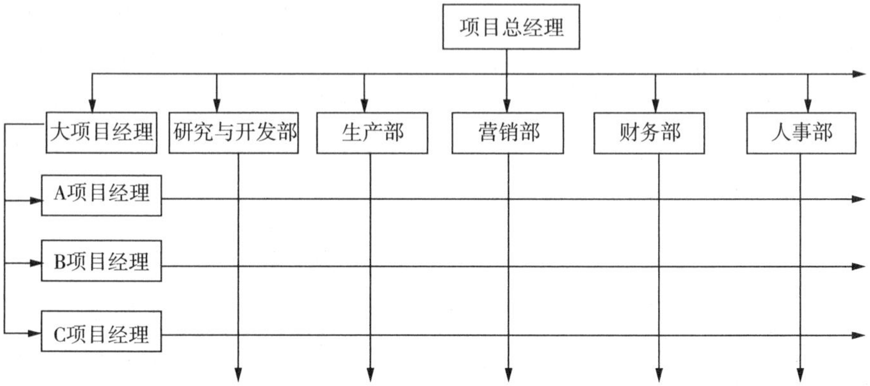

图 10－8　矩阵型组织结构图

阅读与思考

项目管理部的尴尬局面

小A是项目管理部的经理，由于公司部门设置的问题，现在项目管理部需要对项目总监负责，又需要对总经理负责，还需要监控各项目组，但各项目组又直接归属项目总监或总经理管辖。这样一来，项目经理只听从项目总监或者总经理的话，根本就不把项目管理部的话当一回事，项目管理部就形同虚设，以至于让高层领导认为项目管理部是一个多余的机构。

小A为了让公司认为自己的部门是有用途的，就开始写一套项目管理规范，但由于部门内的人员都是以前没有多少项目管理经验的人，所以写出来的东西不是太实用。而且，项目管理规范有很多部分都是需要其他部门协同完成的，由于上段所说的原因，执行起来异常的困难，依然是一个没有用途的规定。

思考：

现在小A非常郁闷，不知道在这种配置下，自己应该做些什么？

（材料摘自：管理人网 http：//www. mypm. net/case/）

三、项目论证

项目论证也可称为项目前评价，是指对拟实施项目在技术上是否可能、经济上是否有利、建设上是否可行所进行的综合分析和全面科学论证的技术经济研究活动。其目的是为了避免或减少项目决策的失误，提高投资的效益和综合效果。一般来说，通过项目论证应该回答以下几个方面的问题：本项目在技术上是否可行？经济上是否有生命力？财务上是否有利可图？能否筹集到全部资金？需要多少资金？需要多长时间能建立起来？需要多少物力、人力资源？项目论证的内容主要包括：机会研究、初步项目论证与详细项目论证。

（一）机会研究

机会研究是鉴定投资机会，它寻求的是投资应该用于哪些有些发展的部门，这种投资给企业带来盈利，给国民经济带来全面的或多方面的好处。在市场经济条件下，机会研究经常是对几个投资机会或项目设想进行鉴定，其研究比较粗略，主要依靠情报资料的估计，而不是详细计算。

机会研究又分一般机会研究和具体项目机会研究两种。根据当时的条件，决定进行哪种机会研究，或两种机会研究都进行。一般机会研究：这种研究主要是通过国家机关或公共机构进行的，目的是通过研究指明具体的投资建议。具体项目机会研究：一般投资机会做出最初鉴别之后，即应进行这种研究，并应向潜在的投资者散发投资简介，实际上做这项工作的往往是未来的投资者或企业集团。

（二）初步项目论证

初步项目论证必须在更为详尽的研究报告中详细阐述项目设想，它是介于项目机会研究和详细项目论证之间的一个阶段。因为详细的项目论证是既费钱又费时间的工作，因此做一段初步项目论证可以对项目设想进行初步的估计。

这一研究的主要目的是确定：

（1）投资机会是否有前途，值不值的进一步作详细项目论证；

（2）确定的项目概念是否正确，有无必要通过项目论证进一步详细分析；

（3）项目中有哪些关键性问题，是否需要通过市场调查、试验室试验、工业性试验等功能研究做深入研究；

（4）是否有充分的资料足以说明该项目设想既非可行的建议，也对某一具体投资者或投资集团不具有足够的吸引力。

（三）详细项目论证

详细项目论证也称项目论证，详细的项目论证与初步项目论证的结构基本相同，要概括以下内容：市场和工厂生产能力、原材料投入、地点和厂址、工艺技术和设备选择、土建工程、企业管理费、人力资源、项目实施及经济评价。

项目论证的基本程序包括七个主要的阶段或步骤，在各阶段中，咨询单位和雇主应在一起紧密合作：

第一步：开始阶段，主要是要明确问题，包括弄清论证研究的范围以及雇主的目标。

第二步：资料搜集与分析

第三步：建立各种可行的技术方案

第四步：方案分析阶段

第五步：编制已选择好的方案

第六步：编制项目论证报告

第七步：编制资金筹措计划

项目论证报告书的一般目录格式：

第一章：实施要点

主要包括以下几个方面：项目背景和历史、市场和工厂生产能力、原材料和投入、坐落地点和厂址、项目设计、工厂机构和企业管理费用、人力、执行时间安排、财务和经济评价、结论。

第二章：项目背景和历史

主要包括以下几个方面：项目背景、项目主办者和（或）发起者、项目历史、预备性研究及有关调查的费用。

第三章：市场和工厂生产能力

主要包括以下几个方面：需求和市场预测、产品和副产品的销售预测和销售、生产计划、工厂的生产能力。

第四章：原材料和投入

主要包括以下两个方面：原材料和投入、供应计划。

第五章：坐落地点和厂址

主要包括以下几个方面：坐落地点、厂址、当地条件、对环境的影响。

第六章：项目设计

主要包括以下几个方面：项目布置、项目范围、技术、设备、土建工程。

第七章：工厂机构和管理费用

主要包括以下两个方面：工厂机构、企业管理费用。

第八章：人力

主要包括以下两个方面：工人、职员。

第九章：项目执行时间安排

主要包括以下几个方面：项目执行的基本数据和活动、项目执行计划和时间安排的选择、项目执行的成本估计。

第十章：财务和经济评价

要包括以下几个方面：总投资费用、项目筹资、生产总成本、财务评价、国民经济评价。

四、项目控制

项目控制是以事先制定的计划和标准为依据，定期或不定期地对项目实施的所有环节进行调查、分析、建议和咨询，发现项目活动与标准之间的偏离，提出切实可行的实施方案，供项目的管理层决策的过程。在项目的监测和控制阶段，首先要做的工作是指导项目符合目标，就是根据计划对目标和方向进行设定，尽量使项目进展朝着项目计划所确定的目标和方向前进。其次是有效利用资源，进一步提高资源的使用效率。

第三节　项目管理的主要内容

一、项目范围管理

（一）项目范围管理定义

项目范围是指产生项目产品所包括的所有工作及产生这些产品所用的过程。项目范围管理是指对项目包括什么与不包括什么的定义与控制过程。这个过程用于确保项目组和项目关系人对作为项目结果的项目产品以及生产这些产品所用到的过程有一个共同的理解。

制约一个项目的条件主要是项目的“三约束条件”——范围、时间、成本。在一个项目中这三个条件是相互影响、相互制约的，而且往往是由于范围影响了时间和成本。项目一开始确定的范围小，那么它需要完成的时间以及耗费的成本必然也小，反之亦然。很多项目在开始时都会粗略地确定项目的范围、时间以及成本，然而在项目进行到一定阶段之后往往会变成让人感觉到不知道项目什么时候才能真正结束，要使得项目结束到底还需要投入多少人力和物力。这种情况的出现对于公司的管理者来说，他们是最不希望看到的，造成这样的结果就是由于没有控制和管理好项目的范围。

（二）项目范围管理的基本内容

范围管理保证项目包含了所有要做的工作而且只包含要求的工作，它主要涉及定义并控制哪些是项目范畴内的，哪些不是。范围管理的基本内容包括：项目启动、范围计划编制、范围核实、范围变更控制等等。

1. 编制范围计划

范围管理计划是描述项目范围如何进行管理，项目范围怎样变化才能与项目要求相一致等问题的。它也应该包括一个对项目范围预期的稳定而进行的评估（比如：怎样变化、变化频率如何及变化了多少）。范围管理计划也应该包括对变化范围怎样确定，变化应归为哪一类等问题的清楚描述。

2. 范围分解

计划明确了，然而该做哪些事情似乎还是一把抓，因为完成项目本身是一个复杂的过程，必须采取分解的手段把主要的可交付成果分成更容易管理的单元才能一目了然，最终得出项目的工作分解结构（WBS）。工作分解结构是一种层次化的树状结构，是以可交付的成果为对象，将项目划分为较小和便于管理的项目单元，一直将可交付成果分解到工作包和作业小组。WBS 图例如下图 10－9。

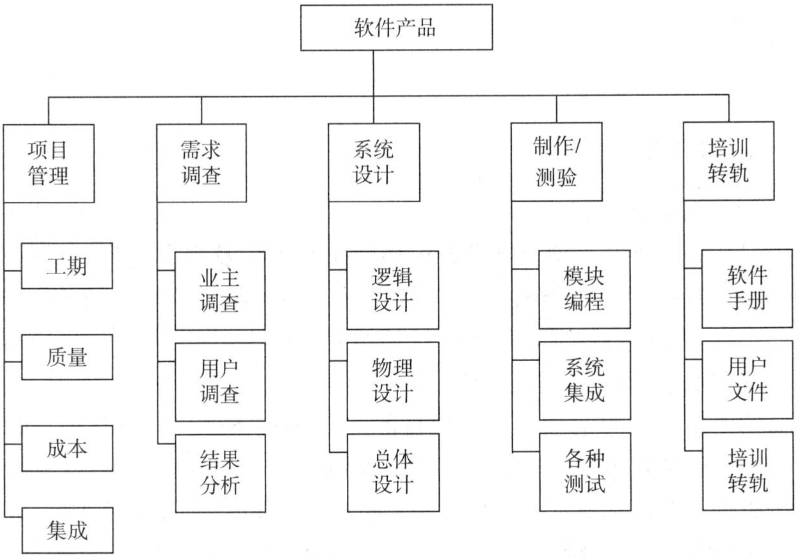

图 10－9　某软件产品项目工作分解结构实例图

恰当的范围定义对项目成功十分关键，当范围定义不明确时，变更就不可避免地出现，很可能造成返工、延长工期、降低团队士气等一系列不利的后果。比较常用的方式是以项目进度为依据划分 WBS，第一层是大的项目成果框架，每层下面再把工作分解，这种方式的优点是结合进度划分直观，时间感强，评审中容易发现遗漏或多出的部分，也更容易被大多数人理解。

3. 范围变更

一个项目的范围计划可能制订得非常好，但是想不出现任何改变几乎是不可能的。因此对变更的管理是项目经理必备的素质之一。范围变更的原因是多方面的，比如用户要求增加产品功能、环保问题导致设计方案修改而增加施工内容。项目经理在管理过程中必须通过监督绩效报告、当前进展情况等来分析和预测可能出现的范围变更，在发生变更时遵循规范的变更程序来管理变更。

二、项目质量管理

（一）项目质量及项目质量管理含义

质量，狭义上通常指产品的质量，广义上还包括工作的质量。产品质量是指产品的使用价值及其属性；而工作质量则是产品质量的保证，它反映了与产品质量直接有关的工作对产品质量的保证程度。美国项目管理协会（Project Management Institute 简称 PMI）对于质量是这样定义的：质量是对一种产品或服务能满足对其明确或隐含需求的程度产生影响的该产品或服务特征和性质的全部。

从项目作为一次性的活动来看，项目质量体现在由工作分解结构反映出的项目范围内所有的阶段、子项目、项目工作单元的质量所构成，也即项目的工作质量；从项目作为一项最终产品来看，项目质量体现在其性能或者使用价值上，也即项目的产品质量。项目的质量管理主要是为了确保项目按照设计者规定的要求满意地完成，它包括使整个项目的所有功能活动能够按照原有的质量及目标要求得以实施，质量管理主要是依赖于质量计划、质量控制、质量保证及质量改进所形成的质量保证系统来实现的。

（二）项目质量管理过程

项目的质量管理工作是一个系统过程，在实施过程中必须创造必要的资源条件，使之与项目质量要求相适应。各职能部门及实施单位要保证工作质量和项目质量，实行业务工作程序化、标准化和规范化。支持质量部门独立地、有效地行使职权，对项目实施全过程实行质量控制。

1. 质量管理文件

质量管理文件指在项目实施过程中，为达到预期的项目质量和工作质量要求，对与管理有关的重复性事务和概念所做的规定。它主要包括质量保证大纲、质量工作计划及技术文件。

（1）质量保证大纲是在项目或任务下达或合同签订生效开始，在项目实施过程中的每一阶段，均需在总结上阶段实施情况的基础上进行制定或修订，以指导本阶段的实施和管理工作。质量保证大纲的目标是：提高项目实施的适用性和任务完成率、降低项目对维修和后勤保障的要求、提供基本的质量信息、提高工程实施的经济效益。质量保证大纲的内容是：按项目的特点和有关部门对质量的要求，提出明确的质量指标要求；明确规定工艺技术、计划、质量和物资部门的质量责任；确定各实施阶段的工作目标；针对项目特点和实际的实施能力，提出质量控制点和需要进行特殊控制的要求、措施、方法及其相应的完成标识和评价标准；对设计、工艺和项目质量评审要有明确规定。

（2）质量工作计划是对特定的项目、服务、合同规定专门的质量措施、资源和活动顺序的文件。质量工作计划的工作内容：实现的质量目标；应承担的工作项目、要求、责任以及完成的时间等；在计划期内应达到的质量指标和用户质量要求；计划期内质量发展的具体目标、分段进度、实现的工作内容、项目实施准备工作、重大技术改进措施、检测及技术开发等。

（3）技术文件是设计文件、工艺文件、研究试验文件的总称，是项目实施的依据和凭证。成套技术文件应完整、准确、协调、一致。实际文件与项目技术文件状态一致；工艺文件与项目实施实际一致；研究试验文件与项目实际过程一致。成套技术文件的完整性应根据项目和工作的性质、复杂程度、研制阶段区别对待。为保证每一项目和工作技术文件的完整性，总设计师、总工程师、项目负责人应根据技术文件的管理规定，在实施工作开始时，提出技术文件完整性的具体要求，列出文件目录，并组织实施。

2. 质量管理计划

质量管理计划主要描述项目管理组应该如何实施它的质量方针。在ISO9000中，项目的质量系统被描述为包括对组织结构、责任、方法、步骤及资源等实施质量管理。质量计划提供了对整个项目进行质量控制、质量保证及质量改进的基础。质量管理计划的目的主要是确保项目的质量标准能够得以满意的实现，其关键是在项目的计划期内确保项目按期完成，同时要处理与其他项目计划之间的关系。质量管理计划必须综合考虑利益/成本的交换，满足质量需求的主要的利益是减少重复性工作，这就意味着高的产出、低的支出以及增加投资者的满意度。满足质量要求的基本费用是辅助项目质量管理活动的付出。质量管理的基本原则是利益与成本之比尽可能的大。

3. 质量控制

质量控制主要是监督项目的实施结果，将项目的结果与事先制定的质量标准进行比较，找出其存在的差距，并分析形成这一差距的原因，质量控制同样贯穿于项目实施的全过程。项目的结果包括产品结果（如交付）以及管理结果（如实施的费用和进度）。质量控制通常是由质量控制部门或类似的质量组织单元实施，但是也并非总是如此。

4. 质量保证

质量保证是所有计划和系统工作实施达到质量计划要求的基础，为项目质量系统的正常运转提供可靠的保证，它应该贯穿于项目实施的全过程之中。在ISO9000系列实施之前，质量保证通常被描述在质量计划之中。质量保证通常是由质量保证部门或者类似的组织单元提供，但是不必总是如此。质量保证通常提供给项目管理组以及实施组织（内部质量保证）或者提供给客户或项目工作涉及的其他活动（外部质量保证）。

质量保证是确定质量活动及其有关结果是否符合计划安排，以及这些安排是否有效贯彻并适合于达到目标的有系统的、独立的审查。通过质量审核，评价审核对象的现状对规定要求的符合性，并确定是否需采取改进纠正措施，从而达到：保证项目质量符合规定要求；保证设计、实施与组织过程符合规定要求；保证质量体系有效运行并不断完善，提高质量管理水平。质量保证包括：质量体系审核、项目质量审核、过程（工序）质量审核、监督审核、内部质量审核、外部质量审核。质量审核可以是有计划的，也可以是随机的，它可以由专门的审计员或者是第三方质量系统注册组织审核。

5. 质量改进

质量改进包括达到以下目的的各种行动：增加项目有效性和效率以提高项目投资者的利益。在大多数情况下，质量改进将要求改变不正确的行动以及克服这种不正确行动的过程。

三、项目进度管理

（一）项目进度管理概念

项目进度管理是指在项目实施过程中，对各阶段的进展程度和项目最终完成的期限所进行的管理。是在规定的时间内，拟定出合理且经济的进度计划（包括多级管理的子计划），在执行该计划的过程中，经常要检查实际进度是否按计划要求进行，若出现偏差，便要及时找出原因，采取必要的补救措施或调整、修改原计划，直至项目完成。其目的是保证项目能在满足其时间约束条件的前提下实现其总体目标。

项目进度管理是根据工程项目的进度目标，编制经济合理的进度计划，并据以检查工程项目进度计划的执行情况，若发现实际执行情况与计划进度不一致，就及时分析原因，并采取必要的措施对原工程进度计划进行调整或修正的过程。工程项目进度管理的目的就是为了实现最优工期，多快好省地完成任务。项目进度管理是项目管理的一个重要方面，它与项目投资管理、项目质量管理等同为项目管理的重要组成部分。它是保证项目如期完成或合理安排资源供应，节约工程成本的重要措施之。

（二）项目进度管理的内容

项目进度管理包括两大部分的内容，即项目进度计划的制定和项目进度计划的控制。

1. 项目进度计划的制定

在项目实施之前，必须先制定出一个切实可行的、科学的进度计划，然后再按计划逐步实施。其制定步骤一般包括收集信息资料、进行项目结构分解、项目活动时间估算、项目进度计划编制等几个步骤。

为保证项目进度计划的科学性和合理性，在编制进度计划前，必须收集真实、可信的信息资料，以作为编制进度计划的依据。这信息资料包括项目背景、项目实施条件、项目实施单位，及人员数量和技术水平、项目实施各个阶段的定额规定等等。

2. 项目进度计划的控制

在项目进度管理中，制定出一个科学、合理的项目进度计划，只是为项目进度的科学管理提供了可靠的前提和依据，但并不等于项目进度的管理就不再存在问题。在项目实施过程中，由于外部环境和条件的变化，往往会造成实际进度与计划进度发生偏差，如不能及时发现这些偏差并加以纠正，项目进度管理目标的实现就一定会受到影响。所以，必须实行项目进度计划控制。

项目进度计划控制的方法是以项目进度计划为依据，在实施过程中对实施情况不断进行跟踪检查，收集有关实际进度的信息，比较和分析实际进度与计划进度的偏差，找出偏差产生的原因和解决办法，确定调整措施，对原进度计划进行修改后再予以实施。随后继续检查、分析、修正；再检查、分析、修正……直至项目最终完成。

（三）项目进度管理的要点

（1）建立项目管理的模式与组织架构。一个成功的项目，必然有一个成功的管理团队，一套规范的工作模式、操作程序、业务制度，一流的管理目标和企业文化。

（2）建立一个严密的合同网络体系。一个较大的工程，是由很多的建设者参加的共同体，这就需要有一个严密的合同体系，调动大家的积极性，从而避免相互的拆台、扯皮。

（3）制定一个切实可行的三级工程计划。这一计划不仅要包含施工单位的工作，更重要的是要包含业主的工作、设计单位的工作、监理单位的工作，以及充分考虑与施工密切相关的政府部门的工作的影响。

（4）设计单位的确定及设计合同的签订，以及设计质量、速度的检查、评审。设计的工作质量决定了项目施工能否顺利实施。

（5）施工单位的招标、评标及施工合同的签订，包含总包、分包单位的选择，材料、设备的供货合同的签订。

（6）工程前期政府手续的办理以及市政配套工程的安排。与政府机关的充分沟通与良好关系，是项目成功的保证。

四、项目费用管理

项目的费用管理主要是在批准的预算条件下确保项目的保质按期完

成，其主要包括：费用估计、费用预算、费用控制。

（一）费用估计

费用估计指的是预估完成项目各工作所需资源（人、材料、设备等）的费用。

费用估计应该与工作质量的结果相联系。费用估计过程中，亦应该考虑各种形式的费用交换，比如：在多数情况下，延长工作的延续时间通常是与减少工作的直接费用相联系在一起的，相反，追加费用将缩短项目工作的延续时间。因此，在费用估计的过程之中必须考虑附加的工作对工程期望工期缩短的影响。

1. 费用估计的主要依赖的资料

（1）工作分解结构 WBS。

（2）资源需求计划：即资源计划安排结果。

（3）资源价格：为了计算项目各工作费用必须知道各种资源的单位价格，包括工时费、单位体积材料的费用等。如果某种资源的实际价格不知道，就应该给它的价格做出估计。

（4）工作的延续时间：工作的延续时间将直接影响到项目工作经费的估算，因为它将直接影响分配给它的资源数量。

（5）历史信息：同类项目的历史资料始终是项目执行过程中可以参考的最有价值的资料，包括项目文件、共用的项目费用估计数据库及项目工作组的知识等。

（6）会计表格：会计表格说明了各种费用信息项的代码结构，这对项目费用的估计应与正确的会计目录相对应很有帮助。

2. 费用估计的工具和方法

（1）类比估计法：类比估计法通常是与原有的类似已执行项目进行类比以估计当期项目的费用，通常当项目的详细资料难以得到时这是一种估计项目总费用的行之有效的方法，类比估计法是专家判断的一种形式。类比估计法通常比其他技术和方法花费要少一些，但是其准确性也较低，当先前的项目与目前的项目不仅在形式上而且在实质上相同时或者对所进行的项目进行预估计时类比估计法将更为可靠和实用。

（2）参数模型法：参数模型法通常是将项目的特征参数作为预测项目费用数学模型的基本参数，模型可能是简单的（如建筑费用的估计通常是建筑面积的一个简单函数），也可能是复杂的（如软件开发费用的模型通常就需要许多独立的因素加以描述）。无论费用模型还是模型参数其形式是各种各样，如果其模型是依赖于历史信息、模型参数容易数量化，而且模型应用仅是项目范围的大小，则它通常是可靠的。

（3）从下向上的估计法：这种技术通常首先估计各个独立工作的费用，然后再汇总从下往上估计出整个项目的总费用。

（4）从上往下估计法：同上述方法相反是从上往下逐步估计的，多在有类似项目已完成的情况下应用。

3. 费用估计的基本结果

描述完成项目所需的各种资源的费用，包括：劳动力、原材料、库存及各种特殊的费用项如折扣、费用储备等的影响，其结果通常用劳动工时、工日、材料消耗量等表示。

（二）费用预算

费用预算包括给每一独立工作分配全部费用，以获得度量项目执行的费用基线。费用预算可以分为三个部分：直接人工费用预算、辅助服务费用预算、采购物品费用预算。

费用预算依赖的主要数据包括：

1. 费用估计

2. 工作分解结构

3. 项目进度

费用的分配和安排应该是与进度计划相适应的。

费用预算的结果：费用预算的主要结果是获得费用线，费用线将作为度量和监控项目实施过程中费用支出的依据，通常的费用曲线随时间的关系是一个S形曲线。

（三）费用控制

费用控制就是要保证各项工作要在它们各自的预算范围内进行。费用控制的基础是事先就对项目进行的费用预算。费用控制的基本方法是规定各部门定期上报其费用报告，再由控制部门对其进行费用审核，以保证各种支出的合法性，然后再将已经发生的费用与预算相比较，分析其是否超支，并采取相应的措施加以弥补。

1. 费用控制的内容

费用控制主要关心的是影响改变费用线的各种因素、确定费用线是否改变以及管理和调整实际的改变。费用控制包括：

（1）监控费用执行情况以确定与计划的偏差；

（2）确使所有发生的变化被准确记录在费用线上；

（3）避免不正确的、不合适的或者无效的变更反映在费用线上；

（4）股东权益改变的各种信息；

（5）费用控制还应包括寻找费用向正反两方面变化的原因，同时还必须考虑与其他控制过程（范围控制、进度控制、质量控制等）相协调，比如不合适的费用变更可能导致质量、进度方面的问题或者导致不可接受的项目风险。

2. 费用控制的依据

（1）费用预算

（2）实施执行报告

这是费用控制的基础，实施执行报告通常包括了项目各工作的所有费用支出，同时也是发现问题的最基本依据。

（3）改变的请求

改变的请求可能是口头的也可能是书面的、可能是直接的也可能是非直接的、可能是正式的也可能是非正式的，改变可能是请求增加预算，也可能是减少预算。

3. 费用控制的方法与技术

费用控制的方法很多，最常用的是挣得值分析法。挣得值分析法作为一项先进的项目管理技术，最初是由美国国防部于1967年首次确立的。到目前为止，国际上先进的工程公司已普遍采用赢得值法进行工程项目的费用、进度综合分析控制。挣得值方法是对项目进度和费用进行综合控制的一种有效方法，它有三个基本参数及四个基本评价指标。

（1）三个基本参数

① 已完工作预算费用（BCWP，Budgeted Cost for Work Performed）。

计算公式为：　　BCWP=已完工作量×预算单价

BCWP是指项目实施过程中某阶段按实际完成工作量及按预算定额计算出来的费用。

② 计划工作预算费用（BCWS，Budgeted Cost for Work Scheduled）。

计算公式为：　　BCWS=计划工作量×预算单价

BCWS是指项目实施过程中某阶段计划要求完成的工作量所需的预算费用，主要是反映进度计划应当完成的工作量（用费用表示）。

③ 已完工作实际费用（ACWP，Actual Cost for Work Performed）。

计算公式为：　　ACWP=已完工作量×实际单价

ACWP是指项目实施过程中某阶段实际完成的工作量所消耗的费用，主要是反映项目执行的实际消耗指标。

（2）四个基本评价指标

① 费用偏差（Cost Variance-CV）：CV是指检查期间BCWP与ACWP之间的差异，计算公式为CV=BCWP-ACWP。

当 CV 为负值时表示超支，即实际费用超过预算值。反之当 CV 为正值时表示节支，即实际消耗费用低于预算值。

② 进度偏差（Schedule Variance－SV）：SV 是指检查日期 BCWP 与 BCWS 之间的差异。其计算公式为 SV＝BCWP－BCWS。

当 SV 为正值时表示因进度提前，费用超支；SV 为负值表示因进度延误，费用节约。

③ 费用绩效指标（Cost Performed Index－CPI）：CPI 是指挣得值与实际费用值之比。其计算公式为 CPI＝BCWP/ACWP。

当 CPI>1 表示低于预算；CPI<1 表示超出预算；CPI＝1 表示实际费用与预算费用吻合。

④ 进度绩效指标（Schedule Performed Index－SPI）：SPI 是指项目挣得值与计划值之比，其计算公式为 SPI＝BCWP/BCWS。

当 SPI>1 表示进度提前，费用超支；

SPI<1 表示进度延误，费用节约；

SPI＝1 表示实际进度等于计划进度。

实例：某项目的有关资料如下表：

表 10－1　某项目有关数据表　　单位：万元

时间 项目	1 月	2 月	3 月	4 月	5 月	6 月
BCWS（累计）	4	8	16	24	32	38
BCWP（累计）	2. 4	6	19. 2	24. 6	33	39
ACWP（累计）	2	7	20	23	35	42

问题：① 计算并分析到第 3 周时，该项目的进度偏差、费用偏差。

② 计算并分析第到第 5 周时的费用绩效指数，进度绩效指数。

解：① 进度偏差 SV＝BCWP－BCWS＝19. 2－16＝3. 2（万元）

费用偏差 CV＝BCWP－ACWP＝19. 2－20＝－0. 8（万元）

SV>0，表明到第三月时进度提前了，造成费用超支 3. 2 万元；

CV<0，表明到第三月时实际费用超过预算值 0. 8 万元。

BCWS 与 ACWP 的差异正是两方面作用的结果，实际超支 4 万元（0. 8＋3. 2 或 20－16）。

② 费用绩效指数 CPI＝BCWP/ACWP＝33/35＝0. 94<1

进度绩效指数 SPI＝BCWP/BCWS＝33/32＝1. 03>1

SPI>1 表明到第 5 月时，因进度提前，费用超支。

CPI<1 表明到第 5 月时超出预算。

相对绩效指标系数值可用于不同规模项目之间的比较。

阅读与思考

施工企业项目成本管理的六条建议

1. 完善成本控制管理体制，树立成本管理意识

施工企业在开展项目成本控制的过程中应当贯彻“全企业、全员工、全过程”原则，并且对企业员工和管理人员的成本意识进行强化。施工企业在建立项目成本管理培训体系的过程中，应当充分考虑自身需求和实际情况，通过对全体成员的项目控制成本的意识和技能的提升，为实现有效控制项目成本提供保障。

2. 提升预算编制水平和成本投入的控制水平

随着建筑行业竞争日益激烈，施工企业要建立自身核心竞争的优势，就应当对成本预算进行合理编制，并且对项目成本投入进行科学安排。为了提升项目成本控制水平，首先应当保证成本预算编制的合理性。在项目建设之前，施工企业应当对合同内容进行深入研究，并在充分了解施工图纸的基础上对施工现场进行仔细考察，进而将工程量科学准确地计算出来。同时还应当从施工进度来计划安排施工内容，并从合同规定的结算方式从发，科学地进行工程项目成本的预算和决算，进而确保能够有效控制施工过程中每个环节的成本。

3. 强化劳动组织管理，将人工费用开支控制在合理水平项目管理培训

控制和管理人工费是项目成本控制的重要内容，很多施工企业在实际的项目成本控制中都存在超定额预算，所以控制管理活动中一个重要环节就是人工费的合理控制。实际应用当中可以通过如下措施控制人工费用：首先，对施工人员数量进行控制，应当将多技能人员作为首选，并有效预防窝工怠工现象的发生，最终达到提升生产效率的目的；其次，在计算定额用工量时应当充分考虑劳动定额，并在确定科学比例的基础上向班组承包；最后，应当强化班组的整体管理能力和生产工人的技术水平，通过对施工活动的合理组织减少无效劳动，进而达到控制人工费目的。

4. 依据施工定额指标控制材料消耗

施工项目成本中约有60% ~70%是材料费用，是项目成本控制的重

点内容。在项目管控过程中进行材料成本控制，应当从材料的采购、运输、使用三个环节实现。具体应当做到：根据科学合理的招标方法确定材料采购商，并在反复商议和论证后确定材料价格。同时还应当对材料采购时间进行科学的设定，预防因材料价格上涨而增加材料成本。为了节省运输费用，应尽量缩短运输距离并且选择合理的运输工具，避免出现二次运输。在材料使用环节应当充分贯彻限额领料制度，并且从工程进度出发对材料用量进行预测，通过施工材料的合理使用达到降低材料成本的目的。

5. 控制机械装备费用

施工企业应当在充分考虑工程实际情况和企业生产能力的基础上，对施工机械设备的使用费进行合理控制。实际运用当中应科学结合自购机械和租赁机械这两种方式，实现施工机械的合理选择。在具体施工中应当对现有机械设备进行充分利用，通过提升机械设备的使用效率，降低施工机械费用的投入。并且还应当强化对施工机械的管理和维护，减少不合理的费用产生，最终达到降低整体施工机械成本的目的。

6. 提升合同管理水平和索赔意识

随着市场竞争激烈程度的增加，索赔已经成为施工合同实施过程中的重要内容，它对于提升企业施工效益具有非常重要的意义和作用。具体施工管理中施工企业应当强化合同管理，在慎重签订合同、严格执行合同、提升合同索赔意识的基础上，保证自身能够在工程建设过程中的利益最大化。施工企业应当对索赔管理进行强化，并且对反索赔进行科学合理的规避，进而将反索赔造成的成本费用控制在最低。

（资料来源：项目管理者联盟网 http：//www. mypm. net）

五、项目采购管理

项目采购管理包括从执行组织之外获取货物和服务的过程。这些过程之间以及与其他领域的过程之间相互作用。

项目采购管理过程主要包括以下阶段：

（一）制定采购计划

1. 制造、采购分析

一般而言，在采购之前首先要做制造、采购分析，以决定是否要采购、怎样采购、采购什么、采购多少以及何时采购等。在制造、采购分析中，主要对采购可能发生的直接成本、间接成本、自行制造能力、采购评标能力等进行分析比较，并决定是否从单一的供应商或从多个供应商采购所需的全部或部分货物和服务，或者不从外部采购而自行制造。

2. 合同类型的选择

当决定需要采购时，合同类型的选择成为买卖双方关注的焦点，因为不同的合同类型决定了风险在买方和卖方之间分配。买方的目标是把最大的实施风险放在卖方，同时维护对项目经济、高效执行的奖励；卖方的目标是把风险降到最低，同时使利润最大化。常见的合同可分为以下五种。不同合同类型适用于不同的情形，买方可根据具体情况进行选择。一般来说，其适用情况如下：

成本加成本百分比（CPPC）合同：由于不利于控制成本，目前很少采用。

成本加固定费用（CPFF）合同：适合于研发项目。

成本加奖励费（CPIF）合同：主要用于长期的、硬件开发和试验要求多的合同。

固定价格加奖励费用（FPI）合同：长期的高价值合同。

固定总价（FFP）合同：买方易于控制总成本，风险最小；卖方风险最大而潜在利润可能最大，因而最常用。

3. 采购计划编制

根据制造、采购分析的结果和所选择的合同类型编制采购计划，说明如何对采购过程进行管理。具体包括：合同类型、组织采购的人员、管理潜在的供应商、编制采购文档、制定评价标准等。根据项目需要，采购管理计划可以是正式、详细的，也可以是非正式、概括的。

（二）采购过程管理

1. 询价

询价就是从可能的卖方那里获得谁有资格完成工作的信息，该过程的专业术语叫供方资格确认。获取信息的渠道有：招标公告、行业刊物、互联网等媒体、供应商目录、约定专家拟定可能的供应商名单等。通过询价获得供应商的投标建议书。

2. 供方选择

这个阶段根据既定的评价标准选择一个承包商。评价方法有以下几种：

（1）合同谈判：双方澄清见解，达成协议。这种方式也叫“议标”。

（2）加权方法：把定性数据量化，将人的偏见影响降至最低程度。这种方式也叫“综合评标法”。

（3）筛选方法：为一个或多个评价标准确定最低限度履行要求。如最低价格法。

（4）独立估算：采购组织自己编制“标底”，作为与卖方的建议比较的参考点。

一般情况下，要求参与竞争的承包商不得低于三个。选定供方后，经谈判，买卖双方签订合同。

3. 合同管理

合同管理是确保买卖双方履行合同要求的过程，一般包括以下几个层次的集成和协调。

（1）授权承包商在适当的时间进行工作。

（2）监控承包商成本、进度计划和技术绩效。

（3）检查和核实分包商产品的质量。

（4）变更控制，以保证变更能得到适当的批准，并保证所有应该知情的人员获知变更。

（5）根据合同条款，建立卖方执行进度和费用支付的联系。

（6）采购审计。

（7）正式验收和合同归档。

（三）采购成本分析

1. 招标成本

首先要考虑发出招标要约前的行为，招标方需要确定目标、调查主题、编写需求建议书、考察和认同供应商、获取内部的授权、寻求预算支持等，然后发出要约。该过程可能需要整个合同价的2%～5%。

然后，竞标者需要对招标方的招标文件制定其投标建议书，费时又费钱，每个竞标者在竞标说明上都要花费合同价的约1%～6.7%的成本。如果有五个竞标者，该成本将达到合同价的5%～30%。表面上看来，这笔款项由竞标者承担；但是，从长远看是由招标方承担。因为竞标者总把竞标成本直接加在每次竞标的项目上。

评标程序开始后，招标方需做包括开标、评标、定标、谈判、批准等事项。这个总成本可能占合同价的2%～5%。如果因为某种原因必须重新招标时，这部分成本将大幅增加。

因此，对于一般行业来说，竞标的总成本可能占到合同价的10%～50%。无论招标方处于何种行业，降低招标成本都是一种责任。

2. 建设成本

建设成本是投标报价的主要依据，往往是买卖双方关注的重点。一般包括如下几个方面：前期准备、正式建设费用等、与其他系统的集成、授权、交付和保险、相关手册、对员工和管理者的培训等。

3. 所有权损耗成本

所有权损耗成本指长期损耗成本，包括项目运营成本和处置成本。项目运营成本可能会持续多年，并且可能是前期费用的许多倍；在设备濒于报废之时还需考虑其销毁或处理的处置成本。

综合考虑这些成本将有助于以正确的观点看待实际采购价，帮助买方选择最好的方案。

六、项目风险管理

项目风险管理是指对项目风险从识别到分析乃至采取应对措施等一系列过程，它包括将积极因素所产生的影响最大化和使消极因素产生的影响最小化两方面内容。主要包括：风险识别、风险量化、风险对策。

（一）项目风险识别

项目风险识别的目标是识别和确定出项目究竟有哪些风险，这些风险有哪些基本的特性，以及这些风险可能会影响项目的方面。风险识别主要内容包括：确定风险来源、风险产生的条件、描述风险的特征以及确定哪些风险会对本项目产生影响。

项目风险识别的基本步骤是：（1）在调查研究的基础上列出初步风险清单；（2）对列入清单的风险进行分析评价；（3）在分析评价基础上，对各项风险进行分类排队。

项目风险识别的依据有：（1）企业内部及外部有关风险管理的信息资源；（2）项目范围说明书；（3）各种历史参考资料（类似项目的资料）；（4）风险管理体系文件（包括风险分类、岗位职责等）；（5）相关的项目管理计划（如进度计划、费用计划、质量计划等）。

常见的项目风险识别的基本方法主要有：（1）文件审查法；（2）信息采集技术法（如头脑风暴、德尔菲技术、访谈等）；（3）假设分析法（从假设的错误、矛盾或不完整中识别项目风险）；（4）核对表分析法（使用预先编制的项目风险核检表分析和识别项目风险的方法）；（5）图形技术法（如因果分析图、鱼刺图、石川图、用于确定风险的起因；影响图反映变量和结果之间因果关系的相互作用、事件的时间顺序及其他关系）。

（二）项目风险量化

项目风险的量化包括项目风险的定性度量和项目风险的定量度量各方面的工作。具体包括有：项目风险发生可能性的度量；项目风险后果严重程度的度量；项目风险影响范围的度量以及项目风险发生时间的度量。

项目风险度量的常用方法有：

1. 项目风险概率估算法

项目风险度量的首要方法是确定项目风险事件概率分布的估算方法。一般说来，项目风险事件概率估算方法主要是根据历史信息资料的统计规律进行估算的方法。

2. 项目风险后果的预计方法

项目风险事件可能造成的损失或后果大小的预测方法一般从三方面来度量项目风险：风险损失的性质（人、财、物），风险损失的大小（数量或金额）、风险损失的时间分布。

3. 模拟仿真法

模拟仿真法是用数学模拟或者系统法政模型去分析和度量项目风险的方法。大多数这种项目风险度量的方法使用蒙特卡罗（Monte Carlo）或三角模拟分析法。

4. 专家决策法

在项目风险度量中最为经常使用的方法还有专家决策法，它一般可以代替或者辅助上面所讲过的数学计算和仿真的方法。

5. 其他分析技术

包括：决策树、敏感性分析、统计分析、期望值计算等。

（三）项目风险对策研究

这是在整个项目的过程中人们根据项目带来的威胁和机遇所能够采取的应对办法。主要有风险容忍（自担）措施、风险规避措施、风险转移措施、风险消减措施。风险对策研究包括对机会的跟踪进度和对威胁的对策。对威胁的对策大体分以下三点：

（1）避免：排除特定威胁往往靠排除威胁起源。项目管理队伍绝不可能排除所有风险，但特定的风险事件往往是可以排除的。

（2）减缓：减少风险事件的预期资金投入来减低风险发生的概率（如为避免项目产出的产品报废而使用专利技术），以及减少风险事件的风险系数，或两者双管齐下。

（3）吸纳：接受一切后果。这种接受可以是积极的（如制定预防性计划来防备风险事件的发生），也可以是消极的（如某些工程运营超支则接受低于预期的利润）。

项目风险对策研究常用的工具和方法有：

（1）采购。即从本项目组织外采购产品和服务，常常是针对某些种类风险的有效对策。比如，与使用特殊科技相关的风险就可以通过与有此种技术经验的组织签订合同减缓风险。

（2）预防性计划。预防性计划包括对一个确认的风险事件如果发生如何制定行动步骤。

（3）替代战略。风险事件常常可以通过及时改变计划来制止或避免。比如，一个备用的工作方案可以减少在安装期和建设阶段中产生的变故。实际上在许多应用领域都有替代战略在潜在价值方面的实体文字说明。

（4）投保。保险或类似保险的操作如证券投资常常对一些风险类别是行之有效的。在不同的应用领域，险种的类别和险种的成本也相应不同。

阅读与思考

天行公司的网站项目的风险管理

天行公司是北京地区的一家小型信息系统咨询公司，该公司承担了为某小区设计和安装局域网业务。王先生是该项目的项目经理，另外有两位 Java 的专业人员和一位实习生作为项目成员一起工作。王先生刚刚结束了项目范围的初步陈述。现在要运用头脑风暴法思考与项目相关的可能风险。

项目范围陈述：（1）项目目标。在一个月内为某小区设计和安装一种局域网，预算不超过 10 万元；（2）可交付物。20 个工作站，奔腾 IV 服务器，两套惠普激光打印机，Windows NT 服务器和工作站操作系统，对客户方面人员 10 小时的介绍性培训，对客户网络管理员 20 小时的培训，完全可操作的 LAN 系统。（3）里程碑式阶段性成果。7 月 15 日硬件，7 月 19 日设定用户优先级和授权，7 月 24 日完成内部整体网络检验，7 月 25 日客户地点检查，8 月 15 日完成培训。（4）技术要求。工作站配置为：19 英寸监视器、奔腾 IV 处理器、256MBRAM、4MBSVAG、32X CD-ROM、zip 驱动器、以太网卡、4G 硬盘。PCI64 以太网、LAN 界面卡以及以太网连接。系统必须支持 Windows NT 平台，兼容 Y2K。（5）限制和例外。系统维修仅维持到最后检查后 1 个月。（6）授权转移给客户。仅负责客户在项目开始 2 周前制定的软件，客户必须为超出合同指定的额外培训付费。

思考：

（1）分析该项目存在的风险。

（2）如果你是项目经理，你将对已经识别的风险采取怎样的应对及控制措施？

（材料改编摘自：管理人网 http：//pm. manaren. com/）

第四节 项目后评价

一、项目后评价内涵及意义

项目后评价19世纪30年代产生于美国，直到上个世纪70年代，才广泛地被许多国家和世界银行、亚洲银行等双边或多边援助组织用于世界范围的资助活动结果评价中。项目后评价是指在项目已经完成并运行一段时间后，对项目的目的、执行过程、效益、作用和影响进行系统的、客观的分析和总结的一种技术经济活动。

项目后评价的意义在于：

（1）确定项目预期目标是否达到，主要效益指标是否实现；查找项目成败的原因，总结经验教训，及时有效反馈信息，提高未来新项目的管理水平；

（2）为项目投入运营中出现的问题提出改进意见和建议，达到提高投资效益的目的；

（3）后评价具有透明性和公开性，能客观、公正地评价项目活动成绩和失误的主客观原因，比较公正地、客观地确定项目决策者、管理者和建设者的工作业绩和存在的问题，从而进一步提高他们的责任心和工作水平。

二、项目后评价的类型

根据评价时间不同，后评价又可以分为跟踪评价、实施效果评价和影响评价。

（1）项目跟踪评价是指项目开工以后到项目竣工验收之前任何一个时点所进行的评价，它又称为项目中间评价；

（2）项目实施效果评价是指项目竣工一段时间之后所进行的评价，就是通常所称的项目后评价；

（3）项目影响评价是指项目后评价报告完成一定时间之后所进行的评价，又称为项目效益评价。

从决策的需求，后评价也可分为宏观决策型后评价和微观决策型后评价。

（1）宏观决策型后评价指涉及国家、地区、行业发展战略的评价；

（2）微观决策型后评价指仅为某个项目组织、管理机构积累经验而进行的评价。

三、项目后评价的基本内容

项目后评价分为项目竣工验收、项目效益后评价以及项目管理后评价三块基本内容。

（1）项目竣工验收：分竣工验收、竣工决算及技术资料的整理和移交。

（2）项目效益后评价：主要评价项目经济效益、环境效益、社会效益、项目可持续性、项目综合效益。

（3）项目管理后评价：包括项目的过程后评价、项目的综合管理后评价、项目管理者评价。

四、项目后评价的工作程序

（1）接受后评价任务，签订工作合同或评价协议，以明确各自在后评价工作中的权利和义务。

（2）成立后评价小组，制定评价计划，后评价计划必须说明评价对象、评价内容、评价方法、评价时间、工作进度、质量要求、经费预算、专家名单、报告格式等。

（3）设计调查方案，聘请有关专家。

（4）阅读文件，收集资料。评价小组应组织专家认真阅读项目文件，从中收集与未来评价有关的资料。如项目的建设资料、运营资料、效益资料、影响资料，以及国家和行业有关的规定和政策等。

（5）开展调查，了解情况。在获得部分项目资料的基础上，为了核实情况、进一步收集相关信息，应去现场调查应了解项目的真实情况。

（6）分析资料，形成报告。在阅读文件和现场调查的基础上，要对已经获得的大量信息进行消化吸收，形成概念，写出报告。需要形成的概念是，项目的总体效果如何？是否按预定计划建设或建成，是否实现了预定目标，投入与产出是否成正比例关系；项目的影响和作用如何，对国家、对地区、对生态环境、对群众各有什么影响和作用；项目的可持续性如何；项目的经验和教训如何等。

（7）提交后评价报告，反馈信息。正式提交的报告应有“项目后评价报告”和“项目后评价摘要报告”两种形式，根据不同对象上报或分发这些报告。

五、项目后评价主要方法简介

国际通用的后评价方法主要有：

1. 统计预测法

统计预测法是以统计学原理和预测学原理为基础，对项目已经发生事实进行总结和对项目未来发展前景做出预测的项目后评价方法。

2. 对比分析法

对比分析法是把客观事物加以比较，以达到认识事物的本质和规律并做出正确的评价。对比分析法通常是把两个相互联系的指标数据进行比较，从数量上展示和说明研究对象规模的大小，水平的高低，速度的快慢，以及各种关系是否协调。

3. 逻辑框架法（LFA）

逻辑框架法是将一个复杂项目的多个具有因果关系的动态因素组合起来，用一张简单的框图分析其内涵和关系，以确定项目范围和任务，分清项目目标和达到目标所需手段的逻辑关系，以评价项目活动及其成果的方法。

4. 定量和定性相结合的效益分析法等。

本章精要

项目是指在一定的约束条件下（主要是限定时间、限定资源），具有明确目标的一次性任务。项目一般具有以下几个典型的特征：一次性、独特性、目标的明确性、组织的临时性和开放性、不可逆转性。现代项目管理一般将项目划分为四个主要的工作阶段：项目的定义与决策阶段、项目的计划和设计阶段、项目的实施与控制阶段、项目的完工与交付阶段。项目的管理模式是指一个工程项目建设的基本组织模式以及在完成项目过程中各参与方所扮演的角色及合同关系。常见的项目管理模式有DBB、EPC、BOT、PM及代建制等模式。

项目管理是从项目的投资决策开始到项目结束的全过程进行计划、组织、指挥、协调、控制和评价，以实现项目的目标的过程。项目管理基本职能包括：项目计划、项目组织、项目论证、项目控制。现代项目管理知识体系的内容主要有以下九个主要的方面构成：项目集成管理、项目范围管理、项目时间管理、项目成本管理、项目质量管理、项目人力资源管理、项目沟通管理、项目风险管理和项目采购管理。

项目后评价是指在项目已经完成并运行一段时间后，对项目的目的、执行过程、效益、作用和影响进行系统的、客观的分析和总结的一种技术经济活动。项目后评价分为项目竣工验收、项目效益后评价以及项目管理后评价三块基本内容。常见的项目后评价方法主要有：统计预测法、对比分析法、逻辑框架法等。

推荐阅读材料

[1] 美国项目管理协会．卢有杰，王勇译．项目管理知识体系指南（第3版）[M]．北京：电子工业出版社，2005

[2] 中国（双法）项目管理研究委员会著．中国项目管理知识体系[M]．北京：电子工业出版社，2008

[3] [英] 格里姆伍德-琼斯（Grimwood-Jones Diana）著．项目管理应用与行动手册 [M]．北京：清华大学出版社，2003

本章参考文献

[1] 朱方伟，宋金波．项目管理 [M]．北京：清华大学出版社，2012

[2] 李金亮，汤毅．项目管理 [M]．北京：清华大学出版社，2016

[3] 美国项目管理协会．卢有杰，王勇译．项目管理知识体系指南（第3版）[M]．北京：电子工业出版社，2005

[4] 中国项目管理委员会．中国项目管理知识体系与国际项目管理专业资质认证标准 [M]．北京：机械工业出版社，2003

[5] 全国注册咨询工程师（投资）资格考试参考教材编写委员会．工程项目组织与管理 [M]．北京：中国计划出版社，2014

[6] 戴大双．现代项目管理 [M]．北京：高等教育出版社，2006

[7] 戚安邦．项目管理学 [M]．北京：科学出版社，2010

[8] 余志峰，胡文发、陈建国．项目组织 [M]．北京：清华大学出版社，2001

[9] 沈建明．项目风险管理 [M]．北京：机械工业出版社，2010

[10] 刘国靖，邓韬．21世纪新项目管理——理念、体系、流程、方法、实践 [M]．北京：清华大学出版社，2003

[11] [美] 詹姆斯·刘易斯著．赤向东译．项目计划、进度与控制 [M]．北京：清华大学出版社，2002

[12] 池仁勇．项目管理 [M]．北京：清华大学出版社，2004

[13] 郭汉丁，郭伟．工程项目管理概论 [M]．北京：电子工业出版社，2010

[14] 刘国靖．现代项目管理教程（第三版）（21世纪项目管理系列教材）[M]．北京：中国人民大学出版社，2013

本章思考与讨论

1. 什么是项目？项目具有哪些基本特征？试列举一些项目实例。

2. 一般项目的工作阶段是如何划分的？

3. 项目的利益相关者有哪些？

4. 项目的管理模式有哪些？如何结合实际来理解？

5. 何谓项目管理？项目管理的主要内容有哪些？

6. 何谓项目组织？常见的项目组织结构类型有哪些？

7. 何谓项目范围管理？其主要内容包括什么？

8. 何谓项目质量管理？项目质量管理的主要内容包括什么？

9. 何谓项目进度管理？项目进度管理的主要内容包括什么？

10. 何谓项目费用管理？项目费用控制的挣得值方法是如何应用的？

11. 把攻读学位当作一个项目来做，请列出尽可能多的项目关系人，分析他们的对项目的利益领域和影响领域；并按利益和影响力大小排序，列出最主要的三个项目关系人，说明准备如何面对他们。

本章案例

项目管理在初创互联网企业的运用

初创互联网公司本质上也是创业公司，创业公司的特点在其中都会体现，可能还更加明显，比如，对效率的要求等。互联网公司通常有技术需求，创始人或投资人希望在最短的时间、使用最低的成本实现所需的功能。（项目管理者联盟）

初创公司，可招聘到位的高端技术人员和优秀的技术管理人员不多，并且技术基础工作也不完善，从产品、开发、测试、运维等方面都有所表现。如何能帮助团队有序地完成研发工作是初创期的重中之重。（项目管理者联盟）

PMI提出的项目管理标准，内容足够的丰富，各项要求也非常全面，如果完全按照要求实施，对于互联网要求的快速交付有一定的难度。互联网要求的每个迭代周期都相对较短，如何保证产品上线后的质量是第一问题。（blog. mypm. net）

作为一个初创公司的技术负责人，深深地体会到在没有规范、没有一定流程、团队没有项目管理的情况下，产生的后果对公司造成的影响。（talent. mypm. net）

我们在初期发版后经常出现发版后紧急对应和版本回退的状况，紧急对应后还需要再紧急发版，技术团队能理解因为自己的原因造成的后果（持续的打击、持续高强度工作、影响后续的迭代研发等），但公司对技术团队的信任度、技术团队的士气等都成了明显的问题。鉴于此，我们首先制定了测试和发版的流程及规则。然后我们逐渐形成了产品的标准和开发的规范及流程。在公司的发展和研发的推进过程中，我们持续优化已经形成的相关内容，每个员工入职时，我们准备了相关的培训和训练，使所有研发团队成员在意识上首先达成一致，工作模式上达成一致，逐渐我们的迭代周期开始缩短、发版更加及时完备，2017 年，我们发版没有任何一次回推（无论产品大小）。（项目管理者联盟）

我们研发团队持续推动敏捷，但过程中发现有一些新的团队会出现较大的问题，我们使用白板、利用站会等，结果在新的团队中，做到了“形式”，但在进度、质量、沟通等方面都出现了问题。首先进度的安排好像很顺利，如果团队出现任何的异常（技术预研逾期、出现紧急需求或 BUG 修改等），团队的节奏被打乱，经常只会采用加班的方式解决问题（按照计划已经工作强度较大）。其次，在产品进入测试阶段 BUG 层出不穷，甚至在 UAT 阶段也出现不少的问题，直接影响发版及版本回退。第三，由于团队文化没有建设好，偶尔还出现由于业务的争论变为团队成员之间不和谐的状况。（bbs. mypm. net）

团队意识到在项目管理方法、知识、技能（含软技能）都存在不足，要快速提升团队的能力不太可能，但问题出现必须要解决。团队采用先治标后治本的方式，先制定了一些计划的模版（包括白版模版），同时定制了跟踪要求，在要求上做了部分的细化，让跟踪便于实施，同时也不过于烦琐。为了在质量上能有本质上的提高，在工程管理方面相对要严格和正式很多。在此过程中，团队派遣一些员工参加专业的项目管理培训和敏捷培训，参加培训后在公司内实施分享，另外，团队中经验丰富一些的人员也在公司内实施培训和实战指导，经过 1 年多的努力，团队中一批人员得到了长足的进步，团队整体能力也得到了提升，终于迈出走向成熟的第一步。（项目管理者联盟）

每家公司都有自己的研发模式，但是基础的项目管理和工程管理是成功研发模式的基础，不同阶段的团队成熟度需要不同的研发方法和管理方法，一成不变的管理方法和过于传统的管理方法一定会制约团队的发展。（项目管理者联盟）

问题思考：

如何结合互联网企业特点做好项目管理工作？

（资料来源：项目管理者联盟网 http：//www. mypm. net/articles/show_ article_ content. asp？articleID＝33595）

第十一章　企业危机管理

引言：真知灼见

一个伟大的企业，对待成就永远都要战战兢兢，如履薄冰。

——海尔集团总裁张瑞敏

10 年来，我天天思考的都是失败。

——华为技术有限公司总裁任正非

危机不仅带来麻烦，也蕴藏着无限商机。

——美国大陆航空公司总裁格雷格·布伦尼曼

微软离破产永远只有 18 个月。

——世界首富比尔·盖茨

预防是解决危机的最好方法。

——英国危机管理专家迈克尔·里杰斯特

本章学习目标

企业经营过程中危机四伏，危机的爆发不仅会影响企业的经营业绩，有时甚至直接关系到企业的生死存亡。危机是不可避免的，绝对没有危机的企业是不存在的，但危机是需要管理的，管理危机的目的是为了平衡危机甚至利用危机。特别是近年来，波及全球的一些生产性事故和企业危机事件越来越频繁发生，这反映了很多企业甚至是一些知名企业危机意识不强，危机管理能力薄弱，在竞争愈加激烈的今天，企业必须对可能爆发的危机保持清醒的认识，通过有效的危机预警系统和危机干预手段，将危机的损失降至最低，使得企业免受危机侵害，不断生存和发展。通过本章的学习，你应该能够：

★ 掌握企业危机和危机管理的内涵
★ 明确危机管理与风险管理、危机处理、危机公关的区别
★ 了解企业危机的类型和根源
★ 掌握企业危机管理的相关理论
★ 掌握企业危机管理的步骤
★ 了解企业危机公关的程序和原则
★ 了解企业媒体应对策略

第一节 企业危机概述

一、企业危机的界定

企业在发展过程中，总会遭遇各种危机，有时这些危机甚至给企业带来致命的打击，国内一些著名企业，如三株、爱多、南京冠生园等，国外的大公司如美国安然公司，美国第四大投资银行雷曼兄弟公司，都是由于没有妥善解决突然发生的危机而一蹶不振，江河日下甚至倒闭关门；但同时，也有不少企业通过有效的危机管理，使企业转危为安，如强生在泰诺事件中正确处理了危机，不仅挽回损失，更是使企业有了更好的发展。对于企业而言，不在危机中成长，就在危机中灭亡，危机确确实实存在，对企业的生存和发展产生着深远的影响。那么，什么是危机呢？企业危机又有哪些特征呢？

一般说来，危机是指各种紧急的、突然发生的，对人员、组织和其他资源有重大损害或潜在重大损害的重大事件。有些学者将危机看成是危险和机会的综合，认为危机是一个中性词，这有一定的道理，“祸兮福所倚，福兮祸所伏”，任何事物的发展都是一分为二的。但是，不能过分强调危机与机会的联系，危机中确实存在机会，但机会不是危机的重心，这些机会往往被忽略，或者利用的难度很大，需要付出极大代价，所以不能因为危机可能带来的机会而对危机掉以轻心，疏于防范。危机和风险也是容易混淆的两个概念。风险是指损失的不确定性，而危机的范围更为狭窄，只有造成严重损失的风险事件才是危机。一般说来，风险是无处不在的，而

危机则具有偶然性。

企业危机是指企业经营过程中发生的给企业的声誉或信用造成负面影响的事件或活动，这些事件或活动一般是企业在处理与利益相关者利益冲突过程中产生的。企业危机一般具有如下特征（如图11－1所示）：

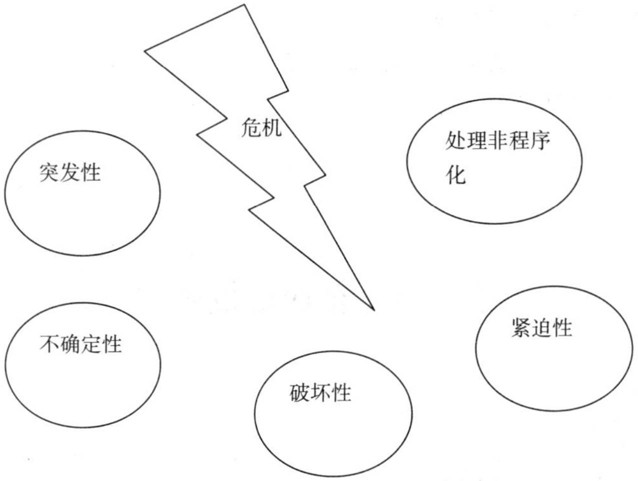

图11－1　企业危机的特性

第一，突发性。尽管有的危机可能有很长的潜伏期，但危机多以突发事件的形式出现的。例如三鹿奶粉事件、丰田汽车召回事件等，都是在企业毫无准备的情况下发生的，给企业和社会带来极大的混乱和惊恐。当然，我们要认识到，偶然之中存在必然，企业危机虽然表现出突发性，其实危机是企业中的矛盾和问题长期积累的结果。

第二，不确定性。企业中的危机的发展趋势及后果都超出了公司和人们的认知水平，是不可预料的。危机事件是一种风险事件，如果处理不当往往会造成严重的损失，甚至给企业带来灭顶之灾，但如果能进行有效的防范和控制，可以将危机的损害减少到最低程度，甚至能利用危机带来的机会实现组织的变革创新和更大的发展。

第三，破坏性。由于危机具有突发性和不确定性，加上危机的发生会带来企业经营上的连锁反应，一般说来，危机具有巨大的破坏性，它可以使得企业苦心经营的品牌形象和信誉毁于一旦，使得企业市场萎缩、产品滞销，甚至难以在市场立足，给企业带来不可估量的损失。

第四，紧迫性。对企业来说，危机一旦爆发，需要企业立即加以反应，企业应该快速决策，决不能听之任之，如果不能及时控制，可能会使形势急转直下，最终无法控制，使企业遭受更大损失。

第五，处理的非程序化。危机发生以后，企业对危机所做的快速决策是一种非程序化的决策，由于不同危机发生时的环境千差万别，这导致对危机的处理决策不能按程序进行，必须借助管理者的知识经验做出理性判断，进而进行决策。

二、企业危机的分类

企业本身是一个系统，由若干相互联系、相互依赖的子系统构成，同时，企业也是一个开放的系统，与外部环境有着信息和资源的交换，这种复杂的内外部环境条件使得企业会面临各式各样的危机。

有学者将企业危机从内在、外在及人为、非人为两个维度进行区分，认为危机可以分为以下四大类：

（1）内在的非人为的危机，如技术缺陷造成产品安全问题。

（2）外在的非人为的危机，如自然灾害、周期性的经济危机。

（3）内在的人为危机，如产品质量管理存在问题、员工罢工。

（4）外在的人为危机，如竞争对手的仿冒、盗取商业秘密或者与供应商关系恶化。

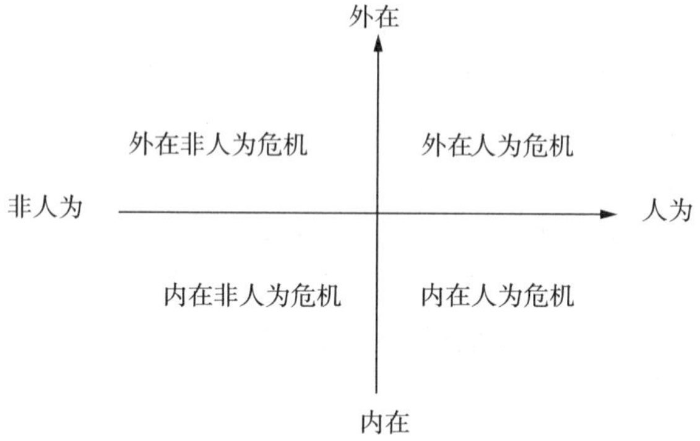

图 11－2　企业危机的分类 I

也有学者按企业危机发生的不同领域进行区分：

（1）政治危机。它是指由于政治政局的因素给企业带来的危机，如所在国发生政变、战争、骚乱等。

（2）法制危机。它是指法律环境的变化给企业经营带来的危机。比如 Google 公司因为不能适应中国的法律，只能选择退出中国市场。

（3）经济危机。它是指由于国家财政政策、货币政策、外汇管理政策以及外部经济环境变化给企业带来的危机。如 2008 年全球金融危机就给我国不少中小企业带来经营的危机。

（4）自然危机。它主要是指一些自然灾害给企业带来的经营危机。

（5）社会危机。它主要是指宗教、民族、意识形态等因素给企业带来的经营危机。

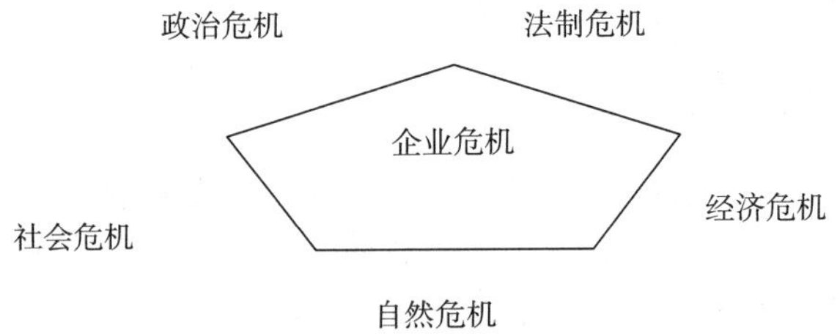

图11－3　企业危机的分类Ⅱ

本书中按照危机的表现，将企业危机划分为如下类型：

1. 人力资源危机

这主要是指企业高层发生意外或骨干员工队伍瓦解所带来的企业经营的危机。如2004年11月7日，均瑶集团董事长、中国著名民营企业家王均瑶病情突然恶化，在上海去世，这使得均瑶集团面临一定的危机。而2004年3月18日，中国知名的IT企业方正科技，副总裁周险峰带领属下方正集团PC骨干“集体出走”，其中有方正科技产品中心总经理吴京伟、销售平台副总经理吴松林、产品总监、人力资源部门主管以及各个区域的部分渠道骨干管理人员和技术人员等。这也使方正带来了人力资源危机。

2. 财务危机

这主要是指企业财务管理混乱，资金链断裂给企业带来的危机。如巨人大厦的建设资金链断裂令著名企业家史玉柱遭遇“滑铁卢”，其创立的巨人集团也因为严重的财务危机而一蹶不振。

3. 产品和服务危机

这是由于企业产品和服务方面的缺陷而给企业带来的经营危机。如丰田公司强调全球扩张，削弱了产品开发过程，多款车型踏板存在质量缺陷，导致大量召回汽车和部分车型停产，丰田的全球品牌形象和产品质量越来越遭到质疑。

4. 企业形象、信用危机

这种危机一般是产品和服务危机带来连锁反应。也有些是企业违规操作带来的危机。如2009年央视“3·15”晚会曝光部分山东移动滥发垃圾短信，甚至是违法信息，而且把用户个人信息出售给垃圾短信运营商，从中渔利，引起公愤。网民纷纷表示将不再信任中国移动，山东移动乃至中国移动的企业形象受到严重影响。

5. 行业危机

行业危机是指企业所处的行业由于生命周期发展出现衰退、受到国家政策调整或者行业不健康发展及其他原因造成的危机。如我国钢铁行业由于铁矿石价格上涨引发了行业危机，企业的盈利和发展都面临巨大困难。

图 11-4 本书中对企业危机的分类

三、企业危机的根源

认清企业危机的根源，挖掘其发生的原因，对危机预防和控制有着非常重要的意义，一般说来，企业危机的发生的根源如下：

（一）企业外部环境的变化

企业的经营是在一定的环境中进行的，如果外部的自然环境、政经法律环境、技术环境及社会人文环境发生巨变，而企业又没有审时度势，做出充分的准备和防范，必然会给企业带来极大的危机。如美国著名的王安电脑公司在计算机工业向更廉价和多功能的个人电脑方向发展时，该公司故步自封，拒绝开发新产品，错过了发展个人电脑的大好时机，从而失去市场，给企业带来经营危机。

（二）竞争的激烈

如果说前面是宏观的一般环境给企业带来的危机，那么这里则是企业微观的任务环境给企业带来的危机。企业要想生存和发展，不仅要适应外部的环境，更要通过竞争，不断提升自身的竞争力。在激烈的竞争中，企业与竞争对手、顾客以及供应商的利益冲突都可能引发危机，如上个世纪 90 年代 IBM 曾遭遇的生存危机一定程度上竞争激烈导致的。90 年代初，由于对 PC 市场的反应不如戴尔、惠普灵敏，产品更新速度慢，IBM 逐渐由 80 年代的 PC 霸主宝座走向了亏损。与此同时，伴随硬件技术的成熟和消费需求的多样化，软件与服务开始取代硬件成为产业链的领航者，曾经屈居 IBM 旗下的微软和英特尔构建的 Wintel 平台统治了产业链，确立了软件与服务业在产业链中的核心地位，行业发展模式开始由之前的硬件带动软件向硬件围绕软件转改变，这种行业竞争游戏规则的改变也给 IBM 公司带来危机。

（3）企业决策的失误

企业危机的出现是外因和内因共同作用的结果，在外部环境发生变化，竞争更加激烈的情况下，如果企业能够冷静分析，理智决策，就能够逢凶化吉，渡过难关，反之，如果此时企业高层方寸大乱，以致频出昏着，出现决策失误，必然雪上加霜，给企业带来危机。1989 年 3 月 24 日，埃克森公司的一艘巨型油轮“瓦尔代兹号”在阿拉斯加威廉太子湾附近触礁，使得 800 多万加仑原油泄出，在太子湾海面上形成一条宽约 1 公里、长达 8 公里多的飘油带。事故发生后，加拿大和美国各地的政府官员敦促埃克森公司尽快采取有效措施，但埃克森公司方面却无动于衷。他们既不彻底调查事故的原因，也不采取及时有效的措施清理泄漏的原油，更不向加拿大和美国当地政府道歉，致使事故进一步恶化，污染区域愈来愈大。加拿大和美国当地政府、环境保护组织以及新闻界面对埃克森公司这种置公众利益于不顾的恶劣态度极为不满，发起了一场“反埃克森运动”。埃克森公司一下子陷入极被动的境地之中，公司业务大受损失。仅清理泄油一项就花费了几百万美元，加上其他索赔、罚款，损失达几亿美元。另外，由于公司形象受到破坏，西欧和美国的一些老客户都纷纷抵制该公司的产品。埃克森曾为社会公益事业做过许多贡献，但此时都被公众抛在脑后。人们对埃克森的新印象是“破坏环境，傲慢无理”。可以看出，由于现代社会更加注重环保，本来原油泄出就是一个负面事件，此时埃克森公司又决策失误，忽视媒体舆论的力量，最终给企业带来危机。

（4）企业内部管理不善

如果说企业决策是涉及方向性的战略问题，那么这里提及的内部管理问题就是方法性的战术问题。企业在经营之中，往往环境不是很险恶，决策也正确，发展方向对路，但依然可能发生危机，这就是由于企业内部管理不善。如企业内部质量管理不到位导致产品和服务缺陷，人员管理不善导致人心涣散，财务控制不力致使财务危机，或者疏于文化建设使企业面临文化危机。如近年 SONY 在经营上频现危机，突出表现是“电池门”事件，在美国、在欧洲、在日本，起火的笔记本电脑频频出现在机场和办公室，紧接着是多个知名电脑公司规模巨大的召回行动，戴尔、苹果、联想……在这些动辄上百万块电池的召回行动中，索尼都要和电脑厂商分担责任，它因此遭受的损失达到 4 亿美元。这反映 SONY 在产品质量管理上存在问题，而无独有偶，SONY 近年来在市场表现不佳，财务上也焦头烂额与其文化有着很大的关系。多年来，索尼的管理层已经形成了一种独断专横的风气；下属各部门之间也是山头林立，互不相让；技术开发人员也充满了唯我独尊的意识。在这种传统的影响下，索尼的各种决策更像是在进行风险投资，而不像是一家成熟大公司的所为。除此之外，多年的成功也助长了索尼公司上下员工们自我满足的心理，公司的管理层再也不像以前那样卖力，员工也在思想上变得比较松散。

下图 11－5 反映的就是企业危机的来源，概括来说，企业危机的根源无外乎外部环境的变化特别是竞争的激烈，另外就是企业内部的因素，如决策失误或管理不善。

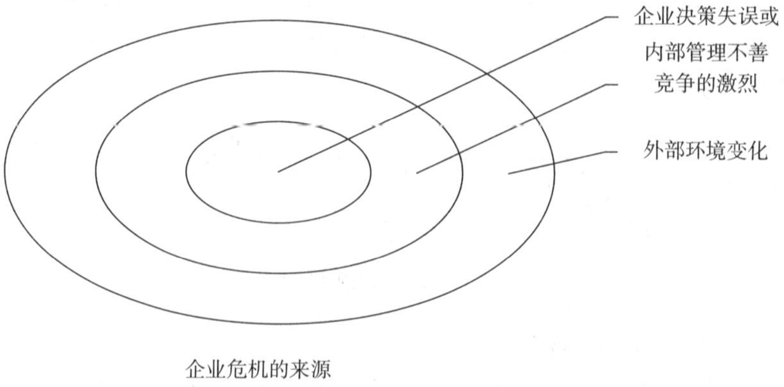

图 11－5 企业危机的来源示意图

第二节 企业危机管理理论

一、企业危机管理

危机管理是指分析危机发生的原因，采取预防危机的措施，在危机发生后有效控制危机的发展并消除危机影响的过程。危机管理包含对危机事前、事中、事后所有事务的管理。管理专家克里斯蒂克提出了危机管理的四领域说，将危机管理分为预期型管理（管理潜在的危机）、防范型管理（对已存在但未认知的危机进行跟踪管理）、反击型管理（对已存在的危机进行管理）和清算型危机管理（指危机超越了组织承受限度而采取不得已的破产清算措施），当然这种看法没有考虑到危机转化的问题，也就是它没有对危机进行主动的引导、干预和控制。而是一种被动型的管理。一般说来，危机管理是一个动态管理过程，包括规避危机、控制危机、解决危机等步骤和措施。

二、企业危机管理理论

（一）PPRR 模型

PPRR 理论将危机管理分为四个工作阶段：危机前预防（Prevention）、危机前准备阶段（Preparation）、危机爆发期反应（Response）和危机结束期恢复（Recovery）。有时也将危机管理分为缓和（Mitigation）、准备（Preparation）、反应（Response）和恢复（Recovery）四个阶段，所以又称“MPRR”模式。

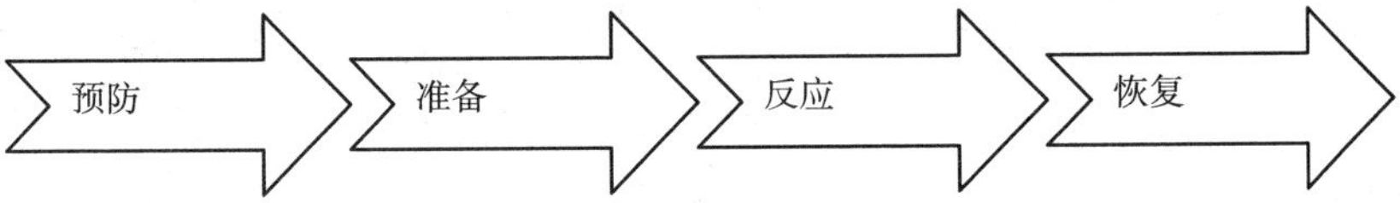

图 11－6　PPRR 模型

1. 预防（Prevention）

危机管理的第一个阶段是预防，将可能导致危机的因素扼杀在萌芽状态。这一阶段所要做的工作是防患于未然，对管理范围内的政治、社会、经济、自然等条件进行评估，认真排查可能导致危机的关键因素，逐个解决可能出现危机的环节或问题。

2. 准备（Preparation）

在危机管理的前期除了预防外，还要做好对无法避免的危机做好准备。这一阶段的工作主要是建立危机预警机制，并制定应急计划，做到有备无患。企业可挑选各方面的专家，组成危机管理团队，制定危机管理计划，进行日常的危机管理工作。同时，为了能清楚地了解危机爆发前的征兆，企业需要一套完整而有效的危机预警系统。通过对危机的准备，可以在危机出现时从容应对，防止危机在没有受到控制的情况下肆意发展，甚至演变成灾难性危机。

3. 反应（Response）

危机爆发时，对其做出适当的反应是危机管理的关键。尽管有预防，也做了一些准备工作，但这都不能代替对危机的反应。一旦危机爆发，企业不能麻木不仁，听之任之，而应该果断快速做出反应。企业应对危机时的管理策略，一般可以分为四个步骤：确认危机，隔离危机，处理危机，总结危机。在处理危机时，合理地运用沟通管理、媒体管理、企业形象管理等方法可以收到事半功倍的效果。企业在对危机进行反应时，首先要坚决遏制危机，危机发生时，决策者要及时获取准确而全面的信息，迅速出击，针对危机对症下药，为解决危机创造条件。其次，要注意隔绝危机，避免其蔓延，要将危机限定在一定范围之内。另外就是加强危机沟通，特别是注重与媒体的沟通，防止谣言流传，虚假信息散布影响决策。当然危机沟通过程中要注意信息透明而不是搞消息封锁，英国危机公关专家里杰斯特曾提出著名的危机沟通“三 T”原则：第一，以我为主提供情况（Tell your own tale）；第二，提供全部情况（Tell it all）；第三，尽快提供情况（Tell it fast）。

4. 恢复（Recovery）

危机过后，更要注重危机的恢复和重建。一是指在危机发生并得到控制后着手后续形象恢复和提升；二是指在危机管理结束后的总结阶段，为今后的危机管理提供经验和支持，避免重蹈历史覆辙。

危机一旦被控制，迅速挽回危机所造成的损失就上升为危机管理的首要工作了，在进行恢复工作前，企业先要对危机产生的影响和后果进行分析，然后制定出针对性地恢复计划，使企业能尽快摆脱危机的阴影，恢复以往的运营状态。同时，企业要抓住危机带来的机遇，进行必要的探索，找到能使企业反弹得比危机前更好的方法。

在危机管理的 PPRR 模型中，2P（预防与准备）比 2R（反应与恢复）重要，做好 2P，才能搞好 2R。

（二）危机生命周期理论

危机生命周期理论认为，危机有着不同的生命周期，如同人从诞生、成长、成熟到死亡有着不同的生命阶段，危机也会经历生命周期的几个阶段，危机在不同阶段，具有不同的生命特征，掌握企业危机的发展阶段的特征，对处置和化解危机至关重要。如果企业能根据各种特征来区分危机发展的阶段，并有针对性地采取解决措施，可以将危机消灭在早期阶段，避免危机的不断发展和性质变化，从而可以减少危机造成的损失，使得危机可控。危机生命周期理论可说是危机的症候学研究或过程学研究。它将危机的发展分为五个显著阶段：企业危机酝酿期、企业危机爆发期、企业危机扩散期、企业危机处理期、企业危机处理结果和后遗症期。

1. 危机酝酿期：危机的出现不是一朝一夕的，一般来说企业危机都是从渐变、量变，最后才形成质变。企业中的危机是企业内部问题和矛盾的积累和激化的结果，刚开始时，只是渐变的过程，苗头不是很明显，在出现量变时，危机开始呈现，可以说此时应该引起管理者对危机的足够的重视。

2. 危机爆发期：危机爆发是指经过一段酝酿期后，危机已经突破危急的预警防线，开始爆发，给企业的生存和发展带来危险，危机的副作用开始显现。如果不能立即处理，危机将进一步上升，其杀伤范围与强度会变得更为严重。

3. 危机扩散期：这一阶段是指企业危机爆发后迅速发展和扩散，对其他领域产生连带影响，甚至冲击其他领域，造成不同程度的危机，企业生产经营的各方面都受到危机的困扰。

4. 危机处理期：这一阶段，企业介入对危机的干预。危机在此阶段要么受到控制停止发展，要么继续恶化扩散，这取决于企业对危机处理行为的及时性和正确性。

5. 处理结果与后遗症期：这是企业危机生命周期的后期阶段，此时，企业危机可能已被解决，企业在危机中慢慢恢复，也可能由于在危机处理期措施不当或力度不够导致危机没有彻底解决，表面上危机已经没有了危害性，但一旦时机成熟，危机仍可能卷土重来，甚至无须经过酝酿阶段而直接爆发。

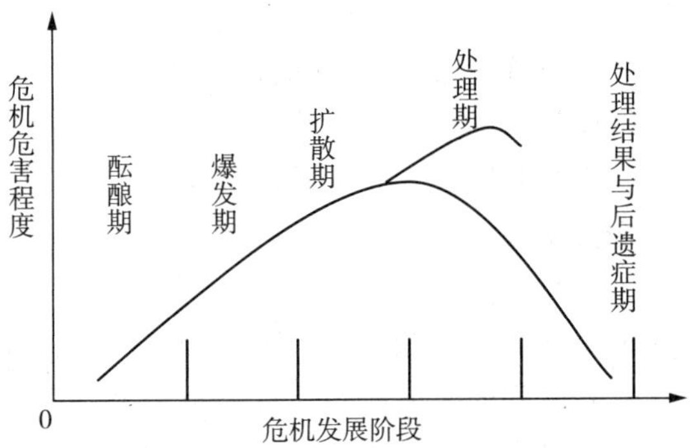

图 11－7　企业危机生命周期

第三节　企业危机管理步骤

根据 PPRR 理论可以将危机管理大致分为三大步骤：第一步是危机的事前管理主要包括危机预警与危机管理计划。第二步是危机的事中管理，主要包括危机调查和危机决策与处理。第三步是危机的事后管理，包括危机总结和危机恢复。

一、企业危机预防和准备

（一）危机预警

危机预警主要是指人们对危机的认知，表现为具有很强的危机意识以及在认知基础上构建的预警系统。图 11－8 反映了企业危机预警系统的组成。

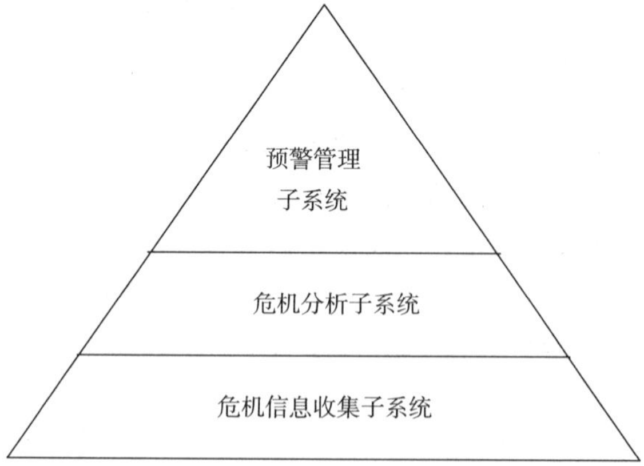

图 11－8　企业危机预警系统图

进行危机预防，首先要培养危机意识，没有居安思危的意识，即使危险就在眼前也可能浑然不觉。企业中从上到下必须保持清醒的头脑，提高对危机事件发生的警惕性。19 世纪末，美国康乃尔大学做过一次有名的青蛙实验。他们把一只青蛙冷不防丢进装满热水的锅里，这只青蛙在千钧一发的生死关头突然用尽全力，一下子跃出那势必使它丧命的水锅，跳到锅外的地面，安然逃生！半小时后，研究人员使用同样的锅，在锅里放满与自然温度相同的冻水，然后把那只死里逃生已经恢复了元气的青蛙放到锅里。由于水温适度，青蛙没有任何感觉。研究人员接着悄悄地点燃锅底下的炭火，慢慢地加热这锅水。而此时青蛙则优哉悠哉地在水中享受“温暖”，渐渐地，它感觉到热度已经熬受不住了，想要起来要跳出这葬身之地，但为时晚了，它欲跳乏力，全身瘫痪，慢慢就皮开肉绽，葬身在热锅之中。这只青蛙之所以后来难逃噩运就是因为危机意识不强，没有做到居安思危。企业也是一样，在经营环境较顺利时，应该时时刻刻保持警惕。像海尔集团以“永远战战兢兢，永远如履薄冰”为生存理念，使企业保持蓬勃向上的发展势头。而小天鹅公司实行“末日管理”战略，坚守“企业最好的时候，也就是最危险的时候”的理念，这种危机意识能够很好地进行危机预防。

除了危机意识的培养，企业还必须构建危机预警系统，运用技术和组织措施进行危机预防。企业应通过危机预警系统收集大量的监测信息，对所收集信息进行分析以确定企业运作中已发生的危机现象和将要发生的危机趋势，并根据企业危机识别和分析的结果，对企业生产经营活动或外在环境中可能发生的危机进行预警。这种危机管理预警系统一般包括危机信息收集子系统、危机分析子系统和预警管理子系统。危机信息收集子系统是通过对组织内外部影响组织经营的环境因素进行信息收集来排查危机因素，而危机分析子系统则根据所收集的信息对危机可能发生的类型、时间、概率进行预测分析；对已发生的企业的各种危机，进行成因、过程分析和发展趋势预测；对危机造成的损失进行评估。最终目的是为企业危机管理提供决策支持。预警管理子系统是根据危机分析子系统提供的危机分析结果来决定是否发出警报，以及发出何等程度的警报，来警示企业现在及将来可能存在的危机并建立企业危机防范与对策模块，一旦出现危机警报，可据此提出有效的危机防范措施与对策。

（二）危机管理计划

为了使得企业在危机爆发时不至手足无措，企业还必须未雨绸缪，对未来可能发生的危机做出精心准备。企业应该根据可能发生的不同类型的危机制定一整套危机管理计划，明确怎样防止危机爆发，一旦危机爆发立即做出针对性反应等。首先，企业应该建立危机管理小组，挑选组织内部最适合应对复杂、危险情况的人才，避免在危机发生时各部门的互相推诿或各自为战，也使得企业在处理危机时能够集中优势资源，而不至于组成乌合之众来处理危机。其次，企业要界定危机爆发的各种情况，并评估各种情况下造成的风险和影响。最后，要针对危机爆发的后果拟定危机行动计划。

二、企业危机处理

（一）危机调查

危机调查是对引发危机的事件进行全面、深入的调查，调查的结果作为企业处理危机的重要依据。在危机处理中，首先要对产生危机的事件进行调查，在调查清楚事件真相之后，企业才能对危机做出正确的决策。可以说，危机调查的质量直接影响到整个危机的处理。危机调查的内容包括：危机事件的基本情况如事件发生的时间、地点、周围环境等；危机事件的现状和发展趋势；事件发生的原因和影响；危机事件的责任人和受害人等。企业危机调查必须做到如下几点：首先是客观性。危机调查的结果必须客观，调查结果只有客观地反映整个引起危机的事件，才能使企业对危机做出正确的判断。调查结果如果包含了虚假的情况可能会使企业做出错误的决策，从而使危机更加恶化。其次是及时性。危机发生后，企业必须尽快做出处理，而这需要企业快速地进行危机调查，在第一时间获取危机的相关信息。如果危机调查不及时，一方面危机可能会出现新的变化，另外也给企业带来不负责任的形象。最后是完整性。引发危机的原因是多方面的，企业不仅要找到危机事件发生的直接原因还要找到间接原因，也不能忽略一些细节的原因，尽量将危机调查做得深入，获取完整的信息，从而为危机决策提供可靠的依据。

阅读与思考

1999年6月9日，比利时120人（其中有40人是学生）在饮用可口可乐之后发生中毒、呕吐、头昏眼花及头痛等症状，法国也有80人出现同样症状。已经拥有113年历史的可口可乐公司遭遇了罕见的重大危机。可口可乐公司立即着手调查中毒原因、中毒人数，同时部分收回某些品牌的可口可乐产品，包括可口可乐、芬达和雪碧。一周后中毒原因基本查清，比利时的中毒事件是在安特卫普的工厂发现包装瓶内有二氧化碳，法国的中毒事件是因为敦克尔克工厂的杀真菌剂洒在了储藏室的木托盘上而造成的污染。

（二）危机决策与处理

在进行危机调查之后，企业应该进行分析、决策，针对企业内部员工、相关责任人、受害者、新闻界、上级有关部门、社会公众等不同人群确定相应对策，制定不同方案来化解危机。企业可以采取隔离策略、中止策略、利用策略来进行危机处理。隔离策略是把危机的负面影响隔离在最小范围内，避免殃及其他非相关生产经营部门。中止策略就是要根据危机发展趋势，主动承担危机造成的损失，如停止销售、收回产品，关闭有关工厂、部门等。而利用策略则是利用把握机会把危机转化为生机。危机决策是危机处理的关键，决定着危机发展的方向和企业危机管理的成败。

阅读与思考

美国强生公司就因成功处理泰诺药片中毒事件赢得了公众和舆论的广泛同情，在危机管理历史中被传为佳话。1982年9月，美国芝加哥地区发生有人服用含氰化物的泰诺药片中毒死亡的严重事故，其影响迅速扩散到全国各地。事件发生后，在首席执行官吉姆·博克的领导下，强生公司立即抽调大批人马对所有药片进行检验。虽然结果发现所有受污染的药片只源于一批药，总计不超过75片，并且全部在芝加哥地区，但强生公司仍然按照公司最高危机方案原则，即“在遇到危机时，公司应首先考虑公众和消费者利益”，不惜花巨资在最短时间内向各大药店收回了所有的数百万瓶这种药，并花50万美元向有关的医生、医院和经销商发出警报。事故发生后，泰诺的市场份额曾一度下降，但后来当美国政府要求药品生产企业采用“无污染包装”时，强生公司看准了这一机会，立即率先响应新规定，结果在价值12亿美元的止痛片市场上挤走了它的竞争对手，仅用5个月的时间就夺回了原市场份额的70%。强生处理这一危机的做法成功地向公众传达了企业的社会责任感，受到了消费者的欢迎和认可，强生还因此获得了美国公关协会颁发的银钻奖。

（三）企业危机的恢复

在危机处理之后，企业应该总结经验教训，为今后的危机管理提供经验和支持，避免重蹈历史覆辙，同时要做一些善后工作，着手企业危机之后正常经营秩序的维护及企业形象的重建提升。

1. 危机总结

在进行恢复工作前，企业先要对危机产生的影响和后果进行分析，总结企业在危机预警、危机处理等方面的经验和不足，同时分析企业在经营理念、组织架构、沟通渠道等方面的缺陷，为日后改进工作提供参考。同时，为了提高企业整体的危机防范意识，企业还要做好奖惩工作，对应该承担责任的部门和个人进行严惩，而在危机过程中积极主动预防、缓和和化解危机的部门和个人进行奖励。

2. 危机恢复

危机恢复是指对企业在危机中受到伤害的生产经营秩序、员工队伍心理、企业声誉形象等方面进行重建，消除危机给企业带来的负面影响，使得企业的各个方面恢复到危机发生前的水平。首先应该恢复正常的生产经营秩序，及时向市场提供产品，恢复与外部公众的正常关系，使得员工从危机的阴影中走出来，适应正常工作和生活整体。另一方面应该重建企业声誉形象，危机给企业无形资产带来巨大的损失，企业要通过一系列的努力重建形象。

第四节　企业危机公关

一、企业危机公关概述

公共关系是企业进行的信息传播、关系协调和形象管理的管理活动，通过公关关系，可以帮助企业内求团结和外求发展。特别是当企业处于危机时，为了处理好与外界公众的利益关系，最大限度地消除危机事件给企业形象带来的负面影响，企业必须进行危机公关。危机公关是公共关系活动的一个分支，指企业在危机到来的情况下所进行的一系列自救行动，包括消除影响、恢复形象等。危机公关是企业危机管理的重要组成部分，它能够决定企业能否在危急关头力挽狂澜，使可能造成的不利影响降至最小。

企业危机公关与企业其他类型公共关系活动有着显著的区别，具有如下特点：（1）针对性，企业危机公关的目的是处理危机，将危机的损害降至最小，是直接面对危机的公关活动，不同于一般性的公关活动。（2）意外性，企业危机的爆发通常以突发事件的形式出现，这使得企业中的危机公关具有意外性，通常只有在企业发生危机时才启动，不同于企业常规性的公关活动。（3）迫切性，由于企业危机的扩散性和破坏性，使得危机公关活动具有时间上的紧迫性，企业必须第一时间进行公关调查和沟通，通报真实信息，履行应尽业务，争取公众的理解。（4）两重性，危机公关活动不同于一般的公关活动，在企业处于危机时，危机公关活动效果的好坏直接影响到企业的生存与发展，有些企业通过有效的危机公关化险为夷，最大限度地消除了危机的影响，而有些企业由于危机公关活动开展不及时或方式方法有误而使得企业危机雪上加霜。

二、企业危机公关的原则与程序

（一）企业危机公关的原则

正是由于企业危机公关具有不同于其他公关活动的特性，而且对企业的生存和发展具有非常重要的意义，在危机公关活动中不能鲁莽行事，应遵循 5S 原则。

1. 承担责任原则

企业在危机公关活动，首先要承担起责任。和一般公众相比，企业处于强势，无论是出于利益还是情感，社会公众希望企业能够在危机事件中承担起应尽责任，而一个有着社会责任意识的企业也应该主动承担起责任，积极进行危机处理。

2. 真诚沟通原则

在危机公关活动中，企业应该与社会公众进行积极有效的沟通，在沟通过程中，企业不能为了掩饰公司的过失而拒绝沟通或伪造歪曲事实，应心怀真诚，积极致歉，力求社会公众的理解和原谅。

3. 速度第一原则

兵贵神速，企业危机公关活动必须在危机发生后第一时间启动，必须当机立断，快速反应，果决行动，与媒体和公众进行沟通。通过及时的公关活动从而迅速控制事态，避免扩大突发危机的范围；失去对全局的控制。

4. 系统运行原则

危机公关活动必须按系统原则运作，不能“头痛医头，脚痛医脚”。

5. 权威证实原则

为了获取公众的信任，在企业危机公关活动中必须请权威出面澄清事实，获得包括权威的新闻媒体，权威机构及公众代表等的支持。

（二）企业危机公关的程序

企业的危机公关要按照一定的步骤有序进行，一般而言，企业危机公关的环节包括如下几点：

1. 成立危机公关小组

成立危机公关小组是对企业危机公关的组织保证，也使得企业的危机公关活动职责到人，避免危机出现时，企业与外部公众沟通渠道缺失，造成信息混乱。危机公关小组一般包括企业负责人、公共关系部工作人员和相关单位负责人。

2. 调查情况，收集信息

危机公关活动中，掌握第一手信息非常重要，危机公关小组应该指派专人深入事故现场，迅速开展事故调查工作，收集相关信息如危机事件发生原因、事件态势、危机事件造成的影响及涉及到的当事人等，并形成调查报告作为决策依据。需要注意的是，危机公关调查不同于一般的公关调查，应迅速准确。

3. 分析情况，确定对策并付诸实施

企业在获取危机事件的第一手资料后，应该深入分析危机事件发生的原因及可能的影响，并根据事件的性质、公众的反应和事态的发展确定相应的对策，迅速将对策付诸实施。

4. 举行新闻发布会

在了解事实，做出初步决策之后，企业应尽快举行新闻发布会或记者招待会，发布危机调查信息，以及企业已经采取的行动，同时，通过新闻发布，争取媒体的配合，防止虚假和恶意信息流传。

5. 善后工作

在新闻发布后，企业还需要做好其他的善后工作，如继续执行行动方案，对涉及的相关公众解释、赔偿、安抚，最好危机处理效果的公关调查，必要时寻求相关部门的帮助或再次举行新闻发布会。

很多企业在危机发生时通过危机公关活动化解了危机，转危为安。2005年4月中旬，国内各大媒体转载英国《旗帜晚报》根据美国研究者Peter Vikesland的研究写出的一则报道：包括高露洁等品牌在内的数十种超市商品均含有三氯生。而三氯生会和自来水中的氯生成可能致癌的三氯甲烷。随着这则消息在中国的传播，高露洁牙膏的销量比以前有大幅度下降。高露洁反应迅速，立即组建公关团队，4月19日，广州高露洁棕榄公司在《南方周末》上发表声明：高露洁全效牙膏有效、有益、安全。并确认接下来还会对媒体和公众做出更具体的说明。4月27日，高露洁公司召开大型新闻发布会，宣称高露洁全效牙膏是全世界经过最广泛测试和评估的牙膏，全世界超过30家独立的牙医协会都盖章认证了该品牌牙膏的安全性。高露洁公司还播放了Peter Vikesland的一段录音，在录音里他指出英国《旗帜晚报》的报道是对他研究内容的歪曲。通过一番公关努力，高露洁公司最终很好地化解了这场危机。

三、危机公关的媒体管理

新闻媒体是企业危机公关活动中需要考虑的重要公众之一，新闻媒体是公众了解企业危机情况最直接的途径，也是企业对外举行信息发布、与公众沟通的最重要的渠道。新闻媒体是一把双刃剑，如果运用得当，可以帮助企业遏制危机蔓延、平息舆论、恢复声誉，反而言之，如果企业的媒体管理策略不当，与媒体沟通不善，可能会导致公众对企业危机更大的恐慌，或者由于媒体报道的不准确甚至失实造成公众的误解，从而给企业带来更大危机。如巨人集团在刚遭遇财务危机时，多名债权人和记者来到巨人集团总部试图获取相关信息，由于缺乏危机公关处理能力和对传媒关系正确的认识，巨人集团仅仅派了毫无传媒应对素质和经验的企业律师应付债权人和记者，导致与媒体关系迅速恶化，许多非常微小的问题被媒体通过传播渠道无限放大，这些新闻泥沙俱下，巨人集团有口难辩，由于传媒的传播，使得本来能很好应付过去的小小财务资金链危机被无限放大，最终导致巨人集团的倒闭。从这个方面说，对媒体的运用和管理是企业危机公关活动的关键环节之一。企业在危机公关活动时应处理好媒体关系。

（一）正确认识企业与新闻媒体的关系

企业首先要正确认识与新闻媒体的关系，一方面，新闻媒体代表社会公众的利益对企业的危机事件进行报道并对企业实施舆论监督，另一方面，企业需要通过新闻媒体传递信息，引导舆论分享。企业必须认识到，新闻媒体是企业的重要的外部公众，不能回避媒体，甚至将媒体作为自己的对立面，应该与媒体建立合作关系，发挥媒体在危机处理中积极作用。

（二）积极与新闻媒体沟通

企业要积极与新闻媒体沟通，以真诚的态度和合作的意识得到它们的理解和支持，应在成熟的时机召开新闻发布会，对于失实的报道要及时要求媒体更正。

（三）设立新闻发言人制度

为了更好处理企业与新闻媒体的关系，企业应确立专人出面负责对外媒体传播，专人接待，全程陪同，一般人不得随意接受采访。通过确立公司内部新闻发言人，便于新闻媒体高效地获取危机相关信息，企业也能更好地与新闻媒体沟通，如碰到错误报道，则通过新闻发言人第一时间与相关媒体联系，通过沟通及时纠正错误，消除负面影响。

本章精要

企业的经营并不是一帆风顺的，相反，企业的发展过程中危机四伏。纵观古今中外，百年老店、长寿公司寥寥无几，大量的企业昙花一现，根据美国的一项调查，世界五百强的大企业，能活过一百年的微乎其微。为什么企业不能永葆青春，长治久安呢？这是因为企业经营的内外环境不仅错综复杂，而且瞬息万变，企业时刻都面临危机，如果企业不能小心应对，很有可能带来灭顶之灾，企业在经营过程中，要对危机有着清醒的认识，危机管理已经成为企业管理的一个不可或缺的内容。本章首先对企业危机进行了界定，指出企业危机具有突发性、不确定性和破坏性等特征，并指出企业危机的类型以及企业危机产生的根源。接着，本章介绍了企业危机管理的相关理论和方法，指出了危机管理与风险管理、危机处理、危机公关之间的联系和区别，并对危机管理的PPRR模型和危机生命周期理论进行阐述。在此基础上，本章着重介绍了危机管理的步骤，将危机管理分为事前管理、事中管理和事后管理。最后，本章还介绍了企业危机管理中危机公关和媒体应对等内容。

推荐阅读材料

[1] 吴晓波．大败局（修订版）［M］．杭州：浙江人民出版社，2007

[2] 董文海．逆势崛起（百年名企的危机生存之道）［M］．南京：凤凰出版集团，2009

[3] 陈宏军，江若尘．摆脱企业危机［M］．北京：中国经济出版社，2009

本章参考文献

[1] 夏洪胜，张世贤．企业危机管理［M］．北京：经济管理出版社，2014

[2] 张岩松．企业危机管理［M］．北京：清华大学出版社，2017

[3] 肖鹏英．危机管理［M］．广州：华南理工大学出版社，2008

[4] 向荣，岑杰．企业危机管理［M］．北京：电子工业出版社，2016

[5] 鲍勇剑，陈百助．危机管理：当最坏的情况发生时［M］．上海：复旦大学出版社，2003

[6] 郑启明．赢道：世界500强企业危机处理中化险为夷之道［M］．北京：中国经济出版社，2009

[7] 赵冰梅，刘晖．危机管理实务与技巧［M］．北京：航空工业出版社，2007

[8] 钱诗金．危机经营［M］．北京：经济科学出版社，2009

本章思考与讨论

1. 什么是企业危机？企业危机有什么特征？
2. 企业危机有哪些类型？企业危机是如何产生的？
3. 企业危机的生命周期有哪些？每一阶段各有什么特点？
4. 企业危机管理有哪些步骤？
5. 什么是危机公关？它有哪些特点？
6. 企业如何有效应对媒体？

本章案例

中兴公司的危机管理

中国企业在海外遇到的最大危机事件——中兴通讯被美国商务部执行七年购买禁令，4月20日以中兴发表强硬声明标志最新进展。

中兴通讯4月20日在官网发表强硬声明，指责美国商务部工业与安全局（BIS）对中兴制裁“极不公平，我们不能接受！”

20日下午，中兴通讯在深圳总部举行全体高管参加的新闻发布会，在仅仅十分钟的发布会上，董事长殷一民重申了上述立场，回答了两个看来是预设好的问题。

4月16日美国商务部宣布可能在未来长达七年时间内禁止中兴通讯向美国企业购买敏感产品。中兴采取何种正式立场回应，这个悬念今天落地了。

步骤一：发现事实，了解所有细节，包括可能误导的事实。

这一步是中兴通讯必须做而且一定细致周密地在做。外人在看到各种批评中兴通讯的观点时，可能忽视了一个事实，中兴犯的错误，2017年就已经向美方详细汇报，并选择了认罚，接受8.9亿美元罚金。

这几天被广泛披露的事实，包括中兴关于如何加强对伊朗业务保密的内部文件，都是2016年前被美方掌握的；而从2017年到现在，中兴最大的错误是没有按照其与美国商务部的和解协议，处理39名违纪员工，公司只是开除了4名高管，但是没有对35名其他员工采取减少奖金处分。

这一部分事实，吃瓜群众表示不解。扣员工奖金是什么大不了的事吗？是中兴真的态度不好，不重视对美方对承诺，还是美方有意找碴，在中美贸易战的敏感时刻“杀一儆百”？

步骤二：确定回应战术：防守，守中有攻，还是进攻。

防守：即道歉认错。我们看到的多数“3·15”危机案例都是如此。

4月12日，星巴克美国费城店两名黑人借用洗手间被拒；经理发现两人在店内没有消费而报警。警察赶到后将两人用手铐逮捕，引发网民对星巴克“种族歧视”抗议。星巴克宣布5月29日全美门市和办公室关闭，公司做反种族偏见培训。星巴克官方和费城警方均对此事道歉。这是典型的防守型危机公关。

守中有攻：基本格式是对主要事实道歉，但是强调主观动机，对自身有利的事实，回应中用大量篇幅为自己邀功。

我们可以看到中兴通讯的声明中就用详细罗列了2016年4月以来采取的各项整改措施。

进攻：对引起危机的一方进行事实反辩或动机质疑。中兴通讯决定采取的就是这一战术。

使用进攻型危机公关要特别谨慎，考虑下面的问题：

1. 检查防守阵地，防止被对手穷追或抄后路

对中兴来说，要考虑还有哪些对自己不利的证据可能会流出。

2. 抓住对手软肋攻击

美国政府没有明显的软肋，如果有，就是不想因此把两国关系搞坏。

3. 动用大流量传播，包括傍大牌，用抓人标题

对中兴事件这个没有必要，本身流量够大了。

4. 争取友军支持

最高原则：可以加强攻击对手软肋的友军。

最低原则：找到敌人的敌人。

中国政府是中兴友军，中国企业不一定，如果大家是守法合规的。

总体看，中兴采用进攻战术有很大的风险。

步骤三：动员所有内部和外部资源。

对中兴通讯来说，内部资源包括管理层、北美地区业务、法务、公关、人力资源、财务、采购、销售等。

为什么这么多部门？想想回应可能的影响，道歉会怎样，不道歉会怎样？对业务有何冲击，对企业发展有何短期和长期影响。如果美方惩罚措施执行，中兴会不会遭到灭顶之灾？每个业务部门和职能部门都要提出具体的专业的意见。

危机公关中经常忘记员工，据网传，中兴管理层在17日向全体员工发了邮件，呼吁八万中兴人“坚定信心，团结一致，共渡难关”，“坚守好各自工作岗位”，“不议论，不传播，不盲目猜想，公司会对大家披露事件后续进展”。

我们见过很多案例，危机中员工任意发表意见，朋友圈言论被截图传播，结果引起更大危机。

中兴通讯的外部资源，毫无疑问，首先是政府，其次还有供应商、客户、媒体等。

我们看到17日上午商务部发言人对此事的评价是：

“中方注意到美国商务部宣布对中兴公司采取出口管制的措施。

中方一贯要求中国企业在海外经营过程中，遵守东道国的法律政策，合法合规开展经营。中兴公司与数百家美国企业开展了广泛的贸易投资合作，为美国贡献了数以万计的就业岗位。希望美方依法依规，妥善处理，并为企业创造公正、公平、稳定的法律和政策环境。

商务部将密切关注事态进展，随时准备采取必要措施，维护中国企业的合法权益。”

相当耐人寻味。

一方面“批评”中兴的违规行为，一方面为中兴“求饶”，最后一句更有为中兴辩护，准备反击的“威胁”。

外部资源，对中兴的危机公关决策至关重要。

步骤四：准备危机回应声明，内外部重要决策者会签。

危机公关回应声明，每个字都要仔细推敲，每层含义如何表述，都关系到危机公关的效果。

每个公关人都应仔细研究中兴通讯的声明，看他们的事实运用，观点表述，语气语调，结构层次。

事实："组织了覆盖超过6.5万名员工的合规培训"，向美方"提供超过13.2万页文件"，2017年一年"投入超过5000万美元用于出口管制合规项目"，"两份函件中的问题是公司自查发现，及时主动通报"。

观点：美方无视中兴纠错的各种努力，拒绝令不仅"危及中兴通讯的生存，也会伤害包括大量美国企业在内的中兴通讯所有合作伙伴的利益"。

语气：事实描述的冷静，表达立场的坚决强硬，"对中兴通讯极不公平，我们不能接受"。

结构：先列举大量事实，然后表明立场。这里可以商榷的是，表明立场可以放在前面，但目前这样写的好处是避免突兀，上来就怒怼宣战，对不明情况的人可能过于生硬。

正式回应声明要得到所有重要决策者的批准。中兴的声明，是一定要跟政府密切协调的。

审批过程可能会影响危机公关的时机，但对类似事件来说，对外声明必须稳妥严密，经得起推敲。为避免公众和员工恐慌和猜疑，中兴在17日发布的简单声明很有必要，只是讲"正在全面评估此事件影响"。

思考：

你如何评论中兴公司的此次危机公关，有何成功或失败之处？

（资料来源于网络）